edition suhrkamp

Redaktion: Günther Busch

Ernest Mandel, geboren 1923, ist heute Dozent an der Universität Brüssel. Publikationen: *Einführung in die marxistische Wirtschaftstheorie* 1966; *La formation de pensée économique de Karl Marx* 1967; *Die Marxsche Theorie der ursprünglichen Akkumulation und die Industrialisierung der Dritten Welt* (in: *Folgen einer Theorie 1967*, edition suhrkamp 226); *Der Spätkapitalismus. Versuch einer marxistischen Erklärung* 1972.

Das 1962 in Paris erschienene Werk Mandels beschreitet nicht den Weg einer orthodoxen Apologie des marxistischen Dogmas, auch nicht den einer revisionistischen Anpassung an die heutigen Gegebenheiten. Es ist eine systematische Entfaltung der Marxschen Theorie, aber nicht wie diese an Wirtschaft und Gesellschaft des 19. Jahrhunderts orientiert, sondern auf die gegenwärtige Industriegesellschaft bezogen, also zugleich eine marxistische Analyse dieser Gesellschaft und ihrer Entwicklungstendenzen. Das Buch läßt sich schwer ignorieren, weder von den bürgerlichen noch von den sozialistischen Fachleuten; es exemplifiziert ein zugleich analytisches und systematisches Denken, das die herrschende Nationalökonomie weitgehend verlernt hat oder im Namen des Bestehenden verschmäht.

Ernest Mandel
Marxistische Wirtschaftstheorie

1. Band

Suhrkamp Verlag

Titel der Originalausgabe: *Traité d'Économie Marxiste*

Aus dem Französischen von Lothar Boepple

7. Auflage 2015

Erste Auflage 1978
edition suhrkamp 595

Printed in Germany
Umschlag gestaltet nach einem Konzept
von Willy Fleckhaus: Rolf Staudt
ISBN 978-3-518-10595-5

Ein seltsames Paradoxon bestimmt die Einstellung der akademischen Welt zur marxistischen Wirtschaftstheorie. Vor einem halben Jahrhundert noch begegnete sie einem wachsenden theoretischen Interesse oder war Gegenstand leidenschaftlicher Debatten an den Universitäten. Man sprach ihr indes jede praktische Wirksamkeit ab: eine sozialistische Wirtschaft »könne nicht funktionieren«, sagten die Ökonomen.[1] Heute bestreitet niemand, daß die marxistische Theorie die Wirtschaftspolitik großer oder kleiner Staaten (und nicht ohne Erfolg) beeinflussen kann. In akademischen Kreisen jedoch findet sie nur Gleichgültigkeit oder Geringschätzung.* Wenn sie manchmal zum Gegenstand sorgfältiger Studien wird, dann nicht ihres eigenen Wertes wegen, sondern nur insofern, als sie ein Nebenzweig jener neuen »Wissenschaft« – der sogenannten »Sowjetologie« oder der noch seltsameren Disziplin der »Marxologie« – ist.

Wer die marxistische Forschungsmethode und die Vielzahl von Ergebnissen, zu denen sie gelangt ist, für richtig erachtet – und der Autor tut dies ohne jeden Vorbehalt –, könnte ganz offenbar erwidern, daß dies keineswegs erstaunlich sei. Steht die akademische Wissenschaft nicht »im Dienste der herrschenden Klasse«? Ist die kapitalistische Welt mit dem »sozialistischen Block« nicht in einen »Kampf auf Leben und Tod«

* J. M. Keynes charakterisiert das *Kapital* von Marx als »ein altmodisches Wirtschafts-Handbuch. . ., das nicht nur in wirtschaftlicher Hinsicht irrig ist, sondern auch keinerlei Interesse oder Verwendungsmöglichkeit für die moderne Welt hat«.[2] A. A. Berle jr. ist der Ansicht, daß »die politische Ökonomie von Marx überholt und widerlegt sei.[3] François Perroux versichert, daß keine der »chronischen Eigenschaften« (des Kapitalismus, die Marx entdeckt hat) logisch beweisbar sei, auch nicht dadurch, daß »man zur wissenschaftlichen Beobachtung Zuflucht« nehme.[4] Raymond Aron schreibt: »Der Marxismus hat kaum noch einen Platz in der Geisteskultur des Abendlandes, selbst nicht in Frankreich und Italien, wo sich ein bedeutender Teil der Intelligenz offen zum Stalinismus bekennt. Man wird umsonst einen Ökonomen suchen, der diesen Namen verdient und den man im strengen Sinn des Wortes als Marxisten bezeichnen könnte«[5], usw.

verwickelt? Ist die marxistische Theorie nicht eine entscheidende Waffe dieses »Blocks«? Sind die Diener des Kapitalismus nicht gezwungen, all das systematisch zu verleumden, was ihren Klassengegnern dient? Ist der Mißkredit, in den der Marxismus im Westen geraten ist, daher nicht lediglich ein Ausdruck des Klassenkampfes, also ein indirekter Beweis für die Richtigkeit der Marxschen Thesen? Die Argumentation droht in jenen Austausch »fachlicher« Schmähungen abzugleiten, wie er sich zwischen Marxisten und Psychoanalytikern entwickelt hat ...

Wir bestreiten nicht, daß in diesen Aussagen ein Körnchen Wahrheit enthalten ist – aber auch nicht mehr als ein Körnchen! Betrachtet man nüchtern und ohne falsche Scham jene Welt, in der die Ideen geboren und verteidigt werden, dann muß man zweifellos zugeben, daß es dort eine ganze Anzahl Zyniker und Streber gibt, die ihre Feder und ihr Hirn dem Meistbietenden verkaufen oder ihre Gedankengänge unmerklich abwandeln, wenn diese ihr Fortkommen zu behindern drohen. Man muß übrigens hinzufügen, daß seit mehreren Jahrzehnten auch die Sowjetunion, die über eine wachsend materielle Kraft verfügt, einen ebensolchen Einfluß auf diese Leute ausübt.

Kein Marxist, der diesen Namen verdient und der großen wissenschaftlichen Tradition von Karl Marx treu ist, wird indessen das Problem der Entwicklung von Ideen auf einfache Fragen der direkten Korruption (aus persönlichen Interessen) oder der indirekten Korruption (durch den Druck der Umwelt) zurückzuführen. Marx und Engels haben mehr als einmal verdeutlicht, daß die Geschichte der Ideen ihrer eigenen Dialektik folgt, daß sich die Ideen aus dem vorgefundenen Erbe von einer Generation zur anderen und durch das Aufeinanderstoßen der miteinander ringenden Lehren entwickeln (vgl. den Brief von Engels an Fr. Mehring vom 14. Juli 1893). Dieser Prozeß wird im wesentlichen von einer bereits vorhandenen Grundlage von gesellschaftlichen Faktoren bestimmt, wobei er mit all seinen inneren Widersprüchen die Möglichkeit birgt, in verschiedene Richtungen »auszubrechen«.

In seinem Kommentar zu den *Theorien über den Mehrwert*, die den vierten Band des *Kapitals* bilden sollten, unterstreicht

Rudolf Hilferding völlig zu Recht, daß wir hier eine Studie der dialektischen Entwicklung der Ideen durch ihre eigene Logik und durch ihre inneren Widersprüche vorliegen haben (»Selbstentwicklung der nationalökonomischen Wissenschaften«). Marx schaltet den Faktor gesellschaftlicher Interessen nur insofern ein, als er die letzte Triebfeder dieser Entwicklung aufzeigen wollte, nicht aber, um sie unmittelbar zu erklären.[6]
Die marxistische Tradition faßt die Entwicklung der bürgerlichen politischen Ökonomie, d. h. der »offiziellen« oder »akademischen«, in drei Phasen zusammen, von denen sich jede zugleich mit einer Entwicklungsstufe des Kapitalismus deckt. Während der Aufstiegsperiode der Bourgeoisie in die Position der herrschenden Klasse beginnt die politische Ökonomie, die wirtschaftliche Wirklichkeit zu erfassen: es ist die Zeit der Ausarbeitung der Arbeitswertlehre von William Petty bis Ricardo. Es folgt die Epoche, in der die bürgerliche Klasse in einen immer heftigeren Klassenkampf mit dem Proletariat verstrickt wird, ohne daß jedoch die alten Klassen endgültig ausgeschaltet sind: die immanenten Widersprüche der bürgerlichen Arbeitswertlehre treten offen zutage. Die Geburtsstunde der marxistischen Schule einerseits und verschiedener nach-Ricardianischer Schulen andererseits hat geschlagen. Im Verlauf der dritten Phase schließlich, nachdem das Bürgertum seine führende Position endgültig befestigt hat, braucht es nur einen defensiven Kampf gegen das Proletariat zu führen. Dies ist die Periode des Niedergangs der bürgerlichen politischen Ökonomie. Von einer Wissenschaft wird sie zur bloßen Apologie. Die Arbeitswertlehre wird zuerst durch die (eklektische) »Vulgärökonomie«, dann durch die Schule der Grenznutzentheoretiker oder durch gemischte Schulen ersetzt, die eine Synthese aus Eklektizismus und Grenznutzentheorie bilden.
Wenn man die Entwicklung der offiziellen ökonomischen Ideen im Verlauf der letzten 30 Jahre untersucht, so stellt man fest, daß dieses Schema nicht ganz vollständig ist. Seit der großen Krise von 1929–33 kann man deutlich eine vierte Phase in der Entwicklung der bürgerlichen Politökonomie feststellen: die Phase der *rein pragmatischen Theorie*. Eine bloße Rechtfertigungslehre ist nur so lange ein taugliches Werkzeug, als das System lediglich in der theoretischen Sphäre bedroht wird. Sie wird aber in dem Augenblick lächer-

lich, wo das System Gefahr läuft, tatsächlich zusammenzubrechen.
Von diesem Zeitpunkt an läßt die politische Ökonomie den Großteil ihrer akademischen Befangenheit fallen, um eine reine *Technik zur praktischen Festigung des Kapitalismus zu* werden. Darin besteht ihre eigentliche Funktion, die sie seit der »Keynesschen Revolution« und der Entwicklung verschiedener ökonometrischer Verfahren erfüllt. Wir stoßen hier auf eine der Wurzeln der Gleichgültigkeit »offizieller« volkswirtschaftlicher Kreise gegenüber dem Marxismus. Sie verwechseln den Marxismus mit allen Schulen der »alten politischen Ökonomie«, die um mikro-ökonomische Probleme kreisten und sich damit begnügten, »abstrakt zu urteilen«, ohne jedoch Wege aufzuzeigen, wie etwa der Beschäftigungsgrad zu steigern oder ein Defizit in der Zahlungsbilanz künstlich auszugleichen wäre. Mehr noch: die einzigen zeitgenössischen Wirtschaftstheoretiker, die Marx einen ehrenvollen Platz in der Geschichte der ökonomischen Ideen einräumen, sind eben jene, die ihn als den Vater der gegenwärtig in Mode befindlichen makro-ökonomischen Theorien betrachten.* Auch gewisse Marxisten bemühen sich, zu beweisen, daß das Verdienst von Marx vor allem darin liege, daß er die Keynessche Theorie der Wirtschaftszyklen und die Berechnung des Volkseinkommens »vorausgeahnt« habe ...
Wenn auch das Interesse für »rein« ökonomische Probleme, losgelöst von den praktischen Tagesaufgaben, in unserer Epoche, die sich durch ungeheure soziale Umwälzungen auszeichnet, unbestreitbar nachgelassen hat[11], so ist das schwindende Interesse an der marxistischen Wirtschaftstheorie zum Teil auch die Schuld ihrer eigenen Anhänger. Seit beinahe 50 Jahren begnügen sie sich damit, die Lehre von Marx in Zusammenfassungen des *Kapitals* zu wiederholen, die mehr und mehr den Kontakt zu der heutigen Wirklichkeit verlieren. Hier finden wir die zweite Ursache des anfänglich angeführten Paradoxons: die Unfähigkeit der Marxisten, das für die zweite Hälfte des 20. Jahrhunderts zu leisten, was Marx für das 19. geleistet hat.
Diese Unfähigkeit hat vor allem politische Ursachen. Sie ist

* Vor allem Schumpeter[7], Henri Guitton[8], Condliffe[9], Alvin Hansen[10] etc.

das Ergebnis jener untergeordneten Rolle, in die die Theorie in der Sowjetunion und in den Kommunistischen Parteien während der stalinistischen Ära gedrängt worden ist. Ebenso wie die mittelalterliche Philosophie im Dienste der Theologie stand, wurde die Theorie hier zum bloßen Hilfsmittel einer Politik, die von der Hand in den Mund lebte. Sie erfuhr eine pragmatische und apologetische Entstellung, die sich besonders auf die Wirtschaftstheorie auswirkte. Da die stalinistische Epoche außerdem durch das Verbot selbständiger theoretischer Forschung gekennzeichnet war, wurde diese apologetische Entstellung noch von einem sterilen Dogmatismus überwuchert. Dies alles stieß die junge Generation in Ost und West zurück. Ein während 25 Jahren aufgehaltenes und erstarrtes Denken* lebt nur langsam wieder auf, zumal dann, wenn die gesellschaftlichen Bedingungen, die letzlich diesen Stillstand verursachten, noch nicht restlos überwunden sind.

Es gibt noch einen sekundären Grund, der die Weiterentwicklung der marxistischen Wirtschaftstheorie nicht allein in der UdSSR und den mit ihr verbundenen Parteien, sondern auch in allen von der Sowjetunion unabhängigen marxistischen Schulen des Westens hemmte: das mangelnde Verständnis der marxistischen Methode selbst.

In einer berühmten Stelle des Vorworts seiner *Kritik der politischen Ökonomie* beschreibt Marx sehr klar die Methode, nach der eine wirtschaftswissenschaftliche Darlegung aufzubauen sei: von der abstrakten Bestimmung zur Reproduktion des Konkreten.[13] Unzählige Marxisten ließen sich von dieser Stelle wie von dem Aufbau der drei Bände des *Kapitals* leiten. Immer wieder griffen sie zu einer abgekürzten und oft unbefriedigenden Wiedergabe der ökonomischen Beweisführung, die Marx im vorigen Jahrhundert erarbeitet hat.

Aber *man darf die Darstellungsweise nicht mit der Genesis der Erkenntnis verwechseln.* So sehr Marx die Tatsache be-

* »Bei uns kann man auf dem Gebiet des Marxismus-Leninismus keinerlei schöpferische, grundlegende Arbeit finden. Der größte Teil unserer Theoretiker beschäftigt sich damit, alte Zitate, Formulierungen und Thesen hin- und herzudrehen. Was ist eine Wissenschaft ohne schöpferische Arbeit? Das ist eher Scholastik, eine Aufgabe für Schüler und nicht für die Wissenschaft, denn Wissenschaft ist vor allem Schöpfung, Schaffung von etwas Neuem und nicht das Wiederkäuen des Alten.«[12]

tont, daß man das Konkrete nicht verstehen kann, wenn man es nicht vorher in seine abstrakten Beziehungen zerlegt hat, so sehr hebt er auch hervor, daß diese Beziehungen selbst nicht aufgrund genialer Eingebungen oder eines überlegenen Abstraktionsvermögens gefunden werden können. Sie müssen aus dem Studium der empirischen Tatsachen, des Rohstoffs einer jeden Wissenschaft, hervorgehen. Um zu erkennen, daß genau dies die Meinung von Marx war, genügt es, das Zitat über die Methode aus dem Vorwort der *Kritik der Politischen Ökonomie* mit dem folgenden Text aus dem Nachwort zur 2. Auflage des *Kapitals* zu vergleichen:

»Allerdings muß sich die Darstellungsweise formell von der Forschungsweise unterscheiden. Die Forschung hat den Stoff sich im Detail anzueignen, seine verschiedenen Entwicklungsformen zu analysieren und deren inneres Band aufzuspüren. Erst nachdem diese Arbeit vollbracht, kann die wirkliche Bewegung entsprechend dargestellt werden. Gelingt dies und spiegelt sich nun das Leben des Stoffs ideell wider, so mag es aussehen, als habe man es mit einer Konstruktion *a priori* zu tun.«[14]

Es zeigt sich, daß Ausführungen, die sich in der Mitte des 20. Jahrhunderts damit begnügen, mehr oder weniger getreue Zusammenfassungen des im vergangenen Jahrhunderts geschriebenen *Kapitals* zu geben, gerade vom marxistischen Standpunkt aus völlig unzureichend sind. Noch weniger Gültigkeit haben allerdings die zahlreichen Beteuerungen der Kritiker des Marxismus, daß dieser überholt sei, »weil er sich auf die Tatsachen der Wissenschaft des vorigen Jahrhunderts« stütze.

Die wissenschaftlich einwandfreie Position ist augenscheinlich die, sich zu bemühen, *von den empirischen Gegebenheiten der heutigen Wissenschaft auszugehen, um zu untersuchen, ob die wesentlichen Thesen von Marx gültig sind oder nicht.*[*]

[*] Verschiedene Autoren, namentlich François Perroux, haben einige Male versichert, daß die von Marx entdeckten Entwicklungsgesetze des Kapitalismus niemals durch die Beobachtung oder mit Hilfe statistischer Tatsachen (siehe das Zitat weiter oben) haben bewiesen werden können. Wir bemühen uns, das Gegenteil zu beweisen, indem wir – wohlgemerkt – von den Entwicklungsgesetzen ausgehen, die wirklich von Marx stammen, und nicht von solchen, die man ihm fälschlich zugeschrieben hat (wie etwa

Wir bemühen uns in dem vorliegenden Band, dieser Methode zu folgen.
Dem Leser, der nach vielen Zitaten von Marx und Engels oder ihren bedeutendsten Schülern sucht, sei jedoch eine Warnung erteilt. Er wird dieses Buch enttäuscht wieder schließen. Im Gegensatz zu allen anderen Autoren marxistischer ökonomischer Schriften haben wir uns – mit wenigen Ausnahmen – strikt enthalten, »heilige« Texte zu zitieren oder auszulegen. Wir stützen uns vielmehr auf die namhaftesten Wirtschaftstheoretiker, Wirtschaftshistoriker, Ethnologen, Anthropologen, Soziologen und Psychologen unseres Zeitalters, soweit sie Erscheinungen der wirtschaftlichen Aktivität menschlicher Gesellschaften in der Vergangenheit, der Gegenwart oder der Zukunft beurteilen. Was wir zu zeigen versuchen, ist, daß man aus den empirischen Daten der heutigen Wissenschaft das gesamte ökonomische System von Karl Marx rekonstruieren kann. Mehr noch: wir werden uns um den Nachweis bemühen, daß allein die Marxsche Wirtschaftslehre diese Synthese aller menschlichen Wissenschaften erlaubt – vor allem aber die Verschmelzung von Wirtschaftsgeschichte und Wirtschaftstheorie – und daß sie allein eine harmonische Verschmelzung zwischen der mikro-ökonomischen und der makro-ökonomischen Analyse herstellen kann.
Die große Überlegenheit der Marxschen Methode im Vergleich mit anderen ökonomischen Schulen beruht in der Tat in jener dynamischen Verbindung von Wirtschaftsgeschichte und Wirtschaftstheorie, die nur sie allein zustande bringen kann. Die marxistische Wirtschaftstheorie darf jedoch nicht als ein endgültig abgeschlossenes Ergebnis früherer Untersuchungen betrachtet werden. Sie stellt vielmehr die Summe dar aus einer Methode, den dank dieser Methode gewonnenen Ergebnissen und den ständig wieder in Frage gestellten Resul-

die »absolute Verelendung«, das ununterbrochene Sinken der Reallöhne und andere Vorstellungen der gleichen Art). Wir sind neugierig zu erfahren, ob die offiziellen Wirtschaftstheoretiker das Material, das wir zu diesem Zweck zusammengetragen haben, widerlegen können oder ob sie weiterhin unerschütterlich behaupten, daß Marx »überholt« sei, womit sie den gleichen Mangel an wissenschaftlicher Strenge bewiesen wie jene Pseudo-Marxisten, die sich mit der Wiedergabe von Zahlen und Beispielen aus dem 19. Jahrhundert begnügen.

taten. Nicht-marxistische Autoren, wie Josef Schumpeter und Joan Robinson, haben das Verlangen nach einer solchen Synthese ausgedrückt.[15] Allein der Marxismus hat sie zustande gebracht. Die marxistische Methode läßt sich übrigens nur als Verbindung des dialektischen Rationalismus mit dem empirischen (und praktischen) Erfassen der Tatsachen begreifen.* Die Methode muß also genetisch-evolutiv, kritisch, materialistisch und dialektisch sein. *Genetisch-evolutiv*: weil das Geheimnis eines jeden »Begriffs« nicht gelüftet werden kann, ohne daß man Ursprung und Entwicklung, also die Entfaltung seiner inneren Widersprüche, gleichzeitig untersucht und so seine wahre Natur aufdeckt.** *Kritisch*: weil weder bei Begriffen wie »Gesellschaft«, »Arbeit« und »notwendiges Produkt« (Lebensunterhalt), noch bei den Kategorien »Ware«, »Tausch«, »Geld« und »Kapital«, die Marx selbst aufgedeckt hat, »Begriffe« als »Sache an sich« anerkannt werden können. Aus diesem Grund haben wir uns im allgemeinen auf die fragmentarischen und doch tiefsinnigen Bemerkungen gestützt,

* Vgl. Marx in seinem Brief an Engels vom 1. Februar 1858: »Er [Lasalle] wird zu seinem Schaden kennenlernen, daß es ein ganz anderes Ding ist, durch Kritik eine Wissenschaft erst auf den Punkt zu bringen, um sie dialektisch darstellen zu können, als ein abstraktes fertiges System der Logik auf Ahnungen eben eines solchen Systems anzuwenden.«[16]

** Vgl. Hilferding: »Was Marx von all seinen Vorgängern unterscheidet, ist die Grundlage seines Systems: die Gesellschaftstheorie und die materialistische Geschichtsauffassung. Nicht nur, weil sie die Tatsache einschließt, daß die wirtschaftlichen Kategorien gleichermaßen historische sind. Diese Erkenntnis allein ist noch nicht das Entscheidende. Vielmehr deswegen, weil man nur dann den Mechanismus der Entwicklung ökonomischer Kategorien (die man beweisen kann) – wie sie entstehen, sich abwandeln, verschwinden und wie sich das alles zuträgt – aufzuzeigen vermag, wenn man die Beschaffenheit der sozialen Gesetzmäßigkeit enthüllt.«[17] Wohlgemerkt gibt es hier noch einen Konflikt zwischen der Genesis der Erkenntnis und der Forschungsmethode. Bevor man den Sinn einer Kategorie in ihrer jeweiligen Entwicklungsstufe voll begreift, muß man sie zuvor in ihrer fertigen Form untersuchen. Deswegen gibt Marx entschlossen die genetisch-evolutive Darstellungsmethode in den ersten Kapiteln des *Kapitals* auf. Aber einmal im Besitz des geheimnisvollen Schlüssels, hat der zeitgenössische Forscher, der die Gültigkeit angesichts der neuen empirischen Daten überprüfen will, alles Interesse, die Entwicklung von ihren Anfängen an wieder aufzugreifen.

die Marx in seine Schriften eingeflochten hat. Manchmal mußten wir neue Begriffe einführen.
Auf jeden Fall führt uns die kritische, genetisch-evolutive Untersuchung dieser »grundsätzlichen Kategorien« zur Anthropologie, zur Soziologie und zur Sozialpsychologie. Um den Leser nicht zu entmutigen und um den logischen Gang der Ausführungen nicht zu unterbrechen, haben wir den Großteil dieser Analyse im letzten Kapitel und nicht im ersten gebracht.*
Man gerät übrigens in die dialektische Versuchung, den Begriff »Arbeit« eher im Lichte der sozialistischen Gesellschaft als in dem der primitiven Gesellschaft zu vertiefen. Erscheint das Wesen dieser Sache nicht in ihrer Negation oder vielmehr in ihrer Überwindung, der Negation ihrer Negation, in ihrer ganzen Vielfalt?
Schließlich ist die Methode *materialistisch* und *dialektisch*, weil das letzte Geheimnis jeder ökonomischen Größe nicht im Kopf der Menschen entdeckt wird. Es steckt vielmehr in den gesellschaftlichen Beziehungen, die die Menschen im Produktionsprozeß, d. h. bei der Erhaltung ihres materiellen Lebens, notwendigerweise miteinander knüpfen müssen. Dieses Leben sowie seine Beziehungen untersuchen wir gleichzeitig unter dem Aspekt eines ununterbrochenen wie eines völlig widersprüchlichen Prozesses, der sich unter dem Druck seiner eigenen Gegensätze entwickelt.
Ein Einwand wird dennoch ohne Zweifel gegen die vom Autor angewandte Methode und die damit erreichten Ergebnisse vorgebracht werden. Man wird sagen, daß er sich zwar tatsächlich auf empirische Daten der modernen Wissenschaft gestützt habe, aber nur *selektiv*. Er habe die Tatsachen herausgesucht, die in »sein« vorgefaßtes System paßten, und nicht *alle* Fakten verwendet. Er habe *diese* Tatsachen interpretiert und nicht *die* Tatsachen schlechthin.
Dieser Einwurf ist nur insofern gültig, als sich der Autor in der Tat nicht bemüht, in einer Art kindischer Besessenheit die »Geschichte in all ihren Einzelheiten« zu schreiben, mit einem Eifer, über den sich Anatole France in *Le Livre de*

* Siehe Kapitel XVII, §§ »Entfremdete Arbeit, Freie Arbeit, Absterben der Arbeit« – »Soziale Revolution, ökonomische Revolution und psychologische Revolution« – »Grenzen des Menschen?«

mon Ami so geistreich mokiert. Diese Aufgabe ist nicht nur vom Stofflichen her völlig unmöglich – um all die Werke und Quellen, die je die ökonomische Aktivität der Menschen behandelt haben, in allen Sprachen, zu lesen, brauchte man mehrere Menschenleben –, sie ist auch reichlich überflüssig.

In allen Disziplinen sind gültige Synthesen ausgearbeitet worden. Ein Marxist, der untersuchen will, welche Schlußfolgerungen sich aus der primitiven Landnahme im mittelalterlichen Frankreich ergeben, braucht nicht die zahlreichen Quellen hierzu heranzuziehen. Er kann sich ganz auf Werke wie *Les caractères originaux de l'histoire rurale française* von Marc Bloch stützen.

Es ist augenscheinlich, daß das Auswählen von Daten jeder Wissenschaft eigentümlich ist, der naturwissenschaftlichen wie der geisteswissenschaftlichen.* Unwissenschaftlich ist nicht die unvermeidliche Auswahl der »bedeutsamen Tatsachen«, unwissenschaftlich ist vielmehr die vorsätzliche Unterschlagung (oder Verfälschung) von Erfahrungen und Beobachtungen mit dem Ziel, Erscheinungen zu »leugnen«, die nicht in ein Schema

* »Die Wissenschaft ist nicht eine Anhäufung von Tatsachen, sondern ein Verfahren, die Kenntnisse der Natur zu ordnen, sie zu vereinheitlichen und verständlich zu machen«, versichert Dr. Bronowski, Präsident der »British Association«.[18] »Wenn ich mich nicht ernstlich irre, so überwiegt bei den Statistikern die Meinung, daß die zu beweisende Theorie die Wahl des statistischen Verfahrens bestimmt. Ausgenommen durch Zufall ist es logisch unmöglich, den Beweis einer Theorie sozusagen nebenbei, als Nebenprodukt einer allgemeineren Studie über die Tatsachen zu erbringen«, erklärt der Ökonom Metzler.[19] Und die Wirtschaftstheoretiker Edey und Peocock präzisieren: »Die Fakten, die uns im größten Teil der Erkenntnisbereiche interessieren, sind äußerst zahlreich und in ihren wechselseitigen Beziehungen äußerst vielgestaltig. Es ist normalerweise völlig ausgeschlossen, daß irgend jemand, und sei er noch so fleißig und fähig, alle Einzelheiten einer speziellen Studie beherrscht und in der Lage ist, sich all die einzelnen Verhältnisse zu vergegenwärtigen. Unter diesen Umständen ist es anscheinend eine natürliche Reaktion des menschlichen Geistes, die Daten und entscheidenden Beziehungen – mit unterschiedlichem Genauigkeitsgrad, der vom Forscher wie vom Stoffgebiet abhängt – in eine genügend beschränkte Zahl von Kategorien einzuteilen, damit man überhaupt etwas verstehen kann und einen Überblick über das Ganze gewinnt. Danach erst können sie als Beurteilungsgrundlagen für die Beschaffenheit der Welt und ihrer Bewohner dienen, mit dem möglichen Ziel, Voraussagen zu machen.«[20] Etc.

passen. Wir haben uns bemüht, jeden Subjektivismus dieser Art zu vermeiden.

Gewiß, unser Bemühen, den Stoff – mit Ausnahme dessen, was sich auf den Kapitalismus des 19. Jahrhunderts bezieht, – über den Rahmen der europäischen Zivilisation hinaus auf die ganze Welt auszudehnen, d. h. *die gemeinsamen Züge der vorkapitalistischen ökonomischen Kategorien aller Zivilisationen, die heute im Stadium des entwickelten internationalen Handels stehen, zu ermitteln,* mag kühn erscheinen. Wir haben weder die sprachlichen Fähigkeiten noch die nötigen historischen Kenntnisse, um ein solches Unterfangen erfolgreich beenden zu können. Aber es ist deswegen nicht weniger dringend. Denn erstens findet sich die Öffentlichkeit, an die sich der Marxismus heute wendet, nicht mehr hauptsächlich im Westen; und zweitens haben jene Marxisten, die die Theorie der »aufeinanderfolgenden Stadien«, die die Gesellschaft notwendigerweise durchlaufen müsse, vertraten – eine Theorie, die Marx selbst ausdrücklich verworfen hat (siehe vor allem seine Briefe an »Otechestvennije Zapiski« vom November 1877 und an Wera Sassulitsch vom 8. März 1881) –, auf diesem Gebiet einen ungeheuren Schaden angerichtet.*

Unsere Arbeit bleibt daher ein Versuch, ein Entwurf, der auf zahlreiche Berichtigungen gefaßt ist. Aber sie ist zugleich eine Aufforderung an die junge marxistische Generation in Tokio und Lima, in London und Bombay und – warum nicht – in Moskau, New York, Peking und Paris, den Ball im Fluge aufzufangen und durch gemeinsame Arbeit das zu vollbringen, was durch individuelle Arbeit offensichtlich nicht vollbracht werden kann. Wenn das Werk eine solche Ausweitung der Diskussion – und seien es auch nur kritische Beiträge – hervorrufen kann, dann hat der Autor sein Ziel voll erreicht. Denn er sucht nicht ewige Wahrheiten zu wiederholen oder zu entdecken. Er will die erstaunliche Aktualität des lebendigen Marxismus aufzeigen. Dieses Ziel wird durch die gemeinschaftliche Synthese der empirischen Daten der univer-

* Man muß indessen darauf aufmerksam machen, daß die Historiker in der Volksrepublik China seit einigen Jahren dieses unmarxistische Dogma der »aufeinanderfolgenden Stadien« der allgemeinen Entwicklung ernstlich in Frage gestellt haben und besonders zu den Auffassungen von Marx hinsichtlich der »asiatischen Gesellschaft« zurückgekommen sind.[21]

sellen Wissenschaft viel eher erreicht als durch Auslegungen und Verteidigungen.

1. Mai 1960 *Ernest Mandel*

Das französische Manuskript dieses Buches wurde 1960 abgeschlossen; die französische Ausgabe erschien im Frühjahr 1962. Die deutsche Ausgabe wird dem Leser also acht Jahre nach der Vollendung des französischen Manuskripts vorgelegt. Der Autor hätte die Dokumentation auf den neuesten Stand bringen und die Resultate zahlreicher wichtiger Arbeiten, die seit 1960 erschienen sind, einarbeiten müssen. Dazu fehlte die Zeit. Er hat sich damit begnügt, das XV., von der sowjetischen Wirtschaft handelnde Kapitel umzuschreiben, um eine kritische Analyse der wichtigen Veränderungen, die sich in der Sowjetunion im Laufe der vergangenen Periode ergeben haben, bieten zu können. Einige andere Kapitel wurden leicht ergänzt, einige statistische Reihen erweitert. Das letzte Kapitel, das dem Entstehen, der Entwicklung und dem Niedergang der politischen Ökonomie gewidmet ist, wurde aus Gründen des Raummangels weggelassen. Auch einige andere Kapitel sind aus demselben Grund unwesentlich gekürzt worden.

I Arbeit — Notwendiges Produkt — Mehrprodukt

Von allen Lebewesen ist nur der Mensch unfähig, durch Anpassung an das natürliche Milieu zu überleben; er muß sich vielmehr diese Umwelt nach seinen Bedürfnissen umgestalten.[1] Die Arbeit stellt die einzige Möglichkeit des Menschen dar, auf sein natürliches Milieu einzuwirken. Sie ist eine bewußte und zugleich gesellschaftliche Tätigkeit, die aus der Möglichkeit der Kommunikation und des freiwilligen Beistandes zwischen den Mitgliedern dieser Gattung erwachsen ist.

Alle Gattungen der Tierwelt passen sich ihrem natürlichen Milieu dank besonders ausgebildeter Organe an. Die charakteristischen Organe des Menschen, seine Hand mit dem freibeweglichen Daumen sowie das entwickelte Nervensystem, erlauben ihm nicht, sich seine Nahrung in einem bestimmten natürlichen Milieu unmittelbar zu beschaffen. Aber sie ermöglichen ihm den Gebrauch von Werkzeugen und – dank der Ausbildung der Sprache – die Gestaltung einer gesellschaftlichen Organisation, die das Überleben der Menschen unter unbestimmt vielen natürlichen Umweltbedingungen sichert.*

Die Arbeit, die gesellschaftliche Organisation, die Sprache, das Bewußtsein sind somit die dem Menschen eigenen, voneinander untrennbaren und sich wechselseitig bedingenden Merkmale.

Die Werkzeuge, ohne die der Mensch nichts erzeugen – d. h. sich die lebenswichtigen Nahrungsmittel beschaffen – kann, um als Art zu überleben, erscheinen anfangs als künstliche Verlängerungen seiner natürlichen Organe. »Der Mensch

* »Ein Geschöpf, das sich völlig seiner Umwelt angepaßt hat, ein Tier, dessen ganze Wirkungs- und Lebenskraft darauf gerichtet ist und dafür ausgegeben wird, hier und auf der Stelle zu bestehen, hat keinen Rückhalt, um einer radikalen Wandlung trotzen zu können. Es kann in dem bestimmten Milieu alle seine Widersacher aus dem Felde schlagen; aber aus dem gleichen Grund wird es verschwinden, wenn sich die Umweltsbedingungen ändern. Denn gerade ihre erfolgreiche Anpassung erklärt anscheinend das Verschwinden einer so großen Zahl von ›Arten‹.«[2]

braucht Arbeitsinstrumente, um seine ungenügende physiologische Ausstattung zu ergänzen.«[3] Zu Beginn der Menschheitsgeschichte sind diese Werkzeuge noch unausgebildet: Stöcke, behauene Steine, spitze Knochen- und Hornstücke. So gliedert die Prähistorie und die Ethnologie die primitiven Völker in erster Linie nach der Beschaffenheit ihrer Werkzeuge. Diese Klassifizierung beginnt im allgemeinen mit dem Steinzeitalter, obwohl bei den prähistorischen Einwohnern Nordamerikas allem Anschein nach dem eigentlichen Steinzeitalter ein Knochenzeitalter vorausgegangen ist.
Nach und nach lösen produktive Verfahren die stets wiederkehrenden Arbeitsvorgänge ab. Die bedeutendste technische Entdeckung in der menschlichen Vorgeschichte war zweifellos die Erzeugung und Erhaltung des Feuers. Auch wenn es heute keinen primitiven Stamm mehr gibt, der vor dem Kontakt mit fremden Zivilisationen das Feuer nicht gekannt hätte*, zeugen unzählige Mythen und Legenden von einem Zeitalter, da man das Feuer noch nicht gekannt, und von einer Epoche, da der Mensch es noch nicht zu erhalten vermocht hat.
Sir James George Frazer hat Mythen über die Entstehung des Feuers bei nahezu zweihundert primitiven Völkern gesammelt. Alle diese Mythen zeigen, welch ungeheure Bedeutung die Entdeckung eines Verfahrens zur Erzeugung und Erhaltung von Feuer zu Beginn des menschlichen Daseins hat.[5]

Das notwendige Produkt

Der Mensch befriedigt seine wesentlichen Bedürfnisse durch Arbeit. Essen, Trinken, Ausruhen, Schutz vor den Unbilden der Witterung – vor Kälte oder Hitze –, Sicherung des Fortbestehens der Gattung durch Fortpflanzung sowie körperliche Betätigung zählen nach dem Ethnologen Malinowski zu diesen Bedürfnissen. Sie alle werden *gesellschaftlich* befriedigt, also nicht durch rein körperliche Anstrengungen eines

* Im 16. Jahrhundert traf der Forscher Magellan auf den Marianeninseln im Pazifischen Ozean Stämme, die das Feuer nicht kannten. Im 18. Jahrhundert besuchten Steller und Krashinikof das Volk der Kamtschadalen, die Bewohner der Halbinsel Kamtschatka, die ebenfalls noch kein Feuer besaßen.4

Individuums im Kampf mit den Naturgewalten, sondern über die wechselseitigen Beziehungen, die zwischen den Mitgliedern einer menschlichen Gruppe bestehen.[6]

Je primitiver ein Volk, desto größer der Teil seiner Arbeit, ja tatsächlich seines ganzen Daseins, der dazu dient, Nahrungsmittel zu suchen und herzustellen.[7]

Die primitivsten Methoden der Nahrungsmittelerzeugung sind das Sammeln wilder Früchte, das Fangen harmloser kleiner Tiere sowie die elementaren Arten der Jagd und des Fischfangs. Ein Volk, das in einem solch primitiven Stadium lebt, beispielsweise die Ureinwohner Australiens oder besser noch die primitiven Bewohner Tasmaniens, die seit einem Dreivierteljahrhundert völlig verschwunden sind, hat weder einen festen Wohnsitz, noch hält es Haustiere (mit Ausnahme manchmal des Hundes); es weiß nichts vom Kleiderweben und kennt nicht die Herstellung von Nahrungsmittelbehältern. Es muß weite Gebiete durchstreifen, um ausreichend Lebensmittel zu sammeln. Nur die Alten – körperlich unfähig, den ganzen Tag auf den Beinen zu sein – sind teilweise vom unmittelbaren Nahrungsammeln befreit und beschäftigen sich mit der Herstellung von Werkzeugen. Der Großteil der am weitesten zurückgebliebenen Stämme, die heute noch leben – wie die Einwohner der Andaman-Inseln im Indischen Ozean, die Feuerländer und Botokuden von Lateinamerika, die Pygmäen in Zentralafrika und Indonesien, die wilden Kubu in Malaya – führt ein Leben, das dem der Ureinwohner Australiens gleicht.[8]

Wenn man annimmt, daß die Menschheit seit einer Million Jahren besteht, dann hat sie zumindest während 980 000 Jahren in einem äußerst dürftigen Zustand gelebt. Der Hunger war eine ständige Gefahr für das Überleben der Gattung. Die durchschnittliche Nahrungsmittelproduktion reichte nicht aus, um den normalen Bedarf an Konsumtionsmitteln zu decken. Die Konservierung von Nahrungsmitteln war lange Zeit unbekannt. Seltene Perioden des Überflusses und glückliche Zufälle haben zu einer beträchtlichen Verschwendung von Nahrungsmitteln geführt.

»Die Buschmänner, die Australier, die Wedda von Ceylon und die Feuerländer halten praktisch niemals Vorräte für die Zukunft. Die Bewohner Zentralaustraliens wollen ihre

Nahrung alle auf einmal, damit sie sich damit vollstopfen können. Dann nehmen sie in Kauf, daß sie großen Hunger leiden müssen ... Wenn sie ihren Wohnsitz wechseln, lassen sie ihre Steinwerkzeuge zurück. Brauchen sie neue, so stellen sie eben andere her. Einem Papua genügt ein einziges Instrument, das er so lange benutzt, bis es untauglich ist; er kommt nicht auf die Idee, schon im voraus ein anderes herzustellen, um das alte zu ersetzen ... Die Unsicherheit hat die Vorratsbildung in den primitiven Zeiten verhindert. Die Perioden des Überflusses und des halben Verhungerns haben einander regelmäßig abgewechselt.«[9]

Diese »Kurzsichtigkeit« ist nicht der mangelnden Intelligenz des primitiven Menschen zuzuschreiben. Sie rührt von einer Jahrtausende währenden Unsicherheit und von dem ständigen Hunger, der den Menschen zwingt, sich bei jeder sich bietenden Gelegenheit bis zum äußersten zu sättigen. Aus diesem Grund wird die Entwicklung eines Verfahrens zur Nahrungsmittelaufbewahrung einfach unmöglich. Die gesamte Produktion erbringt lediglich das *notwendige Produkt*, d. h. Nahrung, Kleidung, die Heimstatt der Gemeinschaft und einen mehr oder weniger beständigen Vorrat an Werkzeugen zur Erzeugung von Gütern. Es existiert kein ständiger Überschuß.

Die Anfänge der gesellschaftlichen Arbeitsteilung

Solange nicht in ausreichendem Maße Nahrung vorhanden ist, können sich die Menschen nur der Lebensmittelbeschaffung widmen; es ist gänzlich unmöglich, daß sie sich einer anderen wirtschaftlichen Tätigkeit mit Ausdauer hingeben. Einer der ersten Erforscher Mittelamerikas, Cabeza de Vaca, traf dort Indianerstämme, die zwar Strohdecken für ihre Behausungen flechten konnten, jedoch aus Zeitmangel niemals welche angefertigt hatten: *»Sie wollen ihre ganze Zeit dafür verwenden, Nahrungsmittel zu sammeln; denn wenn sie sich anderweitig beschäftigen, werden sie vom Hunger gequält.«*[10]

Wo sich alle Menschen damit befassen, Nahrungsmittel zu erzeugen, kann sich keine wirkliche gesellschaftliche Arbeitsteilung, d. h. keine Spezialisierung in verschiedene *Berufe*, ausbilden. Für einige Völker ist es absolut unbegreiflich, daß nicht jeder seine sämtlichen Gebrauchsgegenstände selbst herstellen kann. Die Indianer im Innern Brasiliens wollten von dem deutschen Forscher Karl von den Steinen ständig wissen, ob er seine Hosen, sein Moskitonetz und viele andere Dinge selbst hergestellt habe. Sie waren über seine verneinende Antwort höchst erstaunt.[11]

Selbst in diesem Stadium der gesellschaftlichen Entwicklung gibt es einzelne, die für diese oder jene Arbeit eine besondere Begabung aufweisen. Aber die wirtschaftliche Situation, d. h. der Mangel eines ständigen Lebensmittelvorrates, erlaubt es ihnen nicht, ihre Begabung voll auszunutzen. In seiner Schilderung der Lebensgewohnheiten der Eingeborenen der Insel Tikopia (Salomon-Archipel im Pazifischen Ozean) schreibt Raymond Firth: »Jeder Mann in Tikopia ist Bauer und Fischer und in gewissem Maße auch Waldarbeiter. Jede Frau jätet Unkraut auf den Pflanzungen, fischt zwischen den Riffen, fertigt Kleidungsstücke aus Bast und flicht Matten. Eine Spezialisierung gibt es nur insoweit, als auf einem bestimmten Gebiet eine besondere Geschicklichkeit entwickelt wird; aber diese Tätigkeit wird dann nicht *ausschließlich* betrieben.«[12]

Was für eine verhältnismäßig fortgeschrittene Gesellschaft gilt, die schon den Ackerbau kennt, trifft für eine primitivere Gesellschaft noch weit mehr zu.

Aber die von Raymond Firth beschriebene gesellschaftliche Organisation enthüllt gleichzeitig, daß eine ursprüngliche Teilung der Arbeit besteht, wie man sie auf allen wirtschaftlichen Entwicklungsstufen der Menschheit finden kann: *die Arbeitsteilung zwischen den Geschlechtern.* Bei den primitivsten Völkern widmen sich die Männer der Jagd, während die Frauen Früchte sammeln und kleine, ungefährliche Tiere fangen. Bei den etwas entwickelteren Stämmen werden schon gewisse erworbene Fähigkeiten ausschließlich vom Mann oder von der Frau ausgeführt. Die Frauen befassen sich mit der Arbeit im Umkreis der Behausung: der Unterhaltung des Feuers, der Spinnerei und Weberei, der Herstellung von Tongefäßen usw. Die Männer entfernen sich weiter, jagen größeres Wild und fertigen aus Rohstoffen, die ihnen die Natur bietet, Werkzeuge an: aus Holz, Stein und Elfenbein, aus Horn und Knochen.

Das Fehlen einer Arbeitsteilung, die darauf hinausliefe, spezielle Fertigkeiten zu entwickeln, verhindert die Ausbildung von Techniken, die eine sehr lange Lehrzeit und besondere Kenntnisse erfordern; aber es erlaubt eine harmonische Entwicklung des Körpers und der menschlichen Tätigkeit. Die Völker, die die Arbeitsteilung noch nicht kennen, aber dank günstiger natürlicher Bedingungen den Hunger und die schlimmsten Epidemien besiegen konnten (Polynesier und bestimmte nordamerikanische Indianer vor der Eroberung durch die Weißen usw.), haben einen Menschentypus hervorgebracht, der die Bewunderung der zivilisierten Welt hervorrief.

Erste Ansätze zu einem gesellschaftlichen Mehrprodukt

Die allmähliche Ansammlung von Erfindungen, Entdeckungen und Erkenntnissen ermöglicht es, mehr Nahrungsmittel mit geringerem Arbeitsaufwand herzustellen. Wir finden die ersten Anzeichen einer *Steigerung der Arbeitsproduktivität.* Durch die Erfindung von Pfeil und Bogen sowie des Hakenspießes wird die Technik des Jagens und Fischens und damit die Nahrungsmittelversorgung der Menschheit verbessert. Künftig gewinnen diese Tätigkeiten die Oberhand über das Sammeln wilder Früchte, das fortan eine bloße Nebenbeschäftigung ist. Häute und Felle der Tiere, die jetzt regelmäßig gefangen werden, auch ihre Knochen, ihr Horn und Elfenbein stellen die Rohstoffe des Menschen dar, der nun Zeit und Möglichkeit hat, diese zu bearbeiten. Die Auffindung besonders ergiebiger Fisch- und Jagdgründe läßt an die Stelle des umherstreifenden Sammlers den halbansässigen (mit jahreszeitlichem Wechsel) oder sogar ständig seßhaften Jäger oder Fischer treten. So finden wir es bei Stämmen wie den Minkopie (den Küstenbewohnern der Insel Andaman), den Klamath (Indianer, die die kalifornische Küste bewohnen), einigen malayischen Stämmen usw.[13] Der Übergang zu einer halb oder dauernd seßhaften Lebensform, der durch die Hebung der Arbeitsproduktivität möglich geworden ist, trägt nun seinerseits zu deren Wachstum bei. Man kann jetzt mehr als die wenigen Werkzeuge ansammeln, die ein wandernder Völkerstamm bisher mit sich führen konnte.

So zeichnet sich langsam neben dem notwendigen Produkt, das eine Gemeinschaft zum Überleben braucht, eine erste Form des gesellschaftlichen *Mehrprodukts* ab. Es dient hauptsächlich dazu, einen Nahrungsmittelvorrat zu schaffen, um den ständig wiederkehrenden Hunger zu vermeiden oder zu mildern. Während Jahrtausenden haben die primitiven Völker versucht, das Problem der Nahrungsmittelkonservierung zu lösen. Zahlreiche Stämme haben die Lösung nur durch den Kontakt mit höherstehenden Zivilisationen gefunden. Zum Beispiel ist den Volksstämmen, die auf dem Stadium wandernder Jäger stehengeblieben sind und die im allgemeinen kein regelmäßiges Mehrprodukt erzielen, das Salz, der wirkungsvollste Konservierungsstoff für Fleisch, unbekannt.[14*]

Die zweite Grundfunktion des gesellschaftlichen Mehrprodukts besteht darin, daß es eine ausgeprägte Arbeitsteilung erlaubt. Von dem Zeitpunkt an, wo ein Stamm über einen mehr oder weniger ständigen Nahrungsmittelvorrat verfügt, können einige seiner Mitglieder einen größeren Teil ihrer Zeit der Herstellung von Gegenständen widmen, die nicht unmittelbar der Ernährung dienen: Werkzeuge, Schmuckstücke, Behälter zur Nahrungsmittelaufbewahrung. Was zuvor eine Neigung, eine persönliche Begabung auf diesem oder jenem Gebiet war, wird nun zu einer speziellen Beschäftigung, zur Keimzelle eines Berufes.

Die dritte entscheidende Bedeutung des gesellschaftlichen Mehrprodukts liegt in der Tatsache, daß es ein schnelleres Wachstum der Bevölkerung zuläßt. Die Bedingung des halben Verhungerns reduziert den ihr unterworfenen Stamm praktisch auf die arbeitsfähigen Männer und Frauen; eine solche Bevölkerung kann nur sehr wenige Kleinkinder am Leben erhalten. Die meisten primitiven Völker kennen die künstliche Geburtenbeschränkung und führen sie auch in weitem Maße durch, was im Hinblick auf die ungenügende Nahrungsmittelversorgung eine absolute Notwendigkeit ist.[15] Nur eine be-

* Bis zur Entdeckung der konservierenden Wirkung des Salzes – der entscheidenden Entdeckung für die ständige Vorratshaltung von Eiweißstoffen – sind die verschiedensten Methoden zur Konservierung des Fleisches angewandt worden. Man hat es getrocknet, geräuchert, in luftleeren Bambusbehältern aufbewahrt usw. Alle diese Verfahren haben sich jedoch als unzureichend für eine längere Frischhaltung erwiesen.

schränkte Anzahl von Kranken oder Arbeitsunfähigen kann versorgt und am Leben erhalten werden. Der Kindesmord wird ständig verübt. Kriegsgefangene werden im allgemeinen getötet, wenn nicht gar gegessen. Alle diese Anstrengungen, das Wachstum der Bevölkerung zu verhindern, beweisen in keiner Hinsicht die den primitiven Menschen angeblich eigene Grausamkeit. Sie zeugen vielmehr von dem Versuch, einer fortwährenden Gefahr zu entrinnen: dem Untergang des ganzen Volkes infolge von Nahrungsmangel.
Sobald eine mehr oder weniger sichere Nahrungsmittelrücklage vorhanden ist, kann ein neues Gleichgewicht zwischen den verfügbaren Nahrungsmitteln und dem Wachstum der Bevölkerung entstehen. Die Geburten steigen, und mit ihnen wächst auch die Zahl der Kinder, die über das Sterblichkeitsalter der Säuglinge hinwegkommen. Die Schwachen und Alten leben länger und heben so das Durchschnittsalter des Stammes. Die Bevölkerungsdichte eines bestimmten Gebietes nimmt mit der Arbeitsproduktivität zu, wodurch man einen ausgezeichneten Maßstab für den wirtschaftlichen und sozialen Fortschritt bekommt.[16] Mit dem Anwachsen der Bevölkerung und der Spezialisierung der Arbeit wachsen die verfügbaren Produktivkräfte der Menschheit. Das Auftreten eines gesellschaftlichen Mehrprodukts ist somit eine unabdingbare Voraussetzung für deren Steigerung.

Die neolithische Revolution

Die Erzeugung eines ständigen Mehrprodukts an Nahrungsmitteln ist die materielle Grundlage für die Verwirklichung der bedeutungsvollsten wirtschaftlichen Umwälzung, die der Mensch seit seinem Erscheinen auf der Erde gekannt hat: die Anfänge des Ackerbaus und die Zähmung und Zucht von Tieren. Nach der Epoche der Vorgeschichte, in deren Verlauf diese Revolution stattfindet – der Periode der geglätteten Steine oder der Jungsteinzeit –, wird sie neolithische Revolution genannt.
Aus zwei Gründen setzen Ackerbau und Viehzucht einen gewissen Überschuß an Lebensmitteln voraus: Erstens, weil man dabei den Samen und die Tiere nicht dem unmittelbaren Ver-

brauch zuführen darf, sondern sie in der Absicht verwendet, für eine spätere Periode mehr Pflanzen und mehr Fleisch zu erzeugen. Völker, die seit Jahrtausenden am Rande des Hungers leben, erkennen nur sehr schwer, daß man etwas für ein fernes Ziel abzweigen soll, wo man es doch jetzt aufessen könnte – wenn sie nicht über andere Nahrungsvorräte verfügen.* Der zweite Grund ist der, daß weder der Ackerbau noch die Viehzucht sofort die Lebensmittel erbringen, die der Stamm zum Überleben braucht, daß man also die Zeit zwischen Saat und Ernte mit Vorräten überbrücken muß. Daher kann weder der einfache Ackerbau noch die Viehzucht schlagartig zur hauptsächlichen Produktionsmethode eines Volkes werden. Sie treten stufenweise in Erscheinung, man betrachtet sie zunächst als Nebenbeschäftigung im Vergleich zur Jagd und zum Sammeln wilder Früchte. Für eine sehr lange Zeit werden daher Ackerbau und Viehzucht durch diese Tätigkeiten ergänzt, selbst dann noch, wenn sie schon die Ernährungsgrundlage des Volkes darstellen.

Man schätzt allgemein, daß die Haustierzucht jünger ist (Beginn ± 10 000 Jahre v. Chr.) als die ersten planmäßigen Ackerbauversuche (Beginn ± 15 000 Jahre v. Chr.), obwohl beide Tätigkeiten gleichzeitig auftreten können und bei manchen Völkern die Reihenfolge möglicherweise sogar die umgekehrte ist.[18] Bei der einfachsten Form des Ackerbaus, wie sie heute noch von zahlreichen afrikanischen und ozeanischen Völkern betrieben wird, ritzt man die Oberfläche des Bodens mit Hilfe eines spitzen Stockes auf oder gräbt sie mit einer Hacke um. Bei einer solchen Anbaumethode verbraucht sich der Boden rasch, und man muß die so bebauten Felder nach einigen Jahren aufgeben und andere bestellen. Zahlreiche Völkerstämme, wie z. B. die Gebirgsstämme Indiens, gewinnen neue Felder dadurch, daß sie den Dschungel in Brand setzen; die Asche liefert eine natürliche Düngung (Abschwenden).[19]

Die Revolution der Jungsteinzeit unterwirft die Nahrungsmittelerzeugung zum erstenmal seit den Anfängen der unmit-

* »Der Ackerbau erfordert... eine asketische Selbstzucht, die das instrumentale Bewußtsein von sich aus keineswegs hergibt«, betont Gehlen. Der Autor fragt sich, ob die ersten Anbauversuche nicht dadurch geschützt waren, daß sie ausschließlich kultischen Zwecken geweiht waren.[17]

telbaren Kontrolle des Menschen; darin liegt ihre wesentliche Bedeutung. Das Sammeln von Früchten, die Jagd, der Fischfang sind *passive* Versorgungsmethoden. Sie vermindern die natürlichen Nahrungsquellen eines bestimmten Gebietes oder belassen sie im besten Fall auf einem festen Stand. Im Gegensatz hierzu sind Ackerbau und Viehzucht aktive Methoden der Nahrungsmittelerzeugung; einmal vermehren sie die natürlichen Vorräte, über die der Mensch verfügt, und zum anderen schaffen sie völlig neue Möglichkeiten. Mit dem gleichen Arbeitsaufwand kann der Mensch nun zehnmal soviel erzeugen. Diese Methoden bringen daher eine ungeheure Steigerung der gesellschaftlichen Produktivität der menschlichen Arbeit mit sich.

Die neolithische Revolution gibt der Entwicklung von Werkzeugen einen mächtigen Anstoß. Indem sie ein *ständiges Mehrprodukt* hervorbringt, schafft sie auch die Möglichkeit zu einem berufsmäßigen Handwerk: »Die Voraussetzung für die Ausbildung fachlicher Fertigkeiten bildet eine gewisse Muße, welche von der Zeit, die der Nahrungsgewinnung gewidmet ist, erübrigt wird.«[20]

Der Beginn des Ackerbaus und der Viehzucht führt übrigens zu der ersten großen gesellschaftlichen Arbeitsteilung; neben Hirtenvölkern erscheinen Ackerbauvölker.

Zweifellos muß man den entscheidenden Fortschritt in den Methoden des Ackerbaus den Frauen zuschreiben. Das Beispiel von Völkern, die heute noch auf dem Stadium primitiver Ackerbauern leben, sowie viele Mythen und Legenden* bestätigen die Tatsache, daß die Frau, die sich ja in der primitiven Gesellschaft mit dem Sammeln der Früchte beschäftigt und sich meistens in der Nähe des Wohnsitzes aufhält, zuerst damit begonnen hat, den Samen der gepflückten Früchte auszusäen, um die Nahrungsmittelbeschaffung für den Stamm zu erleichtern. Die Frauen des Indianerstammes der Winnebago haben übrigens den zur Aussaat bestimmten Mais und Reis *verstecken* müssen, da er andernfalls von den Männern verzehrt worden wäre. In enger Verbindung mit der Entwicklung des Ackerbaus durch die Frauen treten bei zahlrei-

* »Der indonesische Stamm der Batak nennt die Frauen ›pasigadong‹, Mittel (pasi), um die Nahrung (gadong) zu beschaffen.«[21]

chen primitiven Ackerbauvölkern Religionen auf, die auf dem Kult der Fruchtbarkeitsgöttin beruhen.*
Das Matriarchat, das man bei verschiedenen Völkern der gleichen gesellschaftlichen Entwicklungsstufe nachweisen kann, ist ebenfalls mit der Rolle der Frau bei der Ausbildung des Ackerbaus verknüpft. Sumner, Keller und Fritz Heichelheim[24] zählen eine Reihe von Fällen auf, in denen das Matriarchat bei primitiven Ackerbauvölkern nachgewiesen ist.

Die gemeinschaftliche Organisation der Arbeit

Hobhouse, Wheeler und Ginsberg haben die Produktionsweise aller zu Beginn des 20. Jahrhunderts noch existierenden primitiven Völker studiert. Sie haben festgestellt, daß allen Stämmen mit nur sehr geringen Kenntnissen in Ackerbau und Viehzucht – und *a fortiori* allen Völkern, die auf einer sehr niedrigen wirtschaftlichen Entwicklungsstufe stehengeblieben sind – die Verwendung von Metallen unbekannt ist und daß sie nur äußerst kümmerliche Fertigkeiten in der Töpferei und Weberei besitzen.
Die Erkenntnisse der Archäologie bestätigen die ethnographischen Thesen. In der jüngeren Steinzeit stößt man in Europa auf eine nur sehr grobe Töpferkunst. In Indien und Nordchina, in Ost- und Nordafrika finden wir Spuren ähnlicher

* »Nach den erhaltenen Artefakten und Mythen zu schließen«, sagt Robert Graves, »besaß Europa im Neolithikum ein bemerkenswert homogenes System religiöser Vorstellungen, die sich auf die Verehrung der Mutter-Gottheit gründeten, die viele Namen hatte und die auch in Syrien und Lybien bekannt war. Das alte Europa kannte keine Götter. Die Große Göttin galt als unsterblich, unwandelbar und allmächtig; den Begriff Vaterschaft gab es im religiösen Denken nicht. Die Göttin hatte Liebhaber, aber zum Vergnügen und nicht, um ihren Kindern einen Vater zu verschaffen. Die Männer fürchteten und verehrten die Matriarchin und gehorchten ihr; das Herdfeuer, das sie in einer Höhle oder in einer Hütte hütete, war ihr frühestes gesellschaftliches Zentrum, Mutterschaft ihr größtes Geheimnis.«[22] Der indische Autor Debiprasad Chattopadhyaya hat anhand der Geschichte und der alten Literatur seines Landes die Beziehungen zwischen der Rolle der Frauen als ersten Bodenbebauerinnen, dem Matriarchat und dem magisch-religiösen Kult der Fruchtbarkeitsgöttinnen gründlich analysiert.[23]

Gesellschaften zwischen dem 6. und 7. Jahrtausend vor unserer Zeitrechnung.[25] Das Fehlen einer verfeinerten Töpferei oder Weberei zeigt, daß kein völlig selbständiges Handwerk besteht. Der Überschuß, den Ackerbau und Viehzucht abwerfen, ist nicht so groß, daß man den Handwerker völlig davon befreien könnte, sich seine Nahrungsmittel selbst zu erzeugen. Sogar heute noch lebt in dem chinesischen Dorf Taitou »kein Handwerker lediglich von seinem Beruf... Jeder Maurer, Zimmermann, Weber, die Arbeiter der kleinen Schmelzwerkstätte, der Dorflehrer, der Erntehüter und die verschiedenen Gemeindeverwalter – sie alle arbeiten während der Saat- und Erntezeit oder dann, wenn sie nicht durch ihren Beruf anderweitig beschäftigt sind, mit ihrer Familie auf ihrem Stückchen Land«.[26]

Genau wie auf niedrigeren Stadien der wirtschaftlichen Entwicklung bleibt die Gesellschaft auf der gemeinschaftlichen Organisation der Arbeit gegründet. Die Gemeinschaft braucht die Arbeitskraft eines jeden. Ihr Mehrprodukt ist noch nicht so groß, daß sich Privateigentum bilden könnte, ohne daß dadurch die Existenz der ganzen Gesellschaft in Gefahr gebracht würde. Die Gebräuche und der Ehrenkodex des Stammes widersetzen sich jeder *persönlichen* Bereicherung, die das übliche Maß überschreitet. Die Unterschiede in der Arbeitsleistung des einzelnen werden in der Verteilung nicht berücksichtigt; die Leistung als solche gibt kein Anrecht auf das persönliche Arbeitsprodukt. Sie ist nur eben eine fleißigere Arbeit.[27] »Die Verteilung bei den Maori«, schreibt Bernard Mushkin, »war hauptsächlich auf ein Ziel gerichtet: die Bedürfnisse der Gemeinschaft zu befriedigen. Keiner konnte verhungern, solange es noch Vorräte in den Speichern der Gemeinschaft gab.«[28]

Es haben sich besondere Einrichtungen herausgebildet – beispielsweise der zeremonielle Austausch von Geschenken oder die Veranstaltung von Erntefesten –, die die gerechte Verteilung von Nahrungsmitteln gewährleisten sollten. Margaret Mead, die uns die Feste bei dem Papuastamm der Arapesh beschreibt, glaubt, daß diese Veranstaltungen »tatsächlich ein sehr wirkungsvolles Hindernis dafür sind, daß ein einzelner zu einem Reichtum gelangt, der in keinem Verhältnis zu dem der anderen steht«.[29]

Georges Balandier schreibt ähnliches über die Bakongo-Stämme Äquatorialafrikas: »Eine Institution – *Malati* genannt – gibt uns Aufschluß über diese eindeutige Situation. Der *Malati* hatte zunächst den Charakter eines Jahresfestes (in der Trockenperiode), auf dem durch die Lobpreisung der Ahnen die Einheit des Stammes erhöht und die Verwandtschaftsbande verstärkt werden... Bei dieser Gelegenheit wurden eine Menge Güter, die sich im Verlauf des Jahres angesammelt hatten, in einer Atmosphäre wahrer Freude und mit viel Prunk gemeinsam konsumiert. Die *Spartätigkeit* (?) wurde demnach durch die Stammesoberhäupter in dem Sinne reguliert, daß die Familien- und Verwandschaftsbande erneuert und dadurch bestärkt wurden. Die regelmäßige Wiederkehr des *Malati* und die Reichtümer, die er erfordert, erweisen sich als Motor und Regulator der Bakongo-Wirtschaft... Er zeugt von einem Grad der wirtschaftlichen Entwicklung (den man zeitlich schwer bestimmen kann), wo der Überschuß an Gütern vor neue Probleme stellt: die Güter treten zwischen die persönlichen Beziehungen und entstellen sie.«[30]
James Swann erwähnt in seinem Bericht über die Indianer von Cape Flattery (im Staate Washington, USA), daß derjenige, der einen Nahrungsmittelüberschuß erzeugt hat – gleich welcher Art –, üblicherweise eine Anzahl seiner Nachbarn oder Familienmitglieder einlädt, um ihn gemeinsam mit ihnen zu verzehren. Wenn ein Indianer genügend Lebensmittelreserven angehäuft hat, ist er verpflichtet, ein Fest zu veranstalten, das so lange dauert, bis der Vorrat erschöpft ist.[31] Eine solche Gesellschaft legt Wert auf die *gesellschaftliche Solidarität* und betrachtet einen wirtschaftlichen Wettbewerb und den Hang zu persönlicher Bereicherung als unmoralisch.
Solomon Asch, der die Sitten der Hopi-Indianer an Ort und Stelle studiert hat, bemerkt folgendes: »Jeder einzelne muß gleich behandelt werden; niemand darf höher oder niedriger stehen. Wenn jemand sich selbst lobt oder herausstreicht, zieht er sich automatisch den Groll und die Kritik (der anderen) zu... Die meisten Hopi-Indianer lehnen es ab, Meister zu werden... Die Einstellung der Kinder zum Spiel ist ebenfalls bezeichnend. Ich habe feststellen können, daß kleinere Kinder ebenso wie die Jünglinge nie ein Interesse daran ge-

zeigt haben, die Punkte während eines Spiels zu zählen. Sie spielen zum Beispiel eine Stunde lang Basketball, ohne zu wissen, welche Mannschaft gewonnen und welche verloren hat. Und sie spielen aus reiner Freude am Spiel weiter.«[32]

Die genossenschaftliche Organisation der Arbeit bringt einmal die gemeinsame Durchführung von bestimmten wirtschaftlichen Aufgaben mit sich: Bau von Hütten, Jagd auf Großwild, Bahnung von Pfaden, Fällen der Bäume, Urbarmachung neuer Felder; zum anderen bedeutet sie, daß die Familien einander bei der täglichen Arbeit beistehen. Der amerikanische Anthropologe John H. Province hat eine solche Arbeitsweise bei Einwohnern von Borneo, dem Siang-Dajak-Stamm, beschrieben. Alle Stammesangehörigen, einschließlich des Medizinmannes, arbeiten abwechselnd auf dem eigenen Reisfeld und dem einer anderen Familie. Sie alle gehen zur Jagd, sammeln Holz für das Feuer und verrichten die Hausarbeiten.[33]

Margaret Mead beschreibt ein ähnliches System bei den Arapesh, einem Bergvolk Neu-Guineas.[34] Die gemeinschaftliche Organisation der Arbeit in ihrer reinen Form bedeutet, daß sich kein Erwachsener von der Arbeit fernhält. Sie kennt somit keine »herrschende Klasse«. Die Gemeinschaft plant die Arbeit nach alten Bräuchen und Riten, die sich auf eine genaue Kenntnis der natürlichen Bedingungen gründen (Klima, Bodenbeschaffenheit, Wildwechsel usw.). Das Oberhaupt – wenn es eines gibt – ist nur die Verkörperung dieser Riten und Bräuche und gewährleistet ihre getreue Ausführung. Die genossenschaftliche Arbeit besteht im allgemeinen trotz dem seit Jahrhunderten – wenn nicht Jahrtausenden – währenden Prozeß des Zerfalls der dörflichen Gemeinschaft fort.[35] Man muß betonen, daß die Gewohnheit der gemeinsamen Bewältigung der Arbeit, die wir erst sehr spät in den in Klassen gespaltenen Gesellschaften wiederfinden, bei der Entstehung der *Fron,* d. h. der unbezahlten Mehrarbeit für Staat, Kirche und Adel, zweifellos eine Rolle gespielt hat. In China ist diese Entwicklung ganz deutlich abzulesen.

Melville J. Herskovits[36] weist auf eine sehr interessante Übergangserscheinung in Dahomé hin: die *Dokpwe,* eine Gemeinschaftsarbeit, wird im allgemeinen zugunsten eines jeden einheimischen Haushaltes ausgeführt. Aber im Gegensatz zu der Tradition – und den offiziellen Verlautbarungen – wird die Bitte eines begüterten Haushaltes vor der eines armen erfüllt. Überdies ist das Oberhaupt der *Dokpwe* zu einem Mitglied der herrschenden Klasse aufgestiegen. Die Dahomeer sind sich dieser Entwicklung übrigens bewußt und haben Herskovits folgendes erzählt: »Die *Dokpwe* ist eine alte Einrichtung. Sie bestand, bevor es Könige gab. In alten Zeiten kannte man keine Oberhäupter, und der *Dokpwega* (der Leiter der Gemeinschaftsarbeit) stand an der Spitze des Dorfes. Die *Dokpwe* setzte sich wie heute aus allen männlichen Dorfbewohnern zusammen. Der Boden wurde gemeinsam bestellt. Später, als die Oberhäupter und Könige aufkamen, brach Streit aus. . .«[37]

Nach Nadel wird in dem Neger-Königreich Nupe die Gemeinschaftsarbeit – *egbe* genannt – zuerst (und vor allem!) auf den Feldern der Häuptlinge geleistet; Joseph Bourrilly macht auf eine ähnliche Entwicklung der *Touiza,* der Gemeinschaftsarbeit der Berber, aufmerksam.[38]

Die ursprüngliche Landnahme

Wenn die Stämme damit beginnen, Ackerbau zu treiben, sind sie in der Regel auf der Grundlage verwandtschaftlicher Bande zusammengeschlossen. Die älteste verwandtschaftliche Organisation ist die der *Horde,* wie sie noch unter den Ureinwohnern Australiens fortbesteht.

»Eine Horde ist eine Gruppe von Menschen, die gemeinsam ein ganz bestimmtes Stückchen Land bewohnen und bebauen. Die Rechte der Horde auf ihr Gebiet kann man in wenigen Worten damit umreißen, daß niemand, der der Horde nicht angehört, berechtigt ist, sich ein tierisches, pflanzliches oder mineralisches Erzeugnis dieses Gebietes zu beschaffen, es sei denn, er wird dazu aufgefordert oder erhält von einem Mitglied der Horde die Erlaubnis dazu.«[39]

Später sind die Großfamilie, der Clan, der Stamm als Clan-Verband und die Vereinigung miteinander verwandter Stämme die üblichen Organisationsformen primitiver Völker zur Zeit ihrer ersten Ackerbauversuche. Es ist daher nicht erstaunlich, daß die ursprüngliche Landnahme und die Aus-

übung einer gewissen (Eigentums-)Kontrolle in erster Linie von der vorherrschenden gesellschaftlichen Organisationsweise beeinflußt werden.
Solange man noch nicht durch die Düngung und Bewässerung des Bodens zum intensiven Ackerbau übergegangen ist, vollzieht sich die Landnahme im allgemeinen dadurch, daß eine Gruppe miteinander verwandter Männer und Frauen ein Dorf bildet. In Nord-Rhodesien stellte Audrey J. Richards fest, daß das Bemba-Volk »in kleinen Gemeinschaften von 30 bis 50 Hütten lebt... Jedes Dorf stellt eine Großfamilie dar, an deren Spitze jeweils ein Oberhaupt steht«.[40] Bei den seßhaften Berbern Marokkos »ist der Staatstyp nicht der Stamm, sondern das, was wir ziemlich ungenau eine Stammesfraktion (die Großfamilie) nennen... Alle Mitglieder der Fraktion erklären, daß sie von demselben Vorfahren abstammen, von dem sie den Namen haben«.[41] Zwischen dem 6. und 7. Jahrhundert lebten in den slawischen Ländern »die Stämme alle in ihre Clans aufgeteilt, mit eigenen Feldern, und jeder Clan mit seinem eigenen Vorsteher«[42]
In seinen Darlegungen über das ländliche Leben im Mittelalter folgert Marc Bloch: »Im ganzen genommen sind das Dorf und seine Felder das Werk einer großen Gruppe, vielleicht eines Stammes oder eines Clans; die *Mansen* (englisch *Hildes*, deutsch *Hufe*) sind die den kleineren Untergruppen zugewiesenen Teile. Welche sekundäre Gemeinschaft schloß sich in der Manse zusammen? Sehr wahrscheinlich die vom Clan getrennte Familie... eine Familie, die noch patriarchalischen Charakter hat und groß genug ist, um mehrere Verwandtschaftspaare in sich aufzunehmen. In England hat das Wort *hide* die Bedeutung des lateinischen *terra unius familiae* (Land einer Familie).«[43]
Ch. Edmond Perrin bestätigt dies für das Land-Leben in Lothringen: »Daß die *Manse* ursprünglich das von einer einzigen Familie bebaute Land gewesen ist, beweisen ausreichend die Praktiken der merowingischen Epoche; tatsächlich wurden im 7. Jahrhundert... die Pachtabgaben für kirchliche und königliche Güter je Familienoberhaupt und nicht pro *Manse* berechnet.«[44]
Demnach wird das Dorf von der Großfamilie, dem Clan, bewohnt, und die eigentliche Familie errichtet auch den Hof.

Der primitive Ackerbau steht vor allem vor der Aufgabe, immer wieder neuen Boden urbar zu machen – eine Arbeit, die stets vom ganzen Dorf gemeinsam ausgeführt wird, wie es die Beispiele von Völkern zeigen, die heute noch in diesem Entwicklungsstadium stehen, und wie es alte chinesische Lieder rühmen. Es ist klar, daß im Rahmen der genossenschaftlichen Organisation der Arbeit der anbaufähige Boden, der gemeinsam gerodet worden ist, Gemeindebesitz bleibt und regelmäßig umverteilt wird. Nur der Garten rund um die Wohnstätte, wo die Familie allein den Boden urbar gemacht oder Obstbäume angepflanzt hat, geht in Privateigentum über.[45] Garten bedeutet übrigens Einfriedung, d. h. ein Feld, zu dem die anderen – ganz im Gegensatz zu den gemeineigenen Feldern – keinen Zutritt haben.*
Die regelmäßige Anweisung und Neuverteilung der anbaufähigen Äcker durch Verlosung ist durch zahlreiche geschichtliche und sprachliche Zeugnisse belegt. Die Anbauböden Lothringens wurden ursprünglich *sors* (Lose) genannt; die im biblischen Palästina durch das Los verteilten Felder hießen *Nahala* (Los), was später gleichbedeutend wurde mit Besitz, usw. Im antiken Griechenland gibt es ähnliches.[47]
Als mit der Entwicklung verbesserter Anbaumethoden der Ackerboden schließlich wertbeständiger wird und die gemeinsame Urbarmachung nicht mehr eine so entscheidende Rolle im Dorfleben spielt, beginnt das Privateigentum an Feldern langsam in Erscheinung zu treten. Aber solange die dörfliche Gemeinschaft noch nicht aufgelöst ist, lebt das frühere Gemeineigentum noch in dieser oder jener Form weiter. Ein dritter Teil der Gemarkung – neben den Häusern und Gärten einerseits, den urbar gemachten Flächen andererseits – bleibt in Gemeinbesitz; er besteht im wesentlichen aus Weideplätzen und Waldgebieten. Das Recht, die Weiden umsonst zu benützen, d. h., daß das Vieh aller Gemeindeglieder die Felder vor der Saat abgrasen kann; die gemeinschaftliche Er-

* Als die T'ang-Dynastie (im Jahre 618 unserer Zeitrechnung) durch eine Bauernrevolte an die Macht kam, führte sie wieder das System der regelmäßigen Neuverteilung des bebaubaren Bodens ein; aber die Gärten (±1/5 der Gesamtfläche jeden Hofes) beließ sie in erblichem Besitz der Bauernfamilien.46

richtung und Benutzung von Mühlen oder Brunnen; die Tatsache, daß das Dorf als kollektive Einheit für die Steuerabgaben aufkommen muß; das Weiterbestehen des Brauchs, einander bei der Arbeit zu helfen; das Recht, auf einem Teil eines gerodeten Waldgebietes neue Höfe anzulegen – all diese Erscheinungen bezeugen, daß im Dorfleben über Jahrhunderte hinweg ein starker kollektiver Zusammenhalt besteht, eine Solidarität, deren Wurzeln in dem früheren Gemeineigentum zu suchen sind.

Es ist unmöglich, alle Quellen anzuführen, die bestätigen, daß auf einer bestimmten Stufe der landwirtschaftlichen Entwicklung Grund und Boden bei allen zivilisierten Völkern in Gemeinbesitz waren; wir wollen uns daher auf die wichtigsten beschränken. Yoshitomi hat die japanische Dorfgemeinschaft *Mura* beschrieben. In seinem umfangreichen Werk *Economic Aspects of the History of Civilisation of Japan* schildert uns Yosoburo Takekoshi, daß sich im Altertum Grund und Boden im Gemeinbesitz befanden und die Äcker jeweils durch Verlosung aufgeteilt wurden. In Indonesien »stellt die Dorfgemeinschaft die ursprüngliche Gemeinschaft dar«, schreibt J. H. Boeke. Wittfogel hat das *Tsing-Tien-System*, die Aufteilung der Felder des chinesischen Dorfes in neun Quadrate, untersucht und dabei festgestellt, daß der Boden im Kollektivbesitz der Dorfgemeinschaft ist.[48] In seinem Werk über das alte Pharaonenreich hebt Professor Dyckmans ausdrücklich hervor, daß der Boden ursprünglich dem Clan gehörte und regelmäßig durch Verlosung umverteilt wurde. Professor Jacques Pirenne versichert das gleiche in seinem Buch *Histoire des Institutions et du Droit privé de l'ancienne Egypt.*[49] Jacques Weulersse, der das Ackerbausystem der Alauiten, eines Arabervolkes, beschrieben hat, fand dort noch Spuren des Gemeineigentums vor, das früher in der ganzen islamischen Welt vorherrschte: »Mit *mouchaa* bezeichnet man jene Dörfer, in denen der gesamte Grund und Boden der Dorfgemeinschaft gehört. Keines ihrer Mitglieder besitzt eigenes Land, sondern jedes hat nur ein Anrecht auf das Gesamtgebiet. Dieses Recht sichert ihm bei der periodischen Umverteilung. . ., die durchschnittlich alle drei Jahre stattfindet, einen festen Anteil des Bodens.«[50]

Der halb-offizielle *African Survey* sagt über ganz Mittel-

und Ostafrika: »Es ist völlig richtig, daß in dem Teil Afrikas, den wir hier behandeln, der Boden dem Stamm oder der überwiegenden Gruppe kollektiv gehört.«[51]
Über die Wirtschaft der *Tikopia* (Polynesien) sagt Raymond Firth, daß »die Obst- und Gemüsegärten das traditionelle Eigentum der Großfamilie (Clan)« sind.[52] Geschichtsforschungen bestätigen den Gemeinbesitz am Boden im Griechenland Homers, in der germanischen *Mark*, im antiken Azteken-Dorf, im alten Hindu-Dorf zur Zeit des buddhistischen Schrifttums; ebenso im Inka-Dorf, wo die bestellten Felder *Sapslpacha*, nämlich »Erde (*pacha*), die allen gehört« heißen; im Dorf des alten Byzantinischen Reiches, hauptsächlich in Ägypten, Syrien, Thrakien, in Kleinasien und auf dem Balkan vor der slawischen Kolonisation; im alten Rußland mit seiner Dorfgemeinschaft *obschtschina*; bei den Südslawen, den Polen, den Ungarn usw. In einer Studie für die F. A. O. bekräftigt Sir Gerald Clausen übrigens, daß der Ackerbau am Anfang immer im Rahmen eines Systems betrieben wurde, das auf dem Gemeineigentum und der periodischen Umverteilung des Bodens fußte.[53]

Die künstliche Bewässerung – Wiege der Zivilisation

Die ersten Gehversuche des Ackerbaus waren sehr unbeholfen und unregelmäßig: der Mensch konnte den Boden nicht fruchtbar erhalten. Die Entdeckung der künstlichen Bewässerung und die Auswirkungen der Brache revolutionierten die gesamte Ackerbautechnik.
Die Folgen dieser Revolution waren unabsehbar. Die Haustierzucht und die ersten Anfänge des Ackerbaus gaben dem Menschen die Kontrolle über seine Nahrungsmittel in die Hand. Die systematische Anwendung der Brache und vor allem der Bewässerung – verbunden mit der Verwendung von Zugtieren – sicherte der Menschheit einen dauernden und bedeutenden Überschuß an Lebensmitteln, der lediglich vom eigenen Arbeitseinsatz abhing. In Mesopotamien konnte man für jedes gesäte Getreidekorn hundert Körner ernten.[54]
Dank diesem ständigen Überschuß konnte sich das Handwerk verselbständigen, spezialisieren und vervollständigen. Die Ge-

sellschaft konnte Tausende von Menschen ernähren, die nun nicht mehr direkt bei der Nahrungsmittelerzeugung mitwirkten. Die Stadt konnte sich vom Dorf lösen. Die Zivilisation war geboren.
Schon die Griechen aus der Zeit Homers sahen die Zivilisation als das Produkt des Ackerbaus an.[55] Die Chinesen der Klassischen Epoche schrieben dem sagenhaften Kaiser Chen-Nung gleichzeitig die »Erfindung« des Ackerbaus, des Handels und der Zivilisation zu.[56] Interessant ist, daß in den Überlieferungen der Azteken der Ursprung des Volkswohlstandes auf eine Mitteilung Gottes zurückgeführt wird, der dem Hohepriester einen Traum eingab; die Botschaft Gottes »befahl den Mexikanern, einen großen Fluß, der sich um den Fuß eines Hügels schlängelte, einzudeichen, damit er sich über die Ebene ergieße«.[57] Das sind nur wenige Beispiele. Der Historiker Heichelheim sagt mit vollem Recht, *daß der Ackerbau die Grundlage jeder Zivilisation, einschließlich des modernen Kapitalismus gewesen sei.*[58] Und die amerikanische Enzyklopädie der Sozialwissenschaften schreibt: »Weder die Geschichte noch die Archäologie haben bis auf den heutigen Tag eine Zivilisation entdecken können, die nicht weitgehend von den drei Getreidearten Weizen, Mais und Reis abhinge.«[59]
Der Übergang zu der Bewässerungsmethode und das Aufkommen des städtischen Lebens, das sich daraus ableiten läßt, vollzog sich an mehreren Stellen der Welt, wo es die natürlichen Bedingungen zuließen. Es läßt sich noch schwer sagen, wie weit sich diese Methode bei den verschiedenen Völkern unabhängig voneinander entwickelt hat; für einige scheint dies zuzutreffen. Die Entwicklung des Ackerbaus durch die Bewässerung des Bodens, ein ständiger großer Überschuß an Nahrungsmitteln, die Spezialisierung des Handwerks und die Entstehung von Städten – diesen Erscheinungen begegnen wir nacheinander im Niltal und im Tal von Euphrat und Tigris im 5. Jahrtausend vor unserer Zeitrechnung; im Hoang-Ho-Tal in China, im Iran und auf der Insel Zypern im 4. Jahrtausend; im Indus-Tal, in Zentralasien und auf der Insel Kreta im 3. Jahrtausend; auf dem griechischen Festland, in Anatolien, im Donautal und auf Sizilien im 2. Jahrtausend; in Italien und im südlichen Arabien (Kö-

nigreich Minea* und die sabäische Zivilisation) im 1. Jahrtausend vor Christus; in Westafrika (Ghana, Mali, Sanghoi, in den Tälern des Niger und von Senegal) sowie in Amerika (Mexiko, Guatemala und Peru) im 1. Jahrtausend nach Christus.

Die metallurgische Revolution

Die entscheidenden Neuerungen in der Ackerbautechnik fallen im allgemeinen mit dem Ende der jüngeren Steinzeit zusammen. Die Menschen, von der drückenden Herrschaft des Hungers befreit, konnten nun die ihnen angeborene Wißbegierde und ihren Forschungstrieb entwickeln. Seit langem schon hatten sie gelernt, gewisse Tonarten im Feuer zu brennen, um Töpfe herzustellen. Als sie bestimmte Steine ins Feuer warfen, entdeckten sie die Metalle und fanden auch bald heraus, daß sie für die Herstellung von Werkzeugen hervorragend geeignet waren. Die wichtigsten Etappen dieser technologischen Revolution waren die aufeinanderfolgenden Entdeckungen von Kupfer (im 6. Jahrtausend im Tal von Euphrat und Tigris und im Niltal), von Zinn sowie von Bronze, einer Legierung aus Kupfer und Zinn (im 3. Jahrtausend in Ägypten, Mesopotamien, im Iran und in Indien) und schließlich von Eisen (± 1300 v. Chr. bei den Hettitern, nachdem es schon vereinzelt bei den Küstenvölkern des Schwarzen Meeres verwendet worden war).
Die umwälzenden Folgen der Verhüttungskunst wirken sich vor allem auf den Ackerbau selbst aus, der ja nach wie vor die grundlegende wirtschaftliche Tätigkeit der Gesellschaft bleibt. Durch die Verwendung von Metall-Werkzeugen beim Ackerbau, vor allem der Pflugschar aus Metall, wird es erforderlich, die Zugkraft der Tiere auszunutzen; die Produktivität der Arbeit macht damit einen gewaltigen Sprung vorwärts. Die Verwendung der Eisenpflugschar erlaubt einen extensiven Ackerbau; so wird es möglich, daß auf den schweren Böden Europas im 8. Jahrhundert Städte entstehen.[61] Die

* Etymologisch bedeutet Minea »Quellwasser, Frühlingswasser«.[60] Zur selben Zeit erschließen sich Deutschland und Gallien dank der Anwendung der Brache der Zivilisation.

Einführung metallischer Werkzeuge im Verlauf des 8. Jahrhunderts in Japan bringt eine beträchtliche Ausdehnung der Anbauflächen und dadurch einen bedeutsamen Bevölkerungszuwachs mit sich.[62]

Damit sind die materiellen Bedingungen für den Aufschwung des Handwerks und die Trennung von Stadt und Land gegeben. Der Anstieg des allgemeinen Wohlstandes* treibt auch die Bevölkerungszahl in die Höhe und liefert neue Arbeitskräfte. Die Vergrößerung des Lebensmittelüberschusses schafft die Existenzbedingung für die städtischen Arbeiter. Die Metalle sind das erste und hauptsächliche Arbeitsmaterial dieser Handwerker. Zunächst vor allem auf die Herstellung von Luxusgegenständen und Schmuck ausgerichtet, beginnt das Handwerk sehr bald, Waffen und Werkzeuge jeder Art an-

* Wie für jedes Lebewesen ist auch beim Menschen das Bevölkerungswachstum der beste Maßstab für den Fortschritt. Der Geograph Ratzel[63] hat die folgende Tabelle über die Bevölkerungsdichte – in Abhängigkeit von den verschiedenen Lebensbedingungen zu Beginn dieses Jahrhunderts – zusammengestellt; wir geben diese Aufstellung in leicht vereinfachter Form wieder:

	Einwohner pro englischer Quadratmeile
Jäger- und Fischervölker in den vorgeschobenen Gebieten der Ökumene (Eskimos)	0,005–0,015
Jäger- und Fischervölker der Steppengebiete (Buschmänner, Australier, Patagonier)	0,005–0,025
Jägervölker mit etwas Ackerbau (Dajak, Papuas, ärmere Negerstämme, Indianer)	0,5–2
Seßhafte Fischervölker an Küsten und Flüssen (nordamerikanische Indianer, Bewohner der kleinen polynesischen Inseln)	bis zu 5
Hirtennomaden	2–5
Ackerbauern mit Anfängen von Gewerbe und Handel (Innerafrika, malayischer Archipel)	5–15
Normaden mit Ackerbau (Kordofan, Persien, Sennaar)	10–15
Völker mit extensivem Ackerbau (islamische Länder Ostasiens und des Sudans, osteuropäische Länder)	10–25
Fischervölker, die Ackerbau betreiben (Pazifische Inseln)	bis zu 25
Gebiete mit intensivem Ackerbau (Mitteleuropa)	100
Gebiete Südeuropas mit intensivem Ackerbau	200
Gebiete Indiens mit Bewässerungswirtschaft	über 500
Gebiete mit Großindustrie	über 750

zufertigen. Mit der Schmiedekunst erreicht das Handwerk seine endgültige Selbständigkeit.*

Produktion und Akkumulation

Nachdem es der Ackerbaukultur gelungen ist, die Fruchtbarkeit des Bodens zu erhalten, erzeugt sie einen dauernden Überschuß an Nahrungsmitteln, ein bedeutsames *gesellschaftliches Mehrprodukt.* Dieses Mehrprodukt ist nicht nur die Grundlage der gesellschaftlichen Arbeitsteilung, der Trennung des Handwerks vom Ackerbau und der Stadt vom Land. Es ist zugleich die Grundbedingung für die Aufspaltung der Gesellschaft in Klassen. Solange die Gesellschaft zu arm ist, um einen stetigen Überschuß hervorzubringen, kann sich keine große soziale Ungleichheit entwickeln. In den Ländern Kleinasiens nehmen die Gutsbesitzer, die die fruchtbaren Böden innehaben, den Bauern die halbe Ernte oder noch mehr ab. Dagegen sind »die Ernten auf den Äckern des Gebirgslandes« heute noch »so spärlich, daß der Boden die doppelte Belastung – eines Pächters und eines Eigentümers – einfach nicht tragen könnte«.[65] »Unter primitiven Bedingungen gibt es keine Sklaverei. *In einer Zeit, in der zwei Hände nicht mehr erzeugen, als ein Mund verzehrt, fehlt hierfür einfach die ökonomische Grundlage.* Sie erscheint erst, als man gelernt hat, die angesammelten Erzeugnisse der Arbeit aufzuspeichern oder sie zur Errichtung großer Bauwerke zu verwenden.«[66]

* Im mittelalterlichen Europa taucht der Schmied als erster Handwerker auf, der berufsmäßig für den Markt arbeitet. Das lateinische Wort *faber* und auch das deutsche Wort *Schmied* bedeuten ursprünglich ganz einfach Handwerker.64 In Ost- und Mitteleuropa indessen entwickelt sich in der Bronzezeit keine städtische Zivilisation; erst die Eisenpflugschar erzeugt dort ein ausreichendes Mehrprodukt. Im Gegensatz dazu erlauben die klimatischen Bedingungen und die geringere Bevölkerungsdichte in Mittelamerika den Aufschwung der Zivilisation, bevor die Metallwerkzeuge in Gebrauch kommen. Diese Ausnahmen zeigen übrigens, daß eben die Erzeugung eines großen gesellschaftlichen Mehrprodukts die wirkliche Voraussetzung für das Entstehen einer Zivilisation ist. Wann und wie die Völker dieses Mehrprodukt erreichen, hängt unvermeidlich von der jeweiligen Beschaffenheit der natürlichen Umwelt ab.

Bei der Untersuchung der gesellschaftlichen Institutionen von 425 primitiven Stämmen fanden Hobhouse, Wheeler und Ginsberg heraus, daß bei den Völkern, die weder Ackerbau noch Viehzucht betreiben, auch keinerlei Sklaverei vorkommt. Ansätze von Sklaverei entdeckten sie bei einem Drittel der Völker, die zur Hirten geworden sind oder begonnen haben, Ackerbau zu betreiben; auf der Stufe einer voll entwickelten Ackerbauwirtschaft ist die Sklaverei eine allgemeine Erscheinung. Dreißig Jahre später gelangte C. Darryl Ford zu den gleichen Schlüssen.[67]
Seit es ein ständiges und großes Mehrprodukt gibt, besteht für einen Teil der Gesellschaft die Möglichkeit, der produktiven Arbeit den Rücken zu kehren und auf Kosten eines anderen Teils der Gesellschaft Freizeit zu genießen.* Die Verwendung von Kriegsgefangenen oder Gefangenen gleich welcher Art als Sklaven (in Polynesien heißt ein Sklave *Tangata-Taua,* »ein Mensch, der aus dem Krieg stammt«[69]) ist eine der zwei üblichsten Formen einer ersten Spaltung der Gesellschaft in Klassen. Die andere primitive Form der Klassenspaltung entsteht dadurch, daß einem Teil der Gesellschaft eine Steuer auferlegt wird.
Da der fortgeschrittene Ackerbau in einer Vielzahl kleiner Dörfer betrieben wird, produziert ein jedes nur einen kleinen Überschuß, der für sich allein genommen kaum zur Entstehung eines berufsmäßigen Handwerks und noch viel weniger zur Gründung von Städten ausreicht.** Die Konzentration dieses Überschusses wird daher zur Vorbedingung seiner wirklichen Nutzanwendung.
»Der Überschuß, den eine einzelne Familie über ihren häuslichen Bedarf hinaus erzeugt, ist in einer so rückständigen Landwirtschaft, wo sogar jedes Jahr ein Großteil der Käl-

* Das ist offensichtlich nur eine Möglichkeit; es ist ebensogut möglich, daß die so gewonnene Freizeit die Arbeitszeit aller Produzierenden verkürzt und von allen für nicht-ökonomische Tätigkeiten genutzt wird. So scheint es bei den Siane von Neuguinea gewesen zu sein, bei denen, laut Salisbury, der Anteil der Arbeitszeit, der für die Produktion des Lebensnotwendigen aufgewendet wurde, nach der Ablösung der alten Steinbeile durch Stahlbeile von 80 % auf 50 % gesunken ist.[68]

** Nach dem amerikanischen Assyriologen A. L. Oppenheim waren die ersten mesopotamischen Städte nur große Dörfer, die die gleiche Struktur wie die Dorfgemeinschaft beibehielten.[70]

ber aufgegessen wird, aller Wahrscheinlichkeit nach sehr klein. Wollte eine solche Gesellschaft eine wesentliche Menge fremder Güter – z. B. Salz oder Metalle – erwerben, müßte sie die Überschüsse (der Familien) zusammenlegen. Die historischen Zeugnisse über die orientalischen Zivilisationen der Bronzezeit und die ethnographischen Daten über Polynesien und Nordamerika beweisen, daß sowohl das Häuptlingsamt als auch der Glaube an einen Gott eine Art Konzentration darstellen. Das wirkliche Oberhaupt oder der imaginäre Gott können einen beträchtlichen Überschuß an gewöhnlich freiwilligen Spenden oder Opfergaben ansammeln, die von jeder Familie in der Gruppe ihrer Anhänger oder Anbeter aus deren eigenem kleinen Überschuß entrichtet werden.«[71]

Was anfangs eine freiwillige Gabe war, wird in der Folgezeit verbindlich und zur Regel, Durch die Ausübung von Macht, d. h. die Errichtung eines Staates, entsteht eine Gesellschaftsordnung, die auf den Abgaben der Nahrungsmittelüberschüsse der Bauern an die neuen Herren basiert.*

Über die primitivsten Völker sagt Malinowski: »Diese Völker besitzen weder eine Zentralgewalt noch eine politische Gewalt. Folglich haben sie auch keine Streitmacht, keine Miliz und keine Polizei. Die Stämme führen untereinander keine Kämpfe. Persönliche Verletzungen werden durch heimliche Angriffe auf einzelne oder durch Zweikämpfe geahndet... Es gibt bei ihnen keinen Krieg.« C. Daaryl Ford schildert den Urkommunismus des Clans bei den Tungusen Nordost-Sibiriens, bei denen es gleichfalls keine erblichen Oberhäupter gibt.[73]** Im Gegensatz dazu tritt nach Heichelheim in

* In dem Negerkönigreich Nupe wird der Zins, der den Oberhäuptern der Dörfer gezahlt wird, heute noch Geschenk, *kynta*, genannt, während man ihn in der Umgebung der Hauptstadt Bida schon den Zehnten (*dzanka*) nennt.[72] Es ist bezeichnend, daß das arabische Wort *makhzen*, was soviel wie »Regierung« heißt, von dem Wort *khazana* – anhäufen, speichern – kommt, und daß sich das französische Wort »magasin« und das spanische »almacén« davon herleitet.

** Bei den Nambikuara-Indianern beruht die Rolle des Häuptlings (*nilikande* = der Verneinende) auf der Übereinstimmung; er kann keinerlei Zwang ausüben. Als Lévi-Strauss einen Indianer nach den Privilegien des Häuptlings fragte, erhielt er die gleiche Antwort (»Er marschiert im Krieg an der Spitze«), die Montaigne 1560 – 400 Jahre früher! – erhielt, als er einem amerikanischen Indianer diese Frage vorlegte.[74]

den ersten Städten eine staatliche Organisation in Erscheinung: »Die Bevölkerung der neuen Siedlungen bestand... vorwiegend aus einer rentenbeziehenden Oberschicht [d. h. aus einer Schicht, die sich das Mehrprodukt der Landarbeit aneignete], die sich aus Fürsten, Adligen und Priestern zusammengesiedelt hatte. Hinzu kamen die von dieser Oberschicht ernährten Funktionäre, Beamten und Diener [d. h. der Staatsapparat] ...«[75]

Über die Konzentrierung und Akkumulierung des gesellschaftlichen Mehrprodukts hinaus erfüllen diese neuen Klassen jedoch eine gesellschaftlich notwendige und fortschrittliche Aufgabe. So werden die Luxusgegenstände, die sich die neuen Herren vom Handwerk herstellen lassen, die Grundsteine für die Entwicklung der Kunst. Sie ermöglichen weiter die Differenzierung des gesellschaftlichen Mehrprodukts durch seine Akkumulation, und diese Differenzierung des Mehrprodukts bedeutet ganz einfach die der Produktion. Dank ihrer Muße ermöglichen sie (und betreiben in einzelnen Fällen sogar persönlich) die Sammlung von Erkenntnissen, von Verfahren und Methoden, die die Erhaltung und Steigerung der Produktivkräfte in der Landwirtschaft gewährleisten: astronomische und meteorologische Kenntnisse, die Aufschluß geben über die Wasserverhältnisse, über den ungefähren Zeitpunkt der Ernte und somit deren eventuelle Rettung; geometrische Kenntnisse, mit deren Hilfe man die Felder aufteilen kann; Techniken zur Erschließung von Neuland – gefordert durch das Anwachsen der Bevölkerung – in einem Umfang, der die Kraft eines Dorfes oder ganzer Dorfgruppen weit übersteigen würde; zum Bau von Kanälen, zur Errichtung von Deichen und zur Ausführung anderer für die Bewässerung unerläßlicher Arbeiten usw.*

Die »Fähigkeit« zu akkumulieren dient dazu, die Aneignung großer materieller Vorteile zu rechtfertigen. Wenn Akkumu-

* Vor 2400 Jahren erklärte Kautilya, der Premierminister des indischen Königs Maurya Chandragupta, in seinem Werk »Arthacastra«, daß der Ursprung der ganzen Zivilisation von der Arbeit der Bauern herrühre: »Denn die Tatsache, daß die Dörfer für ihre eigenen Bedürfnisse selbst aufkommen und das einzige Vergnügen[!] dieser Leute die Feldarbeit ist, steigert den königlichen Reichtum, den Vorrat an Waren [den Handel!], an Getreide und beweglichen Dingen [das bewegliche Vermögen].«[76]

lation historisch gesehen auch unumgänglich ist, so ist doch noch keineswegs erwiesen, daß sie auf lange Sicht nicht auch von der Gemeinschaft hätte vollbracht werden können. Die Privilegien wurden auf jeden Fall von dem betroffenen Volk als Erpressung empfunden, und es versuchte sich dagegen zu wehren, etwa wie jener Bauer aus dem alten Ägypterreich, der in der »Satire des Métiers« zu Worte kommt.[77]
Der marxistische Begriff der »historischen Notwendigkeit« ist übrigens weit umfassender, als seine Anhänger gemeinhin annehmen. Er umschließt in dialektischer Weise sowohl die Akkumulation des gesellschaftlichen Mehrprodukts, die die alten besitzenden Klassen zustande bringen, als auch den Kampf der Bauern und Sklaven gegen diese Klassen; ein Kampf, ohne den der Emanzipationskampf des modernen Proletariats unsagbar viel schwerer gewesen wäre.

Gibt es einen »wirtschaftlichen Überschuß«?

Der Begriff des gesellschaftlichen Mehrprodukts, das seine Wurzeln in dem ständigen Lebensmittelüberschuß hat, ist für die marxistische Wirtschaftsanalyse wesentlich. Dieser Begriff wurde bis vor kurzem nicht nur von den meisten Wirtschaftstheoretikern, sondern auch, was sehr bezeichnend ist, von allen Anthropologen, Archäologen, Ethnologen und Historikern der primitiven Wirtschaft anerkannt. Die häufige Bezugnahme auf die Werke dieser Spezialisten in den ersten Kapiteln unserer Arbeit bescheinigt, daß die empirischen Daten der heutigen Wissenschaft die grundlegenden Hypothesen der marxistischen Wirtschaftsanalysen bestätigen.
Der einzige wirklich ernsthafte Angriff auf den Begriff des wirtschaftlichen Überschusses und des gesellschaftlichen Mehrproduktes in der vorkapitalistischen Wirtschaft wurde von Professor Harry W. Pearson in einem Kapitel des unter der Leitung von Karl Polanyi, Conrad M. Arensberg und Pearson selbst entstandenen Gemeinschaftswerkes *Trade and Market in the Early Empires* geführt. Er verdient, im einzelnen widerlegt zu werden.
Die Kritik Pearsons läßt sich in 5 Punkten zusammenfassen:
1. Der Begriff »wirtschaftlicher Überschuß« sei verworren,

weil er einen wesentlichen Unterschied verdecke: zwischen absolutem Überschuß im physiologischen Sinn des Wortes, ohne den die Menschheit nicht existieren könne, und relativem Überschuß, dessen Zusammensetzung von der Gesellschaft bestimmt worden sei.

2. Nun existiere aber der »wirtschaftliche Überschuß« im absoluten, biologischen Sinn gar nicht. Es sei unmöglich, das Lebensmittel-Minimum zu bestimmen, bei dessen Unterschreitung ein Individuum verhungern müsse; es sei unmöglich, dies für die ganze Gesellschaft auszumachen.[78] Auf jeden Fall sei das Niveau so niedrig, daß es keinen Beweis gebe, daß die Gesellschaft als ganze jemals auf einem derartigen Niveau gelebt habe.

3. Der relative Überschuß sei nicht das Ergebnis einer wirtschaftlichen Entwicklung, namentlich nicht des Wachstums der durchschnittlichen Arbeitsproduktivität. Es gebe immer und überall potentielle Überschüsse. Die Entscheidungen, Vorräte zu schaffen, die nicht für den Verzehr bestimmt sind, oder sie zu vermehren, seien gesellschaftliche Entscheidungen, die aus durchaus nicht-wirtschaftlichen (religiösen, politischen oder prestigebedingten) Gründen getroffen werden könnten.

4. Es gebe auch nicht die Spur eines Beweises (*not a shred of evidence*) dafür, daß das Aufkommen »des Privateigentums, des Tauschs, des Handels, der Arbeitsteilung, der Märkte, des Geldes, der ökonomischen Klassen und der Ausbeutung« dem Auftreten eines wirtschaftlichen Überschusses in den kritischen Augenblicken der Entwicklung der menschlichen Gesellschaft zuzuschreiben sei. Solche Aussagen könnten nur durch das Postulat gerechtfertigt werden, daß »der logische Gang der wirtschaftlichen Entwicklung zu dem Marktsystem Europas im 19. Jahrhundert« führe.[79]

5. Übrigens fuße diese Auffassung auf dem oberflächlichsten Materialismus, der »die wirtschaftliche und gesellschaftliche Entwicklung in das enge Fassungsvermögen des menschlichen Magens« zwinge.[80] Auf allen Stufen des materiellen Daseins seien die wirtschaftlichen Vorräte für nichtökonomische Zwecke verwendet worden.

Die Argumentation Professor Pearsons geht von der Unterscheidung zwischen »absolutem Überschuß« und »relativem Überschuß« aus, einer Unterscheidung, die er – wohlbemerkt

– selbst in die Debatte gebracht hat. Unseres Wissens haben weder die Physiokraten noch die englischen Wirtschaftstheoretiker der Klassischen Schule und am wenigsten Marx und Engels jemals das »Existenzminimum« als einen biologisch absoluten Begriff angesehen. Aber daraus kann man keineswegs den Schluß ziehen, daß dieser Begriff nicht in jedem konkreten Fall eine genaue geschichtliche Bedeutung habe, d. h. daß man dieses von einem Volk in einer bestimmten Epoche als absolute Grenze betrachtete Niveau willkürlich herabsetzen könne. Daher ist es falsch zu sagen, daß jede Gesellschaft einen Vorrat an potentiellen Überschüssen habe, unabhängig davon, ob die mittlere Arbeitsproduktivität ansteige oder nicht.

Gewiß, keine Gesellschaft kann bestehen, wenn sie nach der allerbescheidensten Beschaffung von Lebensmitteln einen Grundstock an Werkzeugen nicht aufrechterhalten kann. In diesem »absoluten« Sinn des Wortes könnte keine Gesellschaft, die sich auf das rein »biologische« Existenzminimum beschränkte, überleben. Aber solange der Mensch nicht *die Kontrolle* über seinen Lebensunterhalt erlangt hat – oder in anderen Worten: solange wir Horden oder primitiven Stämmen gegenüberstehen, die sich durch Sammeln von Früchten, durch Jagen und Fischen ernähren –, ist dieser »Überschuß« rein zufällig und äußerst begrenzt zugleich. Der Grund hierfür ist sehr einfach: jedes außergewöhnliche Wachstum wird, wenn die laufende Produktion nicht mitsteigt, keinen »ständigen Überschuß«, sondern im Gegenteil Hunger erzeugen, weil es das ökologische Gleichgewicht dieser Region stört.

Wenn Pearson schreibt, daß man noch nie eine menschliche Gesellschaft auf einer solchen Stufe der Armut gesehen habe, dann begeht er einen ähnlichen Fehler wie den, den er den neo-klassischen Wirtschaftstheoretikern mit Recht vorwirft. Wie diese jede wirtschaftliche Tätigkeit als Funktion des Marktes auffassen, betrachtet Pearson die ganze ökonomische Vergangenheit der Menschen im Lichte der Wirtschaft primitiver Völker, die gerade erst zivilisiert sind oder noch an der Schwelle der Zivilisation stehen, d. h. von Völkern, die bereits ihre »neolithische Revolution« vollbracht haben und beginnen, Ackerbau und Viehzucht zu betreiben. Aber wenn man bedenkt, daß die Periode nach dieser Revolution nur einen geringen Teil der Zeit ausmacht, seit der es Menschen auf der Erde gibt; wenn man sich vor Augen führt, daß Hunderte, wenn nicht Tausende von primitiven Stämmen verschwunden sind, bevor sie das Stadium der neolithischen Revolution erreichten, weil sie das Problem des Lebensunterhaltes in einer veränderten Umwelt nicht lösen konnten, dann begreift man, wie unhaltbar diese Aussage ist.

Die logischen und empirischen Beweise zeigen im Gegenteil, daß die meisten menschlichen Gesellschaften vor der neolithischen Revolution* einen ständigen Kampf um ihren Lebensunterhalt führen mußten; daß sie von diesem Kampf, der kein Ende zu haben schien, ganz in Anspruch genommen wurden, und daß alle gesellschaftlichen Institutionen, die Pearson zur Untermauerung der gegenteiligen These anführt (vor allem die bedeutende Rolle der Magie und der Religion in diesen Gesellschaften), ganz eindeutig ökonomische *Funktionen* hatten, d. h. daß sie ausdrücklich dazu beitragen mußten, das würgende Problem des Lebensunterhaltes zu lösen. »Die weltweite Verbreitung magischer und religiöser Praktiken in Verbindung mit Produktionsprozessen zeigt ..., daß die Furcht vor unzureichender Nahrung allgemein ist.«[81]

Daher die Schlüsselstellung der neolithischen Revolution. Zum erstenmal geht in der menschlichen Vorgeschichte die Kontrolle über die Unterhaltsmittel von der Natur auf den Menschen über. Zum erstenmal können nun diese Mittel – wenn auch nicht unbegrenzt, so doch in einem früher absolut unbekannten Maße – vervielfacht werden. Aus diesem Grund kann ein großer Teil der Gesellschaft von der bisherigen Notwendigkeit befreit werden, direkt bei der Nahrungsmittelbeschaffung mitzuwirken. Es gibt keine archäologischen oder anthropologischen Erkenntnisse, die diesen klar erwiesenen Zusammenhang zwischen dem Aufkommen eines *beständigen und bedeutsamen Überschusses an Nahrungsmitteln* einerseits und der Trennung von Handwerk und Ackerbau, von Stadt und Land sowie der Aufspaltung der Gesellschaft in Klassen andererseits wieder in Frage stellen würden.

Gewiß, das Anwachsen der durchschnittlichen Arbeitsproduk-

* Abgesehen von jenen Stämmen, die unter ausnahmsweise günstigen natürlichen Bedingungen lebten und die man gemeinhin mit dem Ausdruck »entwickelte Jäger« bezeichnet.

tivität schafft nur die *notwendigen materiellen Bedingungen* für die Entwicklung und Umwandlung der Gesellschaft. Es gibt keinen wirtschaftlichen, von den gesellschaftlichen Kräften unabhängigen Automatismus*. Die Menschen machen die Geschichte selbst; eine bestehende Gesellschaft wehrt sich gegen jene Kräfte, die sie ändern wollen. Die primitive Gesellschaft verteidigt ihre auf der allgemeinen Gleichheit aufgebaute Struktur. Es bedarf also einer gesellschaftlichen Revolution, um die primitive, auf der Gleichheit beruhende Gesellschaft zu zerstören und eine in Klassen gespaltene Gesellschaft zu errichten. Aber diese Revolution ist nur *möglich*, wenn ein bestimmter Grad der Produktivität erreicht ist, der es einem Teil der Gesellschaft erlaubt, sich von der materiellen Arbeit zu befreien. Solange diese materielle Voraussetzung, dieser potentielle Überschuß fehlt, ist die besagte gesellschaftliche Revolution unmöglich.

Professor Pearson wird erwidern, daß im ganzen genommen der entscheidende Antrieb gesellschaftlicher Natur gewesen sei, die Ersetzung eines gesellschaftlichen »Organisationsmodells« durch ein anderes.** Wir erkennen gern den Vorrang des So-

* Siehe Kapitel II, § »Die genossenschaftlich organisierte und die auf die Ökonomie der Arbeitszeit gegründete Gesellschaft«.

** George Dalton82 hat sich bemüht, diese Ansichten Pearsons zu erweitern. Er hat natürlich recht, wenn er sich gegen den anachronistischen Gebrauch von Ausdrücken wie dem *unbegrenzten* Trachten nach materiellen Gütern bei primitiven Gesellschaften wendet; er hat ebenfalls recht, wenn er sich dagegen wendet, daß Kategorien, die aus einer Händler- oder Geldwirtschaft stammen, auf gesellschaftlich andere Gebilde angewendet werden. Er hat aber unrecht, wenn er daraus den extremen Schluß zieht, daß Mangel an materiellen Gütern ein rein »ideologischer« Begriff sei, oder daß man keine rationale ökonomische Erklärung für das sozioökonomische Verhalten bei primitiven Völkern habe. Zu behaupten, »der Austausch materieller Güter in primitiven Gesellschaften ist Ausdruck sozialer Pflichten, die, abgesehen von den sozialen Bindungen und Situationen, die sie ausdrücken, keine Mechanismen oder Bedeutungen[!] für sich selbst haben«83, heißt vergessen, daß die primitiven Völker schließlich wie die modernen Gesellschaften weiterleben müssen; daß das Weiterleben eine gewisse Produktion materieller Güter verlangt; daß die soziale Organisation nicht frei ist von der Notwendigkeit, diese materiellen Güter zu produzieren; daß der ökonomische Anreiz, d. h. das Trachten danach, eine gewisse *begrenzte* Produktion zu sichern, also wirklich in dieser pri-

zialen an. Aber hätte ein Bund der primitiven Jäger das Römische Imperium schaffen können oder auch nur das Babylon Hammurabis? Hätten die mesopotamischen Bauern die moderne Industrie entwickeln können? Diese Fragen kann nur beantworten, wer begriffen hat, welche zentrale Rolle das Anwachsen des wirtschaftlichen Überflusses und des gesellschaftlichen Mehrprodukts infolge der Steigerung der Arbeitsproduktivität in der Menschheitsgeschichte gespielt hat.

mitiven Gesellschaft vorhanden ist, und daß niemand die Analyse dieser sozioökonomischen Struktur – so schwierig sie manchmal auch sein mag – von Anfang an für unmöglich erklären darf, wenn er sich nicht die wissenschaftliche Untersuchung der Entwicklung von Gesellschaften überhaupt unmöglich machen will.

II Tausch — Ware — Wert

Durch die Begegnung von Horden, die verschiedenartige Früchte sammeln oder verschiedene Tiere jagen, entstehen die Voraussetzungen für einen gelegentlichen Austausch. »Der Tausch und der Handel entwickeln sich in Gegenden mit unterschiedlichen Erzeugnissen, wo Busch und Strand, Wald und Ebene, Berg und Tal jeweils andere Produkte bieten und zu gegenseitigem Austausch anregen.«[1]

Warum das rhodesische Volk der Bemba so wenig Handel treibt, erklärt Audrey J. Richards damit, daß »die Bedingungen in diesem Gebiet so einheitlich sind, daß es für einen Distrikt kaum Sinn hat, mit einem anderen Distrikt Güter auszutauschen«.[2]

Der Ursprung des Tausches liegt also *außerhalb* des primitiven sozialen Gemeinwesens – der Horde, des Clans oder des Stammes. Denn dort waltet einfach die gegenseitige Hilfe, die Kooperation im Arbeitsprozeß, die den Tausch ausschließt. Der Dienst eines jeden für die Gemeinschaft wird hier durch Riten und Bräuche festgelegt; er ist je nach Alter, Geschlecht und Verwandtschaftsverhältnis verschieden, aber niemand erwartet eine Gegenleistung. Doch *gerade die genau bemessene Gegenleistung ist ja das Wesen des Tausches.*

Diese Bemessung ist nicht notwendigerweise sehr *genau.* Das kann sie in dem Stadium des einfachen, zufälligen und gelegentlichen Austausches auch gar nicht sein. Die Horden und Stämme, die Art, Herkunft, Herstellungsweise und den genauen Verwendungszweck des Guts, das sie »im Tausch« für ein anderes Erzeugnis erhalten haben, nur sehr ungenau kennen, lassen sich beim Aushandeln der Tauschbedingungen stark von der Willkür, von Launen und Zufälligkeiten leiten. Der Tausch – ein Vorgang, der im modernen Wirtschaftsleben äußerst genau »bemessen« wird – entsteht unter materiellen Bedingungen, die jedes genaue Messen ausschließen.

Der einfache Tausch ist eine zufällige, eine gelegentliche Sache; er kann nicht zu einem Bestandteil des normalen primitiven Lebensablaufs werden. Sowohl ein zufällig aufgetretenes Mehrprodukt als auch eine plötzlich hereinbrechende primitive Wirtschaftskrise (Hunger) können zu einem Austausch führen.*

In beiden Fällen wird die primitive Gruppe, die weiß, daß es in der Nachbarschaft noch andere Gruppen gibt, versuchen – sei es durch Raub oder mit friedlichen Mitteln –, Tauschbeziehungen aufzunehmen. Die üblichste Bedingung eines einfachen Tauschgeschäftes ist das Zusammentreffen zweier gelegentlicher Überschüsse von unterschiedlicher Art und Nützlichkeit, von verschiedenem *Gebrauchswert*.

Stummer Tausch und Geschenkaustausch

Wenn eine primitive Gruppe über einen regelmäßigen Überschuß irgendwelcher Güter verfügt, nachdem sie ihren eigenen Bedarf gedeckt hat, kann aus dem einfachen Tausch ein entwickelter Tauschhandel hervorgehen. Er ist dann nicht länger ein rein zufälliger Vorgang, der ausnahmsweise stattfindet, sondern die Folge mehr oder weniger regelmäßiger Tauschgeschäfte.

Die Aufstellung strenger Tauschregeln ist erst das Ergebnis einer langen Übergangszeit, in der sich der vereinzelte Tausch noch ohne genaue Bemessungsgrundlage vollzog. Den zwei Arten der Versorgung mit fremden Gütern – der einfache Tausch und der Raubkrieg – entsprechen bei den primitiven Gemeinwesen zwei Übergangsformen des Tauschgeschäftes: Geschenkaustausch und stummer Tausch.

Die primitiven, nichtverwandten Gruppen, die miteinander in Kontakt treten, sind fast nie gleich stark. Um die Feindseligkeiten – die rasch ausbrechen können – einzudämmen, sind die Beziehungen von besonderen Regeln begleitet.

Die Erfahrung lehrt schwächere Gruppen, daß es besser ist, vor dem Herannahen des gefürchteten Feindes zu fliehen. Diesen wiederum lehrt sie, daß man die schwächeren Gruppen, deren Erzeugnisse erwünscht sind, nicht vernichten darf, weil man sonst Gefahr läuft, solche Güter nicht mehr zu bekom-

* May Mandelbaum-Edel stellt bei dem ostafrikanischen Stamm der Bachiga fest, »daß nur dann Handel (Tausch) betrieben wird, wenn eine ungenügende Nahrungsmittelversorgung infolge einer schlechten Ernte dazu zwingt«.3

men*. So entstehen zur Begrenzung der offenen Feindschaft konventionell geregelte Tauschbeziehungen, die man mit dem Begriff »Stummer Tausch« kennzeichnet. Die schwächste Gruppe hinterlegt die zum Tausch bestimmten Produkte an einem einsamen Ort und verbirgt sich so lange, bis der Partner seine eigenen Erzeugnisse am selben Ort hinterlassen hat. Beispiele für diesen stummen Tausch gibt es in der Wirtschaftsgeschichte in Fülle; die Beziehungen zwischen Mauren und Negern im Westen Gibraltars, die Herodot beschrieben hat, oder die von dem arabischen Reisenden Ibn Batoutah beschriebenen Beziehungen zwischen persischen, tatarischen und griechischen Händlern aus Südrußland und den Bewohnern der Eissteppen Nordrußlands gehören zur klassischen Literatur über diese Frage. Heute findet man den stummen Tausch noch an vielen Orten der Welt: bei den Tschuktschen Sibiriens in ihren Beziehungen mit den Einwohnern Alaskas; bei den Negritos, die die nördlichen Täler der Insel Luzon auf den Philippinen bewohnen, in ihren Beziehungen mit den christlichen Bewohnern der gleichen Gegend; bei dem Awatwa-Stamm in Nord-Rhodesien in seinen Beziehungen mit den Einwohnern des Landesinnern und denen der Sumpfgegenden; in Neuguinea, auf den Neuen Hebriden, in Indien, Indonesien usw.[5]

Der stumme Tausch und um so mehr die Tauschbeziehungen, die sich aus einem unverhüllt feindschaftlichen Verhältnis entwickelt haben, finden ihre Wurzeln im Kontakt zwischen nichtverwandten primitiven Gemeinwesen. Im Innern jedes Gemeinwesens gibt es ursprünglich – wie wir gesehen haben – keinerlei Tauschgeschäfte. Nahrung und andere unbedingt notwendige Gegenstände werden nicht getauscht, sondern geteilt.[6] Was es gibt, sind einfache Gaben, Geschenke (Wertgegenstände, Talismane, Schmuckstücke), die – wie es der Brauch will – jeweils erwidert werden, ganz so, wie es heute noch in der modernen Familie bei Geschenken der Fall ist;

* »Die *Mundugumor* (Kopfjägervolk auf Neuguinea) schweifen sehr weit umher; nicht nur, um Feinde zu überrumpeln, sondern auch, um Handelsverbindungen herzustellen... Sie kaufen dem mageren, halbverhungerten Volk, das die östlichen Sumpfgebiete bewohnt, Kupfertöpfe, Proviantkörbe, Moskitonetze ab... Sie sagen, daß sie darauf achten, nicht alle zu töten, da es sonst keine Topfmacher mehr gäbe...«[4]

niemand stellt dabei eine Berechnung auf, ob die Güter auch gleichwertig sind.
Wenn sich die Gruppen von gleicher Abstammung über ein zu großes Gebiet verteilen, so daß sie nicht mehr von einer gemeinsamen Führung geleitet werden können, dann teilen sie sich in Untergruppen auf. Der Austausch von Geschenken, die aus verschiedenen Erzeugnissen aus dem Wohngebiet der jeweiligen Stammesfraktion bestehen, wird zu einer festen Einrichtung; er wiederholt sich periodisch in feierlicher Weise und nach einer ganz bestimmten Ordnung. Das Zeremoniell drückt entweder ein wirkliches Abhängigkeitsverhältnis der Untergruppen aus – daß die eine nicht ohne die Hilfe der anderen existieren kann – oder symbolisiert ganz einfach das Bestehen verwandtschaftlicher Bande.[7]
Die gleiche Einrichtung des zeremoniellen Geschenkhandels erhält sich bei primitiven Gruppen, die schon zu individuellem Ackerbau übergegangen sind, aber noch weiterhin in der Dorfgemeinschaft versammelt bleiben. Der Unterschied zwischen den einzelnen innerhalb der gleichen Dorfgemeinschaft erzielten Ernten und den Ernten anderer anverwandter Dörfer wird regelmäßig durch Geschenke ausgeglichen; zahlreiche Formen des zeremoniellen Geschenkaustauschs, deren ökonomischer Sinn heute verwischt oder undurchsichtig erscheint, hatten ursprünglich eine solche Rolle gespielt.
Claude Lévi-Strauss hat in seinem Buch *Les Structures élementaires de la parenté* in überzeugender Weise aufgezeigt, wie eng verbunden sowohl der Geschenkaustausch als auch der Austausch von Frauen mit dem Wirtschaftsleben in diesem Stadium der gesellschaftlichen Entwicklung ist; wie unentbehrlich diese beiden parallelen Erscheinungen – die für die Primitiven übrigens identisch sind, denn sie betrachten die Frauen gleichfalls als Geschenke! – zur *Aufrechterhaltung des gesellschaftlichen Zusammenhaltes des Gemeinwesens* sind. Da wir es im wesentlichen mit einer Arbeitsteilung zwischen den Geschlechtern zu tun haben, würde jede unüberlegte Wahl der Frau zur Schwächung, wenn nicht zum Untergang eines bestimmten Gemeinwesens führen.
Deswegen die auf Gegenseitigkeit beruhende Regelung, daß ein Mann »nur von einer solchen Gruppe eine Gattin erhalten kann, in der eine Frau abkömmlich ist, weil in der vorange-

gangenen Generation die Gruppe des Mannes an die betreffende andere Gruppe eine Schwester oder eine Tochter verloren hat; wohingegen ein Bruder der Außenwelt eine Schwester schuldet (oder ein Vater eine Tochter), wenn in der vorangegangenen Generation eine Frau erworben worden ist.«[8] »Die Exogamie«, folgert Lévi-Strauss, »war die einzige Möglichkeit, die Gruppe als solche zu erhalten und eine unbegrenzte Aufspaltung und Trennung zu vermeiden, die durch die blutsverwandten Heiraten hervorgerufen worden wären.«[9*]

Die Mitglieder des Stammes der Ozuitem Ibo (Süd-Nigeria) erklären den Austausch von Nahrungsmitteln wie folgt: »Das Volk versichert, daß es in früheren Zeiten, bevor zu Beginn dieses Jahrhunderts die *Kassawa* eingeführt worden ist, während der drei Monate vor der Ignam-Ernte (Juni – Augsut) oft eine sehr große Nahrungsmittelknappheit geherrscht hat. Das überkommene System der Nahrungsvermittlung wird während dieser Periode noch heute durchgeführt: alle, die über Lebensmittel verfügen, machen Geschenke ... Die Männer sind dabei verpflichtet, ihren Frauen und den Eltern mütterlicherseits Nahrungsmittelgeschenke zu machen.«[11]

Der Brauch des zeremoniellen Geschenkaustauschs kann die Grenzen eines Stammes überschreiten und sich über mehrere Stämme oder Völker eines bestimmten Gebietes hinweg ausbreiten. Wie der Zeremonialtausch innerhalb einer kleinen Gruppe nur die engen Bande der Solidarität und der Kooperation im Arbeitsprozeß ausdrückt, so muß man die Erwei-

* Lévi-Strauss polemisiert gegen Frazer, der den Austausch der Frauen damit erklärt, daß die Primitiven keinen anderen »Preis« (sic) für sie hätten zahlen können. Er wirft Frazer mit Recht vor, daß dieser in der Vergangenheit »Berechnungen« annehme, die es erst bei sehr viel »entwickelteren« Gesellschaften gebe. Aber er irrt sich, wenn er sagt, daß man »im Austausch der Frauen« nichts finde, »das einer vernünftigen Lösung eines wirtschaftlichen Problems« ähnele; er sei »eine Handlung aus primitivem und unteilbarem Bewußtsein«. In Wirklichkeit hat Lévi-Strauss selbst die lebenswichtige Rolle, die die Frau in der primitiven Wirtschaft spielt, aufgezeigt. Der Wunsch, »den Umlauf der Frauen« so zu regeln, daß jeder gesunde Mann die Gewähr für gleiche Heiratschancen hat, entspricht doch gerade einer *wirtschaftlichen* Notwendigkeit für das gesellschaftliche Gleichgewicht.[10]

terung auf mehrere Stämme und Völker als einen Versuch werten, die friedliche Zusammenarbeit zu festigen.[12]

»Anfänglich waren die Missionen (die zum Hof kamen, um sich des Tributs zu entledigen) einfache Gesten der Fürsten aus den Ländern des Nanyang (Südostasien), die Gesandte nach der chinesischen Hauptstadt schickten, um dem Hof Glückwunsch- oder Höflichkeitsbotschaften zu überbringen. Sie wurden stets als untertänige Boten empfangen, die die Ergebenheit ihrer Herren gegenüber dem Sohn des Himmels zeigten. Natürlich brachten sie Erzeugnisse ihrer Länder als Geschenk mit, und der Kaiser gab ihnen – aus Herzensgüte – Geschenke im Austausch zurück. Es ergab sich, daß die chinesischen Geschenke oft von größerem Wert waren als die aus Java, Borneo oder Malaya; aber selbst wenn sie gleichwertig gewesen wären, hätten wir hier eindeutig einen Keim des sich bald entwickelnden internationalen Handels.«[13]

Wenn die individuelle wirtschaftliche Tätigkeit – vor allem der Ackerbau – einen immer bedeutsameren Platz in der Dorfgemeinschaft einnimmt, wenn der zeremonielle Geschenkaustausch und der stumme Tausch mannigfacher werden und in eine gewisse Ordnung kommen, tauchen allmählich neue Elemente eines *Bemessens* und *Abwägens* der ausgetauschten Geschenke in der Gemeinschaft auf, um deren wirtschaftliches Gleichgewicht zu bewahren. In der *Desa,* der indonesischen Dorfgemeinschaft, bestehen zwei wirtschaftliche Tätigkeiten nebeneinander: der *Samba Sinambat,* eine unentgeltliche Tätigkeit zur Befriedigung lebenswichtiger Bedürfnisse, und der *Toeloeng Menseloeng,* der darauf ausgerichtet ist, die persönlichen Bedürfnisse zu befriedigen, für die man eine mehr oder weniger gleichwertige Gegenleistung erwarten darf.[14] Schlechter[15] hat zahlreiche Beispiele des zeremoniellen Geschenkaustauschs untersucht und dabei herausgefunden, daß in den meisten Fällen der Grundsatz der Äquivalenz, also des genauen Maßes der Gegenleistung, schon eine entscheidende Rolle spielte. Sicher, man ist noch weit von einer Marktwirtschaft auf der Grundlage der Warenproduktion entfernt. Aber Äquivalente werden allgemein anerkannt und sogar schon institutionalisiert, wie das Gesetzbuch Hammurabis zeigt.[16]

Der entwickelte Tausch

Der stumme Tausch und der Geschenkaustausch sind Übergangsformen zwischen einfachem Tausch und allgemeinem Tausch, die man dem umfassenden Begriff des *entwickelten Tauschs* subsumieren kann.

Der entwickelte Tausch entsteht aus dem Zusammentreffen zweier nicht nur *gelegentlicher* Überschüsse, sondern durch den Tausch eines festen und ständigen Überschusses gegen andere Produkte. Sowohl der stumme Tausch wie der Geschenkaustausch können die Form des entwickelten Tausches annehmen; sie können dieses Stadium auch überschreiten und im allgemeinen Tausch im eigentlichen Sinne aufgehen.

In der primitiven Gesellschaft, in der das Handwerk noch nicht zur Selbständigkeit gelangt ist, kann sich aus Gründen der besonderen Situation eines Gebietes eine *regionale Spezialisierung*, eine regionale Arbeitsteilung herauskristallisieren. Der Stamm, der ein solches Gebiet bewohnt, kann sich größtenteils der Herstellung dieses besonderen Gutes widmen und erscheint dadurch in den Augen der Nachbarstämme als kollektiver Spezialist. Er wird einen beträchtlichen Überschuß des betreffenden Gutes erzielen und diesen gegen die besonderen Erzeugnisse der anderen Stämme einhandeln. Die Prähistorie und die Ethnographie deuten darauf hin, daß *Werkzeuge* und *Schmuck* als erste Erzeugnisse geeignet sind, von einem bestimmten Produktionszentrum aus in großem Umfang in den entwickelten Tauschhandel zu gelangen. So hat der Stamm der Kru an der Elfenbeinküste vor der kolonialen Eroberung mit den Völkern der Savanne vor allem Kolanüsse, die er produzierte, gegen *sompe*, Eisenstücke, getauscht, die sowohl als Rohmaterial zur Herstellung landwirtschaftlicher Geräte und Waffen wie auch als Tauschmittel verwendet wurden. Kolanüsse und *sompe* waren die Elemente eines Handels zwischen Nord und Süd, der für zwei geographisch verschiedene Gebiete wahrhaft komplementär war.[17] Man muß noch erwähnen, daß die Kru zur selben Zeit, als sie diesen wirklichen Handel trieben, mit Stämmen wie den Baule, die sie als Verwandte betrachteten, zeremonielle Geschenke tauschten.[18]

Schon während der Steinzeit entstanden regelrechte Werkstätten für Steinwerkzeuge; vor allem in Saint-Acheul und auf der Insel Bommelo im Südwesten Norwegens. Im Neolithikum gab es ganze Feuersteinbergwerke: so in Ägypten, auf Sizilien, in Portugal, in Frankreich (Grand-Pressigny), in Grimes' Grave und Cissbury in England, in Obourg und Spienne in Belgien, in Schweden und in Polen (Ostgalizien und der Distrikt Kielce). Auf der Insel Marua fand man Überreste einer Werkstatt, die einen Großteil Neuguineas mit Steinwerkzeugen versorgte.[19] Heichelheim weist auf eine große Zahl von Quellen hin, die zu bestätigen scheinen, daß seit den primitivsten Zeiten über weite Gebiete hinweg Schmuckstücke im Umlauf waren.[20]

Mit der Steigerung der Arbeitsproduktivität und der Erzeugung kleiner, aber regelmäßiger Überschüsse bei zahlreichen benachbarten Stämmen und Volksgruppen kann sich das System der regionalen Spezialisierung zu einem regelrechten Tauschnetz erweitern und auf eine wirkliche regionale Arbeitsteilung hinauslaufen. Im Amazonasbecken z. B. haben verschiedene Stämme ihre eigenen Spezialitäten: die Menimehe sind vor allem wegen ihrer Töpferei bekannt; die Carajone stellen besonders wirksame Gifte her; die Bora sind auf Decken, starke Taue und Leimruten spezialisiert; die Nitoto zeichnen sich in der Anfertigung von Hängematten aus.[21] Der Tausch zwischen diesen Stämmen regelt sich immer mehr auf der Grundlage solcher Spezialitäten.

Aber für jeden dieser Stämme ist die Fertigung von Spezialerzeugnissen nur eine Nebenbeschäftigung; sie spielt eine zweitrangige Rolle in ihrem Wirtschaftsleben. Der Schwerpunkt liegt immer noch auf dem Sammeln, der Jagd und dem Fischfang (wozu manchmal noch Ackerbauversuche kommen), d. h. auf der Suche nach ihrem Lebensunterhalt. Im Stammesinnern, wo der entwickelte Tausch völlig fehlt, es sei denn in seiner Keimform, dem Geschenkaustausch, gibt es keinerlei handwerkliche Spezialisierung. Diejenigen, die heute Töpfe anfertigen, müssen morgen auf die Jagd gehen oder auf dem Feld arbeiten, damit der Stamm nicht Hungers stirbt.

Mit der neolithischen Revolution entsteht durch die Entwicklung des Ackerbaus und die Bildung ständiger Überschüsse die Möglichkeit, mit den Völkern, die noch nicht über solche Überschüsse verfügen, Tausch zu betreiben; der Tausch tritt in eine neue Phase. Die Tauschvorgänge beschränken sich nicht mehr auf einige wenige Spezialerzeugnisse, sie umfassen von nun an alle Güter eines Gebietes; die ersten *lokalen Märkte* treten in Erscheinung. Jeder Stamm und jedes Dorf sorgt zwar nach wie vor weitgehend für sich selbst. Aber kein Stamm, kein Dorf mehr ist unabhängig von einem Zuschuß fremder Produkte.

»Zahlreiche Gemeinden (Süd-Nigerias) verfügen über einen Überschuß an Nahrungsmitteln und anderen täglichen Gebrauchsgütern, wie Töpfereiwaren, Matten oder Holzwerkzeugen, die über den Weg zahlreicher Lokalmärkte schließlich zu den Käufern anderer Gemeinschaften gelangen ... So tauschen die Dörfer der Agoi-Wälder auf den Höhen der Obanhügel ihr geräuchertes Fleisch auf den Märkten der Dörfer in der Nähe des Cross Rivers, wo sie Ignamwurzeln kaufen, die oft nicht von den Ortsbewohnern, sondern von den Ibo stammen, die etwa zehn Kilometer vom Fluß entfernt wohnen. Ebenso erzeugen die Töpfereidörfer – die verhältnismäßig gering an Zahl und weit voneinander entfernt sind – fast alle einen Überschuß; ihre Güter finden über ein Gebiet von 200 qkm oder noch mehr Verbreitung. Obwohl die Familiengemeinschaft und darüber hinaus die Dorfgemeinschaft in bezug auf Lebensmittel und die meisten Gebrauchsgüter größtenteils auf sich selbst gestellt sind, können sie nur selten oder fast nie ihren ganzen Bedarf decken.«[22]

Das System des *allgemeinen Tausches* fällt mit den Anfängen des berufsmäßigen Handwerks im Dorf oder innerhalb des Stammes zusammen. Aber diese Spezialisierung vollzieht sich im Rahmen der *Dorfgemeinschaft*. Die Handwerker, die sich mehr und mehr von der Feldarbeit zurückziehen, erhalten ihren Lebensunterhalt als Belohnung für ihre Dienste. Der Tausch innerhalb des Dorfes oder des Stammes besteht also nur im *Keime*. So finden wir es z. B. bei den Bewohnern der Marquesas-Inseln im Pazifik oder bei den Stämmen der

Kafflitcho und der Gonga in Ostafrika. Einige Handwerker sind dort schon völlig selbständig; andere sind es noch nicht. Die Handwerker der ersten Kategorie erhalten jedes Jahr von der Dorfgemeinschaft eine bestimmte Menge Nahrungsmittel, Kleidungsstücke und Schmuckgegenstände als Entlohnung für ihre gesamte Arbeit. Die Handwerker der zweiten Art werden von anderen Stammesmitgliedern bei der Feldarbeit, die ihre Ernährungsgrundlage bildet, unterstützt.[23] In beiden Fällen handelt es sich nicht um Tausch im eigentlichen Sinn des Wortes.

Der allgemeine Tausch zwischen verschiedenen Dörfern, Stämmen und Volksgruppen vollzieht sich mehr oder weniger kollektiv durch die Erzeuger selbst, durch einen Teil der Gemeinschaft (beispielsweise der Frauen*) oder durch die Vertreter der Gemeinschaft. Der Tausch ist noch keine gesonderte wirtschaftliche Betätigung:

»Im mittelalterlichen Europa wie in den landwirtschaftlichen Gegenden unserer Tage konnte der Durchschnitts-Erzeuger die kleinen Überschüsse seines Familienbetriebes (Eier, Käse, Hühner, Gemüse, Milch, Vieh und sogar Getreide) ohne die Hilfe eines berufsmäßigen Händlers verkaufen. Sogar dort, wo eine Industrie kleiner Handwerksbetriebe bestand, wo die Waren in kleinen Mengen oder auf Bestellung hergestellt wurden, konnten die Erzeuger und die Verbraucher ohne Zwischenschaltung irgendeines Händlers miteinander zurechtkommen. Nicht nur der Schmied oder der Töpfer des Dorfes, sondern auch der Metzger, der Bäcker oder der Kerzenmacher verkauften ihre Produkte selbst.«[26]

Dieser Zustand ändert sich mit der technischen Revolution, die die Verhüttungskunst mit sich bringt. Die ersten Metalle, die der Mensch zu bearbeiten verstand, Kupfer und Zinn,

* Es ist einleuchtend, daß die Frauen, insofern sie als erste den Ackerbau betrieben haben, auch die ersten waren, die mit dem Überschuß an Lebensmitteln regelrecht Handel trieben. Nach chinesischer Überlieferung haben die Frauen mit dem Handel begonnen. Bis vor kurzer Zeit noch lag bei den Togo, den Somali, den Galla und Masai in Afrika und bei den Tataren und Tibetanern in Asien[24] der ganze Handel in den Händen der Frauen. Ford, Scott und Nadel bestätigen das gleiche Phänomen in Nigeria. Im präkolumbianischen Nikaragua durften nur die Frauen auf den Markt gehen.[25] Auch im Königreich Dahome verkauften nur die Frauen auf dem Ortsmarkt.

finden sich nicht in allen Ländern, und zumal nicht in jenen, die dank der Bewässerungswirtschaft die ersten Aufschwünge der Zivilisation zu verzeichnen hatten. Nur in ganz bestimmten, vor allem in Gebirgsgegenden, gibt es Minen, und dort wußte man die betreffenden Metalle wohl schon seit geraumer Zeit zu dekorativen Zwecken zu verarbeiten – ohne damit allerdings die metallurgische Revolution im wirtschaftlichen Sinn des Wortes auszulösen.

Die Ackerbauvölker, die sowohl über Nahrungsmittel-Überschüsse verfügten als auch die nötigen Techniken und die erforderliche Zeit besaßen, mußten diese Erze von ihren Fundstätten herbeischleppen – anfänglich zweifellos durch Raub, später auf dem geregelten Tauschwege.[27] Der Tausch über große Entfernungen hinweg, der internationale Tausch zwischen Gebieten, die Hunderte von Kilometern auseinanderlagen, konnte nicht länger nur eine Nebenbeschäftigung neben Handwerk oder Ackerbau sein. Eine neue Arbeitsteilung war entstanden; der Tausch hatte sich von den anderen wirtschaftlichen Tätigkeiten getrennt; der Handel war geboren.

Bei den primitiven Völkern fallen durch die metallurgische Revolution die Anfänge des berufsmäßigen Handwerks mit dem Beginn des allgemeinen Tauschs zusammen. Die ersten Handwerker, die keinerlei Ackerbauarbeit mehr verrichteten, sind die *umherziehenden Schmiede* (man trifft sie heute noch bei den Bantu in Äquatorialafrika und bei Peul in Westafrika). Die Entdeckung der Verhüttungskunst ruft bei diesen Völkern einen selbständigen Handel ins Leben, sie trennt ihn endgültig vom Handwerk, wie sie dieses vom Ackerbau scheidet.

Sehr interessant ist die Tatsache, daß die zwei Formen des Austausches – der noch nicht spezialisierte allgemeine Tausch und der spezialisierte Handel im eigentlichen Sinne – in landwirtschaftlichen Gebieten gleichzeitig auftreten. Bei den Indianern vom Stamm der Chortí in Guatemala begeben sich die Bauern und Handwerker wöchentlich einmal auf den Lokalmarkt und alle ein oder zwei Monate einmal auf den Bezirksmarkt, um dort ihre kleinen Überschüsse zu verkaufen. Aber der Händler, der die Erzeugnisse aus fremden Gebieten einführt, tut dies berufsmäßig. Die gleiche Unterscheidung findet man bei den Nupe in Nigeria.[28]

Der Handel entwickelt sich mit Beginn der Kupferzeit, und zwar besonders in der ersten prädynastischen ägyptischen Kultur; in der ersten sogenannten prädiluvianischen Kultur in Mesopotamien; in der ältesten auf dem Gebiet von Troja entdeckten Kultur in Kleinasien; in der kretisch-mykenischen Kultur in Griechenland; in der aztekischen Kultur in Mexiko vor der spanischen Eroberung; in der alten chinesischen Kultur, der indischen, der japanischen usw.

In einem Dokument der klassischen chinesischen Literatur, den Anhängen zum *Buch der Wandlungen* des Konfuzius, wird berichtet, daß die Märkte zur gleichen Zeit wie der Pflug erfunden worden seien, d. h. in einem Augenblick, wo sich im Ackerbau durch die technische Revolution der Verhüttungskunst bedeutende Wandlungen vollzogen.[29]

In der Bronzezeit wird der Handel zur Vorbedingung für die Nutzanwendung der technischen Kenntnisse. Durch sorgfältiges Studium der damals verfügbaren Kupfer- und Zinnlager hat Gordon Childe nachweisen können, daß die Mittelmeervölker in dem Maße, wie sie zur Herstellung von Bronzegegenständen übergegangen sind, notwendigerweise internationale Handelsbeziehungen zu zahlreichen Ländern anknüpfen mußten. Von Indien bis nach Skandinavien gibt es in der Tat nur vier Gebiete, wo die beiden Metalle gleichzeitig auftreten, nämlich im Kaukasus, in Böhmen, in Spanien und in Cornwall.[30] Die Bronzezeit hatte jedoch in keiner der vier Gegenden ihren Ursprung.

Die Völker, die den Aufschwung der Bronzezeit herbeiführten, mußten große Handelsexpeditionen unternehmen, um diese seltenen Metalle zu bekommen – wenn sie nicht gar regelrechte Raubzüge veranstalteten, wie jene, in denen die 2. ägyptische Dynastie die Minen der Halbinsel Sinai eroberte[31].* Der Wagen auf Rädern und das Segelschiff wurden in der Bronzezeit erfunden und begleiteten den Fortschritt der

* China, wo es Kupfer und Zinn im Überfluß gibt, ist bereits sehr früh in das Bronzezeitalter eingetreten. Der Binnenhandel gelangte hier folgerichtig zu einer *früheren* und *höheren* Entwicklung als der Außenhandel. Die entscheidende Rolle der technischen Revolution der Verhüttungskunst bei der Entfaltung des Handels bestätigt sich also auch in diesem Ausnahmefall. In Amerika finden sich Kupfer und Zinn auf den Hochebenen Perus und sind die Grundlage für die Inkakultur.

Zivilisation in der ganzen antiken Welt. Regelmäßige Karawanen verbanden Ägypten quer durch die Halbinsel Sinai mit Mesopotamien, Palästina und Syrien; sie stellten Verbindungen von Mesopotamien über den Iran nach Indien her, von Nordafghanistan zum Industal. In der Bronzezeit haben sich im noch barbarischen Europa zwischen dem Baltischen Meer und dem Mittelmeer, dem Donautal, der pannonischen Ebene und den britischen Inseln weitreichende Handelsbeziehungen angebahnt.

Als sich der internationale Handel festigte und friedlich wurde, blieb er deswegen nicht weniger eine Angelegenheit des Staates und wurde zunächst auch durch die Vermittlung von Handelsbeamten in die Wege geleitet. Ein neutraler Umschlaghafen sicherte die Begegnung zweier Nationen.[32]

Produktion für den Bedarf und Warenproduktion

Die Produktion der primitiven Gesellschaft dient im wesentlichen der Bedarfsdeckung. Die Erzeuger produzieren, um die Bedürfnisse der Gemeinschaft – der größeren (Stamm oder Clan) oder kleineren (Familie) – zu befriedigen. Das trifft für Völker, die ihre Nahrung noch sammeln, gleichermaßen zu wie für solche, die sie schon im eigentlichen Sinn des Wortes erzeugen. Die ersten Reiche, die auf der Grundlage der Bewässerungswirtschaft entstanden sind, weichen davon nicht grundsätzlich ab. Die Könige oder Priester, die die »Überschüsse ansammeln, benutzen diese für ihre eigenen Zwecke oder um die Bedürfnisse der Gemeinschaft zu stillen. Es ist bezeichnend, daß sich der König von Babylon in seinen amtlichen Inschriften »Bauer Babylons«, »Hirte der Menschen«, »Bewässerer der Felder«, nennt. In Ägypten werden der Pharao und die Regierung mit dem Wort *Pr'o*, das große Haus, bezeichnet. In China wird einer der legendären Kaiser, die die Nation gegründet haben sollen, Hëu-tsi, Fürst Hirse, genannt.[33] Die gesamte Wirtschaft erscheint als eine einzige große Domäne, die *Gebrauchswerte* erzeugt, um ihre Bedürfnisse zu befriedigen.[34]

Mit dem selbständigen Handwerk tritt eine neue Produktionsweise in Erscheinung. Die Produzenten, Bauern und

Handwerker zugleich, die im Schoße der Dorfgemeinschaft leben, bringen nur ihren selbst erwirtschafteten *Überschuß* auf den Markt, d. h. das, was noch vorhanden ist, wenn einmal der Bedarf ihrer Familien und der der Gemeinschaft gedeckt ist. Der von der Gemeinschaft losgelöste Spezialhandwerker, der umherziehende Schmied oder Töpfer, stellt nicht mehr Gebrauchswerte für seinen eigenen Bedarf her. *Seine sämtlichen Erzeugnisse sind für den Austausch bestimmt.* Um seinen eigenen Bedarf und den seiner Familie zu decken, tauscht er seine Arbeitsprodukte gegen Lebensmittel, Kleidung usw. ein. Diese ersten selbständigen Handwerker erzeugen nur *Tauschwerte, Waren,* die für den Markt bestimmt sind.

Wer im wesentlichen Gebrauchswerte für den eigenen Bedarf oder den der Gemeinschaft herstellt, lebt von den Erzeugnissen seiner eigenen Arbeit. Produktion und Erzeugnisse, Arbeit und Arbeitsprodukte sind in der Praxis und in seinem Bewußtsein gleichbedeutend. Bei der Herstellung von Waren wird diese Einheit zerstört.

Der Warenproduzent lebt nicht mehr unmittelbar von den Früchten seiner Arbeit; im Gegenteil, er kann sich nur dann erhalten, wenn er seine Güter veräußert. *Er lebt,* wie Glotz von den griechischen Handwerkern der Zeit Homers sagt, *ausschließlich von seiner Arbeit.* Das trifft um so mehr zu, als sich diese ersten Handwerker zu dem Wohnsitz ihrer Kunden begeben, von denen sie auch die Rohstoffe für ihre Arbeit beziehen.[35] Dies gilt für fast alle Gesellschaften mit beginnender Warenproduktion, ganz besonders in Ägypten, China, Japan, Indien und, zu Anfang des Mittelalters, in Europa.[36]

Die Warenproduktion erscheint weder schlagartig, noch umfaßt sie die ganze Gesellschaft. Während sich das Handwerk zu einem Beruf entwickelt und einige Handwerker – losgelöst von der dörflichen Gemeinschaft – zu Warenproduzenten werden, können die Bauern und die restlichen Handwerker für Jahrhunderte weiterhin als Erzeuger von Gebrauchswerten leben. Sie tauschen nur kleine Überschüsse ihrer Erzeugnisse, um einige Waren zu erwerben, die sie gerade brauchen. Diese Waren beschränken sich im wesentlichen auf *Salz* und *Eisen* (Metalle). China, Europa, Rußland* und Ja-

* Das alte russische Wort für den Kaufmann im Binnenhandel, *prasol,*

pan während des Mittelalters, die Hindu-Dorfgemeinschaft, Afrika, das präkolumbianische Amerika etc. weisen diese Merkmale auf.[37]
Der allgemeine und der spezialisierte Tausch, der Handel, beschränken sich zu Anfang auf Metalle und Schmuck (Luxusgegenstände), die mehr oder weniger dem Staat (König, Fürst, Tempel) vorbehalten bleiben. Die Warenproduktion erreicht aber in dem Moment ein höheres Niveau, als sie auch Handwerks- und Ackerbauerzeugnisse für den Handel herstellt. Die Erfindung des Wagenrades ermöglicht es, das Rotationsprinzip im Töpferhandwerk auszunutzen. Die rotierende Töpferscheibe ist das erste Arbeitsinstrument, mit dem für den Handel bestimmte Waren in »Serienproduktion« hergestellt werden können.
Die Ethnographie liefert unzählige Beispiele dafür, daß die Keramikarbeiten, als sie noch bloße häusliche oder dörfliche Tätigkeiten sind, von den Frauen ausgeführt werden, daß aber die rotierende Töpferscheibe erstmals von den Männern verwendet wird, die sich nun darauf spezialisieren und für den Markt arbeiten.[38] Landwirtschaftliche Erzeugnisse treten erstmals als Waren in Erscheinung, wenn Gemeinwesen entstehen, die sich selbst nicht mehr mit der Nahrungsmittelerzeugung befassen: Gemeinschaften, die sich aus Handwerkern, Händlern und Beamten zusammensetzen, also *städtische Gemeinden.* Nach Polanyi sind die ersten lokalen Lebensmittelmärkte in Lydien und später in Athen entstanden. Wir haben jedoch den Eindruck, daß in China solche Märkte schon im 5. Jahrhundert v. Chr., wenn nicht noch früher, existierten.[39]

Die gemeinschaftlich organisierte und die auf die Ökonomie der Arbeitszeit gegründete Gesellschaft

In der primitiven Gesellschaft, die nur einen geringen oder gar keinen Überschuß erzielt, beruht die Kooperation im Arbeitsprozeß auf Gebräuchen und Riten, die dazu dienen, die

deutet auf den Handel mit Salz hin, später wurde es zur allgemeinen Bezeichnung für den Einzelhändler.

wichtigsten wirtschaftlichen Tätigkeiten zu regeln. In sehr unentwickelten Zonen, wo die Nahrungsmittelversorgung äußerst schwierig ist, kann die Kooperation im Arbeitsprozeß eine wirtschaftliche Betätigung bedeuten, die bis an die Grenzen des physischen Leistungsvermögens des Menschen reicht. In etwas günstigeren Naturgebieten, wie beispielsweise auf den Pazifischen Inseln, mag die Lebensmittelbeschaffung einen verhältnismäßig kleinen Teil der verfügbaren Zeit beanspruchen; der Rest des Tages ist Freizeit.

Normalerweise opfert kein Gemeinwesen freiwillig einen bedeutenden Teil seiner Freizeit, um zu arbeiten und mehr zu erzeugen, wenn es nicht durch wirtschaftliche oder gesellschaftliche Notwendigkeiten dazu gezwungen wird.* Die wirtschaftliche Notwendigkeit besteht in dem Bedürfnis, einen großen Überschuß an Produkten zu erzielen, um auf dem Wege des Austauschs jene Güter zu erwerben, die die Gemeinschaft zwar nicht selbst produziert (bestimmte Arten von Lebensmitteln, Salz, Rohstoffe zur Herstellung von Werkzeugen, Schmuckgegenstände mit Ritualfunktionen usw.), die aber für den reibungslosen Ablauf des gesellschaftlichen Lebens erforderlich sind. Die gesellschaftliche Notwendigkeit ergibt sich z. B. aus der Pflicht, regelmäßige Überschüsse an die Zentralgewalt abzuliefern, sei es nun aus Gemeinschaftsinteresse (um Bewässerungsarbeiten usw. ausführen zu können) oder infolge einer Eroberung, die zu einer Tributpflicht geführt hat.

Diese zwei Notwendigkeiten können übrigens zusammentreffen. Alfred Métraux schreibt über die Mojo- und Bauré-Stämme des östlichen Bolivien: »Sie brauchten das Metall, das ihren täglichen Lebenskampf erleichterte, so dringend, daß sie in Ermangelung anderer, für die Weißen annehmbarer Waren ziemlich rasch damit begannen, Sklavenhandel zu treiben.«[41]

Anders ausgedrückt: Das Anwachsen des Mehrprodukts über eine bestimmte enge Grenze hinaus (Nahrungsreserven) ist nicht Ergebnis einer selbständigen Entwicklung der Wirtschaft. Es ist auf die Einwirkung eines *äußeren Drucks* wirtschaftlicher Natur (Tausch) oder gesellschaftlicher Natur (Aneig-

* »Trotz immer wiederkehrender Hungersnöte denkt kein Mkamba (Negerstamm) jemals daran, mehr zu säen als nötig ist, um bis zur nächsten Regenzeit zu überleben.«[40]

nung des Überschusses durch eine Zentralgewalt oder durch eine herrschende Klasse*) zurückzuführen.
Solange die primitive, kooperativ organisierte Gesellschaft nur die Arbeitsteilung zwischen den Geschlechtern kennt, wird der Arbeitsrhythmus durch Riten und Gebräuche aufrechterhalten. In dem Moment, wo eine weitergehende Arbeitsteilung einsetzt, muß der Beitrag eines jeden Erzeugers zur Gemeinschaftsarbeit durch ein allgemeines Kriterium meßbar sein. Andernfalls würde die Kooperation im Arbeitsprozeß Gefahr laufen, sich durch die Entstehung von begünstigten und benachteiligten Gruppen zu zersetzen. Dieses gemeinsame Maß kann nur die *Berechnung der Arbeitszeit* sein.
Das Dorf kann als eine große Familie angesehen werden. Die Gesamtproduktion des Jahres muß mehr oder weniger dem Bedarf an Nahrung, Kleidung, Wohnungen und Werkzeugen entsprechen. Damit das Gleichgewicht zwischen diesen verschiedenen Erzeugnissen nicht gestört wird, damit die Bauern nicht einen zu großen Teil ihrer Zeit auf die Herstellung von Töpfen oder Lederwaren verschwenden und einen Teil des Feldes unbestellt lassen, muß die Gemeinschaft eine Bilanz über die verfügbare Arbeitszeit aufstellen; sie muß diese ferner auf die wichtigsten Sektoren verteilen, damit das Gemeinschaftsleben reibungslos verläuft; sie kann es übrigens jedem einzelnen überlassen, seine restliche Zeit nach eigenem Gutdünken zu verwenden.
Die Ethnographie und die Wirtschaftsgeschichte beweisen, daß die Dorfgemeinschaft, die eine beginnende Arbeitsteilung kennt, das gesellschaftliche Leben tatsächlich durch die Ökonomie der Arbeitszeit regelt. Die primitiven Völker glauben, daß einzig die Arbeit etwas Knappes sei, sagt Ruth Bunzel.[42] Nach Boeke fußt die Wirtschaft der indonesischen *desa* (Dorfgemeinschaft) auf der Berechnung der verausgabten Arbeitsstunden.[43]
In der Wirtschaft des japanischen Dorfes »richtet sich das

* Das ist kein Widerspruch zu der oben vertretenen These, daß die Entstehung der herrschenden Klasse ein gesellschaftliches Mehrprodukt voraussetzt. Wie dem Aufkommen einer herrschenden Klasse tatsächlich ein erstes Mehrprodukt vorausgeht, so sichert es in der Folgezeit wiederum eine beträchtliche Steigerung des Mehrprodukts und einen neuen Aufschwung der Produktionskräfte.

Tauschprinzip nach den Arbeitstagen der Leute. Wenn die Familie A aus zwei Personen besteht, die zwei Tage lang auf dem Feld der Familie B arbeiten, muß die Familie B ein (Arbeits-)Äquivalent auf den Feldern von A leisten; dieses mag aus der Tagesarbeit von 3 Leuten und der Restarbeit, die ein Mann in einem Tag vollbringt, bestehen oder aus einer anderen Kombination, die der Arbeit von 2 Menschen während 2 Tagen entspricht... Wenn 4 oder 5 Familien in einer *Rattari*-Gruppe (Gemeinschaftsarbeit, um den Reis zu verpflanzen) zusammenarbeiten, erfolgt die Rechnung auf die gleiche Weise. Das erfordert ein Rechenheft, um die Arbeitstage und die Arbeitskräfte (die Anzahl der geleisteten Arbeitstage) zu vergleichen.«[44]

Bei dem Negerstamm der Hehe arbeiten die Bauern, die beim Schmied (der selbst zugleich Bauer und Schmied ist) eine Lanze in Auftrag geben, *solange auf dessen Feld, wie dieser an der Lanze arbeitet.*[45] Im antiken Indien zur Zeit König Mauryas diktierten die Arbeit und die Arbeitsprodukte die Regeln für den Ablauf des Wirtschaftslebens.[46]

Sobald die ersten Formen sozialer Unterordnung durch die Aneignung des Mehrprodukts durch einen privilegierteren Teil der Gesellschaft entstehen, bemißt sich der Grad der Ausbeutung gleichfalls nach der Ökonomie der Arbeitszeit.

Bei den Inkas »mußte der Tribut ausschließlich durch Arbeit, d. h. durch die Zeit, während derer man als Arbeiter, Handwerker oder Soldat tätig war, beglichen werden. Alle wurden in dieser Beziehung als gleich angesehen: wer Kinder hatte, die helfen konnten, den auferlegten Tribut abzuarbeiten, wurde für reich gehalten; wer kinderlos war, wurde als arm betrachtet. Jeder Handwerker, der im Dienst eines Inka oder seines *Curaca* (Vorsteher) arbeitete, mußte alle Rohstoffe erhalten und durfte nicht mehr als 2 oder 3 Monate im Jahr beschäftigt werden.«[47]

Ebenso war es in Europa während des Hochmittelalters, als ein Großteil der Bauern unter der Herrschaft des Leibeigentums lebte. In den Dörfern waltete eine strenge Ökonomie der Arbeitszeit: durchschnittlich 3 Arbeitstage der Woche wurde auf den Feldern des Gutsbesitzers gearbeitet, drei Tage auf den eigenen Feldern des Hörigen.* Desgleichen mußten

* Wir lesen zum Beispiel in der alten bayerischen Gesetzgebung, daß die

die Frauen der Hörigen an einer festen Anzahl von Tagen in den Werkstätten des Feudalhofes arbeiten, um dort zu spinnen, zu weben, zu nähen usw. Jeder Handwerker hatte ein eigenes Feld, für das er im Austausch auf dem Gut und bei anderen Pächtern spezielle Dienste leisten mußte.

Die auf der Ökonomie der Arbeitszeit gegründete Gesellschaftsform hat zahlreiche Spuren sogar in der Sprache hinterlassen. Während des Mittelalters ist in Mitteleuropa das gebräuchlichste Flächenmaß das *Tagwerk:* die Fläche, die ein Mann an einem Tag bestellen kann. Im mittelalterlichen England hat das Wort *acre* den gleichen Sinn. Im Kabylischen Bergland veranschlagt man das Eigentum nach *Zouija,* nach Arbeitstagen mit einem von zwei Ochsen gezogenen Pflug. In Frankreich bezeichnet man mit *carrucata* die Felder, die ein Mann mit einem Pflug an einem Tag umgraben kann. Die *Pose*, eine Schweizer Flächeneinheit, entspricht dem Tagwerk.[49]

In welchem Maße die Ökonomie der Arbeitszeit die gesamte wirtschaftliche Aktivität bestimmt, geht eindeutig aus der Beschreibung hervor, die uns Dollinger über das Verschwinden der leibeigenen Tagelöhner gibt: »Wohlgemerkt, der Hörige bleibt während seiner Befreiung vom Dienst nicht untätig: dabei ist inbegriffen, daß er von seinem Herrn ein Stückchen Land bekommen hat, das er in seinen freien Tagen für sich selbst bestellte ... Zweifellos stand dieses Land im allgemeinen *in einem Verhältnis zu seiner verfügbaren Zeit.* Wer nur einen freien Tag in der Woche hatte, erhielt wahrscheinlich einen sehr kleinen Streifen Land; wer zwei oder drei solche Tage besaß, der konnte möglicherweise sogar eine ganze *Manse* bekommen.«[50]

Marc Bloch untersuchte die gesamten bäuerlichen Zinsabgaben während des Mittelalters und gelangte zu dem gleichen Schluß: »Die Bauern, oder wenigstens einige von ihnen, mußten dem Gutsbesitzer jedes Jahr eine bestimmte Anzahl ihrer Erzeugnisse überlassen: Holzgegenstände, Stoffe, Kleidungsstücke und auf einigen *Mansen,* wo sich die Fertigkeiten eines bestimmten Gewerbes vom Vater auf den Sohn übertrugen,

»Leibeigenen der Kirche« drei Tage der Woche auf dem Kirchengut arbeiten müssen und daß sie »drei Tage für sich selbst haben«: *Opera vero 3 dies in ebdomada in dominico operet, 3 vero sibi faciat.*[48]

sogar Metallwerkzeuge. Manchmal gingen sowohl Rohstoffe als auch Arbeit zu Lasten des Pächters: bei Holz war dies wahrscheinlich der Normalfall. Aber wenn es sich um Stoffe handelte, wurde das Material zumeist vom Gutsbesitzer gestellt; der Bauer oder seine Frau *stellten nur ihre Zeit*, ihre Mühe und ihre Geschicklichkeit zur Verfügung [von uns hervorgehoben].«[51]

In zahlreichen Fällen wurden die Zinsabgaben in austauschbarer Form – in der Arbeitszeit oder in einer bestimmten Menge Erzeugnisse – festgesetzt. So sind die Verpflichtungen der leibeigenen Frauen gegenüber der Gutsherrschaft von St. Gallen manchmal – wie in der antiken *Lex Alemannorum* – in der Anzahl der Frontage und in der Menge der während dieser Tage zu liefernden Erzeugnisse angegeben.[52] Die Azteken legten anderen mexikanischen Völkern einen Tribut auf, der bald nach den Arbeitstagen, bald nach einer bestimmten Anzahl handwerklicher Erzeugnisse und bald nach einer zu bestellenden Feldfläche berechnet wurde.[53] In Japan gab es im 8. Jahrhundert n. Chr. zwei Arten nicht ackerbaulicher Fronen: der *cho* und der *yo*. Im Gesetz von Taiho wird die Höhe dieser beiden Fronarbeiten sowohl in der Dauer der Arbeitszeit (10 Tage) als auch in der Menge Leinwand (26 *Shaku*, was ungefähr 10 m entspricht) und in der Menge Getreide (1 *To*, was ungefähr zwei Scheffeln entspricht) ausgedrückt.[54] In einer solchen Gesellschaft ist den Produzenten die für die Herstellung einer bestimmten Ware benötigte Arbeitszeit sehr genau bekannt. In Westeuropa mußte, als gegen Ende des 12. Jahrhunderts auf dem Kontinent die Bestellung der gutsherrschaftlichen Felder durch Fronarbeit mehr und mehr durch die Teilverpachtung dieser Felder ersetzt wurde, dem Gutsbesitzer als Ersatz für die klassischen drei Frontage in der Woche die *Hälfte der Ernte* überlassen werden. In China berechneten die Chroniken der T'ang-Dynastie ganz genau, wieviel Arbeit man auf den Anbau von Hirse (283 Tage im Jahr) und von Getreide (177 Tage) verwenden muß, da die Grundsteuer in Naturalien zu leisten ist.[55] In der mittelalterlichen Kommune, vermerkt Espinas, *»gibt es ein unumstößliches Verhältnis zwischen dem Arbeitstag und der (zahlenmäßigen) Menge der fertiggestellten Produkte«*.[56]

Dieser auf der Arbeitsdauer beruhenden ökonomischen Rechnungsführung begegnen wir auch in Spanisch-Amerika, als die Fron der Indianer in eine Naturalrente, in das System der *repartimiento-encomienda*[57], umgewandelt wird; das gleiche finden wir in Indonesien, als das *cultuur-stelsel* eingeführt wird. Die Bevölkerung muß nun keine »Grundsteuer« mehr zahlen; dafür ist ein Fünftel der Felder mit Pflanzen zu bebauen, die an die Regierung abgeführt werden: Indigo, Zucker, Kaffee, Tabak usw. »Wenn man keine Felder besaß, mußte man an 66 Tagen des Jahres auf den Staatsplantagen arbeiten.«[58] Aus Vietnam wird berichtet, daß während der toten Saison Gelddarlehen in Form von Arbeitstagen zurückgezahlt werden: 1,5 Piaster mit 10 Tagen Arbeit in der kommenden Hauptsaison usw.

Der Tauschwert der Waren

Der allgemeine Tausch, der Handel, tritt erst auf einer Entwicklungsstufe in Erscheinung, die durch die Ökonomie der Arbeitszeit gekennzeichnet ist. Die Völker, die die Notwendigkeit dieser Wirtschaft nicht erkannt haben, begnügen sich mit einem sehr kleinen Mehrprodukt und mit äußerst schwach entfaltetem oder nur rituellem Tausch.* Es ergibt sich, daß diese Tauschvorgänge von dem gleichen objektiven Maßstab bestimmt werden, der dem gesamten gesellschaftlichen Leben zugrunde liegt, d. h., *daß sich der Tauschwert der Waren*

* Das erklärt auch, warum zahlreiche primitive Völker, deren Entwicklung abgebrochen ist, noch bevor eine einfache Warenproduktion aufblühen konnte, ihre Erzeugnisse weder nach objektiven Maßstäben noch aufgrund von Arbeitszeitberechnungen austauschen. Diese Tatsache hat sehr viele Ethnologen zu irrigen ökonomischen Schlüssen verleitet. Margaret Mead berichtet indes, daß die Bewohner Manuas (Samoa), die den Geschenkhandel mit feingeflochtenen Matten betreiben, anfänglich einen Tauschwert festgelegt haben, der der zur ihrer Herstellung erforderlichen Arbeitszeit entsprach. Später ist dieser Wert stark angewachsen. Bei diesem Volk von Samoa wie bei zahlreichen anderen Bewohnern der Pazifischen Inseln handelt es sich um Auswanderer, die aus wenig gastlichen Ländern in reiche Länder gekommen sind, wo der Tausch nicht mehr eine so bedeutende wirtschaftliche Rolle spielt.59

nach der zu ihrer Herstellung notwendigen Arbeitszeit bemißt.

Wir können den Übergang von einer Gesellschaftsform, die *bewußt* durch die Ökonomie der Arbeitszeit gelenkt wird, zu den Tauschvorgängen, die halb bewußt, halb unbewußt nach den gleichen Grundsätzen geregelt werden, am Beispiel der Handelsbeziehungen zwischen vier Stämmen am Nilgiri-Gebirge im äußersten Südwesten der indischen Halbinsel verständlich machen: zwischen den Toda, den Karumba, den Badaga und den Kota.

Die Toda sind Schäfer; die Karumba leben noch im Dschungel; die Badaga sind Ackerbauern; die Kota sind vor allem Handwerker, die schon metallurgische Kenntnisse aufweisen und Messer herstellen. Diese Messer, Töpfe und für die religiösen Zeremonien notwendigen Musikinstrumente liefern sie an die drei anderen Stämme. Von den Toda erhalten sie im Austausch Büffel und anderes Vieh; von den Karumba beziehen sie Honig und wilde Früchte sowie einen (magischen) Schutz; die Badaga liefern ihnen Getreide. Aber die Kota sind nicht nur Handwerker; sie besitzen selbst Felder, die sie bestellen. Die Riten legen die Getreidemenge fest – ein Ergebnis langer Erfahrung –, die gegen die Metallwaren der Kota-Schmiede ausgetauscht werden. Wenn Familien der Badaga darüber hinaus noch Metallwaren wollen, »müssen sie dafür so lange auf den Feldern der Kota-Schmiede arbeiten, bis diese die zusätzlichen Gegenstände fertiggestellt haben«.[60]

Desgleichen »kauft der Schmied« bei den Dahomey »auf eigene Rechnung« altes Eisen und bewahrte es so lange auf, bis er sich die Arbeit seiner Genossen zunutze machen kann, *für die er dann in der Zwischenzeit arbeitet.* Ist dieser Zeitpunkt gekommen, dann schmelzen alle Mitglieder der Schmiede-Innung das eingekaufte Alteisen um und machen Hacken, Äxte, Messer und andere verkäufliche Waren daraus. Der Besitzer des Alteisens darf diese Werkzeuge verkaufen und den Erlös daraus behalten. Mit diesem Geld bestreitet er seine Unterhaltskosten und kauft von neuem Alteisen; inzwischen arbeitet er für seine Genossen, bis er wieder so weit ist, die vereinte Arbeitskraft der Schmiede einzusetzen.[61]

Der einfache, gelegentliche, rituelle Tausch, der keine wirtschaftliche Bedeutung hat, kann sich sehr wohl streng nach dem Äquivalenzprinzip vollziehen. Nicht so beim allgemeinen Tausch. Das Fehlen eines objektiven Maßes für die Gleichwertigkeit würde jede Regelung der Tauschbeziehungen verhindern. Das führte zur Zersetzung und Auflösung einer jeden Gesellschaft, in der sich eine große Anzahl von Warenproduzenten befindet. Die Erzeuger würden sich von den Erwerbszweigen abwenden, von denen sie im Austausch für ihre Produkte weniger erhalten als anderswo. Strenge Regeln der Gleichwertigkeit zwischen den Erzeugnissen und den dafür ausgetauschten Waren sind hier also unabdingbar.

Aber ein Äquivalenzverhältnis zwischen zwei Waren erfordert einen allgemeinen Maßstab, eine allgemein vergleichbare Größe. Der *Gebrauchswert* einer Ware hängt von der Gesamtheit ihrer physischen Eigenschaften ab, die ihre Nützlichkeit bestimmen. Ein Produkt, das keinen Gebrauchswert hat, kann niemals einen Tauschwert haben; keiner tauscht sein eigenes Erzeugnis gegen ein völlig nutzloses Ding ein, das für niemanden einen Gebrauchswert hat. Aber der Gebrauchswert zweier Waren, der sich in ihren physischen Eigenschaften ausdrückt, läßt sich nicht miteinander vergleichen; man kann das *Gewicht* des Getreides, die *Länge* von Leinwand, den *Inhalt* eines Topfes und die *Farbe* von Blumen nicht mit einem gemeinsamen Maßstab messen. Um den wechselseitigen Austausch von Produkten zu gewährleisten, muß man eine Größe finden, die allen gemeinsam ist, die gemessen werden kann und sich quantitativ ausdrücken läßt; es muß zugleich eine *gesellschaftliche* Größe sein, die für alle Mitglieder der Gesellschaft annehmbar ist.

Alle physischen Eigenschaften der Waren, die ihren Gebrauchswert ausmachen, werden durch die *spezifische Arbeit,* mit der sie hergestellt werden, bestimmt: die Weberarbeit bestimmt die Größe, die Feinheit und das Gewicht der Leinwand; die Töpferarbeit die Haltbarkeit, die Form und die Farbe des Topfes. Aber wenn die Waren auch das Ergebnis einer bestimmten spezifischen Arbeit sind, so sind sie außerdem noch das Ergebnis *gesellschaftlich-menschlicher Arbeit,* d. h. eines Teils der Gesamtarbeitszeit, über die eine bestimmte Gesellschaft verfügt und auf deren Ökonomie – wie wir gesehen haben – die Gesellschaft überhaupt beruht. Das allein macht die Waren vergleichbar; die allgemein menschliche Arbeit also

– abstrakt ausgedrückt, weil man von ihren spezifischen Merkmalen absieht, wie man bei der Addition von 3 Äpfeln, 4 Birnen und 5 Bananen von deren spezifischen Qualitäten abstrahieren muß, um einfach 12 *Früchte* zu erhalten – ist die Grundlage des Tauschwertes*. Das Maß dieser Arbeit – die Dauer der zur Herstellung eines Produktes notwendigen *Arbeitszeit* – ist somit das Maß des Tauschwerts.

Die einfache Warenproduktion

Solange das selbständige Handwerk, der Handel und die Spaltung der Gesellschaft in Klassen noch schwach entwickelt sind, nimmt die Warenproduktion einen relativ geringen Platz in der Produktion ein. Erst als der Handel und das städtische Leben etwas mehr Gestalt gewinnen, haben sie auch einen *genügend großen Markt* geschaffen, damit sich die Warenproduktion entwickeln und in den Städten nach und nach ausdehnen kann.[63] Wir treten jetzt in eine historische Epoche ein, die dadurch gekennzeichnet ist, daß die Warenproduktion in den Städten an Umfang zunimmt, während sich zu gleicher Zeit die Bedarfsproduktion auf dem Lande langsam zersetzt. Diese von den Handwerkern – den Besitzern ihrer eigenen Produktionsmittel (Werkzeuge) – betriebene Warenproduktion wird einfache Warenproduktion genannt. Sie hat ihre

* Von Beginn der einfachen Warenproduktion an – ungefähr 3000 Jahre v. Chr. – wird jede Arbeit als gleichwertig betrachtet, unabhängig von ihren spezifischen Eigenarten. Bei Susa hat man Tafeln semitischer Sprache gefunden, auf denen die Löhne an einem Fürstenhof für den Koch, den Barbier, den Schuster, den Schneider, den Steinmetz, den Zimmermann, den Schmied, den Landwirt, den Hirten und den Eseltreiber einheitlich mit 60 *Qua* Gerste festgelegt sind.[62] Indes konnten die Menschen in jener ersten Phase der Warenproduktion sich nicht des Begriffs der »abstrakten Arbeit« bewußt werden; die Äquivalenz qualitativ verschiedener Arbeiten wird unmittelbar als solche erkannt. Der Begriff der »abstrakten Arbeit« konnte erst mit der *Mobilität der Arbeitskraft* in der kapitalistischen Epoche geboren werden. Er besagt nicht nur, daß eine Arbeitsstunde eines Textilarbeiters genauso viel Wert erzeugt wie die eines Ziegelbrenners; er umschließt auch die Tatsache, daß die Beschäftigung in den Großindustrien *austauschbar* geworden ist. Siehe auch Kapitel V, § »Menschliche Arbeitskraft und das Maschinenwesen«.

Vorherrschaft während der Epoche der städtischen Kultur errungen; dies gilt ganz besonders für die Antike, seit Beginn des 6. Jahrhunderts v. Chr. in Griechenland, für das Reich des Islam seit dem 8. Jahrhundert n. Chr. und für Westeuropa vom 11. Jahrhundert an, wo die städtische Kultur ihre Blütezeit vom 13. bis 15. Jahrhundert im Süden der Niederlande und in Italien erreichte.

In der einfachen Warenproduktion befriedigt die Arbeit des Erzeugers nicht direkt seine Bedrüfnisse; Arbeit und Arbeitsprodukt sind für ihn nicht mehr gleichbedeutend. Der Produzent bleibt jedoch der Besitzer seiner Arbeitserzeugnisse; er trennt sich nur von ihnen, um sich die notwendigen Güter für seinen Lebensunterhalt zu verschaffen. Die Arbeitsteilung trennt bereits den Produzenten von seinem Produkt: aber noch wird er nicht von diesem unterdrückt. Die Warenproduktion reift langsam im Schoße der Gesellschaft heran; die alleinige Produktion von Gebrauchswerten verliert immer mehr an Boden.

Je mehr sich die Warenproduktion ausdehnt, desto gebieterischer wird die Rechnungsführung in Arbeitsstunden. In der primitiven Gesellschaft, die kaum eine Arbeitsteilung kennt, ist einzig die strikte Einhaltung des Arbeitsplanes zur Bewältigung der wichtigsten Aufgaben von vitaler Bedeutung für das Weiterbestehen der Gesellschaft. Ansonsten bedeutet es wenig – wie wir gesehen haben –, ob zur Herstellung eines Gegenstandes zwei oder drei Arbeitsstunden aufgewendet werden. Das erklärt, warum die Mitglieder dieser Völker trotz sehr strenger Vorschriften in bezug auf die Nahrungsmittelerzeugung im weiteren eine sehr ausgedehnte Freiheit genießen. Diese Mischung von strenger Rechnungsführung und großer Freiheit im Produktions- und Konsumtionskreislauf hat Herskovits bei den *Tallensi,* einem ghanesischen Volk (Westafrika), das vom Sammeln und vom Ackerbau lebt, beschrieben.[64]

Aber sobald sich die Warenproduktion innerhalb einer primitiven Gemeinschaft ausweitet, wird die Ökonomie der Arbeitszeit unerbittlich durchgeführt. Auf dem Markt, wo sich die Arbeitsprodukte verschiedener Dörfer begegnen, bildet sich der Tauschwert künftig nach *gesellschaftlichen Maßstäben.* Nicht die tatsächliche, zur Herstellung eines Gegenstandes verausgabte Arbeitszeit bestimmt dessen Wert, sondern die Anzahl der Arbeitsstunden, die nach der *durchschnittlichen Produktivität* der Gesellschaft in jener Zeit dafür benötigt werden. Die Waren wären in der Tat unvergleichbar, wenn ihr Wert nach der *zufälligen* Arbeitszeit, die jeder Produzent zu ihrer Herstellung aufgewendet hat, bestimmt würde. »Er (der mittelalterliche Handwerker) muß gemäß festgesetzten Bedingungen Stoffe ›nicht auf seine Art, sondern amtlich, städtisch‹ herstellen; seine Arbeit – so könnte man sagen – hat ausgesprochen objektiven und nicht subjektiven Charakter.«[65]

Sobald sich der Wert der Waren nach der zu ihrer Herstellung *gesellschaftlich notwendigen* Arbeitszeit richtet – d. h. sobald sich dieser Durschnitt durch die Erfahrung aus wiederholten Tauschvorgängen und durch das gleichzeitige Auftreten der Produkte verschiedener miteinander konkurrierender Produzenten einstellt –, werden die ungeschickten und schlechten Produzenten, die mit altertümlichen Methoden arbeiten, benachteiligt. Sie erhalten im Austausch für die der Gesellschaft geleistete persönliche Arbeitszeit nur ein Äquivalent, das in einer geringeren Zeitspanne angefertigt worden ist. Eine größere Arbeitsdisziplin und eine genauere Berechnung der Arbeit begleiten somit die Entwicklung der Warenproduktion.*

Mit der Entwicklung der einfachen Warenproduktion beginnt sich die menschliche Arbeit gleichsam nach ihrer Qualität zu unterscheiden. Die *zusammengesetzte, die qualifizierte* Arbeit löst sich von der einfachen Arbeit. Da das Handwerk mit

* Das zeigt sich deutlich bei der einfachen Warenproduktion der Indianer von Panjachel (Guatemala), die Professor Sol Tax beschreibt. Männer, Frauen und selbst Kinder in ganz jungen Jahren sind ständig bemüht, sich durch den Handel ein paar Pfennige zu verdienen. Es ist nicht erstaunlich, daß der Tausch und das Äquivalent in einer solchen Gesellschaft, wo – nach Professor Tax – eine Frau, die weder lesen noch schreiben konnte, die Herstellungskosten eines Teppichs, an dem sie einen ganzen Tag gearbeitet hatte, beinahe bis auf den letzten Pfennig genau angeben konnte, äußerst genau berechnet werden. Wenn unter solchen Bedingungen der Boden manchmal im Tausch gegen unbezahlte Arbeit, manchmal im Tausch gegen einen Teil der Ernte und manchmal gegen einen Arbeitslohn in Geld vermietet wurde, so kann man annehmen, daß die Äquivalente – die nur auf dem Arbeitswert beruhen konnten – in jedem Fall genau berechnet worden sind.66

der zunehmenden Spezialisierung eine mehr oder weniger lange Lehrzeit erfordert, deren Kosten jedoch nicht wie in der primitiven Gesellschaft von der ganzen Gemeinschaft getragen werden, sondern von der Familie des Lehrlings oder gar dem Lehrling persönlich, ist es klar, daß sich niemand einer längeren Berufsausbildung unterziehen würde, wenn er im Austausch für eine qualifizierte Arbeitsstunde das gleiche Äquivalent erhielte wie für eine unqualifizierte. Die qualifizierte menschliche Arbeit wird als eine zusammengesetzte Arbeit angesehen, in die nicht nur die verausgabte Arbeitskraft des Handwerkers zum Zeitpunkt, wo er als Meister tätig ist, eingeht, sondern auch ein Teil seiner während der Lehrzeit verausgabten unentlohnten Arbeit (gesellschaftliche Amortisierung der allgemeinen Lehrkosten). Das *Wertgesetz*, das den Austausch der Waren gemäß ihrem Gehalt an abstrakter, einfacher und gesellschaftlich notwendiger menschlicher Arbeit regelt, erfüllt schließlich noch eine zusätzliche Funktion. Die primitive Gesellschaft und die dörfliche Gemeinschaft, in der die Arbeitsteilung noch im Entstehen begriffen ist, sind auf der Grundlage *bewußter* Kooperation im Arbeitsprozeß organisiert; die Sitten, die Gebräuche, der Rat der Alten oder der gewählte Verwalter bestimmen den Produktionsablauf; dieser notwendigen Ordnung wurde die Fronarbeit und der Tribut an die herrschende Klasse aufgepropft.

Wenn sich die einfache Warenproduktion entwickelt, finden wir einen Produzenten vor, der sich keiner kollektiven, gesellschaftlichen Einrichtung mehr unterzuordnen braucht. Jeder Erzeuger kann im Rahmen seiner physischen Möglichkeiten und seines Produktionsvermögens (Arbeitsinstrumente usw.) soviel herstellen, wie er will. Die Produzenten schaffen nicht mehr Gebrauchswerte für den Konsumbedarf eines geschlossenen Gemeinwesens; sie arbeiten jetzt für einen mehr oder minder großen und mehr oder weniger anonymen Markt. Das Wertgesetz, das den äquivalenten Warenaustausch erst ermöglicht, weil es den Tausch auf einer objektiven Grundlage regelt, bewirkt aber auch, daß die gesamten, der Gesellschaft zur Verfügung stehenden Arbeitsstunden infolge der zustande gekommenen und der nicht realisierten Tauschgeschäfte unter den verschiedenen Produktionszweigen *neu-verteilt* werden. Die menschliche Arbeit in der primitiven

Gesellschaft ist eine *unmittelbar gesellschaftliche* Arbeit. In der einfachen Warenproduktion erlangt die persönliche Arbeit ihren gesellschaftlichen Charakter erst *mittelbar*, durch das Spiel des Wertgesetzes im Tauschprozeß.

Wenn ein Handwerker mehr Leinwand erzeugt, als der Markt seiner Gesellschaft aufnehmen kann, dann bleibt ein Teil seiner Erzeugnisse unverkauft und geht nicht in den Tauschhandel ein; das aber lehrt ihn, daß er einen übermäßigen Teil der gesellschaftlich insgesamt zur Verfügung stehenden Arbeitszeit auf die Produktion seiner Leinwand verwendet hat; mit anderen Worten: er hat gesellschaftliche Arbeitszeit vergeudet. In einer bewußt harmonisch abgestimmten Gesellschaft wäre diese Vergeudung durch die Gewohnheit oder durch die Erklärung der übrigen Mitglieder der Gesellschaft von *vornherein* aufgezeigt worden; auf dem Markt enthüllt das Wertgesetz diese Vergeudung erst *nachträglich* und zu Lasten des Erzeugers, der für einen Teil seiner Anstrengungen, seiner Produkte, kein Äquivalent erhält.

Diese Regeln bleiben in den Anfängen der Warenproduktion, der einfachen Warenproduktion, ziemlich durchsichtig. Zum Beweis: Sowohl in der Antike als auch in China, in Byzanz und während des Mittelalters in Europa und Arabien usw. wurde in den Zünften gleichzeitig die Arbeitszeit zur Herstellung einer jeden Ware, die Länge der Lehrzeit, ihre Kosten und das durchschnittliche Äquivalent für jede Ware in festen, allen bekannten Vorschriften niedergelegt[67].*

Diese Durchsichtigkeit besagt nichts anderes als die folgende Tatsache: mit der einfachen Warenproduktion erreichen wir lediglich eine Übergangsstufe zwischen der bewußt durch Kooperation im Arbeitsprozeß bestimmten Gesellschaft und einer Gesellschaft, in der die völlige Auflösung der Gemeinschaftsbande nur noch »objektiven«, d. h. blinden, »natürlichen«, vom Willen der Menschen unabhängigen Gesetzen Raum läßt, die die wirtschaftliche Tätigkeit bestimmen und lenken.

* Nadel gibt an, daß im Königreich Nupe der Wert der Waren im großen und ganzen der zu ihrer Herstellung aufgewandten Arbeitszeit entspricht.[68]

III Geld — Kapital — Mehrwert

Die Notwendigkeit eines allgemeinen Äquivalents

Der einfache und der entwickelte Warenaustausch vollziehen sich in Form eines Tauschgeschäftes, bei dem man eine Ware unmittelbar gegen eine andere austauscht. Für primitive Völker, die gewohnt sind, stets die gleichen Güter gemäß traditionellen, ja sogar rituellen Regeln auszutauschen, bedeutet der Tauschhandel kein ökonomisches »Problem«.[1]

Die Problematik entsteht erst mit dem allgemeinen Tausch und dem Handel. Nicht mehr ein einziges Produkt, der Überschuß des Stammes, wird gegen ein anderes Erzeugnis getauscht; eine Vielzahl verschiedenartiger Güter wird jetzt gegen eine Vielzahl anderer Produkte eingetauscht. Das Äquivalenzverhältnis bezieht sich nun nicht mehr nur auf zwei Waren oder Warenarten, sondern auf eine unbegrenzte Vielfalt von Gütern der verschiedensten Art. Es ist nicht länger bloß die Arbeitszeit des Töpfers, die mit der des Ackerbauern verglichen wird. Zehn, zwanzig, dreißig verschiedene Berufe müssen nun regelmäßig ihre Arbeitsergebnisse wechselseitig einander gegenüberstellen. Damit ein reibungsloser Tausch möglich wird, müssen die Eigentümer ihre Güter loswerden können, bevor sie zufällig den Käufer finden, der ausgerechnet die Güter besitzt, die sie im Austausch erlangen wollen. Damit diese Tauschgeschäfte auf der Grundlage der Gleichwertigkeit stattfinden, muß es eine Ware geben, in der alle anderen Waren jeweils ihren Tauschwert ausdrücken können. Diese Bedingung erfüllt das *allgemeine Warenäquivalent.*

Mit dem allgemeinen Tausch und dem beginnenden Handel tritt ein allgemeines Äquivalent, Geld, in all seinen verschiedenen Gestalten auf. Die Notwendigkeit eines solchen Äquivalents liegt auf der Hand. Sir Samuel Baker erzählt, wie er auf dem Markt von Nyoro in Uganda die Marktleute hat rufen hören: »Milch für Salz zu verkaufen! Salz gegen Speerspitzen! Billigen Kaffee für rote Perlen!«[2]

Wenn aber die Besitzer des Salzes nicht Milch, sondern rote

Perlen wollen, wenn die Perlenbesitzer weder Salz noch Kaffen noch Milch brauchen, dann finden alle diese Tauschgeschäfte nicht statt, denn es begegnen sich keine zwei Warenbesitzer, die bereit wären, ihre Güter gegenseitig zu tauschen. Das allgemeine Äquivalent jedoch ist eine Ware, für die jede *andere* Ware erworben werden kann. Nehmen wir einmal an, Salz sei das allgemeine Äquivalent. Sofort könnten die drei Geschäfte ohne jede Schwierigkeit zustande kommen. Der Händler tauschte seine roten Perlen tatsächlich gegen Salz, nicht weil er sich den Gebrauchswert Salz zu eigen machen will, sondern weil er für das Salz – das allgemeine Äquivalent – Milch bekommen kann, die er begehrt.

Das allgemeine Äquivalent ist also selbst eine Ware; ihr Tauschwert wird wie der aller anderen Waren durch das Quantum gesellschaftlich notwendiger Arbeit, das ihre Herstellung erfordert, bestimmt. Alle anderen Waren drücken ihren eigenen Tauschwert künftig in bezug auf diesen einen Tauschwert aus. Insofern das allgemeine Äquivalent Ware ist, behält es seinen Gebrauchswert, der durch seine natürlichen Eigenschaften bemessen wird; am Ende der Zirkulation wird das Salz zum Einsalzen des Fleisches benutzt. Aber neben seinem eigenen, natürlichen, stofflichen Wert gewinnt das allgemeine Äquivalent jetzt einen zusätzlichen Gebrauchswert, nämlich den, den wechselseitigen Tausch der Waren zu erleichtern; d. h. Zirkulationsmittel und Wertmaßstab zu sein. So dient in Ägypten zur Zeit der Ramassiden das Vieh als allgemeines Äquivalent, und

1 Matte 5 Maß Honig 11 Maß Öl	entsprechen dem Wert eines Stiers.[3]

Zu Anfang des zweiten Jahrtausends v. Chr., unter der Regierung des Königs Bilalama, war Silber das allgemeine Äquivalent von Eschouna in Mesopotamien. Auf den Steuertafeln, die 1947 bei Tell Harmal gefunden wurden, sind die folgenden Äquivalente eingeschrieben (die Maße sind das metrische System übertragen):

12 l Sesamöl 300 l Getreide 600 l Salz 5 kg Wolle 1 kg Kupfer	}	entsprechen dem Wert eines Sekels (± 8 g) Silber.[4]

Im hethitischen Gesetzbuch, das 500 Jahre jünger ist als das des Königs Bilalama, finden wir eine lange Liste von Äquivalenten; wir wollen nur einige Beispiele bringen:

1 Schaf 1 »zimittani« Butter die Haut eines großen Ochsen 4 Minen Kupfer 20 Lammfelle 2 »pa« Wein ½ »zimittani« gutes Öl	}	entsprechen 1 Sekel Silber

3 Ziegen sind 2 Sekel Silber wert
1 geschlitztes Gewand ist 3 Sekel Silber wert
1 großes Linnen ist 3 Sekel Silber wert
1 Zugpferd ist 20 Sekel Silber wert.[5]

Es handelt sich hier also um eine richtiggehende *Preisliste.* Der Preis ist nichts anderes als der Tauschwert einer Ware, der durch ein bestimmtes Quantum des Wärenäquivalent ausgedrückt wird. Das allgemeine Äquivalent ist Geld geworden; der Preis ist der Ausdruck des Tauschwerts in Form von Geld.

Die Entwicklung des allgemeinen Äquivalents

Oft werden die gebräuchlichsten Tauschwaren eines Gebietes zu Beginn der einfachen Warenproduktion die ersten allgemeinen Äquivalente. Man kann diese Waren in zwei Gruppen einteilen: einerseits die Güter, die für das betreffende Volk die größte Bedeutung besitzen (Lebensmittel, Werkzeuge, Salz); andererseits Schmuck, der zu den ersten Tauschobjekten überhaupt gehört.
Völker, die Ackerbau und Viehzucht betreiben, nehmen im

allgemeinen das Vieh, Weizen oder Reis als allgemeines Äquivalent. Bis zum 6. und 5. Jahrhundert v. Chr. war bei den Griechen und Römern der Ochse das allgemeine Äquivalent. Bei den Hindus kommt der Name des Landesgeldes, die *Rupie*, von dem Wort »Rupa«, was soviel heißt wie Viehherde. Die Iranier der *Avesta*, die Germanen der *Lex Saxorum* haben gleichfalls den Ochsen als allgemeines Äquivalent gewählt, woraus man schließen kann, daß in dieser Zeit die Viehzucht vorgeherrscht hat. Auch in Nord-, Ost- und Südafrika ist bei Völkern, die überwiegend Viehzucht betreiben, das Vieh – nämlich das Kamel, das Schaf, die Ziege oder die Kuh – das allgemeine Äquivalent. Bei den Kirgisen spielt das Pferd diese Rolle; in Annam ist es der Büffel und in Tibet das Schaf.

Geht der Ackerbau erst dann zur Viehzucht über, wenn es schon allgemeine Äquivalente gibt, so erfüllen verschiedene Bodenprodukte diese Funktion. Im alten Japan war jahrhundertelang der Reis das allgemeine Äquivalent. In China waren es zuerst Weizen und Hirse und später gleichfalls Reis. In Mesopotamien war es der Weizen. In Ägypten verdrängten Lebensmittel aus Weizen, d. h. Brote, die in bestimmten Formen gebacken wurden, sehr bald den Ochsen.

Desgleichen ersetzte im 5. Jahrhundert v. Chr. in Indien das Getreide den Ochsen als allgemeines Äquivalent, und in den Dörfern behielt es diese Rolle bis zum 19. Jahrhundert bei. Im Sudan wurden die Datteln lange Zeit als allgemeines Äquivalent verwendet. In Mittelamerika war es der Mais. Auf Neufundland und in Island waren es bis zum 15. Jahrhundert getrocknete Fische; auf den Nikobaren Kokosnüsse; bei den primitiven Stämmen der Philippinen Reis, und auf den Hawaii-Inseln vor dem Kontakt mit dem Abendland gesalzene Fische.

Ferner wurden die wichtigsten Werkzeuge als allgemeine Äquivalente verwendet: Bronze- oder Kupferhacken und kupferne Dreifüße auf Kreta; Bronzevasen in Laos; Eisenschaufeln und Eisenhacken in Mittel- und Ostafrika; Angelhaken auf den Salomoninseln und den Marshallinseln im Pazifik usw. In China bedeuteten zwei der ältesten Geldarten »pu« und »tsian«, die sich aus Bronzewerkzeugen herausgebildet hatten[6], ursprünglich »Ackergerät«. Im 7. und 8.

Jahrhundert unserer Zeitrechnung stellten in Japan Eisenhacken und -schaufeln den Großteil des beweglichen Reichtums dar.[7]
Auch die Rohstoffe, aus denen diese Werkzeuge gefertigt sind, können ihrerseits oft die Rolle des allgemeinen Äquivalents spielen. Es ist bekannt, daß auf der Insel Yap (im Pazifischen Ozean) der Stein als allgemeines Äquivalent dient. Als im homerischen Griechenland die Achäer des Festlandes Bronzevasen als allgemeines Äquivalent zu verwenden begannen, betrachteten die Bewohner der Insel Lemnos schon das Bronzemetall selbst als allgemeines Äquivalent. Eisenbarren und kleine Eisenstäbe spielten bei den fortgeschritteneren Stämmen Afrikas die gleiche Rolle.
Die ursprünglichsten Gebrauchsgegenstände (die wichtigsten Ernährungsgüter oder die hauptsächlichsten Werkzeuge) können, mit der Entwicklung des Tauschs, als allgemeines Äquivalent durch die örtliche *Ware,* d. h. durch die wichtigsten Güter, die man bei fremden Händlern kauft oder diesen verkauft, ersetzt werden. So finden wir bei den Tataren und den Mongolen des 19. Jahrhunderts gepreßten Tee als allgemeines Äquivalent; in Mexiko zur Zeit der Azteken die Kakaonuß; das Salz in Abessinien, in West-, Mittel- oder Ostafrika, in Birma, im mittelalterlichen Tibet und bei einigen Indianerstämmen Nordamerikas; bis zum 18. Jahrhundert Pelzwerk in Kanada; das Fell weißer Eichhörnchen in Rußland; Hanfstoffe im mittelalterlichen Japan; die Elle Tuch in bestimmten Gemeinden Westeuropas während des Mittelalters usw. In China entsprach der Fuß Leinwand (*tch'e*) einem Scheffel (*che*) Getreide und diente zusammen mit dem Korn, der Hirse und dem Kupfergeld unter den T'ang als allgemeines Äquivalent.[8]
Die Schmuckgegenstände, die ursprünglich wohl für magische Zwecke verwendet wurden*, dienten in den Anfängen der einfachen Warenproduktion oft als allgemeines Äquivalent.

* In einer primitiven Gesellschaft hat der Tausch von Schmuck als Wertgegenstand, soweit er eine magische Erscheinung ist, übrigens einen ökonomischen Ursprung. In seinem *Essai sur le don* erklärt Marcel Mauss, daß diese Gegenstände als »Gegenstücke unerschöpflicher Instrumente, *Schöpfer der Nahrung*« angesehen wurden, »die die Geister den Vorfahren gegeben hatten«.[9]

In der kretisch-mykenischen Kultur beispielsweise tauchen neben Gebrauchsgegenständen aus Bronze auch kleine bronzene Dreifüße als allgemeines Äquivalent auf. In Ägypten sind es Bronzeringe. Im präkolumbianischen Mittelamerika spielte Jade bei den Indianern eine ähnliche Rolle; desgleichen der Türkis bei den Pueblo-Indianern. In Ägypten dienten Glas- oder Emailleperlen diesem Zweck; auch im Mittelmeer-Europa setzte sich diese Form des Äquivalents durch. In Afrika verbreitete sie sich als richtiggehendes Geld.

Den größten Umlauf als allgemeines Äquivalent fanden die *Kauri*-Muscheln. Von China und Indien aus verbreiteten sie sich auf den Pazifischen Inseln, in Afrika, Europa und sogar in der Neuen Welt.

»Die Kauri waren haltbarer und einheitlicher als alle anderen Muschelgelder. Sowohl in bezug auf ihre Größe als auch auf ihr Gewicht sind sie verhältnismäßig gleichgeartet; man kann sie mit Körnern wie Bohnen, Reis, Weizen oder Gerste vergleichen, die die ersten Gewichtseinheiten zum Wiegen von Gold und Silber darstellten.«[10]

Die Edelmetalle als allgemeine Äquivalente bedeuten somit ein Zusammentreffen zwischen allgemeinem Äquivalent in der Form von lebenswichtigen Gütern und in der Form von Schmuck. Kupfer, Bronze, Gold und Silber waren stets zuerst Rohstoffe für die Anfertigung von Schmuck. Erst mit dem Fortschritt der Metallurgie wurden diese Metalle auch zur Herstellung von lebensnotwendigen Gütern verwendet. Seither spielen die Metalle eine entscheidende Rolle in der Wirtschaft. Gleichzeitig behalten sie eine religiöse, rituelle und besonders eine magische Bedeutung, die ihnen noch aus der Zeit, da sie lediglich zur Schmuckanfertigung verwendet wurden, anhaftet. Alle diese Faktoren haben dazu beigetragen, daß die Edelmetalle als allgemeines Äquivalent aller Waren anerkannt wurden.

Das Geld

Die Entwicklung des internationalen Handels fällt zeitlich etwa mit der metallurgischen Revolution zusammen. Hauptobjekte dieses Handels sind die Metalle. Die Notwendigkeit eines allgemeinen Äquivalents macht sich von da an stärker bemerkbar. Es ist nicht erstaunlich, daß eben diese Metalle am häufigsten dafür gewählt werden. Anfänglich waren es noch aus Metall gefertigte Dinge, die als allgemeines Äquivalent dienten. Aber je mannigfaltiger der Handel wurde, desto mehr Komplikationen ergaben sich daraus und desto mehr Zusatzkosten entstanden.

In Ostafrika diente die Eisenhacke als allgemeines Äquivalent. Die in erzreichen Gebieten lebenden Stämme stellten diese Hacken her und tauschten sie gegen die Erzeugnisse anderer Gebiete; in jenen wiederum schmolzen die Schmiede die Hacken ein und fertigten Waffen oder Schmuck daraus.[11] Daher ging man dazu über, das *reine, unbearbeitete Metall* zum allgemeinen Äquivalent zu machen und es nach seinem Gewicht zu messen. Hierher rührt die Rolle der Goldwäger, die zu Beginn jeder Geldwirtschaft gleichbedeutend sind mit Geldwechslern, Bankiers, Wucherern.

Es ist zeitraubend, das Metall – ob es nun in Barren gegossen ist oder nicht – bei jedem Tausch zu wiegen. Von einer gewissen Stufe der Handelsentwicklung an wird es daher üblich, daß der Staat die Edelmetallbarren mit einem genauen Stempel versieht, der ihr Gewicht verbürgt. Solche amtlich gewogenen Barren treten seit dem 3. Jahrtausend vor unserer Zeitrechnung in Mesopotamien und Ägypten in Erscheinung; im 2. Jahrtausend finden wir sie in Europa, auf Kreta und auf dem Peleponnes im Bereich der kretisch-mykenischen Kultur. Sehr viel später, ungefähr 700 Jahre v. Chr., taucht die Idee auf, die Form der Barren den Erfordernissen eines Transports über lange Strecken anzupassen. Der König von Lydien, der den Handel der griechischen Städte auf die großen Lagerhäuser seiner Hauptstadt Sardes lenken wollte, ließ kleine Goldmünzen prägen, von denen eine jede nur wenige Gramm wog. Künftighin war es dank dieser Münzen möglich, Waren von relativ hohem Wert gegen Geld einzutauschen. Die Ausdehnung des Handels wurde dadurch begünstigt; der Bauer und der kleine Handwerker konnten von nun an ihren Überschuß gegen Geld verkaufen, statt ihn wie früher zu tauschen.[12] Das System der Geldprägung verbreitete sich im Perserreich, in den griechischen Städten und, durch die Ausstrahlung dieser verschiedenen Kulturen, in der ganzen von diesem Handel berührten Welt. In Indien und in China vollzog sich diese Entwicklung anscheinend unabhängig von Kleinasien. In China zirkulierten um das Jahr 1000 v. Chr. Metallstücke, und seit 65 v. Chr. hatten sie ein vorgeschriebenes Gewicht.[13]

Wenn sich die Edelmetalle als universell gültige allgemeine Äquivalente aufgedrängt haben, so deswegen, weil sie eine Reihe wesentlicher Eigenschaften besitzen, die ihnen diese Rolle ermöglichen, und die von Händlern und Beamten empirisch herausgefunden wurden:

1. Sie sind leicht *transportierbar:* ihr großes spezifisches Gewicht erlaubt es, in einem beschränkten Volumen eine Metallmenge anzuhäufen, die einen relativ großen Tauschwert besitzt. Dieser Wert bleibt stabil: in ihrer Produktionsweise haben sich während mehrerer Jahrtausende nur wenige technische Wandlungen vollzogen.
2. Sie sind *dauerhaft* infolge ihrer geringen Abnutzung und ihrer Unempfindlichkeit gegen Oxydation usw.
3. Sie sind leicht *teilbar*, und die Bruchstücke können leicht wieder zu größeren Einheiten umgeschmolzen werden.
4. Sie sind leicht *erkennbar* durch ihre besonderen physikalischen Eigenschaften, und jede Nachahmung kann sehr leicht (am Gewicht) entdeckt werden.

Wenn nun auch die besonderen Eigenschaften der Edelmetalle diese für die Rolle als allgemeine Äquivalente in gewisser Hinsicht geeignet machten, sobald der Handel eine gewisse Ausweitung erfahren hatte, so hing doch ihre tatsächliche Verwendung als solche davon ab, ob sie in einem bestimmten Gebiet in ausreichender Menge produziert wurden. Gewöhnlich wurde das Gold vor dem Silber und anfänglich sogar mit geringeren Kosten gewonnen. Auf diese Tatsache stoßen wir im Ägypten der Pharaonen, im antiken Indien, im präkolumbianischen Amerika usw.[14]

Wenn die Edelmetalle selten sind, werden normalerweise andere Metalle als allgemeines Äquivalent verwendet. Im antiken Griechenland war vor der Entdeckung der Goldminen bei Laurium und Strymon, die nach und nach den Reichtum Athens und der mazedonischen Könige begründeten, die Goldmünze sehr selten; Silber, Kupfer und manchmal sogar Eisen wurden üblicherweise zu Geld geprägt. In Lakonien, das sehr reich an Eisen war, dominierte das Eisengeld bis zum 3. Jahrhundert v. Chr. In China, wo Silber und Gold sehr knapp waren, blieb das Kupfer bis zum 15. Jahrhundert n. Chr. die Grundlage des Metallgeldes; oft wurde es sogar durch Eisen ersetzt. Der gleiche Gold- und Silbermangel führte in Japan dazu, daß das Kupfer vom 7. bis zum 17. Jahrhundert unserer Zeitrechnung zum allgemeinen Wertmaßstab wurde. Zu diesem Zeitpunkt ermöglichte es die Entdeckung großer Gold- und Silberminen, in reichem Maße Münzen aus Edelmetall zu prägen.[15] Interessant ist die Tatsache, daß selbst die Länder, die über einen sehr großen Reichtum an Edelmetallen verfügten, den Abbau dieser Vorräte im allgemeinen erst in Angriff nahmen, als die Entwicklung des Handels eine wahre Fülle an Zahlungsmitteln aus diesen Metallen erforderte. Das erklärt sich ganz einfach dadurch, daß man erst zu diesem Zeitpunkt begann, ernsthaft nach solchen Minen zu suchen.*

Solange das allgemeine Äquivalent aus Waren besteht, die selbst einen Gebrauchswert besitzen –wichtige Gebrauchsgüter, Schmuck, metallische Rohstoffe –, ist deren neuer Gebrauchswert, nämlich allgemeines Äquivalent für alle anderen Waren zu sein, nur eine zusätzliche Funktion, die verschwinden kann, wenn sich der Erwerber dieser Waren deren natürlichen Gebrauchswert zunutze machen will. Anders verhält es sich bei den in Barren gegossenen, geprägten Edelmetallen und später bei den von der öffentlichen Gewalt gemünzten Metallstücken. Von Anfang an beruht der allgemeine und ausschließliche Gebrauchswert dieser neuen Ware auf ihrer Rolle als allgemeines Äquivalent aller anderen Waren. Damit die gestempelten Barren oder die Münzen wieder als metallischer Rohstoff zur Herstellung von Schmuck dienen könnten, müßte man sie zuerst umschmelzen, müßte man sie als Barren oder Münzen zerstören. Am Ende der Entwicklung eines allgemeinen Äquivalents haben wir also eine Ware, die keinen anderen Gebrauchswert mehr hat, als allgemeines Äquivalent zu sein. Eine solche Ware nennt man Währung, *Geld.*

* Für Westeuropa siehe hierzu Kapitel IV.

Die Entwicklung des gesellschaftlichen Reichtums und die verschiedenen Funktionen des Geldes

Das Kennzeichen des Reichtums einer Gesellschaft, die im wesentlichen Gebrauchswerte erzeugt, besteht in der Ansammlung eben solcher Gebrauchswerte. Bei primitiven Völkern oder in der primitiven Dorfgemeinschaft bleibt die Anhäufung von Nahrungsmitteln der am meisten geachtete Ausdruck von Reichtum und der Prüfstein für das gesellschaftliche Ansehen. Bei den Hirtenvölkern berechnet sich der gesellschaftliche Reichtum nach dem Hornvieh oder nach Pferden, bei den Ackerbauvölkern nach der Menge an Weizen, Reis, Mais usw. Noch zu Anfang des 17. Jahrhunderts wird in Japan der Reichtum des Landes und der des einzelnen Gutsbesitzers nach dem Gewicht des Reisvorrats (in *Koku*) bemessen. Die Ansammlung von Gebrauchswerten gestattete eine Konzentration von Reichtum, die man nicht unterschätzen sollte. Eine einzige Familie, die der *Shogun* Tokugawa, verfügte in jener Zeit, wo die Jahresproduktion ganz Japans 28 Millionen *Koku* Reis betrug, über 8 Millionen *Koku*, also über einen sehr hohen Prozentsatz des gesamten Volkseinkommens.[16]

Mit der Ausweitung des Handels, des allgemeinen Tauschs und der immer häufigeren Verwendung des Geldes wird dieses nach und nach das wichtigste oder sogar das einzige Indiz für den Reichtum von einzelnen, von Familien oder Nationen. Es dient nicht mehr nur als allgemeines Äquivalent bei Tauschgesäften, es erfüllt jetzt gleichzeitig mehrere Funktionen:

1. Es ist *allgemeines Äquivalent*, d. h., man kann damit sämtliche verfügbaren Waren auf dem Markt erwerben.
2. Es ist ein *Tauschmittel*, d. h., es ermöglicht den Warenumlauf gerade auch zwischen Warenbesitzern, die sich den Gebrauchswert ihrer jeweiligen Waren nicht zunutze machen wollen.
3. Es ist *Wertmaß* und *Maßstab der Preise*. Der Wert jeder Ware drückt sich in einem Quantum Edelmetall von bestimmtem Gewicht aus, d. h. also in Geld. Der Preis ist nichts anderes als der monetäre Ausdruck des Wertes. Als solcher kann das *gedachte Geld* den Preis gleich welcher Ware aus-

drücken. Dafür braucht man keine Geldsumme zu *besitzen;* es genügt, den Preis zu *nennen.*

4. Es ist universelles *Zahlungsmittel:* Die Schulden und die Geldbußen gegenüber dem Staat, der Kirche oder Einzelpersonen, der Gegenwert aller Waren, Dienste oder Leistungen, all dies kann mittels des Geldes geregelt werden – ganz im Gegensatz zur primitiven Gesellschaft, wo diese verschiedenen Funktionen von bestimmten Produkten erfüllt werden müssen*. Hier ist das »gedachte« Geld nutzlos; was man braucht, ist harte und klingende Münze.

5. Es stellt einen *Wertbestand* dar und ist *Mittel zur Schatzbildung.* Jede Gesellschaft braucht einen Rückhalt, um im Falle von Naturkatastrophen (Epidemien, Überschwemmungen, Mißernten, Erdbeben) oder gesellschaftlichen Erschütterungen (Kriegen, Bürgerkriegen usw.) ihren Bedürfnissen genügen zu können. Solche Reservefonds zu schaffen, ist die ursprüngliche Aufgabe des *gesellschaftlichen Mehrprodukts.* In einer Gesellschaft, die in der Hauptsache Gebrauchswerte herstellt, bestehen diese Reserven aus aufgestapelten Gütern.

In einer Gesellschaft, die in großem Umfang Waren produziert, werden die Edelmetalle oder die Metallmünzen als Schatz gehortet. Im Bedarfsfalle erlaubt es dieser Schatz – als wirklicher Grundfond an Werten und Gegenwerten –, alle Mangelwaren herbeizuschaffen, und sei es, indem man sich an ferne Länder wendet. Die Edelmetalle werden in der Tat als allgemeines Äquivalent anerkannt. Die Erfahrung lehrt die Völker, daß ein Metallvorrat sehr viel stabiler und weniger verderblich ist als eine Getreide- und Viehreserve.[18]

Warenumlauf und Geldumlauf

In einer Gesellschaft, die nur einfache Waren herstellt, spielt das Geld als allgemeines Äquivalent nur bei einer sehr be-

* Zu Beginn der einfachen Warenproduktion konnten die verschiedenen Aufgaben des Geldes von *verschiedenen* Erzeugnissen erfüllt werden. So war im Babylon Hammurabis die Geste das universelle Zahlungsmittel; das Metallgeld fungierte als Wertmaß, Maßstab der Preise und zweifelsohne auch als Schatz; als allgemeines Äquivalent indessen verwendete man Gerste, Wolle, Öl, Silber, Weizen usw.17

schränkten Zahl von Handelsoperationen eine Rolle. Es dient vor allem zur Schatzbildung. Es wird von denen, die es besitzen und die es höchstens dazu verwenden, ihren persönlichen Konsum zu erhöhen oder zu verfeinern, eifersüchtig gehütet. »Bis zum Ende der Medischen Kriege«, sagt Glotz, »blieb die griechische Gesellschaft auf der Stufe der Schatzanhäufung stehen. Das Geld sammelte sich an und arbeitete nicht.«[19] Nicht anders ist es in Westeuropa zur Zeit des Hochmittelalters.[20] Solange sich die Produktionsweise im wesentlichen auf die kooperative Organisation der Arbeit im Schoße der patriarchalischen Familie und der Dorfgemeinschaft und auf die persönliche Arbeit des städtischen Handwerkers gründet, wird das Geld – selbst wenn es im Umlauf ist – in der Tat nur zum Erwerb von Gebrauchswerten verwendet. Es bleibt ein untergeordnetes Element, ein *Mittel des Warenumlaufs*. Dieser vollzieht sich nach dem Schema:

$$W_1 \quad - \quad G \quad - \quad W_2$$

Ware Geld Ware

Auf dem Gemeindemarkt der Chorti-Indianer in Guatemala erscheint ein Kunsttischler, der Holzstühle besitzt. Er will (oder kann) sich den Gebrauchswert seiner Ware nicht selbst zunutze machen; er will sie im Gegenteil sogar loswerden, d. h., er will ihren Tauschwert realisieren. Um dieses Geschäft zustande zu bringen, muß er den Besitzer einer Geldsumme G treffen, der ihm die Stühle in Höhe des Tauschwertes abkauft. Hinzu kommt, daß dieser Geldbesitzer bereit sein muß, sich seiner Geldsumme zu entledigen, um sich dafür den Gebrauchswert der Stühle anzueignen. Dann wird sich der Verkauf der Stühle, $W_1 - G$, zur Zufriedenheit beider Partner vollziehen. Aber der Besitzer der Holzstühle verkauft diese Ware in der Absicht, dafür eine andere zu kaufen, zum Beispiel geflochtene Matten aus dem Gebiet von Amatille, die er für seinen Haushalt braucht. Mit dem Geld, das er durch den Verkauf seiner Stühle erhalten hat, sucht er einen Produzenten und Besitzer von Flechtmatten, um diese zu kaufen. Erscheint ein solcher Produzent-Besitzer auf dem Gemeindemarkt, so vollzieht sich normalerweise der Kauf $G - W_2$. Am Ende dieser zwei aufeinanderfolgenden Vorgänge, des Verkaufs und des Kaufs, besitzt der Kunsttischler anstelle der Ware, deren Gebrauchswert er nicht nutzen will, eine andere, ihm dienliche Ware. Zwei Waren, die Holzstühle und die Flechtmatten, sind vom Markt verschwunden, weil ihr Gebrauchswert nacheinander von zwei Käufern realisiert worden ist. Im Gegensatz dazu ist die Geldsumme G durch drei Hände gegangen: vom Käufer der Holzstühle zum Kunsttischler und von diesem in die Hände des Besitzers der Flechtmatten. Zu Beginn der einfachen Warenproduktion kann der letzte Besitzer – der Hersteller der Flechtmatten – das Geld nur für zwei Zwecke verwenden: entweder kann er sich eine Rücklage, einen Schatz ansammeln als Vorrat für schlechte Tage, oder er erwirbt damit eine andere Ware.

Aber wenn eine Gesellschaft auf der Stufe der einfachen Warenproduktion mit einer fortgeschritteneren Handelskultur in Berührung kommt, dann tauchen neben den Warenbesitzern, die ihre Güter veräußern wollen, um ihren Lebensunterhalt zu bestreiten, Geldbesitzer auf, die es darauf abgesehen haben, daß diese Habe »zirkuliert«, »arbeitet«, »etwas abwirft«. So besuchen berufsmäßige Händler der Chorti, oft sogar drei oder vier von ihnen, eine Anzahl Distrikte, wobei sie so viel Geld mitnehmen, daß sie den gesamten Überschuß der Handwerker, die sie treffen, aufkaufen können; diese Überschüsse bringen sie auf die Märkte der wichtigsten Orte des Verwaltungsbezirks. Sie kaufen die Waren also nicht ihrer Gebrauchswerte wegen, wie es die kleinen Stuhlfabrikanten und Mattenflechter tun. Sie kaufen Waren, um sie in den verschiedenen Dörfern den Bewohnern *mit Gewinn wieder zu verkaufen.*

Die Warenzirkulation, d. h. die Geschäfte, die die Warenbesitzer in einer auf der einfachen Warenproduktion beruhenden Gesellschaft der Reihe nach miteinander tätigen, besteht darin, zu *verkaufen, um zu kaufen;* Verkauf der eigenen Erzeugnisse zum Zwecke des Kaufs anderer Produkte, deren Gebrauchswert man realisieren will.

Die Geldzirkulation, also jene Geschäfte, die die Besitzer eines *Geldkapitals* in einer Gesellschaft, in der es neben der einfachen Warenproduktion schon einen berufsmäßigen Handel gibt, nacheinander abschließen, besteht dagegen darin, zu *kaufen, um zu verkaufen;* man kauft also die Produkte anderer, um sie mit einem Gewinn wieder zu verkaufen, um das Geldkapital, das man besitzt, um einen *Mehrwert* zu bereichern. *Kapital ist, der Definition nach, jeder Wert, der sich um einen Mehrwert vergrößert.*

Werfen wir die Frage, die wir im Falle des Mattenflechters schon einmal gestellt haben – was kann er mit dem Geld, das er von dem Kunsttischler erhält, machen? – erneut auf, so gibt es nicht mehr zwei, sondern drei mögliche Antworten, wenn es sich um das um einen Mehrwert angewachsene Geld dreht, über das der Handeltreibende aus Chorti am Ende seiner Tätigkeiten und seiner Reisen verfügt. Er kann es wie zuvor einfach dazu benutzen, sich und seine Familie zu ernähren, zu kleiden und eine Wohnung zu halten; oder er kann einen Schatz ansammeln. Mit diesen beiden Annahmen bewegen wir uns noch durchaus im Rahmen der einfachen Warenproduktion.

Aber er kann auch etwas anderes tun: er kann sein um einen Mehrwert angewachsenes Geld ganz oder teilweise dazu benutzen, erneut in andere Gegenden zu reisen, dort andere handwerkliche Erzeugnisse einzukaufen, diese auf anderen Märkten, wiederum teurer zu verkaufen, um am Ende der Rechnung abermals mehr Geld zu besitzen. In diesem Falle verlassen wir sozusagen die einfache Warenproduktion und treten in den Geldkreislauf ein, in die *Akkumulation des Geldkapitals,* die sich nach der folgenden Formel vollzieht:

G	–	W	–	G′
Geld		Ware		Geld + Mehrwert

Der Unterschied zwischen der Warenzirkulation W_1 – G – W_2 und dem Geldumlauf G – W G′ besteht also hierin: in der Warenzirkulation ist die *Gleichwertigkeit* der Waren W_1 und W_2, die sich an den beiden Polen des Umlaufs befinden, die notwendige Voraussetzung dafür, daß die beiden Geschäfte zustande kommen. Kein kleiner Warenproduzent kann Waren von größerem Wert als dem seiner eigenen, verkauften Erzeugnisse erwerben. Im Geldkreislauf ist umgekehrt die Erscheinung eines *Mehrwerts* (G′ – G) die notwendige Bedingung dafür, daß der Kreislauf funktionieren kann: kein Geldkapital-Besitzer läßt sein Geld »zirkulieren«, »arbeiten«,

»setzt es ein«, wenn am Ende genausoviel Geld in seiner Tasche ist wie zu Anfang.

Der aus der Warenzirkulation entspringende Mehrwert

Der Mehrwert ist im Verlauf der Geldzirkulation in Erscheinung getreten. Er scheint ihr Hauptziel zu sein. Aber wo kommt er her?

In der Gesellschaft, die noch auf der einfachen Warenproduktion fußt, stammt der Mehrwert, den die Geldbesitzer erzielen, teils aus dem *Handel,* teils aus dem *Wucher.* Erst wenn Handel und Wucher schon weitgehend entwickelt sind, werden sich die besitzenden Klassen der Notwendigkeit bewußt, das Geld »einträglich zu machen«. Das 5. Jahrhundert v. Chr. bringt den Aufschwung der einfachen Warenproduktion nicht nur im antiken Griechenland, sondern auch in China. Im Verlauf dieses Jahrhunderts unterbreitet Chi-Jan, der Lehrer des großen Kaufmanns Fan-Lin, diesem die »Gesetze der Akkumulation des Kapitals« und erklärt ihm, daß man »das Geld« vor allem »nicht zur Ruhe kommen lassen darf«.[21] 1800 Jahre später, als die Einfache-Waren-Gesellschaft im Reich des Islam einen noch nie gekannten Aufschwung erlebt, stellt der Historiker Ibn Chaldun sehr scharfsinnig fest, daß »der Handel, als Mittel, sich seinen Lebensunterhalt zu verdienen. . ., aus Kunstgriffen besteht, die zu dem Zweck angewendet werden, zwischen dem Einkaufs- und dem Verkaufspreis eine Differenz zu erzielen, aus der man seinen Nutzen ziehen kann«.[22]

Im antiken Griechenland, im China der Klassischen Zeit oder im mittelalterlichen Europa war es nicht anders. Die *Odyssee* spricht von den Phöniziern, diesem typischen Handelsvolk der Antike, als von »geschickten Seefahrern, Händlern und Betrügern«. Der Biograph des heiligen Godrick von Finchale, der sich Ende des XI. Jahrhunderts dem Handel widmete, schreibt: »Er kaufte in verschiedenen Ländern Waren auf, von denen er wußte, daß sie anderswo selten und daher um so teurer waren, und brachte sie nach anderen Gegenden, wo sie den Einwohnern fast unbekannt waren und daher begehrenswerter als Gold dünkten.«[23]

Tatsächlich bestand der Fernhandel auch darin, bei wirtschaftlich schwächer entwickelten Völkern oder gar bei solchen, die noch nicht einmal das Stadium des allgemeinen Tausches erreicht hatten und daher sehr billig verkauften, Waren zu einem sehr niedrigen Gestehungspreis einzukaufen. Dann verkaufte man diese Erzeugnisse zu einem sehr viel höheren Preis, vor allem dort, wo sie äußerst selten und begehrt waren; wo ihr wirklicher Wert (die zur Herstellung notwendige Arbeitszeit) unbekannt war; wo die Mode eben diese Waren besonders schätzte; oder mehr noch, wo infolge von Katastrophen, Hungersnöten usw. gerade an diesen Waren großer Mangel herrschte.
Der Mehrwert der Kaufleute jener Epoche entstand also dadurch, daß sie Waren unter ihrem wirklichen Wert kauften und sie über ihrem Wert verkauften. Unter solchen Umständen ist es nicht erstaunlich, daß Merkur, der Gott der Kaufleute, zugleich als der Gott der Diebe galt. Es ist auch nicht erstaunlich, daß bei dem afrikanischen Volk der Hereros, »die kein Wort für ›kaufen‹ oder ›verkaufen‹ besitzen, sondern nur eines für ›Tausch‹, ein Händler im europäischen Sinn des Wortes stets als ein Betrüger angesehen wurde, weil er versuchte, beim Tausch etwas zu verdienen«.[24] Nicht erstaunlich ist es, daß die Navaho-Indianer stets den Eindruck haben, daß ein besonders reicher Mann sein Vermögen auf unehrenhafte Weise erlangt hat.[25] Es gibt kaum eine Sprache der Erde, in der nicht eine Volksweisheit die gleiche Wahrheit wiederholt. Wie der billige Einkauf die Grundlage für den Profit des Händlers ist, so finden wir am Anfang des Mehrwerts den Raub oder die Piraterie:
»Noch bezeichnender für die häufige und sozusagen anerkannte Bereicherung auf Kosten Dritter ist die Offenheit, mit der Odysseus erzählt, er habe vor dem troischen Kriege neun Piratenzüge geführt, oder die Art und Weise, wie er den Schatten des Agamemnon fragt, ob er im Kampf für die Stadt gefallen sei oder als er ›*Rinder geraubt und stattliches Wollvieh*‹, als ob zwischen diesen beiden Betätigungen nur ein geringer Unterschied bestünde.«[26]
Von jeher ist »die Piraterie die erste Stufe des Handels... Das trifft so sehr zu, daß sie (die Normannen) sich seit Ende des 9. Jahrhunderts, als sie ihre Plünderungen einstellten,

in Händler verwandelten«.[27] Man weiß, daß noch Aristoteles es für ein durchaus legitimes Mittel gehalten hat, sich seinen Lebensunterhalt durch Piraterie und Straßenraub zu verdienen. Solon schützte Seeräuberverbände durch Gesetz; 2000 Jahre später taten es ihm die britischen und französischen Monarchen hinsichtlich der Kaperschiffe gleich.[28] Die aztekischen Kaufleute waren eine Mischung aus Händlern und Eroberern; sie zwangen Stämme, wo sie konnten, dazu, Waren auszuliefern; sie gaben ein typisches Beispiel dafür, daß Handel und Piraterie anfänglich unentwirrbar miteinander verknüpft waren. Damit sind die Quellen des kaufmännischen Mehrwertes klar enthüllt.[29]

Die Waräger (das Wort *varyag, varaygian* bedeutet im Slawischen »Händler«, »Viehhändler«), Räuber-Kaufleute aus Skandinavien, die vom 8. bis zum 11. Jahrhundert Rußland verwüsteten, sind ein anderes typisches Beispiel: »Rotten schwedisch-norwegischer Kaufleute und Plünderer drangen desgleichen in slawisches Gebiet ein. Vom 8. bis zum 10. Jahrhundert führten sie dort als Händler Streifzüge durch, um handeln und plündern zu können. Raub und Eroberung waren gleichzeitig die Quellen des Handels; der Handel gesellte sich zu der Piraterie.«[30]

Handeln und Plündern sind auch in der Sahara untrennbar miteinander verbunden: »Die feindlichen Stämme organisierten gegen ihre Gegner und deren Schützlinge Plünderungszüge, die als richtiggehende Handelsgeschäfte begriffen wurden, weswegen sie hier in dieser Darlegung ihren Platz finden. Diese Unternehmen wurden durch ein Gewohnheitsrecht geregelt; es sah die Rolle der Kapitalisten – die die Expedition finanzierten – und die der Ausführenden bis in alle Einzelheiten vor; es bestimmte den Gewinn eines jeden nach dem Grad seiner Beteiligung. Es handelt sich um einen typischen Vertrag sehr alter Form, wie er vor dreißig Jahren noch mit genau den gleichen Merkmalen sowohl in Ober-Mauretanien als auch in der Sahara vorkam.«[31]

Durch dieses System gelangen einzelne Händler oder ganze Klassen von Händlern äußerst rasch zu großem Reichtum. Die Gewinne sind sehr groß; oft überschreiten sie bei einem einzigen Geschäft 1000 %.

Im 14. Jahrhundert kaufen die Händler auf der Krim ta-

tarische Pferde für 1 Dinar und verkaufen sie in Indien für 25 und selbst für 50 Dinar, erzählt der arabische Reisende Ibn Batoutah.[32] Die holländische Ostindische Handelsgesellschaft kaufte im 17. Jahrhundert auf den Molukkeninseln das Pfund Gewürze für 7,5 Cents und verkaufte es in den Niederlanden für 300 Cents.[33] Solche Preisunterschiede sind nur deswegen möglich, weil jene zurückgebliebenen Völker den Tauschwert der Waren auf dem internationalen Markt nicht kannten. Die Phönizier wußten, was sie taten, als sie es vorzogen, mit barbarischen Völkern, die sie politisch hätten unterdrücken können, Handel zu treiben.[34]

»(Unter der Dynastie der Song) tranken die Völker des Nordens (von China), deren Nahrung gewöhnlich aus Fleisch, Käse und Milch bestand, sehr gerne Tee. Um sich Tee zu verschaffen, verkauften sie am 1. und 2. der Monate Februar und März ihre Pferde. Am Anfang, als sie damit begannen, Pferde gegen Tee zu tauschen, boten sie ein gutes Pferd gegen etwa 10 Pfund gewöhnlichen Tee. Die chinesische Tee-Verwaltung zog aus diesen Handelsgeschäften einen beträchtlichen Gewinn. Bald entwickelte sich der Schleichhandel, und die Fremden, die über die Preise unterrichtet waren, forderten für ihre Pferde das Zehnfache.«[35]

Die Geldzirkulation, die auf einen Mehrwert solchen Ursprungs hinausläuft, ist jedoch im ganzen genommen *steril;* sie vergrößert nicht den Reichtum der menschlichen Gesellschaft.* Sie ist in Wirklichkeit nichts anderes als eine bloße Reichtums-*Übertragung;* was der eine an absolutem Wert gewinnt, verliert der andere. Der gesamte gesellschaftliche Reichtum bleibt unverändert.

Nehmen wir einmal an, W sei der Wert einer bestimmten Menge Bernstein, den die Bewohner der baltischen Küste ge-

* Zumindest statisch gesehen. Historisch gesehen hat die Ansammlung von Mehrwert durch direkten oder indirekten Raub es ermöglicht, ein Kaufmanns- und ein internationales Handelskapital zusammenzutragen, das unbestreitbar die Ausstrahlung der Kultur und die Entfaltung der Produktivkräfte begünstigt hat. Man muß auch hervorheben, daß der Mehrwert des Kaufmanns- und Wucherkapitals zum Teil dadurch zustande kommt, daß sich diese neuen besitzenden Klassen einen Teil des landwirtschaftlichen Mehrproduktes, des Einkommens der alten besitzenden Klassen (des ägyptischen Gutsbesitzers im folgenden Beispiel), aneignen.

winnen; G sei der Preis, den die phönizischen Händler den Bernsteinproduzenten dafür zahlen; G' sei der Verkaufspreis, den dieselben Phönizier in Ägypten erzielen. Bevor diese Tauschgeschäfte stattfanden, besaßen alle drei Partner einen Gesamtwert von W+G+G': dabei war W dänisches Eigentum, G gehörte den Phöniziern, und G' war das Geld irgendeines reichen ägyptischen Grundbesitzers. Nachdem der Tausch stattgefunden hat, besitzen die Dänen die Geldsumme G, der ägyptische Gutsbesitzer W und die phönizischen Kaufleute den Betrag G'; die Summe der drei Werte ist immer noch W+G+G' .Die Gesellschaft ist weder reicher noch ärmer geworden. Es hat lediglich eine Wertübertragung stattgefunden.

Die Dänen sind um die Differenz W – G und der ägyptische Gutsbesitzer um die Differenz G' – W ärmer geworden, während sich die phönizischen Händler um den Wertunterschied von G' – G bereichert haben; G' – G ist aber genau ihr Mehrwert (oder der Wertverlust ihrer beiden Partner). So verhält es sich stets, wenn es sich um einen Mehrwert handelt, der im Verlauf der Geldzirkulation erworben wurde; er ist auf Kosten anderer entstanden; er hat nicht zur Bereicherung der gesamten Gesellschaft geführt.

Man könnte einwenden, daß die Dänen nur in dem Fall ärmer geworden wären, wenn sie schon in einer Warenwirtschaft gelebt hätten; die gleiche Barbarei, die sie diesen ungleichen Tausch überhaupt erst habe eingehen lassen, mache sie auch unempfindlich gegenüber diesem »Wert-Verlust«. Im übrigen setze diese ganze Schlußfolgerung ein einheitliches Wertsystem voraus, während wir in Wirklichkeit verschiedene Kulturkreise mit verschiedenen Produktionsweisen und unterschiedlichen Wertsystemen vor uns hätten, die sich nur in ihren Randzonen berühren.

Dieser Einwand wird ungültig, sobald man den Tauschwert als eine *objektive* Größe und nicht als eine subjektive betrachtet. Denn gerade der Handel vereinheitlicht die Werte, indem er internationale Märkte zuwege bringt, an denen sehr wohl Nationen von verschiedenem Entwicklungsgrad teilnehmen können. Es genügt übrigens, die Geschichte einiger Völker über ein paar Epochen hinweg zu studieren, um zu erkennen, daß die Verarmung durch *Wertübertragung* eine offenkundige Wirklichkeit ist (vgl. Westafrika vom 16. bis zum 17. Jahrhundert).

Der aus der Warenproduktion entspringende Mehrwert

Wenn die einfache Warenproduktion noch in ihren Anfängen steht, bleibt der gesellschaftliche Reichtum beinahe unverändert, und der Überschuß, den die Geldbesitzer an sich reißen, kann ganz einfach aus dem sukzessiven Ärmerwerden der Verkäufer und dann der Käufer herrühren. Die Geschichte des Altertums ist weitgehend eine Geschichte der ununterbrochenen Eroberung der Schätze mehrerer Königreiche und ihrer schließlichen Konzentration – ebenfalls noch auf dem Wege der Eroberung – durch die persischen Könige und durch Alexander den Großen. »Der neue Reichtum, den der neue Imperialismus Babylonien und Ägypten einbrachte, war in Wirklichkeit das Ergebnis von Plünderungen und bedeutete nichts anderes als die Zusammenballung des gesamten wirklichen und verfügbaren Vermögens der Menschheit.«[36] Die Steigerung des tatsächlichen gesellschaftlichen Reichtums ist zu jener Zeit hauptsächlich das Ergebnis der Steigerung der Arbeitsproduktivität in der Landwirtschaft und der Ausbreitung der handwerklichen Technik, was übrigens mit dem Wachstum der Bevölkerung in Zusammenhang steht. Da die landwirtschaftlichen und handwerklichen Techniken verhältnismäßig einfach sind und keine teuren Handwerkszeuge erfordern, führt die Ausdehnung des antiken Handels in die barbarischen Gebiete schließlich dazu, daß sich dort die gleichen Produktionsbedingungen einstellen wie in der Metropole; sie selbst zerstört damit die Ungleichheit des wirtschaftlichen Entwicklungsgrades, die den Handel so einträglich gemacht hatte. Der Hauptgrund für den Engpaß, in den das antike Kaufmannskapital gerät, und für den Verfall des Römischen Imperiums liegt in dieser einfachen Tatsache. Auch der Wucher, als häufige Quelle der persönlichen Bereicherung, bedeutet kaum eine Bereicherung der ganzen Gesellschaft, weil er noch viel unverhohlener als der vorkapitalistische Handel eine einfache *Wertübertragung* von einer Person auf die andere darstellt.

Untersucht man jedoch die Entwicklung einiger auf der einfachen Warenproduktion fußender Gesellschaften, wie z. B. Griechenland zwischen dem 6. und 3. Jahrhundert v. Chr., China vom 8. bis zum 3. Jahrhundert v. Chr., das Reich des Islam vom 8. bis zum 12. Jahrhundert oder noch Westeuropa vom 11. bis zum 15. Jahrhundert, so stellt man fest, daß der Reichtum der Gesellschaft doch beträchtlich gewachsen ist. Dieser Reichtumszuwachs geht weit über die Steigerung der Arbeitsproduktivität in der Landwirtschaft und im Handwerk hinaus; er ist auch nicht einfach die Folge der Ausplünderung wirtschaftlich zurückgebliebener Länder, weil er allen durch Handelsbeziehungen miteinander verflochtenen Ländern gemeinsam ist. Er kann also nur aus einer Vielzahl neuer Werte herrühren, die in der Geldwirtschaft in Erscheinung treten. Wie können im Rahmen der Geldzirkulation G-W-G' neue Werte geschöpft werden?

Wir wissen bereits, daß der Wert nichts anderes ist als geronnene menschliche Arbeit. Das Geld kann ganz augenscheinlich keine neuen Werte schaffen. Aber anstatt Waren einzukaufen und sie über ihrem Wert wieder zu verkaufen, kann der Händler sein Geld dazu benutzen, *eine Ware zu kaufen, deren Gebrauchswert die Eigenschaft hat, neue Werte zu schaffen: die menschliche Arbeitskraft.**

In Athen schwankte im 5. und 4. Jahrhundert v. Chr. der Kaufpreis eines männlichen, erwachsenen Sklaven zwischen 180 und 200 Drachmen. Nehmen wir an, ein Händler kauft einen solchen Sklaven. Die durchschnittlichen Tageseinkünfte, die ein Sklave netto (nach Abzug der Unterhaltskosten) einbringt, belaufen sich nach Xenophon und Demosthenes auf einen Obolus, das macht im Jahr – wenn man die Feiertage berücksichtigt – 300 Obolus oder 50 Drachmen.[37] Nach zehn Jahren hat der Sklave seinem Herrn also 500 Drachmen erbracht und damit einen Mehrwert von 300 Drachmen.** Der Sklavenkauf stellt somit eine Mehrwertsquelle

* In dieser Beziehung haben Aristoteles sowie die Kirchenväter vom Konzil zu Nicaea bis zum heiligen Thomas von Aquin sehr richtige Gedanken entwickelt – nicht als Fürsprecher der Arbeitswerttheorie, sondern als Vertreter einer Naturalwirtschaft, die sich gegen den negativen Einfluß des Geldes und des Wuchers zur Wehr setzte.

** Wir wissen nicht, wie hoch die Unterhaltskosten für einen griechi-

besonderer Art dar. Dieser Mehrwert ist nicht mehr die Folge einer bloßen Aneignung bestehender Werte oder einer einfachen Wertübertragung von einer Tasche in die andere. Er ist das Ergebnis der *Erzeugung neuer Werte* oder, anders gesagt: er entspringt der Aneignung und dem Verkauf dieser neuen Werte.

Die größten Vermögen Athens wurden in der Tat durch die Beschäftigung oder die Verpachtung der Sklaven in den Bergwerken verdient. Kallias, der nahezu 1 000 Sklaven besaß oder sich lieh, konnte ein Vermögen von 200 Talenten, Nikias von 100 Talenten zusammenraffen.[40] Wenn ein Sklave einen Netto-Tagesertrag von einem Obolus erbringt, dann entsprechen 100 Talente (36 000 Obolus) 36 000 Tagen Sklavenarbeit, ungerechnet die Tilgungskosten des Anschaffungspreises. Der Redner Demosthenes stellte genau die gleiche Rechnung auf, als er das Vermögen seines Vaters veranschlagte, der zwei Fabriken besaß; in der einen, einer Möbelfabrik, arbeiteten 20 Sklaven, von denen jeder täglich einen Nettogewinn von einem Obolus abwarf; in der zweiten Fabrik wurden Degen und Messer angefertigt; von den 30 Sklaven, die dort beschäftigt waren, erbrachte jeder im Schnitt 1,5 Obolus am Tag.[41]

Sieht man einmal von den Tilgungskosten des Kaufpreises eines Sklaven ab, dann ergibt sich der Mehrwert, den ein Sklave erzeugt, aus der Differenz zwischen dem Wert der von ihm hergestellten Ware (die sich sein Herr aneignet) und den Produktionskosten (Rohstoffkosten, allgemeine Kosten,

schen Sklaven pro Tag waren. Aber de Castro berichtet, daß während des 18. Jahrhunderts in Britisch-Westindien die Nahrung eines schwarzen Sklaven, der 50 £ gekostet hat, sich auf ganze 25 sh. im Jahr belief.[38] Und Jean Léon l'Africain erzählt, wie 200 Jahre früher die portugiesischen Pflanzer die Unterhaltskosten der Sklaven von Sao Thomé praktisch auf Null reduzierten: »Die Sklaven mußten während der ganzen Woche für ihre Herren arbeiten; ausgenommen war lediglich der Samstag; an diesem Tag beschäftigten sie sich damit, für sich selbst Hirse zu säen, Ignam oder Süßkartoffeln zu pflanzen und sehr viel Gemüse, wie Lattich, Kohl, Rüben, Lauch, Petersilie, anzubauen; ihre Getränke waren Wasser oder Palmwein oder manchmal auch Ziegenmilch. Sie kneteten Kuchen aus Hirsemehl; ihr einziges Kleidungsstück bestand aus einem Baumwollschurz, den sie selbst webten. *Daher brauchten die Herren nichts zum Lebensunterhalt ihrer Diener beizusteuern.*«[39]

einschließlich dem Wertverzehr an Werkzeugen und den Unterhaltskosten des Sklaven selbst). Die weiter oben angeführten Zahlen zeigen, daß diese Differenz ganz beträchtlich sein kann. Andernfalls hätte es in der antiken Welt nicht Tausende von Unternehmern und Grundbesitzern gegeben, die Sklaven nur zu dem Zweck einkauften, um diese in großen Mengen handwerkliche und landwirtschaftliche Güter erzeugen zu lassen, durch deren Verkauf die Herren einen ansehnlichen Mehrwert einsteckten.

Zweitausend Jahre später gibt es kaum noch Sklaven in Westeuropa. Herr Fugger, der genau wie die Herren Nikias und Kallias zunächst Konzessionär und später Eigentümer von Bergwerken ist, kauft keine Sklaven mehr. Er braucht nicht mehr jedesmal ein kleines Kapital, das sich erst nach gut zehn Jahren amortisiert hat, vorzuschießen, nur um eine potentielle Arbeitskraft zu erwerben.* Er wirbt in den böhmischen und Tiroler Dörfern Lohnarbeiter an. Er bezahlt sie wöchentlich oder täglich. Mag dieser Lohn auch den Wert der Nahrungsmittel, die Nikias und Kallias ihren Sklaven gegeben haben, etwas übersteigen, so stellt er doch nicht viel mehr dar als das lebensnotwendige Minimum zum Unterhalt des Arbeiters und seiner Familie.

Der Wert, den die Arbeiter, deren Arbeitskraft Fugger täglich oder wöchentlich kauft, erzeugen, muß die Lohnkosten wertmäßig weit übersteigen, sonst hätte er kein Interesse daran, sie zu beschäftigen. Man muß sogar sagen, daß dieser Unterschied ganz beträchtlich war; denn genau wie Nikias und Kallias ist Fugger der reichste Mann seiner Zeit geworden, dem Barone, Herzöge, Fürstinnen, Könige und sogar der Kaiser persönlich wahre Vermögen schuldeten.

Die persönliche Bereicherung der Kaufleute und Fabrikanten durch die Ausbeutung der geknechteten, halbfreien oder freien Arbeitskraft vollzog sich in der Weise, daß die durch eben diese Arbeitskraft hervorgebrachten *neuen Werte* in die Taschen dieser Unternehmer geflossen sind. Diese Form der Be-

* Ein Sklavenbesitzer trug in der Tat ein Risiko. Er kaufte nur eine *potentielle* Arbeitskraft; die Sklavenarbeit bedeutete von jeher eine ungeheure Verschwendung menschlicher Arbeit. Der römische Schriftsteller Varro schätzte, daß zu seiner Zeit ein Sklave 13 von 45 Tagen völlig unnütz vertat.42

reicherung ist von einem Anwachsen des gesamten gesellschaftlichen Reichtums begleitet.
Der Mehrwert ist also nicht in der Geldzirkulation entstanden, wenn er auch dabei auftaucht. Er rührt entweder daher, daß man sich auf dem Wege des Handels oder durch Wucher Werte angeeignet hat, die eigentlich anderen zustehen; oder aber er entspringt der Aneignung jenes Werts, den die gekaufte Arbeitskraft erzeugt hat. In diesem Fall ist der Mehrwert nichts anderes als die *Differenz zwischen dem von dem Arbeiter geschaffenen Wert und dessen Unterhaltskosten.* Das gesamte Kapital, das es auf der Welt gibt, ist nichts anderes als eben das angesammelte Produkt dieser zweifachen Aneignung. Diese Tatsache wird scharfsinnigen Beobachtern schon sehr früh klar. Fünfzehnhundert Jahre bevor sich Proudhon bei dem Chartistenführer O'Brien sein berühmtes Schlagwort »Eigentum ist Diebstahl!« entlieh, sagte der heilige Bischof Johannes Chrysostomos den reichen Händlern von Antiochia frei heraus: »Du besitzest Diebesgut, wenn du nicht gar selbst der Dieb bist.«

Kapital, Mehrwert und gesellschaftliches Mehrprodukt

Der primitive Mensch lernt durch eine lange und sehr schmerzvolle Erfahrung, wie er Hungersnöten entrinnen und wie er sich eine regelmäßige Ernährung sichern kann, die es ermöglicht, die Produktivität seiner Arbeit zu heben und die Lebensmittelproduktion unter seine Kontrolle zu bringen. So erzeugt er über sein notwendiges Produkt hinaus einen Überschuß. »Im allgemeinen kann man sagen, daß das Kapital in Tikopia viel eher durch die Produktion eines Überschusses in bezug auf den unmittelbaren Bedarf als durch eigentliche Enthaltsamkeit angesammelt worden ist«, versichert uns der Anthropologe Raymond Firth.[43]
Wir wollen nicht untersuchen, ob der Begriff »Kapital« hier richtig verwendet wird. Betrachten wir die Frage aber historisch, so können wir folgendes feststellen: nirgends in der Welt ist die Ansammlung von gesellschaftlichem Reichtum, die Ausbreitung des Handels, die ursprüngliche Akkumulation des Geldes, die Erzeugung eines immer größeren Mehrwertes das

Ergebnis einer freiwilligen Enthaltsamkeit seitens der Produzenten, die auf diese Weise Ersparnisse sammeln und sich bereichern. Die allgemeine Warenproduktion, die ursprüngliche Akkumulation des Geldkapitals und dessen beschleunigter Umlauf im Hinblick auf die Erzielung eines Mehrwertes ist immer und überall dadurch zustande gekommen, *daß sich ein Teil der Gesellschaft das gesellschaftliche Mehrprodukt, das der andere Teil derselben Gesellschaft hervorgebracht hat, angeeignet, daß er es in wucherischer Weise an sich gerissen hat.* Diese Besitzbildung kann, wohlverstanden, von einer »Abstinenz« herrühren: der Enthaltsamkeit der Produzenten nämlich, deren Lohn von den Wucherern, also jenen, die das Mehrprodukt in Beschlag genommen haben, auf ein sehr niedriges Niveau heruntergedrückt wird. Unglücklicherweise sind es diejenigen, die sich das Mehrprodukt aneignen, und nicht die unfreiwilligen Helden dieser Abstinenz, die aus diesem Prozeß bereichert hervorgehen.

Die Steigerung der Arbeitsproduktivität ist eine unabdingbare Voraussetzung für die Entstehung von Kapital und Mehrwert. Wir haben gesehen, daß der Mehrwert, der aus dem Produktionsprozeß hervorgeht, nur die Differenz zwischen dem Netto-Arbeitsprodukt und den Unterhaltskosten der Arbeit bezeichnet. Solange der Nettoertrag mehr oder weniger gleich den Unterhaltskosten der Arbeit (d. h. den Lebensmitteln für den Produzenten und seine Familie) ist, gibt es keine objektive Grundlage für die beständige und planmäßige Ausbeutung der Arbeitskraft. Erst wenn der Anstieg der Arbeitsproduktivität einen solchen Unterschied, ein solches Mehrprodukt erlaubt, kann der Kampf darum ausbrechen.

Aber wenn das Kapital auch das historische *Ergebnis* des Wachstums der menschlichen Arbeitsproduktivität ist – nicht in einem automatischen Sinne, sondern als Folge ganz besonderer Bedingungen, die man im einzelnen bestimmen muß –, so ist es in keiner Weise gleichbedeutend mit den *Mitteln,* die ein solches Wachstum gewährleisten. Diese irrige Meinung wird immer wieder gerade von historisch sehr belesenen Wirtschaftswissenschaftlern genährt. So bedeuten für Fritz Heichelheim die neolithische Revolution und der Übergang zum Ackerbau und zur Viehzucht das Aufkommen des »Kapitals . . ., d. h. die Schaffung einer ersten zuverlässigen Möglichkeit, menschliche einmal geleistete Arbeit in eine Form umzusetzen, die längere Zeit oder dauernd eine Rente[?] abwirft...«[44]

Für 1 000 ausgesäte Getreidekörner konnte der Bauer an den Ufern des Euphrat 100 000 ernten. Aber diese »Rente« machte aus ihm ebensowenig einen Kapitalisten, wie ein Schimpanse zu einem Industriellen wird, weil er mit einem Stock auf die Bananenstaude einschlägt, damit die Früchte schneller herunterfallen.

Jede wichtige technische Erfindung stellt für die Gesellschaft eine bedeutende Ersparnis menschlicher Arbeit dar; und jedes Werkzeug, das die Produktionskosten senkt, kann als ein »Vorrat angesammelter menschlicher Arbeit« angesehen werden, der eine mehr oder weniger beständige »Rente« in Form von Arbeitsersparnissen einbringt. Das alles aber betrifft nur den Fortschritt der Arbeitsproduktivität in der *Produktion von Gebrauchswerten.**

Das Kapital und der Mehrwert treten erst mit der Entfaltung der *Tauschbeziehungen und des Geldes* und mit der Ausnützung einer gestiegenen durchschnittlichen Arbeitsproduktivität in Erscheinung; aber nicht, um es *der ganzen Gesellschaft* zu ermöglichen, Arbeitszeit zu sparen, sondern um *einem Teil der Gesellschaft* die Früchte dieser gestiegenen Produktivität zu sichern, während der andere Teil der Gesellschaft zu äußerst harten Arbeitsleistungen gezwungen wird. Das Kapital ist das historische Ergebnis der Aneignung des gesellschaftlichen Mehrproduktes durch eine bestimmte Gesellschaftsschicht zu Lasten der übrigen Gesellschaft und nicht die historische Folge einer Ersparnis an menschlicher Arbeit zugunsten der menschlichen Gesellschaft in ihrer Gesamtheit.

* Man könnte einwenden, es handele sich dabei um eine reine Definitionsfrage. In diesem Fall müßte man indes einen *anderen Ausdruck* für Kapital und den aus der Warenproduktion und der Geldzirkulation entsprungenen Mehrwert suchen. Die Verwirrung kommt dadurch zustande, daß man dasselbe Wort – Kapital – gleichzeitig für jede Methode der Steigerung der Arbeitsproduktivität zum einen, und zur Bezeichnung der auf Ausbeutung gegründeten gesellschaftlichen Beziehungen zum anderen verwendet. Die Etymologie bestätigt nach einer Feststellung von H. Sée die Auffassung der Wirtschaftswissenschaft: das Wort »Kapital« habe ursprünglich ausschließlich die *Summe bedeutet, die so angelegt wurde, daß sie einen Zins einbrachte.*[45]

Die Aneignung des im Verlauf des Produktionsprozesses erzeugten Mehrwertes setzt eine Warenwirtschaft, den Verkauf von Waren voraus, deren Erzeuger nicht mehr die Besitzer ihrer eigenen Arbeitsprodukte sind. Der *Mehrwert* ist in diesem Sinne die *Geldform des gesellschaftlichen Mehrproduktes.* In einer Gebrauchswerte erzeugenden Gesellschaft wird das gesellschaftliche Mehrprodukt, das sich eine besitzende Klasse aneignet, in direkter Weise angeeignet, sei es in der Form von (Fron-)Arbeit, sei es in der Form von Gütern (Grundrente, Tribut). In einer Waren produzierenden Gesellschaft eignet sich die besitzende Klasse das gesellschaftliche Mehrprodukt in indirekter Weise an, in der Form des Geldes, also durch den Verkauf von Waren, von deren Erlös die Unterhaltskosten der Arbeit und die restlichen Produktionskosten abgehen.
Wie die einfache Warenproduktion hat sich auch das Kapital ursprünglich in einer Gesellschaft entwickelt, die vor allem Gebrauchswerte produzierte. Der Mehrwert ist in einer Gesellschaft entstanden, in deren Schoß das gesellschaftliche Mehrprodukt hauptsächlich die Form von Gebrauchswerten bewahrt hat. Die ganze Geschichte des Kapitals, von seinen Anfängen bis zu seiner Vergötterung in der kapitalistischen Produktionsweise, ist die Geschichte der langsamen Zersetzung einer auf Naturalwirtschaft beruhenden Gesellschaft durch die Einwirkung des Handels, des Wuchers, des Geldes, des Kapitals und des Mehrwertes. Eine neue Klasse verkörpert in dieser auf Naturalwirtschaft beruhenden Gesellschaft und gegenüber den alten besitzenden Klassen das Kapital: die bürgerliche Klasse. Das Kapital ist nur ein neues gesellschaftliches Verhältnis zwischen Produzenten und Kapitalbesitzern, und dieses Verhältnis tritt an die Stelle der alten gesellschaftlichen Beziehungen zwischen einfachen Warenproduzenten einerseits und bäuerlichen Produzenten sowie jenen, die sich das landwirtschaftliche Mehrprodukt aneignen, andererseits.

Das Gesetz der ungleichen Entwicklung

Die Untersuchung des Ursprungs und der Entwicklung wirtschaftlicher Kategorien ist weitgehend eine wirtschaftsgeschichtliche Untersuchung und eine Analyse der Wirtschaft solcher Völker, die heute noch auf einer historischen Entwicklungsstufe stehen, die die kapitalistische Welt schon lange überschritten hat. Aber sie ist keineswegs gleichbedeutend mit der Wirtschaftsgeschichte. Diese arbeitet zwar »reine« Formen heraus, die sich jedoch im wirklichen Leben miteinander verbinden oder in verschiedenem Grad abschwächen. Die Wirtschaftsgeschichte auf eine Reihe von »Stadien« oder auf das sukzessive Auftreten verschiedener »Kategorien« zu reduzieren, heißt sie in extremer Weise mechanisieren, so daß sie unkenntlich wird. Aber beim Studium der Geschichte jede Anlehnung an aufeinanderfolgende wirtschaftliche Organisationsstadien und jede Bezugnahme auf das fortschreitende Aufkommen von »Kategorien« zu übergehen, heißt sie schlechthin unverständlich machen.

Man hat den Marxismus oft mit dem Darwinismus verglichen, die Entwicklung der menschlichen Gesellschaft mit jener der Arten in der Tierwelt. Wie bei jedem Vergleich findet man auch hier Analogien und Verschiedenartigkeiten. Aber selbst in der Biologie ersetzt die dialektische Auffassung der Entwicklung allmählich die mechanischen, einseitigen, linearen Vorstellungen.* Die marxistische Konzeption der wirtschaftlichen und gesellschaftlichen Entwicklung schließt jeden Fatalismus und jeden Automatismus aus. Keine gesellschaftliche Organisationsstufe »muß« notwendigerweise auf eine andere folgen.

Neben dem geradlinigen Fortschritt gibt es einen sprunghaften. Die Wirtschaftsentwicklung kann zu Engpässen oder zu jahrhundertelangem Stillstand führen, besonders durch eine zu ausschließliche Anpassung an ein spezifisches Milieu; dies ist anscheinend bei den Ackerbauvölkern Südostasiens der Fall.[47] Der Marxismus wäre nicht dialektisch, wenn er nicht gelten ließe, daß es neben fortschreitenden Gesellschaften (in bezug

* Die Idee einer geradlinigen Weiterentwicklung der menschenähnlichen Affen bis zum Erscheinen des Menschen wird heute nicht mehr vertreten. Man nimmt heute vielmehr an, daß entweder der Menschenaffe und der Mensch von affenähnlichen gemeinsamen Vorfahren abstammen, oder daß der Mensch sich aus einem weniger spezialisierten Menschenaffen als den heute noch lebenden entwickelt hat. Es ist somit ein Fortschritt, verbunden mit Stillstand, Verzögerungen oder Proterogenese.[46]

auf die durchschnittliche Arbeitsproduktivität) auch solche gibt, die ausgesprochen im Absteigen begriffen sind.[48]

Das Gesetz der ungleichen Entwicklung, dessen Gültigkeit einige Theoretiker auf die Geschichte des Kapitalismus und insbesondere auf seine imperialistische Phase haben begrenzen wollen, ist demnach ein universelles Gesetz der Geschichte der Menschheit. Nirgends auf der Erde gibt es einen geradlinigen Verlauf des Fortschritts[49], der von den ersten Phasen des Früchtesammelns bis zur hochentwickelten kapitalistischen (oder sozialistischen) Industrie führte. Die Völker, die den höchsten Grad der Entwicklung der Produktivkräfte auf der Stufe des Sammelns, der Jagd und des Fischfangs erreicht haben – die Eskimos und vor allem die Indianer der Nordwestküste Amerikas –, haben es nicht verstanden, den Ackerbau zu erfinden bzw. zu betreiben. Dieser erscheint zuerst in den fruchtbaren, wasserreichen Tälern Abessiniens, Anatoliens, Afghanistans, Transkaukasiens und Nordwest-Indiens.[50] Aber auch hier ruft er nicht die Zivilisation ins Leben; sie ist die Frucht der Bewässerungswirtschaft.*

Die Ackerbaukultur erreichte ihre entwickeltste Form in Ägypten, in Mesopotamien, in Indien und in China. Doch nicht in diesen Ländern, sondern in Griechenland, in Rom, in Byzanz und im mittelalterlichen Europa (Italien und Flandern) führte die Steigerung der Arbeitsproduktivität in der Landwirtschaft im Rahmen der einfachen Warenproduktion zur höchsten Entfaltung des Handwerks und des Handels. Um aus der einfachen Warenproduktion die industrielle Revolution und die kapitalistische Produktionsweise erwachsen zu sehen, muß man indessen noch weiter nach Norden gehen, nach Engalnd, dem Land, das doch während einer langen Periode in bezug auf Handel und Gewerbe sehr im Verzug und selbst im 17. Jahrhundert noch weit davon entfernt war, das reichste Land Europas oder der Welt zu sein. Und der Kapitalismus wurde übrigens nicht zuerst in Großbritannien

* Auch Gordon Childe betont, daß es bei den Völkern der Jungsteinzeit keine einheitliche Aufeinanderfolge bestimmter Etappen gibt. »Die Entwicklung und die Differenzierung gehen Hand in Hand«, folgert er; aber er deutet nichtsdestoweniger auf zahlreiche übereinstimmende Fälle hin.[51] Ist die Entwicklung als Verquickung von Differenzierung und Übereinstimmung nicht eine höchst dialektische Vorstellung?

und auch nicht in einem anderen fortgeschrittenen kapitalistischen Land gestürzt, sondern in Rußland, einem Land, das zu Beginn des 20. Jahrhunderts die typischen Merkmale der Rückständigkeit aufwies. Rußland hat zwar als erstes Land eine Planwirtschaft auf der Grundlage der Vergesellschaftung der Produktionsmittel durchgeführt; ist es indes ein Wagnis zu prophezeien, daß es nicht Rußland sein wird, wo wir zum erstenmal in der Menschheitsgeschichte das Aufblühen einer vollendeten sozialistischen Gesellschaft erleben werden, einer Gesellschaft, in der die Klassen, die Waren, das Geld und der Staat im Absterben begriffen sind?

IV Die Entwicklung des Kapitals

Formen des landwirtschaftlichen Mehrprodukts

Das landwirtschaftliche Mehrprodukt ist die Grundlage jedes Mehrprodukts und darüber hinaus jeder Zivilisation. Wenn die Gesellschaft gezwungen ist, ihre ganze Arbeitszeit der Erzeugung von Lebensmitteln zu widmen, dann wird jede andere berufsmäßige Tätigkeit, sei sie handwerklicher, industrieller, wissenschaftlicher oder künstlerischer Art, von vornherein ausgeschlossen.

Das landwirtschaftliche Mehrprodukt kann in der Gesellschaft in drei verschiedenen Gestalten auftreten. Im 4. Jahrhundert vor unserer Zeitrechnung unterschied der chinesische Philosoph Menzius bereits drei Hauptformen des landwirtschaftlichen Mehrprodukts: die Form der (Fron-)Arbeit, die der Naturalrente (Gebrauchswerte) und die der Geldrente[1].*

Das landwirtschaftliche Mehrprodukt als unbezahlte Arbeit oder als *Fron* finden wir zu Beginn einer jeden Klassengesellschaft. Zu Anfang des Mittelalters sind in Westeuropa die Felder eines Dorfes in drei Teile geteilt: die Felder, die die Bauern für ihren eigenen Bedarf bestellen; diejenigen, die der Gutsbesitzer mit Hilfe der unbezahlten Arbeit der zur Fron verpflichteten Bauern ausbeutet, und schließlich das Gemeindeland, wie Wald, Wiesen, Brachland usw., das mehr oder weniger zur freien Verfügung der Bauern und des Gutsherren steht.[2]

Der Bauer mußte seine Arbeitswoche so einteilen, daß er die eine Hälfte auf seinen eigenen Feldern und die andere Hälfte auf denen des Gutsherrn arbeitete. Die erstere, gesellschaftlich gesehen *notwendige Arbeit*, erbrachte das notwendige Produkt für den Unterhalt der Produzenten. Die zweite, gesellschaftlich gesehen *Mehrarbeit*, lieferte das Mehrprodukt, das für den Lebensunterhalt der besitzenden Klassen, die nicht in der Produktion mitwirken, notwendig ist.

* Es ist interessant, daß derselbe Menzius die *Fron* als die vorteilhafteste Form des Mehrprodukts für einen Staat ansieht, der versucht, die Bauernschaft vor der Erpressung der Gutsbesitzer zu schützen, weil sie den Bauern ein Höchstmaß an Sicherheit biete.

Ein ähnliches System gab es in unzähligen Ländern zu verschiedenen Zeiten in der Geschichte. Im Feudalismus, wie er vor der Ankunft der Weißen auf Hawaii bestanden hatte, mußte der Bauer an einem von fünf Tagen auf den Äckern der Gutsbesitzer arbeiten.[3] In Mexiko bestand vor der Agrarreform »der Brauch (!), daß die Landarbeiter für die kleinen Landstücke, die gerade für ihre Ernährung ausreichten, den Gutsbesitzern eine Pacht *in Form von zwei oder drei unentlohnten* Arbeitstagen in der Woche zahlen mußten«.[4]
Das Mehrprodukt konnte außer in unbezahlter Arbeit auch in Naturalien entrichtet werden. Im Hochmittelalter mußten die Leibeigenen in Mitteleuropa ihren Gutsherren außer der Fron noch eine Naturalrente (in Form von ackerbaulichen und handwerklichen Erzeugnissen) entrichten. Auch auf den Hawaii-Inseln mußte zusätzlich zu der Fron noch eine Naturalrente geleistet werden.[5]
In Japan bestand neben der Fron *(etachi)* die Naturalrente *(so)*.[6] Auch in China tauchte die Naturalrente neben der Fron auf und verdrängte diese nach und nach, außer bei größeren Arbeiten für öffentliche Zwecke. Die Entrichtung der Naturalrente, d. h. des Mehrprodukts in Form von Gebrauchswerten (Weizen, Reis, Wein und Stoffe, die der Bauer selbst zu Hause angefertigt hatte, usw.) war tatsächlich recht früh in der Geschichte die vorherrschende Form des Mehrprodukts und hat sich über Jahrtausende hinweg mit nur ganz wenigen Änderungen erhalten. In der ägyptischen Geschichte bewahrte das landwirtschaftliche Mehrprodukt diese Form des Ablieferns von Naturalien von der Zeit der Pharaonen bis zum Römischen und Byzantinischen Imperium. Sieben Jahrhunderte lang wurde jedes Jahr eine Rente von 20 Millionen *Modii* Getreide nach Italien und hernach 24 Millionen *Modii* nach Byzanz ausgeführt, was immerhin 12,5% der gesamten ägyptischen Produktion ausmachte.[7]
Solange das landwirtschaftliche Mehrprodukt die Form der Naturalrente beibehält, bestehen Handel, Geld und Kapital *nur in den Poren einer Naturalwirtschaft*. Die große Mehrzahl der Erzeuger, die Bauern, erscheint fast niemals auf dem Markt; nach Abzug des Mehrprodukts verbrauchen sie nur das, was sie selbst erzeugen.
Die ständig wachsende Produktion in der Landwirtschaft wird

von den Gutsbesitzern in Beschlag genommen, und sie sind es, die diese Erzeugnisse auf den Markt bringen und dort verkaufen. Aber aus dem gleichen Grunde ist die große Masse der Bevölkerung nicht in der Lage, die in den Städten angefertigten Handwerkserzeugnisse zu kaufen. Diese Produkte bleiben daher in erster Linie Luxusgegenstände. Die Begrenztheit des Marktes hemmt ihrerseits in äußerstem Maße die Entfaltung der Handwerksproduktion.

So hat es sich im antiken Griechenland zugetragen, im Römischen Imperium, im byzantinischen und im islamischen Reich, in Europa zu Beginn des Mittelalters, weiterhin in Indien, China und in Japan bis fast in unser Jahrhundert. Der oft außergewöhnliche Glanz, den die einfache Warenproduktion und der internationale Handel im Schoße dieser Gesellschaften erreichen konnten, darf nicht über ihren durchaus ackerbaulichen Charakter hinwegtäuschen.[8] Solange das Mehrprodukt des Ackerbaus seine Naturalform behielt, konnten sich Handel, Geld und Kapital innerhalb einer solchen Gesellschaft nur sehr oberflächlich entwickeln.

Die Umwandlung des landwirtschaftlichen Mehrprodukts von der Naturalrente in die Geldrente wälzt die Gesellschaft von Grund auf um. Damit der Bauer seine Rente zahlen kann, muß er künftig notgedrungen auf den Markt gehen und dort seine Erzeugnisse verkaufen. Aus einer isolierten Naturalwirtschaft tritt er in eine Wirtschaft ein, die größtenteils geldwirtschaftlichen Charakter trägt. Das Geld, das es möglich macht, eine unbegrenzte Vielfalt von Waren zu erwerben, erlaubt auch eine unbegrenzte Entfaltung der Bedürfnisse.[9] Das Wirtschaftsleben löst sich aus seiner jahrhundertealten Erstarrung und seiner verhältnismäßigen Stabilität und wird dynamisch, gerät aus dem Gleichgewicht, durchlebt heftige Schwankungen. Produktion und Konsum entwickeln sich parallel zu dem unvergleichlichen Aufschwung des Handels. Das Geld dringt überall ein, zersetzt alle traditionellen Bande, verändert alle bestehenden Beziehungen. Alles bekommt einen Preis. Der Mensch wird nur noch nach seinen Einkünften gemessen. Eine allumfassende Käuflichkeit begleitet den Triumph der Geldwirtschaft, wie schon Thomas von Aquin feststellte.[10] Gleichzeitig beginnt das Geld die tatsächlichen wirtschaftlichen Beziehungen zwischen Leibeigenen und Herren, zwischen notwendiger Arbeit und Mehrarbeit, die bisher durchsichtig waren, zu verschleiern. Grundbesitzer und Pächter, Arbeitgeber und Lohnarbeiter treten sich auf dem Markt als freie Warenbesitzer gegenüber; die Fiktion eines solchen »freien Tausches« verdeckt die Fortdauer der früheren Ausbeutung unter der neuen Geldform.*

Die Umwandlung des landwirtschaftlichen Mehrproduktes von der Naturalrente in die Geldrente ist nicht die zwangsläufige Folge der Ausweitung des Handels und der Geldwirtschaft; sie rührt vielmehr von den *gegebenen Klassenbeziehungen* her. »Der Aufstieg der Geldwirtschaft hatte nicht immer die große befreiende Kraft, die die Historiker des 19. Jahrhunderts angenommen haben. In Ermangelung einer großen Reserve landloser freier Arbeiter und außerhalb der gesetzlichen und politischen Garantien des liberalen Staates vermag die Expansion der Märkte und das Wachstum der Produktion viel eher zur Erhöhung der Bürde und der Fronlasten zu führen als zu deren Abbau.«[11]

»Die Entwicklung des Warenaustauschs in der *bäuerlichen* Wirtschaft, ob er nun unmittelbar auf dem Lokalmarkt oder auf entfernteren Märkten durch die Einschaltung von Händlern abgewickelt wurde, lief auf die Entwicklung der Geldrente hinaus. Die Entwicklung des Tauschhandels in der *gutsherrschaftlichen* Wirtschaft führte zur Erhöhung der Fron.«[12]

Das typische Beispiel hierfür ist die Entwicklung der Dorfwirtschaft in Osteuropa, einschließlich Ostdeutschlands, vom 15. und 16. Jahrhundert an; die Fron, und damit die Bindung des leibeigenen Bauern an die Scholle, nimmt hier beständig zu.** Sie ist das Produkt der Entfaltung der landwirtschaftlichen Warenproduktion auf den herrschaftlichen Besitztümern für den internationalen Markt.

* Ebenso wie der Leibeigene an die Scholle gefesselt war, war die Scholle ihrerseits an ihn gefesselt. »Die Erde hält ihn fest, und er hält die Erde fest«, sagte Fustel de Coulanges. Indem die Warenwirtschaft den Hörigen »befreit«, beraubt sie ihn gleichzeitig seiner Lebensmittel. Dieser dialektische Aspekt der ökonomischen Befreiung entgeht den liberalen Kritikern der mittelalterlichen Wirtschaft in den meisten Fällen.

** Herzog Ferdinand I. von Schlesien erklärte im Jahre 1528: »Kein Bauer oder Gärtner noch die Söhne oder Töchter derselben können ihren erblichen Lehensherrn ohne dessen ausdrückliche Zustimmung verlassen.«[13]

Damit die Geldrente die Naturalrente ersetzen kann, muß die Ausdehnung der Geldwirtschaft von wirtschaftlichen, gesellschaftlichen und politischen Bedingungen (Rolle der sich auf das Stadtbürgertum stützenden Zentralgewalt) begleitet sein, dergestalt, daß sich die Grundbesitzer gezwungen sehen, einen beträchtlichen Teil ihrer wachsenden Produktion in den Händen der Bauernschaft zu belassen.

Akkumulation von Gebrauchswerten und Akkumulation von Mehrwert

Solange das landwirtschaftliche Mehrprodukt die Form der Naturalrente behält, vollzieht sich die Akkumulation der Reichtümer der besitzenden Klassen hauptsächlich in Form einer Akkumulation von Gebrauchswerten. Die einzigen Gebrauchswerte, die die Landwirtschaft liefert, sind Lebensmittel, Kleidung, Holz und Steine zum Bau von Wohnungen. Die besitzenden Klassen haben auch kaum ein Interesse daran, die Agrarproduktion unbegrenzt auszuweiten. Ihr eigenes *Konsumtionsvermögen* ist die obere Grenze der Entwicklung der Produktivkräfte:

»Da er (der mittelalterliche Großgrundbesitzer) mangels eines Absatzmarktes keinerlei Möglichkeit hat, für den Verkauf zu produzieren, braucht er nicht darauf zu sinnen, aus seinen Leuten und seinen Feldern einen Überschuß herauszuwirtschaften, der ihm nur ein Hemmschuh sein könnte. Gezwungen, seine Einkünfte selbst zu verbrauchen, begnügt er sich damit, diese seinem Bedarf anzupassen.«[14]

Auf den Hawaii-Inseln, wo das Mehrprodukt fast ausschließlich in der Gestalt von Naturalerzeugnissen auftritt, »waren die Forderungen (der Gutsbesitzer) überdies durch die leichte Verderblichkeit der meisten Güter – Fische, Bananen, Süßkartoffeln, *poi* – und durch die Tatsache begrenzt, daß die Gutsherren keinen Grund hatten, mehr in Beschlag zu nehmen, als sie selbst gebrauchen konnten ... Obwohl die *alii* (Lehensherren) recht stolz auf ihren ungeheuren Wuchs und ihre Stärke waren – die Frauen vor allem rühmten sich ihrer gewaltigen Körperfülle –, gab es eine Grenze für ihr Konsumtionsvermögen.«[15]

Sobald sich Tausch und Handel zu entwickeln beginnen, haben die besitzenden Klassen ein neues Interesse an der Steigerung der Produktion. Im Austausch für den Teil des landwirtschaftlichen Mehrprodukts, den sie nicht selbst zu konsumieren vermögen, können sie Luxusgegenstände, Schmuck, wertvolle und schöne Haushaltsgeräte erwerben, die sie anhäufen, um sich ein gesellschaftliches Prestige zu verschaffen, und zum anderen, um in Unglücksfällen abgesichert zu sein. Die *Odyssee* zählt solche, in dem Speicher des Helden, dem *thalamos*, angesammelten Schätze auf: Krüge mit altem Wein und Vasen mit wohlriechenden Ölen; Mengen von Gold, Bronze und Eisen; seltene Waffen; kostbare Stoffe; fein getriebene Kelche usw.[16]
Mit der Entwicklung des allgemeinen Tauschs und des Handels erhalten die besitzenden Klassen einen weiteren Anreiz, die Produktion anzukurbeln. Im Austausch für den Teil des landwirtschaftlichen Mehrprodukts, den sie selbst nicht verzehren, können sie seltene Konsumgüter aus fernen Gegenden einhandeln; sie entwickeln einen äußerst verfeinerten Geschmack. Unschätzbare Werte sammeln sich an.
Man hortet nicht mehr Getreide, Wein, Öl oder unbearbeitete Edelmetalle. Edelsteine und Kunstwerke der namhaftesten Handwerker oder Künstler sind nun allein würdig, die Paläste der Großen zu zieren. Hitti beschreibt in diesem Sinne die angestauten Reichtümer des Kalifen von Ägypten, Al-Mustansir (1035–1094): »Edelsteine, Kristallvasen, mit Gold inkrustierte Platten, Schreibzeuge aus Elfenbein und Ebonit, Bernsteinpokale, Muskatweinfläschen, Stahlspiegel, Sonnenschirme mit Gold- oder Silberstielen, mit Schmuck verzierte Dolche und Säbel, feingewebte, mit Stickereien bedeckte Gewebe aus Dabiq und Damaskus.«[17]
Aber alle diese Schätze stellen letzlich angesammelte Gebrauchswerte dar, die nicht konsumiert werden können und die nicht zur Entwicklung der Produktivkräfte beitragen. Die Zusammenballung eines beträchtlichen Teils des gesellschaftlichen Reichtums, der letzten Endes nur für Luxus und zur Verschwendung verwendet wird, ist daher allem Anschein nach ein wesentlicher Grund für die Stagnation und den Verfall dieser Gesellschaften.
Die Umwandlung des landwirtschaftlichen Mehrprodukts von

der Naturalrente in die Geldrente ändert diese Verhältnisse nicht notwendigerweise. Sie verschafft den besitzenden Klassen leichteren Zugang zum Markt und verhilft ihnen damit, in den Besitz noch phantastischerer Reichtümer zu gelangen. Aber das erhaltene Geld wird nach wie vor für *unproduktive Zwecke* verschwendet. Unter diesen Bedingungen kann die Entwicklung der Geldwirtschaft und der mächtige Anreiz, den sie auf die Bedürfnisse der herrschenden Klassen ausübt, zur Ursache einer unerträglichen Auspressung der arbeitenden Klassen werden, zu einem Faktor für die Verelendung und den Ruin großer Teile der Gesellschaft. So war es in Japan vom Beginn der Geldwirtschaft bis zum 18. Jahrhundert.[18]

Aber das Geld, das die alten besitzenden Klassen so verschwenden, fließt schließlich aus ihren Taschen und sammelt sich in jenen der Wucherer, der Kaufleute und der Manufakturbesitzer. Diese Konzentration des Reichtums in Form von Geld in den Händen einer neuen *bürgerlichen* besitzenden Klasse ändert die gesellschaftliche Entwicklung zutiefst. In den Händen der alten Besitzklassen war der ganze angestaute Reichtum, einschließlich des Geldes, nur ein Reichtum von Gebrauchswerten oder ein Mittel, solche zu erwerben. Das Ziel der Akkumulation war die Konsumation (und die Schatzsammlung für den künftigen Konsum). In den Händen der bürgerlichen Klassen dagegen *wird das akkumulierte Geld zu Kapital.*

Das Geld wird zu dem Zweck akkumuliert, einen Mehrwert zu erzielen. Der so angesammelte Mehrwert wird, nach Abzug des »standesgemäßen« Lebensminimums, nun seinerseits wieder in Kapital verwandelt, um erneut einen Mehrwert zu erzielen. Es ist undenkbar, daß eine solche Wertanhäufung, die ständig wieder neue Werte einbringt, auf die Dauer durch die bloße Übertragung von Reichtümern aus einem Land in das andere, von einer Klasse zur anderen, zustande kommen könnte. Entweder gerät die Akkumulation eines solchen in die Schranken einer Wertübertragung gewiesenen Kapitals ins Stocken und die Quellen müssen versiegen; oder aber es eröffnet sich dank dem *Einströmen des Kapitals in die Produktion* – der höchsten Reifestufe der Geldwirtschaft – eine neue Möglichkeit. Das Eindringen des Kapitals in die Produktionssphäre selbst schafft die Bedingungen für einen unbegrenzten Aufschwung der Produktivkräfte. Der beschränkte Konsum der besitzenden Klassen kann künftig nicht mehr ein Hemmschuh der Produktivkräfte sein. Das Bedürfnis, das Kapital zu verwerten, ein seiner Natur nach unbegrenztes Bedürfnis, erlaubt es im Gegenteil, alle die Entwicklung hemmenden Zügel fallenzulassen.

Das Wucherkapital

Die erste Form, in der das Kapital in einer Wirtschaft auftaucht, die noch von Grund auf eine Naturalwirtschaft ist, auf dem Ackerbau fußt und Gebrauchswerte herstellt, ist die des Wucherkapitals. Das Wucherkapital, der von einer Institution oder einer Einzelperson angehäufte Schatz, bietet Ersatz für den Mangel an gesellschaftlichen Reserven. Hesiod berichtet, wie die Bauern im alten Griechenland bei begünstigten Nachbarn Getreide geborgt hatten, um es ihnen zu einem späteren Zeitpunkt nebst einem Zuschlag zurückzugeben.[19] Das Wucherkapital in der Form von Gebrauchswerten war in den im wesentlichen auf dem Ackerbau beruhenden Kulturen (Babylon, Ägypten, China, Indien, Japan) über Jahrhunderte hinweg eine alltägliche Erscheinung. In Sumer bedeutete das Wort *mas* (Zins) wörtlich »Tierjunges«, was deutlich den Ursprung des Wucherkapitals aus Naturaldarlehen bezeugt.
Was das Wucherkapital in der Form des Naturaldarlehens für die Bauern, das ist es in Form eines Geldvorschusses für die Lehensherren und die Könige.* In der Periode des Übergangs von der Naturalwirtschaft zu der Geldwirtschaft bestand die hauptsächliche Funktion der Wucherer in Frankreich darin, den Königen auf die noch im wesentlichen in Naturalien zu entrichtenden Steuern Geldvorschüsse zu geben.[21] Kriege, Hungersnöte und andere natürliche oder gesellschaftliche Katastrophen erforderten eine außergewöhnliche Geldkonzentration. Die Umwandlung der Schätze aus Edelmetall

* Vgl. die Entwicklung des Wuchers in China durch die buddhistischen Tempel vom Beginn des 5. Jahrhunderts an: Naturalwucher auf Kosten der Bauern, Geldwucher zu Lasten der Gutsherren und der reichen Beamten.[20]

in Wucherkapital oder die Verwendung des Kaufmannskapitals ausländischer Händler als Wucherkapital waren die wichtigsten Quellen dieser Konzentration.

Als der Handel sich auszubreiten begann und in der Wirtschaft einen breiten Geldsektor schuf, während zur gleichen Zeit noch der Hauptteil der Erzeuger und der besitzenden Klassen ihre Einkünfte in Form von Gebrauchswerten bezog, erlebte das Wucherkapital seine goldene Zeit. Das Verleihen von Geld zu Wucherzinsen wurde zur wichtigsten Profitquelle. Das antike Hindu-Epos *Mahabarata* stellt den Wucher an die Spitze aller Quellen des Reichtums. »Durch Wucher, Ackerbau, Handel und Viehzucht könntest Du, o König der Könige, die Macht des Reichtums erwerben.«[22]

Alle religiösen und politischen Vetos hinderten das Wucherkapital nicht daran, die gesellschaftlichen Beziehungen einer solchen Epoche zu untergraben. Die Verschuldung der Großen, der Ruin der Kleinen, die Ausbeutung der verschuldeten Bauern – wenn nicht gar ihr Verkauf als Sklaven –, die Konzentration des Landbesitzes: das sind die üblichen Nöte, die das Kapital auf dieser Stufe der gesellschaftlichen Entwicklung heraufbeschwört. Der größte Teil der gesellschaftlichen Unruhen sind übrigens Revolten gegen diese zersetzenden Auswirkungen des Wucherkapitals. Im Griechenland des 5. und 4. Jahrhunderts v. Chr. war der allgemeine Kriegsschrei: »Neuverteilung des Bodens und Aufhebung der Schulden!«[23] Rom zur Zeit der Republik, die chinesische Gesellschaft in der Epoche des Niedergangs jeder Dynastie, Byzanz und Indien über mehrere Epochen ihrer Geschichte hinweg bieten ein Schauspiel, das sich kaum davon unterscheidet.

Vergeblich die Gesetzgebung Solons in Athen, die der *decumviri* in Rom oder die des chinesischen Ministers Wang An-shi unter der Sung-Dynastie; vergeblich das Agrargesetz in Byzanz: sie vermochten den Vormarsch des Wucherkapitals nicht zu stoppen. Sie konnten nur die Entscheidung hinauszögern; ändern konnten sie die allgemeine Entwicklung nicht. Cäsar unternahm seinen Raubzug gegen Gallien, um sich seiner drückenden Schuldenlast zu entledigen. Die römischen Bürger mußten die ganze Mittelmeerwelt ausplündern und enorme Reichtümer zusammentragen, um sich ein wenig von dem Druck des Wucherkapitals im Verlauf der ersten Jahrhunderte des Imperiums befreien zu können. Als sich dieses Reich auflöste, bestand das Wucherkapital weiter, noch lange Zeit nach dem Verschwinden des Fernhandels[24], und das Wehgeschrei der Schriftsteller über die Wucherzinsen setzte sich in monotoner Weise von Jahrhundert zu Jahrhundert fort.*

Die Notwendigkeit, eine ausgesprochene Naturalwirtschaft vor den zersetzenden Einflüssen der Geldwirtschaft und des Wucherkapitals zu schützen, führte die katholische Kirche in Westeuropa im Verlauf des Mittelalters dazu, das Ausleihen von Geld gegen Zins heftig zu verdammen. Um dieses Verbot zu umgehen, trat das Wucherkapital in einer besonderen Gestalt hervor: in Form des *Ankaufs der Grundrente*. Im Austausch für eine Geldsumme trat ein Grundbesitzer dem Darlehensgeber die jährlichen Einkünfte aus seinem Grundbesitz ab, und zwar so lange, bis das vorgestreckte Kapital zurückerstattet war. Der Boden wurde de facto Eigentum des Darlehengebers; der Besitzer erlangte sein Land zurück, indem er sich seiner Schulden entledigte[27].**

Dies war nur eine Sonderform der Pfandleihe, die im mittelalterlichen Europa wie in Indien, in China oder in Japan das bevorzugte Geschäft des Wucherkapitals in einer sich langsam auflösenden Naturalwirtschaft blieb. Das Aufkaufen der Grundrente, das in der europäischen Wirtschaft während des Mittelalters eine wichtige Rolle spielte, zeigt sehr klar, welcher Art die Quelle des durch das Wucherkapital erzielten Mehrwertes war: die *Übertragung der Einkommen der Lehensherren (oder der Bauern) an die Wucherer*. Die Akkumu-

* Eine der Ursachen für die Ausdehnung der Leibeigenschaft und der Feudalwirtschaft war die Unfähigkeit der freien Bauern, die in Geld festgesetzten Steuern und Bußen zu zahlen, als dieses sehr knapp und sehr teuer (in bezug auf die Ackerbauerzeugnisse) geworden war. Im 6. Jahrhundert war ein Ochse ungefähr 1–3 *Solidi* wert, während sich das *Wergeld* manchmal bis auf 800 belaufen konnte.[25] Der gleiche Faktor hat bei der Entwicklung des Feudalismus im Islam, in Japan und in Byzanz eine bedeutende Rolle gespielt.[26] Vgl. das im Vorausgegangenen über die Möglichkeiten der Ausbreitung einer Geldwirtschaft Gesagte.

** Die gleiche Art des Wuchers findet sich bei dem Volk der Ifugao auf den Philippinen. Seine Wurzeln gehen auf die im antiken Griechenland betriebene *Verpfändung des Nießbrauchs von Land* zurück. Auch in China, zur Zeit des Aufschwungs der buddhistischen Klöster, findet man ihn.[28]

lation des Wucherkapitals auf Kosten der Gutsbesitzer war im wesentlichen eine Übertragung des landwirtschaftlichen Mehrprodukts in die Hände jener Wucherer.
Mit der Ausdehnung der Geldwirtschaft schließlich verliert das eigentliche Wucherkapital seinen entscheidenden Platz und beschränkt sich auf niedrige Schichten der Gesellschaft, wo es auf Kosten der kleinen Leute noch jahrhundertelang weiterlebt. Nicht, daß die Großen kein Geld mehr benötigten – sie brauchen mehr als zuvor. Aber inzwischen ist der Handel das große Betätigungsfeld des Kapitals und die Quelle seines Profits geworden. Kredit und Handel vereinigen sich: es ist die Epoche der großen italienischen, flämischen und deutschen Finanz-Kaufleute, die sich seit dem 13. und 14. Jahrhundert in Westeuropa eröffnete.

Das Kaufmannskapital

Das Aufkommen einer autochthonen Klasse von Händlern im Schoße einer Naturalwirtschaft setzt eine ursprüngliche Akkumulation von Geld-Kapital voraus. Dieses hat zwei Hauptquellen: den Raub und die Plünderung einerseits; die Aneignung eines Teils des landwirtschaftlichen Mehrproduktes oder selbst des notwendigen Produkts der Bauern andererseits.
Durch Streifzüge auf ausländischem Gebiet, auch durch Raub und Piraterie, raffen die Handels-Seefahrer ihr kleines Anfangskapital zusammen. Seit jeher hat sich der Seehandel mit der Priaterie verbunden[29].* Professor Takekoshi zufolge wurde der erste Zustrom von Geld-Kapital nach Japan (15. und 16. Jahrhundert) von den Piraten, die ihr Unwesen an der chinesischen und der koreanischen Küste trieben, zuwege gebracht.[32]

* N. S. B. Gras, Professor für Wirtschaftsgeschichte an der der Harvard-Universität angegliederten *Business Administration-School*, glaubt sich verpflichtet, diese allgemein anerkannte Wahrheit aufs heftigste zu bekämpfen[30], weil sie ihm mit der Würde des Kapitals unvereinbar erscheint. Ebenso grundlos ist die Beteuerung Schumpeters, daß Marx und die Marxisten unfähig seien, das Problem der ursprünglichen Akkumulation zu lösen, weil sie eine auf der Ausbeutung fußende Interessentheorie verträten.[31] Siehe auch unsere Zitate im vorhergehenden Kapitel.

Die Akkumulation des Geld-Kapitals der italienischen Kaufleute, die das europäische Wirtschaftsleben vom 11. bis zum 15. Jahrhundert beherrschten, rührt unmittelbar von den Kreuzzügen her[33], die nichts anderes als ein gewaltiger Raubzug waren. »Wir wissen zum Beispiel, wie die Genueser den Kreuzfahrern im Jahre 1101 halfen, den palästinensischen Hafen Cäsarea zu erobern und auszuplündern. Sie erhielten reiche Beute für ihre Offiziere und belohnten die Schiffsinhaber mit 15% des eroberten Gutes. Was von dieser Beute übrig blieb, verteilten sie unter die 8 000 Seeleute und Soldaten; jeder erhielt 48 *Solidi* und ein Pfund Pfeffer. Jeder von ihnen wurde so zu einem kleinen Kapitalisten.«[34]
Der mittelalterliche Chronist Geoffroi de Villehardouin überliefert uns die Antwort, die die venezianischen Dogen auf das Hilfegesuch der abendländischen Edelleute für den 4. Kreuzzug (1202) gegeben haben: »Wir werden Huissiers [Schiffe zum Pferdetransport] stellen, um 4 500 Pferde und 9 000 Knappen zu transportieren, sowie die Schiffe für die Überfahrt von 4 500 Rittern und 20 000 Fußknechten. Wir verpflichten uns, für all diese Pferde und Leute während neun Monaten die Nahrung zu liefern. Das wird das Minimum dessen sein, was wir zu tun gedenken; und ihr zahlt uns 4 Mark je Pferd und 2 Mark je Mann. Die von euch zu zahlende Summe beläuft sich somit auf 85 000 Mark. Wir werden darüber hinaus noch folgendes leisten: wir werden 50 Galeeren aus Liebe zu Gott (!) beisteuern, wenn darin übereingestimmt wird, daß – solange dieser Vertrag besteht – wir die Hälfte (und ihr die andere) aller zu Wasser und zu Lande gemachten Eroberungen erhalten werden.«
Später, im 15. und 16. Jahrhundert, entspringt die ursprüngliche Akkumulation des Geld-Kapitals der portugiesischen, spanischen holländischen und englischen Kaufleute genau der gleichen Quelle.
In einer hauptsächlich auf der einfachen Warenproduktion basierenden Gesellschaft ist der Kleinhandel und sogar der Großhandel mit unumgänglich notwendigen Gütern anfänglich genau abgegrenzt und durch Verordnungen geregelt.[35] Da er sich nur mühsam vom Handwerk trennt, ist er kaum fähig, ein bedeutsames Kaufmannskapital anzusammeln.[36] Nur der internationale Handel ermöglicht eine solche Akku-

mulation. Dieser Handel betrifft im wesentlichen die für die besitzenden Klassen bestimmten *Luxuserzeugnisse*. Dank dieser können sich die Händler einen Teil des landwirtschaftlichen Mehrprodukts aneignen, von dem die Klassen der Grundbesitzer leben. Das Aufblühen des Handels in Westeuropa während des Mittelalters, ein Handel mit Gewürzen und Erzeugnissen aus dem Orient, ist ebenso wie der flämische und der italienische Tuchhandel der Aufschwung eines ausgesprochenen Luxushandels.[37]

In jeder Gesellschaft, in der sich das Kaufmannskapital entwickelt, verhält es sich ebenso. Der Handel im japanischen Altertum war ausschließlich ein Luxushandel, berichtet Georges Bonmarchand.[38] Der byzantinische Export bestand fast ausschließlich aus Luxusgegenständen, erklärt Andreades.[39] Die Beispiele ließen sich häufen.

Um auf Kosten der adligen Käufer auch wirklich einen Mehrwert herauswirtschaften zu können, müssen sich die Luxuswaren-Händler Ein- und Verkaufsmonopole sichern. »Da sie (die Phönizier und die Karthager) keinerlei territoriale Vorherrschaft anstrebten, hatten sie kein Verlangen danach, in das Innere (Afrikas) vorzudringen; denn sie wußten aus einer langen Erfahrung, daß sie die Einwohner durch geschickt verkettete Handelsmonopole wirksam beherrschten.«[40] Der gesamte mittelalterliche Luxushandel ist ein Monopolhandel. Der Wohlstand von Byzanz beruht während sechs Jahrhunderten auf seiner Rolle als ausschließlicher Umschlaghafen für Seidenwaren und Gewürze aus dem Orient. Mit dem Verlust dieses Monopols zugunsten von Venedig schlägt die Todesstunde für die byzantische Macht.

Als dann die italienischen Städte den Mittelmeerhandel beherrschten, brachten sie ihrerseits Handelsmonopole mit Ägypten, dem neuen Umschlagplatz für Gewürze des Orients, und mit den Küstenvölkern des Schwarzen Meeres zuwege. Der Handel mit Heringen, Getreide und Holz in der Ost- und in der Nordsee hat sich in der gleichen Epoche dank der von deutschen Kaufleuten in Skandinavien und in den kurz zuvor kolonisierten Ostgebieten errichteten Monopole in einen Handel für ausgedehnte Kapitalanlagen verwandelt. Aber diese Monopole wurden durch die erbitterte Konkurrenz zwischen den Handels-Bourgeoisien mehrerer Städte und vor allem durch die holländische Konkurrenz zerschlagen. Eine solche Konkurrenz erlaubte es den Verkäufern, ihre Preise anzuheben, und zwang zugleich die Händler, ihren eigenen Verkaufspreis herabzusetzen, wodurch sich ihre Gewinnspanne empfindlich verringerte.[41]

Das angesammelte Kapital der Großkaufleute, die in einer auf der einfachen Warenproduktion beruhenden Gesellschaft tätig sind, kann somit nicht fortwährend im internationalen Handel investiert werden. Seit sich das Handelskapital genügend ausgedehnt hat, muß es sich bemühen, jede neue Ausdehnung einzudämmen, will es nicht die monopolistischen Wurzeln seiner Profite selbst zerstören. Die Kaufleute einer solchen Zeit gehen schließlich dazu über, einen beträchtlichen Teil ihrer Gewinne anderswo zu investieren: in Grundstücke, in das Wuchergeschäft oder in das internationale Großkreditwesen. Cicero rät dem Großhändler, seine Gewinne für den Erwerb von Land zu verwenden.[42] Der *Talmud* rät im 3. Jahrhundert, ein Drittel des Vermögens in Grundstücke zu investieren, ein Drittel in Handel und Gewerbe, und das restliche Drittel als Bargeld aufzuheben.[43]

Im alten Indien, in China, Japan und in Byzanz verlief es nicht anders. Im 11. und 12. Jahrhundert besaßen die jüdischen Kaufleute beinahe ein Drittel des Bodens der Grafschaft Barcelona.[44] Gras berichtet, daß das norwegische Prosastück *Der Spiegel des Königs* (um 1260) den Handelsreisenden empfiehlt, zwei Drittel ihrer hohen Gewinne in Land zu investieren.[45] Im 13. Jahrhundert stützten in Genua »selbst die größten Kaufleute ... ihre Handelsinvestitionen durch sehr beachtliche Grundstücksinvestitionen ab; und hinter der am Handel interessierten Gruppe gab es eine andere, viel größere Gruppe, die fast gar nicht von dem waghalsigen Geist der Kapitalisten angesteckt war, sondern ihr Finanzwesen unmittelbar auf Grund und Boden aufgebaut hatte.«[46]

Was die großen italienischen und deutschen Kaufleute des 13., 14., 15. und 16. Jahrhunderts, die Bonsignori, die Scotti, Peruzzi, Bardi und Medici, die Fugger, Welser und Hochstätter betrifft, so steckten sie ihr durch den Handel erworbenes Kapital in die großen Kreditgeschäfte und verwendeten einen nicht unbedeutenden Teil ihrer Gewinne für den Kauf von Grundbesitz.

Die Handelsrevolution

Die Ausdehnung des Handels vom Beginn des 11. Jahrhunderts an hatte die Entwicklung einer Geldwirtschaft in Westeuropa beschleunigt. Aber das Münzgeld blieb noch sehr knapp. Nach dem Ende des wirtschaftlichen Niedergangs, der den Hundertjährigen Krieg begleitete, wurde der Mangel an Zahlungsmitteln bedrückend. Überall öffnete man wieder die alten Minen, die in der römischen Epoche verlassen worden waren, oder versuchte neue zu entdecken.[47] Das Vorrücken der Türken und die Umwälzungen, die sich längs der uralten Handelswege nach Zentralasien vollzogen, verstärkten die Anstrengungen, das venezianische Monopol im Gewürzhandel zu brechen. Schließlich wurde ein unvorhergesehener Erfolg erzielt. Die Entdeckung Amerikas, die Ausplünderung Mexikos und Perus, die Umschiffung Afrikas, die Herstellung von Seeverbindungen mit Indien, Indonesien, China und Japan wälzten das westeuropäische Wirtschaftsleben total um. Die Schaffung eines Weltmarktes, die wichtigste Wandlung in der Geschichte der Menschheit seit der metallurgischen Revolution, eben das war die Handelsrevolution.

Die Edelmetalle, deren Produktionspreis während eines Jahrtausends stabil gewesen war, wurden plötzlich durch bedeutsame technische Neuerungen (die Scheidung von Silber und Kupfer mit Hilfe des Bleis; Anwendung von Entwässerungsmaschinen; verbesserte Abflußkanäle; Verwendung des Pochwerks etc.) entwertet.[48] Daraus ergab sich eine enorme Preisbewegung; die gleiche Geldmenge war nurmehr das Äquivalent für eine geringere Warenmenge. Von den Ländern, wo diese Ausbeutungsmethoden erstmals auftraten (Böhmen, Sachsen und Tirol im 15. Jahrhundert, dehnte sich die Preisrevolution im 16. Jahrhundert rasch auf Spanien aus. Die Plünderung der Schätze von Cuzco und die Erschließung der Silberminen von Potosi verringerten die Produktionskosten der Edelmetalle noch gründlicher, nämlich durch Verwendung von Sklavenarbeit. Infolgedessen ging über Europa, wo sich die Masse der neugewonnenen Edelmetalle rasch ausbreitete, eine Welle der Preiserhöhung hinweg.

Der Ruin des Adels und der Lohnarbeiterklassen wurde somit nur beschleunigt. Zum ersten Mal in der Menschheitsgeschichte verlor der Grundbesitz seine ökonomische Vorherrschaft, die er seit dem Anbruch der Zivilisation innehatte. Das Sinken der Reallöhne – das sich namentlich durch die Ersetzung des Brotes als Grundnahrungsmittel des Volkes durch billige Kartoffeln ausdrückte – wurde vom 16. bis zum 18. Jahrhundert zu einer der Hauptquellen der ursprünglichen Akkumulation des Industriekapitals.

»In Engalnd und in Frankreich brachte der große Unterschied zwischen Preisen und Löhnen – als Ergebnis der Preisrevolution – die Arbeiter um einen Großteil ihres Einkommens, das sie bis dahin bezogen hatten, und lenkte diesen Reichtum in die Hände der Nutznießer anderer Einnahmequellen. Wie wir zeigten, blieben sowohl die Rente als auch die Löhne hinter der Preisbewegung zurück; die Grundbesitzer gewannen nichts aus den Einbußen der Arbeiter.« Den Nutzen hatten einzig und allein die kapitalistischen Unternehmen. Zwischen 1500 und 1602 stieg der Lohnindex in England von 95 auf 124, während der Preisindex von 95 auf 243 kletterte![49]

Als Folge des Defizits in der Handelsbilanz Spaniens, der Stagnation und des Verfalls seines Handwerks, schwanden seine zusammengeplünderten oder durch Unterjochung der Indianer oder der Neger erworbenen Gold- und Silberschätze dahin und tauchten schließlich in den Händen der westeuropäischen Bourgeoisie, der deutschen, der französischen, der niederländischen und der englischen, wieder auf. Die Lieferung von Kriegsmaterialien für die zahlreichen dynastischen Konflikte, die Europa während dieser drei Jahrhunderte zerrüttet hatten, waren wichtige Hebel dieser Akkumulation des Handelskapitals. Die Gebrüder Pâris, die reichsten Kapitalisten Frankreichs im 18. Jahrhundert, verdankten ihr Vermögen diesen Lieferungen. Das Aufkommen von Staatsschulden*, der Staatsanleihe in Form an der Börse gehandelter Staatspapiere (vorherrschend waren zunächst die Börsen von Lyon und Antwerpen, später die Amsterdamer Börse), stellten einen anderen Hebel der ursprünglichen Akkumulation des

* Die Staatsschulden Großbritanniens stiegen von 16 Millionen £ im Jahre 1701 auf 146 Millionen im Jahre 1760 und auf 580 Millionen im Jahre 1801. Die Staatsschulden der Niederlande kletterten von 153 Millionen Florin im Jahre 1650 auf 1272 Millionen Florin im Jahre 1810.

durch die Ausplünderung Amerikas und Indiens herbeigeschafften Kapitals dar.*

Wie die ursprüngliche Akkumulation des Kaufmannskapitals hat sich die ursprüngliche Akkumulation des Handelskapitals durch Raub und Seeräuberei vollzogen. Scott[51] vermerkt, daß um 1550 in England ein äußerst großer Mangel an Kapital herrschte. Die Piratenunternehmen gegen die spanische Flotte, die alle in Form von Aktiengesellschaften organisiert waren, haben die Lage binnen weniger Jahre geändert. Das erste Piratenunternehmen von Drake in den Jahren 1577 bis 1580 wurde mit einem Kapital von 5 000 £, an dem die Königin Elizabeth beteiligt war, in die Wege geleitet. Es hat mindestens einen Profit von 600 000 £ abgeworfen, von dem die Königin die Hälfte erhielt. Beard schätzt, daß die Piraten während der Regierungszeit Elizabeths etwa 12 Millionen £ nach England einführten. Man kennt die schreckliche Barbarei der spanischen *Conquistadores* in Amerika. Im Zeitraum von 50 Jahren haben sie – wenn wir Bartholomeo de las Casas glauben können – 15 Millionen Indianer ausgerottet, nach der Meinung »konservativer« Kritiker 12 Millionen. So dicht besiedelte Gebiete wie Haiti, Kuba, Nikaragua, die venezolanische Küste wurden vollkommen entvölkert.[52]

Die ursprüngliche Akkumulation des portugiesischen Handelskapitals in Indien war durch »zivilisatorische« Bekundungen gleichen Schrots und Korns gekennzeichnet:

»Die zweite Reise Vasco da Gamas (1502–1503) an der Spitze einer wahren Kriegsflotte von 21 Schiffen führte zur Ersetzung des ägyptisch-venezianischen Monopols durch ein neues (Monopol für den Gewürzhandel). Dieses kam nicht ohne blutige Zwischenfälle zustande. Es war eine Art Kreuzzug der Pfefferhändler, der Nelken- und Zimthändler. Er

* »Die Jahrmärkte, die in der Zeit, als der Fernhandel noch einen pulsierenden Charakter zeigte, eine so bedeutende Rolle gespielt haben, verlieren in dem Maße, wie sich ortsgebundener und städtischer Handel entwickeln, Stück um Stück ihrer früheren Bedeutung. Seit dem 16. Jahrhundert entstehen Weltbörsen, die im Begriff sind, ihre Stellung immer mehr auszubauen. Auf den Messen waren die finanziellen Transaktionen nur gelegentlich und infolge von Handelsverträgen zustande gekommen. An den Börsen werden nicht mehr die Waren selbst herbeigeschleppt; man handelt nur noch mit den Werten, die sie repräsentieren.«[50]

zeichnete sich durch schreckliche Grausamkeit aus; gegen die verabscheuten Muselmanen, die der Lusitanier überraschenderweise am Ende der Welt antraf, nachdem er sie aus Algarbien getrieben und auf berberischem Boden bekämpft hatte, war anscheinend jedes Mittel erlaubt. Brandstiftung und Massaker, die Zerstörung reicher Städte, das Verbrennen von Schiffen samt ihren Besatzungen, das Abschlachten von Gefangenen, deren Hände, Nasen und Ohren zum Spott an die ›barbarischen‹ Könige geschickt wurden, das waren die Heldentaten des Ritters Christi; nur einen auf die gleiche Weise verstümmelten Brahmanen ließ er am Leben, weil er dazu bestimmt war, den Herrschern des Ortes die Zeichen des schrecklichen Sieges zu überbringen.«[53]

Hauser hat klar aufgezeigt, wie sehr die neue Handelsexpansion auf dem Monopol gegründet bleibt. Man braucht sich nicht zu wundern, daß die holländischen Kaufleute, deren Profite vom Monopol im Gewürzhandel abhingen, das sie sich durch Eroberungen in der indonesischen Inselwelt gesichert hatten, dazu übergingen, auf den Kleinen Molukken die Zimtbäume in massiver Weise zu zerstören, als in Europa der Preis zu sinken begann. Die »Hongi-Reisen« zur Zerstörung dieser Bäume und zur Niedermetzelung der Bevölkerung, die seit Jahrhunderten ihren Lebensunterhalt durch den Anbau dieser Pflanzen erwirtschaftet hatte, gaben der Geschichte der holländischen Kolonisation ein schreckliches Gepräge. Sie hatte übrigens schon unter dem gleichen Zeichen begonnen, als Admiral J.-P. Coen nicht davor zurückschreckte, die gesamte männliche Bevölkerung der Banda-Inseln auszurotten.[54]

Das vorkapitalistische Handelskapital schöpfte seinen Mehrwert somit aus der gleichen Quelle wie das Wucherkapital und das Kaufmannskapital. Eine sehr bezeichnende Illustration hierzu gibt uns eine Liste der Einkaufs- und der Verkaufspreise der französischen »Companie des Indes Orientales«:

	Einkaufspreis	Verkaufspreis
Weißer Kattun und Musselin	327 000 £	1 267 000 £
Seidenwaren	32 000 £	97 000 £
Pfeffer (100 000 Pfund)	27 000 £	101 000 £
Rohseide	58 000 £	111 000 £
Salpeter	3 000 £	45 000 £
Baumwollgarn	9 000 £	28 000 £
Gesamtbetrag unter Berücksichtigung einiger kleinerer Posten	487 000 £	1 700 000 £

Das ist eine Profitrate von beinahe 250%, und zwar im »normalen« Handel.[55]

Einer der Pioniere des niederländischen Fernhandels, Willem Wisselinx, schrieb übrigens in einem anfangs des 17. Jahrhunderts erschienenen Pamphlet ganz unzweideutig: »Der Handel an der Küste Guineas brachte den Niederlanden in der Tat auf zwei verschiedene Arten Gewinn ein: zunächst erwarb man dort Waren von sehr großem Wert, von Leuten jedoch, die den wirklichen Wert (!) noch nicht kannten; dann tauschte man sie gegen europäische Waren ein, die einen wesentlich geringeren Wert besaßen.«[56]

Wenn die Handelsrevolution einerseits eine allgemeine Verteuerung der Waren auslöste, so verursachte sie andererseits auch eine realtive Preissenkung für orientalische Luxusgüter. Dank einer reichlicheren Versorgung entstanden somit ausgedehntere Märkte und mannigfachere Bedürfnisse. Was früher zur Apanage einiger ganz weniger adliger Familien gehört hatte, zählte nun zu den üblichen Konsumgütern aller besitzenden Klassen (Zucker, Tee, Gewürze, Tabak usw.). Der Kolonialwarenhandel nahm beträchtlich an Umfang zu und wurde sehr bald durch ein paar große Aktiengesellschaften monopolisiert: von der *Oost-Indische Companie in* den Niederlanden; der *East India Company* und der *Hudson Bay Company* in Großbritannien; *der Compagnie des Indes Orientales* in Frankreich.

Wie in den finsteren Jahrhunderten des Hochmittelalters und zu Beginn des antiken Handels vereinigten diese Gesellschaften den Gewürzhandel mit dem Sklavenhandel. Auf diese Weise wurden ungeheure Gewinne erzielt. Von 1636 bis 1645 verkaufte die holländische West-Indische Handelsgesellschaft 23 000 Neger für insgesamt 6,7 Millionen Florin; das sind rund 300 Florin pro Kopf, während die im Austausch für einen Sklaven gegebenen Waren kaum 50 Florin wert waren. Von 1728 bis 1760 beförderten die aus Le Havre auslaufenden Schiffe 203 000 im Senegal, an der Goldküste, in Loango etc. gekaufte Sklaven auf die Antillen. Der Verkauf dieser Sklaven brachte 203 Millionen Pfund ein.[57] Von 1783 bis 1793 verkauften die Sklavenhändler Liverpools 300 000 Sklaven für 15 Millionen Pfund, von denen ein ansehnlicher Teil zur Gründung von Industrieunternehmen beitrug.[58]

Alle wohlhabenden Klassen der Bevölkerung wollten an diesem Goldregen aus dem Säckel der Kolonien teilhaben. Könige, Herzöge, Fürsten, Richter und Notare versuchten, bei reichen Händlern Geld anzulegen, um feste Zinsen zu erhalten, kauften Aktien oder Anteilscheine der großen kolonialen Handelsgesellschaften. Hochstätter, der Bankier aus Nürnberg und große Konkurrent Fuggers, muß im 16. Jahrhundert solche Depositen im Werte von mehr als 100 Millionen Pfund erhalten haben.[59] Die *New Royal African Company*, die sich bis zum Jahre 1698 einem üblichen Handel mit Schwarzen widmete, hatte solche vornehme Teilhaber wie den Herzog von York, den Grafen von Shaftesbury und dessen Freund, John Locke.[60]

Die Preissteigerung ließ die Bevölkerung, die ein fixes Einkommen hatte, verarmen. Die Staatsschulden, die Spekulation und der Fernhandel konzentrierten die Kapitalien in den Händen der Bourgeoisie.* Der internationale Handel blieb im wesentlichen ein Luxushandel.[62] Die Staatsaufträge und die wachsenden Bedürfnisse der besitzenden Klassen regten indessen die Produktion von nichtackerbaulichen Waren an. An der Seite des Handels mit Kolonialwaren und Edelmetallen nahm nun der Handel mit Handwerkserzeugnissen und

* »Seit dem 17. Jahrhundert traten in Frankreich ›*Steuerpächter*‹ oder ›*Finanzpächter*‹ in Erscheinung, die dem Fiskus Darlehen vermittelten und sich dadurch das Recht verschafften, diese oder jene Steuer zu erheben ... Der Gewinn, den sie auf Kosten des Staatsschatzes erzielten, war enorm. Wenn man Boulainvillier Glauben schenken darf, blieben zwischen 1689 und 1708 von einem Handelswert von 1 Milliarde (Pfund) 266 Millionen (Pfund) in ihren Händen«.61

Manufakturwaren einen größeren Aufschwung als im Mittelalter. Die englische Tuchwarenindustrie, die Lyoner Seidenindustrie, die Solinger Metallindustrie, die Leidener Textilindustrie, die Textilindustrie in der Bretagne und in Westfalen arbeiteten schon für internationale Märkte, einschließlich jener der überseeischen Kolonien, und kamen über das Stadium einer Luxusmanufaktur hinaus. Die Ausdehnung der Märkte beschleunigte die Akkumulation des Kapitals der großen Händler und schuf eine der Bedingungen für das Aufblühen der kapitalistischen Industrie.

Die Heimindustrie

Trotz der Ausdehnung des internationalen Handels in Westeuropa vom 11. Jahrhundert an blieb die städtische Produktionsweise noch hauptsächlich auf der einfachen Warenproduktion gegründet. Handwerksmeister, die einige Gesellen beschäftigten, erzeugten in einer bestimmten Arbeitszeit eine Anzahl bestimmter Güter, die zu einem vorher festgesetzten Preis unmittelbar an die Kunden verkauft wurden. Die Zählung eines Bezirks der flandrischen Stadt Ypern im Jahre 1431 ergab, daß dort 704 Personen wohnten, die in 161 verschiedenen Berufen tätig waren. In den Unternehmen von 155 verschiedenen Berufszweigen gab es nur 17 fest eingestellte Gesellen! Mehr als die Hälfte aller gezählten Personen waren unabhängige Unternehmer.[63] Die gesellschaftlichen Standesunterschiede zwischen Handwerksmeister und Geselle waren gering; jeder Geselle hatte am Ende seiner Lehrzeit die Chance, die Meisterwürde zu erlangen.
Diese Produktionsweise stößt sich jedoch an mehreren Widersprüchen. Zunächst die dem System selbst innewohnenden Widersprüche: das fortschreitende Wachstum der Stadtbevölkerung und der Handwerker wird nicht durch eine Vergrößerung des Marktes aufgewogen. Es führt zu einer zunehmenden Konkurrenz zwischen den verschiedenen Städten, zur Betonung der schutzzöllnerischen Tendenzen der Städte und zur Entwicklung protektionistischer Tendenzen der Handwerksinnungen selbst, die versuchen, ihre Türen neuen Handwerksmeistern zu verschließen. Man auferlegt den Lehrlingen immer härtere Bedingungen für die Erlangung der

Meisterwürde. Tatsächlich wird diese Beförderung bald unmöglich. Nach Hauser gilt dies seit 1580 für Frankreich.[64] Kulischer zitiert zahlreiche Fälle unverhüllt monopolistischer Tendenzen der Zünfte seit dem 14. und dem 15. Jahrhundert.[65]

Auf der anderen Seite verlieren die flämischen und italienischen Handwerker, die seit dem 12. Jahrhundert für einen größeren als nur den städtischen Markt produzieren, schließlich die Kontrolle über ihre Arbeitsprodukte.[66] Um seine eigenen Erzeugnisse auf einen fernen Jahrmarkt zu bringen, muß ein Weber oder ein Gelbgießer seine Produktion einstellen und kann sie erst nach seiner Rückkehr wieder aufnehmen. Es ist unvermeidlich, daß einige unter ihnen, vor allem die reicheren, die sich zu Hause einen Stellvertreter leisten können, sich sehr bald auf den Handel spezialisieren. Zunächst bringen sie die Produkte ihrer Nachbarn zusammen mit den eigenen Erzeugnissen auf den Markt, einfach um ihnen einen Dienst zu erweisen. Am Ende jedoch kaufen sie die Waren sehr vieler Handwerksmeister unmittelbar auf und übernehmen sie ausschließlich zu dem Zweck, sie in den entfernteren Marktflecken wieder zu verkaufen. Dieses System impliziert nicht notwendigerweise eine Unterordnung des Handwerkers unter den Kaufmann. Aber es fördert eine solche Unterordnung; ganz besonders im Textilgewerbe, wo zahlreiche Zünfte der Reihe nach verschiedene Arbeiten für ein und dasselbe Produkt verrichten, also einem einzigen Käufer gegenüberstehen.[67] Genauso verhält es sich in der Ledersattelfabrikation in London, wo sich die »Sattler« die zweitrangigen Berufe vom 14. und 15. Jahrhundert an unterordnen.[68]

Diese Unterordnung ist in der flämischen Tuchmacherei und in der italienischen Tuch- und Seidenindustrie seit dem 13. Jahrhundert abgeschlossen. Der Tuchwarenhändler tritt stets Handwerksmeistern gegenüber, die Besitzer ihrer Produktionsmittel sind. Die Lohnarbeiter im eigentlichen Sinne stellen eine Ausnahme dar; nur in der Tuchindustrie von Florenz verhält es sich anders: dort zählt man seit der Mitte des 14. Jahrhunderts 20 000 Tagelöhner.[69] Die Handwerksmeister müssen ihre Rohstoffe bei dem Tuchhändler kaufen; aber sie sind auch gezwungen, ihm ihre Fertigerzeugnisse zu verkaufen. »Nachdem er ganz augenscheinlich zum Höchstpreis hatte verkaufen können, versuchte er, zum niedrigsten Preis (die Fertigwaren) zurückzukaufen.«[70]* In einer Studie über einen Tuchhändler aus Douai, Sir Jehan Boinebroke, der Ende des 13. Jahrhunderts lebte, stellt Espinas fest, daß die Tuchhändler bereits dazu neigten, die Handwerker in Häuser zu ziehen, die ihnen gehörten, und daß sie sogar schon begannen, Produktionsmittel zu kaufen. Die unvermeidliche Verschuldung der Handwerker gegenüber den Kaufleuten zeichnet den natürlichen Weg dieser Unterordnung vor.**

Die Handwerker nahmen eine solche partielle oder völlige Unterordnung nicht widerstandslos hin. Im 13. und 14. Jahrhundert wurden die flämischen und die italienischen Kommunen von heftigen Klassenkämpfen erschüttert, die oft mit dem Sieg der Handwerker endeten. Der aber konnte den Verfall der in einen Engpaß geratenen einfachen Warenproduktion nicht aufhalten. Oft beschleunigte er sogar den Niedergang durch protektionistische Maßnahmen. Um die strengen Regeln der städtischen Zünfte und die hohen Löhne für Handwerker umgehen zu können, begannen die Kaufleute im »Verlagssystem« Aufträge an die Handwerker zu vergeben; diese produzieren zu Hause und erhielten von den Kaufleute-Unternehmern die Rohstoffe und die Produktionsmittel und arbeiteten nicht nur *de facto*, sondern auch *de jure* für einen einfachen Lohn.

Vom 15. Jahrhundert an dehnte sich die Heimindustrie auf das Land aus: so in Belgien, Italien, Frankreich und Großbritannien. Die großen Händler von Antwerpen führten in der »neuen Tuchmacherei« des französischen Flandern und in der Teppichmacherei von Oudenaarde und Brüssel das Ver-

* Überall, wo das Gesetz die Kaufleute begünstigt, räumt es ihnen übrigens ausdrücklich das Verkaufsmonopol ein. Nur in Venedig erlaubt ein Gesetz aus dem Jahre 1442 den Webern, die weder Lehrlinge noch Gesellen haben – und nur diesen –, ihre Erzeugnisse auf dem Markt zu verkaufen.[71]

** Unvermeidlich nur insoweit, als diese Tuchhändler als vortreffliche Inkarnation kapitalistischer Gewinnsucht die unglücklichen Erzeuger in jeder nur vorstellbaren Weise prellen und betrügen. Espinas stellt eine entsprechende Tabelle in bezug auf Sir Jehan Boinebroke auf.[72]

lagssystem ein.[73] Aber die Entwicklung schritt nur langsam voran. Im 16. Jahrhundert mußte noch jeder Tuchmacher eine siebenjährige Lehre durchlaufen.[74] Im 17. Jahrhundert besaßen die Kaufherren der Lyoner Seidenindustrie keine Webstühle, obwohl sie im Besitz von Kapitalien waren, den Werkmeistern die Seide und die Muster lieferten und diesen die Fertigprodukte wieder abnahmen.[75]
Die *Saigerhütten* – Hüttenwerke zur Scheidung des Silbers vom Kupfer – in Sachsen und Thüringen, in Tirol und in Kärnten waren durch ihre Anlagekosten und die Zusammenballung von Lohnarbeitern die bedeutendsten Industrieunternehmen des 16. Jahrhunderts. Mit ihnen sind wir schon aus dem Bereich der Heimindustrie in den der modernen Manufaktur hinübergewechselt.[76] Im darauffolgenden Jahrhundert konnten die reichsten niederländischen Kaufleute ungeheure Vermögen erwerben, da sie vom Kaiser das Monopol für die Ausbeutung der Quecksilberminen (die Deutz) sowie der Eisen- und Kupferminen in Schweden im Verein mit Waffen- und Munitionsfabriken (die de Geer und die Trip) erhalten hatten.[77]
Dabei ist interessant, daß diese Trennung der Erzeuger von ihren Produktionsmitteln durch Zwischenhändler sich in anderen Ländern in einer ganz ähnlichen Weise wie in den Ländern Westeuropas vollzogen hat. S. F. Nadel fand ein analoges System in der Heimindustrie von Bida in Nigerien, die Glasperlen herstellt. In Indien strecken die *Mahajans* die Rohstoffe und die Zwischenprodukte für die Heimindustrie vor. Die Textilindustrie von Su-chu in China war allem Anschein nach im 16. und 17. Jahrhundert ebenso aufgebaut.[78]

Das Manufakturkapital

Die Heimindustrie nimmt dem kleinen Warenproduzenten zunächst die Kontrolle über seine Erzeugnisse und schließlich die Kontrolle über seine Produktionsmittel ab. Aber die Produktion schreitet nur langsam voran; sie wächst parallel zu der ebenfalls langsamen Ausdehnung des Marktes. Die Handels-Bourgeoisie investiert genau wie vor ihr die Kaufmanns-

Bourgeoisie nur einen Teil ihres Kapitals und ihrer Profite in die Heimindustrie. Der Großteil wird für den Handel selbst, für die Spekulation mit Mobilarwerten, für den Erwerb von Grundbesitz verwendet. Die Fugger, anfangs einfache Weber aus Augsburg, verdienten sich ihr Vermögen im internationalen Gewürz- und Tuchhandel, den sie selbst dann noch betrieben, als sie schon die Konzessionen für die Silberbergwerke Mitteleuropas erworben und die bedeutendsten Manufakturen ihrer Zeit erstellt hatten. Schließlich widmeten sie sich fast nur noch den Kreditgeschäften für das Haus Habsburg, die sie übrigens in den Bankrott stürzten.

Die Heimindustrie blieb vom 16. bis zum 18. Jahrhundert durch die erhebliche Anzahl von Arbeitskräften, die sie beschäftigte, die hauptsächliche nichtackerbauliche Produktionsweise in Westeuropa. Aber neben ihr entwickelte sich ein anderes Produktionssystem, das in gewisser Hinsicht eine Brücke zu der modernen Großfabrik bildet: das *Manufaktur*-System.

Die Manufaktur faßt die Arbeiter unter einem Dach zusammen, stellt ihnen die Produktionsmittel zur Verfügung und schießt ihnen die Rohstoffe vor. Aber anstatt sie für den Gesamtwert des Endprodukts unter Abzug der Rohstoffkosten und des Mietpreises zu bezahlen, wie dies in der Heimindustrie der Fall war, gibt man die Fiktion des Verkaufs des Fertigprodukts an den Unternehmer auf. Der Arbeiter bezieht nur noch das, was er *de facto* schon im System der Heimindustrie verdient hat: einen einfachen Lohn.

Man kann diese Entwicklung Schritt für Schritt an der Geschichte der Tuchindustrie verfolgen, die von Postumus meisterhaft analysiert worden ist. Diese Industrie ist zunächst auf handwerklicher Grundlage organisiert. Seit dem Ende des 16. Jahrhunderts dehnt sie sich auf das Land aus, und die Kaufleute übervorteilen die Tuchweber; diese verlieren zunächst das Eigentum an den Rohstoffen und dem Fertigprodukt und in der Folgezeit auch das Eigentum an den Produktionsmitteln. Um 1640 schieben sich neue Zwischenhändler, die »reeders«, zwischen Kaufmann und Tuchweber. Man geht zur Manufaktur über, und um das Jahr 1652 spricht man schon von »Fabrikanten«.[79]

Das neue System bringt für die Kommanditisten zwei Vorteile mit sich. Einmal können sie die Nebenkosten sparen, die durch die vielen Zwischenhändler, die die Fertigprodukte eingesammelt und die Rohstoffe ausgeteilt haben, entstanden sind. Zum anderen können sie die beträchtlichen Rohstoffunterschlagungen ausschalten, die in der Heimindustrie, als Ausgleich für die unzureichenden Löhne, nicht zu vermeiden waren. In den Manufakturen hat die Zusammenballung von Arbeitskräften und deren Unterwerfung unter die direkte und ständige Kontrolle durch das Kapital schon ein fortgeschrittenes Stadium erreicht.

Aber die Manufaktur bedeutet auch einen beträchtlichen Fortschritt in bezug auf die Arbeitsproduktivität. In der einfachen Warenproduktion besteht nur eine *gesellschaftliche* Arbeitsteilung zwischen verschiedenen Gewerben. Im *Innern* eines jeden Gewerbes, d. h. im Verlauf des Produktionsprozesses, gibt es praktisch keinerlei Arbeitsteilung. Selbst wenn kein Gewerbe ein unmittelbar für den Konsum bestimmtes Fertigprodukt herstellt, wie dies in der Tuchmacherei und in der Wollindustrie der Fall ist, so schließt es dennoch einen ganzen Produktionsprozeß ab: das Weben, das Walken, das Einfärben usw.

Dank der Manufaktur wird es möglich, jedes Gewerbe, jeden Produktionsprozeß in unbegrenzt viele mechanische Arbeitsvorgänge zu *zerlegen* und aufs äußerste zu vereinfachen. Das wiederum ermöglicht es, den Ertrag, die Anzahl der im gleichen Zeitabschnitt erzeugten Fertiggüter, zu steigern und gleichzeitig die Gestehungskosten zu verringern, indem man gelernte Arbeitskräfte durch ungelernte, durch Frauen und Kinder, durch Krüppel, Greise und sogar Geisteskranke ersetzt. Diese Tatsache ist ein gänzlich neues gesellschaftliches Phänomen, insbesondere im Hinblick auf die Textilmanufaktur, deren Arbeitskräfte größtenteils aus diesen Unglücklichen bestehen. Eine solche Konzentration von Lohnarbeitern unter einem Dach wird vor allem durch ihren ungemein niedrigen Preis ertragreich. Vergleichbares findet man höchstens in den Minen und den großen Staatsmanufakturen im Altertum, in China, in Indien und anderswo, in denen vorwiegend versklavte oder halbversklavte Arbeitskräfte beschäftigt waren. Die größte Grausamkeit, begleitet von einer irreführenden Heuchelei, waren die Mittel, mit denen man diese unglücklichen Geschöpfe zwang, dem jungen Manufakturkapital als billige Arbeitskraft zu dienen.*

Sombart[81] führt zahlreiche Beispiele an, wo der Staat die Bevölkerung gezwungen hat, in den Manufakturen regelrechte Zwangsarbeit zu leisten; vor allem in Spanien, in Frankreich, in Holland, in Deutschland, in der Schweiz, in Österreich und natürlich in England. In Leiden, dem ersten Textilzentrum Europas, entwickelten sich in der Mitte des 17. Jahrhunderts die Manufakturen dank der ausgedehnten Verwendung von Tretmühlen. Aber der Einsatz dieser Maschinen ist nur dann ertragreich, wenn man jugendliche oder weibliche Arbeitskräfte einspannt. Die Unternehmer organisierten daher wahre Expeditionen bis in die Gegend von Lüttich, um solche Arbeitskräfte zu rekrutieren.[82]

Die Entwicklung der Manufaktur schafft die Handarbeit als vorherrschende Produktionsweise in der Industrie noch nicht ab: den größten Teil der Ausgaben des Manufakturkapitals machen noch immer die Lohnkosten aus. Dennoch entwickelt sich die Manufaktur in jenen Sektoren am schnellsten, in denen sich die kostspieligen Apparate mehren. Im 18. Jahrhundert sind in Reims und Louviers schon Tausende von Arbeitern in Manufakturen versammelt, deren Erstellung mehrere hundert Millionen Pfund gekostet hat.

Die Entstehung des modernen Proletariats

Parallel zu der Erweiterung des Aktionsfeldes des Kapitals, das entschlossen in den Bereich der Produktion vorstößt, entsteht seit Beginn des 16. Jahrhunderts eine neue Gesellschaftsklasse, eine Klasse, die in der Gesellschaft der einfachen Warenproduktion des Mittelalters nur in Gestalt entwurzelter, von Stadt zu Stadt schweifender »Knechte« zu finden war. Diese Klasse wird durch die Verminderung des Gefolges

* Schon in *l'arte di lana*, der florentinischen Wollindustrie des 14. Jahrhunderts, wo der Lohnarbeiter durch *Schulden* an den Patron gefesselt war, wurde eine ganze Gesetzgebung auf die Beine gestellt, um ihn zu Mehrarbeit zu zwingen. So wir ihm durch ein Gesetz von 1371 ausdrücklich untersagt, seine Schulden in *Geld* zurückzuerstatten; er mußte sie in Form von *Arbeit* abverdienen.[80]

der Lehensherren – ein Ergebnis ihrer Verarmung durch den großen Preisumsturz – ins Leben gerufen, und zugleich durch den Zerfall des städtischen Handwerks seit der Zeit, da die Unternehmer-Kaufleute begonnen haben, ihre Aufträge auf das Land zu vergeben. Ihre Entwicklung wird durch die tiefgreifenden Veränderungen in dem Bereich, der noch die große Mehrheit der Erzeuger in sich vereint, beschleunigt: der Landwirtschaft.

Im mittelalterlichen Dorf waren die Felder der Bauern in zahlreiche Parzellen zerstückelt. Um auf diesen Landstücken arbeiten zu können, mußten die Bauern zu den Feldern, die ihre Parzellen trennten, freien Zugang haben. Dieser freie Zugang war mit dem Recht auf die Nachlese, auf die freie Weide, auf Reserveböden zur Gründung neuer Haushalte, auf die notwendige Aufteilung in Koppeln verbunden – Rechte, die allesamt für die Stabilität einer Dorfwirtschaft, die auf der Dreifelderwirtschaft beruhte und noch die Spuren einer primitiven Dorfgemeinschaft trug, unabdingbar waren.[83] Gleichzeitig boten die kommunalen Böden die Möglichkeit, kostenlos Brenn- oder Bauholz zu holen, das Vieh unentgeltlich weiden zu lassen usw.

Vom 15. Jahrhundert an begannen die englischen Grundbesitzer, ungeachtet zahlloser Verordnungen und Gesetze, die sich dieser Entwicklung in den Weg stellten, die Gemeindeländereien aufzuteilen und die Parzellen der Pächter zusammenzulegen, um große zusammenhängende Gutshöfe zu schaffen. Diese Bewegung wurde vornehmlich durch die rasche, Mitte des 15. Jahrhunderts einsetzende Preissteigerung der Wolle begünstigt, die die Schafzucht für den Gutsherrn vorteilhafter machte als die Bodenbestellung.[84] Aber die Praxis der *Einzäunung (enclosure)*, die Errichtung von Einfriedungen rund um die Felder, blieb bis zum 18. Jhrh. noch sehr sporadisch.

Sie wurde durch eine Umwälzung der landwirtschaftlichen Produktionsweise selbst beschleunigt: durch die Abschaffung der Brache, den Übergang von der Dreifelderwirtschaft zum regelmäßigen Anbau von Klee, Rüben, Futterpflanzen also, die die Ergiebigkeit des Bodens wiederherstellen. Dieses System des wissenschaftlichen Ackerbaus, das seinen Ursprung in Flandern und in der Lombardei hatte, begann sich jetzt, nach zahlreichen Versuchen, in England allgemein auszubreiten.[85] Das landwirtschaftliche Mehrprodukt wuchs stark an. Die Grundbesitzer, die begierig waren, dieses Mehrprodukt an sich zu reißen, änderten das Pachtgeldsystem und gingen von der Erbpacht (die den Bauernfamilien die Aufrechterhaltung der Pacht während eines Jahrhunderts garantierte) zum System der sogenannten »tenance at will« oder der »kurzfristigen Pacht« über, bei der alle neun Jahre der Pachtsatz geändert und auf den Höchstwert heraufgesetzt wurde.[86] Das Ergebnis war eine starke Erhöhung der Grundrente, die den Fortgang der *Einzäunung* begleitete und die Vertreibung der armen Bauern von ihrem Besitz beschleunigte; ein Vorgang, der noch dadurch begünstigt wurde, daß mit der Abschaffung der Dreifelderwirtschaft die Aussaat auf den Parzellen für den Bauern beschwerlich wurde. Gegen 1780 führte diese Entwicklung in England zu der Quasi-Vernichtung der unabhängigen Bauernklasse; an deren Stelle traten reiche kapitalistische Pächter, die mit Lohnarbeitern wirtschafteten. In Frankreich kam im 17. und 18. Jahrhundert eine ähnliche Tendenz auf, die Gemeindeböden aufzuteilen, allerdings nicht in diesem Umfange.[87] Erst die Französische Revolution gab ihr einen mächtigen Anstoß. In Westdeutschland und in Belgien finden wir eine Entwicklung, die der in Frankreich gleicht.

Die wirtschaftlichen Umwandlungen, die vom 16. bis zum 18. Jahrhundert in den Städten eine ungeheure Zahl von Produzenten um den Besitz ihrer Produktionsmittel bringen, sind somit von einer Entwicklung begleitet, die praktisch einen Teil der Bauern von ihren Feldern vertreibt, d. h. sie der Mittel zur Erzeugung ihres Lebensunterhaltes beraubt. Auf diese Weise entsteht das *moderne Proletariat*, eine Klasse, die schon im 16. Jahrhundert von den Leidener Unternehmern beschrieben wurde: als »arme und bedürftige Leute, von denen sehr viele mit der schweren Bürde belastet sind, für Frau und zahlreiche Kinder sorgen zu müssen, und die nichts anderes besitzen, als was sie mit ihrer Hände Arbeit verdienen können«.[88]

Die Vorfahren dieses Proletariats wurden schon im Jahre 1247 als diejenigen charakterisiert, »die ihr Geld durch die Kraft ihrer Arme verdienen«.[89] Und noch heute, wo sich der

Prozeß der Bildung des Proletariats bei rückständigen Völkern wiederholt, sagt man in Malaya über die Fischer, die selbst keine Netze (Produktionsmittel) besitzen: »Sie besitzen gar nichts; sie helfen nur den anderen.«[90] Mit anderen Worten: die Trennung der Produzenten von ihren Produktionsmitteln schafft eine Klasse von Proletariern, die sich nur dadurch am Leben erhalten können, daß sie »ihre Arme verleihen«, d. h. daß sie den Kapitalbesitzern ihre Arbeitskraft verkaufen, was diesen gestattet, sich den von ihnen erzeugten Mehrwert anzueignen.

Die industrielle Revolution

Damit das Kapital in den Bereich der Produktion eindringen kann, muß die Industrie plötzlich einen zwar nicht festen, aber dafür weiten Markt vorfinden, der bereit scheint, eine ständig ansteigende Produktion aufzunehmen. Die Einführung von Maschinen in der Industrie und im Transportwesen sowie die damit verbundenen Preissenkungen für Güter aus der Großfabrik haben einen solchen Markt geschaffen und damit den endgültigen Sieg der *kapitalistischen Produktionsweise* gekennzeichnet.

Jahrtausendelang sind die zwei einzigen Kraftquellen, die bei der Arbeit zur Verfügung stehen, die Energie des Menschen und die der Haustiere. Im Altertum gelang es, eine erste Maschine zu konstruieren, die eine andere Energiequelle ausnützt: die Wassermühle. In den römischen Bergwerken wurden die archimedische Schraube und die Kolbenpumpe von Ktesibios zur Entwässerung verwendet.[91] Sie fanden jedoch in der Landwirtschaft keine große Verbreitung. Das Mittelalter übernahm diese Maschinen, verbreitete sie seit dem 10. Jahrhundert und gab dadurch der Entwicklung der menschlichen Arbeitsproduktivität einen mächtigen Auftrieb; aus dem Orient kam die Windmühle hinzu.*

* In China wurden Wassermühlen seit dem 6. Jahrhundert in großem Umfang in der Landwirtschaft verwendet. Wie in Westeuropa waren sie im Monopolbesitz reicher Gutsbesitzer und reicher Tempel und förderten somit die Ausbeutung der Bauern. In Europa waren sie ursprünglich »Zwangsrechte«, den Bauern zusätzlich auferlegte Bürden, wie man es auch in China fand.

Vom 15. Jahrhundert an wandelte eine lange Reihe kleiner technischer Erfindungen und Verbesserungen diese Maschinen nach und nach um, wobei aber immer noch das Wasser als die hauptsächliche Energiequelle diente. Man baute Mühlen zur Herstellung von Papier; Mühlen zum Ingangsetzen von Hammerwerken; Mühlen zur Seidenfabrikation; Pumpmühlen für die Bergwerke; Walkmühlen; Holzsägemühlen usw.[92] Sombart zählt ungefähr zwanzig verschiedene Mühlentypen aus jener Epoche auf.[93]

Aber solange die wirtschaftlichen und gesellschaftlichen Bedingungen nicht den massiven Zustrom von Kapital in die Industrieproduktion begünstigen, werden die technischen Vervollkommnungen nur sehr vereinzelt nutzbar gemacht. Wie wir schon sahen, erscheinen zu Beginn der Neuzeit die Fortschritte vor allem in den Bergwerken und im Hüttenwesen ganz beträchtlich. In den Bergwerken wurden die ersten Eisenbahntypen zur Erleichterung des Transports der Kohlen entwickelt.[94] Schon im 15. Jahrhundert wurde der erste Hochofen konstruiert.[95] Aber die Entwicklung der Hochöfen blieb so lange gehemmt, wie sie mit Holz beheizt wurden. Von 1777 an wälzte die Verwendung der Dampfmaschine in der Kohlenindustrie den ganzen Produktionsablauf um. Sie ermöglichte eine rapide Steigerung der Kohlenproduktion und gleichzeitig eine Preissenkung, die den Weg freimachte für die Verwendung von Koks als Brennstoff für die Hochöfen. Einige Jahre später, um das Jahr 1785, revolutionierte die Eisengewinnung durch das Puddeln ihrerseits wieder diesen Produktionsprozeß. Die Eisenproduktion stieg in England von jährlich 12 000 bis 17 000 t um das Jahr 1750 auf 68 000 t im Jahre 1788, auf 244 000 t im Jahre 1806 und auf 455 000 t im Jahre 1823.[96]

Die Ausnützung der Wasserkraft bei der Walkmühle und bei anderen Mühlen, dann vor allem die Erfindung des mechanischen Webstuhls revolutionierten die Produktionsverfahren in der Textilindustrie. Gleichzeitig erschloß der Aufschwung des Seehandels von Liverpool für Lancashire fast unbegrenzt scheinende überseeische Absatzmärkte. Mit Hilfe neuer Maschinen konnten die Textilfabrikanten ihre Baumwollwaren zu sehr viel niedrigeren Preisen herstellen als die in der Heimindustrie tätigen Handwerker und Arbeiter und damit die

Eroberung dieser ungeheuren Märkte anbahnen. Das Kapital warf zunächst die inneren Zollschranken nieder, Überreste der feudalistischen Vergangenheit: 1776 durch die Gründung der Vereinigten Staaten; 1795 in Frankreich; 1800 im Vereinigten Königreich; 1816 in Preußen; 1824 in Schweden und Norwegen; 1834 durch die Gründung des deutschen Zollvereins; 1835 in der Schweiz um 1850 in Rußland und in Österreich-Ungarn. Als nächstes Ziel wurde der Weltmarkt angesteuert. Die britischen Kattunexporte kletterten von 5915 £ im Jahre 1679 und von 45 000 £ im Jahre 1751 auf 200 354 £ im Jahre 1764, 19 Millionen £ im Jahre 1830, 30 Millionen £ im Jahre 1850, und 1871 waren es schon 73 Millionen £.[97]

Die Eisen- und Kohleindustrie fand durch den Bau von Dampfmaschinen und die dafür erforderlichen Betriebsstoffe ungeheuer große, neue Absatzmärkte. Mit dem Bau von Eisenbahnen hielten von 1825 an die Maschinenverwendung und die kapitalistische Produktionsweise in allen Bereichen ihren siegreichen Einzug. Durch die enge Verbindung von Stadt und Land erleichterten sie das Einströmen von Waren, die in der Großfabrik zu Spottpreisen hergestellt wurden, bis in die entferntesten Winkel aller Länder. Gleichzeitig stellte der Eisenbahnbau selbst für mehr als ein halbes Jahrhundert den wichtigsten Markt für die Erzeugnisse der Schwerindustrie (Kohle, Stahl, metallurgische Erzeugnisse usw.) dar, zunächst in England, dann auf dem europäischen Kontinent, dann in Amerika und schließlich auf der ganzen Welt.

Besonderheiten der kapitalistischen Entwicklung in Westeuropa

In der einfachen Warenproduktion kann der Produzent – Besitzer seiner Produktionsmittel und seiner Erzeugnisse – nur bestehen, wenn er seine Produkte verkauft, um dafür Lebensmittel zu erstehen. In der kapitalistischen Produktion ist der von seinen Produktionsmitteln getrennte Erzeuger nicht mehr Herr der Früchte seiner Arbeit und kann sich nur dadurch am Leben erhalten, daß er seine Arbeitskraft als Ware anbietet und von dem Lohn, den er im Austausch dafür erhält, seinen Lebensunterhalt bestreitet. Der Übergang von der einfachen Warenproduktion zur eigentlichen kapitalistischen Produktion ist somit durch zwei Merkmale gekennzeichnet: durch *die Verwandlung der Arbeitskraft in Ware* einerseits und durch *die Verwandlung der Produktionsmittel in Kapital* andererseits.* Diese zwei Begleiterscheinungen tauchen vom 16. und vor allem vom 18. Jahrhundert an in Westeuropa, hauptsächlich aber in England auf; zuvor sind sie niemals in größerem Ausmaß aufgetreten.

Das Kapital, selbst in seiner ursprünglichen Gestalt als Wucherkapital und als Kaufmannskapital, ist dennoch keineswegs eine Mitgift der abendländischen Zivilisation. In zahlreichen Zivilisationen, die ein fortgeschrittenes Stadium der einfachen Warenproduktion kannten, hat sich dieses Kapital entfaltet: in der antiken Gesellschaft; in der byzantinischen Gesellschaft; im Reich der Moguls in Indien; im Reich des Islam; in China und Japan – um nur die wichtigsten Beispiele zu nennen. Der quantitative Aufschwung des Kapitals dieser Gesellschaften war keineswegs geringer als der, den das mittelalterliche Europa erfahren hat.

In der Mitte des 14. Jahrhunderts erhielt der König von England, Eduard III., von den florentinischen Handelsgesellschaften Bardi und Peruzzi insgesamt 1 365 000 Florin.[99] Es handelte sich um die reichsten Bürgerfamilien des Abendlandes vor den Fuggern. In der gleichen Epoche streckte eine Gruppe (jemenitischer) Karimihändler, die das Monopol für den indischen Gewürzhandel im Ägypten der Mamelucken innehatte, Notabeln aus Damaskus 700 000 Dirhem Silber vor und dem König des Jemen 400 000 Golddinar (Gelder, die mehr Reinmetall enthielten als die europäischen Geldsorten jener Epoche).[100] Im 9. und 10. Jahrhundert, auf dem Höhepunkt des islamischen Reiches, gab es mehrere

* Eben dies scheint Professor Sol Tax, der sein Werk über die guatemaltekische Gmeinschaft von Panajachel, *Penny Capitalism* betitelt, nicht zu verstehen. Die Gründe für diese Definition findet er hauptsächlich in der »Geisteshaltung« der Einwohner Panajachels, die versuchen ein »Maximaleinkommen« zu erzielen. In Wirklichkeit stehen wir einer typischen Gesellschaft der einfachen Warenproduktion gegenüber, wo weder der Boden noch die Arbeitskraft zu Waren geworden sind.[98]

Händler aus Basrah, die über ein *jährliches Einkommen* von mehr als einer Million Dirhem verfügten. Ein Schmuckhändler aus Bagdad, Ibn-al-Jassas, blieb noch ein reicher Mann, nachdem man ihm 16 000 000 Golddinar beschlagnahmt hatte.[101] Im Jahre 144 v. Chr. starb in China der Kronprinz Hsio aus Liang und hinterließ 400 000 Goldcatties (1 Cattie wog rund 600 Gramm).[102] Warum hat sich dieses Kaufmanns- und Wucherkapital in diesen verschiedenen Zivilisationen nicht zu einem Industriekapital entwickelt?
Auch die organisatorischen Zwischenstufen vom eigentlichen Handwerk zur Großfabrik – das *Verlagssystem* (Händler, die Aufträge an Handwerker vergaben), die Heimindustrie und die Manufaktur – finden sich in diesen vorkapitalistischen Zivilisationen. In Byzanz tauchten schon zur Zeit Kaiser Justinians Textilmanufakturen auf, die – wie man allerdings zugeben muß – auf dem Handwerk fußten und von Arbeitskräften betrieben wurden, die zwar in Großbetrieben zusammengedrängt waren, aber im Besitz ihrer Produktionsmittel blieben.[103] Doch schon um das 10. Jahrhundert »waren die Rohseidenhändler als die mächtigsten Kapitalisten (genauer gesagt: Unternehmer) erschienen... Sie hatten sich die allesamt verarmten Seidenspinner unterworfen. Diesen hatte man untersagt, die gesponnene Seide direkt an die Tuchmacher zu verkaufen; sie waren gezwungen, die Seide an die Rohseidenhändler zu verkaufen, bei denen sie in genau begrenztem Umfang die Rohstoffe kaufen mußten (nicht mehr, als jeder in seiner Werkstatt zu spinnen vermochte). Die Händler konnten die Spinnereien nicht unmittelbar in Besitz nehmen, zumindest theoretisch; sie konnten indessen Arbeiter anwerben, um dies zu tun.«[104]
Eine nicht weniger eindrucksvolle Entwicklung der Heimindustric und der Manufaktur vollzog sich im Reich des Islam. Mehr als 1000 Arbeiter waren in den Quecksilberbergwerken des islamischen Spanien konzentriert. In der berühmten Tuchweberstadt Tinnis funktionierte die Heimindustrie seit dem Jahre 815 in vollendeter Weise. Die Tuchhändler vergaben im Verlagssystem Aufträge an die Werkstätten der Männer und Frauen und ließen diese für einen Tageslohn von einem halben Dirhem arbeiten.[105] Auch China kannte große Manufakturen; hier waren es Bergwerke und Hütten-

betriebe, in denen einige Jahrhunderte v. Chr. Sklavenarbeiter beschäftigt wurden.

Reiche Unternehmer traten auf den Plan, die sich ganz besonders der Verhüttung von Eisen und Kupfer und der Nutzung von Quecksilber und Zinnober widmeten.[106] Später erfuhren die Porzellan- und die Textilmanufakturen dort einen großen Aufschwung, vor allem unter der Ming-Dynastie.[107] Ähnlich verhielt es sich in Indien während eines ganzen Jahrtausends. Und dennoch hat das Nebeneinanderbestehen dieser modernen Unternehmensformen und einer großen Akkumulation von Geldkapital nicht die Entwicklung des Industriekapitalismus erlaubt.

Die einfache Warenproduktion ist bereits eine Produktion von Tauschwerten, von Waren; aber sie ist eine Warenproduktion inmitten einer Produktion von Gebrauchswerten. Solange noch die überwältigende Mehrheit der Bevölkerung keinen oder nur geringen Anteil an der Warenproduktion hat, bleibt diese notwendigerweise begrenzt. Der Fernhandel bewahrt den Charakter eines Luxushandels. Angesichts dieser engen Grenzen des Marktes findet das Kapital profitablere Auswege als die Investition in die Produktion. Das erklärt übrigens die Tatsache, daß es sich bei den Manufakturen und den Heimindustrien in Byzanz, im Reich des Islam, in China und in Indien fast ausschließlich um Luxuszweige handelt – wenn sie nicht für Staatsaufträge arbeiten.

Erst das Eindringen der Geldwirtschaft in die bäuerliche Wirtschaft – infolge der Umwandlung des landwirtschaftlichen Mehrprodukts in Gestalt der Naturalrente (oder der Fron) in eine Geldrente – ermöglicht in Westeuropa eine beträchtliche Erweiterung der Warenproduktion und schafft die Bedingungen für das Aufblühen des Industriekapitalismus. Nirgendwo außerhalb Westeuropas hat das landwirtschaftliche Mehrprodukt dauerhaft die Form der Geldrente anzunehmen vermocht. Im Römischen Reich und in Byzanz dominierte die Naturalabgabe.[108] Im islamischen Imperium unter den Abbassiden wurde die Grundsteuer teils in Naturalien, teils in Geld bezahlt; aber kurze Zeit später gewann die Naturalrente wieder die Oberhand und behielt sie bis zur türkischen Epoche.[109] In Indien wurde der Grundzins – ausgenommen eine kurze Zeitspanne der Prosperität unter den

Moguln im 17. Jahrhundert – durchweg in Naturalien gezahlt. In China wurde die Rente unter der Ming-Dynastie während einer kurzen Frist gegen Ende des 15. Jahrhunderts in Geld gezahlt, nahm aber seit dem Zusammenbruch dieser Dynastie wieder die Form der Naturalrente an, um erst im 17.–18. Jahrhundert in Südchina definitiv in der Gestalt der Geldrente aufzutauchen.[110]

Die Verwendung von Maschinen, die allein es der Großfabrik möglich machen, die Konkurrenz der Heimindustrie und des Handwerks zu brechen, ist das Ergebnis der Anwendung naturwissenschaftlicher Erkenntnisse auf die Produktion. Sie erfordert eine Verschmelzung von Wissenschaft und Produktion, die es ihrerseits erforderlich macht, ständig nach Möglichkeiten zu suchen, menschliche Arbeitskraft einzusparen. Die Vorherrschaft der Sklavenarbeit und das Vorhandensein einer ungeheuren Masse armer, unproduktiver Menschen im Römischen Imperium haben alle Versuche in dieser Richtung verhindert.* Man kennt den bezeichnenden Ausspruch Kaiser Vespasians, mit dem er die Verwendung einer Hebemaschine zurückwies: »Ich muß meine Armen ernähren.«[111]

Was das islamische Reich, Indien, China und Japan betrifft, so handelt es sich hier im wesentlichen um Ackerbaukulturen, wo die Bewässerungswirtschaft die Entwicklung eines sehr intensiven Ackerbaus ermöglichte, der seinerseits ein starkes Wachstum der Bevölkerung gewährleistete. Die Konkurrenz der äußerst billigen Arbeitskraft hat während Jahrtausenden jeden Versuch, im Handwerk Maschinen einzuführen, zum Scheitern verurteilt. Auch wurde die Wasserkraft in diesen Ackerbaukulturen nur sehr begrenzt für nicht landwirtschaftliche Zwecke produktiv verwendet, weil dies zu einem Konflikt mit den Erfordernissen der Bodenbewässerung geführt

* Hinzu kommt die allgemeine Geringschätzung der körperlichen Arbeit, eine Verachtung, die durch die Sklavenarbeit verursacht worden ist, und die Xenophon treffend beschrieben hat: »Die Berufe, die die Leute als vulgär bezeichnen, werden von den Staaten im allgemeinen herabgewürdigt und mißachtet und das mit vollem Recht. Sie ruinieren vollständig den Körper sowohl des Arbeiters als auch des Aufsehers ... Und wenn die Körper der Menschen geschwächt sind, dann werden sie krank. *Und diese vulgären Berufe bedeuten das völlige Fehlen jedweder Muße und hindern die Leute, ein gesellschaftliches und zivilisiertes Leben zu führen.*«

hätte.* Dagegen war die Nutzbarmachung der Wasserkraft außerhalb der Landwirtschaft die Grundlage des allmählichen Fortschritts des Maschinenwesens in Europa vom 13. bis zum 18. Jahrhundert.

Geldkapital, Wucherkapital, Kaufmanns- und Handelskapital haben sich in Westeuropa zwischen dem 10. und dem 18. Jahrhundert in den Händen einer bürgerlichen Klasse angesammelt, die sich nach und nach von der Vorherrschaft der Feudalklassen und des Staates freigekämpft, die sich schließlich sogar den Staat unterworfen und ein Instrument aus ihm gemacht hat, das die Akkumulation des Kapitals zu ihren Gunsten beschleunigte. Als Klasse mit einem klaren Bewußtsein ihrer Interessen hat sie sich in den freien Kommunen des Mittelalters gebildet, in denen die Bourgeoisie ihre politische Lehrzeit absolvierte. Die Errichtung der modernen Zentralstaaten seit Anfang des 15. Jahrhunderts ist ein Ergebnis nicht der Verdrängung, sondern eines neuen Aufschwungs der städtischen Bourgeoisie, die die Enge der städtischen Politik durchbricht, um den alten herrschenden Klassen auf der Ebene der Nation als dritter Stand gegenüberzutreten (Spanien, Rußland und zum Teil das habsburgische Österreich bilden hier interessante Ausnahmen, was für die weitere Geschichte des Kapitalismus in diesen Ländern von Bedeutung ist).

In den anderen vorkapitalistischen Zivilisationen dagegen blieb das Kapital weiterhin der Willkür des despotischen und allmächtigen Staates ausgesetzt. In Rom gelang es schließlich dem Landadel, dank der Beute aus seinen Raubkriegen sich das freie Kapital der antiken Welt völlig zu unterwer-

* »Diese Einrichtungen (Wassermühlen und selbsttätige Mühlwerke), die den großen Familien und den bedeutenden Klöstern sehr hohe Einkünfte bringen, nehmen zahlenmäßig in der T'ang-Epoche um ein Vielfaches zu *[d. h. vier bis fünf Jahrhunderte früher als im Westen!]*, und zwar in einem Augenblick, wo sich gleichfalls der Großgrundbesitz entwickelt. Die kaiserliche Regierung muß diesen neuen Mißbrauch bekämpfen, denn die Mühlenräder behindern den Strom und führen zum Verlust eines Teils des zur Bewässerung notwendigen Wassers. Außerdem rufen sie eine Verschlammung der Kanäle hervor. Eine besondere Gesetzgebung beschränkt den Mühlenbetrieb auf bestimmte Jahreszeiten.« Der Autor zitiert Verordnungen und Texte in bezug auf die Begrenzung und den Abbau der Mühlen aus dem 8. Jahrhundert.[112]

fen.[113] Im antiken Indien war es der König selbst, der durch die Staatsmonopole zum maßgeblichen Bankier, Manufakturbesitzer und Großhändler wurde. Rostovtzeff vermerkt übrigens, daß der kaiserliche Fiskus in Rom schon der Hauptwucherer war.[114] Die Vorherrschaft der Staatsmanufakturen in Byzanz, wo der größte Teil des verfügbaren Kapitals in den Truhen der kaiserlichen Schatzkammer ruhte, ist ebenso bekannt wie das schonungslose staatliche Ausbeutungssystem, das die handwerkliche und industrielle Produktion innerhalb des Islams abwürgte.[115] In China bemühte sich der Staat in allen aufeinanderfolgenden Dynastien, das Monopol über ganze Industriezweige zu erlangen.[116]

Die im Entstehen begriffene Bourgeoisie all dieser Gesellschaften machte eine seltsam zyklische Entwicklung durch. Jeder neuen, märchenhaften Profitansammlung folgten Beschlagnahmungen und brutale Belästigungen. Bernard Lewis vermerkt, daß selbst die islamischen Städte des Mittelalters nur eine ephemäre Existenz erlebten, mit einer Prosperität, die kaum ein Jahrhundert überdauerte und der eine lange und erbarmungslose Zeit des Zerfalls folgte.[117] Die Angst vor der Beschlagnahmung des Kapitals plagte die Besitzer von beweglichem Vermögen in all diesen Gesellschaften. Sie drängte den Bourgeois, seine Profite zu verstecken, lieber in zehn kleinen Unternehmen zu investieren als in einem großen, die Anhäufung von Gold- und Edelsteinschätzen den öffentlichen Unternehmen, den Erwerb von Immobilien der Kapitalakkumulation vorzuziehen. Statt sich zu sammeln, zerstreute sich die Bourgeoisie, wie sie ihre Kapitalien zerstreute. Anstatt zur Autonomie und zur Unabhängigkeit voranzuschreiten, versank sie in Angst und Unterwürfigkeit.[118] »Niemals«, sagt Etienne Balazs, »ist die chinesische Kaufmannsklasse zu Selbständigkeit gelangt... Die Privilegien der reichen Großkaufleute sind nie durch heftige Kämpfe ertrotzt, sondern vom Staat in spärlichem Umfang gewährt worden. Die angemessene Form, seinen politischen Forderungen Ausdruck zu geben, bleibt für den Kaufmann und für den Rest der *misera plebs* die *Petition*, die schüchterne Bitte, die demütig an die Obrigkeit gerichtet wird.«[119]*

* Die Vorstellung, daß in China, im Gegensatz zum mittelalterlichen Europa die Städte der strengen Kontrolle der Mandarine unterworfen

Nur in Japan, dessen Piratenkaufleute seit dem 14. Jahrhundert das chinesische Meer und die Philippinen unsicher machten und ein beträchtliches Kapital ansammelten, während gleichzeitig die Staatsgewalt zerfiel, konnte die Handels- und Bank-Bourgeoisie die Vormachtstellung über den Adel erringen und die Entstehung eines Manufakturkapitals ermöglichen, so daß sich hier, mit 200 Jahren Verspätung, vom 18. Jahrhundert an die Entwicklung des europäischen Kapitalismus unabhängig von diesem wiederholte.*

Die Vorherrschaft des absolutistischen Staates in diesen vorkapitalistischen, außereuropäischen Zivilisationen ist kein Produkt des Zufalls. Sie rührt aus der Bewässerungswirtschaft, die eine strenge Verwaltung und die Zentralisierung des gesellschaftlichen Mehrprodukts erforderte. Paradoxerweise hat gerade die größere Fruchtbarkeit des Bodens und das größere Bevölkerungswachstum diese Kulturen dazu verdammt, auf dem halben Weg der Entwicklung steckenzubleiben. Der sehr viel primitivere Ackerbau im mittelalterlichen Europa hätte das Gewicht einer Bevölkerungsdichte wie der in China oder im Niltal zu dessen Blütezeiten nicht tragen können. Aber gerade aus diesem Grund ist der europäische Ackerbau nicht unter die Kontrolle eines Zentralstaates geraten.**

waren, während sich die Dörfer einer weitgehenden Selbstverwaltung erfreuten, ist nach Balazs von Max Weber in »genialer Weise antizipiert« worden. Der Autor scheint nicht zu wissen, daß Marx die gleiche Meinung ein dreiviertel Jahrhundert zuvor ausdrückte und daß er den Unterschied zwischen den westlichen und östlichen Städten klar beschrieb.120

* Indessen wurden selbst in Japan dem Kaufmann Yodoya Tatsugoro, der in der Ära Kwambuu (1661–1672) ein ungeheures Vermögen zusammengetragen hatte, alle seine Güter beschlagnahmt, »weil er ein zu prunkvolles Leben geführt hatte«.121

** Interessant ist, daß sich im schwarzen Afrika der relative Überschuß an Land, der eine unbegrenzte Ausdehnung des primitiven Ackerbaus ermöglichte, als Schranke für das Aufblühen einer schwarzen Zivilisation erwies. Ausnahmen sind nur die Täler des Senegal, des Niger und des Sambesi.122 Es scheint also, daß die Beziehung »Boden-Wasser-Bevölkerung« in den alten asiatischen Kulturen die für den *Ackerbau* günstigste Kombination und in Westeuropa vom 16. Jahrhundert an die für die *Wirtschaft* günstigste Kombination aufwies. Auf diesem Gebiet gibt es auch eine verblüffende Ähnlichkeit zwischen den besonderen Bedingungen, unter denen sich der Ackerbau in Japan und in Westeuropa (im Gegensatz zu denen des asiatischen Kontinents) entwickelt hat.123

In den mittelalterlichen Städten war die Bourgeoisie angesichts einer geschwächten Zentralgewalt, die sich auf sie stützen mußte, um ihre zu Beginn des Feudalismus verlorenen Vorrechte wiederzuerlangen, begünstigt. Anfänglich machte diese Bourgeoisie nur langsame und sehr unstete Fortschritte. Mancher abendländische Finanzier endete wie seine islamischen, chinesischen oder indischen Kollegen damit, daß die Könige, denen er einst geholfen hatte, sein Vermögen konfiszierten. Aber seit dem 16. Jahrhundert waren solche Stockungen nur noch Ausnahmen und nicht mehr die Regel. Mit der Unterwerfung des Staates unter die goldenen Ketten der Staatsschulden wird die Überlegenheit des beweglichen Vermögens über das Immobilienvermögen endgültig besiegelt. Der Weg für eine Akkumulation des Kapitals ohne politische Hindernisse ist frei. Der moderne Kapitalismus kann entstehen.

Diese Besonderheiten der wirtschaftlichen Entwicklung in Westeuropa (und in gewissem Maße in Japan) bedeuten nicht, daß der Ausbruch der industriellen Revolution nur in diesen Gebieten *möglich* war; sie erklären nur die Gründe dafür, daß die kapitalistische Produktionsweise *zuerst* in Europa in Erscheinung trat. In der Folgezeit haben die gewalttätigen Eingriffe Europas in die Wirtschaft der anderen Teile der Welt dort alle Ansatzpunkte, die einen schnelleren wirtschaftlichen Fortschritt hätten ermöglichen können, zerstört und deren Wachstum verzögert oder verhindert. Der Vergleich zwischen Japan einerseits und China und Indien andererseits zeigt, welch entscheidenden Einfluß die Erhaltung oder der Verlust der politischen Unabhängigkeit im 19. Jahrhundert für die Beschleunigung oder Verzögerung der industriellen Revolution hatte.*

* Siehe die zahlreichen Beispiele für die vom Imperialismus hervorgerufenen wirtschaftlichen Regressionen in Kap. XIII.

V Die Widersprüche des Kapitalismus

Der Heißhunger des Kapitals nach Mehrwert

Der Sklavenhalter teilt seinen Sklaven Lebensmittel zu und eignet sich im Austausch dafür ihr gesamtes Arbeitsprodukt an. Der feudale Gutsherr eignet sich die unbezahlte Arbeit seiner Leibeigenen an, die diese in Form der Fron leisten müssen. Der Kapitalist kauft die Arbeitskraft des Arbeiters für einen Lohn, dessen Wert niedriger ist als der von diesem Arbeiter erzeugte neue Wert. In diesen verschiedenen Formen haben sich die besitzenden Klassen seit jeher das gesellschaftliche Mehrprodukt, das Produkt der Mehrarbeit der Erzeuger, angeeignet.

Der im Jahre 1634 in Lüttich geschlossene Vertrag zwischen dem Webermeister Antoine de Jelly und Nicolas Cornélis erklärt unumwunden, daß dieser »die Hälfte dessen erhält, was er anfertigt, und daß die andere Hälfte dem Meister vorbehalten bleibt«.*

Der Lohnarbeiter schafft in dem Maße neue Werte, wie er seine Arbeitskraft für die Produktion von Waren in der Fabrik seines Arbeitgebers einsetzt. Zu einem bestimmten Zeitpunkt wird er einen Wert erzeugt haben, der seinem Lohn genau gleichwertig ist. Wenn er in diesem Augenblick zu arbeiten aufhörte, würde er keinen Mehrwert hervorbringen. Damit jedoch ist der Arbeitgeber keineswegs einverstanden. Er will keine Wohltätigkeit vollbringen; er will Geschäfte machen. Er kauft die Arbeitskraft nicht, um deren Lebensunterhalt zu sichern; er kauft sie wie jede andere Ware auch,

* Die Verteidiger der Sklavenwirtschaft haben nicht versäumt, die Analogie zwischen dieser täglichen, wöchentlichen oder monatlichen Veräußerung der Arbeitskraft und der lebenslänglichen Veräußerung in der Sklavenwirtschaft zu unterstreichen: *»Daß ein Mensch einem anderen Menschen und daß die Arbeit, die der Arbeiter täglich im Dienste seines Arbeitgebers verrichtet, dem Meister überlassen wird,* widerspricht nicht wesentlich der Gerechtigkeit, wenn dabei die unveräußerlichen(!) Menschenrechte gewahrt werden«, schrieb im Jahre 1742 der holländische Kapitän Elisa Joannes.1

um ihren Gebrauchswert zu realisieren.[2] Vom Standpunkt des Kapitalisten aus gesehen, besteht der Gebrauchswert der Arbeitskraft gerade in ihrer Fähigkeit, Mehrwert zu erzeugen, d. h., über die notwendige Arbeit zur Erzeugung des Äquivalents ihres Lohns hinaus Mehrarbeit zu leisten. Um von einem Arbeitgeber eingestellt zu werden, muß der Arbeiter eine längere Zeit arbeiten, als er benötigen würde, um dieses Äquivalent herzustellen. Damit aber schafft er einen neuen Wert, für den er im Austausch keine Gegenleistung erhält. Er schafft Mehrwert, der nichts anderes ist als die Differenz zwischen dem von der Arbeitskraft erzeugten Wert und dem Wert der Arbeitskraft selbst.

Das Ziel des Kapitalisten ist die Akkumulation des Kapitals, die Kapitalisierung des Mehrwerts. Das Wesen der Geldzirkulation selbst schließt dieses Ziel in sich ein. Das Industriekapital betreibt diese Akkumulation in einer noch viel unersättlicheren Weise als das Wucher- oder Kaufmannskapital. Es produziert für einen freien und anonymen Markt, *der von den Gesetzen der Konkurrenz beherrscht wird.* Auf diesem Markt muß man seine Erzeugnisse nicht nur den möglichen Kunden anbieten. Unter den Bedingungen des Wettbewerbs versucht jeder Industrielle, einen größtmöglichen Teil des Marktes an sich zu reißen. Das kann er aber nur, indem er den Preis senkt. Er hat nur eine Möglichkeit, den Verkaufspreis zu senken, ohne seinen Profit in Gefahr zu bringen: die Herstellungskosten, den Wert der Waren zu verringern, die für ihre Erzeugung gesellschaftlich notwendige Arbeitszeit herabzudrücken, d. h., mehr Waren im gleichen Zeitraum zu produzieren.

»Schon im vergangenen Jahr hat die Vergrößerung des Unternehmens, die nur einige Monate in Anspruch nahm, es ermöglicht, die Gewinne in unseren Zementgeschäften auf der erwarteten Höhe zu halten, trotz der Tatsache, daß die Konkurrenz den Preis für Zement ganz beträchtlich herabgedrückt hat. Diese Erfahrung bestärkt unsere Entschlossenheit, die zunehmende Preissenkung, die wir auf uns zukommen sehen, durch eine Steigerung unseres Produktionsausstoßes auszugleichen«, erklärt der Jahresbericht eines deutschen Zementwerkes im 19. Jahrhundert voll Stolz.

Um die Produktion zu erhöhen, muß man die Maschinerie

entwickeln, den Produktionsablauf rationalisieren, die Arbeitsteilung innerhalb der Unternehmen verfeinern. All das erfordert eine Vergrößerung des Kapitals. Aber die Vergrößerung des Kapitals kann letztlich nur von einer Steigerung des kapitalisierten Mehrwerts herrühren. Unter der Peitsche der Konkurrenz wird die kapitalistische Produktionsweise somit zur ersten Produktionsweise in der Geschichte der Menschheit, deren Hauptziel in einer *unbegrenzten Steigerung der Produktion*, der fortlaufenden Akkumulation von Kapital durch die Kapitalisierung des im Verlauf eben dieser Produktion erzeugten Mehrwerts zu liegen scheint.

Die Gier des Kapitalisten nach Mehrwert ist nicht die Gier nach Gebrauchswerten und Luxuswaren der alten besitzenden Klassen; nur ein beschränkter Teil des Mehrwerts wird in unproduktiver Weise zur Sicherung der Existenz des Kapitalisten konsumiert. Es ist die Gier, einen Mehrwert zu erzielen, um ihn gleich wieder in Kapital zu verwandeln, die Gier, Kapital zu akkumulieren.

»Es ist ein System der Begierden und Werte; ein System der Vergötterung eines Lebens, dessen einziger Zweck darin besteht, zusammenzuraffen und ein Vermögen zu sammeln, das es erlaubt, noch mehr zusammenzuraffen.«[3]

Diese Gier enthält nichts Irrationales oder Mystisches. Die alten besitzenden Klassen, die sich das gesellschaftliche Mehrprodukt hauptsächlich in Form von Gebrauchswerten aneigneten, hatten so lange die Gewähr für diese Aneignung, wie die Gesellschaftsform bestand, deren Grundlage eben diese besondere Form der Ausbeutung war. Sie konnten nur durch Naturkatastrophen, durch Kriege oder gesellschaftliche Umwälzungen betroffen werden, d. h. durch Umstürze, gegen die sie sich durch Anlegung großer Vorräte im voraus zu schützen versuchten. Die vorherrschende Form, in der das Kapital zuerst in der Geschichte auftaucht – das Wucherkapital und das Kaufmannskapital –, zeichnet sich durch die gleiche Suche nach *Sicherheit und Stabilität aus*. Es ist bezeichnend, daß die Wertpapierkäufe seitens der Bürger im Mittelalter vertragsmäßig so festgelegt waren, daß sie ein festes Einkommen garantierten, ganz gleich, wie sehr der Geldwert oder die Preise auch schwanken mochten.[4] Der klassische Typ des Kapitalisten in der Periode der ursprünglichen Akkumulation des Geldkapitals, der Geizhals, wird von dem gleichen Verlangen nach Sicherheit gequält. Nicht um den *Ertrag* seines Kapitals, sondern um seine *Existenz* ist er besorgt.

Anders verhält es sich mit dem eigentlichen Kapitalisten, dem kapitalistischen Unternehmer. Bei seinen Geschäften für einen anonymen, unbekannten und nicht abgegrenzten Markt beherrschen das Risiko und die Unsicherheit alle seine Unternehmungen. Heute ist ein Geschäft geglückt, morgen schon kann ein anderes mißlingen. Nicht nur der Wettbewerb, sondern vor allem *das Fehlen jeder gesellschaftlichen Regelung der Produktion als Ganzer** drückt dem kapitalistischen Unternehmen den Stempel der Unsicherheit auf und zwingt den Kapitalisten angesichts der permanenten Gefahr, die sein Unternehmen bedroht, bei jedem einzelnen Geschäft einen Maximalgewinn anzustreben.

Der Grundbesitzer, der einfache Warenproduzent und der Käufer von Grundrenten finden in der Sicherheit ihrer Einkünfte einen ausreichenden Grund, ihr Unternehmen in den gegebenen *Grenzen* zu halten. Ganz im Gegensatz hierzu schließt die Ungewißheit des kapitalistischen Profits die Notwendigkeit einer ständigen *Ausdehnung* der Geschäfte ein, eine Ausdehnung, die ihrerseits wieder von einer maximalen Kapitalakkumulation, von der Erzielung von Höchstgewinnen, abhängt. So verdeutlicht sich das Bild des Kapitalisten, von dessen mittelalterlichen Vorfahren Georges Espinas ein meisterhaftes Porträt gezeichnet hat:

»Das offensichtliche und ständige Ziel aller Anstrengungen des kapitalistischen Unternehmens besteht darin, einen Maximalprofit durch die Bezahlung eines Minimums an Lohn zu erzielen, aus den ›Fabrikanten‹ (Erzeugern) soviel wie nur möglich herauszuholen und ihnen dafür so wenig wie möglich zu zahlen oder sie sogar noch so gut es geht zu bestehlen, alles Geld, dessen er habhaft werden kann und das rechtmäßig

* Eine solche Regelung besteht zur Zeit des vorkapitalistischen Handwerks wie zu Beginn des Verlagssystems in mehreren Ländern. Mitte des 15 Jahrhunderts regelte Friedrich III. in Kärnten und der Steiermark »... neuerdings den Weg, den das Eisen zu gehen hatte, er bestimmte feste Preise, legte die Abgaben fest, beschränkte die Zahl der Hammerwerke und des Eisenbezuges durch die einzelnen Händler und regelte die Verläge«.5

den kleinen Meistern (Erzeugern) zustünde, an sich zu reißen, einzukassieren und auf irgendeine Art und Weise aufzusaugen, indem nur er allein ihnen Arbeit verschaffen kann und sie nur noch für ihn allein arbeiten dürfen. Dieses Unterfangen bringt ihm den größten Gewinn ein und gereicht den bei ihm beschäftigten Erzeugern zum äußersten Nachteil: der kapitalistische Unternehmer ist ganz wie die Spinne im Netz. Ihm sind alle Mittel recht – und alle Umstände begünstigen ihn –, dieses System der Ausbeutung, des ›Schweißes‹ durchzusetzen. Er versteht es, aus allem Nutzen zu ziehen; er täuscht über das Material, er zerschlägt Märkte und betrügt bei den Löhnen; sein Geschäft ist das Geld der anderen.«[6]

Die Verlängerung des Arbeitstages

Der Hunger nach Mehrwert ist der Hunger nach Mehrarbeit, nach unbezahlter Arbeit, die über das hinausgeht, was zur Erzeugung des Gegenwertes der Lebensmittel erforderlich ist. Um noch zusätzliche Mehrarbeit zu erhalten, kann der Kapitalist vor allem den Arbeitstag bis aufs äußerste verlängern, ohne dabei den Tageslohn zu erhöhen. Wenn man annimmt, daß der Arbeiter in 5 Stunden das Äquivalent seines Lohns erzeugt, dann steigt die Mehrarbeit bei Verlängerung des Arbeitstages von 10 auf 12 Stunden ohne Lohnaufbesserung von 5 auf 7 Stunden, also um 40 %. Diese Form der Steigerung des Mehrwertes nennt man *Erhöhung des absoluten Mehrwertes.*
In jeder Gesellschaft, in der die Aneignung von Gebrauchswerten das grundsätzliche Ziel der Produktion sowohl für die Erzeuger wie für die Ausbeuter bleibt, erscheint die ständige Ausdehnung des Arbeitstages als ein absurdes Unterfangen. Die Begrenztheit der Bedürfnisse und der Märkte drängt die Produktion in nicht weniger enge Schranken. Solange die antike Sklaverei eine patriarchalische Sklaverei auf selbstgenügsamen Gutshöfen blieb, war das Los der Sklaven recht erträglich und unterschied sich wenig von dem eines armen Verwandten der herrschaftlichen Familie. Erst als die antike Sklaverei zur Basis einer Warenproduktion wurde, wurde die grausame Mißhandlung der Sklaven zur Regel.[7]

Im Mittelalter ist die Arbeitszeit der Handwerker durch die kommunale Gesetzgebung genau begrenzt. Man findet hier im allgemeinen außer dem Verbot der Nachtarbeit die Arbeitsunterbrechung anläßlich zahlreicher religiöser Feste (Heiligentage) und zu ganz bestimmten Zeiten im Jahr. Ausgehend von einer Studie über das städtische Recht der Kleinstadt Guines im Artois, veranschlagt Georges Espinas die Zahl der Tage, an denen im Mittelalter gearbeitet worden ist, auf 240 pro Jahr.[8] In den bayerischen Minen gab es im 16. Jahrhundert jährlich zwischen 99 und 190 Feiertage.[9] Hue kommt zu dem Schluß, daß sich in den Bergwerken in Anbetracht der zahlreichen Feiertage die durchschnittliche wöchentliche Arbeitszeit im 15. Jahrhundert auf 36 Stunden belief.[10]
Aber von der Geburt des kapitalistischen Unternehmens an zeichnet sich ein unaufhörliches Bemühen ab, den Arbeitstag zu verlängern. Seit dem 14. Jahrhundert gibt es eine Gesetzgebung, die darauf abzielt, die zu kurzen Arbeitstage in Großbritannien zu untersagen. Die englische Literatur vom 17. bis zum 18. Jahrhundert ist voll von Wehklagen über den »Müßiggang« der Arbeiter, die, »da sie in 4 Tagen das verdienen, wovon sie die ganze Woche zehren können, an den 3 folgenden Tagen nicht mehr arbeiten wollen«. Alle bedeutenden bürgerlichen Geister sind an diesem Feldzug beteiligt: der Holländer Johann de Witt, der Freund Spinozas; William Petty, der Vater der klassischen englischen Politökonomie; Colbert, der von einem »faulen Volk« spricht, usw. Werner Sombart füllt sieben Seiten mit ähnlichen Zitaten aus jener Epoche.[11]
Als die kapitalistische Produktionsweise die Ozeane überquert und neue Kontinente durchdringt, stößt sie auch auf den natürlichen Widerstand der Arbeiter gegen eine Verlängerung des Arbeitstages. Im 17. und 18. Jahrhundert hallt die Presse der tugendhaften puritanischen Siedler in Nordamerika von Klagen wider über »die Teuerung der Arbeit ... entgegen aller Vernunft und Billigkeit«. »Die Armen sind in Wirklichkeit die Reichen«, versichert das *New York Weekly Journal* unbefangen. Im Jahr 1769 beklagte sich die *Maryland Gazette*, daß »ein Tageslohn den Arbeitern drei Tage Völlerei erlaubt«.[12]

»Die Angriffe gegen den Luxus, den Hochmut, die Trägheit der englischen Lohnarbeiter des 17. und 18. Jahrhunderts stimmen in der Tat fast völlig mit denen überein, die man heute gegen die Eingeborenen Afrikas richtet.«[13]
Alfred Bonné vermerkt das Erstaunen westlicher Beobachter darüber, daß die bejammernswürdigen Araber lieber 1 £ im Jahr als Hirten verdienen, anstatt für 6 £ im Monat als Proletarier in die Fabrik zu gehen.[14] Audrey J. Richards stellt bei den Schwarzen Rhodesiens den gleichen Widerwillen fest: »Man verlangt von den Leuten, die gewohnt sind, 3 bis 4 Stunden täglich auf ihren Stammreservaten zu arbeiten, nun 8 bis 10 Stunden unter Aufsicht der Weißen auf großen Plantagen oder in großen Industriebetrieben tätig zu sein.«[15]
Es genügte indessen, die ungeheure Masse der entwurzelten und arbeitslosen Arbeitskräfte, die die großen gesellschaftlichen und wirtschaftlichen Umwälzungen vom 15. bis zum 18. Jahrhundert hervorgebracht hatten, auszunutzen, um einen Druck auf die Löhne auszuüben, der diese unter das lebensnotwendige Minimum sinken ließ. Auf diese Weise vermochte die Bourgeoisie in ihrem »Kampf gegen den Müßiggang des Volkes« von Sieg zu Sieg zu eilen.
Seit dem 18. Jahrhundert finden wir in England einen normalen Arbeitstag von 13 bis 14 Stunden.[16] In den englischen Baumwollspinnereien bewegt sich 1747 die wöchentliche Arbeitszeit zwischen 75 und 80 Stunden; im Jahre 1797 beträgt sie 72 Stunden; 1804 beläuft sie sich auf 74 bis 80 Stunden.[17] Und als die Löhne so tief gefallen sind, daß jeder Feiertag einen Hungertag bedeutet, zeigt sich Napoleon großherziger als sein Minister Portalis, als er dessen Vorschlag, die Sonntagsarbeit zu verbieten, zurückweist. »Da das Volk jeden Tag ißt, muß ihm auch erlaubt werden, jeden Tag zu arbeiten.«[18]

Die Steigerung der Arbeitsproduktivität und der Arbeitsintensität

Der absolute Mehrwert kann jedoch nicht unbegrenzt vergrößert werden. Seine natürliche Grenze liegt in dem physischen Widerstandsvermögen der Arbeiter. Das Kapital ist daran interessiert, die Arbeitskraft, die eine ständige Quelle potentieller Mehrarbeit darstellt, auszubeuten, aber nicht daran, sie zugrunde zu richten. Eine Belastung über eine bestimmte physische Grenze hinaus läßt den Ertrag des Arbeiters sehr rasch auf Null sinken.

Andererseits bewirkt die Organisierung des Widerstands der Arbeiter durch die Gewerkschaften seit der Mitte des 19. Jahrhunderts eine erste Regelung des Arbeitstages im Sinne der Festsetzung einer Höchstgrenze. Die gesetzliche Dauer des Arbeitstages wird zunächst auf 12, dann auf 10 und im 20. Jahrhundert schließlich auf 8 Stunden beschränkt, und in einigen Ländern kehrt man bereits zur 40-Stunden-Woche zurück – nicht ohne daß die Bourgeoisie jedesmal lauthals den Ruin ankündigt.*

Das Kapital lenkt seine Schritte in der Folgezeit jedoch mehr und mehr auf eine zweite Form der Steigerung des Mehrwerts. Anstatt den Arbeitstag zu verlängern, versucht es die zur Erzeugung des Äquivalents für den Arbeiterlohn notwendige Arbeitszeit herabzudrücken. Nehmen wir an, daß bei einem zehnstündigen Arbeitstag 4 Stunden zur Herstellung des Gegenwerts für den Lohn erforderlich seien. Wenn es gelingt, die notwendige Arbeit von 4 auf 2 Stunden zu verkürzen, dann steigt die Mehrarbeit von 6 auf 8 Stunden, und man kommt so zu dem gleichen Ergebnis, wie wenn man den Arbeitstag von 10 auf 12 Stunden verlängert hätte. Dies bezeichnet man als *Steigerung des absoluten Mehrwertes.*

Die Steigerung des relativen Mehrwertes ist im wesentlichen die Folge des *Anwachsens der Arbeitsproduktivität* dank der Verwendung neuer Maschien, der Entwicklung rationellerer Arbeitsmethoden, einer ausgeprägteren Arbeitsteilung, einer besseren Arbeitsorganisation etc.** Der Industriekapitalismus hat das Wirtschaftsleben stärker verändert als alle Produk-

* Man muß sich dieses Wehgeschrei an dem berühmten Ausspruch des Wirtschaftstheoretikers Senior vor Augen führen: »Die Abschaffung der letzten Arbeitsstunde bedeutet die Abschaffung des Profits.«

** Der Mehrwert ist der Unterschied zwischen dem Produkt der Arbeitskraft und den Unterhaltskosten eben dieser Arbeitskraft. Durch die Zusammenballung der Arbeiter in den Fabriken, durch die Einführung einer weitergehenden Arbeitsteilung und Kooperation vergrößert das Kapital die Arbeitsproduktivität und eignet sich so die vermehrte Produktion an – sogar ohne neue Maschinen einzuführen.

tionsweisen der Vergangenheit zusammengenommen. Der ständige Preissturz bei Konsumgütern drückt sich unzweideutig in folgenden Zahlen aus:

Im Jahre	1779	kostet eine bestimmte Menge Baumwollgarn Nr. 40	16 sh		
	1784	kostet sie nur noch	10 sh	11	d
	1789	kostet sie nur noch	7 sh	6	d
	1812	kostet sie nur noch	2 sh	6	d
	1830	kostet sie nur noch	1 sh	2,5	d[19]

Nicht weniger eindrucksvoll ist die folgende Tabelle, die sich auf eine etwas spätere Periode in den Vereinigten Staaten bezieht, wo der Triumph des Maschinenwesens mit einer gewissen Verspätung gegenüber England einsetzt:
Die erforderliche Arbeitszeit zur Herstellung verschiedener Güter und Dienstleistungen (in tausend Minuten):

	Handarbeit		Maschinenarbeit	
100 Paar Herrenschuhe	1859	86,2	1895	9,2
100 Paar Damenschuhe	1859	61,5	1895	4,8
100 Dutzend Kragen	1855	81,0	1895	11,5
12 Dutzend Hemden	1853	86,3	1894	11,3
100 Dutzend Maisschachteln	1865	6,5	1894	2,7
25 000 Pfund Seife	1839	25,9	1897	1,3
12 Tische	1860	33,8	1894	5,0
50 Türen	1857	83,1	1895	30,6
100 000 Briefumschläge	1855	26,1	1896	1,9
Transport von 100 t Kohlen	1859	7,2	1896	0,6[20]

Durch die erhebliche Verminderung des Wertes der lebensnotwendigen Güter hat das Kapital den Teil des Arbeitstags verkürzt, an dem der Arbeiter das Äquivalent seines Lohns erzeugt. Hinzu kommt, daß an die Stelle der teureren Konsumgüter der arbeitenden Klasse billigere treten – namentlich die Ersetzung des Brots durch die Kartoffel –, daß sich ferner die Nahrung, die Wohnverhältnisse und die Kleidung des Arbeiters allgemein verschlechtern; dies alles erleichtert das Anwachsen des relativen Mehrwerts.

Die Vergrößerung des absoluten Mehrwerts kann außerdem von einer *Intensivierung der Arbeit* herrühren, die im Grunde auf das gleiche hinausläuft wie eine Verlängerung des Arbeitstages. Man zwingt dem Arbeiter in 10 Arbeitsstunden genau soviel produktive Leistungen ab, wie er früher in 13 oder 14 Stunden zuwege brachte. Diese Intensivierung kann das Ergebnis verschiedener Vorgänge sein: Beschleunigung des Arbeitsrhythmus; Beschleunigung des Arbeitstempos der Maschinen; Vermehrung der zu bedienenden Maschinen (z. B. die Zahl der zu bedienenden Webstühle in einer Textilwerkstatt), etc.

Ganz besonders in der jüngsten Phase der kapitalistischen Entwicklung, die durch eine »wissenschaftliche Arbeitsorganisierung« (die Systeme Taylor und Bedeaux; die Stückarbeit und die Leistungsarbeit; die Zeitabnahme etc.) gekennzeichnet ist, hat die Intensivierung der Arbeit zu einem enormen Anwachsen des vom Kapital erzielten absoluten Mehrwerts geführt. Georges Friedmann berichtet über die von zwei großen Automobilgesellschaften – Berliet in Lyon und Citroën in Paris – angewandten Methoden:

»Warum wird Berliet trotz der weiträumigen Schönheit seiner Hallen zu einem Gefängnis? Weil man dort eine Hauptform des Taylorschen Rationalisierungssystems anwendet: daß die Zeit eines Vorführers, d. h. eine Spitzenleistung, zum Maßstab für die Masse der Beschäftigten wird. Die Uhr in der Hand, setzt er die ›normale‹ Produktionsgeschwindigkeit eines Arbeiters fest. Er scheint beinahe bei jedem die zur Anfertigung eines Stückes notwendige Arbeitszeit pflichtgetreu zu messen. In Wirklichkeit aber erteilt er einen Anschauungsunterricht, wenn ihm die Bewegungen des Arbeiters nicht schnell genug oder zu ungenau sind, und seine Leistung bestimmt die Norm, die für den Grundlohn verlangt wird ... Zu dieser technischen Überwachung kommt nun noch die Ordnungsaufsicht, jene mit Schirmmützen ausgestatteten Wächter, die den ganzen Tag in der Fabrik umhergehen und nicht einmal davor zurückschrecken, die Tür des Abtritts aufzustoßen, um sich zu vergewissern, daß die dort sitzenden Leute nicht rauchen, und das selbst in jenen Werkstätten, wo die Feuergefahr praktisch gleich Null ist.

Bei Citroën sind die Methoden noch raffinierter. Die Arbeitsgruppen sind Rivalen und machen sich gegenseitig Laufkräne, Bohrmaschinen, pneumatische Schleifsteine und Kleinwerkzeuge streitig. Die Meister im weißen Kittel, die zur Aufrechterhaltung des Arbeitsrhythmus bestellt sind, bleiben beharrlich, eindringlich und freundlich. Man könnte meinen, daß der Arbeiter ihnen einen persönlichen Dienst erweist, wenn er Zeit einspart. Trotzdem sind sie da, ständig dem Vorarbeiter im Rücken, und dieser wiederum ihnen; man erreicht eine unglaubliche Geschwindigkeit der Bewegung, die wie die Bilder eines Zeitrafferfilms anmutet.«[21]

Ist diese Gier des Kapitalismus nach jeder Minute, nach jeder Bewegung des Arbeiters, während der ganzen Arbeitszeit, in der er »ihm gehört«, nicht der beste Beweis dafür, daß der Profit, der kapitalistische Mehrwert, nur unbezahlte Mehrarbeit des Arbeiters ist?

In *Le Travail en Miettes* schildert uns Georges Friedmann eine englische Fabrik, in der zahlreiche Tätigkeiten auf eine Dauer von weniger als einer Minute herabgedrückt worden sind[23].* In der *Red-River*-Fabrik von Ford läßt das Fließband den meisten Arbeitern für die Ausführung ihrer Tätigkeit weniger als 2 Minuten.[24] Techniker beginnen an der Wirksamkeit dieser »Hetzjagd« zu zweifeln.[25]

Das Bild einer modernen Fabrik, das uns G. Friedmann vor Augen geführt hat, verdeutlicht andererseits die *hierarchische Struktur* der Arbeitsorganisation. Solange der Erzeuger noch selbst der Besitzer der Produktionsmittel ist, stellt sich nicht die Frage einer »Werkpolizei«. Es liegt in seinem eigenen Interesse, mit den Rohstoffen sparsam umzugehen. Als die Heimindustrie oder das *Verlagssystem* zur vorherrschenden Produktionsweise wird, häufen sich auch die Klagen der Unternehmer, daß die Erzeuger die ihnen anvertrauten Rohstoffe verderben, verschwenden oder stehlen. Das ist einer der Hauptgründe für die Errichtung von Manufakturen, in denen diese Arbeiter unter der ständigen Aufsicht des Unternehmers tätig sind.

Dieser wird vom einfachen Geldbesitzer und Chef eines Unternehmens, dessen Ziel es ist, das Kapital nutzbringend anzu-

* »Bei Arbeitszeitstudien wird die Arbeit in Einheiten von Sekunden oder 1/5 Sekunden eingeteilt, während man bei Bewegungsstudien sogar bis zu 1/100 oder 1/200 Sekunde geht.«[22]

legen, zum Organisator eines genauen technischen Produktionsprozesses und zugleich zum *Befehlshaber über eine Masse zu überwachender Lohnarbeiter.* Er verfügt nicht mehr nur über die Kapitalien, er herrscht nun auch noch über Maschinen und über Menschen. Um dies möglichst wirkungsvoll tun zu können, ist er gezwungen, die Arbeitsorganisation zu verfeinern, Zwischenstufen einzuführen, die Gruppen unter Aufsicht von Vorarbeitern zu stellen, Werkmeister, Werkleiter, Techniker und Ingenieure einzusetzen. Neben der rein technischen Arbeitsteilung im Unternehmen entwickelt und vervollkommnet sich so eine *hierarchische Teilung der gesellschaftlichen Arbeit zwischen Befehlshabern und Befehlsempfängern.**

Die menschliche Arbeitskraft und das Maschinenwesen

Das Industriekapital findet seine Daseinsberechtigung in der Verwendung von Maschinen. Dies ist gleichzeitig die wesentliche Quelle der Steigerung des relativen Mehrwerts. Der Kapitalismus führt nicht neue Maschinen ein, weil er die Produktivität der menschlichen Arbeit anheben will; das ist nur ein Nebenprodukt jener anderen Ziele, die er verfolgt. Der Kapitalist führt diese Maschinen ein, weil er seine Herstellungskosten senken will, damit er billiger verkaufen und seine Konkurrenten aus dem Feld schlagen kann. Und der Selbstkostenpreis kann durch die Maschinen nur dann vermindert werden, wenn der Preis der Maschinen selbst *niedriger* ist als der Lohn der Arbeiter, die sie ersetzen. Der im Englischen gebräuchliche Begriff »labour-saving machines« (arbeitssparende Maschinen) gibt die Bedeutung des Maschinenwesens in der kapitalistischen Produktionsweise nur unvollkommen wieder. Damit eine Maschine von einem kapitalistischen Unternehmen gekauft wird, muß sie *menschliche Arbeit einsparen und zugleich einen Profit abwerfen;* sie muß »labour-saving« (arbeitssparend) und »profit increasing« (gewinnsteigernd) sein. Wenn die Maschine genau soviel kostet, wie *Lohn einge-*

* Vgl. die anschauliche Parallele, die P. Sargant Florence zwischen der Kirchenhierarchie, der Pyramide der militärischen Rangordnung und der Organisation der modernen Fabriken gezogen hat.26 Vance Packard hat dies später wiederholt.27

spart wird, dann wird sie zweifellos nicht gekauft – trotz der Tatsache, daß sie in diesem Fall sogar eine beträchtliche *(Arbeits-)Zeit-Ersparnis für die Gesellschaft als Ganze* bedeutet. Darin liegt ein Wesensunterschied zwischen der Dynamik einer kapitalistischen Industrie und der Dynamik einer geplanten und sozialistischen Industrie.

Die Zigarettenindustrie kam um die sechziger Jahre des 19. Jahrhunderts in den Vereinigten Staaten auf. Zuerst wurde alles mittels Handarbeit hergestellt; ein gelernter Arbeiter konnte an einem zehnstündigen Arbeitstag bestenfalls 3 000 Zigaretten drehen. Im Jahre 1876 betrugen die Lohnkosten je 1 000 Zigaretten einer bestimmten Marke 96,4 Cents. Eine Firma setzte daraufhin eine Prämie von 75 000 Dollar für die Erfindung einer Zigarettendrehmaschine aus. Bonsack präsentierte im Jahre 1881 eine rationelle Maschine, die 200 bis 220 Zigaretten in der *Minute* herstellte und die die Lohnkosten von 96,4 Cents auf 2 Cents je 1 000 Zigaretten senkte. Eine einzige dieser Maschinen hätte alle die im Jahre 1875 in den Vereinigten Staaten von Hand gemachten Zigaretten herstellen können.[28]

Eine Maschine, die Löhne einspart, verdrängt die Erzeuger aus der Produktion. Die Verwendung von Maschinen ruft Arbeitslosigkeit hervor, und zwar in einer so krassen Weise, daß die Opfer zuerst versuchen, jene Maschinen, die sie ins Elend gestürzt hatten, zu zerstören (die Ludditen-Bewegung in Großbritannien; eine ähnliche Bewegung in Frankreich in den Jahren 1816–1825).* Zwischen 1840 und 1843 fiel die Zahl der in der Heimindustrie tätigen Spinnerinnen von 221 000 auf 167 000.[30] In den Jahren 1824–25 rief die Einführung mechanischer Webstühle in England eine beträchtliche Arbeitslosigkeit hervor, während gleichzeitig die Löhne um 50 Prozent gesenkt wurden.[31]

Um der Konkurrenz der großen Maschinen standhalten zu

* Während der Jahrhunderte, die der industriellen Revolution vorausgingen, wurden Maschinen, die die Arbeitskräfte zur Arbeitslosigkeit verdammten, oft von den Behörden beschlagnahmt. So wurde eine Strumpfstrickmaschine im 17. Jahrhundert zunächst in Großbritannien und dann in Frankreich verboten. 1623 wurde die Verwendung einer Nähnadelmaschine untersagt, und um 1635 verbot man in England eine windbetriebene Holzsägemühle.29

können, müssen die Handarbeiter starke Lohneinbußen hinnehmen. Der Wochenlohn der Handweber aus Bolton, England, fällt von

25 Shilling	im Jahre 1800
auf 19 sh 6 d	im Jahre 1810
auf 9 sh	im Jahre 1820
auf 5 sh 6 d	im Jahre 1830.[32]

Massenarbeitslosigkeit aus Gründen der Konkurrenz der Maschinen wird zu einer ständigen Erscheinung der kapitalistischen Produktionsweise.* Dank der *industriellen Reservearmee* sind die Lohnarbeiter gezwungen, einen Lohn anzunehmen, der lediglich die Reproduktionskosten ihrer Arbeitskraft deckt. In der ersten Phase des Industriekapitalismus rief die Vernichtung des Handwerks durch die Großindustrie ein beängstigendes Problem der Arbeitslosigkeit hervor – und zwar in jedem Land, in dem die kapitalistische Produktionsweise Fuß fassen konnte. Später sind es dann andere Phänomene, die den Umfang und die Schwankungen der Arbeitslosigkeit bestimmen. Die Verwendung von Maschinen in der Industrie verwandelte nicht nur einen Teil der Erzeuger in verelendete Arbeitslose. Sie entwertete gleichfalls die Handarbeit schlechthin und degradierte zahllose Facharbeiter zu ungelernten oder angelernten Arbeitern. In der Epoche des zünftigen Handwerks oder zur Zeit der Heimindustrie war jeder Produzent im Prinzip ein qualifizierter Handwerker, der seinen Beruf gründlich beherrschte. Die unqualifizierten »Knechte« waren eine schwankende Masse ohne zahlenmäßige oder ökonomische Bedeutung. Das berufliche Können war die Hauptbedingung für den Erfolg eines jeden produktiven Unterfangens.

* Die offizielle Volkswirtschaftslehre verteidigt heute noch diese Erscheinung ganz offenherzig: Das Fehlen jeder Arbeitslosigkeit erlaubte den Arbeitern, die Löhne »übermäßig« in die Höhe zu treiben, wodurch eine Inflation entstünde. Siehe *The Economist* vom 20. August 1955 und *L'Echo de la Bourse* vom 15. Dezember 1959, wo der dem ehemaligen Präsidenten Truman zugeschriebene Ausspruch zitiert wird: »Es ist im Gegenteil gut für die wirtschaftliche Hygiene, daß es stets freie Arbeitskräfte gibt, die Beschäftigung suchen.«

Aber die im Innern der Manufaktur verwirklichte Arbeitsteilung, ferner die Verbreitung von Maschinen und schließlich der Fortschritt in Richtung auf eine Halb-Automation vereinfachten und mechanisierten die Arbeit der Erzeuger aufs äußerste.[33] Ihre Tätigkeiten, die kaum besondere Fähigkeiten verlangen, konnten von nun an praktisch von jedem ausgeübt werden. Eine Vorbereitungszeit von wenigen Monaten macht aus jedem einen guten Fließbandarbeiter. In den Fordwerken der USA werden 75 bis 80 % des Personals der Produktionsstätten in weniger als zwei Wochen eingearbeitet; in einer Fabrik des *Western Electric*-Trusts ist der Anteil der gelernten Arbeiter auf 10 % aller Arbeitskräfte gesunken.[34]

Das plötzliche Entstehen einer großen Masse ungelernter Erzeuger führte zu Beginn des Industriekapitalismus zum Auftreten einer ungeheuren Zahl von *Wanderarbeitern*, beispielsweise der *Navvies* in England, die die Kanäle gruben und die Schienenwege bauten.[35] Die kapitalistische Industrie, die inmitten einer großen Menschenwanderung innerhalb der modernen Nationen entstand, ruft nun ihrerseits wieder solche Wanderbewegungen in nationalem und internationalem Maßstab hervor: eine mächtige Auswanderungswelle strömt aus Europa nach Nord- und Südamerika, nach Australien, Südafrika usw.; indischer Auswanderer ziehen an die Küstengebiete des Indischen Ozeans; Japaner und Chinesen siedeln sich in den Küstenländern des Stillen Ozeans an, etc.

Formen und Entwicklung der Löhne

In der kapitalistischen Produktionsweise ist die Arbeitskraft zur Ware geworden.* Als solche wird ihr Wert wie bei jeder anderen Ware durch das Quantum der zur ihrer Herstellung gesellschaftlich notwendigen Arbeitszeit bestimmt. Der Wert der Arbeitskraft ist somit gleich den Reproduktionskosten dieser Arbeitskraft *in einem bestimmten gesellschaftlichen Rahmen*

* Man muß – besonders für die unkundigen oder böswilligen Gegner – hinzufügen, daß es absurd ist zu behaupten, die Marxisten degradierten die Arbeitskraft zu einer Ware? Sie *stellen lediglich fest*, daß der Kapitalismus eine solche Erniedrigung bewirkt hat. Die Begriffe »Arbeitsmarkt« und »Arbeitsbörse« zeigen dies zur Genüge . . .

(Ernährung, Kleidung, Wohnung usw). Durch den Umstand, daß der Arbeiter seinen eigenen Lebensunterhalt wie den seiner Familie nur durch den Verkauf seiner Arbeitskraft bestreiten kann, und durch die Tatsache, daß eine industrielle Reservearmee besteht, schwanken die Löhne nur um ein *lebensnotwendiges Minimum* (ein Begriff, den wir später verdeutlichen werden), das den Arbeiter als Proletarier erhält:

»Die Arbeiter dürfen kein wirtschaftliches Mittel besitzen, durch das sie ihre Situation verbessern könnten. Die industrielle Organisation ist dergestalt, daß das Geld eine unabdingbare Voraussetzung für die Erlangung ihrer Unabhängigkeit ist. Aber wie sollten sie es sich verschaffen? ... Die Löhne, die der Tuchhändler den Kleinerzeugern zahlt, sind augenscheinlich so bemessen und verteilt, daß diese Leute gerade soviel zum Leben haben, daß sie weiterhin arbeiten können, damit der, der sie entlohnt und zu seinem persönlichen und ausschließlichen Nutzen leben läßt, sie weiterhin ausbeuten kann; aber diese Löhne erlauben es den Kleinproduzenten nicht, sich so zu bereichern, daß sie sich nach und nach von ihren ehemaligen Herren befreien und schließlich gar in Konkurrenz zu ihnen treten könnten.«[36]

Diese Analyse des Lohnes, den die mittelalterlichen kleinen Handwerker beziehen, die für die Handelsherren Stückarbeit leisten, gilt ebenso für den Lohn, wie er in allen Zivilisationen aufgetaucht ist. Über die verschiedene Zeitalter hinweg bewahrt er eine außergewöhnliche Stabilität. Bei der Untersuchung der Landarbeiterlöhne in Eschnouna in Mesopotamien zu Beginn des 2. Jahrtausends v. Chr. kommt Jacques Lacour-Gayet zu dem Schluß, daß »sie, in Getreide gerechnet, sehr wohl einen Vergleich mit den unsrigen aushalten. Die Getreidemenge ist dem Lohn eines Mähers unserer Tage annähernd gleichwertig.«[37]

Fritz Heichelheim hat das Lebensminimum eines Arbeiters in Delos während der Epoche Alexanders des Großen berechnet. Es setzt sich aus *Sitos* (Grundnahrungsmittel, Brot), aus *Opsonion* (Zwischengericht), Bekleidung und einigen zusätzlichen Kleinigkeiten zusammen. In guten Jahren überschreitet der Lohn ein wenig dieses Minimum; in schlechten Jahren sind die Ausgaben für jene zusätzlichen Dinge und sogar für das *Opsonion* praktisch ausgeschaltet.[38]

Diese für das antike Griechenland charakteristische Situation enthält schon im Keime die Elemente der Lohnschwankungen, die man von Land zu Land, von Epoche zu Epoche wiederfindet, wobei man die Unterschiede in den Gebräuchen, den Sitten, den Traditionen und vor allen Dingen *das Kräfteverhältnis zwischen dem Verkäufer und dem Käufer der Arbeitskraft in Rechnung stellen muß.* Zu gewissen Zeiten können das *Opsonion* und die Zusatzgüter ausreichend und abwechslungsreich sein. Dann können sie wieder fast völlig verschwinden. Das geschichtliche und das physische Element (das »absolute Minimum«) sind indessen integrierende Bestandteile des Lohnes.

Die Entwicklung der Reallöhne in der kapitalistischen Produktionsweise geht auf eine Reihe bestimmter und vielseitiger Gesetze zurück. Im Gegensatz zu dem, was Malthus, dessen Auffassung die Grundlage der Lohntheorie sowohl Ricardos als auch Lasalles ist (»das eherne Lohngesetz«), vermutete, gibt es kein *demographisches Gesetz,* das die Schwankungen des Angebots und der Nachfrage der Arbeitskraft (»den Arbeitsmarkt«) regelt. Umgekehrt, diese Schwankungen werden letztlich von den *Gesetzen der Akkumulation des Kapitals* bestimmt.

Dieses Phänomen läßt sich am einfachsten durch die *kurzfristigen Schwankungen* während des kapitalistischen Produktionszyklus begreiflich machen,* der die Industrie von der Stagnation über die wirtschaftliche Wiederbelebung und die Hochkonjunktur zum »Boom« und zur Krise führt. Zu Beginn des Zyklus ist die Zahl der auf dem »Arbeitsmarkt« verfügbaren Arbeitslosen infolge der vorausgegangenen Krise weitaus größer als die Nachfrage der sich wieder erholenden Wirtschaft nach Arbeitskräften. Die Löhne bleiben somit auf einem relativ niedrigen Niveau stehen (der Widerspruch zwischen diesen festen Löhnen und einem ersten Emporschnellen der Verkaufspreise erlaubt es, die Gewinnspanne zu vergrößern; die Profitrate steigt, wodurch zugleich der Wiederbelebungsprozeß vorangetrieben wird). Gerade umgekehrt verhält es sich auf dem Höhepunkt des Booms, wenn die Vollbeschäftigung tatsächlich verwirklicht ist – was keineswegs fatal ist, wie wir später nachweisen werden –; die Nachfrage

* Siehe Kapitel XI, in dem dieses Problem eingehend behandelt wird.

nach Arbeitskräften ist weit größer als das Angebot; die Arbeiter können also einen Druck in Richtung auf eine Lohnerhöhung ausüben; die Verringerung der Profitrate, die damit verbunden ist, ist eine der Ursachen für das Ausbrechen der Krise.

Die gleichen Gesetzmäßigkeiten finden wir in den *langfristigen Schwankungen*. Wenn die Akkumulation des Kapitals langsamer wächst als das Angebot an Arbeitskräften, das sie selbst hervorgerufen hat, bleiben die Reallöhne unverändert oder weisen sogar eine sinkende Tendenz auf. Man kann sagen, daß die Akkumulation des Kapitals unter diesen Bedingungen (im Handwerk, in der Landwirtschaft, in der Heimindustrie, in den der Konkurrenz zum Opfer gefallenen Unternehmen) mehr Arbeitsplätze zerstört als neue schafft. Langfristig gesehen hat die industrielle Reservearmee dann die Tendenz, sich zu vergrößern, so daß die Vollbeschäftigung nicht einmal in der Periode des »Booms« erreicht wird, was die Arbeiter hindert, zu dieser Zeit Lohnerhöhungen durchzusetzen (Bedingungen, wie sie bis in die Jahre 1850–1870 in Europa vorgeherrscht haben und wie sie heute noch in den meisten kolonialen und halbkolonialen Ländern überwiegen).* Man kann ferner sagen, daß sich in diesem Fall das Wachstum der Industrie in einem langsameren Rhythmus vollzieht als die Steigerung der Arbeitsproduktivität.

Wenn hingegen die Akkumulation des Kapitals schneller voranschreitet als das dadurch hervorgerufene Angebot an Arbeitskräften – wenn die industrielle Reservearmee nicht mehr weiterwächst und sogar wieder aufgesogen wird, beispielsweise durch eine Massenauswanderung bei gleichzeitigen Einwanderungserschwernissen –, dann haben die Reallöhne die Tendenz eines langsamen Aufstiegs. Dies ist ferner dann der Fall, wenn das Wachstum der Arbeitsproduktivität hinter der industriellen Entwicklung herhinkt.

So ist in der Tat nicht die *absolute Höhe* des Lohnes für das Kapital von Bedeutung. Natürlich zieht der Kapitalist die niedrigstmöglichen Löhne in den eigenen Unternehmungen vor – aber gleichzeitig wünscht er seinen Konkurrenten oder den Arbeitgebern seiner Kunden die höchstmöglichen Löhne. Worauf es ihm eigentlich ankommt, ist jedoch: noch mehr

* Siehe hierzu einige präzise Beispiele im Kapitel XIII.

Mehrarbeit, mehr unbezahlte Arbeit, einen größeren Mehrwert, einen höheren Gewinn aus seinen Arbeitern zu ziehen. Die Steigerung der Arbeitsproduktivität, die es ermöglicht, den relativen Mehrwert zu vergrößern, birgt – wenn die industrielle Reservearmee beschränkt ist – auch die Möglichkeit einer langsamen Lohnerhöhung in sich. Die Voraussetzung hierzu ist aber, daß das Äquivalent der gestiegenen Reallöhne in einer immer kürzeren Zeitspanne erzeugt werden kann, das heißt, daß die Löhne langsamer steigen als die Produktivität.

Man kann historisch einwandfrei feststellen, daß die Reallöhne in Ländern, die sich seit einer gewissen Periode eines starken Wachstums der Arbeitsproduktivität erfreuen, höher sind als in jenen Ländern, deren Produktivität seit langem stagniert oder nur sehr langsam voranschreitet.

Die Erhöhung der Reallöhne ist indessen keine *automatische* Folge der Produktivitätssteigerungen. Diese schafft lediglich die *Voraussetzung* dafür, daß die Reallöhne im Rahmen des Kapitalismus steigen können (ohne den Profit zu bedrohen). Damit diese mögliche Erhöhung auch in die Tat umgesetzt werden kann, müssen zwei miteinander verknüpfte Bedingungen erfüllt sein: eine günstige Entwicklung des »Kräfteverhältnisses auf dem Markt« (d. h., daß die Tendenz zur Schrumpfung der industriellen Reservearmee stärker sein muß als die Tendenz zu ihrem Anwachsen) und eine wirkliche – vor allem gewerkschaftliche – Organisierung der Lohnarbeiter, die es ihnen gestattet, ihre wechselseitige Konkurrenz auszuschalten und die »günstigen Marktbedingungen« auszunutzen.

Statistiken und historische Untersuchungen haben bewiesen, daß alle Theorien, die die Höhe der Reallöhne von der relativen Höhe der Arbeitsproduktivität herleiten (indem sie von den beiden Faktoren, die wir gerade erwähnt haben, abstrahieren), nicht mit der Wirklichkeit übereinstimmen.

Ein Beispiel: Nach einer vom IMB durchgeführten Untersuchung[39] hatten 1957 die Produktivität (jährliche Stahlerzeugung je beschäftigtem Arbeiter) und die Durchschnittslöhne (in Schweizer Franken) bei einer Reihe von Stahlwerken die in der Tabelle auf Seite 153 angeführten Werte:

Die Unterschiede springen ins Auge. Die materielle Produktivität der britischen Stahlwerke liegt 33 % über der der japanischen Stahlwerke; finanziell gesehen ist die Produktivität dagegen nur um 10 % höher. Dagegen beträgt der Unterschied in den Löhnen mehr als 50 %. Desgleichen erfreuen sich die amerikanischen Stahlwerke einer materiellen Produktivität, die um 38 % größer ist als die der britischen Stahlwerke, und einer finanziellen Produktivität, die 80 % größer ist. Aber die amerikanischen Löhne sind mehr als dreimal so hoch wie die englischen. Die Produktivitätsunterschiede zwischen den USA und Japan verhalten sich wie eins zu zwei, und das Verhältnis der Löhne wie eins zu fünf. Das japanische Stahlwerk Nakayama verfügt über die gleiche Produktivität wie die Werke in den USA, während es nur den *vierten Teil* der amerikanischen Löhne zahlt.

	Jahresproduktion je Arbeiter	Jahresgewinn je Arbeiter	Jährliche Lohnkosten je Arbeiter
	Tonnen	Schw. Fr.	Schw. Fr.
US Steel Corp.	110	6 800	30 000
Inland Steel Corp.	170	6 800	29 800
Youngtown Sheelt	150	6 100	27 700
8 mittlere amerikanische Gesellschaften	138	6 400	29 500
United Steel Ltd.	96	3 800	10 500
Colvilles Ltd.	115	3 500	8 700
8 mittlere britische Gesellschaften	100	3 400	± 9 500
Yawata Iron & Steel	70	2 200	6 000
Nakayama	170	7 000	7 000
Fuji Iron & Steel	82	3 000	6 500
6 mittlere japanische Gesellschaften	76	3 100	6 000

Madinier hat in einem vor kurzem erschienenen Buch in überzeugender Weise dargestellt, daß sich der beständige Lohnunterschied von 20 % zwischen der französischen Provinz und Paris hauptsächlich aus der unterschiedlichen Stärke der Gewerkschaften in diesen zwei Gebieten erklärt und nicht aus Unterschieden in der Arbeitsproduktivität.

Es wäre indessen irreführend, die Macht der Gewerkschaften

als eine *unabhängige* Variable in der Bestimmung der Löhne zu betrachten. Denn die Möglichkeit, die Konkurrenz unter den Arbeitern – abgesehen von einigen hochqualifizierten Innungen, die für die Lehre oder die Zulassung zu einem Beruf praktisch den *numerus clausus* anwenden – auszuschalten, besteht nur, wenn die Reservearmee nicht ständig anschwillt. Aber selbst unter diesen günstigen Umständen stößt sich die Lohnerhöhung an einer *institutionellen Schranke*, die nichts mit einer technischen oder »rein ökonomischen« Schranke zu tun hat. Theoretisch ist die Steigerung der Reallöhne so lange möglich, wie der Gesamtbetrag aller Löhne niedriger ist als das Netto-Nationalprodukt. Sie umschließt in diesem Fall eine *Umverteilung der Einkommen und eine Neuverteilung der Kapitalmassen* zwischen dem Konsumgütersektor und dem Produktionsgütersektor; zwei Vorgänge, die Reibungen hervorrufen können, die aber durchaus möglich sind, ohne daß es dabei zu einer wirklichen Krise oder zu einer Inflation kommen muß. Es bedarf dafür lediglich einer *institutionellen* Abänderung, d. h. des Fortfalls der Macht des Kapitals, und namentlich seiner Macht, die Investitionen zu stoppen, wenn die Profitrate nach seinem Ermessen zu tief sinkt.

Aber im kapitalistischen System stoßen die Lohnerhöhungen schon lange, bevor sie diese physische oder ökonomische Grenze erreicht haben, auf Widerstand. Wenn die Löhne dank der Vollbeschäftigung schneller ansteigen als die Produktivität, dann sinkt sowohl die Profitrate als auch die Mehrwertrate. Und eben dieses »Sinken« löst in einer auf dem Profit gegründeten Wirtschaft sehr rasch einen Mechanismus aus, der das ganze wieder »in die rechten Proportionen« bringt: Ausgleichs-Preissteigerungen, inflationistische Tendenzen, Investitionsbeschränkungen und Verminderung der Beschäftigtenzahl einerseits; verstärkte Rationalisierung und Ersetzung der Arbeiter durch Maschinen andererseits. In beiden Fällen taucht die Arbeitslosigkeit wieder auf. Wenn diese »Schranke« erreicht ist, wird die Erhöhung der Reallöhne im kapitalistischen System unmöglich. Eben deswegen versichern die offenherzigsten Verfechter des Kapitalismus, daß dieser unter Bedingungen der andauernden »Überbeschäftigung«, also der Vollbeschäftigung, nicht existieren könne.

Wie läßt sich die Erhöhung der Reallöhne, wie sie unter den oben beschriebenen Bedingungen aufgetreten ist, im Rahmen der Arbeitswerttheorie erklären?

Der Wert der Arbeitskraft umschließt nicht nur den Preis der für ihre rein physische Erhaltung (und für den Unterhalt der Arbeiterkinder, d. h. für die Reproduktion der Arbeitskraft) lebensnotwendigen Güter. Er enthält gleichsam auch ein moralisches und ein historisches Moment, d. h. den Preis für solche Waren (und später für gewisse persönliche Dienstleistungen), die in den Traditionen eines Landes zu notwendigen Bestandteilen des Lebensminimums geworden sind.*

Diese Bedürfnisse hängen von dem relativen Niveau der Kultur der Vergangenheit und der Gegenwart ab und somit letztlich von dem Niveau der durchschnittlichen Arbeitsproduktivität über eine mehr oder weniger lange Zeitspanne hinweg. Solange der Druck der industriellen Reservearmee es verhindert, daß diese Bedürfnisse in die Berechnung des »lebensnotwendigen Minimums« einbezogen werden, *sinkt der Lohn, d. h. der Preis der Arbeitskraft, tatsächlich unter deren Wert.* Durch die Erhöhung des Reallohnes wird der Preis der Arbeitskraft diesem Wert, der mit dem durchschnittlichen Aufstieg des kulturellen Niveaus wächst, lediglich wieder angeglichen.

Wir stellen also fest, daß *das Wachstum der Arbeitsproduktivität sich in widersprüchlicher Weise auf die Löhne auswirkt.* In dem Maße, wie es den Wert der Lebensmittel senkt, führt es auch dazu, daß sich zumindest der relative Lohn (der Teil des Arbeitstages, während dessen der Arbeiter das Wertäquivalent seines Lohnes erzeugt), wenn nicht gar der absolute Lohn vermindert, daß sich der Wert der Arbeitskraft verringert. In dem Maße, wie es den Wert und den Preis zahlreicher Luxusprodukte herabdrückt, die Serienproduktion entwickelt (oft auf Kosten der Qualität!) und eine Reihe neuer Waren** in das lebensnotwendige Minimum eingehen läßt,

* Der Einfluß des Faktors »Tradition« bei der Bestimmung der Löhne wird von Polanyi[40] und Joan Robinson[41] besonders hervorgehoben.

** »Vor zweihundert Jahren hat nur eine von 1000 Personen Strümpfe getragen; ein Jahrhundert später jeder Fünfhunderste. Heute dagegen gibt es unter 1000 Leuten keinen, der nicht Strümpfe trägt«, verkündet 1831

führt es umgekehrt zu einer Erhöhung des Wertes der Arbeitskraft.

Auch die Akkumulation des Kapitals übt einen widersprüchlichen Einfluß auf das Beschäftigungsvolumen und die Tendenz der Löhne aus. In dem Maße, wie die Maschine den Menschen ersetzt, vergrößert sich die industrielle Reservearmee. Aber in dem Maße, wie Mehrwert akkumuliert wird, wie das Kapital sein Betätigungsfeld erweitert, wie man beständig neue Unternehmen auftauchen und bestehende Werke sich vergrößern sieht, verringert sich die industrielle Reservearmee, und das Kapital begibt sich auf die Suche nach neuen Arbeitskräften, die es ausbeuten kann.*

Wenn man allen diesen Faktoren Rechnung trägt, kann man die wesentlichen Entwicklungstendenzen der Löhne seit Beginn des Kapitalismus erklären. In bezug auf die westeuropäischen Länder muß man zwei große Epochen unterscheiden: die Periode vom 16. Jahrhundert bis in die Mitte des 19. Jahrhunderts, während derer sich die Löhne mehr und mehr auf den Wert des *Sitos* beschränken; dann die Zeit von der Mitte des 19. Jahrhunderts bis in unsere Tage, in deren Verlauf die Löhne zunächst steigen, dann stehenbleiben (oder absinken) um dann erneut anzusteigen. Das *Opsonion* und die zusätzlichen Dinge vermehren sich stark und werden weitaus vielgestaltiger, doch werden sie manchmal qualitätsmäßig schlechter – wie übrigens auch der *Sitos*.

Die Epoche der ursprünglichen Akkumulation des Industriekapitals ist eine Epoche des Absinkens der Reallöhne, das vor allem durch den Überfluß an Arbeitskräften, durch das ständige Wachstum der industriellen Reservearmee und das Fehlen einer wirksamen Organisation der in diesem Prozeß entstehenden Arbeiterklasse hervorgerufen wird. Das Kapital

triumphierend das Pamphlet »*The Results of Machinery*«, das von der *Society for the Diffusion of Useful Knowledge* verbreitet worden ist.42

* In einem bereits hochindustrialisierten Land kann eine plötzliche massive Nachfrage nach Arbeitskräften nicht mehr durch Einverleibung von Millionen von Hausfrauen, Jugendlichen und Pensionären in das Proletariat gestillt werden, wenn die Vollbeschäftigung erreicht ist. Und genau dies ist im Verlauf des Zweiten Weltkrieges in den Vereinigten Staaten, in Deutschland, England usw. eingetreten. Ist diese Grenze einmal überschritten, so bleibt nur noch die Möglichkeit, Fremdarbeiter heranzuziehen oder einzuführen.

erhöht die Produktion des absoluten Mehrwerts durch fortschreitende Lohnsenkungen. Während der englische Arbeiter zur Deckung seines Jahresbedarfs an Brot im Jahre 1495 10 Wochen arbeiten mußte, waren es 1533: 14–15 Wochen; 1564: 20 Wochen; 1593: 40 Wochen; 1653: 43 Wochen; 1684: 48 Wochen, und im Jahre 1726 schließlich 52 Wochen. Mit Hilfe der Preisrevolution hat man glücklich jeden »Müßiggang« beseitigt.[43] Vor kurzem haben E. H. Phelps Brown und Sheila V. Hopkins diese klassischen Daten von J. E. Th. Rogers völlig bestätigt. Sie haben herausgefunden, daß der Index der Reallöhne der englischen Maurer von 110 bis 115 in den Jahren 1475–1480 auf 56 im Jahre 1528, auf 45 im Jahre 1600, auf 38 in den Jahren 1610–1620 gefallen, im Jahre 1700 kurz auf 55 und in den Jahren 1740–1750 auf 65–70 geklettert ist, um dann in den Jahren 1765–1770 auf 53, im Jahre 1772 auf 47 und im Jahre 1800 auf 38 zu sinken. Erst gegen 1880 wird die Indexzahl 100 wieder überschritten.[44]

Nicht anders ist es in Frankreich. Der Vicomte d'Avenel hat berechnet, daß in den Jahren 1376–1525 ein Zimmermann durchschnittlich 5 Tage arbeiten mußte, um das Äquivalent für 1 Hektoliter Getreide zu verdienen; sein Tageslohn entsprach 3 kg Fleisch. 1650 mußte er 16 Tage arbeiten, um das gleiche Getreideäquivalent zu verdienen, und sein Tageslohn entsprach nur noch 1,8 kg Fleisch.[45]

Von der Mitte des 19. Jahrhunderts an beginnen dagegen die Reallöhne zu steigen. In England und Frankreich verdoppeln sie sich praktisch zwischen 1850 und 1914.[46] Den Kapitalisten ist es während dieser Periode gelungen, eine beträchtliche Preissenkung für landwirtschaftliche Erzeugnisse herbeizuführen (die Abschaffung der *Corn Laws* in Großbritannien; der steigende Import aus überseeischen Ländern). Mit der Eroberung großer internationaler Märkte erfährt die kapitalistische Produktionsweise eine bedeutsame Ausdehnung. Sie saugt in gewissem Maße die industrielle Reservearmee in den westeuropäischen Ländern auf, um sie dafür in Indien, in China, in Lateinamerika, in Afrika und im Nahen Osten in einem noch viel größeren Maße wieder entstehen zu lassen, sie dorthin zu »exportieren«. Die Massenauswanderung weißer Bevölkerung von Europa in überseeische Länder vermindert ebenfalls das Angebot an Arbeitskräften auf dem europäischen Arbeitsmarkt. All diese Faktoren, die eng miteinander verknüpft und für eine bestimmte Struktur des Weltmarktes charakteristisch sind, schaffen die günstigen Bedingungen für das Erstarken der gewerkschaftlichen Macht und das Steigen der Reallöhne in Westeuropa.

Die Konkurrenz der Arbeitskraft von Frauen und Kindern ist für lange Zeit eines der Hauptmittel, um die Durchschnittslöhne herabzudrücken.* Ein anderes zu diesem Zweck seit dem Mittelalter angewandtes Mittel ist das *Truck-System:* die Bezahlung der Löhne in Naturalien, d. h. in Produkten, deren Preis der Arbeitgeber willkürlich festsetzte oder deren Qualität er verwässerte. Die Opposition der Arbeiter hat diese Form der Mehrausbeutung trotz beträchtlichen Widerstandes der Unternehmer zu Fall gebracht.[48] In einer Abart besteht sie jedoch an gewissen Orten noch weiter, nämlich in der Einrichtung der im Besitz von Industriegesellschaften befindlichen Lebensmittelgeschäfte, in denen zu kaufen die Arbeiter gezwungen sind, so daß sie ihnen gegenüber oft verschuldet sind und dadurch ewig an den gleichen Arbeitgeber gefesselt bleiben (dies ist eine der heute noch vorherrschenden Formen der *Peonage* im Süden der USA, z. B. in der Terpentinindustrie).

* Bis zum Jahre 1816 war es für die zahlreichen Pfarreien Londons üblich gewesen, Hunderte armer Kinder an Baumwollfabriken in Lancashire und Yorkshire zu »verkaufen«, in eine Gegend, die mehr als 300 oder 350 km von London entfernt ist! Die Kinder wurden in »Güterwagen« dorthin »verfrachtet«. Der Menschenfreund Sir Samuel Romilly versichert, daß sie für ihre Eltern genauso verloren waren, als ob man sie nach Westindien verfrachtet hätte. Derselbe Autor zitiert übrigens jene besonders zynische und widerwärtige Stelle aus der Rede, die Worthey 1811 vor dem Unterhaus gehalten hatte: »Mr. Worthey, der für die gleiche Partei [wörtlich für die gleiche Seite] sprach, legte besonderen Wert auf die Tatsache, daß es zwar richtig sei, daß in den oberen Kreisen der Gesellschaft die Erziehung der Kinder zur Liebe gegenüber ihren Eltern die Quelle aller Tugend darstelle; ganz anders dagegen in den unteren Klassen, wo es für die Kinder nützlicher sei, sie ihren elenden und verlotterten Eltern wegzunehmen. Er fügte hinzu, daß es sehr im Gegensatz zum öffentlichen Interesse stehe, wenn man verhinderte, daß soundso viele Lehrlinge in die Baumwollmanufakturen gebracht werden, *weil dies notwendigerweise den Preis für die Arbeit in die Höhe treiben müsse . . .«*[47]

Neben dem in Sachleistungen gezahlten Lohn sind die beiden üblichsten Lohnarten der *Stundenlohn* und der *Stück- (oder Leistungs-)Lohn.* Der Stundenlohn bringt für die Arbeiterklasse die geringsten Nachteile mit sich. Nicht so der Stücklohn. Er ist für den Arbeitgeber das ideale Instrument zur Steigerung der Produktion des relativen Mehrwerts, denn er führt zu einer ständigen Leistungssteigerung, zu einer Beschleunigung des Produktionsrhythmus, zu einer fortwährenden Intensivierung der Arbeit.

Eine verschleierte Form des Stücklohnes ist der *Prämienlohn*, der 1870 in der amerikanischen Hüttenindustrie aufkam. Gegenwärtig sind verschiedene Kalkulationsmethoden in Kraft: die Systeme Rowan, Halsey, Bedeaux, Emerson, Refa usw. Allen diesen Methoden ist gemeinsam, daß sich die Leistung des Arbeiters schneller steigert als sein Lohn. Von der Masse der von ihm geschaffenen Werte erhält der Arbeiter einen immer *kleineren* Teil zurück, wodurch der relative Mehrwert im gleichen Verhältnis wächst. Wenn beispielsweise im System Rowan

die Leistung um 50 % steigt, steigt der Lohn um 33 %
die Leistung um 100 % steigt, steigt der Lohn um 50 %
die Leistung um 200 % steigt, steigt der Lohn um 60 %

Man hat geschätzt, daß das System Bedeaux in den Vereinigten Staaten im allgemeinen zu einer Produktionssteigerung von 50 % führte, während die Löhne nur um 20 % angehoben worden sind.[49]

Autoren, die ganz offen für den Prämienlohn eintreten, wie A. Perren, geben die Vorteile zu, die das Unternehmertum aus diesen verschiedenen Systemen zieht.[50] Das gleiche Ergebnis wird durch die verschiedenen Formen der *Gewinnbeteiligung* erreicht, weil sie die Arbeiter dazu anhalten, nicht nur ihren eigenen Ertrag zu vergrößern, sondern – und vor allem – auch den des ganzen Unternehmens.

Eine ergänzende Bemerkung über die Theorie der absoluten Verelendung

Die »Theorie der absoluten Verelendung des Proletariats« findet sich in keinem der Werke von Marx. Sie ist ihm von politischen Gegnern zugeschrieben worden, vor allem von den sogenannten »Revisionisten« in der deutschen Sozialdemokratischen Partei. Es ist zumindest paradox, daß eine ganze Schule, die sich auf den orthodoxen Marxismus bezieht, es für nötig erachtet hat, die »Verelendungstheorie« auf ihre Rechnung zu nehmen und sie mit Verbitterung und Unredlichkeit zu verteidigen, womit sie die marxistische Theorie nur in Verruf gebracht hat.*

Die Vorstellung, daß die Reallöhne der Arbeiter die Tendenz

* Begnügen wir uns mit zwei Beispielen:

In dem im August 1954 in der UdSSR erschienen *Lehrbuch der Politischen Ökonomie* versichert man: »Die absolute Verelendung zeigt sich in dem Sinken der Reallöhne ... Im 20. Jahrhundert befinden sich die Reallöhne der englischen, amerikanischen, französischen, italienischen wie der Arbeiter anderer kapitalistischer Länder auf einem niedrigeren Niveau als in der Mitte(!) des 19. Jahrhunderts.«51 »In den Vereinigten Staaten ... sind die Reallöhne 1938 auf 74 % ihrer Höhe vom Jahre 1900 gefallen. In Frankreich, Italien und Japan ... sind die Reallöhne während des 19. und des 20. Jahrhunderts noch tiefer gesunken als in den USA.«52 »In Frankreich und in Italien haben sich die Reallöhne auf weniger als die Hälfte(!) der Vorkriegslöhne belaufen.«53 »In den Vereinigten Staaten verfügen 72,2 %(!) aller amerikanischen Familien im Jahre 1949 nur über ein Einkommen, das unter dem äußerst bescheidenen, offiziellen angegebenen Lebensminimum liegt.«54 usw.

In der sowjetischen Zeitschrift *Trud* veröffentlichte das Akademiemitglied A. Leontieff im Juli 1955 eine Reihe von Artikeln, in denen man namentlich folgendes lesen konnte: »Die absolute Verelendung drückt sich vor allem im Sinken der Reallöhne der großen Arbeitermasse aus ... Der durchschnittliche Reallohn eines amerikanischen Arbeiters ... lag in der Periode 1947–1951 um 15 % unter dem Niveau von 1938–1940; 1951 war der Reallohn des amerikanischen Arbeiters um 23 % niedriger als 1946 und um 21 % niedriger als vor dem Kriege. Mit ihren Löhnen konnten die amerikanischen Arbeiter nur in einem um 59 % (!) geringeren Umfange Lebensmittel, Kleidung und sonstige allgemeine Konsumgüter kaufen.«55

Zur Ergötzung mag man diese Erklärungen aneinanderknüpfen: Der Lohn von 1951 sei um 21 % niedriger als der des Jahres 1938, der wiederum nur 74 % des Lohnes von 1900 betrage; demnach müssen die amerikanischen Reallöhne von 1900 bis 1951 von 100 auf 58,5 % gefallen sein; aber im Jahre 1900 sind die Löhne angeblich schon auf einem niedrigeren Niveau als in der Mitte des 19. Jahrhunderts. Nach diesen »Statistiken« muß man also annehmen, daß die Reallöhne in den USA von 1850 bis 1950 auf weniger als die Hälfte abgesunken sind. Gibt es einen einzigen Wirtschaftstheoretiker, der solche Absurditäten wirklich glaubt?

aufweisen, immer tiefer zu sinken, ist dem Marxschen Werk völlig fremd; sie ist von Malthus formuliert worden, und namentlich Lasalle, der von einem »ehernen Lohngesetz« spricht, hat sie wieder aufgegriffen. Marx hat während seines ganzen Lebens einen erbitterten Kampf gegen dieses »eherne Lohngesetz« geführt, einen Kampf, der keineswegs durch ein bloßes »Mißverständnis«, wie John Strachey[56] es behauptet, erklärt werden kann. In Wirklichkeit hat er – wie wir es oben verdeutlicht haben – das Gewicht auf die Tatsache gelegt, daß die Entwicklung der Löhne sehr komplexen Gesetzen folgt, und daß die Verurteilung des kapitalistischen Systems unabhängig von der relativen Höhe der Löhne erfolgen muß.*

Was man bei Marx findet, ist die Idee der absoluten Verelendung nicht der Arbeiter, der Lohnarbeiter, sondern jenes Teils des Proletariats, den das kapitalistische Regime aus dem Produktionsprozeß *ausstößt:* Arbeitslose, Greise, Kriegsbeschädigte, Invaliden, Krüppel, Kranke usw., die Lazarusschicht des Proletariats, wie Marx sagt, die Ärmsten der Armen, die »das Brandmal der Lohnarbeit tragen«. Diese Schlußfolgerung besteht völlig zu Recht und behält selbst heute noch im »Sozial«-Kapitalismus volle Gültigkeit.

In den Vereinigten Staaten ist die Armut trotz der beträchtlichen Steigerung der Reallöhne kaum verschwunden.[58] Es genügt, die entsetzlichen *Slums* ganzer Stadtviertel in New York, Chicago, Detroit, San Francisco, New Orleans und anderen Städte denes Südens zu betrachten, um sich darüber klarzuwerden, daß diese Opfer einer unmenschlichen Gesellschaft, die eben von dieser Gesellschaft verdummt und entmenschlicht worden sind, weiterhin eine furchtbare Anklage gegen den reichsten Kapitalismus der Welt darstellen.** Zu

* Roman Rosdolsky[57] hat alle Stellen der ökonomischen Schriften von Marx, die sich auf die Lohntheorie beziehen, zusammengestellt und nur eine einzige Stelle gefunden, die in bezug auf die Möglichkeit einer Steigerung der Reallöhne im Falle einer entscheidenden Steigerung der Produktivität Anlaß zu Verwirrung geben könnte. Ebenso Steindl in seinem bedeutenden Werk *Maturity and Stagnation in American Capitalism.*[58]

** Allison Davis hat festgestellt, daß die Leute dieser Klasse so sehr das Elend und den Hunger gewöhnt sind, daß sie keinen Ehrgeiz, keinen Wunsch nach höheren Kenntnissen mehr kennen. »Im Grunde«, schreibt er, »sind der Ehrgeiz und der Wunsch nach Fortkommen ein Luxus, der

dieser ständigen, absoluten Verelendung des »Lumpenproletariats« muß man übrigens noch die *periodisch* auftretende absolute Verelendung der von der konjunkturellen Arbeitslosigkeit, von den Lohnsenkungen während der Krise usw. betroffenen Arbeiter zählen.

Eine subtilere Abart der Schule der »absoluten Verelendung« bemüht sich zu beweisen, daß man diesen Begriff selbst dann anwenden könne, wenn die Reallöhne steigen. Die Diskussion verliert sich seither in haarspaltenden Wortstreitereien. Arzumanian versichert, die »absolute Verelendung« zeige sich an der Intensivierung der Arbeit, dem Anwachsen der Arbeitsunfälle, dem Ansteigen des Wertes der Arbeitskraft und der Tatsache, daß die (steigenden) Reallöhne immer mehr hinter diesem Wert zurückblieben.[61] Eine »absolute Verelendung«, die sich in der *Wertsteigerung* der Arbeitskraft und der *Erhöhung* der Reallöhne ausdrückt, tut jedoch der Logik Gewalt an – der formalen Logik nicht minder als der dialektischen. Für uns ist es offensichtlich, daß alle Faktoren eine *relative* Verelendung ausdrücken, d. h. *keine* Verelendung in absoluten Werten (in absoluten Zahlen hat sich der Lebensstandard verbessert), sondern eine Verelendung *relativ* zu dem gesellschaftlichen Gesamtreichtum, dem Mehrwert, den produktiven Leistungen des Proletariats usw.

Die Erscheinung der *relativen Verelendung* ist tatsächlich das hervorstechendste Merkmal der kapitalistischen Produktionsweise. Die Steigerung der Mehrwertrate ist für das Kapital das wichtigste Werkzeug für die Akkumulation des Kapitals und zugleich seine Hauptwaffe, mit der es dem tendenziellen Fall der durchschnittlichen Profitrate entgegenwirken kann. Der ausbeuterische Charakter der kapitalistischen Wirtschaft offenbart sich gerade in dieser Steigerung der Mehrwertrate.

Die empirischen Daten bestätigen allgemein die Tendenz, daß der Anteil der *Löhne** an dem durch die Arbeit geschaffenen

ein Mimimum materieller Sicherheit voraussetzt. Erst wenn man die Gewähr hat, daß man auch in den kommenden Monaten zu essen hat und eine Wohnung besitzt, kann man es sich erlauben, eine Lehre oder eine längere Berufsausbildung ins Auge zu fassen.«[60]

* Wir werden im folgenden Kapitel die Frage behandeln, ob und in welchem Maße die Angestellten Mehrwert erzeugen und ob sie mit einem Teil des von den Arbeitern erzeugten Mehrwertes bezahlt werden.

Nettoprodukt relativ zurückgeht. John Strachey, der zu einem strengen (und ungerechten) Kritiker des Marxschen Wirtschaftssystems wurde, versichert jedoch selbst: »Der Anteil der Löhne am Volkseinkommen ... lag in der Epoche von Marx bei rund 50 %; in den ersten Jahren des 20. Jahrhunderts fiel er auf 40 %; auf diesem Niveau blieb er bis ungefähr 1939 stehen, um gegen Ende des Zweiten Weltkrieges wieder auf 50 % zu steigen (wobei der Sold der Streitkräfte miteinbegriffen ist).[62]

Wenn man den Sold der Soldaten, die ja keine Erzeuger sind, abzieht, kommt man wieder auf einen Anteil von 47 % im Jahre 1949 und kann nach 1951 einen Abstieg um einige Punkte feststellen.[63] Diese leicht abfallende Tendenz (oder, wenn man will, die erstaunliche Stabilität des Anteils der Arbeiter am Volkseinkommen) ist nicht das Ergebnis des normalen Wirtschaftsgeschehens des Systems, sondern resultiert aus dem zähen Kampf der Lohnarbeiter um die Vergrößerung ihres Anteils. Kann man also leugnen, daß dem Kapitalismus eine Tendenz der relativen Verelendung, der Verminderung des Anteils der Arbeit am Nettoprodukt der Industrie innewohnt? »Nein«, antwortet Strachey.[64]

In den Vereinigten Staaten ist diese Tendenz übrigens besonders deutlich. Hierzu folgende Tabelle über den Lohnanteil am Nettoprodukt (»value added«) der verarbeitenden Industrie[65]:

1880	48,1 %
1890	45,0 %
1899	40,7 %
1909	39,3 %
1919	40,5 %
1929	35,5 %
1939	36,7 %
1949	38,5 %
1952	35,0 %

Noch genauer: die Entwicklung des Brutto-Realprodukts je Arbeitsstunde und der Brutto-Realstundenlöhne im Zehnjahresdurchschnitt[66]:

	Realprodukt je Stunde in Indizes	Realstundenlohn in Indizes
1891–1900	100	100
1901–1910	122,8	102
1911–1920	146,0	109,1
1921–1930	196,4	137,2
1931–1940	233,5	158
1941–1950	281,3	209

Periodische absolute Verelendung der Arbeitslosen und anderer Opfer der kapitalistischen Produktionsweise – mehr oder weniger allgemeine relative Verelendung des Proletariats (d. h. die Steigerung der Reallöhne in einem langsameren Tempo, als der gesellschaftliche Reichtum und die mittlere Arbeitsproduktivität wächst): das sind die Entwicklungsgesetze der Arbeiterklasse unter dem kapitalistischen Regime.

Die doppelte Funktion der Arbeitskraft

In der Epoche der einfachen Warenproduktion werden die wichtigsten Werkzeuge – Webstühle, Schmiedeeinrichtungen usw. – ein für allemal angeschafft und von Generation zu Generation weitergegeben. Genau wie der Acker des Kleinbauern stellen sie keine Produktionsmittel als Kapital dar, die in der laufenden Produktion »amortisiert« werden müssen, sondern sie sind einfach die Voraussetzungen, die Werkzeuge zum Brotverdienen. Der Tuchhändler verkauft dem Kleinfabrikanten Rohstoffe und kauft diesem das Fertigprodukt wieder ab. Die Differenz zwischen den beiden Preisen ist tatsächlich nur der Lohn des Handwerkers. Wenn der Unternehmer auf seine Kosten weben läßt, so beschränken sich seine Produktionskosten im wesentlichen auf die Lohn- und Rohstoffkosten. Die Funktion des Arbeiters, dessen Arbeitskraft er kauft, besteht ausschließlich darin, dem Wert der Rohstoffe einen neugeschaffenen Wert hinzuzufügen, von dem ein Teil (der Gegenwert der Löhne) die Produktionskosten des Unternehmers sind und ein anderer Teil (für den die Arbeiter keinen Gegenwert erhalten haben) Mehrarbeit, Mehrwert darstellt, den sich der Kapitalist zu eigen macht.*

Anders wird es mit dem Aufblühen des Industriekapitals, der kapitalistischen Produktionsweise. Der *Kauf von Maschinen* wird jetzt zur Vorbedingung einer Produktion, die für einen vom Wettbewerb regierten Markt arbeitet. Um diese Maschinen kaufen zu können, muß man ein beträchtliches Kapital vorstrecken. Die Maschinen werden weder von Generation zu Generation weitergegeben, noch werden sie während des ganzen Lebens der Produzenten verwendet. Sie werden so intensiv benutzt, daß sie nach einem gewissen Zeitraum *physisch abgenutzt* sind. Und es vergeht nicht sehr viel Zeit, bis Konkurrenten modernere Maschinen entwickelt oder eingeführt haben, die billiger produzieren und die man daher erwerben muß, will man nicht von der Konkurrenz aus dem Feld geschlagen werden. So erfahren die Maschinen einen *moralischen Verschleiß*, noch bevor sie im eigentlichen Sinne physisch untauglich werden. Denn der Kapitalist betrachtet sie im Gegensatz zu dem einfachen Warenproduzenten nicht als bloße Werkzeuge zum Brotverdienen, sondern als *Kapital, das ihm die Möglichkeit gibt, Mehrwert zu akkumulieren.* Das für die Anschaffung der Maschinen vorgeschossene Kapital muß also in einer bestimmten Zeitspanne amortisiert sein, da der Kapitalist sonst nicht imstande wäre, dem technischen Fortschritt zu folgen und modernere Maschinen zu erwerben. In den USA schätzt man gegenwärtig die Lebensdauer einer Werkzeugmaschine auf 10 Jahre; nach 7 Jahren ist sie indes schon moralisch abgenutzt; sie muß durch eine modernere Maschine ersetzt werden.[67] Nach 7 Jahren also muß der Kapitalist den Wert seiner Maschinen, das zur Anschaffung vorgestreckte Kapital, abgeschrieben haben. Diese Amortisation kann sich nur in einer Weise vollziehen: durch die Übertragung eines Teils des Wertes der Produktionsmittel auf die Waren, die man mit ihnen herstellt.

So erfüllt die Arbeitskraft vom Standpunkt des Kapitalisten

* Es ist daher logisch, daß die ersten Klassiker der Volkswirtschaft, namentlich Adam Smith, den Wert der Waren lediglich auf die Einkommen der Erzeuger und der Besitzer beschränken und den Teil des Wertes vergessen, der als Bruchteil des Wertes der Werkzeuge in die Ware mit eingeht.

aus eine doppelte Funktion: sie bewahrt den Wert der für die Produktion verwendeten Maschinen, und sie schafft einen neuen Wert. Da ein Teil dieses neuen Wertes den Gegenwert des Lohnes, ein vom Kapitalisten vorgestrecktes Kapital darstellt, kann man sagen, daß die Arbeitskraft den *gesamten Wert des bestehenden Kapitals erhält und die gesamten von den Kapitalisten angeeigneten neuen Werte schafft.*

Jeder Industrielle weiß darüber genauestens Bescheid. Er versucht, die Zeit, in der die Maschinen nicht benutzt werden, aufs äußerste zu beschränken. Jeder Tag, jede Stunde, da eine Maschine nicht zur Produktion verwendet wird, ist ein Tag, eine Stunde, da sie sich physisch und vor allem moralisch abnutzt, ohne daß ein entsprechender Teil ihres Wertes mittels Arbeitskraft erhalten wird. Eben dies ist die Ursache dafür, daß in zahlreichen Unternehmen der Schichtbetrieb eingeführt, also ununterbrochen 24 Stunden am Tag gearbeitet wird.

Ein Kapitalist, der ein Industrieunternehmen gründet, muß sein Kapital in zwei verschiedene Teile teilen: einen Teil für den Erwerb von Maschinen, Gebäuden, Rohstoffen, Hilfsstoffen usw. Der Wert dieses Teils des Kapitals geht im Verlauf des Produktionsprozesses in den Wert der Endprodukte ein und wird so *erhalten.* Man nennt diesen Teil daher das *konstante Kapital.* Der zweite Teil des Kapitals muß für den Ankauf von Arbeitskraft verwendet werden. Dieses Kapital vergrößert sich um den von den Arbeitern erzeugten Mehrwert. Man nennt es deswegen das *variable Kapital.* Die Beziehung zwischen dem konstanten und dem variablen Kapital bezeichnet man als die *organische Zusammensetzung des Kapitals.* Je entwickelter ein Unternehmen, ein Industriesektor oder ein Land ist, desto höher ist der Grad der organischen Zusammensetzung des Kapitals, d. h. desto höher ist der für die Anschaffung von Maschinen und Rohstoffen verausgabte Teil am Gesamtkapital.

Das von der Arbeitskraft neu geschaffene Produkt wird gemäß dem Verhältnis zwischen dem Mehrwert und den Löhnen zwischen den Arbeitgebern und den Arbeitern aufgeteilt. Man nennt dieses Verhältnis die *Mehrwertrate:* sie gibt den Grad der Ausbeutung der Arbeiterklasse an. Je größer sie ist, desto größer ist auch der Teil der von der Arbeitskraft geschaffenen

Werte, die sich der Kapitalist aneignet. Diese Rate interessiert also in noch viel höherem Maße die Arbeiter selbst.
Den Arbeitgeber dagegen interessiert sie nicht im geringsten. Er ist im Gegenteil darauf bedacht, dieses präzise Ausbeutungsverhältnis, das sich hinter dem Austausch der Arbeitskraft gegen den Lohn verbirgt, zu verschleiern. Was den Kapitalisten interessiert, ist vielmehr das Verhältnis zwischen der Masse des Mehrwerts, die ihm seine Geschäfte einbringen, und dem Gesamtkapital; hat er nicht sein ganzes Kapital investiert, um einen Profit zu erzielen?
Der Ankauf von Maschinen ist für den Kapitalisten nur in dem Maße eine »produktive Ausgabe«, wie die zu diesem Zweck vorgestreckten Kapitalien, genau wie das für den Erwerb von Arbeitskräften vorgestreckte Kapital, einen Gewinn abwerfen. Ansonsten würde er keine einzige Maschine kaufen. Er betrachtet also die Masse des von seinem Unternehmen erzeugten Mehrwerts als Ertrag seines Gesamtkapitals. Diese Beziehung nennt man die Profitrate.
Wenn man das konstante Kapital mit *c* bezeichnet, das variable Kapital mit *v* und den Mehrwert mit *m*, dann erhält man folgende Formel:

$$\text{Organische Zusammensetzung des Kapitals} = \frac{c}{v}$$

$$\text{Mehrwertrate} = \frac{m}{v}; \text{ Profitrate} = \frac{m}{c+v}$$

Der Ausgleich der Profitrate in der vorkapitalistischen Gesellschaft

In der einfachen Warenproduktion werden zwei Sorten Waren auf dem Markt angeboten: eine Masse lebensnotwendiger Güter, die jenen Produzenten gehören, die mit ihren eigenen Produktionsmitteln arbeiten (Handwerker und Bauern) und die sich außerhalb des Tätigkeitsfeldes des Kapitals befinden, und eine Reihe von Luxusprodukten und aus dem Fernhandel stammenden Waren, die durch das Kaufmannskapital herbeigebracht worden sind. In normalen Zeiten werden die lebenswichtigen Güter zu ihrem (durch das Quantum der zu ihrer Herstellung gesellschaftlich notwendigen Arbeitszeit bestimmten) Tauschwert verkauft. Die Luxuswaren werden zu Monopolpreisen verkauft, d. h., die Kaufleute erzielen über deren Wert hinaus noch eine Wertübertragung zu ihren Gunsten auf Kosten der Erzeuger und der Kunden.*

Damit diese beiden Warenkreisläufe voneinander getrennt bleiben, müssen zwei Bedingungen erfüllt sein. Einerseits muß dem Kapital aus wirtschaftlichen und sozialen Gründen (Stabilität und normale Versorgung der Absatzmärkte; gesetzliche Bestimmungen für die Zulassung in einem Handwerkszweig) der Zutritt in die Produktionssphäre versperrt bleiben. Andererseits müssen die relative Knappheit der Kapitalien und der relative Überfluß an Absatzmärkten es ermöglichen, daß im Bereich des Luxushandels eine Reihe *gleichartiger Monopole* entstehen kann. Die erste Bedingung war in der Tat bis zum Ausgang des Mittelalters gegeben. Vom 16. Jahrhundert an traten die Manufaktur und die Heimindustrie in wachsende Konkurrenz zum Handwerk; aber erst seit dem Triumph der Großfabrik erzeugt das kapitalistische Industrieunternehmen den Hauptteil der gebräuchlichen Konsumgüter und bestimmt damit auch ihren Wert.

Anders verhält es sich mit der zweiten Bedingung. Seit Anfang des 16. Jahrhunderts beginnt das im internationalen Handel Westeuropas investierte Kapitel die engen Grenzen der bestehenden Märkte zu überschreiten. Während die großen Profite der früheren Monopole noch in den abenteuerlichen und fernen Unternehmen (dem Landhandel mit In-

* In den Städten des mittelalterlichen Europas sind die Lebenshaltungskosten im allgemeinen fest geregelt und lassen keine großen Gewinnspannen zu, es sei denn, der Einkaufspreis liege unter dem Wert der Waren, wie das lange Zeit bei den Einkäufen der Hanse der Fall gewesen ist. Im islamischen Imperium, wo diese Festsetzung der Preise normalerweise nicht besteht und wo der Getreidehandel schon längst kapitalisiert ist, rufen die abwechselnd guten und schlechten Ernten heftige Preis- (und Profit-) Schwankungen hervor. Hierzu die durchschnittlichen Getreidepreise in Bagdad (in Germinal-Franken je Doppelzenter): im Jahre 960: 29,04 F; im Jahre 970: 12,10 F; im Jahre 993: 163,20 F; im Jahre 1025: 96,81 F; im Jahre 1083: 4,84 F. 68

dien und China zum Beispiel) zu finden sind, führt jetzt in dem, was Robert Lopez den »inneren Kreis« des internationalen Handels jener Epoche nennt, der ganz Europa und den ganzen Vorderen Orient umfaßt, eine erbitterte Konkurrenz zu einer Steigerung der Preise an der Einkaufsquelle einerseits und zu einer beträchtlichen Verminderung der Verkaufspreise und damit der Profite andererseits.[69]

Hatten sich einst zunächst Byzantiner und dann Venezianer wahrer Verkaufsmonopole für Seide und gewisse Gewürze erfreut, so nehmen nun Genueser und Katalonier, später Franzosen und Deutsche auf gleichem Fuß an diesem Handel teil. Hatten einst flämische Tuchhändler den Tuchhandel monopolisiert, so brechen Italiener, Brabanter, Engländer, Franzosen und Deutsche seit dem 14. Jahrhundert dieses Monopol. Hatte einst die deutsche *Hanse* den Heringshandel, den Holz- und Getreidehandel der Ostsee monopolisiert, so bringen englische, flämische und vor allem holländische Kaufleute diese Monopole jetzt sehr bald zu Fall.[70]

Das 14. und 15. Jahrhundert zeichnen sich also durch große Kapitalbewegungen aus, durch den Ansturm neuer Kapitalien und die Verdrängung alten Kaufmannskapitals, ein Vorgang, der die Monopolbereiche der vorhergegangenen Jahrhunderte zerstört. Diese Kapitalflucht strömt in Sektoren, in denen die Preise und die Profite am höchsten sind. So entsteht ein *Ausgleich der Handels-Profitrate;* es stellt sich eine durchschnittliche Profitrate ein, die Lopez auf 7 bis 12 % schätzt. Da der steile Anstieg der Profite, der die Handelsrevolution des 16. Jahrhunderts begleitet, mindestens ein Jahrhundert anhält, beseitigt die Konkurrenz im Handel bald die spanischen und die portugiesischen Monopole, und der Ausgleich der Preise und der Profite bei Luxuswaren vollzieht sich in den großen Zentren des modernen Welthandels in einem noch viel größeren Ausmaß: in Antwerpen, in Amsterdam, in London, in Hamburg, in Bordeaux usw.*

* Das Haus Welser in Augsburg beteiligte sich an der Finanzierung der portugiesischen Expedition nach Indien im Jahre 1505, finanzierte eine andere, halb handelsmäßige, halb militärische Expedition nach Venezuela im Jahre 1527, widmete sich dem Gewürzhandel zwischen Lissabon, Antwerpen und Süddeutschland, war Teilhaber an der Ausbeutung der Silber-

Der Ausgleich der Profitrate in der kapitalistischen Produktionsweise

Ein entsprechendes Phänomen zeichnet sich mit dem Aufblühen der kapitalistischen Produktionsweise ab. Das Kapital wagt sich nur sehr zögernd in einen neu erschlossenen Sektor. Die ersten Erbauer mechanischer Webstühle wurden Textilfabrikanten und fuhren oft fort, sich ihre Maschinen selbst zu konstruieren. Das Kapital strömt erst dann in einen Produktionszweig, wenn die Profite dort hoch sind. So sind in England erst im Verlauf der Jahre 1820 bis 1830, als die Nachfrage nach Textilmaschinen ständig stieg, große unabhängige Maschinenfabriken errichtet worden.[72]

Als nach den napoleonischen Kriegen in dem von der Kontinentalsperre befreiten Europa die Kaffeepreise in die Höhe schossen, während die Preise für Rübenzucker zurückgingen, begannen viele Pflanzer auf Java, auf Kuba, auf Haiti und Santo Domingo, sich vom Rohrzuckerbau auf den Kaffeeanbau umzustellen. Mit dem Jahre 1823 setzte ein Preissturz und ein Gewinnrückgang ein, so daß sich die Profitraten für Kaffee und Zuckerrohr einander anglichen.[73]

Der erste Techniker für Portland-Zement in Deutschland, Bleibtreu, war während 10 Jahren der einzige, der diesen Industriezweig ausbeutete. Es bedurfte des Booms von 1862 bis 1864 und eines Profites von 25% je Tonne, damit andere Kapitalien angezogen wurden, die eine Preissenkung mit sich brachten.[74]

Der Ausgleich der Profitrate in der kapitalistischen Produktionsweise resultiert also aus den Kapitalbewegungen; das Kapital strömt in jene Sektoren, in denen die Gewinne über dem Durchschnitt liegen, während es aus jenen, wo sie darunter liegen, abfließt. Der Rückfluß von Kapital vermindert die Produktion, schafft in einer bestimmten Branche eine Warenknappheit und bringt damit eine Steigerung der Preise und der Gewinne mit sich. Umgekehrt verursacht ein Kapitalzufluß in anderen Zweigen eine scharfe Konkurrenz und da-

und Kupferminen Tirols und Ungarns und besaß Handelsniederlassungen in den wichtigsten Städten Deutschlands, Italiens und der Schweiz.[71] Kurz, sein Kapital drang in all jene Sphären ein, die einen hohen Profit abwarfen.

mit eine Preissenkung und eine Verminderung der Profite. So wird in allen Sektoren infolge der Konkurrenz der Kapitalien und der Waren eine *Durchschnittsprofitrate* erzielt.
In der einfachen Warenproduktion verkaufen die Erzeuger ihre Waren normalerweise zu deren tatsächlichem Wert (die zu ihrer Herstellung gesellschaftliche notwendige Arbeitszeit). In der kapitalistischen Produktion besitzen die Waren gleichfalls einen eigenen Wert. Er setzt sich aus dem durch die Arbeitskraft erhaltenen Wert, d. h. aus dem Wert des zur Produktion der Waren verausgabten konstanten Kapitals, und dem von der Arbeitskraft *neu geschaffenen Wert* (variables Kapital + Mehrwert) zusammen. Man kann den Wert jeder kapitalistischen Ware schematisch in der Formel W = $c + v + m$ ausdrücken.
Stellen wir uns drei Unternehmen verschiedener Industriezweige vor: A, B und C. A sei beispielsweise eine Teigwarenfabrik, die relativ wenig Maschinen, dafür aber um so mehr Handarbeit benötigt; B sei ein Textilbetrieb, der mehr Maschinen verwendet, und C sei eine Maschinenfabrik, die noch mehr Maschinen als A und B in Gebrauch hat. Wir haben also in B eine höhere organische Zusammensetzung des Kapitals als in A, und in C eine höhere als in A und B.
Nehmen wir nun an, es bestehe eine durchschnittliche Arbeitsproduktivität und Arbeitsintensität und die Mehrwertrate sei in allen drei Fabriken gleich, nämlich 100 %. Den Wert der Produktion dieser drei Unternehmen kann man dann wie folgt berechnen (jede Einheit bedeutet zum Beispiel 1 000 DM):

$$\text{A: } 3000\,c + 1000\,v + 1000\,m = 5000$$

$$\frac{m}{v} = 100\,\%; \quad \frac{m}{c+v} = \frac{1000}{4000} = 25\,\%$$

$$\text{B: } 4000\,c + 1000\,v + 1000\,m = 6000$$

$$\frac{m}{v} = 100\,\%; \quad \frac{m}{c+v} = \frac{1000}{5000} = 20\,\%$$

$$\text{C: } 5000\,c + 1000\,v + 1000\,m = 7000$$

$$\frac{m}{v} = 100\,\%; \quad \frac{m}{c+v} = \frac{1000}{6000} = 16{,}6\,\%^{*}$$

* Diese Tabelle sowie die nachfolgende sind direkt entlehnt aus den Ta-

Die Profitrate ist somit in dem Sektor mit der höchsten organischen Zusammensetzung des Kapitals am niedrigsten. Das ist einleuchtend, denn nur das variable Kapital erzeugt Mehrwert. Wie wir jedoch gesehen haben, interessieren sich die Kapitalisten nur für die Profitrate, die ihr Gesamtkapital erbringt. Die Kapitalien fließen also zu jenen Sektoren, in denen die organische Zusammensetzung des Kapitals am niedrigsten ist und die Profitrate am höchsten. Kapitalzufluß aber bedeutet verschärfte Konkurrenz, und diese bedingt Erweiterung der maschinellen Anlagen und Rationalisierung der Arbeit. Aber eben diese Maßnahmen führen gerade zu einer Erhöhung der organischen Zusammensetzung des Kapitals. Und die Erhöhung der organischen Zusammensetzung des Kapitals bedeutet Senkung der Profitrate. Der Zu- und Abfluß läuft also auf den Ausgleich der Profitraten in den verschiedenen Industriezweigen hinaus, indem er die organische Zusammensetzung des Kapitals infolge der Konkurrenz verändert.

Produktionspreis und Warenwert

Heißt das, daß einem Ausgleich der organischen Zusammensetzung des Kapitals in den verschiedenen Industriezweigen faktisch ein Ausgleich der Profitrate vorausgehen muß? Keinesfalls. Betrachten wir uns noch einmal die drei Fabriken A, B und C, die drei verschiedene Industriesektoren repräsentieren. Die Unterschiede in der organischen Zusammensetzung des Kapitals dieser Fabriken entsprechen *im großen und ganzen* der unterschiedlichen Arbeitsproduktivität, die

bellen, die Marx im *Kapital* verwendet. Technisch gesehen sind diese Tabellen nicht ganz korrekt, weil hier die Profitrate auf der Grundlage des *Kapitalzuflusses* (in % der laufenden Produktion) berechnet wird, während der Kapitalist die Profitrate in bezug auf den investierten *Kapitalbestand* berechnet. Diese Unterscheidung zwischen »Zufluß« und »Bestand« ist in den makro-ökonomischen Techniken der Gegenwart üblich geworden; trifft man diese Unterscheidung nicht, so kann das zu schweren Irrtümern führen. Man braucht sich indessen lediglich ein Unternehmen vorzustellen, das jedes Jahr sein gesamtes investiertes Kapital erneuert; in diesem Falle werden unsere Beispiele technisch gesehen wieder richtig.

mehr oder weniger proportional der organischen Zusammensetzung des Kapitals ist.

Angenommen, die Fabrik B, deren organische Zusammensetzung des

Kapitals $\frac{0\,0c0}{1000\,v}$ beträgt, habe zu einer gegebenen Zeit in einem gegebenen Land genau die durchschnittliche Arbeitsproduktivität. Da die Arbeitsproduktivität von A geringer ist als die von B, arbeitet die Fabrik A mit einer *unterdurchschnittlichen Produktivität.* Gesellschaftlich gesehen, *verschwendet sie Arbeit* (genau wie ein Weber, der zu langsam arbeitet, in der einfachen Warenproduktion Arbeitskraft vergeudet). Anders in der Fabrik C mit einer höheren Produktivität als B; C *spart – gesellschaftlich gesehen – menschliche Arbeit.*

Der gesellschaftliche Wert einer Ware wird durch das Quantum *gesellschaftlich* notwendiger Arbeit – d. h. durch die unter den Bedingungen der Durchschnittsproduktivität notwendige Arbeit – bestimmt. Der gesellschaftliche Wert der Produktion von A liegt also unter der tatsächlich zur Herstellung der Waren verausgabten Arbeitsmenge, ist geringer als deren individueller Wert; der gesellschaftliche Wert der Produktion von C ist höher als das zur Herstellung der Waren tatsächlich verausgabte Arbeitsquantum. Durch die Konkurrenz der Kapitalien und der Waren entsteht also eine Übertragung von Wert und Mehrwert von den Sektoren mit niedriger Produktivität zu den Sektoren mit hoher Produktivität.

Aber es kann nur das übertragen werden, was besteht. Der Gesamtwert aller Waren kann den Gesamtwert aller während ihrer Produktion erhaltenen und neugeschaffenen Werte nicht übersteigen. Diese Wertübertragung vollzieht sich durch die Aufteilung des Mehrwertes unter die verschiedenen Industriezweige, durch den Ausgleich der Profitrate. In dem Beispiel, das wir gewählt haben, beträgt die Gesamtmasse des erzeugten Mehrwertes 3 000. Die Gesamtsumme der vorgeschossenen Kapitalien beträgt (4 000 + 5 000 + 6 000) = 15 000. Die gesellschaftlich durchschnittliche Profitrate beläuft sich also auf $\frac{3000}{15\,000}$ oder 20 %. Der Preis, den die Waren A, B und C auf dem Markt erzielen, beträgt für

$$A: 3000\,c + 1000\,v + 800\,m = 4800; \quad \frac{m}{c+v} = \frac{800}{4000} = 20\,\%$$

$$B: 4000\,c + 1000\,v + 1000\,m = 6000; \quad \frac{m}{c+v} = \frac{1000}{5000} = 20\,\%$$

$$C: 5000\,c + 1000\,v + 1200\,m = 7200; \quad \frac{m}{c+v} = \frac{1200}{6000} = 20\,\%$$

Produktionspreis nennt man den Preis, den die Waren auf dem kapitalistischen Markt einbringen; er errechnet sich aus dem für ihre Produktion vorgeschossenen Kapital, vermehrt um das Produkt aus diesem Kapital und der Durchschnittsprofitrate. Diese Preisbildung bedeutet unter normalen Bedingungen, daß sich jedes Kapital einen Teil des gesamten von der Gesellschaft erzeugten Mehrwertes aneignet, der dem Anteil des betreffenden Kapitals am gesellschaftlichen Gesamtkapital entspricht.

Wenn bei der Bildung des Produktionspreises auch eine beträchtliche Differenz in bezug auf den *individuellen Wert* der Waren entstehen kann, so bedeutet das keineswegs eine Beeinträchtigung des Wertgesetzes. Diese Preisbildung ist nur die spezielle Anwendung unseres Gesetzes auf eine vom Profit gesteuerte Gesellschaft, die unter den Bedingungen der Konkurrenz produziert und deren Produktivitätsgrad in einer ständigen Umwälzung begriffen ist. Denn gerade auf dem Weg der Konkurrenz erweist es sich, ob die in einer Ware verkörperte Arbeitsmenge ein *gesellschaftlich notwendiges Quantum darstellt oder nicht*. Die Tatsache, daß durch das Spiel der Konkurrenz der Kapitalien und durch den Ausgleich der Profitrate ein Teil des in Industriezweigen mit einer niedrigen organischen Zusammensetzung des Kapitals erzeugten Mehrwertes nach jenen Sektoren mit einer hohen organischen Zusammensetzung des Kapitals abwandert, entspricht der Vergeudung gesellschaftlicher Arbeit, die im ersten Sektor stattfindet. Ein Teil der verausgabten menschlichen Arbeit ist, gesellschaftlich gesehen, unnütz vertan worden und wird folglich im Austausch nicht durch Äquivalent vergütet.*

* Unzählige Autoren haben beteuert, daß Marx die Arbeitswerttheorie, nachdem er sie im 1. Band des *Kapitals* ausgearbeitet hatte, später, als er sich im 3. Band bemühte, den Gesamtmechanismus der kapitalistischen Wirtschaft zu analysieren, stillschweigend wieder habe aufgeben müssen. Nach der Veröffentlichung der *Grundrisse* steht heute fest, daß Marx die

Das Spiel des berühmten »Gesetzes von Angebot und Nachfrage« ist ebenfalls nichts anderes als eine Illustration eben des Wertgesetzes. Wenn bei einer bestimmten Ware das Angebot die Nachfrage übersteigt, so bedeutet das, daß man für die Produktion dieser betreffenden Ware insgesamt mehr menschliche Arbeit verausgabt hat, als gesellschaftlich notwendig wäre. Der insgesamt erzielte Marktpreis fällt deshalb unter den Produktionspreis.

Ist umgekehrt die Nachfrage größer als das Angebot, so bedeutet dies, daß man auf die Produktion der betreffenden Ware weniger menschliche Arbeit verwendet hat, als gesellschaftlich notwendig gewesen wäre; der Marktpreis steigt somit über den Produktionspreis hinaus.

Fallen die Marktpreise, so fallen auch die Profite; die Kapitalisten passen sich der Situation an, indem sie die durchschnittliche Arbeitsproduktivität anheben (und so den Selbstkostenpreis senken); das wiederum schaltet die Unternehmen mit zu niedriger Produktivität aus und bringt Angebot und Nachfrage wieder in Gleichgewicht. Wenn die Marktpreise steigen, wird das Kapital durch die gestiegenen Profite zu den entsprechenden Sektoren hingezogen, und die Produktion steigt so lange, bis das Angebot die Nachfrage wieder übersteigt und die Preise zu sinken beginnen. Das Spiel der Konkurrenz, die Schwankungen der Marktpreise um den Wert (die Produktionspreise) der Waren stellen in einer anarchischen Gesellschaft, die für einen blinden Markt produziert, den einzigen Mechanismus dar, durch den die individuellen Kapitalisten den gesellschaftlichen Bedürfnissen gerecht werden. Aber das Spiel von »Angebot und Nachfrage« erklärt nur die *Schwankungen* der Preise; es bestimmt nicht die *Achse*, um die jene Schwankungen erfolgen; diese Achse bleibt durch die in der Warenproduktion verausgabte gesellschaftlich notwendige Arbeitszeit bestimmt.

Der Ausgleich der Profitrate und die Verteilung der Kapitalien und der Vorräte auf die verschiedenen Sektoren der Wirtschaft nach den Erfordernissen des Marktes kann sich nur dann in klassischer Weise vollziehen, wenn ein völlig freier Wettbewerb auf allen Stufen herrscht, eine freie Konkurrenz

Theorie der Produktionspreise schon seit 1858, d. h. sogar noch vor Abfassung des 1. Bandes des *Kapitals*, ausgearbeitet hat.75

unter den Käufern sowie zwischen Käufern und Verkäufern.* Eine solche vollständige Konkurrenz hat es niemals gegeben; in der Anfangsepoche des Kapitalismus gab es wegen der monopolistischen und halb-monopolistischen Sektoren, die aus früheren Epochen überlebten, nur eine *Annäherung an diesen* Ausgleich, und später, als die kapitalistische Produktionsweise selbst in das Stadium der Monopole eintrat, nahm der Ausgleich der Profitrate eine neue und besondere Form an.**

Zentralisation und Konzentration des Kapitals

Der Ausgleich der Profitrate begünstigt die Unternehmen mit der höchsten Produktivität. Er wirkt sich zuungunsten solcher Unternehmen aus, deren Produktionskosten höher sind als die durchschnittlichen Produktionspreise. Die Senkung der Produktionskosten und die Steigerung der Arbeitsproduktivität bedeuten in erster Linie eine Verbesserung und eine Vermehrung der Produktionsmittel, bedeuten die Ersetzung lebendiger Arbeit (menschlicher Arbeitskraft) durch tote Arbeit (Werkzeuge, die nichts anderes als geronnene, unbezahlte Arbeit sind). Die am besten ausgerüsteten Unternehmen mit der höchsten organischen Zusammensetzung des Kapitals werden somit als Sieger aus der kapitalistischen Konkurrenz hervorgehen.

»Der kapitalistische Unternehmer wurde durch den Druck der Maschine selbst zu ständig neuen Eroberungen getrieben. Er mußte mit der Konkurrenz Schritt halten, um die Preise senken zu können; und eben dies war ein permanenter Anreiz dafür, sowohl den Umfang seiner Produktion zu vergrößern als auch die verbesserten Maschinen, die ständig hergestellt wurden, anzuschaffen. Zweifellos gab es eine *optimale*

* Diese letztere Bedingung ist übrigens durch die kapitalistische Produktionsweise auf dem sogenannten »Arbeitsmarkt« für die Besitzer der Arbeitskraft *institutionell* ausgeschlossen.

** Das Problem der Umwandlung von Werten in Preise ist anhand minutiöser Berechnungen in allen Einzelheiten von Nathalie Moszkowska untersucht worden: *Das Marxsche System: Ein Beitrag zu dessen Aufbau* – ein Buch, das 1929 erschienen ist und außerhalb Deutschlands kaum ein Echo gefunden hat.

Grenze für die Größe von Betrieben, eine Grenze, die nur auf Kosten der Produktivität überschritten werden konnte; selbst zu der Zeit, als die industrielle Revolution in Hochblüte stand. Aber da sich dieses *Optimum* sehr rasch ausdehnte, befand sich die große Mehrheit der Unternehmer wahrscheinlich wohl stets diesseits dieser Grenze und bemühte sich, sie zu erreichen.«[76]

Je mehr sich das Maschinenwesen vervollkommnet, desto höher muß die erforderliche organische Zusammensetzung des Kapitals sein, damit ein Unternehmen den Durchschnittsprofit erzielen kann. Das zur Eröffnung eines neuen Unternehmens, das einen Durchschnittsprofit abwerfen soll, in der Regel benötigte Kapital wächst im gleichen Verhältnis. Es ergibt sich, daß die mittlere Größe der Unternehmen gleichfalls in jedem Industriezweig wächst. Jene, die eine überdurchschnittliche organische Zusammensetzung des Kapitals haben, die über die höchsten Reserven und das meiste Kapital verfügen und so am schnellsten auf dem Weg des technischen Fortschritts vorankommen können, werden im Wettbewerb zwischen den Unternehmen somit Sieger bleiben. Als ein Beispiel unter tausend zeigt die folgende Tabelle die mit der Größe der Unternehmen wachsende Bedeutung der Investitionen, also des technischen Fortschritts, für Westdeutschland:

Investitionen 1955 in Prozent des Umsatzes[77]

Firmen mit	Chemische Industrie	Maschinenbau	Elektrotechnische Industrie	Textilindustrie
1– 49 Beschäftigten	3,4	1,5	—	—
50–199 Beschäftigten	3,8	5,5	5,7	4,2
200–999 Beschäftigten	4,7	6,0	6,1	4,3
über 1000 Beschäftigten	13,6	8,2	7,1	4,8

Die Entwicklung der kapitalistischen Produktionsweise bringt also notwendig eine *Zentralisierung* und *Konzentration* des Kapitals mit sich. Die Durchschnittsgröße der Unternehmen wächst unaufhörlich; eine große Zahl kleiner Unternehmen wird durch eine geringe Anzahl von Großunternehmen, die einen wachsenden Anteil des Kapitals, der Arbeit, der Gelder und der Produktion in allen Industriezweigen kontrollieren, im Konkurrenzkampf geschlagen. Einige wenige Großunternehmen vereinigen in sich eine solche Masse an Produktionsmitteln und an Arbeitskräften, wie man sie vorzeiten nur in Dutzenden wenn nicht in Hunderten von Manufakturen gefunden hat.

Die Großunternehmen zermalmen die Kleinen im Konkurrenzkampf. Da deren Herstellungspreise zu hoch sind, können sie ihre Waren nicht mehr mit Gewinn absetzen und machen Konkurs. In Zeiten wirtschaftlicher Krisen und Depressionen rafft der Zusammenbruch die kleinen Unternehmen zu Hunderten und zu Tausenden hinweg. So setzt die kapitalistische Produktion den *Prozeß der Enteignung* fort, der am Anfang der kapitalistischen Produktionsweise steht. Aber nicht die unabhängigen Erzeuger sind jetzt die Opfer, sondern die Kapitalisten selbst. *Die Geschichte des Kapitals ist die Geschichte der Zerstörung des Eigentums von vielen zugunsten einer immer kleiner werdenden Minderheit.**

Was wird aus jenen kapitalistischen Unternehmern, die der Konkurrenz zum Opfer gefallen sind? Sie sind entweder durch unmittelbaren Bankrott oder durch die ganze oder partielle Übernahme ihres Besitzes seitens der Großkapitalisten um ihr Kapital gebracht worden. In den meisten Fällen bleiben die so »enteigneten« Kapitalisten Direktoren, d. h. Gehaltsempfänger ihrer Unternehmen. Wenn nicht, so werden sie kleine Geschäftsführer oder Techniker. Wenn ihr Unternehmen zu klein war und ihre Verbindungen zur Geschäftswelt rasch verfallen, können sie sogar einfache Arbeiter oder Angestellte werden. Das ist die *Proletarisierung*** der Mittelklassen, ihre Verwandlung von Kapitalbesitzern in einfache Besitzer von Arbeitskraft. Diese Entwicklung wird durch die nachstehende Tabelle (s. S. 176), die sich auf die USA und auf Westdeutschland bezieht, deutlich bestätigt.

Ähnlich sind in Frankreich im Jahre 1906 47 % der erwerbstätigen Bevölkerung Lohnempfänger; 1921 sind es 54,3 %; 1931 57,6 % und 1953 65 %.

* Siehe hierzu die Zahlen in den Kapiteln VII und XII.

** Man muß die wissenschaftliche Bedeutung dieses Begriffs verstehen, der nicht zwangsläufig eine Verelendung im Sinne der Senkung des Lebensniveaus impliziert.

Die Entwicklung der Klassenstruktur in den USA*
(in % der erwerbstätigen Bevölkerung)[78]

	1880	1890	1900	1910	1920	1930	1939	1950	1960
Lohnempfänger aller Art	62	65	67,9	71,9	73,9	76,8	78,2	79,8	84,2
Unternehmer aller Art	36,9	33,8	30,8	26,3	23,5	20,3	18,8	17,1	14,0

Die Entwicklung der Klassenstruktur in Deutschland
(in % der erwerbstätigen Bevölkerung)[79]

	Gesamtdeutschland				
	1882	1895	1907	1925	1933
Selbständige (einschl. mithelfende Familienangehörige)	48,2	39,1	35	31,2	29,9
Lohn- und Gehaltsempfänger	57,2	60,9	65	68,8	70,1

	Gebiet der Bundesrepublik		
	1939	1950	1956
Selbständige (einschl. mithelfende Familienangehörige)	28,6	26,4	24,8
Lohn- und Gehaltsempfänger	71,4	73,6	75,2

Wenn die Zerstörung mittlerer und kleiner Betriebe und vor allem von Handwerksbetrieben nicht von einem allgemeinen Aufschwung der Industrie begleitet ist, der einen neuen Bedarf an Arbeitskräften schafft, dann werden die der Konkurrenz erlegenen ehemaligen Produktionsmittelbesitzer nicht einmal zu Lohnempfängern, sondern gänzlich aus dem Produktionsprozeß ausgestoßen. Sie werden nicht nur proletari-

* Strenggenommen ist diese Formulierung nicht ganz korrekt, da die Kategorie »Lohn- und Gehaltsempfänger« eine gewisse Anzahl von Direktoren, Ingenieuren, hohen Beamten usw. enthält, die trotz ihres Status von unselbständigen Gehaltsempfängern durch ihre Lebensweise, ihre gesellschaftlichen Funktionen, die Höhe ihres Einkommens etc. viel eher zur Bourgeoisie gehören.

siert, sondern verelenden völlig. So hat es sich namentlich zu Beginn des Industriekapitalismus in Westeuropa zugetragen und später in den zurückgebliebenen Ländern, die massenhaft mit kapitalistischen Waren überschwemmt worden sind. Dieses Phänomen wiederholt sich ständig in kleinem Maßstab. Es hat in der Zeit der Inflation nach dem Ersten Weltkrieg und der großen Wirtschaftskrise 1929–1933 einen großen Umfang angenommen und entscheidend dazu beigetragen, dem Faschismus eine Massenbasis zu liefern.

In den Vereinigten Staaten erfuhr die Seidenindustrie im Verlauf des Ersten Weltkrieges und danach einen außergewöhnlichen *Boom*, dessen Mittelpunkt die kleine Stadt Paterson war. Als die Überproduktion und dann das Aufkommen von Rayon (Kunstseide) der Seidenindustrie einen harten Schlag versetzte, kauften zahlreiche Arbeitslose, die dank der überhöhten Löhne der vorausgegangenen Periode einige Ersparnisse hatten ansammeln können, Webstühle aus zweiter Hand und wurden zu Kleinunternehmern. Aber im Zeitabschnitt von 1927 bis 1940 arbeiteten mehr als 50 % dieser Betriebe ständig mit Verlust. Einkommen von 6 bis 7 Dollar in der Woche waren für diese »Unternehmer« keine Seltenheit.[80] Wie im Fall der Bauern, die winzige Parzellen besitzen, handelte es sich hier um eine verschleierte Verelendung, wo der »Besitz« von Produktionsmitteln die Tatsache verhüllte, daß die Einkommen niedriger waren als selbst die der Arbeitslosen der Industrie. Die »Produktivität« dieser Arbeit ist so niedrig, daß wir von einer *Unterbeschäftigung*, von *versteckter Arbeitslosigkeit* sprechen können.

Der Prozeß der Zentralisierung und der Konzentration des Kapitals ist indessen nicht von einem hierzu proportionalen Verschwinden der Mittelklassen begleitet. Kleine und mittlere Kapitalisten ziehen sich freiwillig aus einem Produktionssektor zurück, wenn die Konkurrenz der Großbetriebe zu gefährlich wird, und versuchen, neue Industriezweige zu erschließen, wobei ihnen, wie Rosa Luxemburg sagte, eine gewisse Pionierrolle zukommt. Andererseits läßt die industrielle Konzentration neue sogenannte »unabhängige« Erwerbszweige entstehen. Die Riesenfabriken umgeben sich mit einer Vielzahl von Reparaturwerkstätten. Sie reichen von Werkstätten, die nur vereinzelte Stückaufträge oder Spezialaufträge aus-

führen, bis zu kleinen Betrieben, die in dieser Produktion rentabler arbeiten.
Schließlich ruft das beträchtliche Wachstum des konstanten Kapitals eine *neue Unternehmenshierarchie* ins Leben, die sich zwischen den früheren Werkmeister und den Direktor schiebt: Techniker, Chefingenieure, Produktionsdirektoren, Planungsbüros, Verkaufs- und Werbechefs, Marktforschungsabteilungen, Leiter von Versuchslaboratorien usw. So entsteht die *neue Mittelklasse*, deren Lebensniveau ungefähr dem der alten Mittelklasse entspricht. Aber diese neue Mittelklasse unterscheidet sich von der alten mittelständischen Bourgeoisie durch die Tatsache, daß sie *keine Produktionsmittel mehr besitzt*, sondern aus einfachen Angestellten besteht, nur durch Lohnhöhe, Traditionen, Lebensweise und Vorurteile vom eigentlichen Proletariat getrennt.

Der tendenzielle Fall der Durchschnittsprofitrate

Der Ausgleich der Durchschnittsprofitrat verändert die Aufteilung des Mehrwertes zwischen den Unternehmen zugunsten der Unternehmen mit der höheren organischen Zusammensetzung des Kapitals. Steigt jedoch die durchschnittliche organische Zusammensetzung des Kapitals für die *Gesamtheit* der Unternehmen, dann senkt sich – unter sonst gleichen Umständen – die mittlere Profitrate. Wenn beispielsweise von einem Jahrzehnt auf das andere der Wert der Jahresproduktion von 300 Milliarden C + 100 Milliarden V + 100 Milliarden M = 500 Milliarden auf 400 Milliarden C + 100 Milliarden V + 100 Milliarden M = 600 Milliarden steigt, so führt die Erhöhung der organischen Zusammensetzung des Kapitals von 3 auf 4 zu einer Verminderung der Profitrate

$$\text{von } \frac{100}{400} = 25\,\% \text{ auf } \frac{100}{500} = 20\,\%$$

»Wenn ein System immer mehr Werkzeuge und Produktionsmittel ansammelt, verringert sich die Ertragsrate des neuen und des alten Kapitals.«[81] Die Steigerung der organischen Zusammensetzung des Kapitals, die Vermehrung der toten

Arbeit im Verhältnis zur lebendigen Arbeit ist der Wesenszug der kapitalistischen Produktionsweise. *Der tendenzielle Fall der Durchschnittsprofitrate* ist somit ein Entwicklungsgesetz der kapitalistischen Produktionsweise.
Als Beispiel diene die Entwicklung der Profitrate in der amerikanischen verarbeitenden Industrie im Abstand von 10 Jahren[82].*

	Konstantes Kapital fix Mill. $	zirkulierend Mill. $	Löhne und Gehälter Mill. $	Profite Mill. $	Profitrate %
1889	350	5 162	1 891	1 869	26,6
1899	512	6 386	2 259	1 867	20,5
1909	997	11 783	4 106	3 056	18,1
1919	2 990	36 229	12 374	8 371	16,2

Steindl[83] führt die folgenden Ziffern an, die die Tendenz der Verlangsamung des Akkumulationsrhythmus des Kapitals im klassischen Kapitalismus anzeigen:
Die Entstehung von neuem Geschäftskapital (*business capital*) im Verlauf von je 10 Jahren in % des durchschnittlich vorhandenen Geschäftskapitals:

1869–1878	3,75 %	1909–1918	2,76 %
1879–1888	4,65 %	1919–1928	2,18 %
1889–1898	4,30 %	1929–1938	0,38 %
1899–1908	3,75 %		

Wir wissen, daß die Arbeitskraft zugleich Wert erhält und neuen Wert schafft. Das Sinken der Profitrate bedeutet, daß ein wachsender Teil des Jahresprodukts lediglich zur *Erhaltung* des Wertes des bestehenden Stammkapitals dient, während ein schrumpfender Teil den Wert dieses Kapitalbestandes

* Berechnung der Größen: Wert des hinzugefügten Wertprodukts = zirkulierendes konstantes Kapital. Wertminderung = fixes konstantes Kapital. Hinzugefügter Wert (Löhne + Gehälter + Wertminderung) = Profit. Für die Entwicklung der Profitrate zur Zeit der Monopole siehe Kapitel XII und XIV.

erhöht. Diese theoretisch dargestellte Tatsache findet man in der folgenden, von Kuznets aufgestellten Statistik[84] bestätigt: Kuznets hat errechnet, welcher jährliche Prozentsatz des Wertes der gesamten amerikanischen Werkzeug- und Maschinenproduktion nicht als Ersatz für die im Gebrauch befindlichen Einheiten hergestellt wird, sondern der *Erweiterung* des Werkzeug- und Maschinenbestandes dient:

1879–1888	57,2 %	1909–1918	43,1 %
1889–1898	57,9 %	1919–1928	36,6 %
1899–1908	54,1 %		

Kuznets gibt ferner nachstehende Zahlen der Amortisationskosten des bestehenden fixen Kapitals in Prozent der Brutto-Kapitalbildung an:

1879–1888	39,7 %	1919–1928	62,4 %
1889–1898	43,0 %	1929–1938	86,7 %
1899–1908	46,5 %	1939–1948	67,8 %
1909–1918	50,1 %		

Das tendenzielle Absinken der Profitrate vollzieht sich jedoch nicht in einer einheitlichen, von Jahr zu Jahr und von Jahrzehnt zu Jahrzehnt gleichen Weise. Es wird durch eine Reihe im umgekehrten Sinn wirkender Faktoren gebremst.

a) Steigerung der Mehrwertrate: Wachstum der organischen Zusammensetzung des Kapitals heißt Wachstum der Arbeitsproduktivität, was wiederum auf eine Erhöhung des relativen Mehrwerts und damit der Mehrwertrate hinauslaufen kann. Wenn von einem Jahrzehnt auf das andere der Gesamtwert der Produktion von 300 Milliarden c + 100 Milliarden v + 100 Milliarden m = 500 Milliarden auf 400 Milliarden c + 100 Milliarden v + 125 Milliarden m = 625 Milliarden angestiegen ist, so hat sich die Mehrwertrate $\frac{m}{v}$ von 100 auf 125 % erhöht; und trotz der Steigerung der organischen Zusammensetzung des Kapitals von 3 auf 4 ist die Profitrate die gleiche geblieben: $\frac{m}{c+v} = \frac{100}{400} = 25\,\%$; $\frac{125}{500} = 25\,\%$

Auf die Dauer läßt sich jedoch unmöglich eine *gleichwertige* Steigerung der Mehrwertrate und der organischen Zusammensetzung des Kapitals erreichen, weil mit der Steigerung der Arbeitsproduktivität häufig eine Ausdehnung des Bedarfs der Arbeiter und damit eine entsprechende Erhöhung des Wertes der Arbeitskraft verbunden ist; das wiederum begünstigt die Entwicklung der Arbeiterbewegung und begrenzt so das Wachstum der Mehrwertrate. *Man muß vor allem betonen, daß die Steigerung der Mehrwertrate auf absolute Grenzen stößt* (die Unmöglichkeit, die notwendige Arbeit auf Null zu reduzieren), *während es für die Erhöhung der organischen Zusammensetzung des Kapitals keine Grenze gibt.*

Die *Zusammenbruchstheorie* geht letztlich darauf zurück, daß es dem Kapital unmöglich ist, langfristig den tendenziellen Fall der Durchschnittsprofitrate durch eine Steigerung der Mehrwertrate aufzufangen, und daß den in Kapitel XI angeführten Gründen periodische Krisen unvermeidlich sind.

b) Das Sinken der Preise des konstanten Kapitals: Die organische Zusammensetzung des Kapitals drückt nicht das Verhältnis zwischen der *stofflichen Masse* der Arbeitsmittel und der Zahl der Arbeiter, sondern das Verhältnis zwischen dem *Wert* der Produktionsmittel und dem *Preis* der beschäftigten Arbeitskraft aus. Wenn nun die allgemeine Arbeitsproduktivität steigt, dann vermindert sich der Wert jeder einzelnen Ware. Dieses Gesetz gilt für alle Waren; also auch für Maschinen und andere Produktionsmittel. Die Erhöhung der organischen Zusammensetzung des Kapitals läuft gleichfalls auf eine Preisminderung der Maschinen und somit auf eine Wertminderung des konstanten Kapitals in bezug auf das variable hinaus, arbeitet also dem tendenziellen Fall der Profitrate entgegen.

Wenn indessen jeder Fortschritt der Produktivität den Wert jeder Einheit des konstanten Kapitals unbestreitbar herabsetzt, so zieht eben dieser Fortschritt gleichzeitig das beträchtliche Anschwellen der Zahl dieser Einheiten mit sich. Der Wert einer Maschine fällt, aber die Anzahl der Maschinen steigt verhältnismäßig schneller, der Wert der Gesamtheit der Maschinen steigt also eher, als daß er konstant bleibt. So ist in den Vereinigten Staaten der Wert der Produktionsmittel (*producers durables*) im Verhältnis zum Volksvermögen von 7,4 % im Jahre 1900 auf 8,3 % im Jahre 1910, auf 10 % im Jahre 1920, auf 9 % im Jahre 1930, auf 8,7 %

im Jahre 1940, auf 10,9 % im Jahre 1950 und auf 11,9 % im Jahre 1955 gestiegen.[85]

c) Die Ausdehnung der Grundlage der kapitalistischen Produktion: Durch den Außenhandel gewinnt das Kapital billigere Rohstoffe und sonstige unentbehrliche Produkte, wodurch sich sowohl der Wert des konstanten Kapitals wie der der Arbeitskraft vermindert, während die Mehrwertrate und die Profitrate steigen. Durch die Einführung der kapitalistischen Produktionsweise in neuen Gebieten und neuen Ländern, in denen anfänglich eine niedrigere organische Zusammensetzung des Kapitals vorherrscht, wird der Fall der Profitrate ebenfalls gebremst.

Die Erweiterung des Fundaments der kapitalistischen Produktionsweise bringt unvermeidlich eine Erweiterung des Warenaustauschs mit sich. Im Austausch für die Waren, die die kapitalistischen Länder importieren, exportieren sie Fertigwaren und Kapital, was schließlich dazu führt, daß die dortige Produktionsweise zerstört wird und die kapitalistische Produktion an ihre Stelle tritt. Indem sich die kapitalistische Produktionsweise ausdehnt und sich in weltweitem Maßstab etabliert, verringert sie jene Sektoren, in denen eine höhere Profitrate erzielt werden kann. Diese Expansion hat während einer ganzen Epoche eine wichtige Rolle für die Dämpfung oder das Aufhalten des tendenziellen Falls der Profitrate gespielt, aber ihre Wirksamkeit schwindet immer mehr; sie kann sogar die gegenteilige Wirkung hervorrufen – nämlich dann, wenn die zurückgebliebenen, nun ihrerseits industrialisierten Länder die fortgeschrittenen Länder zwingen, die organische Zusammensetzung des Kapitals zu erhöhen, um sich in der internationalen Konkurrenz zu behaupten.

d) Die Steigerung der Masse des Mehrwerts: Die ständige Erweiterung des kapitalistischen Operationsfeldes, die Akkumulation von Kapital, das Anwachsen der Zahl der Lohnarbeiter sind gleichbedeutend mit einer fortwährenden Vergrößerung der *Masse* des Mehrwertes. Wenn das Absinken der Profitrate relativ beschränkt bleibt, ist diese absolute Steigerung dazu angetan, den Kapitalisten mit dem System »auszusöhnen«. Der Kapitalist ist in Wirklichkeit nicht durch die Aussicht erschreckt, anstatt 12 % von 200 Millionen »nur« 10 % von 1 Milliarde zu verdienen. Die Erhöhung des Gewinns von 24 auf 100 Millionen wiegt den leichten Abfall der Profitrate auf. Die Verkürzung der Umschlagszeit des Kapitals trägt ganz besonders zum Wachstum der Mehrwertmasse bei.

Der Hauptwiderspruch des kapitalistischen Systems

Alle Widersprüche der kapitalistischen Produktionsweise lassen sich in einem allgemeinen und fundamentalen Widerspruch zusammenfassen: dem *Widerspruch zwischen der wachsenden tatsächlichen Vergesellschaftung der Produktion und der privaten, kapitalistischen Form der Aneignung.*

Die Vergesellschaftung der Produktion unter dem kapitalistischen Regime stellt die bedeutsamste, die fortschrittlichste historische Auswirkung des allgemeinen Sieges der kapitalistischen Produktionsweise dar. An die Stelle der Zersplitterung der partriarchalischen Gesellschaft, der Sklavengesellschaft, der Feudalgesellschaft in Tausende kleiner, voneinander unabhängier Produktions- und Konsumtionszellen, zwischen denen nur ganz rudimentäre Bande namentlich Tauschbeziehungen) bestanden, treten *allumfassende menschliche Beziehungen.* Die Arbeitsteilung breitet sich aus und vervollkommnet sich nicht nur in einem Lande, sondern im Weltmaßstab. Niemand erzeugt mehr in erster Linie Gebrauchswerte für seinen persönlichen Bedarf. Die Arbeit eines jeden wird in dem Maße, wie jeder nur dank der Arbeit von Tausenden und Abertausenden überleben kann, zur unabdingbaren Voraussetzung für das Überleben aller. Die individuelle Arbeit besteht nur noch als kleine Zelle der gesellschaftlichen Arbeit. Nur die tatsächliche Zusammenarbeit aller Menschen hält die moderne gesellschaftliche Produktion in Gang. Diese Produktion ist also vergesellschaftet und bezieht die gesamte Menschheit in sich ein.

Die Vergesellschaftung der Produktion unter dem kapitalistischen Regime erlaubt eine ungeheure Entfaltung an Produktivkräften. Das Anwachsen des konstanten Kapitals, vor allem der Zahl der Maschinen, der Werkzeuge in der Industrie und im Transportwesen, ist nur durch die konsequente Entwicklung der Arbeitsteilung möglich. Dieser außergewöhnliche Aufschwung der Produktivkräfte ist in dem Wachstum der organischen Zusammensetzung des Kapitals, in der Konzentration des Kapitals, in der ständigen Ausdehnung der Basis der kapitalistischen Produktionsweise, die im Begriff steht, die ganze Welt zu erobern, mit enthalten. Er impliziert eine nicht weniger erstaunliche Entwicklung der menschlichen Bedürfnisse, ein erstes Bewußtwerden der universellen Entwicklungsmöglichkeiten aller Menschen.

Aber diese wachsende Sozialisierung der Produktion, die die Arbeit aller Menschen in tatsächlich kooperative Arbeit verwandelt, ist nicht geregelt, gelenkt und nach einem bewußten Plan verwaltet. Sie wird durch blinde Kräfte gesteuert, durch »Marktgesetze«, durch die Schwankungen der Profitrate und das Spiel des Ausgleichs der Profitrate, jener besonderen Form, die das Wertgesetz im kapitalistischen Regime annimmt. Deswegen entwickelt sich die gesamte, objektiv vergesellschaftete Produktion unabhängig von den menschlichen Bedürfnissen, die sie selbst hervorgerufen hat; einzig die Profitgier der Kapitalisten ist maßgebend für die Entwicklungsrichtung der Produktion.

Die private Aneignung macht den Profit zum alleinigen Motor der Produktion. Das verleiht der Entwicklung der Produktivkräfte einen unsteten und ruckartigen Charakter. Die Produktion entwickelt sich in Sprüngen; aber nicht in den Sektoren, in denen die dringendsten menschlichen Bedürfnisse bestehen, sondern in jenen, in denen die höchsten Gewinne erzielt werden können. Die Produktion von alkoholischen Getränken, von *Comic books* und zahlreichen Betäubungsmitteln rangiert vor dem Kampf gegen die Verunreinigung der Luft, rangiert vor der Erhaltung der natürlichen Hilfsquellen oder dem Bau von Schulen und Krankenhäusern.[86] In Großbritannien gibt man heute mehr Geld für Wetten aus als für den Kampf gegen den Krebs, gegen die spinale Kinderlähmung und die Arteriosklerose...

Die private Aneignung des gesellschaftlichen Mehrprodukts, des Mehrwerts, bestimmt ferner den *anarchischen* Charakter der kapitalistischen Produktion. Unterproduktion in einem Sektor ist ständig von Überproduktion auf einem anderen Gebiet begleitet, bis die allgemeine Überproduktion und die Krise periodisch die Frevel dieser Anarchie wieder korrigieren. Das Ungleichgewicht, das Mißverhältnis zwischen den

verschiedenen Produktionszweigen ist die unvermeidliche Folge dieser Anarchie. Die Aufteilung der menschlichen Arbeit auf die verschiedenen Produktionszweige entspricht niemals genau der Verteilung der Kaufkraft für die Erzeugnisse dieser Sektoren.
Wenn dieses Mißverhältnis zu kraß wird, dann mündet es in die Krise, die ein neues, vorübergehendes und kurzlebiges Gleichgewicht herstellt.
Der Widerspruch zwischen der wachsenden, tatsächlichen Vergesellschaftung der kapitalistischen Produktion und der privaten Form der Aneignung tritt in Gestalt des Widerspruchs zwischen der Tendenz der unbegrenzten Entwicklung der Produktivkräfte und den engen Grenzen, in die der Konsum gezwängt bleibt, zutage. Die kapitalistische Produktionsweise ist somit die erste Wirtschaftsform, in der die Produktion sich völlig vom Konsum zu trennen, in der die Produktion zu einem Selbstzweck zu werden scheint. Aber die periodischen Krisen erinnern sie immer wieder recht schroff daran, daß sich die Produktion auf die Dauer nicht gänzlich von der (monetären) Konsumtionsfähigkeit der Gesellschaft lösen kann.

Freie und entfremdete Arbeit

Der Produzent einer primitiven Gesellschaft trennt im allgemeinen seine produktive Tätigkeit, »die Arbeit«, nicht von seinen anderen menschlichen Tätigkeiten. Zweifellos drückt sich in diesem hohen Grad an Einheitlichkeit seines ganzen Daseins vor allem die Armut der Gesellschaft und der äußerst beschränkte Charakter seiner Bedürfnisse aus und nicht der bewußte Versuch einer universellen Entwicklung der menschlichen Fähigkeiten. Er ist der Tyrannei der Naturgewalten unterworfen. Das schließt eine schlechte Kenntnis der Natur, die erniedrigende Abhängigkeit von der Magie, eine primitive Entwicklung des Denkens in sich ein. Aber die Auswirkungen dieser Erniedrigung werden durch das hohe Maß an Solidarität und gesellschaftlicher Zusammenarbeit stark gemildert. Die Eingliederung des Individuums in die Gesellschaft vollzieht sich in verhältnismäßig harmonischer Weise. Wenn die

Umwelt nicht gar zu feindlich ist, verbindet sich die Arbeit mit der Freude an Körper und Geist. Sie befriedigt zugleich die physischen und gesellschaftlichen, die ästhetischen und moralischen Bedürfnisse.*

In dem Maße, wie die Produktivkräfte wachsen, befreit sich die Menschheit schrittweise von der Tyrannei der Naturgewalten. Sie wird sich ihrer Umwelt bewußt und lernt sie zu ihren eigenen Zwecken zu verändern. Sie macht sich die Naturkräfte, denen sie zuvor mehr oder weniger unterworfen war, nun ihrerseits untertan. So beginnt der Siegeszug der Wissenschaft und der Technik, der den Menschen zum Herren der Natur und des Universums macht.

Aber die Menschheit bezahlt für diesen befreienden Fortschritt einen sehr hohen Preis. Der Übergang von einer Gesellschaft der absoluten Armut zu einer Gesellschaft des nur relativen Mangels ist gleichzeitig der Übergang von einer harmonisch geeinten Gesellschaft zu einer in Klassen gespaltenen Gesellschaft. Seit eine privilegierte Minderheit der Gesellschaft das Vorrecht persönlicher Freizeit genießt, erscheint gleichzeitig die entfremdete Zeit, die Sklavenarbeit, die von der Mehrheit der Gesellschaft für andere unentgeltlich geleistete Arbeit. In dem Maße, wie sich der Mensch von der Tyrannei der Naturgewalten befreit, gerät er unter die Herrschaft blinder gesellschaftlicher Kräfte, unter die Gewalt anderer Menschen (Sklaverei und Leibeigenschaft) oder unter die seiner eigenen Erzeugnisse (einfache Warenproduktion und kapitalistische Produktion).

Der entfremdete Charakter der Sklavenarbeit bedarf keiner Erläuterungen. Der Sklave und der Leibeigene sind nicht mehr Herren ihres Lebens und des größten Teils ihrer Zeit. Nicht nur die freie Entfaltung ihrer Persönlichkeit bleibt ihnen untersagt; jegliche Entwicklung ist ihnen durch ihre gesellschaftliche Stellung verschlossen. Aber auch die Arbeit in der kapitalistischen Gesellschaft ist eine entfremdete Arbeit; auch sie bedeutet eine äußerste Entfremdung des Menschen.

Diese Entfremdung erscheint vor allem als eine radikale Trennung der Arbeit von allen sonstigen, nicht »ökonomischen« Betätigungen des Menschen. Die überwältigende Mehrheit der

* Siehe z. B. die Beschreibung des *dokpwe*, der Gemeinschaftsarbeit in Dahomey. 87

Mitglieder einer kapitalistischen Gesellschaft arbeitet nicht, weil sie ihren Beruf liebt, weil sie in ihrer Arbeit Erfüllung findet, weil sie sie als eine notwendige und hinreichende Bedingung für die Ausbildung ihrer physischen, intellektuellen und moralischen Fähigkeiten erachtet. Sie arbeitet, *damit sie ihre menschlichen Bedürfnisse außerhalb der Arbeit befriedigen kann.* In den Anfängen des kapitalistischen Regimes – und heute noch in fast einem Drittel der Welt – sind diese Bedürfnisse beinahe auf ein animalisches Lebensniveau und auf die physische Reproduktion beschränkt. Je mehr sie sich ausdehnten, je kürzer die Arbeitszeit wurde, desto drastischer und greller wurde der Gegensatz zwischen »verlorener Zeit« und »neu gewonnener Zeit«.
Die Entfremdung drückt sich ferner darin aus, daß der Arbeiter völlig die Kontrolle über seine Arbeitsbedingungen, über seine Werkzeuge und sein Arbeitsprodukt verliert. Dieser Verlust der Kontrolle schreitet genau in dem Maße fort, wie die Steigerung des relativen Mehrwerts an die Stelle der Steigerung des absoluten Mehrwerts tritt, wie sich der Arbeitstag verkürzt – allerdings um den Preis einer immer unmenschlicheren Intensivierung und Mechanisierung der Arbeit. Die Schichtarbeit (die den Arbeiter sogar um den normalen Lebensrhythmus im Ablauf von Tag und Nacht bringt), die Bandarbeit und die Halbautomatisierung, das Verkümmern der früheren Qualifikationen, die allgemeine Verwendung von angelernten Arbeitern sind die Stationen dieser Entfremdung. An ihrem Ende ist der Arbeiter nur noch ein winziges Rädchen zweier monströser Mechanismen: einerseits der Maschinen, die ihn zugrunde richten*, und andererseits der gesellschaftlichen Maschinerie, die ihn mit ihren Vorschriften, ihrer Hierarchie, ihrem Räderwerk, ihren Strafen und ihrer organisierten Unsicherheit nicht minder zermürbt. Zu diesem das Individuum erwürgenden Druck gesellt sich die aus der Mechanisierung entspringende Monotonie, eine Langeweile, die schließlich die Lebenskraft der Arbeiter aufsaugt und die in dem Maße, wie die Büroarbeit mechanisiert wird, mehr und mehr auch auf die Angestellten übergreift.**

* Im wörtlichen Sinn (das ungeheure Anwachsen der Arbeitsunfälle) und im bildlichen Sinne des Wortes.

** »Ein angelernter Arbeiter entdeckt nach 25 Jahren mühevoller Arbeit,

Die Entfremdung drückt sich endlich in der allumfassenden Kommerzialisierung und Atomisierung der kapitalistischen Gesellschaft aus, im entfremdeten Konsum und in entfremdeter Freizeit. Alles wird käuflich und verkäuflich. Der Kampf aller gegen alle bedeutet die Preisgabe der grundlegendsten und charakteristischsten Verhaltensformen der Menschheit: des Schutzes der Schwachen, der Greise und Kinder; der Solidarität der Gruppe; des Wunsches nach Zusammenarbeit und gegenseitiger Hilfe; der Nächstenliebe. Alle diese Eigenschaften, alle diese Verlangen, alle Möglichkeiten der Menschen können nur noch auf dem Umweg des Erwerbs von Sachen oder Leistungen verwirklicht werden: durch Geld; und der Kapitalismus trachtet danach, auch diesen Erwerb immer mehr zu kommerzialisieren, also zu vereinheitlichen und zu mechanisieren. So ist die Verkürzung der Arbeitszeit weit weniger von einer Erweiterung der persönlichen, menschlichen und vermenschlichenden Freizeit begleitet, als vielmehr von einer immer mehr kommerzialisierten entmenschlichten Freizeitgestaltung.

Unlängst haben einige protestantische Pfarrer und Vikare aus Westdeutschland, dem Beispiel der katholischen Arbeiterpriester folgend, während mehrerer Monate in Großbetrieben gearbeitet. Bei dieser Gelegenheit gaben sie eine drastische Darstellung des entfremdeten Charakters der kapitalistischen Arbeit:

»Die Einstellung (der Arbeiter) zur Arbeit ist fast durchweg negativ, abgesehen von einigen Handwerkern, bei denen das gelernte Können und die ständig hinzugewonnene Erfahrung noch eine Rolle spielen. Sonst gilt die Arbeit in der Fabrik als *notwendiges Übel;* der Arbeitsplatz ist des Arbeiters

daß der 17jährige Bengel, der die Nachbarmaschine bedient, bis auf ein paar Francs fast genau den gleichen Stundenlohn bezieht wie er. Die Tausende um ihn herum verdienen alle nach und nach das gleiche. Und die ständig wiederkehrenden Bewegungen, die er über Stunden hin ausführt, werden unerträglich langweilig. Er denkt an seinen Vater, der wahrscheinlich ärmer war als er, der aber wenigstens auf die Fässer, die er angefertigt hat, stolz sein konnte. Jetzt steckt alle Intelligenz in der Maschine, und nur auf sie kann man stolz sein. Vielleicht verbietet ihm die Arbeitsordnung sogar, mit seinem Nachbarn zu sprechen oder außerhalb der Pause einen Schluck Wasser zu trinken.«88

›Feind‹, dem er sich täglich für lange Zeit *unterwerfen muß* – mit allem, was dazu gehört: den Maschinen, denen er zu *dienen* hat; der Betriebshierarchie vom Vorarbeiter aufwärts bis zur Werksleitung, der er widerspruchslos *ausgeliefert* ist (das ›Mitbestimmungsrecht‹, d. h. praktisch, der Betriebsrat spielte in unseren Betrieben keine nennenswerte Rolle); aber auch mit den Arbeitskollegen, sofern eben auch sie nur Bestandteil jenes Bereichs sind, den man bei Schichtbeginn *widerwillig* betritt und bei Schichtende *fluchtartig verläßt* ... *Die innerhalb des Werkes verbrachte Zeit wird als Verlust an Leben betrachtet* ... Auch hier scheint die Art und Weise der Arbeit (schwere körperliche oder nur Überwachung mechanisierter Vorgänge) keine so große Rolle zu spielen wie ihre gesellschaftliche Bewertung, die auch innerhalb der Betriebe, die wir kennengelernt haben, *in der Unmündigkeit des Arbeiters als des Objektes über ihn getroffener Entscheidungen* zum Ausdruck kommt ... Unbestreitbar ist der Arbeiter – trotz Gewerkschaft und Betriebsverfassungsgesetz – der schwächste Teilhaber unseres Wirtschaftssystems: Schwankungen, Stockungen und Krisen treffen ihn als ersten Leidtragenden durch Infragestellung des Arbeitsplatzes, während sie bei den übrigen Faktoren des Produktionsprozesses ohne großen menschlichen Schaden abgepuffert werden können. *Das Gefühl der Existenzunsicherheit und der restlosen Abhängigkeit von den Willkürlichkeiten der Entwicklung* unserer Unternehmerwirtschaft ist denn auch in keiner Gesellschaftsschicht so groß wie hier ... Zweifellos ist die dringend zu wünschende Änderung des gesellschaftlichen Bewußtseins der Arbeiter nur denkbar im Zusammenhang mit einer tatsächlichen Änderung ihrer gesellschaftlichen Stellung.«[89] (Hervorhebungen von uns.)*

Der Klassenkampf

Das Fehlen von Klassen in der menschlichen Vorgeschichte erklärt sich daraus, daß hier das Sozialprodukt im großen

* Siehe die in allen Punkten ähnliche Analyse der Lage der Arbeiter in Frankreich in: A. Andrieux et J. Lignon: *L'Ouvrier d'aujourd'hui*, Paris 1960.

und ganzen gleich dem notwendigen Produkt ist. Die Teilung der Gesellschaft in Klassen entspricht einer Entwicklung der Produktivkräfte, die schon ein gewisses Mehrprodukt zulassen, das jedoch noch nicht ausreicht, um der ganzen Gesellschaft die für die Durchführung der Aufgaben der gesellschaftlichen Akkumulation notwendige Freizeit zu geben. Auf der Grundlage einer solchen ungenügenden Entwicklung der Produktivkräfte kann das Wiederentstehen der gesellschaftlichen Ungleichheit, die Spaltung der Gesellschaft in Klassen selbst dort, wo diese Spaltung zeitweilig aufgehoben war, auf die Dauer nicht vermieden werden.

Die kapitalistische Produktionsweise schafft durch den gewaltigen Aufschwung, den sie den Produktivkräften sichert, zum erstenmal in der Geschichte der Menschheit die ökonomischen Voraussetzungen für die Beseitigung jeder Klassengesellschaft. Das gesellschaftliche Mehrprodukt reicht aus, die Arbeitszeit aller Menschen aufs äußerste zu verkürzen, was ein gewaltiges Aufblühen der Kultur gewährleistet, das seinerseits ermöglicht, daß die Aufgaben der gesellschaftlichen Akkumulation (und der Verwaltung) von der gesamten Gesellschaft ausgeführt werden. Die besitzenden Klassen verlieren damit jede historische Existenzberechtigung. Die bewußte Organisation der Arbeit, die objektiv schon vom Kapitalismus vergesellschaftet ist, wird eine unabdingbare Voraussetzung für eine neue Entfaltung der Produktivkräfte im Weltmaßstab.

Die Entwicklung der kapitalistischen Produktionsweise schafft nicht nur die *ökonomischen* Bedingungen für die Beseitigung der Klassengesellschaft. Sie schafft gleichfalls die *gesellschaftlichen* Voraussetzungen. Sie bringt eine Klasse hervor, deren Hauptinteresse es wird, daß jede Form des Privateigentums an Produktionsmitteln abgeschafft wird, weil sie selbst keine besitzen. Diese Klasse vereint zugleich alle produktiven Funktionen der modernen Gesellschaft in ihren Händen. Durch ihre Zusammenballung im Großbetrieb erlangt sie instinktiv und durch Erfahrung die Gewißheit, daß sie ihre Interessen nur durch die Gruppierung ihrer Kräfte, durch die Ausübung ihrer großen *organisatorischen Eigenschaften, durch Zusammenarbeit und Solidarität* verteidigen kann. Zuerst benutzt sie diese Eigenschaften, um dem Arbeitgeber einen größeren Teil jener neuen Werte, die sie selbst schafft, abzunehmen. Sie kämpft für die Verkürzung des Arbeitstages und für die Erhöhung der Löhne. Aber bald lernt sie, daß dieser Kampf auf die Dauer nur dann siegreich sein kann, wenn man gegen die gesamte Herrschaft des Kapitals und seines Staates Front macht.* Der Klassenkampf des modernen Proletariats entwickelt sich also zu einer politischen Bewegung, einer Bewegung für die Beseitigung des kapitalistischen Eigentums, für die Vergesellschaftung der Produktionsmittel und des Handels, für den Aufbau einer klassenlosen sozialistischen Gesellschaft.

* In *The Town Labourer* beschreiben J. L. und B. Hammond in drastischer Weise, wie der Staat im 19. Jahrhundert völlig im Dienste des Kapitals stand. In den Distrikten Caerphilly und Merthyr Tydfill waren die einzigen Verwaltungsbeamten zwei Schmiedebesitzer, die fortwährend über ihre eigenen Lohnarbeiter urteilen mußten. Dieselben Verwaltungsbeamten waren verantwortlich für die Anwendung der Gesetze ... die ihnen das *Truck-System* verboten. Die Autoren beschreiben die Truppenbewegung in den Industriegebieten »die einem militärisch besetzten Land ähnelten ...; die Soldaten wurden je nach den Lohn- und Beschäftigungsschwankungen versetzt«.90

VI Der Handel

Der Handel – Produkt der ungleichen wirtschaftlichen Entwicklung

In einer Gesellschaft, die hauptsächlich Gebrauchswerte produziert, stammt der Profit der Kaufleute aus dem Einkauf von Waren unter ihrem Wert und dem Verkauf dieser Waren über ihrem Wert. Folglich konnte der Handel ursprünglich nicht zwischen Völkern auf einer mehr oder weniger gleichen wirtschaftlichen Entwicklungsstufe entstehen. In diesem Fall ist die für die Produktion der ausgetauschten Waren ungefähr notwendige Arbeitszeit in beiden Ländern bekannt. Weder Verkäufer noch Käufer würden sich in solche, für sie sehr ungünstige Tauschgeschäfte einlassen.* Nur in Ausnahmefällen einer plötzlichen Verknappung der wichtigsten Konsumgüter oder Rohstoffe wären beträchtliche Gewinne im Handel möglich.

Im Gegensatz dazu bietet der Handel mit Völkern, die sich auf einer niedrigeren ökonomischen Entwicklungsstufe befinden, die idealen Voraussetzungen für die Erzielung großer Gewinne. Dort kann man billige Rohstoffe oder Lebensmittel einkaufen (Metall, Holz, Getreide, Fische, Wein) und sie über dem Wert der handwerklichen Fertigprodukte (Töpferwaren, Metallgeräte, Schmuck, Textilerzeugnisse usw.) wieder verkaufen. Die Wurzel für das Aufblühen des Handels seit der Epoche der metallurgischen Revolution und den Anfängen der Zivilisation* ist in eben dieser ungleichen wirtschaftlichen Entwicklung der Völker zu suchen.

Die empirischen Daten bestätigen diese These. Zunächst bestätigen sie, daß der Handel in allen primitiven Gesellschaften in Gestalt *fremder Händler*, die aus fortgeschritteneren Gesellschaften kamen, in Erscheinung trat. Die ersten Händler, von denen ägyptische Quellen berichten, sind Fremde.[1] In Griechenland tauchen in den jungen Städten zuerst fremdländische Händler auf.[2] In den ältesten Texten des *Awesta*,

* Siehe Kapitel II und III.

der heiligen Schriften des Iran, sind die Händler Ausländer, die dem König und dem Adel Luxuserzeugnisse bringen.[3] Im *Rig-Veda*, dem ältesten von der Hindu-Kultur verfaßten Dokument, sind die Kaufleute Ausländer (*pani*), die in Karawanen reisen.[4] In Rom sind die ersten Händler hellenisierte Ausländer.[5] In Byzanz liegt der Fernhandel zunächst in den Händen von Syrern, Juden und Orientalen.[6] Im Reich des Islam sind die ersten Händler Christen, Juden und Zoroastrer.[7] Juden und Syrer sind gleichfalls die ersten Händler des Hochmittelalters in Westeuropa[8], während die Koreaner in der gleichen Epoche als erste den Handel nach Japan tragen.[9] In China haben von der Tang- bis zur Ming-Dynastie Ausländer – zumeist Inder oder Muselmanen – den gesamten Außenhandel in ihren Händen. Die Vorherrschaft deutscher Händler in Skandinavien, jüdischer Händler in Polen, Ungarn und Rumänien, armenischer Händler im türkischen Asien, arabischer Händler in Ostafrika, chinesischer Händler in Südostasien hat durch Jahrhunderte diese Anfangsphase des Fernhandels fortgesetzt.

Andererseits unterstreichen die empirischen Daten, daß das Gesetz der ungleichen wirtschaftlichen Entwicklung die rasche Zersetzung von Handelsbeziehungen einschließt, sobald sich ein Volk die relativ einfache Handwerkstechnik der einfachen Warenproduktion aneignet, denn das Fehlen kostspieliger Industrieanlagen macht es relativ leicht, Techniken und Techniker zu übernehmen. Die aus Kleinasien gekommenen Fremdlinge sind im festländischen Griechenland die ersten Händler; aber bald monopolisieren die griechischen Kolonien den Handel in Kleinasien, bis in der hellenistischen Epoche Kleinasien diese Scharte in Griechenland wieder auswetzt. Juden, Christen und Perser sind die ersten Händler im islamischen Imperium; doch bald spielen arabische Händler die Hauptrolle im Handel mit Europa, dem mittleren Orient und Persien. Im 5. Jahrhundert v. Chr. beherrschen indische Kaufleute den Handel im arabischen Meer; einige Jahrhunderte später beherrschen arabische Händler den indischen Handel[10]; unter der Herrschaft der Moguln im 17. Jahrhundert verdrängen wiederum indische und persische Händler die arabischen Kaufleute. Juden und Syrer aus Byzanz monopolisieren während des Hochmittelalters den Fernhandel Italiens;

vom 11. Jahrhundert an dominierten Venezianer und Genuesen selbst in Byzanz.

Die Produktion und die Realisierung des Mehrwerts

In den vorkapitalistischen Produktionsweisen erscheint das Kapital überwiegend als Kaufmannskapital. Als solches verkörpert es die Geldwirtschaft, die inmitten einer hauptsächlich auf der Produktion von Gebrauchswerten gegründeten Gesellschaft entsteht. Es tritt einmal in Gestalt des risikoreichen großen internationalen Handels und zum anderen in Form des kleinen lokalen Hausierhandels hervor. Solange sich die einfache Warenproduktion noch entwickelt, sind es die Erzeuger selbst, die ihre Produkte auf dem Markt verkaufen. Ein berufsmäßiger Handel hat nur außerhalb dieser normalen Warenzirkulation Platz.

Die Einheit von Produktion und Handel wirft indessen technische Schwierigkeiten auf, die sich nur in einem begrenzten Rahmen lösen lassen. Der Handwerker, der seine Erzeugnisse selbst auf den Markt bringt, muß seine produktive Arbeit während seiner Reise unterbrechen; deswegen werden in einer Gesellschaft der einfachen Warenproduktion die Märkte gewöhnlich während der Feiertage abgehalten. Raymond Firth hat im Gespräch mit malayischen Fischern festgestellt, daß diese sich an einem Arbeitstag normalerweise nicht mit Handel beschäftigen. Nur wenn sie aus diesem oder jenem Grund nicht fischen gehen, »kaufen sie Fische, um sie wieder zu verkaufen«.[11] Um die Reisen auf die Märkte zu erleichtern, haben die Chorti-Indianer »die Gewohnheit angenommen, all jenen, die es wünschen, und sogar Fremden Nahrung, ein Bett und Fackeln zu beschaffen. Der Gastgeber erwartet, nicht bezahlt zu werden, aber er kann im Bedarfsfalle seinerseits um die gleiche Gastfreundschaft nachsuchen.«[12] Diese Gebräuche sind nur dann wirkungsvoll, wenn die Entfernung des Produktionsortes vom Markt nicht allzu groß ist. Wird die Entfernung größer, so erweist es sich für den Produzenten als zu beschwerlich, seine Erzeugnisse selbst zum Markt zu bringen. Die Handwerker aus Nürnberg trugen im Mittelalter ihre Waren bis auf die Frankfurter Messe; für entfernter

gelegene Orte überließen sie ihre Waren berufsmäßigen Händlern.[13]
Der berufsmäßige Handel ist also das Ergebnis einer Arbeitsteilung, die den Produzenten jene Verluste erspart, die sie infolge der Arbeitsunterbrechung zum Zweck des unmittelbaren Verkaufs ihrer Erzeugnisse in Kauf nehmen müßten.[14] Professor Jacquemyns hat diese Ausfälle für die flämischen Leinenweber der ersten Hälfte des 14. Jahrhunderts berechnet, die gezwungen waren, ihre Rohstoffe auf den benachbarten Märkten in kleinen Mengen einzukaufen und die Leinwand Stück für Stück auf denselben Märkten wieder zu verkaufen. Er schätzte diese Einbußen auf 1/5 ihres bescheidenen Einkommens.[15]
Professor Sol Tax stellt bei der Beobachtung einer auf der einfachen Warenproduktion fußenden Gesellschaft fest, daß die Erzeuger im buchstäblichen Sinn des Wortes die *Arbeitskosten* des direkten Verkaufs ihrer Waren an eventuelle Kunden berechnen und daß sie es nur dann vorziehen, an berufsmäßige Händler zu verkaufen, wenn sie dabei eine wirkliche Arbeitszeitersparnis erzielen: wenn die Produktion während der Zeit, die durch den Verkauf eingebüßt wird, mehr wert ist, als der Profit des Händlers beträgt: »In Panajachel gehen die Händler auf die Bauernhöfe und feilschen um den Kauf der Zwiebelbeete, selbst vor der Ernte. Der Bauer rechnet, ob er einen höheren Preis erzielt, wenn er die Zwiebeln erntet, sie selbst auf den Markt bringt und dort en gros oder en detail verkauft. Er berechnet somit den Wert seiner Zeit *(sic)*.«[16]
Das Problem stellt sich in der gleichen Weise, als das Industriekapital an die Stelle des kleinen unabhängigen Produzenten tritt und das Handelskapital den früheren Händler ersetzt. In dem Augenblick, wo die Warenproduktion vollendet ist, besitzt der Industriekapitalist schon den von seinen Arbeitern produzierten Mehrwert. Aber dieser Mehrwert besteht noch in einer besonderen Form; er steckt noch in Waren, wie dies überhaupt bei dem gesamten von dem Industriellen vorgeschossenen Kapital der Fall ist. Solange das Kapital in dieser Form existiert, kann er es weder zurückgewinnen, noch kann er sich den Mehrwert aneignen. Er muß es zu Geld machen. Die Realisierung des Mehrwertes bedeutet den

Verkauf der erzeugten Waren. Der Industrielle arbeitet nun aber nicht für bestimmte Kunden (ausgenommen wenn er Aufträge für »Endverbraucher« ausführt); er arbeitet für einen anonymen Markt.

Jedesmal wenn ein Produktionszyklus beendet ist, müßte er also die Arbeit in der Fabrik stoppen und seine Waren verkaufen, um auf seine Kosten zu kommen; und erst dann dürfte er die Produktion wieder aufnehmen. Da die Händler dem Industriellen jedoch die Erzeugnisse abkaufen, entheben sie ihn der Sorge, sich die Konsumenten jedesmal direkt zu suchen. Sie ersparen ihm die Einbußen und die Kosten einer Produktionsunterbrechung, bis die Waren ihrer Bestimmung übergeben sind. Sie strecken ihm sozusagen Geld-Kapital vor, wodurch es ihm möglich ist, die Produktion ohne Unterbrechung fortzusetzen.

Aber die Händler, die den Industriellen die für die Rekonstitution des Kapitals und die Realisierung des Mehrwerts erforderlichen Gelder vorschießen, müssen ihrerseits rasch absetzen, damit sie dieses Geschäft sobald wie möglich wiederholen können. In dem Maße, wie sich die kapitalistische Produktionsweise und die Warenproduktion ausdehnt, werden Städte und Dörfer mit einem immer dichter werdenden Netz von Einzel- und Großhandelsgeschäften überzogen. Wie die Erweiterung des Luxushandels im Mittelalter durch die Verwandlung der Handelsreisenden in seßhafte Händler charakterisiert ist[17], so ist auch die Ausdehnung des Handels mit den lebensnotwendigen Produkten zu Beginn des Industriekapitalismus durch die Verwandlung des kleinen ambulanten Hausierers in einen endgültig an das Dorf gefesselten Krämer gekennzeichnet[18].*

Im Mittelalter sind Groß- und Einzelhandel, was die für die lokalen Märkte bestimmten Produkte betrifft, selten von-

* In Osteuropa, auf dem Balkan und in Rußland fand man bis zu Beginn des 20. Jahrhunderts ambulante Einzelhändler wie übrigens auch wandernde Handwerker, die ihre Arbeitsprodukte selbst verkauften. In den unterentwickelten Ländern begegnet man ihnen heute noch; selbst in den fortgeschrittenen Ländern sind sie nicht völlig verschwunden. Das *Weißbuch* (1953) des belgischen Wirtschaftsministers gibt an, daß in den flämischen Gebieten, wo die Bauern sehr weit verstreut leben, viele dieser ambulanten Händler anzutreffen sind.[19]

einander getrennt; der Großhandel fehlt oft sogar gänzlich. Spezialisierte Krämer tauchen erst mit den *Kurzwarenhändlern* auf; in ganz Frankreich zählt man im Jahre 1292 70 solcher Händler; 1570 sind es 200 und 1642 2 800.[20] Nach der Umwälzung im Welthandel, die der Erweiterung der Handelsbeziehungen zur Neuen Welt und zum Fernen Osten im 16. Jahrhundert entsprang, konnte sich der Großhandel vom Kleinhandel für Luxuswaren trennen, wobei sich die großen kolonialen Handelsgesellschaften den Großhandel vorbehielten.

Der Industriekapitalist will seinen Mehrwert nicht nur *realisieren*. Er will ihn auch kapitalisieren, indem er den ganzen Rest, den er nicht für seinen persönlichen Bedarf unproduktiv konsumiert, in Maschinen, Rohstoffe und Löhne verwandelt. Die Kapitalisierung des Mehrwertes bedeutet also auch eine Warenzirkulation, bei der der Industrielle anstatt in die Gestalt des Verkäufers in die des Käufers schlüpft. In dieser Eigenschaft hat er ein Interesse daran, die Umlaufsperiode der Maschinen und Rohstoffe, die Wartezeit zwischen der Bestellung und der Lieferung zu verkürzen. Das Handelskapital leistet ihm also einen zweifachen Dienst: einmal verkürzt es die Umlaufszeit seiner eigenen Waren und zum anderen die jener Waren, die er zu kaufen wünscht.

Die jährliche Mehrwertmasse und die jährliche Profitrate

Der kleine Handwerker, der die Warte-Kosten und die Arbeitslosigkeit vermeidet, die dann anfallen, wenn er seine Arbeitsprodukte selbst verkauft, macht also einen kleinen Gewinn, von dem er gern einen Teil an den Händler abzutreten bereit ist. Der Industriekapitalist kennt keinen anderen Gewinn als den von seinen Arbeitskräften produzierten Mehrwert. Erhöht die Verkürzung der Umlaufsperioden jener Waren, die er kauft und die er verkauft, den von seinen Arbeitern erzeugten Mehrwert?

Betrachtet man das Industriekapital unter dem Gesichtspunkt seiner Zirkulation, so setzt es sich aus zwei Teilen zusammen. Ein Teil des Kapitals, *fixes Kapital* genannt, besteht aus Gebäuden und Maschinen, die erst nach einer sehr langen

Periode, nach dem Ablauf zahlreicher Produktionszyklen ersetzt werden. Der Wert dieses von dem Fabrikanten vorgeschossenen Geldes rekonstituiert – amortisiert – sich nur nach und nach. Am Ende eines jeden Produktionszyklus, wenn die Waren verkauft sind, ist gleichwohl nur ein Teil des fixen Kapitals wieder zurückgewonnen. Die zur Rekonstitution des gesamten fixen Kapitals notwendige Periode, die sogenannte Umschlagsperiode des fixen Kapitals, umschließt also mehrere Produktionszyklen.

Anders ist es mit dem *zirkulierenden Kapital*, dem Teil des konstanten Kapitals, das aus Rohstoffen besteht, sowie dem variablen Kapital, d. h. den von dem Kapitalisten vorgeschossenen Löhnen. Das zirkulierende Kapital muß zu Beginn eines jeden Produktionszyklus erneut ausgelegt werden. Aber sobald die im Verlauf dieses Zyklus produzierten Waren verkauft sind, ist der Kapitalist wieder im Besitz dieses zirkulierenden Kapitals und kann einen neuen Produktionszyklus einleiten. Die Umschlagsperiode des zirkulierenden Kapitals zerfällt also in den Produktionszyklus und in eine Zirkulationsperiode der produzierten Waren. Eine starke Verkürzung der Zirkulationsperiode der Waren ist eine Verkürzung der Umschlagsperiode des zirkulierenden Kapitals und erlaubt damit eine Erhöhung der Produktionszyklen innerhalb einer bestimmten Zeitspanne (z. B. eines Jahres).

Angenommen, in einer Baumwollfabrik umfasse die Umschlagsperiode des zirkulierenden Kapitals zwei Monate, wovon der eine Monat auf die Produktion einer bestimmten Menge Kattun und der andere auf den Verkauf dieser Waren sowie auf die Wiederbeschaffung von Rohstoffen entfällt. Pro Jahr haben wir dann sechs Umschlagszyklen des zirkulierenden Kapitals. Wenn nun die für den Verkauf des Kattuns und für den Ankauf der Rohstoffe erforderliche Zeit von einem Monat auf eine Woche herabgedrückt werden kann, dann wird die Umschlagsperiode des zirkulierenden Kapitals auf 5,3 Wochen herabgedrückt; das ergibt 10 Zyklen im Jahr, anstelle von 6.

Jeder Produktionszyklus bringt die gleiche Menge Mehrwert (wenn das Kapital und die Mehrwertrate unverändert bleiben). Eine Erhöhung der Zahl der Produktionszyklen bedeutet somit eine Steigerung der Gesamtmasse des jährlichen

Mehrwerts. Die Verkürzung der Zirkulationszeit der Waren heißt also nicht nur *schnellere* Realisierung des Mehrwerts, sondern auch *Steigerung der Masse* des Mehrwerts.
»Je größer die (Geld-)Umlaufgeschwindigkeit (in der Unternehmung), desto größer wird die Summe der Erlöse und damit der Gewinne [die jährliche Profitrate] sein.«[21]
Durch die Verkürzung der Umschlagsperiode des zirkulierenden Kapitals ändert sich in Hinsicht auf den Wert der Waren gar nichts. Solange sich der Produktionszyklus der Waren nicht verändert, bleibt auch der Wert der Waren konstant. Nicht so bei der Profitrate des Kapitals. Diese Rate berechnet sich nicht je Produktionszyklus, sondern je Steuerjahr. Nehmen wir an, ein Kapitalist besitze Anlagen im Werte von 1 000 Millionen DM, von denen 1 % während eines jeden Produktionszyklus amortisiert wird. Nehmen wir ferner an, er müsse während eines jeden Produktionszyklus 20 Millionen vorschießen; 10 Millionen, um Rohstoffe zu kaufen, und 10 Millionen für den Lohn seiner Arbeiter. Der Wert der Produktion eines jeden Zyklus setzt sich, wenn die Mehrwertrate 100 % beträgt, wie folgt zusammen:

20 Millionen c + 10 Millionen v + 10 Millionen m = 40 Millionen.

Der Wert der Jahresproduktion beläuft sich nach sechs Produktionszyklen also auf 240 Millionen. Zur Berechnung seiner jährlichen Profitrate bezieht der Kapitalist seinen Profit aber nicht auf seine *Umsatzzahlen*, sondern auf sein *tatsächlich verausgabtes Kapital:* 6 % seines fixen Kapitals, macht 60 Millionen, plus das zirkulierende Kapital von 20 Millionen, macht zusammen 80 Millionen. Und da ihm jeder Zyklus 10 Millionen Profit eingebracht hat, beträgt seine jährliche Profitrate $^{60}/_{80}$ = 75 %. Wenn sich nun die Zahl der Produktionszyklen pro Jahr von 6 auf 10 erhöht, dann erhöht sich das jährlich ausgegebene Kapital auf 10 mal 10 Millionen plus 20 Millionen zirkulierendes Kapital, ergibt zusammen 120 Millionen. Der Profit erhöht sich auf 10 mal 10 Millionen, also 100 Millionen. Somit steigt die jährliche Profitrate auf $^{100}/_{120}$ = 83,3 % gegenüber den vorangegangenen 75 %.
Die Verkürzung der Zirkulationsperiode der Waren erlaubt

also eine Steigerung der jährlichen Profitrate. Die ununterbrochene Produktion ist eine wichtige Form der kapitalistischen Rationalisierung; sie ist ein wirksames Abwehrmittel gegen den tendenziellen Fall der Durchschnitts-Profitrate. So hat die japanische verarbeitende Industrie eine bedeutsame Rationalisierung dieser Art seit der Niederlage 1945 und der amerikanischen Besetzung durchgeführt, um den Verlust der chinesischen und koreanischen Absatzmärkte und die Verteuerung der Arbeitskräfte (das Fallen der Mehrwertsrate) auszugleichen. Die Zahl der Umschlagsperioden des gesamten in der japanischen Industrie steckenden Kapitals (ausgenommen das der Bergwerke und des Transports) je Halbjahr ist von 0,66 in der ersten Hälfte des Jahres 1934 auf 1,54 in der ersten Hälfte des Jahres 1950 und auf 1,84 in der zweiten Hälfte des Jahres 1951 gestiegen. Wenn es vor 25 Jahren 40 Wochen dauerte, bis alle Industriekapitalisten wieder im Besitz ihres vorgeschossenen Kapitals waren, so dauert es heute nur noch 14 Wochen.[22]

Um die Zirkulationszeit der Waren aufs äußerste herabzusetzen, wird das Netz von Läden und Handelsgeschäften noch durch ein dichtes Netz von Straßen, Kanälen und Schienenwegen vervollständigt. Das Kapital hungert nicht nur nach Mehrwert; es drängt auch auf eine maximale Verkürzung der Umschlagsperiode des zirkulierenden Kapitals. Diese Verkürzung ermöglicht es, *ständig zirkulierendes Kapital in fixes Kapital zu verwandeln*, das erste im Verhältnis zum zweiten zu vermindern. Hierin liegt das Wesen der industriellen Revolution.[23]

Handelskapital und Handelsprofite

Der Industrieunternehmer hat ein großes Interesse daran, daß die Zirkulationsperiode der Waren so kurz wie nur möglich ist. Deswegen überläßt er einen Hauptteil der Geschäfte im Bereich der Verteilung (Transport, Lagerung, Verkäufe am Ursprungsort, Publicity etc.) einem spezialisierten Zweig des Kapitals, dem Handelskapital.

Damit diese Spezialisierung aber überhaupt zur Wirkung kommt, muß das in den Bereich der Distribution investierte

Kapital die gleiche Profitrate abwerfen wie das gesamte in der Industrie steckende Kapital. Da Handelsgeschäfte sehr viel weniger Anfangskapital erfordern als die Unternehmen in der Großindustrie, kommen Schwankungen beim Eintritt und beim Verlassen der Verteilungssphäre sehr viel leichter zustande als im Bereich der Produktion. Eine Handelsprofitrate, die über der industriellen Profitrate liegt, ruft einen Zustrom von Kapital in den Handel hervor, einen Zustrom, der die Profitrate infolge der größeren Konkurrenz senkt. Ist die Handelsprofitrate niedriger als die Profitrate in der Industrie, so fließt Kapital aus der Distributionssphäre in den Produktionssektor, die Konkurrenz verschärft sich dort und bewirkt ein entsprechendes Absinken der industriellen Profitrate.
Das Handelskapital ist also an der allgemeinen Umverteilung des Mehrwerts beteiligt, aber es erzeugt nicht selbst Mehrwert. Die Gesamtmasse des erzeugten Mehrwertes resultiert einzig und allein aus der Warenproduktion, aus der Einverleibung unbezahlter Arbeit im Verlauf der Produktion in diese Waren. Ohne selbst Mehrwert zu erzeugen, nimmt das Handelskapital auf gleichem Fuß wie das Industriekapital an der Aneignung des Mehrwerts teil, weil es durch die Verkürzung der Zirkulationszeit der Waren den Industriellen hilft, die jährliche Mehrwertmasse zu steigern. Dies gilt für jeden Sektor des Handelskapitals: für das Kapital des Einzelhandels, des Zwischenhandels und das des Großhandels. Der Handelsprofit ist somit proportional dem in den Handel investierten Kapital, wie der Industrieprofit proportional dem in der Industrie investierten Kapital ist. Dank des Ausgleichs der Profitrate stellt er so einen Teil des gesamten Mehrwerts dar, der dem Anteil dieses Kapitals, das diesen Mehrwert erbringt, am gesellschaftlichen Gesamtkapital entspricht. Angenommen, die Gesamtproduktion eines Landes habe einen Wert von 900 Milliarden DM; wobei 800 Milliarden (konstantes + variables) Kapital von der Arbeitskraft erhalten und 100 Milliarden Mehrwert von ihr erzeugt werden. Nehmen wir außerdem ein Handelskapital von insgesamt 200 Milliarden DM an, das sich aus 100 Milliarden Kapital im Großhandel, 40 Milliarden Kapital im Zwischenhandel und 60 Milliarden im Kleinhandel zusammensetzt. Die Durchschnittsprofitrate betrage $^{100}/_{1000}$, d. h. 10 %

Die Industriellen verkaufen die erzeugten Waren für 880 Milliarden DM an die Grossisten und realisieren so die Durchschnittsprofitrate von 10 %. Die Grossisten geben die Waren zu einem Preis von 890 Milliarden DM an die Zwischenhändler weiter, machen also einen Gewinn von 10 Milliarden, das sind 10 % ihres Kapitals von 100 Milliarden. Die Zwischenhändler verkaufen die Waren an die Einzelhändler für 894 Milliarden DM, erzielen damit einen Gewinn von 4 Milliarden oder 10 % ihres Kapitals von 40 Milliarden. Die Einzelhändler schließlich setzen die Waren für 900 Milliarden DM an die Konsumenten ab und verdienen damit auch 10 %, nämlich 6 Milliarden bei einem Kapital von 60 Milliarden. Am Ende dieser aufeinanderfolgenden Verkäufe sind die Waren genau zu ihrem Wert verkauft worden: zu 900 Milliarden. Im Verlauf ihrer Zirkulation ist kein neuer Wert entstanden. Jedes Kapital hat den gleichen Durchschnittsprofit von 10 % erhalten.

Man könnte einwenden, daß das Industriekapital ohne das Dazwischentreten des Handels einen höheren Gewinn hätte erzielen können, und zwar genau 12,5 %. Man vergißt dann aber, daß der Mehrwert (100 Milliarden) ohne die Verkürzung der Zirkulationszeit der Waren – die durch das Handelskapital zustande gekommen ist – niedriger gewesen wäre oder, was dasselbe ist, daß das Industriekapital mit einem größeren Bestand an Geldkapital hätte arbeiten müssen, weil in dem Maße Kapital in die Produktion hätte geworfen werden müssen, wie diese läuft, bevor noch alle Waren des vorausgegangenen Zyklus an die Konsumenten verkauft worden sind. Am Ende der Rechnung ist bei diesem Geschäft niemand geschädigt worden.

In der Praxis gibt es eine solche *absolute* Übereinstimmung der Profitrate in den verschiedenen Zweigen des Handels und zwischen dem Handel und der Industrie natürlich nicht. Die Schwankungen des Handelsgewinns sind sehr zahlreich und hängen vornehmlich von der jeweiligen konkreten Etappe des industriellen Zyklus ab. In den Stadien der Wiederbelebung und des Booms, wenn die Preise sehr rasch in die Höhe klettern, gewinnen die Warenlager an Wert und können leicht geräumt werden, die Nachfrage ist größer als das Angebot, die Händler können gegenüber der Industrie Extraprofite erzielen. In diesem Moment steigt die Zahl der Händler schnell. Da der Handel sehr viel weniger Auslagen an konstantem Kapital erfordert als die Industrie, können viele kleine Kapitalisten auf den Plan treten, um in einer Periode der allgemeinen Euphorie ihr Glück zu versuchen. Einen solchen Prozeß hat man nach 1945 in Westeuropa und nach der Währungsreform des Sommers 1948 in Westdeutschland erlebt. Im allgemeinen aber kann die Handelsprofitrate nicht lange von der Durchschnittsprofitrate abweichen; andernfalls beginnen die Industriellen selbst ihre Verkaufsorganisationen auszubauen.

Am Vorabend und im Verlauf der Krise und der Depression dagegen sind die Händler diejenigen, die am ersten von der Handelsstockung betroffen werden. Da sie weniger Reserven als die Großindustriellen besitzen und da sie von den Banken nicht so leicht Kredit bekommen, sind sie gezwungen, ihre Waren gleich welchem Preis abzusetzen, d. h. mit Verlust zu verkaufen. Die Handelsprofitrate fällt dann unter die Profitrate der Industrie. Der Ausgleich der Profitrate zwischen Handel und Industrie vollzieht sich letztlich durch eben diese Konjunkturschwankungen.

Diese konjunkturelle Schrumpfung und Ausdehnung des Handels drückt sich in den folgenden Zahlen deutlich aus: im Jahre 1929, einem Prosperitätsjahr, betrugen die Umsatzziffern der Einzelhandelsgeschäfte in den USA 61,3 % aller Ausgaben der Konsumenten. 1933, im Krisenjahr, waren es nur noch 49 %. Im Jahre 1939 stiegen sie auf 62,9 % und im Boomjahr 1945 schließlich erreichten sie 72,9 %.[24]

Das Handelskapital und die in der Distribution beschäftigte Arbeitskraft

Auf den ersten Blick scheint es, als mache das Handelskapital die gleichen Verwandlungen durch wie das Industriekapital. Der große Händler gründet sein Unternehmen, in dem er zunächst ein bestimmtes Geldkapital in Form von *fixem Kapital* (Geschäftsgebäude, Lagerhäuser, Niederlassungen usw.) und *zirkulierendem Kapital* (Warenvorräte, die Löhne und Gehälter für Arbeitskräfte) investiert. Man könnte sogar von einer »organischen Zusammensetzung« des Kapitals sprechen, weil sein fixes und sein zirkulierendes Kapital ebenso wie bei dem Industriellen sehr verschiedene Umschlagsperioden kennt.

Aber hier endet die scheinbare Parallele. In Wirklichkeit ist das »variable Kapital« des Händlers – das zum Erwerb der in der Verteilung tätigen Arbeitskraft erforderliche Kapital – keineswegs variabel, da es keinen neuen Wert, keinen Mehrwert erzeugt. Die von dem Handelskapitalisten gekaufte Arbeitskraft ermöglicht ihm lediglich, an der allgemeinen Aufteilung des Mehrwerts, der von den produktiv tätigen Arbeitern erzeugt wird, teilzuhaben.

Die Begriffe »produktive und unproduktive Arbeit« unter dem Gesichtspunkt der *Schaffung neuer Werte* darf man nicht mit den Begriffen »produktive und unproduktive Arbeit« unter dem Gesichtspunkt des allgemeinen gesellschaftlichen Interesses verwechseln. Wenn die Arbeiter Dumdumgeschosse, Opium oder pornographische Romane fertigen, dann schaffen sie neue Werte, weil diese Waren, die Käufer auf dem Markt finden, einen Gebrauchswert besitzen, der es ihnen ermöglicht, ihren Tauschwert zu realisieren. Aber vom Standpunkt der allgemeinen Interessen der menschlichen Gesellschaft aus haben diese Arbeiter eine absolut unnütze, ja sogar schädliche Arbeit geleistet. Wenn die Angestellten den Wareneingang und -absatz eines Warenhauses registrieren, wenn sie den Konsumenten die Möglichkeit geben, zwischen verschiedenen Mustern der gleichen Ware zu wählen, dann leisten sie vom Standpunkt der allgemeinen Interessen der Gesellschaft aus eine nützliche und produktive Arbeit, ohne allerdings neue Werte zu schaffen. Indes ist es schwer, die Trennungslinie zu ziehen zwischen Arbeit, die neuen Wert schafft, und solcher, die dies nicht tut. Allgemein kann man sagen, daß jede Arbeit, die Gebrauchswerte schafft, verändert oder erhält oder für ihr Zustandekommen *technisch unabdingbar* ist, produktive Arbeit ist, daß sie also den Tauschwert erhöht. Zu dieser Kategorie rechnet nicht nur die Arbeit der industriellen Produktion, sondern auch die Lagerarbeit, die Transportarbeit, ohne die die Gebrauchswerte nicht konsumiert werden können.*

* Es ist interessant, daß, sechs Jahrhunderte vor Marx, Thomas von Aquin

Anders ist es bei der Lagerung von Waren in den Vorratshallen der Händler, die infolge von Spekulationen, Verkaufsstockungen, Konkurrenz oder einer Fehleinschätzung des Marktes nicht abgesetzt werden. In diesem Fall wächst nicht nur der Wert der Waren, sie verlieren sogar an Wert, weil die Lagerungszeit in den meisten Fällen einen (wirklichen oder moralischen) Verschleiß bedeutet. So ändert auch die handelsmäßige Verpackung der meisten Waren nichts an ihrem Wert; sie bedeutet »Unkosten« der Verteilung, die in den vorgeschossenen Geldern, durch die das Handelskapital seinen Durchschnittsprofit zu erhalten hofft, einbegriffen sind. Anders ist es allerdings bei Flüssigkeitsbehältern (für Milch, Sirup, Konserven aller Art), ohne die die Waren den Konsumenten nicht erreichen würden. Hier handelt es sich wieder um Kosten, die für die Realisierung des Gebrauchswerts einer Ware unabdingbar sind, die also ihrem Wert, ihrem Produktionspreis zugerechnet werden. Diese Kosten machen oft den Hauptteil des Preises aus.
Für den Händler stellen seine sämtlichen vorgeschossenen Gelder, ob sie nun zum Kauf von Waren verwendet werden oder dazu dienen, Arbeitskräfte einzustellen oder Räume zu mieten, Kapital dar, das den Durchschnittsprofit einbringen muß. Anders der Industriekapitalist. Dieser sieht nur die Geldvorschüsse der Händler, die es ihm ermöglichen, den Wert seiner Ware im voraus zu realisieren, als unabdingbar an. Alles übrige erscheint ihm als zusätzliche, unnütze Ausgabe, als eine Erhöhung der Verteilungskosten, über die er klagt, weil sie die Masse des Kapitals vermehren, das an der Aufteilung des Mehrwerts, den »seine« Arbeiter erzeugt haben, partizipiert. Unter dem Einfluß des Industriekapitals unterscheidet die Nationalökonomie das »Kapital«, das der Händler für den Kauf von Waren braucht, und seine »allgemeinen Kosten«, die für den Erwerb von Arbeitskräften, für das Mieten von Geschäftsräumen usw. erforderlich sind, »allgemeine Kosten«, die sehr dehnbar sind und »unnötigerweise« den Preis belasten.
Man muß hinzufügen, daß die »organische Zusammensetzung

im wesentlichen die gleiche Unterscheidung zwischen diesen beiden Formen der »kommerziellen« Arbeit – der einen, die produktiv ist, und der anderen, die es nicht ist – getroffen hat.25

des Kapitals« im Handel sehr viel niedriger ist als in der Industrie, und daß die Gelder für fixe Investitionen nicht selten wegfallen. In den Vereinigten Staaten kaufen Versicherungs- oder Immobiliengesellschaften und Finanztrusts sehr oft Grundstücke, errichten darauf Kaufhäuser und vermieten diese dann an Einzelhändler.[26]

Die Konzentration des Handelskapitals

Wie das Industriekapital, so hat auch das Handelskapital die grundlegende Tendenz zur Konzentration. In den Perioden von Krisen und scharfer Konkurrenz verfügen die Kaufhäuser über größere Reserven und höhere Kredite, können Rückschläge besser überstehen als Kleinhändler, die in Wirklichkeit für einen bescheidenen Lohn arbeiten. Desgleichen können die großen Händler in Zeiten der Hochkonjunktur bedeutend mehr Kapital in das Geschäft stecken, können sehr viel mehr Warenvorräte ankaufen und in einem viel größeren Maße die Möglichkeit nutzen, Extraprofite zu machen. Die Warenhäuser sind in der Lage, billiger zu verkaufen, da sie als Grossisten einkaufen und die Gewinnspanne im Einzelhandel, die bei den Kleinhändlern noch dem Großhandelspreis der Waren zugerechnet wird, beträchtlich vermindern können.
Andere Vorteile bestehen in der Möglichkeit, moderneres und wirksameres Material zu verwenden oder unmittelbar an der Schaffung neuer Bedürfnisse für kostspielige Erzeugnisse zu verdienen; in der günstigeren Standortwahl, in der Standardisierung der Produkte, der Spezialisierung des Personals, der Rationalisierung der Bedienung usw.[27] Die Warenhäuser erhalten ferner von den großen Industrieunternehmen beträchtliche Werbegeschenke. Im Jahre 1934 steckten die amerikanischen Filialwarenhäuser *Atlantic & Pacific* für 6 Millionen Dollar »Werbespesen« und für 2 Millionen Dollar »Einführungsrabatte« ein, während ihre tatsächlichen Werbekosten nur 6 Millionen Dollar betrugen.[28]
Die Konzentration des Kapitals, die sich infolge der Konkurrenz im Handel entwickelt, hat mannigfache Formen angenommen:

a) *Die großen Warenhäuser*, die sich zuerst in Paris durch die Verbreitung der sogenannten *nouveautés* (Modewarenhäuser) entwickelt haben (1826 die Gründung von *La Belle Jardinière)*, um sich dann in der zweiten Hälfte des 19. Jahrhunderts in allen kapitalistischen Ländern auszudehnen. Im Jahre 1852: Gründung des *Bon Marché* in Paris; um 1860: Gründung von *Whiteley* und *Peter Robinson*, dann von *Selfridge's* und *Harrod's* in Großbritannien; ungefähr in der gleichen Zeit Gründung von *R. J. Macy's* in New York (1858), von *Marshall Fields* in Chikago und von *Wannamaker* in Philadelphia (1861); 1881 die Gründung von *Karstadt*, 1882 von *Tietz* in Deutschland usw. Die Kaufhäuser mit ihren zahlreichen Abteilungen profitieren vor allem von einer Steigerung des Umsatzes, die im Verhältnis größer ist als die des vorgeschossenen Kapitals.[29]
b) *Die großen Einheitspreisgeschäfte* stammen aus den Vereinigten Staaten, wo im Jahre 1879 die Firma *Woolworth* gegründet wurde. Um 1910 wurde in England eine Filiale von *Woolworth* eröffnet, um 1925 haben sich diese Warenhäuser mit Einheitspreisen in Frankreich und Deutschland ausgebreitet und im folgenden Jahrzehnt im restlichen Europa. Diese Kaufhäuser beschränken die allgemeinen Kosten (geringe Verpackung, kein Extrapersonal zum Kassieren, keine Hauslieferungen usw.), was einen sehr viel schnelleren Umschlag ihres Kapitals erlaubt (1938 8,4mal im Jahr gegenüber 3- bis 4mal in den großen Warenhäusern) und ihnen somit eine sehr viel größere jährliche Profitrate einträgt.[30]
c) *Die Filialwarenhäuser* stellen die charakteristische Form der Konzentration des Handelskapitals dar. Sie ermöglichen es, den Aktionsradius ganz wesentlich auszudehnen, ohne das in den fixen Anlagen gebundene Kapital zu erhöhen. Die Steigerung der Profitrate resultiert hier vor allem aus dem billigeren (Groß-)Einkauf und aus der Einsparung von Verwaltungskosten.[31]* Die Filialwarenhäuser haben sich seit dem

* Galbraith, Holton und andere geben an, daß in Puerto Rico der Umsatz je Angestellten von monatlich 254 $ auf 466, 724, 1061, 1465 und 1901 $ steigt, wenn man von den Kaufhäusern mit einem Monatsumsatz von weniger als 500 $ auf Firmen mit einem Umsatz zwischen 500 und 1 000, zwischen 1 000 und 2 000, zwischen 2 000 und 4 000, zwischen 4 000 und 10 000 und zwischen 10 000 und 40 000 $ je Monat geht.[32]

Ende des 19. Jahrhunderts mächtig entwickelt und einen beträchtlichen Teil des gesamten Handels an sich gezogen.

In *Frankreich* gab es 1906 auf dem Nahrungsmittelsektor 22 solcher Firmen mit insgesamt 1792 Filialen. 1936 waren es schon 120 Stammhäuser mit mehr als 22 000 Zweiggeschäften, das sind 16 % aller Lebensmittelgeschäfte in Frankreich.

In *Großbritannien* stieg der Anteil der Filialwarenhäuser am Einzelhandel von 3 auf 4,5 % im Jahre 1900; auf 7–10 % im Jahre 1920; auf 14–17 % im Jahre 1935 und auf 18 bis 20,5 % im Jahre 1950. Für einige Erzeugnisse ist der Prozentsatz jedoch noch sehr viel größer, namentlich für Bekleidung und Schuhe; hier kletterte der Anteil von 3,5 % im Jahre 1900 auf 11,5–14 % im Jahre 1925 und auf 27 bis 30,5 % im Jahre 1950.[33]

In den *Vereinigten Staaten* erzielten die »Kettenläden«, von denen der 1859 gegründete Trust *Atlantic & Pacific Tea Cy* der mächtigste ist, im Jahre 1929 20,8 % des gesamten Umsatzes im Einzelhandel; dieser Prozentsatz erhöhte sich im Jahre 1939 auf 22,7 % und betrug 1954 30,7 %.[34] Die Zahl der Filialen stieg von 8 000 im Jahre 1914 auf 105 000 im Jahre 1950. Die »Supermärkte«, die 6 % der Lebensmittelgeschäfte ausmachten, konnten 1955 60 % des Umsatzes für sich buchen, während die Geschäfte der kleinen Händler (80 %) nur 13,9 % des Umsatzes erreichten.[34a]

Wenn die Konzentration im Handel vor allem im Verlauf des 20. Jahrhunderts große Fortschritte gemacht hat, so sind doch die Hindernisse, die dieser Konzentration und besonders einer totalen Beherrschung des Handels durch die Kaufhäuser im Wege stehen, sehr viel größer als im Bereich der Produktion. Wir haben bereits vermerkt, daß die begrenzte Menge an Kapital, die man zur Eröffnung eines kleinen Handelsunternehmens braucht, das periodische Aufkommen neuer Geschäfte zuläßt, Geschäfte, die von ehemaligen Bauern, Handwerkern oder sogar von Facharbeitern, vor allem in Zeiten der Hochkonjunktur, eröffnet werden. Manchmal kann dieser Kleinhandel mit einem Minimalgewinn, der nicht einmal den Lohn eines Arbeiters erreicht, aufrechterhalten werden; die Frau oder die pensionierten Eltern eines Arbeiters suchen hier ein bescheidenes Nebeneinkommen, die Konkurrenz der großen Warenhäuser verliert gegenüber einem solch geringen Verdienst jede Wirksamkeit.

»Die scharfen Wettbewerbsbedingungen, die ... den Groß- und Einzelhandel beherrschen, und die geringe Geldmenge, die genügt, um ein Geschäft zu eröffnen, führen zu einem raschen Zustrom neuer Unternehmen, die genauso schnell wieder verschwinden, wie sie entstanden sind; aber in der Zwischenzeit haben sie mit Verlust gearbeitet, ein unrentables Geschäft geführt und so die Durchschnittsproduktivität der Industrie (des Handels) im ganzen herabgedrückt. Wenn man von der höheren Sterblichkeit der Einzelhandelsgeschäfte und dem Einkommen eines Großteils der Einzelhändler ausgeht, kann man von einer verschleierten Arbeitslosigkeit einiger der so beschäftigten Personen sprechen.«[35]

Der relativ leichte Eintritt in diese »kapitalistische« Branche ist augenscheinlich an eine erschreckende Sterblichkeitsrate dieser Unternehmen gebunden. Zwischen 1944 und 1945 sind in den USA 21,7 % aller Einzelhandelsgeschäfte, 28,9 % aller Kinos und anderen Vergnügungsstätten, 37,2 % aller Cafés, Bars und Gaststätten und 39,2 % aller Tankstellen verschwunden oder haben den Besitzer gewechselt.[36] In diesen zwei Jahren handelt es sich also um rund 320 000 Unternehmen.

Die Konzentration des Kapitals ist im Handel wie in der Industrie von einer Steigerung der fixen Kosten und von einem tendenziellen Fall der Profitrate begleitet. Aber während in der Industrie dieser tendenzielle Fall teilweise durch den Monopolprofit wieder wettgemacht wird*, ist im Bereich der Distribution, wo es sehr wenige oder gar keine Monopole gibt, ein solcher Gewinn sehr viel schwerer zu erzielen. So sind die Nettoprofite in »normalen« Zeiten im Handel wesentlich geringer als in der monopolisierten Industrie. Die *Harvard Business School* veranschlagt sie für 1955 in den Warenhäusern auf 2,6 %, in den Drugstores auf 5,1 %, in den Modewarenhäusern auf 4,6 %, in den Kurzwarenhandlungen auf 2,25 % und so weiter.[37]

Daraus folgt, daß die Vergrößerung der Handelsunternehmen auf eine Rentabilitätsgrenze stößt, über die hinaus die Konzentration des Kapitals zu einer Verringerung der Gewinnspanne führt. Das Anwachsen der fixen Kosten und der »Un-

* Siehe Kapitel XII.

kosten« hat die Warenhäuser schon gezwungen, ihren Anteil am Verkaufspreis von 25 bis 30 % gegen Ende des 19. Jahrhunderts auf 35 bis 40 % um 1939 heraufzusetzen.[38] In den Vereinigten Staaten ist dieser Anteil von 27,1 % im Jahre 1944 auf 31,2 % im Jahre 1948 und auf 35,2 % im Jahre 1954 geklettert.[39] Aus diesem Grund werden die Warenhäuser zu einem Faktor der relativen Preissteigerung und nicht der Preissenkung, und ihre Konkurrenzfähigkeit gegenüber den kleinen Geschäften leidet darunter.*

Andererseits führt die Verschärfung der industriellen Konzentration und die Erscheinung monopolistischer Trusts im Bereich der Produktion zu einer größeren Einmischung dieser Trusts in die Distributionssphäre. Diese Einmischung vollzieht sich weniger in der Form der Einrichtung von Warenhäusern als in der Form der Gründung einer Vielzahl kleiner abhängiger Geschäfte (Café, die von Wein-, Bier- und Aperitiftrusts unterstützt werden; Tankstellen, die von Erdöltrusts, Autosalons, Garagen und Reparaturwerkstätten, die von Automobiltrusts abhängen usw.). Die »Leiter« dieser Unternehmen sind in Wirklichkeit bezahlte Geschäftsführer der Trusts. Aber ihre Gewinnspannen sind genügend beschränkt, um eine Konzentration der Kapitalien zu verhindern. Das schlagendste Beispiel hierfür ist das der amerikanischen Automobilindustrie, wo 3 Trusts mehr als 85 % der Produktion auf sich vereinen, während der Automobilhandel auf 40 000 Unternehmen verteilt ist, deren Gewinn zu 97 % aus dem Verkauf von Einzelteilen stammt und von denen vor dem Zweiten Weltkrieg jedes Jahr im Schnitt 25 % das Geschäft aufgegeben haben.[41] Alderer und Mitchell merken treffend an: »Der Vertrieb der Automobile ist derart organisiert, daß der Druck der Konkurrenz mehr auf den Händlern als auf den Fabrikanten lastet.«[42]

Die Abhängigkeitsverhältnisse, in die die Einzelhändler gegenüber den großen Trusts geraten, drücken sich auch durch die Ausdehnung der Preisbindung aus. Man schätzt, daß in Großbritannien im Jahre 1938 31 % aller Verkäufe im Ein-

* Diese Entwicklung hat eine Reaktion hervorgerufen: Die Schaffung von »Supermärkten«, die sich bemühen, ihre Kosten zu vermindern, indem sie die Beschäftigtenzahl rigoros herabsetzen. Dennoch betragen diese Kosten nach wie vor 18–20 % und haben die Tendenz zu steigen.[40]

zelhandel nach Vorschriftspreisen erfolgt sind. Für 1955 hat man den Anteil auf 50 % geschätzt.[43]
In Westdeutschland schreiben einige Konzerne Handelsspannen vor, die nur 10–15 % betragen.[44]

Das im Transportwesen angelegte Kapital

Die Verbesserung der Transportmittel erlaubt eine beträchtliche Verkürzung der Zirkulationsperiode der Waren und gleichzeitig eine Verminderung der unerläßlichen Transportkosten, die in den Tauschwert eingehen. Zu Beginn des Mittelalters war es eine komplizierte und gefährliche Sache, Luxusgüter aus dem Orient heranzubringen. Die Transportkosten waren enorm. Nur der Transport von Produkten mit niedrigem spezifischem Gewicht und sehr hohem Wert lohnte sich.[45] Auch im 16. und 17. Jahrhundert noch waren die See- und die Landreisen lang und gefahrvoll. Für die Entfaltung des Handels mit schweren und billigen Gütern war das eines der Haupthindernisse.
Der Bau von Eisenbahnen und Dampfschiffen hat diese Situation völlig umgewandelt. Von nun an ist jeder Ort der Welt enger mit den großen Fabrikzentren verbunden, als es die Städte der gleichen Länder bisher waren. Das Zustandekommen einer wahrhaft weltweiten Arbeitsteilung und eines Weltmarktes im eigentlichen Sinn des Wortes wären ohne die ungeheure Entwicklung der Transport- und Kommunikationsmittel im 19. Jahrhundert nicht möglich gewesen.
In der Zeit des Wanderhandels flossen Handelsprofit und »Transportkosten« ineinander. Die Transportkosten waren übrigens nur ein geringer Teil dieses Profits und schlossen zudem noch den Lebensunterhalt des Händlers selbst, seiner Bediensteten und seiner Last- und Zugtiere mit ein. Schiffe, Fuhrwagen und Säcke waren billig, ihre Kosten schon nach einer Expedition getilgt. Mit der enormen Vergrößerung der Transportmittel in unserer Epoche hat sich dies geändert. Eisenbahnen, Überseeschiffe, Transportflugzeuge erfordern ganz beträchtliche Investitionen. Die Amortisierung dieser Ausgaben erfolgt über eine ziemlich lange Periode hinweg. Die Transportkosten werden so zu fixen Kosten, die in den

Preis der Waren unabhängig von der jeweiligen Etappe des industriellen Zyklus eingehen. Dies zwingt das Handelskapital, für die nichtverderblichen Waren billigere Transportwege zu suchen, selbst um den Preis, daß die Transportzeit für diese Waren bedeutend verlängert wird. Im Jahre 1933 schwankte der Transportpreis je Tonne und Kilometer für Getreide zwischen 5,50 F für den Transport über Meer und 126 F für den Transport über Land. Für Kohle betrug er entsprechend zwischen 3,5 F und 107 F, für Erdöl zwischen 4 und 210 F.[46] Die Konkurrenz im Handel veranlaßt das Kapital hier also nicht zu einer Verkürzung, sondern zu einer Verlängerung der Zirkulationsperiode der schweren Waren. Andererseits gaben die ungeheuren Kapitalinvestitionen im Transportsektor diesem eine in zweifacher Hinsicht besondere Aufgabe in der Geschichte der kapitalistischen Industrie. Zunächst einmal spielte der Transportmittelbau für die Bestimmung der Konjunktur der Schwerindustrie eine Schlüsselrolle; die Hauptkunden waren zuerst Eisenbahnen und wenig später Automobil- und Flugzeugwerke. Sodann schritt die Konzentration des Kapitals im Transportsektor viel einschneidender und schneller voran als in den anderen Sektoren der Industrie. Der Kampf gegen die hohen Transportkosten, den andere Zweige des Kapitals anstrengten, hat im allgemeinen dahin geführt, daß der Transportsektor entweder von monopolistischen Industrie- oder Banktrusts geschluckt oder daß er nationalisiert worden ist. Letztlich hat sich nur der Staat als fähig erwiesen, genügend Kapital aufzubringen, um die Transportkosten im allgemeinen Interesse der kapitalistischen Klasse senken zu können. Erst mit dem Aufkommen des Straßentransports in großem Umfang trat das mittlere und kleinere Privatkapital neuerdings im Transportwesen wieder in Erscheinung.

Der internationale Handel

Der vorkapitalistische Fernhandel wurde ausschließlich von Fremden betrieben. Er zog Nutzen aus der ungleichen wirtschaftlichen Entwicklung der verschiedenen Gebiete der Welt.

Mit dem Aufschwung der kapitalistischen Produktionsweise erreichte der Handel einen früher nie gekannten Umfang. Aber der Charakter dieses Handels änderte sich in dem Maße, wie er sich ausbreitete. War er früher hauptsächlich Luxushandel, so wurde er nun zu einem Handel, der die gängigsten Konsumgüter, Rohstoffe und Produktionsmittel umfaßte. Die Schaffung eines einheitlichen *Welt*marktes schloß von vornherein den Betrug und den Schwindel als wesentliche Quellen des Handelsprofits aus. Die meisten Waren wurden zu ihrem tatsächlichen Produktionspreis verkauft. Die Handelsgewinne waren von nun an nur noch ein Teil der von den Arbeitern erzeugten allgemeinen Mehrwertmasse.

Das bedeutet jedoch in keiner Weise, daß die Ungleichheit der wirtschaftlichen Entwicklung, die nach wie vor besteht und sich durch die weltweite Entwicklung der kapitalistischen Produktionsweise noch verschärft, aufgehört hat, eine Quelle zusätzlicher Gewinne und der Übertragung von Reichtümern von einem Land in das andere zu sein. Die kapitalistische Produktionsweise, der Export von Industriewaren, die von den ersten großen Industrieländern erzeugt werden, vereinheitlichen in der Tat den *Weltmarkt.* Aber sie sind weit davon entfernt, die *Produktion,* die technischen und sozialen Bedingungen, den durchschnittlichen Grad der Arbeitsproduktivität in der Welt zu vereinheitlichen.

Im Gegenteil, die Vereinheitlichung des Weltmarktes durch den Kapitalismus ist eine Vereinigung antagonistischer, widersprüchlicher Elemente. Der Unterschied zwischen der mittleren Arbeitsproduktivität eines indischen Bauern und der des amerikanischen oder englischen Arbeiters ist bei weitem größer als der Abstand der Arbeitsproduktivität des größten römischen Sklavenbetriebs von jener des ärmsten Bauern an den Grenzen des Reiches. Diese Ungleichheit der Entwicklung wird in der kapitalistischen Produktionsweise eine besondere Quelle von Extraprofiten.

Der Wert einer Waren besteht aus dem zu ihrer Herstellung gesellschaftlich notwendigen Quantum Arbeit. Diese gesellschaftlich notwendige Arbeitsmenge hängt ihrerseits vom Durchschnittsniveau der Arbeitsproduktivität ab. Von dem Augenblick an, wo zwischen der durchschnittlichen Höhe der Arbeitsproduktivität zahlreicher Länder große Unterschiede bestehen, kann der Wert (der Produktionspreis) einer Ware in den verschiedenen Ländern voneinander abweichen.

Die Entstehung des Weltmarktes bedeutet auch die Entstehung von Weltmarktpreisen. Da die moderne Textilindustrie nicht von Anfang an – und in der Tat auch heute noch nicht – den *Gesamtbedarf* aller Menschen der Welt an Kleidung deckt, stellt ein Teil der zur Anfertigung der Kleidungsstücke mit Handwebstühlen und anderen altertümlichen Geräten verausgabten menschlichen Arbeit auf dem Weltmarkt noch gesellschaftlich notwendige Arbeit dar. Der Wert von Kattun ist somit in den zurückgebliebenen Ländern niedriger als in den Ursprungsländern.

Aber nur ein Teil – und zwar ein sich ständig verringernder Teil – der für die Herstellung von Kleidung mit veralteten Maschinen insgesamt verausgabten menschlichen Arbeit ist, gesellschaftlich gesehen, nicht verschwendet, d. h., er findet in der Tat einen Käufer. Deswegen liegt (vor der Einführung der modernsten Produktionsmethoden) der Wert von Baumwollwaren in den zurückgebliebenen Ländern sehr weit unter ihrem örtlichen Produktionspreis.

Wenn also die industriell fortgeschrittenen Länder ihre Waren an die zurückgebliebenen Länder verkaufen und sich dafür mit Rohstoffen, Nahrungsmitteln usw. eindecken, dann verkaufen sie die Waren über deren Wert und kaufen unter dem Wert der Waren aus den zurückgebliebenen Ländern ein. Unter dem Anschein eines gleichen Handels »zu Weltmarktpreisen« stellt also der Handel zwischen einem wirtschaftlich fortgeschrittenen Land – das sich eines Produktivitätsvorsprungs oder Produktivitätsmonopols erfreut – und einem zurückgebliebenen Land den Austausch von weniger Arbeit gegen mehr Arbeit dar oder, was das gleiche ist, eine Wertübertragung von den wirtschaftlich zurückgebliebenen Ländern auf die fortgeschrittenen.*

»Man hat oft versichert, daß sich die europäischen Völker bereicherten, indem sie die anderen Teile der Welt ärmer

* Das erklärt vor allem die ungeheuren Profite, die das englische Kapital zu Beginn des modernen Kapitalismus dank dem »Dreieckshandel« gemacht hat: Verkauf von Kattun in Westafrika, wo Sklaven gekauft wurden, die man auf den Antillen wieder verkaufte, um von dort Zucker und Rum zu importieren, die dann in England selbst abgesetzt wurden.47

gemacht haben; und in dieser Anklage steckt etwas Wahres.«[48]

Der internationale Handel ist nicht nur eine Quelle der Extraprofite für die fortgeschrittenen kapitalistischen Länder. Er ist auch das für die Entwicklung der kapitalistischen Industrie unabdingbare Sicherheitsventil. Die Erweiterung der industriellen Produktion vollzieht sich in einem sehr viel schnelleren Rhythmus, als dies die Märkte in den Ursprungsländern tun; in dem Widerspruch zwischen der Tendenz zur unbegrenzten Entfaltung der Produktion und der Tendenz zu einer ständigen Einschränkung des Volkskonsums offenbart sich tatsächlich einer der Grundwidersprüche der kapitalistischen Produktionsweise. Die ungeheure Entwicklung der kapitalistischen Industrie, vor allem der englischen in der ersten Hälfte des 19. Jahrhunderts, ist nur möglich gewesen, weil über den nationalen Markt hinaus noch ein internationaler Markt zu erobern war, ein Markt, der ohne Grenzen schien. Die britischen Kattunexporte, die sich parallel zu der kapitalistischen Produktion entwickelten, stiegen von 300 000 £ im Jahre 1781 auf 30 Millionen £ im Jahre 1825.[49] Der Handel Indiens wuchs von 250 Millionen Francs im Jahre 1820 auf mehr als 3 Milliarden im Jahre 1880. Und der gesamte Welthandel kletterte zwischen 1830 und 1850 von 10 auf 30 Milliarden Francs.[50]

Die Distributionskosten

Sämtliche Distributionskosten – Handel, Werbung, Fernmeldeverkehr usw. – werden vom Handelskapital, das an der allgemeinen Aufteilung des Mehrwerts teilhat, aufgebracht. Solange dieses Kapital vor allem die *Steigerung* der jährlichen Profitmasse und der Profitrate durch die Verkürzung der Zirkulationsperiode der Waren und der Umschlagszeit des zirkulierenden Kapitals gewährleistet, trägt es in seiner Gesamtheit zur allgemeinen Preissenkung bei, die für die kapitalistische Epoche ein besonderes Charakteristikum ist. Die so vermehrte jährliche Mehrwertmasse wird in der Tat in immer modernere Industrieanlagen verwandelt.

Aber diese Rolle ändert sich im Verlauf der Entwicklung

des kapitalistischen Systems gründlich. In dem Maße, wie sich die Produktivkräfte in ungeheurer Weise entfalten, während sie sich in immer kürzeren Intervallen an den Grenzen des kapitalistischen Marktes stoßen, verschiebt sich die Hauptrolle der Distribution weniger auf die Aufgabe, die Mehrwertmasse zu erhöhen, als vielmehr darauf, die *Realisierung des Mehrwerts zu sichern.*

Diese Realisierung wird für die Gesamtsumme aller Waren immer komplizierter. Sie erfordert immer mehr Zeit. Sie wird von einer äußerst scharfen Konkurrenz beherrscht. Auf allen Stufen beginnen sich Warenvorräte anzusammeln, vom Fabrikanten bis zum kleinen Einzelhändler. Sie häufen sich nicht nur für ein paar Wochen an, sondern für Monate, bei einigen Produkten sogar für Jahre.*

Zu den technisch bedingten Distributionskosten kommen die *Verkaufskosten,* die durch die Art des Distributionssystems bestimmt werden, Kosten, die immer schwerer auf den Preisen für die Endverbraucher lasten.**

Dieses Anwachsen der Distributionskosten drückt sich vor allem in der ständig steigenden Zahl der in der Distributionssphäre beschäftigten Personen aus. In den Vereinigten Staaten beschäftigt der Handel folgenden Prozentsatz der Lohn- und Gehaltsempfänger: 1880: 10,7 %; 1900: 16,4 %; 1910: 18,9 %; 1920: 21,2 %; 1930: 23,9 %; 1939: 24,4 %; 1950: 24,7 %; 1960: 27,6 %.[52]

Harold Barger schätzt, daß im Jahre 1870 6,1 %, im Jahre 1920 9,9 % und im Jahre 1950 16,4 % der gesamten erwerbstätigen Bevölkerung der Vereinigten Staaten in der Distribution beschäftigt waren.[53]

In Deutschland haben sich dem Handel gewidmet: 1861: 1 Deutscher von 83; 1875: einer von 65; 1882: einer von 54; 1895: einer von 39; 1907: einer von 30; 1925: einer von 19; 1939: einer von 17,5.[54]

Dieses Wachstum drückt sich des weiteren durch die Steige-

* Diese Warenvorräte erfüllen indes *teilweise* die Funktion der notwendigen Reservefonds der Gesellschaft für den Fall einer plötzlich steigenden Nachfrage, einer gesellschaftlichen oder Naturkatastrophe.

** E. H. Chamberlin und Steindl haben diese Differenz zwischen den Distributionskosten und den gesellschaftlichen Verkaufskosten berechnet.[51]

rung der Handelsspanne im Endverkaufspreis aus. Das Anwachsen der allgemeinen und der fixen Kosten des Handels ist nicht von einer zunehmenden Rationalisierung begleitet, analog der, die wir in der Industrie bei der Erhöhung des fixen Kapitals in bezug auf das zirkulierende Kapital finden. So schätzt man allgemein, daß die Distributionskosten in den großen kapitalistischen Ländern mit etwa 35 bis 40 % in den durchschnittlichen Einzelhandelspreis der Waren eingehen.* Gleichzeitig bleibt ein immer bedeutenderer Teil des insgesamt verfügbaren Kapitals in den verschiedenen Sphären der Verteilung und in Form von angehäuften Warenvorräten in den Händen der Industrie unbeweglich stecken.

Es gibt keinen schlagenderen Beweis für den zunehmend *parasitären* Charakter der kapitalistischen Produktionsweise, je mehr sie sich ihrer *maximalen* Ausdehnung nähert, als den immer kleiner werdenden Platz, den die eigentlichen *Produzenten* in einigen wichtigen Industriezweigen einnehmen.

So gab es am 1. Juli 1948 in der Erdölindustrie der USA 2 Millionen Lohnempfänger: nur 400 000 (20 %!) sind mit der Exploration, der Produktion, dem Raffinieren und anderen produktiven Tätigkeiten befaßt; 125 000 sind in der Verwaltung und in den wissenschaftlichen Versuchsanstalten tätig; 225 000 arbeiten im Transport; 120 000 beschäftigen sich mit der Versorgung und der Bedienung, d. h. also, daß zusammen 24 % in den Zwischensphären zwischen Produktion und Handel arbeiten. Im Bereich der Verteilung und des Verkaufs jeder Art sind mehr als 1,1 Millionen Personen beschäftigt; das sind 55 % aller in diesem Industriezweig arbeitenden Lohn- oder Gehaltsempfänger.[56] In der Automobilindustrie zählt man im selben Jahr insgesamt 978 000 Lohnempfänger in der Produktion und mehr als 1,5 Millionen

* Für das Jahr 1939 veranschlagt das *Journal of Marketing* den durch die Distribution und den Transport »hinzugefügten Wert« auf mehr als 50 % des der nationalen Produktion insgesamt hinzugefügten Werts. Eine neuere Untersuchung, die in Westdeutschland durchgeführt worden ist, bestimmt den Anteil der Distributionskosten am Preis aller Nicht-Lebensmittelerzeugnisse auf 44 % (einschließlich den Überbringungsgebühren) oder auf 35 % (ohne diese Gebühren). Für Bananen hat man in den USA die Distributions- und Transportkosten auf 75 % (!) der Verkaufspreise geschätzt, und die Distributionskosten allein auf 55 %.[55]

Lohn- oder Gehaltsempfänger im Verkauf und in der Distribution.[57]

Die Windungen des Kapitals in dem Bemühen, Mehrwert nicht zu erzeugen, sondern zu realisieren, werden zu einer wahren Besessenheit, wenn der Kapitalismus seine reifste Form erlangt hat und in die Phase des Niedergangs eintritt. »Der amerikanische Bürger lebt vom Tagesanbruch bis zu dem Moment, wo er sich zu Bett legt, in einem Belagerungszustand«, schreibt die Zeitschrift *Fortune*. »Praktisch alles, was er sieht, hört, berührt, schmeckt oder fühlt, stellt ein Bemühen dar, ihm irgend etwas zu verkaufen ... Um in das Innere seiner schützenden Schale zu dringen, muß ihn die Werbung dauernd schockieren, muß ihn plagen, entnerven, irritieren oder seinen Widerstand durch die Methode der chinesischen Wassertropfenfolter brechen, d. h. durch unaufhörliche Wiederholung.«[58]

Und eine belgische Abordnung des Amts für Produktivitätswachstum, ausschließlich Angestellte kapitalistischer Unternehmer, die 1953 in die Vereinigten Staaten reiste, hat die Sackgasse, in die der zeitgenössische Kapitalismus geraten ist, in bewundernswerter Weise umrissen:

»Die Produktion wird immer leichter und vielleicht beängstigend durch eben diese Leichtigkeit; sie hat die Tendenz, den tatsächlichen Konsum zu übersteigen. Die technologische Arbeitslosigkeit kann nur durch eine fortwährende Ausdehnung des Konsums vermieden werden; die Distribution muß diese ständig schneller werdende Entwicklung so gut wie irgend möglich unterstützen. Denn die Distribution erst bringt es zuwege, daß die Produktion nützlich ist... *Why produce if you cannot sell*? Der letzte Meter des Produkts auf dem Weg zum Konsumenten entscheidet über Erfolg oder Mißerfolg des gesamten Produktions-Konsumtionskreislaufs *(the last three feet)*.

Die große Gefahr, die augenblicklich die Wirtschaft mehrerer Sektoren bedroht, ist die Überproduktion. Sowohl bei den Agrarprodukten als auch bei den Industrieerzeugnissen ist die Produktionskapazität bei weitem größer als der Bedarf ...

Das Räderwerk der Produktion dreht sich jetzt in einem solchen Tempo, daß das geringste Zögern des Konsumenten,

zu kaufen, das ganze Wirtschaftsgebäude erzittern lassen kann.«[59]
Spezialisten neuer Techniken, von der Marktforschung bis zu Public Relations, Fachleute für Werbetechnik, *marketing* und *motivational research* bemühen sich, dieses »Zögern« auszuschalten oder vorauszusehen. 1955 wurden mehr als 9 Milliarden Dollar für Werbekosten aufgeboten.* Diese Konditionierung des Konsumenten – die die Verteidigung des Kapitalismus als eines Systems, das die Freiheit des Konsumenten garantiere, lächerlich macht – führt zu einer extremen Form der menschlichen Entfremdung: die Anwendung massiver Überredungsmittel, die die unbewußten, instinktiven Kräfte der Menschen wecken, um sie dazu zu bringen, zu kaufen, zu »wählen« und unabhängig von ihrem Willen und ihrem Bewußtsein zu handeln. In *The Hidden Persuaders* hat Vance Packard ein erschreckendes Bild dieser Konditionierung der Massen gezeichnet. Er zitiert einen Spezialisten, der in der Zeitschrift *The Public Relations Journal* ganz freimütig versichert: »Eine der grundlegenden Voraussetzungen, auf denen diese (Technik) gründet, ist das Recht, *die menschliche Persönlichkeit zu manipulieren.*«[60]
Wir stoßen hier auf Widersprüche des Kapitalismus, die sich ins Absurde steigern. Anstatt die durch die Steigerung der Arbeitsproduktivität geschaffenen Reichtümer frei zu verteilen; anstatt die Grundlage für die freie Entfaltung der menschlichen Persönlichkeit zu schaffen, ist der Kapitalismus gezwungen, dem Menschen immer mehr Gewalt anzutun und ihn zu schänden – zur gleichen Zeit, da die Möglichkeiten seiner freien Entfaltung tagtäglich wachsen –, nur um seinen Profit und die Marktwirtschaft unter Bedingungen des wachsenden Überflusses aufrechtzuerhalten! Die künstliche Organisierung von Knappheit im Überfluß; die künstliche Entfesselung von Leidenschaften, während das Zeitalter der Vernunft triumphieren könnte; die künstliche Schaffung eines Gefühls der Unzufriedenheit, während alle Bedürfnisse befriedigt werden könnten; die immer weitergehende Unterwerfung des Menschen unter Dinge (mit übrigens minderwerti-

* Im allgemeinen zahlt der Konsument die Rechnung, da die Werbekosten bei der Berechnung des Selbstkostenpreises vieler Erzeugnisse mit inbegriffen sind.

gen Eigenschaften und zweifelhaftem Wert), während der Mensch zum absoluten Herrscher über die Materie werden könnte: dahin führt die kapitalistische Produktionsweise in ihrer mildesten, blühendsten, idealsten Gestalt ...

Der tertiäre Sektor

Der Nationalökonom Colin Clark hat eine Idee von Sir William Petty, die noch aus der Zeit vor der industriellen Revolution stammt, wieder aufgegriffen und eine Theorie entwickelt, der zufolge der »tertiäre Sektor« (Handel, Transport, öffentliche Dienste, öffentliche Verwaltungen, Versicherungen, Banken, freie Berufe etc.) produktiver wäre als der »sekundäre« Sektor, d. h. die industrielle Produktion. Nach dieser Theorie ist das Volkseinkommen um so höher, je größer der in diesem »tertiären« Sektor beschäftigte Bevölkerungsanteil ist.[61] Weit davon entfernt, einfach der Realisierung des Mehrwerts zu dienen, bedeute der Aufschwung dieses »tertiären« Sektors einen wichtigen wirtschaftlichen Fortschritt der Menschheit.

Man muß zuvor bemerken, daß die Definition dieses Sektors äußerst konfus ist. Der französische Ökonom Jean Fourastié, der in seinem Buch *Die große Hoffnung des Zwanzigsten Jahrhunderts* vom Dienstleistungssektor spricht, hat diesen Begriff wiederaufgenommen, ihm aber eine veränderte, erweiterte Definition gegeben. Colin Clark wirft produktive Tätigkeiten (Transport, öffentliche Dienste wie Wasser-, Gas-, Elektrizitätserzeugung) und unproduktive in einen Topf; er vermengt nützliche (Unterricht, Hygiene, Verwaltung und öffentliches Rechnungswesen) mit solchen von weitaus geringerem oder zweifelhaftem Nutzen (Werbung, Armee, Polizei). die Militarisierung Nazi-Deutschlands, die den »tertiären« Sektor auf Kosten des »sekundären« Sektors hat wachsen lassen, war ganz gewiß kein Zeichen wirtschaftlichen Fortschritts.

Der Begriff der »Produktivität« wird von Colin Clark im vulgärsten Sinne gebraucht, d. h. im Sinne der »Erzielung von Einkommen«. Aber die Tatsache, daß *unter bestimmten gesellschaftlichen und politischen Umständen* ein Spezialist für

Motivforschung, ein Flottenadmiral oder eine Primaballerina mehr Geld verdienen als ein Ingenieur, ein Bergarbeiter oder ein Arbeiter an einem Martinofen, läßt keineswegs die falsche Schlußfolgerung zu, daß eine Nation reicher wird, wenn alle »Ingenieure« durch »Primaballerinas« ersetzt werden... Schließlich wird die Theorie Colin Clarks durch seine eigenen Statistiken widerlegt. Sie sagen, daß vor dem Zweiten Weltkrieg in Japan 34 % der erwerbstätigen Bevölkerung im tertiären Sektor beschäftigt waren, gegenüber 30,4 % in Schweden und 33,2 % in der Schweiz. Indes bestreitet niemand, daß der Wohlstand Schwedens und der Schweiz größer als der Japans war (und auch heute noch größer ist). In China waren 20 % der erwerbstätigen Bevölkerung im tertiären Sektor beschäftigt, gegenüber 16,8 % in Bulgarien und 15 % in Jugoslawien; trotz ihrer Rückständigkeit waren diese beiden Länder weit weniger arm als China. Ägypten und Italien haben den gleichen Prozentsatz von Menschen, die im tertiären Sektor arbeiten, obgleich ein Abgrund von Armut das erste Land von dem zweiten unterscheidet, etc.[62]

In der Tat rührt der Irrtum Colin Clarks genau aus der Verworrenheit der Definition des »tertiären« Sektors. Man müßte zumindest fünf verschiedene Phänomene unterscheiden, die übrigens in bezug auf den wirtschaftlichen Fortschritt und die Durchschnittshöhe der Arbeitsproduktivität einer Nation *widerspruchsvoll* sind:

1. Das *Fortbestehen* einer Masse kleiner »Einzelhändler« und »Zwischenhändler«, die nur der Ausdruck einer Unterbeschäftigung, einer verschleierten Arbeitslosigkeit sind und deren Absorbierung in der verarbeitenden Industrie einen ungeheuren wirtschaftlichen Fortschritt bedeuten würde. Diese Erscheinung erklärt die Aufblähung des »tertiären« Sektors in einem unterentwickelten Land wie dem alten China und Ägypten.

2. Die Spezialisierung einiger Nationen auf den Verkehr (namentlich Seetransport), der in Wirklichkeit eine produktive Tätigkeit ist, die in den »sekundären« Sektor eingruppiert werden müßte. Diese Erscheinung erklärt eine Aufblähung des »tertiären« Sektors in Ländern wie Norwegen und teilweise in Japan.

3. Der *Rückstand* in der Mechanisierung und Rationalisierung einiger Tätigkeiten der Distribution und persönlicher Dienste

(vor allem: Einzelhandel, Versicherungen und Banken, Reparatur von Schuhen und Kleidung, Friseure, Schönheitspflege etc.) gemessen an der Mechanisierung der industriellen Produktion,* was bewirkt, daß die Stärke des »tertiären« Sektors infolge des Wachstums der *industriellen* Produktion anschwillt. Diese Aufblähung drückt keinesfalls eine höhere Produktivität der »Dienstleistungen«, sondern vielmehr deren Rückständigkeit aus. Aber es handelt sich wohlgemerkt um einen *zeitweiligen* Rückstand; die Mechanisierung der Büroarbeiten, das Aufkommen von Supermärkten, der »einmalige Gebrauch« von Wäsche und Geschirr sowie andere Erscheinungen der gleichen Art lassen eine ganz unterschiedliche Entwicklung voraussehen. Übrigens muß man bei dieser Gelegenheit darauf hinweisen, daß Colin Clark das Verhältnis von Ursache und Wirkung *umkehrt*. Es ist richtig: je reicher ein *kapitalistisches* Land, desto größer der Anteil des Mehrwertes, der auf den Erwerb von Dienstleistungen verwendet werden kann, desto größer auch die Vielfalt der Bedürfnisse der bestbezahlten Arbeiter und der Anteil ihres Lohns, der auf den Erwerb von Dienstleistungen verwendet wird. Nicht die Entwicklung des Dienstleistungssektors also ist es, die dieses Anwachsen des gesellschaftlichen Reichtums *verursacht*, sondern umgekehrt: das Wachstum des gesellschaftlichen Reichtums ist die Ursache für die Entwicklung der Nachfrage nach Dienstleistungen.

4. Die übertriebene Aufblähung der an die Verteilung gekoppelten »Dienstleistungen« infolge der wachsenden Schwierigkeiten bei der Realisierung des Mehrwertes in der Epoche des Niedergangs des Kapitalismus. Dies ist eine irreversible Tendenz, aber nur im Rahmen des heutigen *Kapitalismus*, nicht der gegenwärtigen Technik.

5. Schließlich die Entwicklung schöpferischer Berufe, die nicht unmittelbar mit der Produktion von Waren verbunden sind: angewandte Wissenschaften und reine Forschung (Grundlagenforschung); Kunst; Medizin und Hygiene; Unterricht auf al-

* Es ist interessant, daß Alfred Marshall das gleiche Phänomen bemerkt, als er von Tätigkeiten spricht, wo das Maschinenwesen nur wenig entwickelt ist 63, oder als er Tätigkeiten aufführt, wo der Fortschritt durch neue Erfindungen sehr wenig zur Einsparung der Bemühungen beigetragen hat, einer wachsenden Nachfrage zu begegnen.64

len Ebenen; Körperkultur; desgleichen alle »unproduktiven« Tätigkeiten, die mit der Freizeit und den Ferien verknüpft sind. Dies ist das einzige der fünf Phänomene, das letztlich und unabänderlich mit dem wirtschaftlichen Fortschritt und dem Aufschwung der Arbeitsproduktivität verbunden scheint. Es bedeutet, daß ein immer größerer Teil der Menschheit von dem Zwang befreit wird, eine nicht-schöpferische Arbeit verrichten zu müssen. Das ist nicht mehr der Überrest einer dürftigen Vergangenheit, sondern die Ankündigung einer wunderbaren Zukunft. Wenn automatische Maschinen die ganze produktive Arbeit zur Herstellung der üblichen Gebrauchsgüter verrichten, werden die Menschen alle zu Ingenieuren, Wissenschaftlern, Künstlern, Athleten, Professoren oder Medizinern. In diesem Sinne, aber ausschließlich in diesem, gehört die Zukunft tatsächlich dem »tertiären Sektor«*...

* Siehe Kapitel XVII.

VII Der Kredit

Gegenseitige Hilfe und Kredit

Der Handel wurde aus der ungleichen Entwicklung der Produktion in verschiedenen Gemeinwesen geboren; der Kredit ist ein Produkt der ungleichen Entwicklung der Produktion bei verschiedenen Erzeugern in ein und demselben Gemeinwesen. Seit der Ackerbau oder die Viehzucht auf privater Grundlage betrieben werden, haben die unterschiedlichen Fähigkeiten der Individuen, die unterschiedliche Fruchtbarkeit des Bodens oder des Viehs, unzählige Zwischenfälle im menschlichen Leben oder im Naturkreislauf zu dieser ungleichen Entwicklung der Produktion bei den verschiedenen Erzeugern geführt. So stehen Höfe, die im Jahr mehrere Überschüsse akkumulieren, neben solchen, die mit einem Netto-Defizit arbeiten (wo die Produktion niedriger ist als der Bedarf an Konsumgütern und Samen).
Die ungleiche Entwicklung der Produktion bei verschiedenen Erzeugern eines Volkes führt nicht *automatisch* zur Entwicklung des Kredits. Dieser ist keine natürliche Einrichtung, sondern das Ergebnis bestimmter gesellschaftlicher Beziehungen. Die Form der privaten Ausbeutung der Viehherden oder des Bodens entwickelt sich innerhalb der in langsamer Auflösung begriffenen primitiven Gemeinwesen. Während einer langen Übergangsperiode vereinigt sie sich mit der Kooperation im Arbeitsprozeß. Eine auf Kooperation gegründete Gesellschaft kennt keinen Kredit; sie kennt nur die gegenseitige Hilfe. Die reicheren Mitglieder des Gemeinwesens kommen den weniger reichen normalerweise zu Hilfe, ohne im Austausch für diese Hilfe materielle Vorteile zu erwarten. So ist es noch heute bei zahlreichen primitiven Völkern.
Bei dem nordamerikanischen Indianerstamm der Dakota werden Nahrung und Jagdausrüstung kostenlos verliehen.[1] In der indonesischen *Desa* kennt man für Vorschüsse an Samen oder Anbaupflanzen oder für das Ausleihen des Viehs usw. keine Zinsen.[2] Die malayischen Fischer erhalten während der Monsun-Zeit, wenn sie nicht auf das Meer hinauskönnen, von

ihren Freunden oder Eltern kostenlose Reis- oder Geldanleihen.[3]
Wenn sich die primitive Gesellschaft so weit zersetzt hat, daß sich die Tauschbeziehungen und die Arbeitsteilung allgemein durchsetzen, gewinnt das Prinzip der Gleichwertigkeit auf der Grundlage der Ökonomie der Arbeitszeit die Oberhand über das Prinzip der gegenseitigen nicht bemessenen Hilfe zwischen Mitgliedern eines Gemeinwesens. Je mehr die ausschließliche Produktion von Gebrauchswerten vor der Produktion von Tauschwerten zurückweicht, desto mehr ersetzt die Anleihe mit Entschädigung den kostenlosen Vorschuß in Form von wechselseitiger Hilfe.
Bei den Einwohnern der Neuen Hebriden war es Brauch, den Mitgliedern desselben Clans *Nahrungsmittel*vorschüsse zu geben, ohne auch nur im geringsten an einen Gewinn im Austausch für diese Vorschüsse zu denken. Für Vorschüsse an *Muschelgeld* oder das Ausleihen eines Bootes, um Handel treiben zu können, mußte man dagegen eine Entschädigung in Form von Geschenken leisten.[4] Alonzo de Zurita und Mariano Veytia, zwei Schriftsteller des 16. Jahrhunderts, die uns interessante Berichte über die Einwohner des präkolumbianischen Mexiko hinterlassen haben, berichten gleichfalls, daß bei den Azteken Vorschüsse im allgemeinen ohne Gewinn gegeben wurden. In einigen Teilen Mexikos hatte sich indes der Brauch entwickelt, für *Geld*vorschüsse (Kakao, Goldstaub, Kupferscheiben, Jade etc.) eine Entschädigung zu verlangen.
An der *Peripherie* des primitiven Wirtschaftslebens, also in jenen Tätigkeitsbereichen, die nicht unmittelbar mit dem eigentlichen Lebensunterhalt verbunden waren, löste sich somit der Kredit von der gegenseitigen Hilfe.
Der antike Brauch der gegenseitigen Hilfe mit dem Zweck, allen Mitgliedern des Gemeinwesens ihren Lebensunterhalt zu gewährleisten, hat sich in den Agrargesellschaften noch lange nach der Auflösung des dörflichen Gemeinwesens erhalten. Bis in die Tschou-Dynastie ist in China das unverzinsliche Getreidedarlehen üblich.[5] Das Verbot, auf Getreide- oder Viehanleihen Zinsen zu erheben, findet sich in den ersten wedischen, israelitischen, persischen, aztekischen und islamischen Gesetzestexten.[6] In Susa – im antiken Iran – hat

sich in der sogenannten Epoche der Hochkommissare das unverzinsliche Darlehen bis gegen 2000 v. Chr. neben dem verzinslichen Darlehen erhalten.[7] Im Hochmittelalter vergeben die Klöster unverzinsliche Darlehen.[8] Selbst in der Gesellschaft der vollentwickelten einfachen Warenproduktion Babyloniens, die uns durch das Gesetzbuch Hammurabis bekannt ist, gibt es neben verzinslichen Leihgeschäften eine Fülle von Beispielen für »unverzinsliche Darlehen« (gegenseitige Hilfe) für die Bedürftigen, die Kranken, die von Mißernten betroffenen Bauern.[9]

Noch heute »ist die wechselseitige Hilfe zwischen kleinen Landbesitzern und Pächtern, die sich kleinere Darlehen gewähren, ohne Zinsen zu erheben, in zahlreichen Eingeborenengemeinschaften (Lateinamerika) üblich«.[10] Auch Bauer und Yamey stellen fest, daß die gegenseitige Hilfe sehr häufig anzutreffen ist, wenn das System der »Großfamilie« – wie in Indien – bestehen bleibt.[11]

Die Trennung von Kredit und gegenseitiger Hilfe entsteht somit eher in den Beziehungen zu Fremden als in den Beziehungen zu Angehörigen des eigenen Gemeinwesens. Im Alten Testament und im Koran ist diese Unterscheidung klar ausgedrückt. Das Prinzip der kollektiven Zahlung der Steuern durch das Dorf, das sich in allen Gesellschaften, die die dörfliche Gemeinschaft und die einfache Warenproduktion in sich vereinen, erhalten hat, stellt eine besondere Form der gegenseitigen Hilfe dar, die die ärmsten Bauern vor dem völligen Ruin bewahrt.[12]

Der Ursprung der Banken

Die Entwicklung der einfachen Warenproduktion läßt neben der Warenzirkulation nun noch eine Geldzirkulation hervortreten und führt zur Entstehung der Geldwirtschaft in den Poren einer Gesellschaft, die nur auf der Produktion von Gebrauchswerten fußt. So erklärt sich die Macht, die der *Wucher* über die Produzenten dieser gesellschaftlichen Entwicklungsstufe hat. Aber innerhalb einer Geldwirtschaft ist das Geld nicht nur *Mittel* des Tausches, es wird auch gleichsam zum

Objekt des Tausches. Der Geldhandel trennt sich vom eigentlichen Handel, wie sich dieser vorher vom Handwerk gelöst hat.
Zu Beginn der Geldwirtschaft sind die Edelmetalle selten, ihre Zirkulation ist beschränkt. Sie stellen für die Gesellschaft vor allem einen Reserve- und Sicherheitsfonds dar; sie werden eher thesauriert als in Umlauf gebracht. In diesen stürmischen Epochen bedeutet es ein ungeheures Risiko, einen Schatz bei sich aufzubewahren, vor allem das Risiko, daß er beschlagnahmt, gestohlen oder zerstört wird. So hat sich der Brauch herausgebildet, ihn den geachtetsten Institutionen der Epoche, nämlich den *Tempeln*, anzuvertrauen. Übrigens hatten die Edelmetalle, wie alle anderen als edel angesehenen Objekte, ursprünglich eine magisch-rituelle Funktion, so daß sich die Tempel geradezu als logische Aufbewahrungsorte für beträchtliche Schätze aufdrängten. Diese Konzentration der Edelmetalle im Schoße der Tempel verwandelt diese in die *ersten gelegentlichen Kreditinstitute* seit dem frühen Aufblühen der Geldwirtschaft.
So war es in Mesopotamien von der ersten großen Tempelbank von Uruk (3400–3200 v. Chr.) bis zur Epoche Hammurabis (2000 v. Chr.), als der durchschnittliche Zinsfuß vom Tempel von Samas festgesetzt wurde.[13] Im antiken Iran waren die Tempel die ersten, die Geld verliehen[14]; ebenso in der Epoche der Sassaniden.[15] In Israel blieb der Tempel bis zu seiner Zerstörung der Hauptort zur Hinterlegung beweglichen Vermögens.[16] Im antiken Griechenland fungierten die Tempel von Olympia, Delphi, Delos, Milet, Ephesus, Kos und sämtliche Tempel Siziliens als Gelddepots oder als Banken[17]; in der hellenistischen Epoche blieb diese Situation unverändert.[18] In Rom war das Pantheon das Bankzentrum.
Im byzantinischen Imperium waren die Klöster seit dem 5. Jahrhundert die wichtigsten Schatzbesitzer; es bedurfte der Bilderstürmerbewegung des 8. Jahrhunderts, um diese Schätze in den Geldkreislauf zurückzuwerfen.[19] Ein ähnliches Phänomen findet sich in China unter der Tang-Dynastie. Die buddhistischen Tempelbanken monopolisierten dort zunehmend die münzbaren Metallvorräte und die Kreditgeschäfte; der Staat griff sie an, säkularisierte mehrere tausend Tem-

pel und Klöster und ließ im Jahre 843 alle Statuen aus Edelmetall einschmelzen[20].*

In Japan »waren die geistlichen Anstalten ... während des Mittelalters, einer durch bürgerliche Wirren gekennzeichneten Periode, die einzig sicheren Orte ... Man vollzog seine Geschäfte unter dem Schutz der Grüfte und Tempel. Einige vertrauten ihre wertvollen Dokumente und ihre Schätze diesen heiligen Orten an, um sie während der Kriege vor Zerstörung und Plünderung zu schützen. Die Grüfte und die Tempel spielten auch die Rolle von Finanzorganen und gaben Anleihen aus, sie organisierten einen als *Mujin* und *Tanomoshi* bekannten Genossenschaftskredit und verwendeten Wechsel.«[22]

In der Epoche des »Bas Empire« (oströmisches Kaiserreich) sind die buddhistischen Tempel die einzigen Banken im Osten Zentralasiens, wo noch die Naturalwirtschaft vorherrscht.[23]

Schließlich erscheinen auch im europäischen Hochmittelalter die Klöster als die einzigen Kreditanstalten, die Pfandleihe mit Pfandnutzungsrecht betreiben[24].**

Zu Beginn des 12. Jahrhunderts wird der Orden der Tempelherren zur ersten internationalen Bank für Depositen, Giroverkehr und Hypothekenkredit[29].***

Mit der Entwicklung des Fernhandels nimmt auch die Zirkulation der Edelmetalle zu. Der Fernhandel ist, wie wir ge-

* Yang Lien-sheng weist darauf hin, daß die Pfandleihe in China und Japan gleichfalls in den buddhistischen Tempeln ihren Ursprung nimmt. Der Begriff »Pfandleihe« (ch'ang sheng k'n) bedeutet ursprünglich »Klosterschatz«.[21]

** »Pfandleihe mit Pfandnutzungsrecht« bedeutet, daß der Verleiher ein Stück Land, ein Haus, eine Mühle usw. erhält, deren Erträge so lange in seine Tasche fließen, bis die Anleihe zurückgezahlt ist. Dies war die Hauptform des Hypothekenkredits im Hochmittelalter bis zum 17. Jahrhundert, als er durch eine Bulle des Papstes Alexander III. untersagt wurde. Er wurde dann durch den Verkauf der Renten ersetzt (siehe Kapitel IV). Der oben umschriebene Begriff – im Französischen »mort-gage« und von daher das englische Wort »mortgage« = Hypothek – steht im Gegensatz zur Pfandleihe ohne Pfandnutzungsrecht (»prêt à vif gage), wo der Ertrag des Pfandes (Land usw.) nach und nach von der Schuld abgezogen wird.

*** Die Templer akkumulierten ihr Anfangskapital dank dem Lösegeld, das sie den muselmanischen Gefangenen abzwangen.

sehen haben, anfänglich vor allem ein internationaler Handel. Das führt unvermeidlich dazu, daß gleichzeitig eine Vielzahl von Münzen verschiedenen Ursprungs und verschiedenen Gehaltes in Erscheinung tritt, die gegeneinander zu ihrem wirklichen Wert ausgetauscht werden müssen. Dies wiederum zieht das Aufkommen einer neuen Technik nach sich, deren Objekt das Geld selbst ist: die Technik der Geldwechsler. Indem sie den Besitzern von Edelmetallen, die diese an einem sicheren Ort deponieren wollen, wesentliche Garantien bieten, werden diese Geldwechsler und Edelmetallhändler zu den ersten weltlichen Schatzverwahrern und schließlich zu den ersten *berufsmäßigen Bankiers.* Das Wort Bank stammt übrigens von dem italienischen »banco«, dem Tisch, auf dem die Geldwechsler ihre Geschäfte abzuwickeln pflegten. Auch im antiken Griechenland kommt der Name für Bankier, »trapezites«, von »trapeza«, Wechseltisch.

In der antiken Welt wurden die Geldwechsler zu den ersten berufsmäßigen Bankiers.[26] Ebenso in Indien[27] und in China, wo die mannigfachen Geldsorten nicht eine Folge des internationalen Handels, sondern der Verschiedenartigkeit der Regionalgelder waren.[28]* Auch in Japan wurden die Geldwechsler während der Epoche Tokugawas zu echten Bankiers.[29]

Im islamischen Reich der Abassiden wurden die Geldwechsler oder *Jahbadh* durch die Einführung einer Goldwährung neben einer Silberwährung im Wirtschaftsleben unabkömmlich; bald erfüllten sie alle Funktionen eines Bankiers.[30] Kulischer nennt die chaotischen Zustände, die das Aufkommen der Geldwechsler im Mittelalter verursacht und ihre Verwandlung in Bankiers begünstigt haben:

»So waren in Frankreich im 13. und 14. Jahrhundert neben Münzen königlicher und lehensherrlicher Prägung auch arabische, sizilische, byzantinische, florentinische Münzen im Umlauf, in Südfrankreich Mailänder Libri und venezianische Dukaten, in der Champagne spanische Reale, burgundische und englische Nobili und niederländische Kronen. Geldstücke von Lübecker und Kölner Prägung, englische Sterlinge und französische Tournois hatten allgemeine Geltung. Die ausgedehnte-

* Siehe Kapitel III.

ste Verbreitung besaßen die venezianischen Grossi und Dukaten und die florentinischen Fiorini.«[31]

Der Kredit in der vorkapitalistischen Gesellschaft

Die ersten Bankgeschäfte, Handwechsel, die Aufbewahrung von Schätzen und die Gewährung von Gelddarlehen gegen ein Grundstückspfand (Hypothekendarlehen) sind keine eigentlichen Geschäfte des »Geldhandels«. In der Epoche des *depositum regolare* oder der aufbewahrten Depositen, die auf einfache Anfrage des Deponenten zurückzugeben sind, läßt sich der Depositär – weit davon entfernt, seinem Kunden einen Zins zu gewähren – den Schutz für die Depositen sogar bezahlen.[32] Das war selbst noch im Fall der Bank von Amsterdam im 17. Jahrhundert so[33].*
Diese Geschäfte betrafen in erster Linie jene Gesellschaftsklassen, die sich außerhalb der Produktion und des Warenumlaufs oder an deren Peripherie hielten. Mit der Entwicklung der Geldwirtschaft werden sie die klassischen Opfer des großen oder kleinen Wuchers. Im Mittelalter betreiben die großen internationalen Handelsbanken die Pfandleihe vor allem auf Kosten der Könige und Fürsten. Die kleinen, bescheideneren Lombarden suchen sich als Opfer kleine »Feudalherren« oder einfache Bürgersleute aus.[34] Hier handelt es sich im Grund um *Konsumtions*kredite.[35]
Der wirkliche »Geldhandel« erscheint erst im Zusammenhang mit jener Klasse, die in die Waren- und Kapitalzirkulation verwickelt ist, d. h. im Zusammenhang mit den Wucherern und Kaufleuten der jungen Bourgeoisie. Die Entwicklung des internationalen Handels schafft ihrerseits einen eigenen Bedarf an Kredit. Aus der zeitlichen Trennung von Kauf und Lieferung,** der räumlichen Trennung von Käufer und Verkäufer,

* Der Brauch, einen geringen *Schutzpreis* für das Deponieren von Schätzen zu erheben, kam in der zweiten Hälfte des 19. Jahrhunderts wieder auf im System der Vermietung von Geldschränken, das 1861 von der *Safe Deposit Cy of N. Y.* ins Leben gerufen wurde.

** »Wenn die Genueser Wolle kaufen und sie vor der Lieferung bezahlen, bemühen sie sich darum, den Preis dafür herabzudrücken ... Sie selbst sind bereit, den Preis um einen oder zwei Real für jede Gewichtseinheit

der Notwendigkeit, große Geldsummen über beträchtliche Entfernungen hinweg zu überführen, während diese Gelder Gegenstand fortwährender Schwankungen sind[37], ergibt sich die Notwendigkeit eines Handels- oder *Zirkulationskredits.* Jede Gesellschaft mit entwickeltem internationalen Handel schafft sich die wesentlichen Instrumente für diesen Kredit durch Wechsel und Kreditbriefe. »Der Handel mit Wechseln hat seine Wurzel im internationalen Handel.«[38]

Schon im Jahre 2000 v. Chr. tauchen sie in Ur in Babylonien auf; ferner unter der Tschou-Dynastie (1134–256 v. Chr.) in China und zu Beginn der buddhistischen Epoche in Indien.[39] Im antiken Griechenland werden sie seit dem 4. Jahrhundert v. Chr. sehr häufig verwendet und verbreiten sich dann in der ganzen hellenistischen Welt.[40] Von hier gelangen sie nach Byzanz und in den Islam, von wo sie wieder in das mittelalterliche Europa eindringen.[41]

Der Zirkulationskredit, der von diesen ersten unverkäuflichen Handelseffekten herrührt, erweitert nicht den Tätigkeitsbereich des Kapitals. Ein schnellerer Umschlag und ein höherer Ertrag werden erst mit dem Aufkommen des *Investitionskredits* möglich, d. h., daß sich der Aktionsradius des Kapitals erst mit den Darlehen für ein Unternehmen, das einen Mehrwert abwerfen muß, erweitert; das »unproduktive« Geld, der Geldschatz, wird in Kapital verwandelt, nimmt an der Produktion von Mehrwert teil.

Die älteste Form dieses Unternehmerkredits ist das *See-Darlehen* (Bodmerei), die Verbindung eines Geldgebers mit einem Freibeuter-Kapitän zur Schaffung eines Seehandelsunternehmens, ein Darlehen, das selbst aus der Piratengesellschaft stammt, was sich namentlich in den Bestimmungen über die Gewinnverteilung offenbart.[42] Vom antiken Griechenland und der hellenistischen Welt ging dieses »Darlehen auf das große Abenteuer« auf das byzantinische und das islamische Imperium über, um im 9. Jahrhundert im byzantinischen Italien aufzutauchen und sich von hier aus in Gestalt der *Kom-*

heraufzusetzen, wenn sie erst in dem Moment zu zahlen brauchen, wo sie die Wolle erhalten, und um mindestens die Hälfte der Rechnung vor allem dann, wenn man ihnen eine zusätzliche Frist von drei Monaten einräumt.«[36]

mandit-Gesellschaft über das ganze mittelalterliche Europa auszubreiten.[43]

Zunächst ist eine solche geschäftliche Verbindung nur für ein einziges Unternehmen üblich. Aber später, mit dem Übergang vom Wanderhandel zum ansässigen Handel, macht die *Commenda* Gesellschaften mit mehreren Teilhabern Platz, die für einige Jahre gegründet werden. Vom 13. Jahrhundert an sind alle großen italienischen Gesellschaften (Peruzzi, Bardi, Medici etc.) Vereinigungen dieser Art. Die Bardi beispielsweise arbeiten 1331 mit einem Kapital, das sich aus 58 Aktien zusammensetzt, die 11 Teilhabern gehören.[44]

Als der internationale Handel schließlich in geregelten Bahnen verläuft und zumindest in einem bestimmten Bereich seinen abenteuerlichen Charakter verliert, zieht er einen großen Teil des untätigen Kapitals an. Dieses Kapital ist in den großen Gesellschaften der Bankkaufleute deponiert, als *depositum irregulare*, mit dem die Kaufleute nach ihrem Gutdünken arbeiten können; es wird nicht mehr kurzfristig zurückgezahlt, die Bankkaufleute zahlen vielmehr einen *festen Zinssatz* als Anteil am Handelsprofit, den sie mit diesem Kapital erzielen.[45]

Die Bankiers werden somit seit Beginn der einfachen Warenproduktion zu den »Mittlern zwischen jenen, die Geldkapital anbieten, und jenen, die danach fragen«.[46] In dieser Epoche wird das Geld hauptsächlich vom Staat (Könige, Fürsten, Gemeinden usw.) und nicht von Privatpersonen benötigt. Die *Staatsschuld* entwickelt sich damit parallel zum Zirkulations- und zum Investitionskredit und überflügelt diese sogar noch.

Das älteste bekannte Beispiel von Staatsschulden ist das, über welches Pseudo-Aristoteles im 2. Buch über die *Wirtschaft* berichtet: die ionische Kolonie von Klazomenae in Kleinasien leiht den Kommandeuren der Söldnertruppen die nötigen Mittel, um den rückständigen Sold zu bezahlen, und deckt dieses Darlehen durch eine Zwangsanleihe bei ihren reichen Bürgern, die gezwungen werden, Eisengeld im Austausch gegen Gold- oder Silbermünzen anzunehmen. Die Annalen Han-Tschous verkünden, daß im Jahre 154 v. Chr. ein chinesischer Wucherer namens Wu-Yen-chi der Regierung 1000 Gold-*Catties* (± 244 kg, das ist etwas weniger als 1 Million

Goldfrancs) geliehen hat, um es ihr zu ermöglichen, den Krieg gegen die »Rebellion der sieben Königreiche« zu führen. Er kassierte dafür einen Zins von 1 000 %, das sind umgerechnet 10 Millionen Goldfrancs.[47]

Der Staatskredit nimmt seine klassische Form an, wenn der Kreditgeber die *künftigen Staatseinnahmen* als Pfand erhält: die Verpachtung von Steuern jeglicher Art. In den meisten auf einfache Warenproduktion gegründeten Gesellschaften bleiben die Geschäfte mit Staatskrediten selten und riskant und enden im allgemeinen mit dem Bankrott des Geldgebers. Aber vom 16. Jahrhundert an lösen *Staatsschuldverschreibungen, die an der Börse gehandelt werden,** eine Revolution in der Geschichte des Kredits aus; sie erlauben es, das Aktionsfeld des Kapitals ganz beträchtlich zu erweitern, indem sie eine Masse nicht-kapitalisierten Geldes in Kapital verwandeln. Begünstigt durch die Feldzüge der französischen Könige in Italien und durch die Aufsplitterung der Staaten Karls V., wird der Staatskredit international. »Die Schuldforderung – zunächst einfaches Zahlungsmittel – wird zu einem Wert an sich, zu einem marktfähigen und übertragbaren Tauschobjekt.«[49]

An der Börse von Antwerpen werden die Obligationen des Königs von Kastilien, die Kreditbriefe der niederländischen Regierung, der Könige von England und Portugal, Staatspapiere, die von den großen europäischen Städten ausgegeben worden sind, frei gehandelt. In dem Geldumsturz und dem Wirrwarr der öffentlichen Finanzen des 16. Jahrhunderts machen alle alten Bankhäuser Bankrott. Zu dieser Zeit entstehen die modernen Staatsbanken; sie geben die Garantie für die Sicherheit der für die bürgerliche Öffentlichkeit unabdingbaren Depositen und machen gleichzeitig dem Staat die Zusage, daß er der wichtigste, wenn nicht der einzige Nutznießer dieser Depositen ist. Die *Rialtobank von Venedig*, die 1587

* »Franz I. hatte ungeheure Ausgaben. Um in den Besitz von Geld zu kommen, sah er sich gezwungen, zu einer neuen Technik Zuflucht zu nehmen. Er wandte sich an den Pariser Magistrat und verpfändete ihm Einkünfte in Höhe von 20 000 Pfund, die er in diesem Gebiet zu erwarten hatte. Die Stadt überließ ihm 20 000 Pfund, die sie von ihren Bürgern gegen eine achtprozentige Rente erhielt: dies waren die berühmten Rathauspapiere.«[48]

gegründet wurde, entspricht vor allem dem ersten Zweck; die *Bank von Amsterdam,* im Jahre 1609 gegründet, regelt außerdem noch den Geldumlauf. Die 1619 gegründete *Bank von Hamburg* erfüllt neben diesen Funktionen noch die Rolle eines Kreditgebers für den Staat. Das gleiche gilt für die 1656 gegründete *Bank von Schweden,* während bei der 1696 gegründeten *Bank von England* die letztere Funktion überwiegt.[50]

Angebot und Nachfrage nach Geldkapital in der Epoche des Handelskapitals

Mit dem Aufschwung des Handelskapitals wird der Kredit von einer Ausnahmeerscheinung zu einer regulären Institution des Wirtschaftslebens. Das Diskontgeschäft dehnt sich seit dem 17. Jahrhundert in England aus, seit dem 18. Jahrhundert in Frankreich und den großen Zentren des internationalen Handels – zunächst im Außenhandel und schließlich auch im Binnenhandel.[51] Die geographische Ausdehnung des Handels, die Beständigkeit des Handels mit Amerika und dem Fernen Osten, die Zusammenballung der wichtigsten Handelshäuser in einigen großen internationalen Zentren erleichtern und begünstigen es, die Handelseffekten dazu zu verwenden, Kapital flüssig zu machen.

Während die Wechsel zuvor nur zur spekulativen Ausnutzung der Schwankungen im Handel dienten[52], werden sie nun ein reguläres Mittel zur Bewilligung eines Zirkulationskredits im Handel, ein Mittel, kurzfristig »unproduktives« Geldkapital zu investieren. So entwickelt sich ein *Geldkapitalmarkt.*

Die Nachfrage auf diesem Markt erfolgt vor allem durch den Staat, der in der Epoche des Handelskapitals der große, unersättliche Kreditnehmer bleibt. Clapham versichert, daß die Bank von England bis zur industriellen Revolution den Hauptteil ihrer Kreditgeschäfte mit der königlichen Regierung tätigte.[53] Das gleiche gilt für die 1776 gegründete Diskontkasse, ganz zu schweigen von der unglückseligen Bank von Law, die sich durch ihre Geschäfte mit Staatskrediten ruinierte.[54]

Indessen tauchen neben dem Staat noch andere Schuldner auf, in erster Linie die großen Handelsgesellschaften auf Aktienbasis, deren Geldbedarf für ihre Epoche ganz ungeheuer ist und die sich oft an die Kreditinstitute wenden müssen, um ihren Bedarf bis zur Rückkehr einer Schiffsflotte zu decken. So leiht sich die Holländisch-Ostindische Handelsgesellschaft bei der Bank von Amsterdam Geld, während die Englisch-Ostindische Handelsgesellschaft im ganzen 18. Jahrhundert neben dem Staat die Hauptschuldnerin der Bank von England ist.[55] Auch die Besitzer von Staatspapieren (Rentiers, Adlige, Händler und Bankiers) und Handelseffekten, die knapp an liquiden Mitteln sind, lassen diese Effekten diskontieren. Anfänglich wurden vor allem Staatspapiere diskontiert. In den letzten Jahrzehnten des 18. Jahrhunderts gewinnt jedoch das Diskontgeschäft mit privaten Handelseffekten die Oberhand. Schließlich gibt es noch, wie in der Epoche der einfachen Warenproduktion, eine Nachfrage nach Geld – d. h. nach einem Konsumtionskredit – seitens des Adels und der hohen Staatsbeamten. Dieser Bedarf wird vor allem über die Pfandleihe (Edelmetalle, Schmuck, Wertpapiere usw.) gedeckt.

Das Angebot an Geldkapital stammt von jenen, die über liquides Kapital verfügen, d. h. vor allem von Großgrundbesitzern und von Händlern, die mehr Geld akkumulieren, als sie in ihren eigenen Geschäften investieren können. Die Bankiers des Kontinents beschäftigen sich im 17. Jahrhundert und in der ersten Hälfte des 18. Jahrhunderts ausschließlich mit Sorten- und Inkassogeschäften; sie geben keine Kredite. In England taucht jedoch seit dem 17. Jahrhundert der Händler auf, der seinen Kunden gelegentlich Gelder vorstreckt.

Mit dem Anwachsen des Geldumlaufs, dem Reicherwerden der bürgerlichen Gesellschaft und der hierzu parallel verlaufenden Entwicklung von Angebot und Nachfrage nach Geldkapital entstehen um die Mitte des 18. Jahrhunderts zunächst in England und dann auf dem Kontinent private Lokalbanken, deren Funktion es ist, als Mittler zwischen jenen zu dienen, die Kapital aufzutreiben versuchen, und jenen, die Wege suchen, ihre Bargeldreserven in Kapital zu verwandeln. Diese Lokalbanken, gewöhnlich aus reichen Handelshäusern entstanden, erhalten Depositen, bringen Banknoten in Umlauf und betreiben das Diskontgeschäft: es ist die Geburt des modernen Banksystems.[56]

Die industrielle Revolution läßt dieses anfängliche Netz von Banken sehr rasch dichter werden. Während es um das Jahr 1750 in England nur etwa ein Dutzend Lokalbanken gibt, steigt deren Zahl gegen Ende des Jahrhunderts auf mehr als 200 (und nach einigen Autoren sogar auf 350)[57].* Wie organisch sich diese Banken im Schoße der damaligen Produktionsweise entwickeln, zeigt das Beispiel des Hauses Gurney in Norwich, das in einem Rundschreiben vom 5. 10. 1838 an die Bankiers erklärt: »Das Einsammeln des in den ... ostenglischen Manufakturen erzeugten Garns und das Aufbewahren dieses Produkts in Warenlagern, um es den Webern dann zu liefern ..., war ein sehr ertragreiches Unternehmen, und wir stellen uns ganz offen die Frage, ob das Haus Gurney daraus nicht ein höheres Jahreseinkommen erzielt hat als irgendeine Bank auf den britischen Inseln ... Im Verlauf unserer Geschäftsverbindungen mit den Wollspinnereien begann unsere Familie, diesen Bargeld zu liefern, damit sie die Löhne bezahlen und ihre Geschäfte ohne Unterbrechung tätigen konnten. Unter diesen Bedingungen entsanden die Bankgeschäfte der Familie ...«[59]

Diese rapide Entwicklung erklärt sich vor allem aus der ungleichen Entwicklung der verschiedenen Gebiete Englands. Banken in Gegenden, die noch eine Agrarstruktur aufwiesen, suchten im allgemeinen Investitionsmöglichkeiten für ihre Depositen**, während die Banken in Industriegebieten mit Kreditwünschen geradezu überhäuft wurden und daher unaufhörlich auf der Suche nach Geldern waren. Aus dieser Situation entstand der Londoner Geldmarkt; er diente als Vermittler

* D. M. Joslin, der die Archive der Privatbanken Londons aus der Zeit des späten 17. und des 18. Jahrhunderts untersucht, vermerkt, daß die Banken den Händlern oder Unternehmern im allgemeinen keine Gelder vorgestreckt haben. Erst als gegen 1770 einige Banken gegründet wurden, an deren Errichtung Industrielle beteiligt waren, traten die ersten Kreditgeschäfte für die Industrie in Erscheinung.58

** Bis zu Beginn des 19. Jahrhunderts bezahlten Landwirtschaftsbanken den Maklern von London Vermittlungsgebühren, damit diese ihnen Wechselgeschäfte vermittelten. Das zeigt, wie knapp und gesucht kurzfristige Investitionsmöglichkeiten für Kapital waren.60

zwischen den Banken, die zuviel liquide Mittel, und denen, die zuwenig hatten.

Angebot und Nachfrage nach Geldkapital in der Epoche des Industriekapitalismus

Aber mit der industriellen Revolution erweitert und verändert sich der Kapitalmarkt weitgehend. Neben dem Angebot und der Nachfrage nach Geldkapital seitens vorkapitalistischer Schichten der Gesellschaft (Gutsbesitzer, Händler, Handwerker, Staatsbeamte, Rentiers usw.) erscheint das Angebot und die Nachfrage nach Geldkapital, die aus dem Mechanismus der kapitalistischen Produktion selbst entspringen.

Das Geldkapital ist Ausgangspunkt und Endpunkt des Kapitalumschlags. Aber es erscheint nicht nur am Anfang oder am Ende dieses Umschlags. Während des Produktionsprozesses wird ständig Geldkapital aus diesem Prozeß ausgeschieden und – vom Standpunkt des Kapitalisten aus gesehen – in »unproduktives Geld« verwandelt. Und ständig erscheint seitens der Unternehmer eine *zusätzliche* Nachfrage nach Geldkapital, das es ihnen ermöglichen soll, ihr eigenes Kapital unter rentableren Bedingungen einzusetzen.

Das für die Erneuerung des fixen Kapitals eines Unternehmens erforderliche Geldkapital sammelt sich erst nach mehreren Jahren und nach zahlreichen Umschlagszyklen des zirkulierenden Kapitals wieder an. Dieser *Amortisationsfonds* bleibt während dieser Periode »unproduktiv«, es sei denn, er wird zu anderen Zwecken verwendet. Der *Lohnfonds* eines großen Unternehmens, der zu Beginn eines jeden Produktionszyklus vorgeschossen wird, bleibt insofern unproduktiv, als der Produktionskreislauf (bei den monatlich bezahlten Arbeitern) einen Monat oder (bei den wöchentlich entlohnten Arbeitern) eine Woche überschreitet. Der Teil des Jahresgewinns, der von den Kapitalisten für den eigenen Konsum verwendet wird *(unproduktiver Konsumtionsfonds)*, wird jeweils erst im Verlauf des Jahres ausgegeben; ein Großteil davon bleibt, während der meisten Zeit des Jahres unproduktiv. Der *Akkumulationsfonds* des Unternehmens, d. h. der Teil des Profits, der wieder in das Geschäft gesteckt wird, wird zu Beginn eines neuen Produktionszyklus nicht gänzlich eingesetzt. Der Kapitalist wartet den günstigen Augenblick, beispielsweise eine gute Marktlage ab, bevor er diese Gewinne investiert. Wir haben damit vier Quellen des zeitweilig aus dem Produktionsprozeß ausgeschalteten und damit unproduktiv werdenden Geldkapitals.

Andererseits vollzieht sich die Erneuerung des fixen Kapitals nicht genau in dem Moment, wo sich der erforderliche Amortisationsfonds wieder angesammelt hat. Diese Erneuerung, die beträchtliches Kapital erfordert und große Risiken birgt, geschieht vorzugsweise zu ganz bestimmten Zeitpunkten des Wirtschaftskreislaufs, dann nämlich, wenn die Kapitalisten auf eine beträchtliche Ausweitung des Marktes hoffen.[61] Wenn ein bestimmter Kapitalist in diesem Augenblick den Amortisations- (und Akkumulations-)Fonds noch nicht wieder erzielt hat, versucht er sich das notwendige Kapital zu leihen, um diese günstige Gelegenheit nicht zu verpassen. Der Kapitalist, der eine technische Erfindung macht, die es ihm erlaubt, seinen Markt auf Kosten seiner Konkurrenten auszudehnen, befindet sich in einer ähnlichen Situation, wenn ihm das nötige Kapital für die Verwertung seiner Erfindung fehlt.[62]

Der Industrielle weiß, daß in bestimmten Augenblicken des Wirtschaftskreislaufs der Markt jede Produktionssteigerung aufsaugt. In diesem Moment muß er also sein Kapital akkumulieren, seine Profite investieren. Wenn sie noch nicht realisiert sind, muß er ein Darlehen aufnehmen, um sie im voraus verwenden zu können.

Schließlich sollte die Wiederaufnahme der Produktion nach dem Ablauf eines Produktionszyklus theoretisch erst beginnen, wenn der Zyklus des Warenumlaufs beendet ist. Wir haben aber gesehen, daß die Masse der jährlichen Profitrate von der Zahl der jährlichen Produktionszyklen abhängt, also von der Möglichkeit des Industriellen, die Produktion wieder aufzunehmen, *bevor* sich sein zirkulierendes Kapital, das in den erzeugten, aber noch nicht verkauften Waren steckt, wieder in seiner Tasche befindet. Auch zu diesem Zweck versucht er, ein zusätzliches Geldkapital aufzunehmen, das er zurückzahlen kann, sobald er den Ertrag aus dem Verkauf seiner Waren erhalten hat.

Die Aufgabe der Kreditinstitute im Kapitalismus besteht darin, eben diese Rolle des Vermittlers zwischen jenen, die unproduktive Geldsummen besitzen, und jenen, die ihr Eigenkapital durch Kapitalanleihen vergrößern wollen, zu spielen. Das vorkapitalistische Verhältnis zwischen Bankkapital und anderen Formen des Kapitals wird also umgestoßen; in der kapitalistischen Produktionsweise ist das Bankkapital zunächst ein untergeordneter Diener des Industriekapitals. Aber während die Trennung des modernen kapitalistischen Händlers und des kapitalistischen Industriellen nur eine Frage der funktionellen Arbeitsteilung ist, wird die Scheidung in Bankkapitalist und Industriekapitalist oder Händler mit dem Auftreten der kapitalistischen Produktionsweise unvermeidlich.

Im Gegensatz zum Industriellen und zum Händler kann der Bankier eine *unmittelbar* gesellschaftliche Rolle spielen. In der kapitalistischen Produktionsweise ist er nur insofern nützlich, als er die Zersplitterung des gesellschaftlichen Kapitals in eine Vielzahl individueller Besitzanteile überwinden kann. In dieser Funktion, *das gesellschaftliche Kapital flüssig zu machen und zu zentralisieren,* liegt seine gesellschaftliche Bedeutung. Dabei werden übrigens die Klassenschranken der eigentlichen Bourgeoisie überschritten; dieser Prozeß umfaßt auch die Zentralisierung der Gelder, die von Gutsbesitzern, reichen und mittleren Bauern, Handwerkern, Staatsbeamten, Technikern und sogar von Facharbeitern während der Hochkonjunktur gespart wurden.

Gleichzeitig spezialisiert sich der Geldkapitalmarkt immer mehr, und es entstehen zwei verschiedene Märkte: der Geldmarkt – das Angebot von und die Nachfrage nach *kurzfristigem Kredit* –, der von den Banken beherrscht wird (mit Ausnahme Englands, wo die *bill-brokers* lange Zeit eine vorherrschende Rolle gespielt haben); der Finanzmarkt – das Angebot von und die Nachfrage nach *langfristigem Kredit* –, der zunächst von den Banken und Börsen beherrscht wird, im 20. Jahrhundert aber auch von Versicherungsgesellschaften, Sparkassen, Bausparkassen und anderen Sparinstitutionen (Pensionsgelder, Gelder der Kranken- und Invalidenversicherungen, parastaatliche Organe usw.), die versuchen, sämtliche Geldeinkommen, die nicht unmittelbar ausgegeben werden, in Kapital zu verwandeln (oft ohne irgendeinen Gewinn für den Geldbesitzer).* Die Zentralisierung des Geldkapitals erreicht so ihr höchstes, vollendetes Stadium. Die Banken »lassen keinen Betrag unproduktiv«.

Zins und Zinsfuß

Wenn der Zins im Wirtschaftsleben in Erscheinung tritt, ist er – genau wie der Profit des Wucherkapitals, mit dem er sich anfänglich vermengt – zunächst nichts anderes als eine einfache Wert*übertragung* vom Schuldner auf den Gläubiger. Wenn sich ein Bauer eine Getreidemenge X leihen muß, um die Zeit bis zur nächsten Ernte überbrücken zu können, und wenn er dann von dieser Ernte die Getreidemenge X + Y abziehen muß, um dem Gläubiger den Kredit und die Zinsen (Y) zurückzuerstatten, so ist die Gesamtmenge des Getreides beider Personen durch das Darlehen nicht gestiegen. Lediglich die Getreidemenge Y wurde vom Schuldner auf den Gläubiger übertragen. Diese Form des Wuchers, die noch lange nicht verschwunden ist, hat ihre Opfer unaufhörlich verelenden lassen und sie den Gläubigern unterworfen: »In Conchinchina leiht der Pächter oder ›Ta dien‹ von seinem Grundherrn bis zur Ernte etwas Nahrung für sich und seine Familie; wenn dann die Ernte kommt, reicht sie gewöhnlich nicht aus, die Schulden zu begleichen, und der ›Ta dien‹ bleibt durch seine Schulden genauso sicher an die Scholle geschmiedet wie der Hörige des Hochmittelalters durch das Gewohnheitsrecht.«[63]
Anders ist es mit dem Zirkulations- und Investitionskredit in der kapitalistischen Gesellschaft. Ein Geldvorschuß dient nicht mehr dazu, den Lebensunterhalt des Schuldners zu sichern, sondern *ermöglicht diesem, einen Gewinn zu erzielen:* »Die Unternehmer zahlen einen reellen Zins, wenn eine dargebotene (Geld-)Summe im Handel und in der Industrie so angelegt werden kann, daß eine größere Summe *übrigbleibt*

* Dies trifft namentlich für die Gelder der Sparkassen und der Sozialversicherungsgesellschaften zu, die als Finanzierungsmittel für die Staatsausgaben verwendet werden. Siehe hierzu Kapitel XIII, § »Kriegswirtschaft«.

(d. h. die um einen Mehrwert, einen Gewinn vergrößerte Darlehenssumme).«64*

Der Zirkulationskredit zielt darauf ab, den Wert der erzeugten Waren vorzeitig zu realisieren; der Investitionskredit soll das Kapital eines Unternehmens erhöhen. In beiden Fällen wächst die Masse des Mehrwerts; entweder durch die Verkürzung der Umschlagszeit oder durch die Vergrößerung der Kapitalmasse. Der Zins ist also nichts anderes als *ein Teil des durch die Kapitalanleihe zusätzlich erzielten Mehrwerts.* Er ist niedriger als der Durchschnittsprofit,** denn wäre er diesem gleich, so hätte man normalerweise keinen Vorteil von einer Anleihe, da das aufgenommene Kapital ja selbst nur den Durchschnittsprofit abwerfen muß. Der Gläubiger ist zufrieden, denn bevor er sein Kapital verliehen hat, hat dieses »nicht gearbeitet«, hat es nichts abgeworfen. Und der Schuldner ist gleichermaßen zufrieden, denn obwohl er dem Gläubiger die Zinsen abführen muß, verdient er immer noch mehr, als wenn er kein Darlehen aufgenommen hätte.

Die Zinsen, die von einem kapitalistischen Unternehmer für ein Kapitaldarlehen gezahlt werden, sind ein Teil des von seinen Arbeitern insgesamt erzeugten Mehrwerts, ein Teil, der von dem Unternehmer abgetreten wird, weil die Anleihe es ihm ermöglicht hat, den Gesamtmehrwert um einen Betrag zu erhöhen, der größer ist als die zu zahlenden Zinsen. Aber mit der Ausbreitung der kapitalistischen Produktionsweise ist bald jeder Unternehmer auf der Suche nach zusätzlichem Kapital. Gleichzeitig macht es die gesellschaftlich zentralisierende Rolle der Banken möglich, *jede* Geldsumme in zusätzliches Geldkapital zu verwandeln. So entsteht durch das Spiel von

* »Es ist ein wohlbekanntes Prinzip ... daß der monetäre Zinsfuß letztlich von Angebot und Nachfrage nach Kapital abhängt ... daß der Zinsfuß durch die Gewinne, die die Verwendung des Kapitals selbst erbringt, geregelt wird.«65

** Ausgenommen in den zurückgebliebenen Ländern, in denen der Zinsfuß auch einen Teil der Grundrente in sich einschließt. Er ist somit höher als die Profitrate des Kaufmannskapitals, was die Vorherrschaft des Wucherkapitals in diesen Ländern erklärt. Die *New York Times* berichtet im Jahre 1955 den Fall eines Wäschers aus Karachi (Pakistan), der für ein Darlehen von 100 Rupien 3925 Rupien Zins hat zahlen müssen; das ist ein Zinsfuß von 25 % im Monat oder 300 % im Jahr während einer Zeit von 13 Jahren und einem Monat.66

Angebot und Nachfrage bezüglich Geldkapital der *Durchschnittszinsfuß*, der »Normalertrag« einer jeden Geldsumme, die »arbeitet«. Dies hat nichts mit den dem Geld angeblich »innewohnenden Eigenschaften« zu tun, sondern ist das Ergebnis bestimmter Produktionsverhältnisse die es ermöglichen, diese Geldsumme zu *kapitalisieren*, sich einen Teil des von der Gesamtheit der Arbeiter der jeweiligen Gesellschaft erzeugten Mehrwerts anzueignen. Daraus entwickelt sich in der bürgerlichen Gesellschaft die Gewohnheit, jedes Einkommen als Ertrag eines zum durchschnittlichen Zinsfuß kapitalisierten imaginären Kapitals zu betrachten*: »Je mehr das kapitalistische Denken um sich greift, desto mehr entwickelt sich eine offenbar nützliche Gewohnheit, deren Entstehen man beispielsweise in Deutschland seit dem 14. Jahrhundert beobachten kann; eine Gewohnheit, die darin besteht, jedes Einkommen (außer dem durch persönliche Dienste erzielten) als Prozentsatz eines Kapitalwerts auszudrücken.«[67]
Diese Gewohnheit bringt die bürgerlichen Nationalökonomen auf den Gedanken, bei einem kapitalistischen Unternehmer, der ausschließlich mit Eigenkapital arbeitet, zwischen den Zinsen seines Kapitals und dem Unternehmergewinn (der von einigen Autoren – z. B. Marshall – »Rente« genannt wird) zu unterscheiden, wobei man letzteren erhält, indem man diesen Zins vom Totalgewinn abzieht. Es handelt sich hier ganz augenscheinlich um ein »ideologisches«, d. h. um ein fiktives Unterfangen, da jeder Unternehmer erwartet, für sein Kapital nicht nur den durchschnittlichen Zinsfuß zu erzielen, sondern auch die Durchschnittsprofitrate. Für die bürgerlichen Ökonomen ist diese Gewohnheit vor allem deswegen sehr nützlich, weil sie es ihnen ermöglicht, das Problem des Profits, d. h. der Ausbeutung, zu umgehen, indem sie in ihrem System jede Profittheorie durch eine einfache Zinstheorie ersetzen**.
Die Kreditinstitute erfüllen die Rolle des Vermittlers zwi-

* Ein Jahreseinkommen von 500 £ würde also bei einem Zinsfuß von 5 % als der Ertrag eines fiktiven Kapitals von 10 000 £ betrachtet werden.

** Mit Keynes entdecken die bürgerlichen Ökonomen wieder, daß der Zins nur die Nachfrage nach liquidem Kapital betrifft, d. h. das Geld-Kapital, und daß er somit nicht den Gewinn, den das produktive Kapital erbringt, bestimmen kann.

schen Leuten, die Geldkapital anbieten, und solchen, die danach fragen, nicht aus reinem Altruismus. Auch sie arbeiten mit einem Eigenkapital, das die durchschnittliche Profitrate abwerfen muß. Ihr Gewinn erscheint in Form des *Bankprofits;* er errechnet sich vor allem aus der Differenz zwischen dem Zinsfuß, der von diesen Instituten für das Geldkapital bezahlt wird, das man ihnen in Form von Depositen anvertraut, und dem Zinsfuß, den sie den Kreditnehmern abfordern. Dazu kommen Einkünfte wie Provisionen, Maklergebühren für die Plazierung von Aktien und Obligationen, das *Agio* auf Sortengeschäfte usw.

Da die Kreditinstitute, vor allem die Banken, für jede bei ihnen – selbst für nur wenige Tage (»Sichteinlagen«) – deponierte Geldsumme einen Zins zahlen, und sei er noch so gering, sind sie daran interessiert, nun ihrerseits alle verfügbaren Gelder als Kredite zu vergeben, damit sie diese Geschäfte mit einem Gewinn abschließen können. So erscheint auf dem Geldmarkt neben dem eigentlichen Zirkulationskredit das *Tagesgeld* (»call money«). Es nimmt seinen Ursprung gegen 1830 in England, als sich beim Fälligwerden der vierteljährlichen Zinszahlungen für die Staatspapiere auf den Konten der Schatzkammer der Bank von England große Geldsummen ansammelten, so daß auf dem Geldmarkt eine Verknappung entstand. Um dieser Knappheit entgegenzuwirken und die Geldsummen nicht »unproduktiv« liegen zu lassen, wurden sie auf die Dauer von einigen Wochen und besonders von einigen Tagen an Kunden gegeben, die diese Art Kredit wünschten; dabei handelte es sich vor allem um Diskonthäuser (»discount-houses«), die die Kredite dazu verwendeten, den Umfang ihrer Rediskontgeschäfte zu erweitern. Diese Darlehen, die gegen die Hinterlegung von Wertpapieren und Effekten gewährt wurden, konnten auf einfache Anfrage abberufen werden. Auch die Depositenbanken nahmen die Gewohnheit an, die verfügbaren Gelder als Tagesgeld zu vergeben.[68]

So entsteht eine ganze Zinsfußskala, die fortwährend ansteigt; angefangen von den Zinsen, die für die Sichteinlagen gezahlt und für das Tagesgeld erhoben werden, bis zu denen, die für langfristige Depositien bezahlt und für Investitonsdarlehen verlangt werden. Auf jeder Stufe ergibt sich eine

Differenz zwischen den Zinsen, die die Banken und Kreditinstitute zahlen, und denen, die sie ihrerseits von ihren Kunden erheben.
Der Unterschied zwischen diesen verschiedenen Zinssätzen hängt in erster Linie davon ab, inwieweit die Kredite unmittelbar zur Vergrößerung der von der Gesellschaft erzeugten Mehrwertmasse beitragen. Der langfristige Zinsfuß bestimmt ganz offensichtlich den Investitionskredit, d. h. den Kauf von Produktionsmitteln auf Kredit; er ist auch am höchsten und kommt der Durchschnittsprofitrate am nächsten; er bestimmt *auf die Dauer* die Schwankungen des Zinsfußes. Der kurzfristige Zinsfuß, der vor allem für den Zirkulationskredit gilt, ist niedriger als der langfristige Zinsfuß, weil der Zirkulationskredit durch die Verkürzung der Umschlagsperiode des Kapitals eine Vergrößerung der Mehrwertmasse zwar *möglich* macht, jedoch nicht gewährleistet. Der kurzfristige Zinsfuß kann indessen den langfristigen Zinsfuß bei bestimmten Gelegenheiten übersteigen, beispielsweise dann, wenn auf dem Geldmarkt eine Geldknappheit aufkommt, die nicht nur die Umschlagsperiode des Kapitals zu verlängern droht, sondern auch das Kapital in seiner Existenz bedroht (Bankrottgefahr).
Andererseits muß man einer Versicherungs- und Risikoprämie, die im Zins enthalten ist, Rechnung tragen; diese schwankt je nach der Laufzeit des Darlehens und dem Zeitpunkt innerhalb des industriellen Kreislaufs; sie hängt ferner von den besonderen Bedingungen von Angebot und Nachfrage bezüglich Geldkapital auf den verschiedenen Stufen ab, die – auf einem freien Markt – den Zinsfuß den täglichen Schwankungen unterwerfen.* Aber diese Schwankungen bewegen sich um ein mittleres Niveau, das letztlich von der Höhe der Durchschnittsprofitrate bestimmt wird.
Deshalb ist es schwierig, außerhalb dieser regelmäßigen Schwankungen, die von den Phasen des industriellen Kreislaufs herrühren, die Gesetze einer langfristigen Entwicklung des Zinsfußes aufzustellen. Diese hängt letzten Endes von der Knappheit bzw. dem *relativen* Überfluß des Geldkapitals in bezug auf die relative Höhe der Profitrate ab.

* Zu dem wechselseitigen Spiel der Schwankungen der kurzfristigen und der langfristigen Zinsen während des industriellen Kreislaufs siehe Kapitel XI.

So sinkt der Zinsfuß in einer Gesellschaft der einfachen Warenproduktion, die einen großen internationalen Markt zu einem einheitlichen Ganzen gemacht hat, in dessen Rahmen die Ungleichheit der wirtschaftlichen Entwicklung zwischen den verschiedenen Gebieten nach und nach vermindert wird. Eben dies ist in der Antike in der Epoche Cäsars* und im mittelalterlichen Europa (West- und Südeuropa) seit der 2. Hälfte des 14. Jahrhunderts eingetreten.[69] Der Zinsfuß fällt gleichfalls, wenn sich die Geldwirtschaft in einem Agrarland ausdehnt und die ländlichen Klassen sich von dem drückenden Gewicht des Wucherkapitals ein wenig befreien; der Zins umschließt von nun an nicht mehr einen Teil der Grundrente wie früher.

Am Vorabend der großen imperialistischen Expansion im letzten Viertel des 19. Jahrhunderts sank infolge der Knappheit an neuen Investitionsfeldern für Kapital in allen Industrieländern der durchschnittliche Zinsfuß stark ab. Kurz nach dem Zweiten Weltkrieg führte der Kapitalüberfluß in den Vereinigten Staaten und in der Schweiz sowie der Mangel an Investitionsmöglichkeiten, die den Durchschnittsprofit garantierten, zu einer starken Herabsetzung des Zinsfußes, während er in anderen kapitalistischen Ländern, in denen das Kapital infolge der Kriegszerstörungen und der allgemeinen Verarmung sehr kanpp war (Deutschland, Frankreich, Italien), anstieg.

Der Zirkulationskredit

Jeder Kredit zur vorzeitigen Realisierung des *Werts der Waren* (d. h. zur Realisierung des Wertes vor dem tatsächlichen Verkauf) ist ein Zirkulationskredit.[70] Er ist ein kurzfristiger Kredit, der kaum länger als drei Monate läuft und teilweise von Banken gewährt wird, die sich auf diese Kreditgeschäfte spezialisiert haben.

Mit der Ausdehnung der kapitalistischen Produktionsweise

* Zu diesem Zeitpunkt wurde es rentabler, den Bauern *Naturaldarlehen* zu geben, die beständig einen sehr hohen Zins abwarfen. Diese Naturaldarlehen sind die vorherrschende Form des Wuchers im römischen Imperium.

trennt sich die Produktion immer mehr vom Markt, wird die Realisierung des Wertes der Waren und des Mehrwerts immer schwieriger, und es entsteht die Gefahr, daß die Umschlagsperiode des Kapitals trotz der Zwischenschaltung des Handelskapitals länger wird. Aber gerade in dieser Epoche versucht der Kapitalist, den tendenziellen Fall der Profitrate, der durch die Verwandlung eines ständig größer werdenden Teils des Kapitals in fixes Kapital entsteht, durch die *Verkürzung* der Umschlagszeit des zirkulierenden Kapitals aufzufangen. Die wesentliche Funktion des Zirkulationskredits besteht daher darin, daß er es dem Unternehmer ermöglicht, das eigene zirkulierende Kapital auf ein Minimum herabzudrücken.

»Unter Bezugnahme auf zahlreiche Operationen von Maklern während vier oder fünf Jahren vor 1810 berichtet der *Bullion Report*, daß die größeren Diskontmöglichkeiten, die sich in London boten, dahin wirkten, die Geschäfte von Provinz-Fabrikanten auszuweiten, da sie ihnen einen schnelleren Umschlag ihres Kapitals ermöglichten.«[71] Macrae schätzt, daß 30–40 % des zirkulierenden Kapitals der gesamten britischen Industrie durch Kredit gestellt werden.[72] Im 19. Jahrhundert hat der Zirkulationskredit vor allem die Form des *Diskontgeschäfts*. Der Kattunproduzent zahlt seinem Lieferanten kein Bargeld, sondern gibt ihm eine Tratte oder ein Zahlungsversprechen. Der Lieferant begibt sich zu seinem Bankier, der den Wechsel in Zahlung nimmt und ihm die Schuldsumme abzüglich eines Zinses, des sogenannten Diskonts, auszahlt. Wenn das Zahlungsversprechen fällig wird, zahlt der Kattunfabrikant dem Bankier den auf dem Wechsel genannten Betrag. Letzterer hat also in Wirklichkeit dem Baumwolllieferanten ein Darlehen auf drei Monate gegeben und hat es ihm dadurch ermöglicht, die Umschlagszeit seines Kapitals um drei Monate zu verkürzen. (Auch die Umschlagszeit des Kapitals des Kattunfabrikanten, der nur deswegen einen Kredit von seinem Lieferanten erhält, weil dieser wiederum einen Kredit vom Bankier bekommt, wird hierdurch verkürzt.)

Seit dem Mittelalter gibt es indes noch einen anderen Zirkulationskredit[73].* Jeder Kapitalist besitzt bei einem Bankier

* Polanyi versichert, daß schon bei den Bankiers des antiken Assyriens eine Form des Kontokorrentdarlehens angewandt wurde.[74]

des Ortes ein Kontokorrent, das es ihm erlaubt, Zahlungen oder Geldeingänge durch einfache Buchungen zu erledigen (Überweisung von Rechnungen an einen anderen). Alle Ein- und Ausgänge laufen so durch die Hände des Bankiers, der gewissermaßen zu einem Zentralbuchhalter wird. Angenommen, ein Fabrikant besitze in einem gegebenen Moment auf seiner Bank nur noch ein Kontokorrentguthaben von 1 Million DM. Um aber seine Produktion fortführen zu können braucht er sofort 2 Millionen DM für Lohnzahlungen. Der Bankier weiß, daß der Fabrikant durch den Verkauf seiner Waren in einigen Wochen große Geldeingänge zu erwarten hat. Er erlaubt ihm daher, sein Konto zu überziehen, d. h. mehr Geld abzuheben, als er besitzt (»overdraft«); tatsächlich gibt er ihm also ein Darlehen von 1 Millionen DM. Natürlich zahlt der Fabrikant für ein solches »Kontokorrentdarlehen« Zinsen, die sich im allgemeinen auf mindestens 5 % belaufen, es sei denn, es handle sich um sehr große Firmen.*

Vom letzten Viertel des 19. Jahrhunderts an hat das Kontokorrentdarlehen das Diskontgeschäft als die Hauptform des Zirkulationskredits mehr und mehr zurückgedrängt.[75] Die Konzentration des Kapitals führt zur Errichtung derart bedeutender Unternehmen, daß sie bei ihren Banken genügend Vertrauen besitzen, um über ein Kontokorrentdarlehen jeden kurzfristigen Kredit zu erhalten, den sie brauchen. Die kleinen Unternehmungen dagegen werden immer mehr gehemmt, weil sie die diskontierten Wechsel zu einem *fixen Termin* einlösen müssen und den Mißkredit fürchten, in den sie geraten, wenn bekannt wird (Protest), daß sie eine Tratte nicht bezahlen können. Die Verschmelzung großer Unternehmen, von den Rohstofflieferanten bis zu den Verkaufsorganisationen, zu großen Trusts, Finanzgruppen usw. verdrängt schließlich die klassischen Partner, die mit Wechseln gearbeitet haben.[76] So sank in England das Volumen einfacher, diskontierter Wechsel von 250 Millionen £ im Jahre 1913 auf 100 Millionen £ im Jahre 1937, während die Kontokorrentdarlehen für die Industrie im Jahre 1929 850 Millionen £ erreichten, im Jahre 1938 dagegen schon 1 Milliarde £.[77]

Seit der großen Krise von 1929 verringerten sich indessen auch die Kontokorrentdarlehen – vor allem in den Vereinig-

* Über die *monetären* Folgen dieser Kreditform, siehe Kapitel VIII.

ten Staaten – infolge der ungeheuren Ansammlung von Bargeldreserven durch das Monopolkapital*, des relativen Abstiegs der besonders vom Bankkredit abhängigen Industrien, der Ausdehnung der Barzahlung im Einzelhandel und der Entwicklung spezieller Kreditinstitute. Vor allem die kleinen und mittleren Unternehmer stellen jetzt das Gros der Nachfrage nach Kontokorrentdarlehen.[78] Parallel hierzu konnte man in den letzten Jahren ein Anwachsen des Diskontvolumens in einigen europäischen Ländern wie der Schweiz, Frankreich und Belgien beobachten; Ursache hierfür war eine verlockende Rediskontpolitik der Geldbehörden, die glaubten, die Geldentwicklung unmittelbarer beeinflussen zu können, wenn der Zirkulationskredit mehr in Form des Diskonts und weniger als Kontokorrentkredit in Anspruch genommen werde.[79]

Investitionskredit und Finanzmarkt

Jeder Kredit, der gewährt wird, um die *Kapitalmasse* eines Industrie- oder Handelsunternehmers zu erhöhen, ist ein Investitionskredit. Er ist ein *langfristiger Kredit* und umfaßt verhältnismäßig große Geldsummen, ein Kredit, der vom Gläubiger aus gesehen ein *dauerhaftes Einkommen abwerfen soll.*

Seine unmittelbaren Wurzeln finden sich im Ankauf der Grundrente im Mittelalter, in der Errichtung mittelalterlicher Handelsgesellschaften, in den festverzinslichen Depositengeldern bei den großen Handelsgesellschaften des 14. Jahrhunderts und in den langfristigen Darlehen, die Könige, Fürsten und Städte von den Kaufleuten und Wucherern des Mittelalters eingeräumt bekamen.** Seinen modernen Charakter erhält er erst vom 16. Jahrhundert an mit dem Aufkommen der Börse und der marktfähigen Wertpapiere. Von diesem Zeitpunkt an taucht eine Gesellschaftsklasse auf, die versucht, ihre Güter – ihr Kapital – für Investitionen in langfristige Kreditgeschäfte zu verwenden, um dieses Kapital dank dem

* Siehe Kapitel XIV, § »Überkapitalisierung«.

** Siehe Kapitel IV, wo gleichfalls der Ursprung der Börse, der Staatsschulden und der Aktiengesellschaften beschrieben wurde.

Ertrag solcher Investitionen zu vergrößern. Diese Klasse vertritt das *Kapitalangebot* auf dem eben entstandenen Finanzmarkt. Die Kapital*nachfrage* wird vor allem durch den Staat vertreten und dann nach und nach durch Aktiengesellschaften. Die Vorherrschaft von Staatspapieren auf den westeuropäischen Finanzmärkten bleibt während der ganzen Epoche des Handelskapitals bestehen, d. h. in den meisten Ländern bis zu Beginn und sogar bis Mitte des 19. Jahrhunderts.

Die Staatsschulden nehmen sehr bald die Form festverzinslicher Wertpapiere an, die ein *festes Einkommen* abwerfen, das aus den künftigen Staatseinnahmen bezahlt wird*; die privaten Wertpapiere waren und blieben vor allem Dividendenpapiere, d. h. Papiere, die ein *variables* Einkommen erbringen, das von dem jährlichen (oder halbjährlichen) Gewinn der Gesellschaften bestimmt wird, die sie ausgeben. In beiden Fällen stellt der Kauf eines solchen Wertpapiers für den Kapitalisten den Erwerb eines *Einkommenstitels* dar, also das Recht, an der künftigen Aufteilung des gesellschaftlichen Mehrwertes teilzunehmen. Der gesellschaftliche Charakter des Investitionskredits tritt immer deutlicher hervor, sobald sich die Börsengeschäfte ausdehnen und zahlreiche Bourgeois sich einen Wertpapierbestand zulegen, der Anteilscheine einer wachsenden Zahl von Gesellschaften sowie Staatspapiere enthält, die von vielen Staaten, Provinzen, Gemeinden und anderen öffentlichen Institutionen ausgegeben werden.

Das Risiko, das man eingeht, wenn man einem Unternehmen für einen längeren Zeitraum beträchtliche Geldsummen gewährt, bedeutet logischerweise auch, daß man versucht, zusätzliche Garantien zu erhalten: das Recht der Einsicht in die Verwaltung der Gelddarlehen und die allgemeine Verwaltung des Unternehmens. Deswegen ist die direkte Beteiligung bei unterstützungsbedürftigen Unternehmen, d. h. die Schaffung von Gesellschaften mit mehreren Teilhabern, die normale Form des Investitionskredits.

Die antiken, chinesischen, mittelalterlichen, arabischen und byzantinischen Handelsgesellschaften waren alle Gesellschaften

* Regierungen, die unfähig waren, die Zinsen für ihre Staatsschulden zu zahlen, haben mitansehen müssen, wie Fremde die Zollverwaltung in die Hände nahmen (die wichtigste Einnahmequelle!); dies war im 19. Jahrhundert in China der Fall, im 20. Jahrhundert in Venezuela.

mit *unbegrenzter Haftung:* die Teilhaber hafteten mit ihrem ganzen persönlichen Vermögen, ob es nun im Geschäft investiert war oder nicht, für die Schulden der Gesellschaft. Hier liegt die Ursache für den raschen Zusammenbruch der mittelalterlichen Banken, die Investitionskredite ausgaben. Von 103 Banken, die im 14. Jahrhundert in Venedig gegründet wurden, machten 96 bankrott.[80]

Die Entwicklung der kapitalistischen Produktionsweise hat schließlich dazu geführt, daß der Kredit nicht mehr auf eine Person ausgestellt wird. Diese Entwicklung erreicht ihre Vollendung in der Kommanditgesellschaft auf Aktien und der Aktiengesellschaft. Der Kauf von Aktien und Obligationen eines Unternehmens ist die übliche Art, in der nun ein Investitionskredit gewährt wird.

Obwohl die Aktiengesellschaft schon im 16. Jahrhundert auftaucht, wird sie erst im 19. Jahrhundert zu einer regelmäßigen Erscheinung. Und zwar deswegen, weil die Bourgeoisie durch zwei niederschmetternde Bankrottfälle – den der englischen *South Sea Company* und den der französischen *Compagnie du Mississippi* – vor dem Risiko, das diese Form des Kredits birgt, eine abergläubische Furcht entwickelt hat.[81] In der Tat war in der Epoche der Manufaktur die Zeit für eine Ausweitung des Kredits, wie er später während des Aufschwungs des Industriekapitalismus zu verzeichnen ist, noch nicht reif.

Vom 16. bis zum 18. Jahrhundert ist der Investitionskredit für Privatunternehmen wenig verbreitet. Da sich die Aktiengesellschaften nur langsam entwickeln, kehren die Depositenbanken, die sich der Lehren des ausgehenden Mittelalters entsinnen[82], den Investitionsgeschäften den Rücken; wenn sie den Status einer Staatsbank haben, sind ihnen solche Geschäfte übrigens untersagt. Die Banken begrenzen ihre langfristigen Kreditgeschäfte auf den Staat und einige wenige privilegierte Kunden.

Erst als gegen Ende des 18. Jahrhunderts in Großbritannien die *Merchant Bankers* und auf dem Kontinent die »Hoch-Banken« in Erscheinung treten, widmen die Bankiers den Privatgeschäften wieder lebhaftes Interesse. Im Jahre 1822 entsteht mit der *Société Générale de Belgique* die erste eigentliche Emissionsbank, die – da sie den Industrieunternehmen zunächst nur kurzfristige Kredite zubilligt – bald über ein zu hohes Anlagevermögen verfügt und daher dazu übergeht, Anteilscheine zu erwerben und die Initiative zur Gründung von Aktiengesellschaften zu ergreifen.[83]

Das Beispiel der Société Générale wurde in Frankreich nachgeahmt; aber der aufsehenerregende Mißerfolg von *Crédit Mobilier* der Brüder Pereire verzögerte den Aufschwung der Emissionsbanken in den meisten europäischen Ländern bis nach 1872.[84] Zahlreiche Länder erlebten daher das Aufblühen gemischtwirtschaftlicher Banken, d. h. Banken, die Depositen annahmen und gleichzeitig Investitionskredite gewährten.

Im 20. Jahrhundert wandelt sich der Finanzmarkt unter dem Einfluß der Entwicklung von Versicherungsgesellschaften, Sparkassen, Sozialversicherungsfonds usw., die zwar ungeheure Kapitalien ansammeln, sie jedoch nicht für den Erwerb von Dividendenpapieren verwenden können. Mehrere Länder haben für den Erwerb dieser Papiere gesetzliche Grenzen festgesetzt und diese Bestimmungen sogar auf die Depositenbanken ausgedehnt. Aus diesem Grund konnten die Staatspapiere auf den zeitgenössischen Finanzmärkten der meisten Länder wie in der Zeit vor dem 19. Jahrhundert einen dominierenden Platz einnehmen.[85] Dieses Phänomen verträgt sich durchaus mit der *Selbstfinanzierung* der großen Unternehmen.*

Es wäre falsch, die Depositengelder der Sparkassen, Sozialversicherungskassen usw. als eine *Akkumulation von Geldkapital* anzusehen, die mehr oder weniger der Akkumulation von Geldern der Kapitalisten in den Banken entspricht. In Wirklichkeit sind die Ersparnisse der Arbeiter nur ein *noch nicht verbrauchter Konsumtionsfonds*, der größtenteils noch zur Lebenszeit des Depositärs verausgabt wird. In einer umfassenden Statistik über die Einkommen der Klasse der *Lohn- und Gehaltsempfänger* muß man diesen Ersparnissen der Arbeiter die Schulden der kranken, invaliden und pensionierten Arbeiter gegenüberstellen; ferner die Unterstützungen, um die sie als Einzelne oder als Familie bei der öffentlichen Fürsorge nachsuchen müssen, die Einschränkungen, zu denen diese Schichten gezwungen sind und die ihren Konsum unter das lebensnotwendige Minimum sinken lassen usw. Wie die Statistiken bestätigen, akkumuliert eine Arbeitergeneration als

* Siehe Kapitel XIV § »Selbstfinanzierung«.

ganze genommen im Verlauf ihres Daseins keine Mobiliarwerte.

Die Börse

Die Kapitalisten und Kreditinstitute, die ihr verfügbares Geldkapital in Form von Aktien und Obligationen in Aktiengesellschaften investieren, rechnen damit, für diese Darlehen den *durchschnittlichen Zinsfuß* zu erhalten. Für Obligationen und festverzinsliche Wertpapiere ist dies von vornherein gewährleistet. Bei der Gesamtheit der eigentlichen Aktien hingegen schwankt der Zins je nach der Höhe des realisierten Profits; diesen Zins nennt man *Dividende.*

Aber die Aktien, Obligationen und andere Mobiliarwerte werden als Einkommenstitel marktfähig und an der Börse gehandelt. Ihr Preis ergibt sich daher aus der *Kapitalisierung der Jahresdividende (des Jahresertrags) zum durchschnittlichen Zinsfuß;* dieser Preis ist der Kurs, mit dem die Aktien an der Börse gehandelt werden.* Genauso wie die von einer Gesellschaft ausgeschüttete Dividende im allgemeinen von Jahr zu Jahr schwankt und die Prognosen hierüber im Laufe des Jahres variieren, können auch die Kurse heftigen Schwankungen unterliegen. Es entsteht eine wahre Spekulation auf die Hausse oder die Baisse, die oft künstliche Kursschwankungen hervorruft; man setzt falsche Gerüchte in Umlauf oder vertuscht plötzlich drohende Änderungen, die die Rentabilität eines Unternehmens betreffen. In einigen Ländern vollzieht sich diese Spekulation größtenteils über den Kredit; so stellen in New York die Kredite für die Spekulanten der Wallstreet die Hauptgeschäfte des Geldmarktes dar.[86]

Die Besitzer von Aktien und Obligationen beziehen den *Durchschnitts-Zins;* die Aktiengesellschaften in der Industrie, im Handel und im Finanzwesen realisieren den *Durchschnitts-Profit.* Wohin geht die Differenz? Wenn sie nicht wieder

* Dies ist nicht ganz genau. Man muß außerdem der eventuellen Zurückzahlung im Falle der Auflösung der Gesellschaft Rechnung tragen. Dieser Faktor geht indes nur dann in die Rechnung ein, wenn die Auflösung praktisch ins Auge gefaßt wird.

in das Unternehmen investiert und in Reserven umgewandelt wird, wird sie im *voraus* in Form eines *Gründerprofits kapitalisiert:* durch Verteilung von Zusatzaktien, durch die Ausgabe von Vorzugsaktien usw., die sich die Gründer der Gesellschaft aneignen.

Angenommen, ein Industrieunternehmen besitzt ein Kapital von 100 Millionen DM und wünscht zusätzlich 200 Millionen DM von der Öffentlichkeit, um sich zu vergrößern. Die Durchschnitts-Profitrate soll 10% und der Durchschnitts-Zinsfuß 5 % betragen. Wenn Aktien für 300 Millionen DM ausgegeben worden sind, dann erwartet man, daß sie im Jahr rund 15 Millionen DM Dividende erbringen. Aber die Gründer der Aktiengesellschaft rechnen mit einem Jahresprofit von 30 Millionen DM. Die Differenz zwischen dem Durchschnitts-Zins und dem Durchschnitts-Profit, also 15 Millionen DM, wird zum Durchschnitts-Zinsfuß von 5 % kapitalisiert und bildet so ein Zusatzkapital von 300 Millionen DM, das sich die Gründer aneignen. Der Gründerprofit verkörpert sich in diesem Fall also in der Tatsache, daß das Gesamtkapital, für das Aktien ausgegeben worden sind, 600 Millionen DM beträgt, während tatsächlich nur 300 Millionen DM eingelegt wurden. Die 300 Millionen DM Zusatzaktien bilden einfach *Einkommenstitel*, die es ihren Besitzern – den Gründern des Unternehmens – erlauben, jährlich die Differenz zwischen dem Durchschnittsprofit und den Zinsen (Dividenden), d. h. den Unternehmerprofit zu erwerben. So wies beispielsweise der 1926 gegründete englische Chemie-Konzern *Imperial Chemical Industries* ein Nominalkapital von 56 803 000 £ auf; die durch die Gründung dieses Konzerns vereinten Unternehmen hatten zusammen aber nur ein Kapital von 39 000 000 £.[87]

Die Kapitalisierung des Gründerprofits erklärt die äußerst rasche Bereicherung der »Wirtschaftskapitäne« in der großen Zeit der Gründung von Aktiengesellschaften (»Gründerjahre«). In Wirklichkeit wird die *künftige* Differenz zwischen dem Durchschnittsprofit und dem Zins im voraus kapitalisiert, wodurch ein stark spekulatives Element in die Rechnung eingeht. Zahlreiche auf diese Weise überkapitalisierte Aktiengesellschaften haben sich für lange Zeit gerade wegen dieser Überkapitalisierung unfähig erwiesen, Dividenden entsprechend dem Durchschnittszins zu zahlen; andere stürzten sich sogar in den Bankrott.

Eine andere Form der Aneignung des Gründerprofits besteht in der Überhöhung der Aktienkurse an der Börse. Nehmen wir an, eine Gesellschaft werde mit einem Kapital von 10 Millionen DM, das in 1 000 Aktien im Wert von je 10 000 DM aufgeteilt ist, gegründet. Diese Gesellschaft soll einen Jahresprofit abwerfen, der sich nach dem Durchschnittsprofit von – sagen wir – 15 % errechnet. Es ergibt sich dann ein Jahresprofit von 1,5 Millionen DM oder 1 500 DM pro Aktie. Wenn der Durchschnitts-Zinsfuß 5 % beträgt, braucht ein Gelddarlehen nur 5 % abzuwerfen; 1 500 DM werden dann als der normale Jahresertrag aus einem Kapital von 30 000 DM angesehen. Die Gründer können folglich ihre Aktien an der Börse statt für 10 000 DM für 30 000 DM je Stück verkaufen und eignen sich somit die Differenz an, die wiederum die Kapitalisierung der Differenz zwischen einem *künftigen* Durchschnittsprofit und dem augenblicklichen Durchschnitts-Zinsfuß darstellt. Als im Jahre 1896 der englische Kautschuk-Trust Dunlop saniert wurde, hat man 6 Wochen nach der Emission die Aktien, die für 3 Millionen £ ausgegeben worden waren, für 5 Millionen £ verkauft.[92]

Ein gutes Beispiel für die Kombinierung dieser beiden Formen des Gründerprofits bietet das große britische Warenhaus *Harrod's*, das 1889 als Aktiengesellschaft gegründet worden ist. Diese Gesellschaft verfügte über ein Kapital von 1 Million £; 1 400 £ davon waren Vorzugsaktien für die Gründer, die sich so einen wachsenden und höheren Anteil am Gewinn sicherten. Trotz der Tatsache, daß die normalen Aktien von *Harrod's* eine Jahresdividende von zuerst 10 % und dann, während mehr als 20 Jahren, im Schnitt 20 % abwarfen, wurde der Gründeranteil unmittelbar auf 140 000 £ kapitalisiert; 1911 hatte er einen Börsenwert von 1 470 000 £, das ist zehnmal soviel wie das Nominalkapital und 1 000mal soviel wie die tatsächliche Kapitaleinlage.[89]

Während Aktien und Obligationen weiterhin an der Börse und bei den Maklern zirkulieren, können die wirklichen Werte, die sie vertreten, seit langem verschwunden sein. Die Scheidung zwischen dem wirklichen Kapital und der Masse der verkäuflichen Wertpapiere, die infolge der Überkapitalisierung vieler Aktiengesellschaften schon krasser geworden ist, wird von nun an zu einer totalen Trennung. Die Masse der Wertpapiere stellt nur noch ein *fiktives Kapital* dar, das unter dem Anschein, ein Teil des gesellschaftlichen Gesamtkapitals zu sein, seinen wirklichen Charakter verbirgt; nämlich den, ein einfacher Einkommenstitel zu sein, der das Recht beinhaltet, an der Aufteilung des gesellschaftlichen Mehrwerts teilzuhaben.

Die Aktiengesellschaften und die Entwicklung des Kapitalismus

Lange Zeit hat man in der Entwicklung der Aktiengesellschaften einen Beweis dafür sehen wollen, daß das Kapital – weit davon entfernt, sich zu konzentrieren – sich »demokratisiert«. Gibt es in gewissen Ländern, beispielsweise in den Vereinigten Staaten, nicht Millionen von Aktionären? Kann nicht jeder Facharbeiter von seinen Ersparnissen Aktien bedeutender Industriegesellschaften kaufen?

Diese Auffassung beruht auf einer zweifachen Verwirrung. Zunächst ist nicht jeder, der ein Einkommen bezieht, das letztlich aus der Aufteilung des gesellschaftlichen Mehrwerts stammt, Kapitalist; so gesehen wäre jeder Kriegsbeschädigte gleichfalls ein »Kapitalist«. Lediglich die Aktionäre, die dank der Erträge ihres Kapitals leben können, ohne ihre Arbeitskraft verkaufen zu müssen, und zwar auf einem Niveau, das zumindest dem eines Kleinindustriellen entspricht, können in diese Kategorie eingegliedert werden.

Eine 1952 vom *Brookings Institute* in den USA durchgeführte Umfrage hat ergeben, daß von mehr als 30 Millionen amerikanischen Arbeitern ganze 2 % Aktien besitzen. Von der Gesamtheit der 6,5 Millionen Aktionäre besitzen 4,5 Millionen weniger als 100 Aktien und beziehen davon ein mittleres Jahreseinkommen von weniger als 200 Dollar, d. h. weniger als den *Monatslohn* eines Durchschnittsarbeiters. Es wäre somit absurd, sie als »Kapitalisten« anzusehen.

Wenn die Aktiengesellschaften formell als Institutionen erscheinen, die das Eigentum an Produktionsmitteln *streuen*, so stellen sie in Wirklichkeit eine bedeutende Etappe der *Kon-*

zentration des Kapitals dar. Es ist eine rein juristische Fiktion, einen kleinen Aktionär als »Mit-Eigentümer« eines riesigen Trusts wie z. B. *General Motors* zu betrachten. Tatsächlich ist er nur Eigentümer eines *Einkommenstitels.* Im Austausch gegen dieses Wertpapier hat er den Großindustriellen und Bankiers praktisch die freie Verfügung über seine Ersparnisse überlassen. Die Aktiengesellschaft ist daher vielmehr eine verschleierte Form der *Ausbeutung* der kleinen Sparer, und zwar nicht zugunsten irgendeiner anonymen Kraft, sondern zugunsten der *Großkapitalisten,* die so über eine Kapitalmasse verfügen können, die weit größer ist als ihr eigener Besitz.

»Wenn jemand Kapital in eine große Gesellschaft investiert, dann erteilt er den Leitern der Gesellschaft (corporate management) alle Vollmachten, dieses Kapital einzusetzen, es für Erfindungen, für die Produktion und die Entwicklung zu verwenden; und er gibt jede Kontrolle über das Produkt auf. Er behält ein modifiziertes Recht auf einen Teil des Gewinns, der im allgemeinen in Form von Geld ausgezahlt wird, und er behält ferner das ungeheure Recht, seinen Anteilschein verkaufen zu dürfen. Er wird zu einem fast völlig passiven Empfänger . . .«[90]

Es ist interessant, daß ein britisches Gerichtsurteil diese These bestätigt. Lord Evershett hat 1949 folgende Entscheidung getroffen: »Die Aktionäre sind im Auge des Gesetzes nicht die einzelnen Besitzer des Unternehmens. Dieses ist nicht identisch mit der Gesamtheit der Aktien.« Und *The Economist* fügt hinzu: »Mit anderen Worten, der Aktionär besitzt keinen bestimmten Teil der Güter der Gesellschaft. Er hat ein Recht auf einen bestimmten Teil der verteilten Profite.«[91]

Vor dem Aufblühen der Aktiengesellschaften mußte man die Mehrheit des Kapitals eines Unternehmens besitzen, um es tatsächlich zu kontrollieren. Gardiner C. Means hat gezeigt, wie dank der Entwicklung dieser Gesellschaften und der Streuung der Aktien unter Kleinaktionären sich einige Großaktionäre die Kontrolle über die Trusts sichern und dabei nur eine Minderheit der Anteilscheine innehaben.[92] In der *American Telephone & Telegraph Cy* beispielsweise besitzen im Jahre 1935 43 Großaktionäre mehr Aktien als 242 500 Kleinaktionäre. In einem der bedeutendsten amerikanischen Zigarettentrusts, der *Reynold's Tobacco Cy,* gibt es im Jahre

1939 66 357 Aktionäre; aber 20 % von ihnen besitzen 59,7 % der einfachen A-Aktien und 22,5 % der einfachen B-Aktien.[93] Der britische Trust *Bowaters* zählt am 1. Juni 1959 42 866 Aktionäre; aber die 26 000 Kleinstaktionäre sind zusammengenommen nur im Besitz von 2,8 Millionen £ gewöhnlicher Aktien – dagegen befinden sich 4,3 Millionen £ in den Händen von 151 Großaktionären (63 von diesen besitzen Aktien im Werte von 3,4 Millionen £).

Die oben erwähnte Umfrage des *Brookings Institute* hat nachgewiesen, daß 2 % aller Aktionäre, das sind weniger als 0,1 % der Bevölkerung oder 130 000 Personen, je 1 000 Aktien oder mehr besitzen, insgesamt 56 % des Börsenwerts aller amerikanischen Aktien auf sich vereinen und somit den größten Teil des amerikanischen Kapitals kontrollieren.

Professor Sargant Florence hat die Verteilung der Aktien auf die Klein- und Großaktionäre der wichtigsten amerikanischen und britischen Aktiengesellschaften im einzelnen untersucht. Das Ergebnis ist bezeichnend. Bei den 1429 amerikanischen Gesellschaften besitzen 98,7 % der Aktionäre – die Masse der »Kleinen« – nur 38,9 % der Aktien, während 0,3 % der Aktionäre – jene, die mehr als 5 000 Aktien in Besitz haben – 46,7 % der Aktien in ihren Händen vereinen. Wenn man nur die großen Gesellschaften mit einem Kapital von mehr als 100 Millionen Dollar nimmt, bleiben diese Prozentsätze überall praktisch gleich (diese Zahlen beziehen sich auf die Verhältnisse der Jahre 1935–37).

In Großbritannien besitzen von den Aktionären der 30 größten Gesellschaften 96,4 % – die Kleinen – 40,1 % der Aktien, 0,5 % der Aktionäre dagegen 35,9 % der Aktien. Die zwanzig Hauptaktionäre der 126 größten Aktiengesellschaften der Vereinigten Staaten verfügen in einem Viertel dieser Gesellschaften über mehr als die Hälfte der Aktien, über 30 bis 50 % in einem zweiten Viertel und über 20 bis 30 % in einem Fünftel dieser Unternehmen. In Großbritannien besitzen die 20 Hauptaktionäre der 20 größten Aktiengesellschaften in 40 % dieser Gesellschaften mehr als die Hälfte, in 17 % zwischen 30 und 50 % und in 21 % zwischen 20 und 30 % der Aktien.

Wenn man schließlich die Geschäftsführung all dieser Gesellschaften untersucht, dann stellt man fest, daß 58 % der bri-

tischen und amerikanischen Gesellschaften ganz klar von den Hauptaktionären beherrscht werden und daß 33 % der britischen sowie 15 % der amerikanischen Gesellschaften »Grenzfälle« sind. Professor Sargant Florence folgert: »Wenn man also von dem, was bekannt ist, übergeht zu dem, was nicht bekannt ist, gibt es gewiß gute Gründe für die Annahme, daß die ›Revolution der Manager‹* nicht soweit fortgeschritten ist, wie man es manchmal annimmt (oder unüberlegt versichert), und daß die Direktion und die letzte Entscheidungsbefugnis über wichtige Probleme (top-policy) in zahlreichen Gesellschaften oder Kompanien in den Händen der größten kapitalistischen Aktionäre bleiben.«[94]
Norman Macrae schätzt, daß in Großbritannien 2 % der Bevölkerung mehr als 90 % aller Aktien in Besitz haben, und daß 100 000 bis 150 000 Personen (0,2–0,3 % der Bevölkerung!) mehr als 50 % dieser Aktien besitzen.[95]
Die Ausbreitung der Aktiengesellschaften stellt eine bedeutende Etappe auf dem Weg der tatsächlichen Vergesellschaftung des Kredits und der gesamten Wirtschaft dar. Wenn die Bank einem Industriellen die Guthaben kleiner Rentiers leiht, so bleibt dieser Industrielle Eigentümer des größten Teils des Kapitals, mit dem er arbeitet. Mit der Schaffung von Aktiengesellschaften vollzieht sich eine immer deutlichere Trennung zwischen *Unternehmern* und *Rentiers*. Das Kapital des Unternehmers wird zu einem Befehlsinstrument über Kapitalien, die vielfach größer sind als sein eigenes.

Der Konsumkredit

Der Zirkulationskredit und der Investitionskredit beschränken sich im wesentlichen auf den Kreis der Groß- und Kleinbourgeoisie. Aber in der kapitalistischen Epoche erscheint auch wieder der Konsumkredit, der auch wucherische Formen annehmen kann. Arbeiter, Angestellte, Arbeitslose, Deklassierte usw., die gegenüber den Geschäften, in denen sie das Lebensnotwendige einkaufen, verschuldet sind, können sich sehr rasch zeitlebens an einem gnadenlosen Gläubiger gekettet sehen, der einen Großteil ihres dürftigen Einkommens als Zinsen für eine

* Siehe Kapitel XIV, § »Die Revolution der Manager«.

Schuld wegnimmt, eine Schuld, von der sie sich nicht mehr befreien können. Diese Form des Wuchers ist besonders widerwärtig, wenn sie von Geschäften praktiziert wird, die dem Unternehmer gehören, dem der Arbeiter seine Arbeitskraft verkauft.

Mit der Serienproduktion von sogenannten *langlebigen* Konsumgütern (Küchenmaschinen, Nähmaschinen, Kühlschränke, Waschmaschinen, Radios und Fernsehapparate, Fahrräder, Motorräder, Autos usw.) erscheint um 1915 eine andere Form des modernen Konsumkredits.[96] Im allgemeinen reicht der Lohn selbst der Facharbeiter und qualifizierten Angestellten nicht aus, um diese Waren bar zu kaufen. Die Zahlung eines Teils des Wochen- oder Monatslohns macht es jedoch möglich, sie nach einer gewissen Zeitspanne als Eigentum zu erwerben. Industrielle und Händler sind daran interessiert, diesen *Ratenkauf* zu fördern, weil er das einzige Mittel darstellt, den Markt für langlebige Konsumgüter zu erweitern, und weil sie im allgemeinen einen beträchtlichen Zins (Differenz zwischen Barpreis und Ratenpreis) für diesen Kredit erhalten.* Außerdem werden auf diese Weise die allgemeinen Kosten der Händler (Lagerung und Verwaltung) ganz beträchtlich vermindert, da die Käufer diese Kosten tragen. Aber selbst abgesehen von der Ausbeutung, die dieses Abzahlungssystem impliziert – Rückgabe der Ware, wenn ein Zahlungstermin nicht eingehalten worden ist –, stellt seine übermäßige Entwicklung ein Unsicherheitselement des kapitalistischen Systems dar, und zwar besonders gegen Ende des Booms und zu Beginn der Depression eines jeden Wirtschaftszyklus.[97]

Die enge Verbindung zwischen diesem modernen Konsumkredit und der Serienproduktion von langlebigen Konsumgütern geht eindeutig aus der Tatsache hervor, daß diese Kredite vor 1914 fast völlig unbekannt waren; dagegen haben sie sich nach dem Ersten Weltkrieg in den USA – 6,3 Milliarden $ im Jahre 1929, 25 Milliarden $ im Jahre 1952 – und nach dem Zweiten Weltkrieg in Großbritannien, in Westdeutschland, Belgien, Schweden, Frankreich usw. entwikkelt, und zwar zum gleichen Zeitpunkt, zu dem die Auto-

* Es handelt sich oft um einen Wucherzins, da er selbst dann noch auf den Gesamtpreis des Artikels berechnet wird, wenn schon 50 oder 75 % des Preises zurückerstattet sind.

und Motorradindustrie, die Kühlschrankindustrie, die Fernsehgeräteindustrie in diesen Ländern ihren Aufschwung nahm.[98]

Der Kredit und die Widersprüche des Kapitalismus

Der Kredit hat also der Geschichte und der Entwicklung des Kapitalismus gründlich seinen Stempel aufgedrückt. Er hat das Aktionsfeld des Kapitals mächtig erweitert und es möglich gemacht, jede verfügbare Geldreserve zu Kapital zu machen. Er hat die Warenzirkulation erleichtert, beschleunigt und erweitert. Er hat die kapitalistische Produktion, die Konkurrenz, die Konzentration des Kapitals, kurz alle Entwicklungstendenzen des Kapitalismus gefördert. Der Kredit erscheint als ein Werkzeug, das für die kapitalistische Produktion ebenso unabdingbar ist wie der Handel, als ein Instrument, das sich als wirksames Mittel gegen den tendenziellen Fall der Durchschnittsprofitrate erweist.
Der Kredit hat auch die bürgerliche Klasse selbst verändert. Die Trennung des Zinses vom Profit, einer Klasse von Rentiers von der Masse der Bourgeoisie, kennzeichnet gleichzeitig die Reife der kapitalistischen Entwicklung und die Anfänge des Zerfalls. In der Tat haben wir hier einen Teil der Bourgeoisie vor uns, der nur noch von seinem *Eigentum* an Kapital lebt, dadurch völlig aus dem Produktionsprozeß ausgestoßen wird und keinerlei unmittelbaren Kontakt mehr zu den Maschinen und den Arbeitern hat. Der private Charakter der kapitalistischen Aneignung, der im kapitalistischen Familienunternehmen persönlich und greifbar bleibt, wird in der Aktiengesellschaft mehr und mehr objektiv, abstrakt. Die Herrschaft des Kapitals nimmt ihre allgemeinste Form an, sie wird anonym. Offensichtlich sind es nicht mehr Personen aus Fleisch und Blut, die die Ausbeutung verkörpern, sondern »Gesellschaften« und »Kompanien«, Synonyme objektiver, blinder wirtschaftlicher Kräfte.
Genau wie der Handel erlaubt auch der Kredit eine beträchtliche Verkürzung der Umschlagszeit des Kapitals; angesichts der *Immobilisierung eines ständig wachsenden Anteils des Kapitals* in ungeheuren fixen Anlagen ermöglicht er *eine immer*

*größere Beweglichkeit des zirkulierenden Kapitals.** Für den Augenblick vermindert er somit die Widersprüche, die aus der Entwicklung des Kapitalismus entstehen. Aber gleichzeitig verschärft er diese Widersprüche auf längere Sicht. Zu Beginn des Industriekapitalismus konnte sich jeder Kapitalist sehr schnell darüber Rechnung ablegen, ob die für die Erzeugung der Waren verausgabte Arbeitszeit gesellschaftlich notwendige Arbeit gewesen ist oder nicht. Es genügte, sich auf den Markt zu begeben und dort Käufer für die Waren zu ihrem Produktionspreis zu suchen. Als sich aber Handel und Kredit zwischen den Industriellen und den Konsumenten schieben, beginnt der Industrielle, den Wert seiner Waren automatisch zu realisieren. Aber er weiß künftighin nicht, ob sie einen wirklichen Absatzmarkt finden oder nicht, ob sie den »Endverbraucher« erreichen oder nicht. Erst lange nachdem er das Geld – den Gegenwert der erzeugten Waren – verausgabt hat, kann er sich davon überzeugen, ob sie unverkäuflich waren und in Wirklichkeit nicht die *gesellschaftlich notwendige* Arbeitszeit repräsentierten. Der *Krach* ist dann unvermeidlich. Der Kredit hat die Tendenz, diesen Krach hinauszuschieben, während er ihn um so heftiger werden läßt, wenn er schließlich eintritt.

Indem er eine Ausweitung der Produktion ohne direkten Bezug auf die Aufnahmefähigkeit des Marktes ermöglicht; indem er während einer ganzen Periode die tatsächlichen Verhältnisse zwischen dem Produktionspotential und den finanziellen Konsumtionsmöglichkeiten verhüllt; indem er die Zirkulation und die Konsumtion der Waren über die tatsächlich vorhandene Kaufkraft hinaus anregt, verzögert der Kredit die periodischen Krisen, verstärkt jedoch die Faktoren, die das Gleichgewicht stören, und läßt die Krise folglich um so heftiger werden, wenn sie ausbricht. Daher verschärft der Kredit lediglich den Grundwiderspruch zwischen den zwei Hauptfunktionen des Geldes – Zirkulationsmittel und Zah-

* Zu Beginn der Krise schafft der Kredit sogar die Möglichkeit, die ersten Schocks eines steilen Preisabfalls aufzufangen. In dem Maße, wie der Unternehmer mit Kapitalanleihen arbeitet, kann er *unter dem Produktionspreis* verkaufen. Es genügt in der Tat, wenn der erzielte Preis ausreicht, die unterhalb des Durchschnittsprofits liegenden Zinsen zu zahlen.

lungsmittel zu sein – und den Grundwiderspruch zwischen der Warenzirkulation und der Geldzirkulation, die den Tauschwert realisiert, Widersprüche, die die ersten und allgemeinen Ursachen kapitalistischer Krisen sind.

VIII Das Geld

Die zwei Funktionen des Geldes

Das Geld, das allgemeine Äquivalent, ist vor allem eine Ware, in deren Wert sich der Tauschwert aller anderen Waren ausdrückt.[1] Die Gleichung: 25 Sack Weizen sind gleich 1 Pfund Gold wert drückt die Gleichwertigkeit der Tauschwerte, d. h. der gesellschaftlich notwendigen Arbeitszeit aus. Als gemeinsamer Wertmaßstab besitzt das Geld keine mysteriösen Eigenschaften. Es kann diese Funktion erfüllen, weil es selbst ein Produkt menschlicher Arbeit ist, weil es selbst einen bestimmten Wert besitzt.

Wenn die Tauschgeschäfte einfach sind und Kauf und Verkauf nach und nach den Tausch ersetzen, erscheint diese grundlegende Eigenschaft ganz greifbar. Zu Beginn der einfachen Warenproduktion gibt es in den meisten Fällen zwei oder drei allgemeine Äquivalente, die nebeneinander als Wertmaßstab verwendet werden. Weizen und Gold oder Kupfer in Ägypten und Mesopotamien; Weizen, Reis und Silber in China usw. Unter solchen Bedingungen wird niemand das Geld für etwas anderes als ein einfaches konventionelles Tauschinstrument halten können.

Die gesellschaftliche Arbeitsteilung ist noch relativ einfach und durchsichtig. Im Austausch von 25 Sack Weizen, 5 Kühen und 1 Pfund Silber sind die jeweiligen Arbeiten des Bauern, des Viehzüchters und des Bergarbeiters auf ein gemeinsames Maß reduziert, auf einen gemeinsamen Teil der gesamten Arbeitszeit, die einer auf der Arbeitszeitrechnung gegründeten Gesellschaft zur Verfügung steht.

Aber als sich die Tauschgeschäfte vervielfältigen und mehr und mehr die Oberhand gewinnen, verschwindet dieses einfache und durchsichtige Verhältnis. Das Geld ist nicht mehr nur der gemeinsame Maßstab der Werte; es ist gleichsam zu einem Tauschmittel geworden.[2] Eine große Zahl von Waren in den Händen ihrer jeweiligen Besitzer trifft nun auf dem Markt aufeinander. Diese Waren wechseln von einer Hand in die andere, bis sie bei denen angelangt sind, die ihren Gebrauchswert realisieren wollen. Diese ziehen sie endgültig aus dem Markt. Das Geld erleichtert diese sukzessiven Tauschvorgänge und gestattet es, sie unter einheitlichen Marktbedingungen zu tätigen.[3] Aber zur Erfüllung dieser Funktion ist sein eigener innerer Wert von zweitrangiger Bedeutung. Wenn der Wert von 25 Sack Weizen dem Wert von 5 Kühen entspricht, dann ist es für die Bauern und die Viehzüchter von geringer Bedeutung, ob sie diese beiden Waren gegen 1 Pfund feines oder zehn Pfund unreines Silber getauscht haben. Da die gesamte Warenzirkulation als eine Aufeinanderfolge von Tauschgeschäften erscheint, bei denen das Geld nur die *Vermittlerrolle* spielt, kann die Illusion entstehen, als habe der Eigenwert des allgemeinen Äquivalents für den reibungslosen Ablauf der Wirtschaft überhaupt keine Bedeutung.

Dies ist in der Tat eine Illusion. In dem Maß, wie sich die Warenzirkulation in eine Warenzirkulation und eine Geldzirkulation aufspaltet, zerfällt auch das Geld in Zirkulationsmittel und *Zahlungsmittel*. In einer Gesellschaft, in der die Warenproduktion überwiegt, zirkuliert eine Masse von Waren dank dem Kredit. Das Geldäquivalent dieser Waren wird erst später eingenommen.[4] Jede Schwankung des inneren Wertes des Geldes als des allgemeinen Äquivalents führt augenblicklich zu Störungen in den Beziehungen zwischen Schuldnern und Gläubigern: steigt der Wert des Geldes, so werden die ersteren geschädigt – was namentlich mit dem Kupfer in der Epoche der römischen Republik der Fall war; fällt er dagegen, so werden die letzteren ruiniert.

Der Wert des Geldes und die Preisbewegungen

Von dem Augenblick an, als die Edelmetalle überall mehr oder weniger als allgemeine Äquivalente angenommen wurden, haben die Wertschwankungen dieser Metalle immer wieder große Umwälzungen im Preis der Waren – d. h. im Geldausdruck des Warenwerts – hervorgerufen. Eine Wertsteigerung des Metallgeldes zieht eine Preissenkung (ausgedrückt in diesem Geld) nach sich; sinkt dagegen der Wert des Metallgeldes, so steigen die Preise.

Eine erste große Umwälzung im Wert des Geldes trat ein, als infolge der Verwendung von Eisenwerkzeugen die Produktionsbedingungen für Silbermetall wesentlich verbessert wurden, wodurch gegen 900 v. Chr. der Wert dieses Metalls rapide sank. Dieser Wertabfall brachte ein starkes Anschwellen der in Silber ausgedrückten Preise mit sich: der Preis für 1 »qur« Weizen stieg von zwei Sekel Silber unter Hammurabi (2000 v. Chr.) auf 15 Sekel um das Jahr 950 v. Chr.[5] Sechs Jahrhunderte später bemächtigte sich Alexander der Große ungeheurer Massen von Edelmetall, die sich im Tresor des Persischen Reiches angesammelt hatten; dieser Raub hatte die gleichen Auswirkungen wie eine sehr billige Produktion; er löste eine Wertminderung des Goldes und des Silbers um ungefähr 50 % aus und trieb dadurch die Preise im selben Verhältnis in die Höhe.[6]

Vom 2. Jahrhundert unserer Zeitrechnung an zeichnet sich der umgekehrte Prozeß ab. Die Verteuerung des Preises für Sklaven, das Absinken ihrer Arbeitsleistung, die Schließung zahlreicher Minen, der Abfluß der geplünderten Schätze nach Indien erhöhten den Wert des Goldes und des Silbers und bewirkten, daß die in Edelmetallen ausgedrückten Preise sanken (was allerdings durch aufeinanderfolgende Geldabwertungen verdunkelt erscheint).[7] Diese Bewegung erreichte ihren Kulminationspunkt um das 8. bis 9. Jahrhundert. Dann verlief die Entwicklung wieder umgekehrt. Vom 14. und 15. Jahrhundert an führte eine wahre technische Revolution in der Ausbeutung der Silberminen zu einer Wertminderung dieses Metalls und zu einem allgemeinen Ansteigen der Preise. Diese Preissteigerung breitete sich in der zweiten Hälfte des 16. Jahrhunderts aus, d. h. von dem Zeitpunkt an, als man begann, die Silberbergwerke von Potosi in Bolivien und die Minen Mexikos mit Hilfe von Sklavenarbeitern auszubeuten; dies verringerte die Produktionskosten wesentlich und verursachte die Schließung zahlreicher Minen in Europa.

Wenn man die Wertschwankungen des Metallgeldes mit den Preisschwankungen vergleicht, so darf man nicht übersehen, daß die gleichen technischen Umwälzungen, die durch das Anwachsen der Produktivität eine Wertminderung des Metalls hervorrufen, zugleich einen Wertabfall *aller* Waren mit sich bringen. Unter diesen Bedingungen kann eine Wertminderung des Goldes und des Silbers von einer Preisstabilität oder sogar von Preissenkungen der Waren begleitet sein. So erlaubte die gleiche revolutionierende Technik, die im 10. Jahrhundert v. Chr. den Wert des Silbers herabminderte, der Eisenzeit eine beträchtliche Ausweitung der Agrarproduktion zu geringeren Kosten und führte zwischen dem 10. und 7. Jahrhundert v. Chr. zu einem Preissturz für Agrarprodukte (der Preis für Weizen z. B. fiel von 15 auf 0,5 Sekel pro »qur«).[8]

Solange der Weltmarkt in Tausende von Regionalmärkten zersplittert war, in Märkte, die nur sehr wenige und beschränkte Beziehungen zueinander hatten, wurde das gleichzeitige Bestehen zahlreicher allgemeiner Äquivalente nicht als besondere Erschwernis für den Austausch der Waren empfunden. Als die Portugiesen und später die Holländer mit Indonesien Handel zu treiben begannen, fanden sie dort nebeneinander mehrere Geldwährungen. Neben dem Gold- und Silbergeld konnte sich in den Eingeborenengemeinschaften das Muschelgeld erhalten.[9] Erst als der Industriekapitalismus den Weltmarkt wirklich vereinheitlichte, als man nur noch Tauschwerte produzierte, wurde die Notwendigkeit eines allgemeinen Äquivalents für alle Länder spürbar. Der Versuch sehr vieler Länder, das allgemeine Äquivalent zugleich auf Gold und auf Silber (Bimetallismus) zu gründen, ist mißlungen. Da diese beiden Metalle ihren eigenen Tauschwert besitzen, der in der kapitalistischen Epoche zahlreichen Schwankungen unterliegt, entstehen unvermeidlich ständige Verwirrungen im Preisausdruck des einen Metalls durch das andere oder im Preisausdruck der Waren durch dieses oder jenes Metall.[10] Gegen Ende des 19. Jahrhunderts schließlich sind fast alle Länder gezwungen, die Goldwährung anzunehmen; das Gold ist zum allgemeinen Maß der Werte aller Länder geworden. Der Widerstand hat sich jedoch im Fernen Osten fortgesetzt, wo seit dem 16. Jahrhundert das Silber zuerst in China, dann in Indien und Japan als allgemeines Äquivalent verwendet wurde.

Die Edelmetalle dienen als Tauschmittel, da sie selbst einen bestimmten Tauschwert besitzen. Da gleiche Werte gegen gleiche Werte getauscht werden, wird mit der Verwendung eines Metallgeldes augenscheinlich, daß zwischen dem Gesamtpreis aller zirkulierenden Waren und der zur Realisierung des Tauschwerts dieser Waren erforderlichen Geldmasse ein genaues Verhältnis entsteht. Um dieses Verhältnis zu bestimmen, muß man der Tatsache gerecht werden, daß ein und dasselbe Geldstück für mehrere aufeinanderfolgende Tauschgeschäfte dienen kann.

Angenommen, ein Bauer habe dieses Geld mit auf den Markt gebracht, um dort Tuch zu kaufen. Mit derselben Münze kauft der Tuchhändler beim Müller einen Vorrat an Mehl, der Müller kauft seinerseits bei einem Bauern Weizen, immer noch mittels dieses einen Geldstückes. Es hat somit an einem Tag drei Tauschgeschäfte zuwege gebracht, wobei jeder einzelne Tausch dem Eigenwert der Münze entsprochen hat. Wenn wir diese Umlaufgeschwindigkeit des Geldes – die Anzahl der mit einer Münze in einem bestimmten Zeitraum bewerkstelligten Tauschgeschäfte – mit g bezeichnen, die Menge der zirkulierenden Waren mit Q, den durchschnittlichen Preisindex mit p, dann erhalten wir folgende Formel, die die Masse M des zirkulierenden Geldes definiert:

$M \cdot g = Q \cdot p$[11]

Das Produkt aus der Gesamtmasse des zirkulierenden Geldes und der Umlaufgeschwindigkeit des Geldes muß somit gleich dem Produkt aus der Gesamtmasse der zirkulierenden Waren und dem durchschnittlichen Preisindex sein. Hieraus erhalten wir die Formel der für den Austausch aller zirkulierenden Waren erforderlichen Geldmenge:

$$M = \frac{Q \cdot p}{g}$$

Ersetzt man schließlich das Produkt $Q \cdot p$ durch P, also die Preissumme aller zirkulierenden Waren, so erhält man folgende Formel:

$$M = \frac{P}{g}$$

Die Gesamtsumme des zirkulierenden Geldes muß also gleich dem Quotienten aus der *Preissumme aller ausgetauschten Waren* und der Umlaufgeschwindigkeit des Geldes sein.
Diese Formel kann nicht als umkehrbar gelten. Sie kann ebensowenig als eine algebraische Formel gelten, bei der man den vierten Faktor automatisch ableiten kann, wenn die drei anderen bekannt sind.[12] Die normalerweise *einzige unabhängige Veränderliche* der Formel ist P. Die Produktionspreise der Waren können mit dem Wert schwanken; der technische Fortschritt kann eine mehr oder weniger radikale Preissenkung bewirken. In diesem Fall kann ein Teil des Metallgeldes aus der Zirkulation gestoßen, d. h. gehortet werden. Wenn die Masse der zirkulierenden Waren ohne entsprechendes Wachstum der Produktivität (eine entsprechende Verminderung des Werts einer jeden Ware) stark ansteigt, dann bedarf man einer zusätzlichen Menge an Metallgeld, um alle Tauschgeschäfte tätigen zu können. Man wird also versuchen, die Produktion von Edelmetallen mit allen Mitteln anzutreiben (Öffnung geschlossener Minen, Suche nach neuen Minen usw.) Das geschah vor allem vom Ende des 14. bis zum 16. Jahrhundert. Aber die Umlaufgeschwindigkeit des Geldes ist kein autonomer Faktor. »Die Umlaufgeschwindigkeit des Geldes neigt dazu, mit der Produktion selbst zu schwanken, und in diesem Sinne bestimmen nicht die Schwankungen des Geldumlaufs den Preis.«[13]

Die Ursprünge des privaten Papiergeldes

Seit dem Aufschwung der einfachen Warenproduktion kann sich indessen die alleinige Verwendung von Metallgeld als eine Bremse für die rasche Abwicklung der Tauschgeschäfte auswirken. Eine plötzliche Entfaltung des internationalen Handels kann eine Bargeldknappheit hervorrufen und so die wirtschaftliche Expansion hemmen. Das war nicht nur in Westeuropa vom 14. bis 15. Jahrhundert der Fall, sondern auch im islamischen Imperium unter den Abassiden[14], in Ägypten während der hellenistischen Epoche[15], im antiken Griechenland vor der Entdeckung der Minen von Laurium[16], in China im 9. Jahrhundert n. Chr.[17] Die Perioden der Bargeldknapp-

heit zeichnen sich im allgemeinen durch einen immer schnelleren Umlauf des Münzgeldes aus, das sich somit schneller abnutzt und an Gewicht und Wert verliert.
Die alleinige Verwendung von Metallgeld im Rahmen einer voll entfalteten einfachen Warenproduktion bringt zahlreiche Schwierigkeiten mit sich. Der Aufbruch zu einer Seefahrtsexpedition oder Karawanenreise, wo man die Tauschmittel für eine lange Periode mit sich nehmen muß, kann eine plötzliche Geldknappheit hervorrufen. R. de Roover zitiert ein von Uzzano verfaßtes Handelslehrbuch des 15. Jahrhunderts[18], in dem angegeben wird, daß in Venedig jedes Jahr während der Monate Juni und Juli infolge der Abreise der Galeeren nach Konstantinopel eine Geldknappheit eingetreten ist. Diese »Spannung« auf dem mittelalterlichen »Geldmarkt« dauerte regelmäßig bis nach der Abreise der Galeeren nach Alexandria Ende September und wiederholte sich zwischen dem 15. Dezember und dem 15. Januar, als die Galeeren ausliefen, um Baumwolle einzukaufen. Im Oktober und November dagegen herrschte Geldüberfluß, da die deutschen Händler, die gekommen waren, um Gewürze zu kaufen, sehr viel Geld nach Venedig brachten.[19]
Die einfache Notwendigkeit, zum Teil beträchtliche Geldmengen zu transportieren, um Zahlungen auszuführen, zeigt, daß die Verwendung von Metallgeld sehr lästig werden kann. Hinzu kommt noch die große Geldunsicherheit in diesen Epochen, die durch den gleichzeitigen Umlauf der verschiedensten Münzsorten entsteht* sowie durch die betrügerischen Geschäfte (Kippen usw.), vor allem seitens der königlichen Schatzämter. Im 16. und 17. Jahrhundert nahm dieses Phänomen in England ein solches Ausmaß an, daß 1695 50% der englischen Steuereinnahmen durch das unzureichende Gewicht der wieder ausgegebenen Münzen verloren gegangen sind.[20]
All dies erklärt, warum auf einer gewissen Stufe der einfachen Warenproduktion die Ausdehnung des Handels die Kaufleute dazu bringt, *Ersatzzeichen für das Geld* zu erfinden, mittels derer die Tauschgeschäfte beschleunigt und ihre Abwicklung vereinfacht werden kann. Die zwei klassischen Formen dieser Ersatzzeichen, die mehr oder weniger in allen

* Siehe Kapitel VII.

Gesellschaften mit entwickeltem Kaufmannskapital erscheinen, sind die Zahlungsanweisung und die Überweisung. Die Technik des Überweisens wurde zumindest in Westeuropa seit dem Mittelalter häufig angewandt, um nichtvorhandenes Metallgeld zu ersetzen. Die meisten Kaufleute richteten sich bei den großen Häusern der Bankierskaufleute Konten ein. Kauften sie Waren ein, so gaben sie ihrem Bankier Anweisung, die zu zahlende Summe in ihren Büchern auf ihr Schuldenkonto sowie auf das Guthabenkonto ihrer Lieferanten einzutragen. Desgleichen ließen sie, wenn sie etwas verkauften, die Summe, die man ihnen schuldete, auf ihr Guthabenkonto und das Schuldenkonto ihrer Kunden eintragen. In gewissen Zeitabständen wurden die Salden zwischen dem Guthabenkonto und dem Schuldenkonto eines jeden Kaufmanns mittels der Depositen, die die Kaufleute bei dem Bankier hinterlegten, und durch eventuell notwendig gewordene zusätzliche Bareinzahlungen ausgeglichen. Durch dieses Überweisungssystem, das sich vor allem dank den Jahrmärkten des 13. Jahrhunderts entwickelt hat, sparte die mittelalterliche Gesellschaft sehr viel Münzgeld.

»Die großen Märkte, auf denen sich der Gewürzhandel des Morgenlandes und der Tuchhandel des Abendlandes zusammendrängen, kennen die Ausgleichszahlungen. Man braucht, alles in allem, in Troyes oder in Provins wenig Geld; man tauscht hier vor allem Schuldforderungen; am Ende des Marktes stellen die Messestände der Geldwechsler ein wahres *Clearing House* dar. Die unbezahlten Schuldforderungen können übrigens vermittels einer Kommission von Markt zu Markt prolongiert werden.«[21]

De Roover fand in Brügge in den Büchern der dortigen Bankiers des 14. und des 15. Jahrhunderts Tausende und Abertausende Überweisungsnotifikationen; er nimmt an, daß die Bankdepositen zu jener Zeit echtes Geld geworden sind.[22]

Man nennt die Verwendung von Banküberweisungen als Tausch- und Zahlungsmittel Buchgeld, weil die Übertragung von Geldern durch eine einfache Buchung in den Büchern des Bankiers getätigt wird.

Zahlungsanweisung und Wechsel sowie Buchgeld können anstelle des Metallgeldes für die Ausführung einer Reihe von Geldgeschäften verwendet werden. Da man diese monetären

Ersatzzeichen aber nur in dem Maße in Zahlung nimmt, wie man in die Person, die sie ausstellt (oder in den Bankier, der die Überweisung durchführt), Vertrauen setzt, stellen sie nur bedingt Papiergeld dar. Es handelt sich um *privates Papiergeld,* da es von Privatpersonen in Umlauf gebracht wird.
Die Ersatzzeichen für das Metallgeld können als Tauschmittel und als Gegenwert der Waren dienen, unter der einzigen Bedingung, daß sie *letztlich in Metallgeld,* das allgemeine Äquivalent, *konvertierbar sind.* Der Umlauf von privatem Papiergeld beinhaltet immer eine schließliche Zahlung in allgemein anerkanntem staatlichen Geld. Jeder Händler ist natürlich für die Konvertibilität seiner eigenen Noten allein verantwortlich. Wenn diese nicht mehr gewährleistet ist, macht der Kaufmann Bankrott, und die, die im Besitz seiner Noten sind, haben ihr Gelddarlehen verloren. Das private Papiergeld ist somit, der Definition nach, eine Form des Kredits, ein *Kreditgeld,* dessen Kreditfähigkeit – der Grad seiner Gleichwertigkeit mit seinem Gegenwert in Metallgeld – von der Solvenz der Emittenten abhängt.

Die Ursprünge des staatlichen Papiergeldes

Es liegt jedoch etwas Ungewöhnliches in dem *privaten* Bemühen, die Unzulänglichkeiten des Metallgeldes auszugleichen. Das Geld, als allgemeines Äquivalent, ist definitionsgemäß ein *gesellschaftliches Instrument.* Seine Aufgabe besteht gerade darin, das, was in den Waren rein privater Natur ist, zu neutralisieren, um eine Entwicklung der Tauschgeschäfte mit einem Minimum an zeitlichen und räumlichen Einschränkungen zu ermöglichen. Monetäre Ersatzzeichen, deren Verwendbarkeit von der Zahlungsfähigkeit der einzelnen Bürger abhängt, können diese gesellschaftliche Funktion auf die Dauer nicht erfüllen. Deswegen erfordert die Entwicklung des Kaufmannskapitals die Schaffung *staatlicher Ersatzzeichen für das Geld,* d. h. die Schaffung eines staatlichen Papiergeldes. Historisch gesehen stammt das staatliche Papiergeld von einer dritten Form des privaten Papiergeldes, den Depotscheinen, die als Banknoten gedient haben. Ihr Ursprungsland ist China.

Man kannte dort die Wechsel seit der Dynastie der Tschou (1134 bis 256 v. Chr.).[23] Im 9. nachchristlichen Jahrhundert, das durch eine große Metallgeldknappheit gekennzeichnet war, nahmen die Kaufleute, die in den Hauptstädten der Provinzen ankamen, die Gewohnheit an, ihre Edelmetalle bei Privatleuten zu deponieren und die Depotscheine, die sie von diesen erhielten, zirkulieren zu lassen.[24] Dieses private Papiergeld wurde *fei-ch'ien* oder »fliegendes Geld« genannt. Die Zentralregierung verbot diese Praxis, weil sie fürchtete, die Edelmetalle würden aus der Zirkulation verschwinden. Da aber tatsächlich Geldknappheit bestand, war sie gezwungen, im Jahre 812 selbst Depositenbüros in der Zentralhauptstadt zu eröffnen. Anhand der Quittungen, der Depotscheine, die die Regierung den Eigentümern aushändigte, konnten sich diese in allen Provinzfilialen der kaiserlichen Büros ihre Metallmünzen aushändigen lassen. Später, im 10. Jahrhundert, wurde eine »Bank für das leichte Geld« gegründet, die das ganze System zu verwalten hatte.
Die von dieser Bank ausgegebenen Depotscheine waren noch Namenspapiere. Aber zu Anfang des 11. Jahrhunderts hemmten die Eisenmünzen der Provinz Szechwan durch ihr übermäßiges Gewicht die Warenzirkulation. Die Kaufleute beschlossen daher, sie ganz aus der Zirkulation zu drängen. Sechzehn reiche Kaufmannshäuser sammelten alle ihre Metallmünzen und gaben Kreditbriefe aus, und zwar keine Namenspapiere mehr, sondern *Inhaberpapiere*, die durch diesen Schatz gedeckt waren und die das ganze zirkulierende Metallgeld ersetzen mußten. Die Ausgabe dieser Noten geschah unvorsichtig, die Kaufleute gingen bankrott. Aber die Regierung schaltete sich ihrerseits ein und gründete im Jahre 1021 in Szechwan eine Bank für die Emission von staatlichen Banknoten. Zwei Jahre später begannen diese Noten im ganzen Kaiserreich zu zirkulieren. Man errichtete daraufhin eine besondere Bank für die Ausgabe und die Konvertierung dieses Papiergeldes. 1161 zirkulierten schon Noten im Werte von 41 470 000 *Kuan*, während nur noch für 700 000 *Kuan* Metallmünzen im Umlauf waren. Unter den späteren Dynastien der Yan (Tataren) und der Ming behielt das Papiergeld die Oberhand, machte aber Phasen der Entwertung und der Inflation durch. Der Zusammenbruch der Ming-Dynastie ist

übrigens teilweise den Folgen einer galoppierenden Inflation des Papiergeldes zuzuschreiben. Nach dieser Katastrophe beseitigte die Dynastie der Mandschus vom 17. Jahrhundert an das Papiergeld, das in China erst wieder Mitte des 19. Jahrhunderts auftaucht.

Auf genau die gleiche Weise ist das staatliche Papiergeld in Europa aufgekommen. Seit dem 15. Jahrhundert nahmen Privatbanken in Venedig und in Barcelona die Gewohnheit ein, ihren Depositären Depotscheine zu geben. Als sie gegen Ende des 16. Jahrhunderts bankrott gingen, gaben die *Banco di Rialto* und dann die Bank von Venedig *Depotscheine auf den Inhaber* aus, die als Papiergeld zirkulierten und übrigens schnell entwertet worden sind. Die 1609 gegründete Bank von Amsterdam gab nur solche Zertifikate aus, bei denen das Äquivalent für die bei ihr deponierten Metallmünzen in bezug auf die in den Vereinigten Niederlanden geprägten Münzen ausgedrückt war. Diese Noten konnten bis Ende des 18. Jahrhunderts eine erstaunliche Festigkeit bewahren. Die erste Emission von eigentlichen Banknoten ist das Werk der Bank von Schweden und fällt in das Jahr 1661.[25]

Die staatliche Papiergeld-Schöpfung. Erste Quelle: der Diskont

Das staatliche Papiergeld, die Banknote, erhielt ihre klassische Form in England. Auch in diesem Land stammt sie von einem privaten Papiergeld ab, den *goldsmith notes*. Die englischen Kaufleute hatten ihren Schmuck und ihren privaten Schatz zuerst beim König deponiert. Im Jahre 1640 jedoch beschlagnahmte Karl I., der mit immer größeren Finanzschwierigkeiten zu ringen hatte, diese Güter. Die Kaufleute gingen daher dazu über, ihre Schätze bei Goldschmieden zu deponieren, die im Austausch dafür Depotscheine ausgaben, die man »goldsmith notes« und, als die Goldschmiede sich Bankiers zu nennen begannen, »banker's notes« nannte.[26]

Anfänglich wurden diese Noten auf den Gesamtbetrag des Depositums ausgestellt; wenn der Depositär einen Teil dieses Depositums wieder abhob, erhielt die Note einen zusätzlichen Vermerk, der diese Abhebung feststellte. Später wurden die

Noten nach festen Summen gestaffelt und die Depositäre erhielten mehrere Noten, deren Gesamtwert dem des Depositums entsprach. Private Bankiers in Schottland und die 1697 gegründete Bank von England brachten Noten in Umlauf, die ebenfalls die zwei aufeinanderfolgenden Formen zeigten.[27]

Von einem bestimmten Augenblick an begannen schottische Bankiers und Goldschmiede den Metallvorrat, der ihnen nicht gehörte, an Dritte weiterzuverleihen. Im Austausch für diese Darlehen erhielten sie Schuldforderungen. Seit dieser Zeit ist das Papiergeld, das in der Öffentlichkeit zirkuliert, nicht nur durch einen Metallvorrat gedeckt, sondern auch durch Schuldforderungen dritten Personen (eine Schuldforderung deckt die andere). Als im Jahre 1697 die Bank von England gegründet wird, gibt sie Noten heraus, die durch einen Metallvorrat und durch eine Staatsschuld gedeckt sind.[28]

Die Erfahrung hat die Bankiers gelehrt, daß die Emission von Banknoten, die durch Schuldforderungen an Dritte gedeckt sind, bis zu einer bestimmten Grenze gehen kann (zum Beispiel drei- oder viermal der Wert des Metallvorrates), da die Öffentlichkeit niemals ihre Banknoten auf einen Schlag in Metallmünzen einzulösen sucht. Im Verlauf des 18. Jahrhunderts hat die Bank von England allmählich jenen Mechanismus ausgearbeitet, durch den die Emission von Banknoten im Hinblick auf den Metallvorrat wie auch auf die Diskontierung – anfänglich nur von Staatspapieren, in der Folgezeit auch von Handelspapieren – geregelt wird.[29] Nicht nur in Großbritannien, sondern in allen kapitalistischen Ländern ist der Diskont und dann vor allem der Rediskont der Wechsel während des ganzen 19. Jahrhunderts die Hauptquelle der Banknoten- und Papiergeld-Schöpfung.

Wenn die Notenbank einen Wechsel diskontiert (oder rediskontiert), zahlt sie dem Besitzer dieses Wertpapieres (oder der Bank) den Nennwert abzüglich der Zinsen; sie bringt also Banknoten im Werte dieses Betrages in Umlauf; wenn der Wechsel fällig wird, erhält sie diese Summe zurück; der gleiche Betrag an Banknoten wird aus dem Umlauf gezogen. Die Schwankungen ihres Wertpapierbestandes bestimmen somit die Schwankungen des Papiergeldumlaufs. Da das Diskontgeschäft in Perioden der Hochkonjunktur wächst und in

Perioden der Krise und der Depression zurückgeht, stellt die Emission von Papiergeld, das durch diskontierte Wertpapiere gedeckt wird, ein sehr geschmeidiges monetäres Werkzeug dar, das es ermöglicht, den Geldvorrat dem Bedarf der Wirtschaft an Tauschmitteln anzupassen.[30]

Die staatliche Papiergeld-Schöpfung. Zweite Quelle: der Kontokorrent-Kredit

Solange das Diskontgeschäft die Hauptform des Zirkulationskredites darstellt, stammt der Großteil des zirkulierenden Papiergeldes aus den Diskont- und den Rediskontgeschäften der zentralen Notenbanken. Aber sobald der Kontokorrentkredit das Diskontgeschäft als Hauptform des kurzfristigen Kredits ersetzt – so seit Ende des 19. Jahrhunderts in Großbritannien und seit Anfang des 20. Jahrhunderts in der übrigen kapitalistischen Welt –, wird die Zirkulation der Bankdepositen (des Buchgeldes) zum Hauptelement der Geldzirkulation.

Die Kapitalisten behalten in der Tat nur einen kleinen Teil ihres zirkulierenden Kapitals in Form von Bargeld. Der größte Teil wird auf den Banken deponiert. Die Bankiers fungieren als ihre Kassierer, zahlen die Summen, die sie schulden, und kassieren die Beträge, die man ihnen zahlt. Alle diese Zahlungen werden per Scheck* oder durch Überweisung ausgeführt und kommen somit ohne Bargeld durch einfache Buchungen zustande.

Man könnte glauben, daß dieses Buchgeld auf den Bargeldeinlagen der Depositäre fußt. Das ist jedoch nur teilweise richtig. Ein Gutteil der Bankdepositen stammt nicht von tat-

* Das Wort Scheck kommt von dem englichen *to check* (vergleichen, verifizieren) und bezieht sich auf die Gewohnheit, Schuldanerkennungen so zu zerreißen, daß ein unregelmäßiger Rand entsteht, der mit der Zahnung der entsprechenden anderen Hälfte verglichen werden kann.[31] In der Antike wurde das gleiche Verfahren mit Tonscherben praktiziert. Die ersten Papierschecks fanden in Barcelona und in Venedig schon im 14. Jahrhundert Verwendung, doch wurde sie bald untersagt.[32] Der Brauch, Solawechsel so zu zerreißen, daß eine unregelmäßige Zahnung entsteht, erhielt sich während des Mittelalters für die Schuldanerkennungen, beispielsweise die, die Des Marez bei Ypern entdeckt hat.[33] Der erste englische Scheck, der erhalten ist, stammt aus dem Jahre 1675.

sächlich erfolgten Einzahlungen seitens der Bankkunden, sondern ist das Ergebnis von Kontokorrentkrediten, die die Bank den Kapitalisten bewilligt hat. Durch diese Darlehen kommen Depositen zustande *(loans make deposits)*:

»*Die Masse der Depositen erwächst aus der Tätigkeit der Banken.* Wenn eine Bank Darlehen gewährt, wenn sie gestattet, *mehr Geld abzuheben*, als Depositen eingezahlt worden sind, und wenn sie Mobiliarwerte kauft, dann schafft sie in ihren Büchern Aktivposten, die das Äquivalent für ein Depositum sind.«[34]

Die so entstandenen Bankdepositen – zumindest die Sichtdepositen – repräsentieren wirkliches Geld, sofern sie für jedes beliebige Kauf- und Zahlungsgeschäft innerhalb des Landes verwendet werden können. Sie repräsentieren *Papiergeld*, weil ihre Zirkulation letzten Endes von der guten Verwaltung und der Zahlungsfähigkeit der Banken abhängt und nicht von dem eigentlichen Wert des allgemeinen Äquivalents. Sie repräsentieren *staatliches Papiergeld*, weil in allen entwickelten Ländern sämtliche bedeutenden Depositenbanken durch ein eigenes System mit der Notenbank verbunden sind, das gewährleistet, daß das Buchgeld durch Banknoten der Notenbank gedeckt ist.

Die Kredite, die die Banken den Kapitalisten einräumen, und die ein gut Teil der Sichteinlagen ausmachen, sollen auch genutzt werden, denn die Banken schaffen diese Depositen, damit sie zirkulieren. Wenn eine Bank einem Herrn X einen Kontokorrentkredit gewährt und dessen Depositum von 4 auf 6 Millionen DM erhöht, dann wird Herr X diese 6 Millionen dazu verwenden, um gegenüber einem Herrn Y eine Schuld zu begleichen oder um bei Herrn Z Waren einzukaufen. Diese verschiedenen Kapitalisten besitzen selbst Bankkonten. Wenn sie ihr Konto bei derselben Bank eingerichtet haben, dann vollziehen sich diese Geschäfte durch Buchungen und erfordern keinen Banknotentransport. Das Depositum von 6 Millionen DM wird einfach von dem Konto des Herrn X auf das des Herrn Z übertragen. Wenn die Konten bei einer anderen Bank errichtet sind, dann erfordern die Übertragungen nur in dem Maße einen Transport von liquiden Mitteln, wie diese anderen Banken nicht Transferzahlungen in der gleichen Höhe an die Bank des Herrn X auszuführen haben. Tatsächlich beschränken speziell zu diesem Zweck geschaffene *Verrechnungsstellen* den Bargeldtransport von einer Bank zur anderen auf ein unbedingtes Minimum.*

Schließlich können die Banken ihre Kontokorrentkredite erhöhen und in dem Maße Buchgeld schaffen, wie andere Banken ihnen Kredit gewähren oder wie die Zentralbank ihnen gestattet, ihre Passivkonten bei ihr zu erhöhen.[36] Die Erfahrung lehrt, daß das Publikum in normalen Zeiten im Verhältnis zu dem Gesamtbetrag der Depositen nur einen relativ geringen Teil der Barmittel der Bank abhebt.** Es genügt also, daß die Depositen in einem bestimmten Verhältnis zur Barschaft stehen – der sogenannte *cash ratio* oder Liquiditätskoeffizient (d. h. Minimum an Barbestand in Prozent der Gesamtsumme der Depositen) –, damit die Bankiers in normaler Weise Kontokorrentkredite geben und Buchgeld schaffen können. In außergewöhnlichen Augenblicken darf die Zentralbank eingreifen, um zu verhindern, daß der Zusammenbruch dieses Kreditsystems zum Zusammenbruch des gesamten Geldsystems führt. Um Unvorsichtigkeiten zu vermeiden, haben die meisten entwickelten Länder ein von der Regierung festgesetzes »Deckungsverhältnis« aufgestellt.*** In

* Die Kassierer der Londoner Banken, die damit beauftragt waren, die für die Zahlungen zwischen diesen Banken erforderlichen Geldsummen zu transportieren, haben in der zweiten Hälfte des 18. Jahrhunderts die Gewohnheit angenommen, sich in einer Schenke zu treffen, um ihre Konten miteinander zu vergleichen und lediglich die Differenz zwischen den geschuldeten und den zu erhaltenden Summen (und umgekehrt) zu überbringen. Bereits 1775 ahmten die Bankiers dieses Beispiel nach; so entstand das *Clearing-House.* Solche Verrechnungsstellen haben sich in allen großen Städten der Welt entwickelt. Ihre Geschäfte umfassen ungeheure Summen. Im Jahre 1945 z. B. haben die *Federal Reserve Banks* in den USA Ausgleichszahlungen in Höhe von 688 Milliarden Dollar durchgeführt.[35]

** Diese Abhebungen geschehen an erster Stelle für Lohn- und Gehaltszahlungen; ferner um den unproduktiven Konsumbedarf der Kapitalisten und anderer Sparer zu befriedigen.

*** Man unterscheidet einen *»Kassenstandkoeffizienten«* (das Verhältnis zwischen dem Bargeld und der Gesamtheit der Depositen) und den *Liquiditätskoeffizienten«* (das Verhältnis zwischen Bargeld, den Tagesgeldforderungen und den diskontierten Wechseln in bezug auf die Gesamtheit der Depositen).[37]

Großbritannien beträgt es seit 1946 8 %.[38] In den Vereinigten Staaten beträgt es für Sichteinlagen bei den großen Banken 24 %, in Belgien für die kurzfristigen Verbindlichkeiten (Kredite) 4 %, in Schweden und in Italien 25 % usw. Außerdem müssen in Belgien 65 % der gesamten Sichteinlagen durch Staatsanleihen gedeckt sein.[39]
Es zeigt sich also, daß das Buchgeld einen Großteil des Geldvorrates, d. h. der Summe aller zirkulierenden Tausch- und Zahlungsmittel eines bestimmten Landes, ausmacht. So beläuft sich 1952 der Anteil des Buchgeldes an diesem Vorrat in den Vereinigten Staaten auf 78,6 %, in England auf 74 %, in Australien auf 65 %, in Italien auf 51 % usw.[40] Hinzu kommt noch, daß das Buchgeld im allgemeinen eine größere Umlaufgeschwindigkeit hat als die Banknoten.[41]

Die staatliche Papiergeldschöpfung. Dritte Quelle: die Staatsausgaben

Das durch den Diskont oder durch die Kontokorrentkredite geschaffene Papiergeld entspricht den dem Wirtschaftssystem innewohnenden (Kredit-, Tausch- und Zahlungs-)Bedürfnissen. Die Tatsache, daß der Staat diese Papiergeldschöpfung kontrolliert, entspricht der gesellschaftlichen Natur des Geldes, die immer deutlicher zutage tritt, insofern die Tauschbeziehungen im Schoße des modernen Kapitalismus immer verwickelter und komplizierter werden. Aber diese für den reibungslosen Ablauf der Wirtschaft unabdingbare Kontrolle kann gleichzeitig eine Quelle mannigfacher Störungen sein.
Der Staat, der die Emission von Papiergeld kontrolliert und letzten Endes die Größe des gesamten Geldvorrates bestimmt, ist in Wirklichkeit selbst Käufer und Verkäufer und benötigt daher Tausch- und Zahlungsmittel. Seit das staatliche Papiergeld besteht, sind die Regierungen, die dessen Ausgabe kontrollieren, immer wieder der Versuchung erlegen, es gleichzeitig dazu zu verwenden, ihren eigenen Bedarf zu decken. Schon die ersten Versuche der Papiergeldausgabe führten zu inflationistischen Katastrophen: so bei dem chinesischen Papiergeld, als unter dem tatarischen Kaiser Kublai Khan die für diese Epoche fantastische Summe von 249 652 290 *Kuan*

zirkulierte.[42] Ebenso verlief es bei den ersten Versuchen auf anderen Kontinenten, wie mit dem »Kartengeld« in den britischen und französischen Kolonien im 17. Jahrhundert, dem »Kontinentalgeld«, das während des Unabhängigkeitskrieges in den USA, den Assignaten, die während der Französischen Revolution ausgegeben wurden und so weiter.[43]
Selbst in dem bürgerlichen Staat, der nach den strengsten währungspolitischen Grundsätzen verwaltet wird, ist es unvermeidlich, daß ein gewisser saisonbedingter und zyklischer Anstieg des Bedarfs an verfügbaren Geldern (zum Beispiel bei Fälligwerden der Zahlung der Beamtengehälter) die staatlichen Schatzämter dazu führt, ihre Schulden bei der Notenbank zu erhöhen, was sich in eine Vergrößerung des Geldvorrates umsetzt. Dieses zusätzliche Geldvolumen wird gewöhnlich in der Folgezeit wieder aufgesogen. Aber wenn der Staat die Geldzirkulation vergrößert, um seine langfristigen Ausgaben damit zu finanzieren oder, was noch schlimmer ist, um sein Defizit im Staatshaushalt auszugleichen, dann erscheint in dem Maße, wie diesem zusätzlich zirkulierenden Geldvolumen keine entsprechende Warenmasse gegenübersteht, die Gefahr einer Geldentwertung.[44]

Der gesellschaftlich notwendige Geldvorrat

Die ganze Buchgeldpyramide ist somit auf einer Papiergeldgrundlage errichtet. Wie wir schon gezeigt haben, ist es beim privaten Papiergeld ebenso. Jedes Kreditgeld erfordert als schließliches Zahlungsmittel eine bestimmte Geldmenge, denn es handelt sich hier in Wirklichkeit um eine Masse von Schuldforderungen, die nach ihrer Verrechnung schließlich bezahlt werden müssen. Der Geldumlauf einer kapitalistischen Gesellschaft muß daher eine doppelte Aufgabe erfüllen: er muß das Äquivalent für die *Waren* bilden, die in diese Zirkulation eintreten (Geld als Zirkulationsmittel); und er muß den Gegenwert der fällig werdenden *Schuldforderungen* unter Berücksichtigung jener Schuldforderungen, die sich gegenseitig neutralisieren, darstellen (Geld als Zahlungsmittel). Wir begegnen hier also wieder den zuvor beschriebenen zwei Funktionen des Geldes.
Sowohl das Geld als Zahlungsmittel, das die Zahlung der

Schuldforderungen gestattet, als auch das Geld als Zirkulationsmittel besitzt eine gewisse Umlaufgeschwindigkeit: dieselbe Geldsumme kann innerhalb einer bestimmten Zeitspanne von Hand zu Hand, von Firma zu Firma eine Reihe aufeinanderfolgender Zahlungen bewerkstelligen. Wir erhalten somit für die Geldmenge, die zur Regelung aller (z. B. im Verlauf eines Monats) anfallenden Zahlungen erforderlich ist, folgende Formel:

$$\frac{\text{Gesamtsumme der Schuldforderungen – Summe der sich neutralisierenden Zahlungen}}{\text{Zirkulationsgeschwindigkeit der Zahlungsmittel}}$$

Addiert man den für die Warenzirkulation notwendigen Geldvorrat und den für die Zahlung der Schuldforderungen notwendigen Geldvorrat, so kann man den für das reibungslose Funktionieren der kapitalistischen Wirtschaft unabdingbaren gesamten Geldvorrat bestimmen. Dabei muß man der Tatsache Rechnung tragen, daß ein und dieselbe Banknote nacheinander zum Kauf einer Ware und zur Begleichung einer Schuldforderung durch den Verkäufer jener Ware verwendet werden kann. Der für die Wirtschaft in einem bestimmten Zeitraum erforderliche Geldvorrat ist also gleich:

$$\frac{\text{Preissumme der zirkulierenden Waren}}{\text{Zirkulationsgeschwindigkeit des Geldes als Zirkulationsmittel}}$$

$$+ \frac{\text{Summe der zu zahlenden Schulden – Summe der sich neutralisierenden Zahlungen}}{\text{Zirkulationsgeschwindigkeit des Geldes als Zahlungsmittel}}$$

– Summe, die nacheinander als Zirkulations- und Zahlungsmittel dient.

Aus dieser Formel geht unmittelbar hervor, daß der für den reibungslosen Ablauf der Wirtschaft *erforderliche Geldvorrat* eine sehr elastische Größe ist, die sich im Verlauf eines Monats unaufhörlich ändert. Am Ersten eines jeden Monats und kurz zuvor wird sehr viel mehr Geld – qua Zahlungsmittel – benötigt als 8 Tage später. Der notwendige Geldvorrat

schwankt auch mit der Konjunktur. Ferner ergibt sich daraus die Notwendigkeit, über ein sehr *geschmeidiges* Geldinstrument zu verfügen, um sich den sich unaufhörlich wandelnden Bedürfnissen der Wirtschaft rasch anpassen zu können.
Im 18. Jahrhundert brach in Großbritannien eine Reihe von Kreditkrisen aus, weil die Bank von England durch das Peel-Gesetz gezwungen war, sich für die Ausgabe von Banknoten an ein starres Höchstmaß zu halten. Jedesmal mußte dieses Gesetz aufgehoben werden.[45]
Im 20. Jahrhundert erwies sich das Buchgeld als ein noch geschmeidigeres Geldinstrument als das Papiergeld. Wenn die Menge der Banknoten und der Sichteinlagen unverändert bleibt, während die Nachfrage nach Zirkulationskredit und nach Zahlungsmitteln steigt, bietet die Steigerung der *Zirkulationsgeschwindigkeit des Buchgeldes* – d. h. die Verwendung von ein und demselben Depositum für eine erhöhte Zahl von Überweisungen innerhalb eines gegebenen Zeitraums – einen Ausweg. So war es 1950 und Anfang 1951 vor allem in Belgien, als die Zirkulationsgeschwindigkeit um 20% gesteigert wurde.[46]

Die Zirkulation des unkonvertierbaren Papiergeldes

Das Buchgeld basiert auf dem staatlichen Papiergeld. Solange dies konvertierbar ist und auf einem Metallvorrat der Notenbank gegründet bleibt, wirft die Verwendung von monetären Ersatzzeichen keine Probleme auf, was die Natur des Geldes betrifft. Durch seinen eigenen inneren Wert dient es weiterhin als allgemeines Äquivalent. Die Tatsache, daß nur ein Teil der Banknoten durch einen Metallgeldbestand gedeckt ist (wie auch nur ein Teil des Buchgeldes durch Banknoten gedeckt ist), stellt ganz einfach eine gesellschaftliche Einsparung an Zirkulationsmitteln dar, eine Ersparnis, die durch die empirisch ermittelten Verhaltensmuster der Öffentlichkeit möglich geworden ist.
Diese Muster spiegeln ihrerseits die *wachsende Vergesellschaftung der kapitalistischen Wirtschaft, den mehr und mehr objektiven Charakter des Geldes.* Um das Spiel des Geldmechanismus nicht zu hindern, genügt es, die Verwendung des kon-

vertierbaren Papiergeldes in den Grenzen des gesellschaftlich notwendigen Geldvorrates zu halten. Jede weitere zusätzliche Emission führt zu einem Edelmetallverlust, das Papiergeld ist nicht mehr konvertierbar, das Geld wird entwertet.

Ausgehend von der Tatsache, daß das Geld im modernen Kapitalismus einen zunehmend objektiven Charakter erhält, kann man das Problem der Zirkulation des unkonvertierbaren Papiergeldes begreifen. Diese muß nicht notwendigerweise einen Kaufkraftschwund, eine augenscheinliche Entwertung mit sich bringen; diese Erfahrung wurde schon im 19. Jahrhundert gemacht. Der französische Franc war zwischen den Jahren 1870 und 1877 unkonvertierbar, aber er hat nur etwa 1,5 % seines Wertes in bezug auf Gold oder auf konvertierbare Devisen verloren.

Es genügt in der Tat, die Ausgabe von unkonvertierbarem Papiergeld (und die Schöpfung von Buchgeld) auf den gesellschaftlich notwendigen Geldvorrat zu beschränken, um weitgehend jedes Aufkommen einer Geldentwertung zu vermeiden. Wenn das ganze Geld, das in die Zirkulation geworfen wird, durch die laufenden wirtschaftlichen Transaktionen – Warenaustausch und Zahlungen – aufgesogen wird, dann zirkuliert ein unkonvertierbares Papiergeld dieser Art nur für den gleichen Betrag, für den an seiner Stelle ein konvertierbares Geld zirkuliert wäre, so daß sich *im Rahmen des nationalen Marktes* keinerlei Störungen ergeben können.

Einige Autoren wollten in diesem Phänomen den Beweis dafür sehen, daß das Geld niemals eine Ware mit einem Eigenwert war, sondern schon immer einen Kurs hatte, der von Staatsbehörden festgesetzt wurde.[47] Die Erfahrung des 19. Jahrhunderts hat indessen gezeigt – vor allem in den Ländern mit einer Doppelwährung –, daß Geldschwankungen durch Schwankungen des inneren Wertes des Goldes und des Silbers hervorgerufen worden sind:

»Nach den großen Goldfunden in Kalifornien und in Australien (in den Fünfziger Jahren des 19. Jahrhunderts) wurde das Silber ein zu teures Metall, und es war schwer, es noch in Umlauf zu halten ... Aber bald – und ganz plötzlich – trat eine genau umgekehrte Situation ein. Von 1842 an entwickelte man metallurgische Verfahren, die die Scheidung des Silbers von Bleierzen erleichterten. Diese Verfahren wurden nach Eingliederung Mexikos in die USA im Jahre 1848 und der sogenannten ›Rocky Mountains states‹ im Jahre 1853 in großem Umfange betrieben. Eine Masse billigen Silbers drückte den Preis dieses Metalls in bezug auf Gold; das Silber wurde fortschreitend entwertet.«[48]

In Wirklichkeit entspricht der Übergang von einer auf dem Gold (oder dem Silber) beruhenden Währung zu einem *teilweise unkonvertierbaren Geld,* der sich seit dem Ersten Weltkrieg vollzieht, zwei ganz und gar verschiedenen Phänomenen. Einerseits einer wirklichen Geldentwertung, die durch enorme Rüstungsausgaben und durch den Krieg sowie durch das Gewicht ständig steigender Staatsschulden hervorgerufen worden ist. Diese Geldentwertung hat sogar die USA getroffen, ein Land, das einen Großteil aller Goldreserven der Welt besitzt; die Kaufkraft von 1 Dollar war 1958 geringer als vor dem Kriege (1939) die von 50 cents. Andererseits entspricht er einer wachsenden Intervention des Staates in das Wirtschaftsleben, der zunehmenden Lenkung einiger Wirtschaftszweige im Interesse der bürgerlichen Klasse als ganzer und der damit verbundenen Ausschaltung »reiner« Marktwirtschaftsbedingungen, die auch von anderen »organisatorischen« und »bewußten« Kräften aufgehoben werden, nämlich von Kartellen, Trusts, Holdings und monopolistischen Gruppen schlechthin.*

Ein Geld mit einem Eigenwert ist für eine reine, auf Austausch gegründete Marktwirtschaft unabdingbar. Je mehr Elemente »wirtschaftlicher Lenkung« in die Wirtschaft eingeführt werden, desto mehr kann ein »abstraktes«, ein Rechengeld, dieses Geld mit einem Eigenwert ersetzen.[49]

Aber die Elemente der Lenkung, die der Kapitalismus in der Periode seines Niedergangs in die Wirtschaft einbaut, sind widersprüchlich und unvereinbar. Auf der einen Ebene schaffen sie die Anarchie und den Automatismus des Marktes ab, um sie auf einer höheren Ebene nur wieder erstehen zu lassen. In der Epoche der Goldwährung wurde ein Großteil der Zahlungen nicht nur auf dem nationalen, sondern auch auf dem internationalen Markt ohne die Einschaltung von Edelmetall abgewickelt. In der Epoche des unkonvertierbaren

* Siehe Kapitel XII und XIV.

oder nur teilweise konvertierbaren Nationalgeldes komplizieren sich die internationalen Zahlungen; Gold (und in Gold konvertierbare Devisen) wird für die Zahlungen auf dem internationalen Markt heute in größerem Umfang benötigt als in der Vergangenheit.

Daher bleiben die Edelmetalle – Waren mit einem Eigenwert – selbst in der Epoche des unkonvertierbaren Papiergeldes letztlich das einzige allgemeine Äquivalent auf dem Weltmarkt. Ein »vereinbartes« Weltgeld, das einzige Geld, das die Zirkulationsmittel endgültig von ihrer Metallbasis loszulösen vermag, kann in einer kapitalistischen Wirtschaft nicht geschaffen werden. Es kann nur das Ergebnis einer weltweiten Wirtschaftsplanung sein, die ihrerseits das Produkt des Sieges des Sozialismus wäre.

Das moderne Geld ist daher nicht völlig von seiner Metallbasis getrennt, selbst dann nicht, wenn gesetzlich festgelegt ist, daß im Austausch für eine (zu Papiergeld gewordene) Banknote nicht ein Gramm Gold erworben werden kann.* Über den Außenhandel und die internationalen Zahlungsvorgänge bezieht sich jedes Nationalgeld sowohl auf das Gold als auch auf die anderen Landesgelder, und die Schwankungen seiner relativen Kaufkraft, seine Kursschwankungen auf dem freien oder auf dem schwarzen Markt, sind Anzeichen dafür, ob und in welchem Maß es an Wert verloren hat oder nicht. Diese Entwertung rührt von einer Eigenschaft, die allein das staatliche Papiergeld besitzt: *der kollektiven Äquivalenz aller vom Staat gedruckten Banknoten, der Tatsache, daß diese eine Einheit bilden.*

Das Metallgeld – Produkt menschlicher Arbeit – besitzt einen Eigenwert. Die Steigerung des Metallgeldumlaufs über den gesellschaftlich notwendigen Geldvorrat hinaus bewirkt

* Interessant ist, daß dieser Dualismus seltsame juristische Anwendungen gefunden hat. Das französische Recht kennt bei allen Rechtsstreitigkeiten zwischen in Frankreich ansässigen Personen oder Gesellschaften im allgemeinen nur den Nominal-Franc. Sobald es um internationale Differenzen geht, gilt nur der Goldwert, gleichgültig ob zum Vorteil der französischen Seite (Rechtsstreit bezüglich der serbischen und brasilianischen Anleihen auf dem internationalen Gerichtshof in Den Haag im Jahre 1959 und bezüglich der norwegischen Anleihen im Jahre 1957) oder zum Vorteil der ausländischen Seite (Anleihe der Messageries maritimes).50

nicht, daß dieses Geld entwertet, sondern daß es gehortet wird. Ebenso ist es mit den konvertierbaren Banknoten, bei denen eine übermäßige Emission außerdem noch zu einer Goldflucht führen kann. Das private Papiergeld, das von zahlungsunfähigen Kapitalisten ausgegeben wird, zieht eine völlige Entwertung dieses Geldes, verbunden mit dem Bankrott des Emittenten, nach sich, entwertet aber nicht automatisch das private Papiergeld, das von anderen Privatleuten ausgegeben worden ist.

Das staatliche, unkonvertierbare Papiergeld dagegen unterliegt einer Entwertung, sobald eine überflüssige, eine übermäßige Emission nicht von einer gleichwertigen Steigerung der Masse der zirkulierenden Waren begleitet ist. Da alle Banknoten gleichfalls entwertet werden, führt das Anwachsen des Geldumlaufs keinesfalls zur Thesaurierung dieser Noten; das Gegenteil ist der Fall. Ihr Wert hängt somit von ihrer Kaufkraft ab, die sich verringert. Die Quantitätstheorie ist hier teilweise gültig.

Da dieses Geld nun entwertet ist, versucht man, es loszuwerden, um dafür die einfachen Edelmetalle, Metallgelder oder andere, nicht entwertete Papiergelder zu horten.* Man schätzt die private Goldhortung zwischen 1946 und 1951 auf jährlich durchschnittlich 250 Millionen Dollar. So offenbart sich das *Greshamsche Gesetz:* ein »schlechtes« (mehr oder weniger entwertetes) Geld verdrängt das gute Geld aus der Zirkulation.

Die automatische Preissteigerung infolge der Entwertung des Papiergeldes tritt nur in einem Land zutage, wo die Preisbildung mehr oder weniger »frei« ist, d. h. einzig und allein von den wirtschaftlichen Kräften bestimmt wird. Für eine gewisse Periode kann man einem Land unkonvertierbare Banknoten in Verbindung mit einer strengen Kontrolle des

* Die Entwertung des Papiergeldes ist ein sehr relativer Begriff. Von 1938 bis Ende 1946 stiegen die im Umlauf befindlichen Banknoten in den USA um 400 %, während sich die Industrieproduktion kaum verdoppelte. Der Dollar büßte fast 40 % seiner Kaufkraft ein. Es fand eine ganz augenscheinliche Entwertung statt. Dennoch war diese geringer als die Entwertung anderer Papiergelder, wie des französischen Franc und des Lire, die so stark war, daß in Italien und in Frankreich Dollarnoten gehortet wurden.

Sortengeschäfts auferlegen, wodurch es möglich wird, die Preissteigerung trotz einer starken Emission von Papiergeld und einer unbestreitbaren Entwertung desselben (die sich nur auf den freien ausländischen Devisenmärkten und auf den »parallelen« schwarzen Märkten im eigenen Land offenbart) auf ein Minimum zu beschränken. Das geschah bekanntlich im nationalsozialistischen Deutschland.[51] Ein solches System birgt jedoch andere Widersprüche, die im Rahmen der sogenannten »gelenkten« Wirtschaft und der Rüstungs- und Kriegswirtschaft untersucht werden müssen.

Die Zahlungsbilanz

Selbst ein »solides« Papiergeld, d. h. ein Geld, das nicht in einer größeren Menge in Umlauf gebracht wird, als es der *gesellschaftlich notwendige Geldvorrat* erfordert, und das über eine normalerweise als ausreichend erachtete Golddeckung verfügt, kann seine Konvertierbarkeit in Gold verlieren. Dies geschah vor allem mit dem Pfund von 1931 an. Der Grund für diese Unkonvertierbarkeit rührt von der *doppelten Funktion des Goldes,* das zugleich Deckung für das Papiergeld und einziges internationales Zahlungsmittel ist. So wie das private Papiergeld innerhalb eines Landes nur in den Grenzen der Zahlungsfähigkeit (der Fähigkeit, die Effekten am Fälligkeitstermin zu zahlen) des privaten Emittenten zirkuliert, so zirkuliert das staatliche Papiergeld international nur in den Grenzen der Solvenz des Emissionslandes, seiner Fähigkeit, die Schulden gegenüber anderen Ländern in Gold (oder in Gold konvertierbaren Devisen) zu begleichen.
Das bedeutet nicht, daß jeder Kauf im Ausland einen Goldtransport in das Verkaufsland nach sich zieht. Auf internationaler Ebene besteht – ebenso wie auf nationaler und lokaler Ebene – ein Verrechnungssystem, bei dem nur die *Salden* zwischen den Schulden und den Forderungen gegenüber dem Ausland überbracht werden. Diese Salden erscheinen in der Zahlungsbilanz, die sich im wesentlichen aus folgenden Posten zusammensetzt:
a) der Handelsbilanz, d. h. dem Unterschied zwischen den Exporten und den Importen. Wenn die Exporte den Wert

der Importe übersteigen, erscheint in der Zahlungsbilanz ein Aktivposten; im umgekehrten Fall ein Passivposten;
b) dem Kapitalverkehr, d. h. dem Unterschied zwischen dem Kapitalabfluß und dem Kapitalzufluß. Zu der ersten Kategorie zählen der Kauf von ausländischen Aktien, Fabriken, Obligationen, Immobiliengütern und Kapitalanlagen bei ausländischen Banken; ferner die Überbringung von Dividenden, Zinsen, Versicherungsprämien oder von versichertem ausländischen Kapital ins Ausland. In die zweite Kategorie gehört der Kauf von Aktien, Oligationen, Fabriken und Immobiliengütern des betreffenden Landes durch Ausländer, die ihr Kapital in diesem Land anlegen; es gehört dazu die Plazierung ausländischen Kapitals bei den Inlandsbanken, weiter die Rückführung von Dividenden, Zinsen, Versicherungsprämien, im Ausland versichertem Kapital usw. durch die Devisen-Inländer; die Verschickung von privaten und staatlichen Geschenken des Auslandes an das betreffende Land. Ist der Kapitalimport größer als der Kapitalexport, so erscheint in der Zahlungsbilanz ein Aktivposten; im umgekehrten Fall ein Passivposten;
c) dem Schiffahrtsverkehr. Die nationalen Schiffe, die Waren ins Ausland befördern, erhalten ihr Frachtgeld in ausländischen Devisen, die sie ins Inland bringen. Die ausländischen Schiffe dagegen, die Waren ins Land bringen, bekommen als Frachtgeld Devisen, die aus dem Lande abfließen. Übersteigt der erste Betrag den zweiten, so erscheint ein Aktivposten in der Zahlungsbilanz; im umgekehrten Fall ein Passivposten;
d) dem Touristenverkehr: wenn die Touristen eines Landes im Ausland mehr Geld ausgeben als die Ausländer in dem betreffenden Land, erscheint in der Zahlungsbilanz ein Passivposten; im umgekehrten Fall ein Aktivposten;
e) der Ein- und Auswandererbewegung: wenn die Einwanderer mehr Geld mit sich bringen, als die Auswanderer mit sich nehmen, erscheint ein Aktivposten; im umgekehrten Fall ein Passivposten.
Solange ein Land im allgemeinen eine aktive Zahlungsbilanz besitzt, hängt die Konvertierbarkeit seines Papiergeldes nur von einem relativ geringeren Metallgeldvorrat ab. Aber sobald eine Zahlungsbilanz ständig ein Passivum zu verzeichnen beginnt, kann normalerweise nur ein hoher Metallvorrat

die Konvertierbarkeit des Papiergeldes aufrechterhalten. Wenn nicht, dann droht der Goldverlust Spekulation und Panik auszulösen.[52] Wenn schließlich die meisten der kommerziell bedeutenden Länder von der Goldwährung abgehen, wie dies im Verlauf der dreißiger Jahre der Fall war, dann sind die anderen Länder gezwungen, diesem Beispiel zu folgen, da ansonsten ihre Landeswährung zum Objekt internationaler Spekulationen und systematisch aus der Zirkulation gezogen wird.

Die Zahlungsbilanz beeinflußt das Volumen des Geldumlaufs und – bei einem teilweise oder völlig unkonvertierbaren Papiergeldwesen – damit auch die Kaufkraft des Geldes. Ein permanentes Defizit in der Zahlungsbilanz ist das Ergebnis inflationistischer, ein Überschuß das Ergebnis deflationistischer Tendenzen.* Wenn jedoch die Notenbank den Exporteuren das Äquivalent für den Devisenüberschuß zahlt, den sie angesammelt hat, kann ein Zahlungsbilanzüberschuß kurzfristig eine inflationistische Tendenz hervorrufen, weil die zusätzliche Kaufkraft auf dem Markt keinen Gegenwert findet.[53] Um diese Auswirkungen zu vermeiden, muß der Zahlungsbilanzüberschuß durch eine Vergrößerung der inländischen Ersparnisse neutralisiert werden.[54]

Die Notenbank und der Bankkredit

Solange ein Geld auf der Goldwährung fußt, besteht die Aufgabe des Emissionsinstitutes vor allem darin, darüber zu wachen, daß das Geld konvertierbar bleibt. Die Verminderung des Kredits, die es durch die Erhöhung des Diskontsatzes bewirken kann, wird zunächst als ein Mittel zur Einschränkung des Papiergeldumlaufs begriffen und nur indirekt

* Eine während einer langen Periode aktive Zahlungsbilanz entspricht in der Tat der »Einfrierung« von Kaufkraft; das Gold, das sich in den Gewölben der Zentralbank ansammelt, hätte für den Import der verschiedensten Waren verwendet werden können, d. h. zur Schaffung von zusätzlichem Einkommen. Desgleichen drückt eine andauernd passive Zahlungsbilanz die Tatsache aus, daß im Land ein – inflationistischer! – *Kaufkraftüberhang* geschaffen worden ist, für den man im Austausch immer mehr ausländische Güter und Dienste importieren muß.

als ein Mittel, die Abwege eines »Booms« zu korrigieren. Aber in der Epoche des unkonvertierbaren Papiergeldes erweitern sich die Aufgaben der Notenbank und umfassen schließlich eine Kontrollfunktion über die gesamte Wirtschaft. Sie muß in der Tat die Kreditpolitik der Handelsbanken überwachen, die ihrerseits wieder den ganzen Ablauf der Wirtschaft beeinflussen.[55]

Die Notenbanken des 19. Jahrhunderts hatten als Deckung für die Banknoten, die sie in Umlauf brachten, Gold- (oder Silber-)Bestände sowie diskontierte Handelspapiere. Sie beeinflußten das Kreditvolumen durch den Diskontsatz.

Die wirtschaftliche und finanzielle Unsicherheit, die die Epoche des Niedergangs des Kapitalismus seit dem Ersten Weltkrieg kennzeichnet, hat die Notenbanken gezwungen, zu zusätzlichen Deckungsmitteln und zu verschiedenen Mitteln der Kreditbeeinflussung Zuflucht zu nehmen. Einerseits verfügen die großen Privatbanken über beträchtliche Reserven, die sie von der Diskontpolitik der Zentralbank weitgehend unabhängig machen. Andererseits ist in einer Periode starker Depression die bloße Herabsetzung des Zinsfußes kein ausreichender Anreiz, das Kreditvolumen, das Handelsvolumen und das Volumen der Geldzirkulation zu erhöhen. Unter diesen Bedingungen greift die Notenbank auf eine alte Technik zurück, die schon durch die Staatsbanken des 17. und 18. Jahrhunderts reichlich angewandt worden ist: zur sogenannten *Offen-Markt-Politik*.

Diese Politik, die in den Vereinigten Staaten schon immer gebilligt wurde, hat man dort vor allem seit 1933 in großem Stil angewandt. In Großbritannien wurde sie 1931 durch ein besonderes Gesetz gutgeheißen, in Frankreich und Belgien 1936. Sie setzt fest, daß die Notenbank Staatspapiere (Anleihen, Schatzanweisungen usw.) auf dem freien Markt kaufen und verkaufen kann. Wenn die Regierung eine Kontraktion des Geldumlaufvolumens (des Kreditvolumens) zu erzielen wünscht, kann sie Staatspapiere verkaufen, so daß Banknoten aus der Zirkulation gezogen werden oder – was auf das gleiche hinausläuft – daß die Guthaben der Privatbanken bei der Zentralbank und das Buchgeld, das diese infolgedessen schöpfen können, sich vermindern.[56] Wünscht umgekehrt die Regierung das Geldumlauf- (das Kredit-)Volumen zu vergrößern, so muß sie Staatspapiere zurückkaufen, wodurch die Emission von neuen Banknoten oder eine Erhöhung der Guthaben der Privatbanken bei der Zentralbank hervorgerufen wird. Dieses System der *Offen-Markt-Politik* kann jedoch leicht entarten, und zwar dahingehend, daß es zu einem Mittel wird, Staatsanleihen zu decken, die der Staat zum Ausgleich des Haushaltsdefizits benötigt.[57]

In den Vereinigten Staaten, wo die Geldentwertung allerdings geringer war als in Europa, sind die Staatspapiere heute der wichtigste Gegenwert des Buchgeldes der Privatbanken und stellen in den Guthaben der Notenbank einen sehr viel wichtigeren Posten dar als die privaten Schuldforderungen. »Bis 1933 war die Hauptquelle der Geldschöpfung die kurzfristige Anleihe privater Gesellschaften. Im Jahre 1929 stellten die Darlehen der Geschäftsbanken beinahe zwei Drittel des Geldvorrates des Landes. Gegen Ende des Jahres 1950 betrugen sie nur noch ein Drittel. Die Hauptquelle der Geldversorgung ist heute die Anleihe durch die Regierung. Der Besitz der Geschäftsbanken an Regierungsobligationen übersteigt bei weitem den Umfang ihrer kurzfristigen Darlehen.«[58]

Die Kontrollfunktion, die die Notenbank in ihrer Eigenschaft als letzte Quelle von Bargeld ausübt, ist indes nicht absolut. Sie kann entweder das Volumen des Geldvorrates oder den Preis des Geldkapitals (des Bargeldes), d. h. den Zinsfuß, streng festlegen. Der erste Weg wurde im 19. Jahrhundert beschritten, den zweiten beschreitet man heute.[59] Aber das Geldvolumen und zugleich den Zinsfuß streng zu kontrollieren, ist in einer kapitalistischen Wirtschaft unmöglich.

Die Geldmanipulationen

Die doppelte Funktion des Goldes – als Metallbasis für das Papiergeld und als internationales Zahlungsmittel – macht aus diesem Edelmetall ein Instrument der Wirtschafts- und Handelspolitik. Wenn die Landeswährungen frei in Gold konvertierbar sind, dann wird ihr wechselseitiger Wert unmittelbar entweder durch den Metallgehalt der Münzen bestimmt oder durch die Golddeckung der Banknoten, einfacher

Ersatzzeichen für Edelmetalle. Wenn die freie Konvertierbarkeit des Papiergeldes mehr oder weniger beseitigt ist, erhalten sie in bezug auf das ausländische Geld einen *Zwangskurs*. Dieser Kurs wird im allgemeinen durch internationale Übereinkünfte bestimmt, aber er kann einseitig verändert werden. Wenn er dem tatsächlichen Verhältnis zwischen der Kaufkraft zweier Währungen entspricht, wird er allgemein anerkannt und erleidet nur geringe Schwankungen, die durch die leichten zeitweiligen Fluktuationen in der Zahlungsbilanz zweier Länder ausgelöst werden.[60]

Ist dieser Kurs dagegen ein künstlicher Kurs, so entsteht ein »paralleler«, »freier« oder »schwarzer« Markt, auf dem das offiziell überbewertete Geld im Austausch entwertet wird.

Eine Regierung kann versuchen, eine solche Entwertung absichtlich hervorzurufen, um ihren Export zu begünstigen und dadurch entweder die Zahlungsbilanz oder den allgemeinen Ablauf ihrer Geschäfte zu verbessern. Da der Wechselkurs eines unkonvertierbaren Geldes ein Zwangskurs ist, kann ihn die Regierung durch ein einfaches Dekret senken. Sie kann nach Belieben festsetzen, daß die Geldeinheit künftig einem z. B. um 20 % geringeren Goldäquivalent entspricht und daß folglich die ausländischen Devisen in Zukunft zu einem Kurs notiert werden, der 25 % über dem vorherigen liegt. Eine solche Entwertung, die sogenannte *Abwertung*, läßt die Preise für die Landeserzeugnisse auf den ausländischen Märkten sinken.

Amerikanische und englische Kraftfahrzeuge machen sich den australischen Markt streitig. Angenommen, der übliche Verkaufspreis des am häufigsten in Australien verkauften amerikanischen Wagens betrage 3 000 Dollar; das sind 750 australische £ bei einem Kurs von 4 $ = 1 australisches £. Die britischen Automobile, die 600 englische £ kosten, werden gleichfalls zu 750 australischen £ verkauft, wenn 1 englisches £ 1,25 australischen £ entspricht. Aber wenn das englische £ um 20 % abgewertet wird, verkauft sich derselbe Wagen für 600 australische £, ohne daß der Herstellungspreis oder der Profit der Herstellerfirma gesunken wäre. Die Abwertung als Waffe im Konkurrenzkampf stößt jedoch auf zwei Hindernisse:

a) Sie läuft Gefahr, eine Lawine ins Rollen zu bringen, da

alle Länder versuchen werden, ihre Zahlungsbilanz auf die gleiche Weise zu verbessern. Genau dies ist nach der Abwertung des britischen Pfund im Jahre 1931 eingetreten: zwischen 1931 und 1935 wurden 34 andere Landeswährungen abgewertet. Das gleiche geschah nach der Abwertung des Pfund im Jahre 1949.

b) Jedes Land muß nicht nur exportieren, sondern auch importieren. Wenn die Abwertung den Preis für Exportgüter herabdrückt, so läßt sie den Preis für Importwaren ansteigen. Sie begünstigt somit die Exportindustrien, die mit landeseigenen Rohstoffen arbeiten, gegenüber jenen Industrien, die für den inneren Markt mit importierten Rohstoffen arbeiten, führt also eine Umverteilung des Volkseinkommens herbei. Diese Auswirkungen können jedoch gemildert werden, wenn vor der Abwertung große Mengen ausländischer Rohstoffe aufgespeichert worden sind oder wenn man eine Preissenkung dieser Güter erwartet, eine günstige Wendung der Austauschrelationen.* Letztlich ist die Elastizität der ausländischen Nachfrage nach Exporterzeugnissen des Landes, das sein Geld abwertet, entscheidend.[61]

Eine der Abwertung entgegengesetzte Politik kann gleichfalls dahin tendieren, eine Exportsteigerung auszulösen. Ohne den Gegenwert des nationalen Papiergeldes in Gold oder Devisen zu verändern, kann man auf dem Inlandsmarkt eine Preissenkung hervorrufen, indem man den Kredit und die Geldzirkulation einschränkt, indem man die Nominallöhne herabsetzt usw. Diese Baisse wird alsdann auf die Exportpreise zurückwirken. Im allgemeinen jedoch verschärft eine solche *deflationistische* Politik das Abflauen der Geschäfte und erhöht die Arbeitslosigkeit innerhalb des Landes[62], wodurch sämtliche von einem Anwachsen des Exports erhofften Vorteile hinfällig werden, die ansonsten – wie im Falle der Abwertung – durch internationale Kettenreaktionen neutralisiert würden.

»Wenn der Druck auf die Nominallöhne die [Zahlungs-] Bilanz eines Landes verbessert, wird es für die Produzenten dieses Landes möglich, auf Kosten der ausländischen Erzeuger einen Vorteil zu ziehen und so die Arbeitslosigkeit in an-

* »Austauschrelation« nennt man das Verhältnis zwischen dem Preisindex der Exportgüter und dem Preisindex der Importgüter.

dere Länder abzudrängen. Diese anderen Länder, die bemerken, daß ihr Export zurückgeht, während ihr Import steigt, werden auf die daraus entstehende Arbeitslosigkeit reagieren, indem sie einen Druck auf ihre eigenen Löhne ausüben. Aber da den Lohneinschränkungen im Lande A Lohnsenkungen im Lande B folgen, die vielleicht sogar noch größer sind, erzielt das erste Land daraus keinen Nettogewinn.«[63]

Nach dem Ausbruch der Wirtschaftskrise von 1929 gab es in der Tat zwei internationale Kettenreaktionen: zunächst die der Deflation und anschließend die der Abwertung.

Die Papiergeldmanipulationen der Regierungen, die sich bemühen, sich auf diese Weise eine antizyklische Waffe zu schaffen, ließen Illusionen entstehen in bezug auf die Möglichkeiten, ernsthafte konjunkturelle Störungen mit Hilfe eines »gelenkten Geldes« zu korrigieren. Die Notenbanken können tatsächlich zu einer Ausweitung des Kredits seitens der Geschäftsbanken, was als stimulierendes Mittel für die Wiederbelebung im Falle einer Depression angesehen wird, ermutigen, indem sie das Volumen des Banknotenumlaufs durch eine Senkung des Zinsfußes vergrößern.

Der Einfluß des Zinssatzes auf die Wirtschaftskonjunktur darf jedoch nicht überschätzt werden. Nachforschungen in den USA haben ergeben, daß der Zins, den der Unternehmer dort zahlt, nur ein sehr unbedeutendes Element der Produktionskosten darstellt: 0,4 % des Selbstkostenpreises von Fertigwaren; 0,2 % des Selbstkostenpreises im Immobilienbau; 0,8 % des Selbstkostenpreises von Bergbauprodukten und 0,2 % der Distributionskosten.[64]

Es ist eine Illusion zu glauben, daß die Banken (mit Hilfe der Notenbank) allein die Gewähr für die Ausdehnung des Kredits und des Geldvorrats geben könnten höchstens die Beschaffung von Darlehen durch einen niedrigeren Preis erleichtern. Aber damit der Geldvorrat tatsächlich auf dem Wege des Kontokorrentkredits wächst, müssen die Unternehmer von diesen Erleichterungen *auch faktisch Gebrauch machen.* Somit sind letztlich die Unternehmer und nicht die Banken für die Erhöhung des Buchgeldbestandes zu Beginn der Wiederbelebung verantwortlich.[65]

»In einer [tiefen] Depression ist der Horizont so finster, daß wahrscheinlich kein Geschäftsmann – selbst durch eine

noch so große Senkung des Zinsfußes – dazu gebracht werden kann, in ein Unternehmen einzusteigen. . .«[66]
Letzten Endes erklären also eben die Faktoren, die die gesamte Wirtschaftskonjunktur bestimmen, auch den Übergang von einer Depression zu einer wirtschaftlichen Wiederbelebung – und unter diesen Faktoren spielt die Manipulation mit dem Geldvorrat und dem Zinsfuß nur eine untergeordnete Rolle.*

Drei Formen der Inflation

Die Geldentwertung ist so alt wie das Staatsgeld selbst. Sie ist aus den Bedürfnissen des Staates entstanden, der die Münzen geprägt oder die Noten ausgegeben hat. Die älteste Form ist die Fälschung des Mischungsverhältnisses, die Ersetzung von Edelmetallen durch unendle. Durch die plötzlich auftretenden Preisschwankungen, die diese Fälschung auslöst, zerrüttet sie die Wirtschaft einer jeden auf einfache Warenproduktion gegründeten Gesellschaft. Der im Jahre 1125 verstorbene tschechische Chronist Cosmas nennt sie »schlimmer als die Pest, unheilvoller als eine feindliche Invasion, als Hunger und andere Katastrophen«.[67]
Das Papiergeld, das sich von seiner Metallbasis loszulösen scheint, verlockt schon seiner Natur nach zu einer zeitweiligen oder andauernden Entwertung. Und in der Epoche des Imperialismus ist diese Entwertung oder Inflation eine quasi universelle Erscheinung geworden. Man muß dabei allerdings mehrere Stufen unterscheiden.
Die gemäßigte Inflation entspricht der Ausgabe von Papiergeld (oder der Vergrößerung des Geldvorrats durch andere Mittel) ohne augenblicklichen Gegenwert in Waren oder Dienstleistungen, aber dies unter solchen Bedingungen, daß der Beschäftigungsgrad und das Produktionsvolumen kurzfristig anwachsen. Dies setzt unter anderem eine gewisse Arbeitslosigkeit und eine Reserve an nicht genutzten Produktionsmitteln voraus[68].** Wenn der Staat den gestiegenen

* Siehe Kapitel XI.

** Siehe Kapitel X, § »Kriegswirtschaft« und Kapitel XIV, § »Ein Kapitalismus ohne Krisen«.

Geldvorrat dazu verwendet, Waren und Arbeitskräfte zu kaufen, die dazu dienen, Vernichtungsmittel herzustellen, d. h. Waren, die nicht mehr in den Reproduktionsprozeß eintreten, dann kann er, eine strenge Preiskontrolle ausübend, die Inflation vorübergehend *verschleiern*, und zwar so lange, bis das Mißverhältnis zwischen der Geldzirkulation und der tatsächlichen Warenzirkulation das kurzlebige Gleichgewicht zerstört. Das Gegenstück der Preiskontrolle muß unter diesen Bedingungen darin bestehen, einen Teil der Einkünfte der Bevölkerung in Form des Zwangssparens einzufrieren.[69] In diesem Fall stellt die *verschleierte Inflation* ein Versprechen dar, den Warenumlauf in Zukunft durch eine Steigerung der einheimischen Produktion, wenn nicht durch Plünderung fremder Länder, wieder anzuheben. Wenn diese überschüssige Kaufkraft nicht wieder aufgesogen wird, löst die Inflation schließlich unvermeidlich eine Preissteigerung aus.

Wenn eine starke, inflationistische Emission von Papiergeld während einer längeren Periode von einer Stagnation oder einer Verminderung der Warenzirkulation begleitet ist – – namentlich im Falle einer vorher erreichten Vollbeschäftigung oder im Rahmen einer Kriegswirtschaft -, dann setzt die Preissteigerung unmittelbar ein und führt zu einem circulus vitiosus. *Die Inflation nährt sich selbst.* Die Geldentwertung ruft die Preissteigerung hervor; diese erhöht das Defizit im Staatshaushalt; das wiederum wird durch eine neue inflationistische Papiergeldemission gedeckt, was eine neue Welle von Preissteigerungen nach sich zieht. Das entwertete Papiergeld verschwindet nicht mehr aus der Zirkulation. Alle, die es sich erlauben können, bemühen sich, dieses entwertete Geld so schnell wie möglich loszuwerden und Sachwerte zu horten; Gold, ausländische Devisen, Schmuck, Kunstwerke, Industrieaktien, Liegenschaften usw. Die Klasse der Lohn- und Gehaltsempfänger wird dabei von allen am härtesten getroffen.[70]

Wenn die Staatsausgaben schließlich infolge eines verlorenen Krieges, zu zahlender Besatzungskosten, Reparationskosten usw. die Einnahmen bei weitem übersteigen, dann entsteht eine *galoppierende Inflation*. Die Geldentwertung wird von Tag zu Tag, wenn nicht von Stunde zu Stunde größer. Die Banknoten werden in astronomischen Einheiten in Umlauf gebracht und verlieren rascher an Wert, als sie gedruckt werden können. Die Geschäfte gehen zurück; man kehrt zum Tauschgeschäft zurück. Die Industrie läuft Gefahr, ihr Kapital nicht mehr rekonstituieren, ihren Mehrwert nicht mehr realisieren zu können, wenn sie ihre Waren gegen so entwertetes Geld eintauscht. Ihre Waren werden somit aus dem Markt gezogen, gelagert, wodurch die Wirtschaft zum Stillstand kommt und die Währung völlig zusammenbricht. Das geschah in Deutschland in den Jahren 1922–23 und 1945–48, in China in den Jahren 1945–49, in Rumänien und Ungarn in den Jahren 1945–47, usw.*

* Über die dem im Zerfall begriffenen Kapitalismus innewohnenden inflationistischen Tendenzen siehe Kapitel XIV.

IX Die Landwirtschaft

Landwirtschaft und Warenproduktion

Die Entwicklung der Landwirtschaft schafft die Grundlage einer wirklichen Arbeitsteilung, der Trennung von Stadt und Land, der Ausbreitung der Tauschbeziehungen.* Aber die Landwirtschaft entzieht sich lange dieser Zirkulation, die sie hat entstehen lassen. Lange nach dem Aufblühen der einfachen Warenproduktion in den großen Städten, den Zentren des internationalen Handels, dominiert auf dem Land, in einigen Bereichen dieser Metropolen, noch immer die Produktion von Gebrauchswerten. Lediglich die Produktionsüberschüsse einiger Bauernhöfe werden auf den Markt gebracht.

Seit das römische Imperium für die Ernährung des römischen Proletariats sowie seiner zahlreichen Legionen sorgen mußte, nahme der Handel mit Weizen, Öl, Wein und Oliven einen mächtigen Aufschwung. In dessen Schwankungen wollen einige Autoren ein Indiz für den Zerfall des Imperiums sehen.[1] In Wirklichkeit aber handelt es sich hier nicht um Lieferungen für einen anonymen Markt, sondern für den Staat[2], und zudem um kostenlose Lieferungen oder solche zu einem Spottpreis[3], also um eine direkte oder indirekte Form der Besteuerung. Das Kaufmannskapital hat sich dabei nur im Hinblick auf die Zentralisierung und den Transport dieser Agrarprodukte eingeschaltet. Der Staat seinerseits ließ die Erzeugnisse kostenlos an die Bevölkerung der großen Zentren wie Rom und Byzanz und an die Legionen verteilen. Dieser ganze Versorgungskreislauf hat also nichts mit der Warenproduktion zu tun. Diese erscheint – soweit es Agrarprodukte betrifft – erst mit dem Verkauf der Überschüsse der Bauern und der Adeligen auf dem Lokalmarkt und mit dem Verkauf der Plantagenerzeugnisse der sizilianischen Sklaven an den Staat. Ähnliches gilt für alle vorkapitalistischen Gesellschaften.

Als sich vom 16. Jahrhundert an in Europa die Geldwirtschaft ausbreitete, griff auch die Warenproduktion immer mehr

* Siehe Kapitel I.

auf das Land über. Gleichzeitig ließ die Entwicklung des Kapitals eine neue Gesellschaftsklasse von Pächtern aufkommen. Diese erwarben das Land nicht, um ihm ihren Lebensunterhalt abzuringen, sondern als Grundlage der Produktion von landwirtschaftlichen *Waren*, deren Verkauf einen *Profit* abwerfen mußte.

Die Heimindustrie und das ländliche Handwerk, die durch die Erzeugnisse der großen Fabriken vom 18. Jahrhundert an zugrunde gerichtet wurden, verschwanden allmählich. Diese Entwicklung, die in Westeuropa erst im Laufe des 19. Jahrhunderts zum Abschluß kam, spielte sich in Osteuropa und in anderen zurückgebliebenen Wirtschaftsgebieten der Welt erst gegen Ende des 19. und zu Beginn des 20. Jahrhunderts ab. Sie ist noch lange nicht in allen Ländern vollendet. Übrigens hat die Produktion von landwirtschaftlichen Waren nirgends die Erzeugung von Gebrauchswerten völlig verdrängt, denn selbst in hochindustrialisierten Ländern wie den USA, Deutschland und Belgien bestehen heute noch *Subsistence Farmers*, d. h. Bauern, die lediglich den Überschuß ihrer Produktion auf dem Markt verkaufen (in den Vereinigten Staaten belief sich ihre Zahl im Jahre 1939 auf ungefähr 1 250 000 Familien).[4]

Die vorkapitalistische Rente und die kapitalistische Grundrente

In der vorkapitalistischen zivilisierten Gesellschaft stellt die Landwirtschaft das entscheidende wirtschaftliche Tätigkeitsfeld dar. Die wesentliche Form des gesellschaftlichen Mehrprodukts ist die Grundrente. Hervorgebracht wird sie von den landwirtschaftlichen Produzenten, die praktisch ihre eigenen Produktionsmittel besitzen und zumindest ein Recht auf die Nutzung des Bodens haben, wofür sie im Austausch einen Teil ihrer Arbeitszeit (Fron) oder ihrer Produktion (Naturalrente) an die besitzenden Klassen abtreten müssen. Diese Aufteilung der bäuerlichen Erzeugnisse in notwendiges Produkt und Mehrprodukt (Grundrente) vollzieht sich im Bereich der Gebrauchswertproduktion völlig außerhalb des Marktes.

In der vorkapitalistischen Gesellschaft ist die Umwandlung

der Grundrente von der Naturalrente in die Geldrente an sich schon ein Anzeichen des gesellschaftlichen Zerfalls. Sie erfordert eine weitgehende Entwicklung der Produktion und der Waren- sowie der Geldzirkulation. Durch den Verkauf eines Teils ihrer Produkte erhalten die Bauern das erforderliche Geld, um diese neue Form der Rente, die sie dem Feudalherren schulden, zahlen zu können. Wenn die Warenproduktion auch für das Aufkommen der Geldrente notwendig ist, so ist letztere dennoch quanitativ unabhängig von den Marktverhältnissen. Was sie auszeichnet – und was sie an das Ende der Entwicklung der *vorkapitalistischen Rente* stellt, die in all ihren vorangegangenen Formen eben dieses Charakteristikum aufwies –, ist die Tatsache, daß sie *fix* und daher von der Preisbewegung und der Höhe der Geldeinkommen der Erzeuger unabhängig ist[5].* Genau in dem Maße, wie die Rente fix blieb, waren die Bauern die großen Nutznießer einer jeden Periode großer Preissteigerungen für landwirtschaftliche Produkte (vor allem jener, die zu Anfang des 13. Jahrhunderts einsetzte und bis Mitte des 14. Jahrhunderts anhielt).[6]

Andererseits wird in der Epoche der vorkapitalistischen Rente der Boden nur ausnahmsweise als Anlagemöglichkeit für ein Geldkapital angesehen, das einen diesem Kapital gemäßen Ertrag abwerfen soll: »In der barbarischen Epoche und in den Anfangszeiten der feudalistischen Epoche ist nur ein ganz geringer Teil des Bodens frei verkäuflich; riesige Gebiete, die man als Wald oder als Grasland beläßt, sind königliche Güter; andere gewaltige Gebiete sind im unveräußerlichen Besitz der Kirche und der Klöster; und selbst der weltliche Besitz ist größtenteils durch eine ganze Hierarchie von Beziehungen zwischen Konzendenten und Konzessionären gebunden, wodurch die Veräußerung dieses Besitzes zwar nicht völlig unmöglich, aber doch auf tausenderlei Arten erschwert wird. Nicht weniger fest sind die Beziehungen zwischen den Besitzern und den Bauern. Dabei traten an die Stelle der Gewohnheitsbande vertragsmäßige Bedingungen, die die überwiegende Mehrheit der Feldarbeiter zu Siedlern machten; diese

* Dies bedeutet natürlich, daß die vorkapitalistische Rente durch Jahrhunderte hin unverändert geblieben ist. Aber sie hat nicht von Ernte zu Ernte geschwankt.

sind an die Scholle gefesselt und können das Land nicht frei verlassen, können aber auch nicht davon vertrieben werden.«[7] Ganz anders die kapitalistische Grundrente. Sie erscheint in einer Gesellschaft, in der der Boden und seine wichtigsten Erzeugnisse zu Waren geworden sind. Sie resultiert aus den Kapitalinvestitionen in die Landwirtschaft, die den Durchschnittsprofit erbringen müssen. Wie die kapitalistische Industrie setzt sie eine Trennung der Produzenten von ihren Produktionsmitteln voraus. Sie bedeutet ferner die Trennung zwischen dem Landbesitzer und dem kapitalistischen Eigentümer, den Produktionsmitteln und dem Pächter-Unternehmer. Auf diese Weise unterscheidet sie sich vom kapitalistischen Profit.

Die Wurzeln der kapitalistischen Grundrente

Der Ursprung eines *Marktes für Agrarprodukte* in Europa ist eng mit der Entwicklung der mittelalterlichen Städte verbunden. Ein erstes Aufblühen des Handels zerrüttete das Versorgungssystem der Domänen und begünstigte das Aufkommen dieser ländlichen Märkte: »Das gutsherrschaftliche Versorgungssystem wurde durch die Schaffung eines sich langsam bildenden ländlichen Lokalmarktes ersetzt. Es erwies sich als untunlich, Weizen über eine große Entfernung hinweg zu transportieren, um ihn dann auf der Zentraldomäne zu konsumieren oder um ihn auf einen Zentralmarkt der Domänengruppe zu bringen, während man längs des Weges an guten Märkten vorbeikam und seinen Weizen vielleicht in ein Gebiet zu bringen hatte, das über einen großen Überschuß verfügte, wo der Preis infolgedessen sehr niedrig war. Mit anderen Worten: der Landmarkt durchsetzte allmählich das gutsherrschaftliche Versorgungssystem für Getreide und verdrängte es schließlich ganz.«[8]
Diese Entwicklung vollzog sich jedoch nur langsam; erst in der zweiten Hälfte des 15. Jahrhunderts dominierten in Großbritannien echte lokale Getreidemärkte.[9] Andererseits wurde die Ausbildung der Landmärkte durch die Versorgungspolitik der Städte gehemmt, die mit allen Mitteln eine Preissteigerung der Lebensmittel zu verhindern suchten.[10] Unter

diesen Bedingungen war die Vereinheitlichung des Nationalmarktes unmöglich, und in jedem Land entstand eine Reihe von Bezirksmärkten, auf denen die Preise stark voneinander abwichen und die jeweiligen bezirklichen Verhältnisse, d. h. einen relativen Überschuß oder eine relative Knappheit, widerspiegelten. Im mittelalterlichen England waren der Bezirk mit dem höchsten und der mit dem niedrigsten Weizenpreis nur 50 Meilen voneinander entfernt; im April 1308 betrug der Unterschied zwischen dem Weizenpreis der Städte Oxford und Cuxham 40 %; dabei lagen diese Städte nur 12 Meilen auseinander![11]

In der Entwicklung dieser Lokalmärkte, die im wesentlichen durch die Überschüsse der Gebrauchswerte erzeugenden Produzenten versorgt wurden, zu großen Märkten in der Hauptstadt – eine Entwicklung, die im 16. Jahrhundert einsetzte –, muß man die Wurzeln des Agrarkapitalismus suchen. Der gewaltige Aufschwung städtischer Zentren wie London, Paris, Antwerpen, Amsterdam, Hamburg usw. brachte das Verhältnis zwischen Angebot und Nachfrage bei Agrarprodukten völlig aus dem Gleichgewicht.[12] Diese Metropolen konzentrierten innerhalb ihrer Stadtmauern einen beträchtlichen Teil der Landesbevölkerung; in London z. B. lebten seit dem Ende des 17. Jahrhunderts 10 %, seit dem 19. Jahrhundert 20 % der britischen Bevölkerung. Ihre Versorgung hing nicht mehr nur von den angrenzenden Landwirtschaftsbezirken ab, sondern von einem Großteil der gesamten nationalen Landwirtschaft.[13] Diese Tatsache führte zu einem Ausgleich der Agrarpreise in nationalem Maßstab, und zwar dergestalt, daß die in der Hauptstadt bezahlten Preise zur Grundlage des Getreidepreises im ganzen Land wurden.

Aus diesem Grunde konnten – ganz im Gegensatz zu dem, was auf den mittelalterlichen Lokalmärkten geschah – die Bezirke mit großen Getreideüberschüssen, die an die Hauptstadt angrenzten, ihr Getreide günstiger verkaufen als die entfernteren Gebiete, die (unter Berücksichtigung der Transportkosten) mit einem Defizit abschlossen.[14] Vom hauptstädtischen Markt gelangte man übrigens innerhalb eines einzigen Jahrhunderts zum *Getreideweltmarkt:* London zog nicht nur das für seine eigene Versorgung erforderliche Getreide an, sondern das gesamte für den Export bestimmte Getreide, um es auf den internationalen Märkten zu Höchstpreisen zu verkaufen.[15]

Das Aufkommen großer Märkte in den Hauptstädten vom 16. und 17. Jahrhundert an ist von einer völligen Änderung der Versorgungspolitik der großen Städte begleitet. Für diese ging es nicht mehr wie im Mittelalter darum, den Preis für Lebensmittel unbedingt zu begrenzen. Nun kam es vielmehr darauf an, die ausreichende Versorgung der Städte mit allen Mitteln sicherzustellen, *ganz gleich zu welchem Preis.*[16] In diesem Sinne spielten die Metropolen die Rolle scheinbar unbegrenzter Märkte und begünstigten damit die Einführung des Kapitalismus in der Landwirtschaft. Es waren nicht länger nur die ländlichen Überschüsse, die man in die Stadt schickte, sondern das Höchstmaß an Getreide, wodurch die Dorfbevölkerung oft auf einen entsprechenden Stand zurückging.[17]

Die Praxis des Einfriedens *(enclosure)* von Gemeindeländereien wurde nicht nur durch die gewinnbringenden Perspektiven der Schafzucht vorangetrieben, sondern auch durch die überhöhten Getreidepreise. Das Aufkommen des hauptstädtischen Marktes und das Verbot für die landwirtschaftlichen Erzeuger, den Boden frei zu nutzen (d. h. die Einführung des Kapitalismus in der Landwirtschaft), sind eng miteinander verbunden.[18] Über die Höhe dieses Anreizes kann man sich ein Bild machen, wenn man bedenkt, daß zwischen 1500 und 1800 der Getreidepreis in Großbritannien von der Indexzahl 100 auf 275 kletterte, in Frankreich auf 572, während die Preise für Metalle und Textilien während derselben Zeitspanne nur um 30 % gestiegen sind.[19]

Der Mindestfonds, über den ein Pächter verfügen muß, wenn er von dem Manna der steigenden Agrarpreise profitieren will, erhöhte sich in der gleichen Epoche durch die Rationalisierung der Landwirtschaft, durch den Übergang von der Dreifelderwirtschaft zu Anbauweisen, die die Fruchtbarkeit des Bodens wiederherstellen, und durch die zunehmende Verwendung von Kunstdünger. Dieser Erscheinung begegnen wir zuerst in Flandern, in Holland und in einigen Gebieten Deutschlands, danach auch in England und Frankreich. Seit dem Ende des 18. Jahrhunderts braucht man in England je Morgen Land ein Mindestkapital von 5 £, um einen rein ackerbaulichen Hof betreiben zu können; für einen Hof, der zur Hälfte Viehzucht und zur anderen Hälfte Ackerbau betreibt, braucht man je Morgen 8 £, für einen Viehhof 20 £.[20] Der Besitz von Kapital wird somit zur Voraussetzung für einen einigermaßen lebensfähigen Landwirtschaftsbetrieb. So sind alle Bedingungen für das Eindringen des Kapitals in die Landwirtschaft gegeben.

Das Kapital, das nun in die Landwirtschaft der alten west- und mitteleuropäischen Länder strömt, findet hier zwei Bedingungen vor, die von denen in der Industrie oder im Handel völlig verschieden sind. Während in der Industrie alle materiellen Produktionsfaktoren – Maschinen, Rohstoffe, Arbeitskräfte – durch den Kapitalismus selbst produziert und reproduziert werden können, und zwar zu einem Preis, der relativ oder absolut immer niedriger wird (nämlich dank der industriellen Reservearmee), ist die Produktionsgrundlage der Landwirtschaft, der Boden, eine feste, ein für allemal *begrenzte* Größe. Der Boden stellt ein natürliches Monopol dar, das für immer vom Zeichen der Knappheit gekennzeichnet bleibt.[21] Während das Kapital frei in jeden Industriezweig fließen kann, vermag es nicht ungehemmt in die Landwirtschaft einzudringen. Den Boden hat eine *Gutsbesitzerklasse* an sich gerissen, die den Zutritt versperrt oder von der Zahlung einer Rente (Grundzins) abhängig macht.

In den Anfängen der kapitalistischen Produktionsweise verkörpert der Boden ein doppeltes Monopol: ein natürliches Monopol und ein Eigentumsmonopol. Solange die Produktivität in der Landwirtschaft hinter dem Bevölkerungswachstum und der Produktivität der Industrie nachhinkt, entsteht in zweierlei Hinsicht eine Preisdifferenz. Da die gesamte landwirtschaftliche Produktion vom Markt aufgenommen wird, richtet sich der Verkaufspreis für Getreide nach den Produktionsbedingungen der (infolge ihrer Fruchtbarkeit, ihres Ertrages und ihrer geographischen Lage) *unrentabelsten* Felder, so daß der Verkaufspreis bei weitem höher liegt als der Produktionspreis der rentabelsten Gutshöfe, die somit einen Extraprofit erzielen. Da die Landwirtschaft andererseits wegen des Bestehens jener Monopole nicht an dem allgemeinen Ausgleich der Profitrate beteiligt ist, wird selbst das unter den rentabelsten Produktionsbedingungen erzeugte

Getreide nicht zu seinem Produktionspreis, sondern zu *seinem Wert* verkauft, der gerade wegen der technischen Rückständigkeit der Landwirtschaft in bezug auf die Industrie, wegen der geringeren organischen Zusammensetzung des Kapitals im Bereich der Landwirtschaft, über dem Produktionspreis liegt. *Die kapitalistische Grundrente nimmt ihren Ursprung in dieser zweifachen (Preis-)Differenz, ja sie existiert sogar nur in dem Maße, wie diese Differenz bestehen bleibt.*

Die Differentialrente

In der Industrie werden Extraprofite dann erzielt, wenn die Produktivität eines Unternehmens höher ist als die Durchschnittsproduktivität. Selbst wenn es diese höhere Produktivität erlaubt, die Waren über ihrem Produktionspreis zu verkaufen, führt sie dennoch zu einem *Absinken* der durchschnittlichen Marktpreise. Auch in der Landwirtschaft geben starke Produktivitätsunterschiede gewissen Unternehmen und den Besitzern bestimmter Böden die Möglichkeit, einen Extraprofit zu realisieren. Aber dieser Extraprofit fällt nicht mit einer Senkung, sondern mit einer *Erhöhung* des Marktpreises zusammen. Solange infolge des Bevölkerungswachstums und des Produktivitätsrückstandes der Landwirtschaft die Nachfrage nach Agrarprodukten das Angebot übersteigt, wird dieser Preis durch den Wert jener Waren der Landwirtschaft bestimmt, die unter den schlechtesten Rentabilitätsbedingungen erzeugt worden sind. Wenn die gesamte zur Herstellung von Lebensmitteln verausgabte menschliche Arbeit gesellschaftlich notwendige Arbeit ist – solange alle Agrarprodukte ihren Käufer finden! –, erzielen selbst die unter den unrentabelsten Bedingungen produzierten Agrarprodukte ein Äquivalent für ihren Wert; eben dieser Wert bestimmt den durchschnittlichen Verkaufspreis des Getreides. Die Differenz zwischen diesem Preis und dem Produktionspreis jenen Getreides, das auf den Feldern mit höherer Produktivität erzeugt worden ist, stellt eine *Differential*-Rente dar, die sich der Grundbesitzer aneignet.

Diese Differentialrente kann zwei verschiedene Ursachen haben: die unterschiedliche natürliche Fruchtbarkeit – oder die

unterschiedliche geographische Lage – der Felder; und die unterschiedliche Investition von Kapital. Wir nennen diese beiden Fälle Differentialrente des ersten Typs und Differentialrente des zweiten Typs.
Stellen wir uns drei flächengleiche Felder vor, auf denen Pächter arbeiten, die das gleiche Kapital einsetzen und deren Kapital die gleiche organische Zusammensetzung hat. Dieses jährlich verausgabte Kapital von 10 000 Francs hat auf dem Feld A 80 Zentner Getreide gebracht, auf dem Feld B 100 Zentner und auf dem Feld C 120 Zentner. Wenn die Durchschnittsprofitrate 20 % beträgt, dann beläuft sich der Verkaufspreis des Getreides auf $\frac{12\,000}{80}$ Francs, also auf 150 Francs je Zentner, welches der Produktionspreis des Getreides auf dem Feld mit der geringsten Fruchtbarkeit ist.
Das Feld A erbringt somit keine Differentialrente. Die Produktion des Feldes B erreicht einen Wert von 15 000 Francs; wenn dieses Feld verpachtet wird, bezieht der Besitzer eine Differentialrente von 3 000 Francs; der Pächterunternehmer muß sich mit dem Durchschnittsprofit von 2 000 Francs begnügen. Die Produktion des Feldes C ist 18 000 Francs wert; wird dieses Feld verpachtet, so bezieht der Besitzer eine Differentialrente von 6 000 Francs; der Pächterunternehmer muß sich auch hier mit dem Durchschnittsprofit von 2 000 Francs zufriedengeben.
Da die Transportkosten im Verkaufspreis der Agrarprodukte inbegriffen sind, bringen die Böden, die einem hauptstädtischen Zentrum am nächsten liegen, eine bedeutende Differentialrente hervor. Hier ein Beispiel aus den Vereinigten Staaten[22]:

Entfernung von Louisville (Kentucky) in Meilen	Bodenrente je *Morgen*	Bodenpreis je *Morgen*
8 oder weniger	11,85 Dollar	312 Dollar
9–11	5,59 Dollar	110 Dollar
12–14	5,37 Dollar	106 Dollar
15 oder mehr	4,66 Dollar	95 Dollar*

* Obwohl die Böden nicht für die gleiche Bebauung geeignet sind, be-

Solange die Preise für Agrarprodukte eine steigende Tendenz haben, sind die Kapitalisten daran interessiert, Investitionen in der Landwirtschaft zu tätigen, um den Ackerbau auf die noch nicht bebauten Felder auszudehnen oder um auf den schon bebauten Feldern die Produktion zu steigern. Im ersten Fall handelt es sich nicht notwendigerweise um weniger fruchtbare Böden: es können unzugänglichere, weiter entfernt liegende Felder sein, Felder, die einen beträchtlichen Arbeitsaufwand für Entwässerung oder Bewässerung erfordern, um einen Ertrag zu erzielen, der den der vorher bebauten Felder übersteigt. Aber diese Kapitalinvestitionen müssen innerhalb eines bestimmten Zeitraums amortisiert werden; sie erhöhen somit während dieser Zeit die Produktionskosten und dadurch den Produktionspreis.
Ebenso ist es, wenn die Produktion auf den schon bebauten Feldern infolge der Verwendung zusätzlicher Mengen von Düngemitteln, einer besseren Samenauswahl, der Einführung von Landwirtschaftsmaschinen, der Einsetzung fachkundiger Agronomen, kurz infolge der Investition von zusätzlichem Kapital gestiegen ist.

Die absolute Grundrente

Bis jetzt sind wir Renten, Extraprofiten, nur auf den Feldern begegnet, wo entweder eine große Fruchtbarkeit oder eine günstige geographische Lage oder aber die Investitionen von zusätzlichem Kapital einen niedrigeren Produktionspreis mit sich bringen als auf den unrentableren Feldern – solange

stimmt ihre jeweilige Entfernung von den städtischen Märkten in weitem Maße die Rentabilität der verschiedenen Ackerbauformen, wobei man die Transportkosten und die relative Transportgeschwindigkeit, den Verderblichkeitsgrad der Erzeugnisse usw. in Rechnung stellen muß. Ely und Wehrwein23 geben uns nachstehende Tabelle über die Durchschnittsrente in den Vereinigten Staaten:

0–15	Meilen vom städt. Zentrum: Milch-Zone	Durchschnittsrente	15 $
5–17	Meilen vom städt. Zentrum: Mais-Zone	Durchschnittsrente	8 $
17–27	Meilen vom städt. Zentrum: Weizen-Zone	Durchschnittsrente	5 $
27–50	Meilen vom städt. Zentrum: Ranch-Zone (Viehzucht)	Durchschnittsrente	2 $

der letztere Preis den Verkaufspreis der Agrarprodukte bestimmt. Was geschieht indes mit den Feldern dieser letzteren Kategorie? Wenn Bewirtschafter und Besitzer dieselbe Person sind, entstehen keine Probleme, da sich der Kapitalist im Prinzip mit dem bloßen Durchschnittsprofit zufriedengibt. Anders ist es allerdings, wenn der Grundbesitzer seine Felder nicht selbst ausbeutet. In diesem Fall wird die Zahlung einer Rente an den Grundbesitzer zur Vorbedingung dafür, daß diese Böden für die Landwirtschaft erschlossen werden. Solange der Verkaufspreis für Getreide niedriger ist als der Produktionspreis des Getreides auf diesen Feldern oder ihm gleichkommt, bleiben sie unbestellt, da die Pächter sonst die Rente vom Durchschnittsprofit abziehen müßten. Aber warum sollten sie dies tun, wenn sie die Durchschnittsprofitrate erzielen können, indem sie ihr Kapital in die Industrie oder in den Handel stecken? Von dem Zeitpunkt an, wo der Verkaufspreis genügend steigt, daß auch die unfruchtbarsten Felder eine Rente abwerfen, werden jedoch auch diese Felder ausgebeutet.* Während der ganzen Anfangsperiode der kapitalistischen Produktionsweise ließ der Rückstand der landwirtschaftlichen hinter der industriellen Produktivität und dem Bevölkerungswachstum in der Tat eine solche Situation entstehen.

Woher stammt die Rente der unfruchtbaren Felder? Sie verdankt sich der Tatsache, daß das Getreide unter diesen Bedingungen nicht zu seinem Produktionspreis, sondern zu seinem Wert verkauft wird; dieser übersteigt den Produktionspreis, da die organische Zusammensetzung des Kapitals in der Landwirtschaft niedriger ist als in der Industrie, während das Monopol des Grundbesitzes den freien Zu- und Abfluß von Kapital in der Landwirtschaft hemmt; damit aber wird das in der Landwirtschaft investierte Kapital von der »Teilnahme« am gesellschaftlichen Ausgleich der Profitrate ausgeschlossen, d. h. davon, einen Teil des in »ihrer« Sphäre erzeugten Mehrwerts bei der allgemeinen Umverteilung des Mehrwerts abzugeben.

* Dies bedeutet nicht, daß diese Felder notwendigerweise zuletzt bebaut werden. Die Erweiterungen des Anbaus auf fruchtbare Felder kann dazu führen, daß man die weniger fruchtbaren nicht mehr bestellt, wenn der Verkaufspreis für Getreide sinkt.

Angenommen, die Jahresproduktion der Industrie beläuft sich auf:

400 Milliarden c + 100 Milliarden v + 100 Milliarden m = 600 Milliarden.

Die Agrarproduktion betrage zum Beispiel*:

200 Milliarden c + 100 Milliarden v + 105 Milliarden m = 405 Milliarden.

Die Durchschnittsprofitrate in der Industrie betrage $\frac{100}{500} = 20\,\%$.

In der Landwirtschaft sollen die Erzeugnisse nicht zum Produktionspreis mit einem Profit von 20 % verkauft werden (d. h. also zu 360 Milliarden), sondern zu ihrem Gesamtwert, das sind 405 Milliarden, also mit einem Extraprofit von 45 Milliarden. Das sind die ***absolute Grundrente,*** die durch diesen Extraprofit entsteht.

Die Profitrate in der Landwirtschaft beträgt demnach $\frac{105}{300}$, also 35 %.

Kehren wir nun zu unserem Beispiel der drei Felder A, B und C zurück, die wir anläßlich der Differentialrente des ersten Typs gewählt haben:

Land	Kapital	Produktion	Verkaufspreis je Zentner	Gesamtertrag	Durchschnitts-profit	Absolute Rente	Differential-rente
A	10 000	80 Ztr.	168,75	13 500	2 000	1 500	–
B	10 000	100 Ztr.	168,75	16 875	2 000	1 500	3 375
C	10 000	120 Ztr.	168,75	20 250	2 000	1 500	6 750

Der Verkaufspreis ist gleich dem *Wert* eines auf dem unrentabelsten Feld, A, erzeugten Zentners Getreide, d. h. gleich dem vorgeschossenen Kapital von 125 Francs, plus einem Profit von 35 % = 43,75 Francs, also ingesamt 168,75 Francs.

* Die Mehrwertrate ist in der Landwirtschaft gewöhnlich höher als in der Industrie, da die Löhne in der Landwirtschaft bekanntermaßen niedriger sind als in der Industrie.

Die absolute Rente entspringt aus diesem Unterschied zwischen dem Wert eines auf dem Feld A erzeugten Zentners Getreide und seinem Produktionspreis von 150 Francs (125 Francs + 20 % Durchschnittsprofit).
Die Grundrente ist – überflüssig, es zu sagen – nicht das »Produkt« des Bodens. Ein brachliegendes Feld »erzeugt« kein Jota Rente. Die Grundrente wird durch die in der Landwirtschaft tätigen Arbeitskräfte geschaffen. Sie ist also Mehrwert, unbezahlte Arbeit, genau wie der Industrieprofit. Aber sie ist ein Mehrwert besonderer Art, der infolge des Grundbesitzes nicht *an dem allgemeinen Ausgleich der Profitrente* beteiligt ist, und der somit dank der Tatsache, daß die organische Zusammensetzung des Kapitals in der Landwirtschaft niedriger ist als in der Industrie (absolute Rente), einen Extraprofit vergrößert, der entsteht, weil die gesamte in der Landwirtschaft geleistete Arbeit gesellschaftlich notwendig ist, selbst unter Bedingungen, wo die Produktivität niedriger ist als in der Industrie.

Grundrente und kapitalistische Produktionsweise

Die Grundrente stellt somit für die gesamte Bourgeoisie einen zweifachen Verlust dar. Erstens nimmt ein bestimmter Teil des Mehrwerts nicht an dem allgemeinen Ausgleich der Profitrate teil; und da dieses Quantum durch ein Kapital erzeugt wird, dessen organische Zusammensetzung niedriger ist als in der Industrie, hätte es die Durchschnittsprofitrate ansteigen lassen können. Zweitens sind die Preise der Agrarprodukte erhöht, da diese Erzeugnisse nach dem Wert der Produkte der unrentabelsten Felder verkauft werden. Hierdurch erhöht sich zwangsläufig die unterste Lohngrenze (sie ist also höher, als wenn es diese Rente nicht gäbe); es vollzieht sich somit gewissermaßen eine Wertübertragung von der Industrie auf die Landwirtschaft.
Aus eben diesem Grunde haben die rationalsten Vertreter der liberalen Industrie-Bourgeoisie, vor allem Ricardo und John Stuart Mill, für die Abschaffung des Privateigentums an Boden gekämpft. In den neu bevölkerten Ländern wie den Vereinigten Staaten, Australien oder Kanada, wo den

Siedlern noch riesige unbebaute Landflächen zur Verfügung standen, konnte die absolute Rente völlig verschwinden: das Land wurde gegen eine an den Staat zu entrichtende symbolische Gebühr verteilt. In den USA konnte man durch den *Homestead Act* von 1862 Besitzer von 160 *Morgen* unbebauten Landes werden, wenn man es 5 Jahre lang tatsächlich bearbeitet hatte. In Kanada wurden 90% der 58 Millionen von Siedlern bestellten *Morgen* auf die gleiche Weise verteilt.[24] Die Quelle der absoluten Grundrente, nämlich das Monopol des Grundbesitzes, ist damit experimentell ex negativo bewiesen. Wo dieses Monopol fehlt, gibt es auch keine absolute Grundrente.

Das Bestehen der Grundrente ist nicht nur ein Hindernis für die optimale Entwicklung der kapitalistischen Produktionsweise schlechthin. Sie hemmt vor allem die Entwicklung der kapitalistischen Produktionsverhältnisse auf dem Lande. Die Rente, die sich die nicht in der Landwirtschaft arbeitenden Grundbesitzer aneignen, wird der Landwirtschaft entzogen und nicht wieder investiert. Sie vermindert den verfügbaren Investitionsfonds und verlangsamt die Akkumulation des Kapitals in der Landwirtschaft. So stieg in der Schweiz vom Vorabend des Ersten bis zum Vorabend des Zweiten Weltkrieges das Gesamtkapital der Pächter von 1 160 Schweizer Franken auf 1 673 sfr. je Hektar, das Kapital der Gutsbesitzer dagegen von 4 280 auf 6 167 sfr. je Hektar. Nur ein winziger Teil dieses letzteren Wachstums, genau 52 sfr., verdankt sich der Verbesserung des Bodens![25] Das Akkumulationstempo des Kapitals ist in der Landwirtschaft somit niedriger als in der Industrie. Damit wird auch die Arbeitsproduktivität in der Landwirtschaft sehr viel geringer als in der Industrie. Dies zeigt folgende Tabelle[26]:

Berufsverteilung der Bevölkerung und der Beitrag der Industrie und der Landwirtschaft bei der Bildung des Sozialprodukts in Prozent, 1950–1951

	Industrie		Landwirtschaft	
	Bevölkerung	Brutto-Sozialprodukt	Bevölkerung	Brutto-Sozialproduk[t]
Italien	23	34	49	29
Frankreich	29	40	36	29
Dänemark	32	36	28	22
Niederlande	32	39	19	12
Norwegen	32	46	31	15
Westdeutschland	44	55	22	12

Der »Bericht über die wirtschaftliche Lage in den Ländern der EWG« für 1956 gibt an, daß sich das Agrarprodukt je Kopf der erwerbstätigen Bevölkerung in den Niederlanden nur auf 76 % des nichtlandwirtschaftlichen Einkommens belief; in Belgien nur auf 58 %; in Frankreich auf 57 %; in Westdeutschland auf 56 % und in Italien auf 38 %.[27]

Die Tatsache, daß ein Großteil des Kapitals der Pächter durch die Miete oder den Kauf des Bodens* gebunden wird, bringt es mit sich, daß in der Landwirtschaft und im Immobilienbau die Umschlagsperiode des Kapitals länger ist als in der Industrie: in den USA dauert ein Umschlagszyklus in der Landwirtschaft im Schnitt 4 bis 5 Jahre, im städtischen Immobilienbau 8–10 Jahre.[29]

Aber die Aneignung der Differentialrente durch die Grundbesitzer erweist sich als ein Haupthindernis besonders für die *Verbesserung der Böden*. Der Pächter hat nur ein mäßiges Interesse, für eine Bodenverbesserung zu arbeiten, die den Grundbesitzer zweifellos dazu veranlaßte, die Pachtgebühren zu erhöhen. Die Grundbesitzer versuchen, die Pachtverträge so schnell wie irgend möglich zu erneuern (und möglichst sogar jährliche Pachtverträge abzuschließen), wodurch eine regel-

* »Beinahe 2/3 der Investitionen in der Landwirtschaft stellen Investitionen in [den Preis] des Bodens dar.«[28]

mäßige Steigerung der Differentialrente möglich wird. Die Pächter ihrerseits sind bestrebt, langfristige Pachtverträge zu erhalten, die es ihnen erlauben, in den Genuß der Bodenverbesserungen zu kommen, die sie mittels ihres Kapitals (oder durch ihre Arbeit im Falle des kleinen Pächters) erzielt haben.

Das Irland des 19. Jahrhunderts bietet das klassische Beispiel für die Ungerechtigkeit, zu der die Aneignung der Differentialrente durch den Grundbesitzer führt: »Im Jahre 1870 gab es in Irland 682 237 Gutshöfe; 135 392 davon waren Pachthöfe und 526 628 gehörten in die Kategorie der Jahreslehen. Ein solches Lehen kann mit einer sechsmonatigen Frist ohne Entschädigung aufgekündigt werden. Nur bei 20 Gutshöfen wurden die Gebäude und die Geräte des Hofes vom Grundbesitzer gestellt ... In allen anderen Fällen mußte der Pächter das gesamte fixe Kapital wie alles sonstige für den Hof erforderliche Kapital selbst aufbringen. Die Kündigung des Pachtvertrages ermöglichte es somit dem Grundbesitzer, das von dem Pächter investierte Kapital zu beschlagnahmen. Zwischen 1849 und 1880 wurden beinahe 70 000 Familien vertrieben und um ihren Besitz gebracht. Die einzige Möglichkeit, nicht vom Hofe gejagt zu werden, war die Bereitschaft und das Vermögen, eine höhere Pacht zu zahlen, was dem Grundbesitzer nur wieder erlaubte, das Kapital und das Geschick des fleißigen Pächters auf andere Weise in Beschlag zu nehmen.«[30]

Ein solch ungerechtes System führt unvermeidlich zu einem Verteidigungsreflex des Pächters, d. h. er zeigt kein großes Interesse, den Boden zu verbessern: »Selbst bei [einem Pachtvertrag] mit neunjähriger Laufzeit mußte der Pächter oft während des ersten Umschlags von drei Jahren die von seinem Vergänger angezapfte Fruchtbarkeit wiederherstellen; während des zweiten dreijährigen Umschlags baute er normal an und zerbrach sich den Kopf, wie er den Boden während seines letzten Umschlags erschöpfen könne. Ein Freund, der mit den landwirtschaftlichen Problemen vertraut ist, schätzt die daraus resultierende Unterproduktion auf 20 %.«[31]

Deshalb sind einige Kulturen, wie beispielsweise der Obstanbau, der während langer Jahre einer ständigen sorgfältigen Pflege bedarf, unvereinbar mit der Pacht und der Trennung zwischen dem landwirtschaftlichen Betrieb und dem Eigentum am Boden.[32]

Der Bodenpreis und die Entwicklung der Grundrente

Mit der allgemeinen Ausbreitung der kapitalistischen Produktionsweise wird jedes Einkommen konventionsgemäß als Ertrag eines – realen oder imaginären – Kapitals angesehen, das zum durchschnittlichen Zinsfuß investiert worden ist.* Die Grundrente ist eine wirtschaftlich reale »Kategorie«, die aus dem von allen Landarbeitern erzeugten Mehrwert stammt. Aber der »Wert des Bodens« ist an sich ein Ausdruck ohne Sinn. Der Boden hat nicht mehr Wert als die Luft, das Licht oder der Wind, der ein Segelschiff in Bewegung setzt. Er ist ein von Natur gelieferter »Produktionsfaktor« und nicht eine durch menschliche Arbeit erzeugte Ware.** Wo das Monopol des Privateigentums an Boden nicht besteht, hat der Boden weder einen »Wert« noch einen Preis. Noch im 20. Jahrhundert haben die weißen Siedler Rhodesiens Land zu dem Symbolpreis von einem *Penny je Morgen* erhalten!

Nur da, wo die private Aneignung den Boden in einen Monopolbesitz umgewandelt hat, bekommt dieser *einen Preis.* Dieser Preis ist nichts anderes als die zum Durchschnitts-Zinsfuß *kapitalisierte Grundrente:* »Der Preis des Bodens wird durch den Preis der [Boden-]Produkte bestimmt und nicht umgekehrt.« Ein Stück Land zu erwerben, bedeutet nicht, daß man einen »Wert« kauft, sondern einen *Einkommenstitel,* dessen künftige Erträge auf der Grundlage der gegenwärtigen Erträge berechnet werden[33]:

»Wer ein Stück Land erwirbt, erkauft sich in Wirklichkeit das Recht auf eine Reihe von jährlichen Erträgen; die nächstliegende Grundlage für die Beurteilung dieser Erträge in der Zukunft ist das, was sie in der Vergangenheit waren. Unter-

* Siehe Kapitel VII.

** Dies gilt nicht für Böden, die, wie die flandrischen *Polders,* buchstäblich durch menschliche Arbeit, die sie dem Wasser abgerungen hat, »erzeugt« worden sind.

suchungen zeigen, daß der Ertrag, den man während einer vorausgegangenen Periode von 7 bis 10 Jahren aus einem Land gezogen hat, beim Verkauf das entscheidenste Kriterium für den Preis ist, den der Käufer zu zahlen bereit ist.«[34]

Diese Herkunft des Bodenpreises wird durch seine Entwicklung seit dem Ende des 18. Jahrhunderts bestätigt. Der Preis des Bodens schwankt in der Tat keineswegs um einen »wirklichen Wert«, sondern folgt den oft plötzlichen und starken Schwankungen der landwirtschaftlichen Konjunktur.

Das Anwachsen der Bevölkerung und die Bebauung weniger fruchtbarer Felder, die – um bestellt werden zu können – bedeutende Kapitalinvestitionen erfordern, rufen in der zweiten Hälfte des 18. Jahrhunderts eine starke Preissteigerung der Agrarprodukte hervor, der unmittelbar eine starke Erhöhung der Renten folgt. Von 1750 bis 1800 stieg der Getreidepreis in England im Durchschnitt um 60 %, in Frankreich um 65 %, in Norditalien um 60 % und in Deutschland um 40 %. D'Avenel schätzt, daß in der gleichen Periode die Durchschnittsrente je Hektar in Frankreich um 50 % anstieg. In England und in Deutschland erfolgte (dank einer sehr starken Senkung des Zinsfußes) ein noch größerer Anstieg der Rente.[35] Die Erhöhung der Agrarpreise auf dem Kontinent zwischen 1820 und 1870 war ebenfalls von einer starken Erhöhung der Rente begleitet.

Der Durchschnittswert aller landwirtschaftlichen Nutzflächen in den USA folgt seit einem Jahrhundert der Preisbewegung der Agrarprodukte: 1860–1890 steigt er von 16,32 $ je Morgen auf 21,31 $; 1890–1900 sinkt er auf 19,81 $; 1910–1920 (Kriegsboom!) steigt er von 39,60 $ auf 69,38 $; 1920–1935 (die große Krise!) stürzt er auf 31,16 $ herab usw.[36]

Damit die Differentialrente in Erscheinung treten kann, muß der Verkaufspreis der Agrarprodukte den Durchschnittsprofit selbst für das in die unrentabelsten Böden investierte Kapital gewährleisten. Damit die absolute Grundrente in Erscheinung treten kann, muß eben dieser Verkaufspreis garantieren, daß das mit der niedrigsten Produktivität erzeugte Getreide nicht zu seinem Produktionspreis, sondern zu seinem Wert verkauft wird. Wenn die Preise der Agrarprodukte fallen, können diese Bedingungen – oder eine von ihnen – zeitweise oder endgültig ausgeschaltet werden. Von diesem Augenblick an verschwindet die Rente auf einigen Böden. Diese werden dann nicht mehr bebaut, es sei denn, der Besitzer beute sie selbst aus. Geschieht dies, so müssen sich die Grundbesitzer mit einem Ertrag zufriedengeben, der niedriger als der Durchschnittsprofit ist, in der Tat sogar lediglich einem Lohn entspricht.

Dieses Phänomen, das sich schon bei allen vorkapitalistischen Agrarkrisen* zeigte, trat im letzten Viertel des 19. Jahrhunderts sehr kraß in Erscheinung. In dieser Epoche begann man in den überseeischen Ländern mit Hilfe mechanischer Mittel riesige Prärieflächen und Pampas zu bebauen, wodurch die Herstellungskosten um 50 % sanken.[37] Gleichzeitig ermöglichte die Verbesserung der Transportbedingungen eine Verringerung der Frachtkosten, die für Getreide, das von New York nach Liverpool geschickt wurde, von 0,60 Gold-Francs je Scheffel im Jahre 1860 auf 0,25 Gold-Francs im Jahre 1866 und auf 0,05 Gold-Francs im Jahre 1910 sanken.[38] Diese beiden miteinander verbundenen Bewegungen brachten eine Unmenge von überseeischen Agrarprodukten nach Europa, deren Preis oft nicht einmal durch die Grundrente belastet war und die dort einen Preissturz bei landwirtschaftlichen Erzeugnissen auslösten.

Dieser Preissturz rief zum einen ein Absinken des Bodenpreises hervor, zum anderen führte er dazu, daß die unrentabelsten Felder nicht mehr bebaut wurden. In Frankreich verringerte sich zwischen 1875 und 1900 der »Wert« des ländlichen Eigentums im Durchschnitt um 35 %.[39] Die Anbaufläche ging von 25 Millionen Hektar Mitte des 19. Jahrhunderts auf 18 Millionen Hektar Mitte des 20. Jahrhunderts zurück.[40] Wie Clapham vermerkt, sind nach dem Einsturz der Agrarpreise am Ende des 19. Jahrhunderts »einige Böden auf die Stufe von Wiesen dritter Ordnung zurückgefallen, und zwar besonders in der Grafschaft Essex«.[41]

Es trifft zu, daß sich die europäische Landwirtschaft durch verschiedene Maßnahmen bemüht hat, diese Entwicklung zu vereiteln. In einigen Ländern, z. B. in Frankreich, Italien und Deutschland, versuchte man mit Hilfe von *Schutzzöllen*,

* Über diese vorkapitalistischen Agrarkrisen siehe Kapitel XI.

die hohen Agrarpreise künstlich aufrechtzuerhalten. Diese garantierten die Differenz zwischen dem durchschnittlichen Weltmarktpreis und dem Preis auf den unrentabelsten »nationalen« Böden, d. h. genau die Differentialrente der am besten abschneidenden Grundbesitzer!* In anderen Ländern, z. B. Dänemark, Holland, Belgien usw., versuchte man die Grundrente und den Bodenpreis durch beträchtliche Kapitalinvestitionen, durch die Verwendung großer Mengen von Kunstdünger** und vor allem durch die Verwandlung von Anbaufeldern in Weideflächen zu festigen, da die tierischen Produkte, die man dadurch gewinnt (Fleisch, Butter, Milch usw.), eine stabilere Rente hervorbringen: ein bedeutender Teil der Bevölkerung der großen Städte zieht es vor, frische tierische Erzeugnisse – selbst zu einem höheren Preis – zu konsumieren.[44]

In den zwanziger Jahren des 19. Jahrhunderts wurde dieses neue Gleichgewicht der europäischen Landwirtschaft durch einen heftigen Stoß erschüttert: durch die weltweite Krise der Landwirtschaft, die bis zum Zweiten Weltkrieg andauerte und seit 1949 wieder in Erscheinung getreten ist. Der Aufschwung der Landwirtschaft in den überseeischen Ländern schafft einen ständigen »Überschuß« an Agrarprodukten – trotz der Tatsache, daß Hunderte von Millionen Menschen in China, in Indien, im übrigen Asien und im größten Teil Afrikas und Lateinamerikas an chronischer Unterernährung leiden.[45]

Es erweist sich nun, daß im Rahmen der kapitalistischen Produktionsweise die relative Stabilität (die Inelastizität) der Nachfrage nach Agrarprodukten (eine Inelastizität, die während mehrerer Jahrhunderte die Quelle der Extraprofite in der Landwirtschaft war) bei einem gegebenen Grad der Indu-

* In Frankreich »wird der Einkaufspreis des Getreides nach den Herstellungskosten der altertümlichsten Betriebe der Ariège und des Rouergue berechnet ... Die kapitalistischen Großbauern des Pariser Beckens, deren Herstellungskosten um beinahe 60 % niedriger sind als die der Kleinbauern, stecken diese Differenz ein«.42

** 1938 wurden in Belgien pro Jahr und Hektar 30 kg Stickstoff verwendet (1956: 49 kg) gegenüber nur 6,7 kg in Frankreich (1956: 9,7 kg); 35 kg Phosphate in Belgien (1956: 51 kg) gegenüber 13 kg in Frankreich (1956: 18 kg); 46 kg Kalidünger in Holland (1956: 68 kg; im gleichen Jahr in Belgien 76 kg) gegenüber 8,7 kg in Frankreich (1956: 14,5 kg).43

strialisierung* eine Quelle permanenter Krisen werden kann, seit die Landwirtschaft – mit Verspätung – ebenfalls Umwälzungen in der Produktivität zu verzeichnen hat, die denen in der Industrie vergleichbar sind[48].** Von 1930 bis 1950 kam die Produktivitätssteigerung der amerikanischen Landwirtschaft beinahe der der Industrie gleich. Ebenso in Großbritannien.*** Andererseits erfuhren die USA einen Rück-

* Diese Stabilität ist übrigens völlig relativ. Renne erklärt bezüglich der USA, wenn alle Konsumenten eine den Normen der Experten gemäße Ernährung haben sollen, müßte die Gemüseproduktion zweifellos um 50 % und die Produktion von Milchprodukten um mindestens 15–25 % gesteigert werden.[46] Die Statistiken von 1939 zeigen, daß die englischen und deutschen Industriearbeiter pro Kopf nur die Hälfte der Milchmenge konsumierten, die in Schweden und in der Schweiz verbraucht wurde, ein Drittel der Butter, die in Kanada, in Deutschland und in Holland verzehrt wurde, und die Hälfte der Zucker- und Fleischmenge, die in Australien konsumiert wurde, usw.[47]

** Hier eine Zusammenfassung der Entwicklung der Arbeitsproduktivität in der Landwirtschaft[49]:

Um einen Hektar Getreide zu ernten und zu bündeln, brauchte man in Frankreich

gegen 1750	mit der Sichel	40–50 Leute	Produktivität steigt um 500 %
gegen 1830	mit der Sense	25–30 Leute	
gegen 1870	mit der Mähmaschine	8–10 Leute	
gegen 1905	mit der Binde-Mähmaschine	1– 2 Leute	Produktivität steigt um mehr als 1 000 %
1950	mit dem Mähdrescher	weniger als 1 Mann; die Ernte wird gleichzeitig gedroschen	

Während der Periode 1930–1955 steigt die landwirtschaftliche Produktivität in den Vereinigten Staaten um mehr als 100 %. Für den Getreideanbau hat sich die Produktivität innerhalb von 30 Jahren verdreifacht![50]

*** Seit 1950 besitzen in Großbritannien 40 % der Bauernhöfe mit 5–10 Hektar 60 % der Höfe mit 10–20 Hektar und praktisch alle größeren Höfe mindestens einen Traktor. Von 1944–1952 steigt die Zahl der Traktoren für 100 Höfe in Schweden von 10,4 auf 28. In Westdeutschland steigt sie vom Mai 1949 bis zum April 1952 von 8,9 auf 23,7. In Dänemark verdoppelt sich die Zahl der Traktoren zwischen 1949 und 1951, in Österreich und in Belgien zwischen 1949 und 1952. Für 14 Länder Westeuropas (einschließlich Großbritannien) zählt man 1951 rund 1 Mil-

gang der Anbauflächen, die Verwandlung von Ackerland in Weiden, die völlige Preisgabe wenig fruchtbarer Böden.
So wurden von 1919 bis 1929 im Süden und im Osten der USA, wo trotz der Mechanisierung der Herstellungspreis für ein Scheffel Getreide nicht unter einen Dollar sank, während er in den Ebenen von Montana, Kansas, Nebraska usw. auf 60 Cents zurückging, 20 % der Anbauflächen aufgegeben.[53] Und in den alten europäischen Ländern ist die Rente auf einem bedeutenden Teil der weniger fruchtbaren Böden auf einen geringfügigen Betrag herabgesunken; so z. B. in Frankreich kurz vor Ausbruch des Zweiten Weltkrieges.[54] Vor kurzem versicherte Baron Snoy, Generalsekretär des belgischen Wirtschaftsministeriums, die Aufgabe der protektionistischen Landwirtschaftspolitik in Westeuropa werde es ermöglichen, weite, von der Landwirtschaft aufgegebene Flächen wieder aufzuforsten.

Grundbesitz und kapitalistische Produktionsweise

Das Privateigentum an Boden ist keineswegs eine Vorbedingung für das Eindringen der kapitalistischen Produktionsweise in die Landwirtschaft, sondern hemmt und verzögert nur die Ausbreitung dieser Produktionsweise. Die private Aneignung *sämtlicher anbaufähiger Böden,* die es verhindert, daß sich neue Bauern frei auf dem Boden ansiedeln können, bleibt indes eine für den Aufschwung des Industriekapitalismus absolut unabdingbare Voraussetzung. Solange noch ausgedehnte Landflächen zur Verfügung stehen, kann die städtische Arbeitskraft dem Bagno der Fabrik entrinnen, es entsteht praktisch keine industrielle Reservearmee, so daß infolge der Konkurrenz zwischen der industriellen und der landwirtschaftlichen Beschäftigung die Löhne zu steigen drohen. Die hohen Löhne, die die USA vor dem Verschwinden der

lion Traktoren; ihre Zahl steigt jährlich um 15 %.[51] Charakteristisch für die Länder mit der höchstmechanisierten Landwirtschaft, nämlich Großbritannien, Schweden und Westdeutschland, ist die Tatsache, daß das Anwachsen der Zahl der Traktoren mehr und mehr auf die kleinen und mittleren Unternehmen zurückzuführen ist, da die großen Höfe schon vorher nahezu hundertprozentig mechanisiert waren.[52]

frontier zu verzeichnen hatten und die endgültig ein höheres Lohnniveau als in Europa schufen, erklären sich größtenteils aus diesem Faktor.

Seit der Mitte des 18. Jahrhunderts haben amerikanische Politiker diese Tatsache offen anerkannt und daher gefordert – so z. B. Benjamin Pale aus Connecticut –, die Wanderung nach dem Westen zu stoppen. Und Samuel Blodget, einer der ersten amerikanischen Nationalökonomen, stellt im Jahre 1806 fest, ein billiger Bodenpreis mache die Arbeitskraft teuer. »Kein freier Mann arbeitet für andere, wenn er gute Ernte für einen so niedrigen Preis kaufen kann, daß er sich mit zwei Tagen Arbeit in der Woche einen komfortablen Lebensunterhalt zu schaffen vermag.«[55]

Die private Aneignung des größten Teils des jungfräulichen Bodens durch Raub und durch legale oder illegale Gewalt in den Ländern, die über Landreserven verfügten, begleitete den gesamten Verlauf und Fortschritt der kapitalistischen Produktionsweise auch außerhalb Westeuropas, wo sich übrigens Ähnliches durch die private Aneignung von Gemeindeländereien vollzog. Der Begriff des Privateigentums an Boden ist so sehr zu einem Grundbegriff der bürgerlichen Gesellschaft geworden, daß die Justiz sogar die Schenkung eines Waldes von 600 Morgen an den lieben Gott durch den Staat Pennsylvania als Eigentumsübertragung anerkannt und den »Besitzer« in der Folgezeit wegen Nichtbezahlung der Steuer »enteignet« hat![56]

Vom Ende des 18. Jahrhunderts an machte die *Compagnie des Indes* die *Zamindari* oder Steuerpächter des Kaiserreichs der Moguln zu Grundbesitzern ganzer Provinzen.[57] In Argentinien wurden zwischen 1875 und 1900 30 Millionen Hektar Land zu einem Minimalpreis verkauft; der größte Teil davon liegt heute noch brach, aber das gesamte Gemeingut ist auf diese Weise veräußert worden. In Kanada haben die Eisenbahngesellschaften von nahezu einem Drittel des Gemeingutes an Land Besitz ergriffen.[58] In den Vereinigten Staaten überließ man den Eisenbahngesellschaften 183 Millionen Morgen, während 96 Millionen Morgen unter dem *Homestead Act* und anderen Gesetzen der gleichen Art verteilt wurden (ein nicht geringfügiger Teil dieses Landes gelangte übrigens gleichfalls in die Hände kapitalistischer

Gesellschaften, wobei die Pächter nur als Strohmänner dienten).[59]
In Nordafrika führte die französische Kolonisation zu einer massenhaften Veräußerung einheimischen Bodens: 3 Millionen Hektar in Algerien, die sich die französischen Siedler im Namen besonderer Gesetze aneigneten[60]; 1,4 Millionen Hektar in Tunesien, d. h. die Hälfte aller anbaufähigen Felder des Landes[62]; 1 Million Hektar in Marokko, die sich 4 700 europäische Siedler zu eigen machten, während 8 Millionen Marokkaner von 3,8 Millionen Hektar weniger fruchtbaren Landes leben mußten.[62]
Ähnlich in Ostafrika: die britischen Siedler haben sich 50 Millionen Morgen Land in Süd-Rhodesien angeeignet, auf denen 100 000 Weiße leben, während 1,6 Millionen Afrikaner ihren Lebensunterhalt auf nur 29 Millionen Morgen finden müssen. In Kenia stehen den 29 000 europäischen Siedlern 12 750 qkm Land zur Verfügung; den 5 Millionen Afrikanern bleiben 43 500 Quadratmeilen!
Dank diesem System liefern die »Eingeborenenreserven«, wie die Weißen sie zynischerweise nennen, zugleich den Siedlern, den Bergwerksgesellschaften und den europäischen Industriellen Arbeitskräfte im Überfluß. Die unglücklichen Afrikaner, die man brutal von ihrem Grund und Boden, d. h. von ihren gewohnheitsmäßigen Existenzmitteln getrennt hat, unterwirft man zahlreichen Formen offener oder verhüllter Zwangsarbeit* und zwingt sie zur Lieferung einer Grundrente in Form von Fron.[64] Dieses System gedieh in Südafrika zu äußerster Verfeinerung; 2 Millionen Weiße haben sich dort 88 % des Bodens angeeignet; nur 12 % größtenteils unbebaubaren Bodens haben sie für den Lebensunterhalt von 8 Millionen Afrikanern übriggelassen; die Afrikaner hat man in »Reservate« eingepfercht; sie werden grausam ausgebeutet: der gesamte Jahreslohn der 400 000 Afrikaner, die in den Goldminen Südafrikas arbeiten, beläuft sich auf 30 Millionen £, wenn man die mageren Lebensmittelrationen, die man diesen Arbeitern gewährt, sehr großzügig veranschlagt; der

* Siehe die Kapitel bezüglich der belgischen, britischen, französischen und portugiesischen Kolonien in der Veröffentlichung des Internationalen Arbeitsamtes der Vereinten Nationen: »Report of the *ad hoc* committee on Forced Labour«.[63]

Jahresgewinn der Goldminengesellschaften dagegen beträgt 50 Millionen £.[65]
Eine offizielle Kommission der ceylonesischen Regierung, die die Bilanz der von Großbritannien auf der Insel Ceylon eingeführten Agrargesetze zog, hat festgestellt, daß diese Gesetze dazu dienten, den Dörfern ihre Wälder und Gemeindewiesen wegzunehmen, überdies einen Teil der Böden mit zweitrangigen Kulturen: und dies ausschließlich im Interesse der Kapitalisten, die zunächst aus Europa und später von den Küstenprovinzen der Insel gekommen sind.[66]

Produktionsverhältnisse und Eigentumsverhältnisse auf dem Lande

Die besonderen Beziehungen, die die Landwirtschaft durch die Schaffung der industriellen Reservearmee und durch die wirtschaftliche Rolle der Grundrente in der Epoche des Kapitalismus an die Industrie binden, rufen besondere Entwicklungsformen der Landwirtschaft selbst hervor. Die Einführung der Sklaverei in den amerikanischen Kolonien vom 14. bis 19. Jahrhundert, die Einführung der Zwangsarbeit in den afrikanischen und ozeanischen Kolonien gegen Ende des 19. Jahrhunderts und im 20. Jahrhundert* stellen unter den besonderen Bedingungen der betreffenden Länder eine notwendige Voraussetzung für die *Schaffung kapitalistischer Eigentumsverhältnisse* dar. Diese jedoch haben hier lange Zeit das Eindringen *kapitalistischer Produktionsverhältnisse* in der Landwirtschaft behindert.
Ein ähnliches und noch bedeutsameres Phänomen zeigte sich in Osteuropa, im Mittleren und Fernen Osten gegen Ende des 19. und in der ersten Hälfte des 20. Jahrhunderts. Das Eindringen kapitalistischer Waren und das Einbeziehen dieser Länder in den Weltmarkt haben dort die Zerstörung des uralten Gleichgewichts der Dorfwirtschaft, die auf einer Kombination von Handwerk und Ackerbau beruhte, nach sich gezogen.[67] Da der Boden selbst nicht die gesamte ländliche Bevölkerung ernähren konnte und da die Beschäftigung in der

* Die Zuckerindustrie von Queensland fußte von 1860 bis gegen 1900 ausschließlich auf der quasi-Sklavenarbeit der Kanaken.

Stadt kaum angewachsen ist, entstand *eine chronische Übervölkerung des Dorfes*, die nur eine verschleierte Form chronischer Arbeitslosigkeit ist.*

Diese Übervölkerung des Dorfes ruft einen heftigen Konkurrenzkampf unter den Bauern um die Vermietung kleiner Landstückchen hervor, und zwar nicht als Mittel, sich den Durchschnittsprofit zu sichern, sondern einfach als Ernährungsgrundlage. Die Grundbesitzer sind viel eher daran interessiert, ihr Land in kleinen Parzellen zu vermieten, als es in Form eines kapitalistischen Großbetriebes auszubeuten. *Die bürgerlichen Eigentumsverhältnisse erweisen sich als ein Hindernis für die Einführung der kapitalistischen Produktionsweise in der Landwirtschaft.* Die äußerste Zerstückelung der Unternehmen, die daraus resultiert, ist vor allem für Indien kennzeichnend, wo die durchschnittliche Fläche eines Bauernhofes 4,5 Morgen beträgt, während in dem sehr volkreichen Staat West-Bengalen 1/3 der Höfe weniger als 2 Morgen Land besitzen. Das gleiche Phänomen führt zu einer beträchtlichen Steigerung der Grundrente und zu einer Überkapitalisierung des Bodens.[68] Die so verarmten Bauern verlieren auf die Dauer ihren eigenen kleinen Besitz und verwandeln sich direkt oder indirekt in Proletarier.

Die kleinen Pächter, die sich verzweifelt an ihr Stückchen Land klammern, zahlen eine *Wucherrente*, während ihr Einkommen oft niedriger ist als das eines Landarbeiters. Wenn sie nicht ein Minimum an Kapital besitzen und das gemietete Land nicht in Form der Halbpacht** bewirtschaften können, werden sie zu wirklichen Proletariern, die für einen elenden Lohn arbeiten müssen.

Konzentration und Zentralisation des Kapitals in der Landwirtschaft

Da in der Landwirtschaft im Gegensatz zur Industrie bürgerliche Eigentumsverhältnisse und kapitalistische Produktions-

* Siehe Kapitel XIII: »Der Imperialismus«, § »Die Wirtschaftsstruktur der unterentwickelten Länder«.

** Die Halbpacht ist eine Übergangsform zwischen der vorkapitalistischen und der kapitalistischen Rente.

verhältnisse nicht notwendigerweise zusammenfallen*, stellt sich hier das Problem der Konzentration des Kapitals unter einem besonderen Aspekt. Das Gesetz der Konzentration des Kapitals ist ein Gesetz, das sich aus der *kapitalistischen Produktionsweise* ableitet; es ist keineswegs ein universelles Gesetz, das sich aus der bloßen Existenz von Privateigentum an Boden ergibt.

Wo die kapitalistische Produktionsweise erst in die Landwirtschaft einzudringen *beginnt*, wo wir noch alte, halbfeudale, in Auflösung befindliche Domänen antreffen, wäre es ebenso absurd, die Konzentration in der Landwirtschaft zu untersuchen, wie es töricht wäre, die Industrie des ausgehenden 18. Jahrhunderts im Hinblick auf die Konzentration des Kapitals zu betrachten. *Erst wenn die gesamte Landwirtschaft den technischen Umwälzungen, die die kapitalistische Produktionsweise mit sich bringt, unterworfen ist, kann sich das Problem der Konzentration stellen.* Das Phänomen der außerordentlichen Konzentration des Grundbesitzes in Osteuropa vor dem Zweiten Weltkrieg, in Spanien oder in den meisten lateinamerikanischen Ländern gehört nicht in diese Kategorie; es handelt sich in diesen Fällen entweder um Überbleibsel vorkapitalistischen Eigentums oder aber um Kapitalanlagen aus Mangel an industriellen Absatzmärkten. (In Chile beispielsweise besitzen im Jahre 1952 2 300 Grundbesitzer 31 % des Ackerbodens und 60 % des gesamten Anbaulandes, während 150 000 Kleinbetriebe nur 16,5 % des Ackerbodens und 6 % des gesamten Bodens innehaben.)[70]

Hat aber die kapitalistische Produktionsweise in der Landwirtschaft einmal Fuß gefaßt, so verhindert zweierlei, daß die Konzentration und die Zentralisation von Kapital dort in

* Aus dem gleichen Grund bewahrt die heutige Landwirtschaft in gewisser Hinsicht alle möglichen Formen der vorkapitalistischen Gesellschaft. So gibt es in Südafrika Regionen, vor allem in Transvaal und in Natal, wo die schwarzen Pächter die Pacht in Form von 90–180 Frontagen (unbezahlter Arbeit) auf dem Hof des weißen Besitzers leisten müssen. Diese Formen mittelalterlicher Ausbeutung findet man auch in zahlreichen lateinamerikanischen Ländern: »Dieser Art der Pacht begegnen wir häufig in Bolivien, in Chile, in Kolumbien, in Equador, in Peru und in Venezuela bei den Plantagenarbeitern, denen der Plantagenbesitzer ein kleines Landstück gibt; als Entschädigung dafür müssen sie eine bestimmte Anzahl von Tagen in der Woche ohne Bezahlung arbeiten.«[69]

vollem Ausmaß zutage tritt. Wir wissen, daß die Grundrente dadurch entsteht, daß das unrentabelste Unternehmen den Produktionspreis der Agrarprodukte bestimmt. Die Konzentration des Kapitals kommt jedoch gerade durch das Verschwinden der unrentabelsten Betriebe zustande. Solange diese Unternehmen trotz ihres technischen Rückstandes einen sicheren Markt besitzen, kann die Konzentration des Kapitals in der Landwirtschaft nicht in Erscheinung treten. Die Konzentration zwischen dem Preis für die unrentabelsten Böden und dem für die rentabelsten, d. h. durch die Kapitalisierung einer sehr großen Differentialrente.

Auch können Felder, die sich unterhalb der Rentabilitätsgrenze befinden, dennoch bestellt werden; nicht um den Durchschnittsprofit hervorzubringen, sondern um dem kleinen Pächter, der seinen Lebensstandard opfert, um auf »seinem« Hof bleiben zu können, eine einfache Lebensgrundlage zu geben[71].* Da er mit wenig oder gar keinem Kapital arbeitet, bleibt er auf Gedeih und Verderb Mißernten und konjunkturellen Zwischenfällen ausgeliefert. So erklärt sich die große Sterblichkeit dieser kleinen Landwirtschaftsbetriebe. In den USA hatten 1935 25 % aller Farmer ihren Hof erst seit einem Jahr oder weniger als einem Jahr betrieben; 47 % aller Pächter und 57 % aller Halbpächter hatten ihn seit weniger als zwei Jahren in Betrieb.[73] Man schätzt, daß im Verlauf des Jahrzehnts 1950/60 jedes Jahr 100 000 Familienhöfe verschwanden.[74]

Wenn kein gesicherter Markt mehr besteht, wie es praktisch seit dem letzten Viertel des 19. Jahrhunderts der Fall ist, kann der Kleinbetrieb im Wettbewerb mit dem Großbetrieb nur überleben, wenn er zum *intensiven Anbau*** übergeht,

* So hat man in Belgien berechnet, daß der Stundenlohn der Kleinbauern auf Höfen von 5 Hektar nur 14,7 Francs ausmacht, während der niedrigste Stundenlohn in der Industrie 25 Francs beträgt. In Westdeutschland haben verschiedene Erhebungen zu dem Ergebnis geführt, daß auf den kleinen Höfen der Monatsverdienst eines Arbeiters auf 150 DM sinken kann, also weit tiefer als die niedrigsten Löhne in der Industrie.72

** Der Unterschied zwischen extensivem und intensivem Anbau bezieht sich auf den *Ertrag je Flächeneinheit.* In den Jahren 1935–1939 haben Dänemark 45, Holland 45 und Belgien 40 Zentner Getreide je Hektar erzeugt,

wodurch ein größerer Ertrag möglich wird als beim extensiven Anbau auf den großen Domänen. Aus diesem Grund konnten die intensiven Landwirtschaftsbetriebe nicht in die Breite wachsen, obwohl die Masse des investierten Kapitals ungeheuer gestiegen ist* – eine indirekte Form der Konzentration des Kapitals –; sichtbare Anzeichen einer Zentralisation hat es nicht gegeben.
Überall dort aber, wo diese beiden einschränkenden Faktoren nicht bestanden oder wo sich die eigentliche kapitalistische Landwirtschaft in Reinkultur entwickeln konnte, trat die Tendenz zur Konzentration und Zentralisation des Kapitals in der Landwirtschaft klar zutage. Dies gilt vor allem für die USA und in einem geringeren Maße auch für Deutschland.

Die Konzentration in der Landwirtschaft der Vereinigten Staaten[77]

Art des Hofes	1920	1925	1930	1935	1940	1945	1954
I. Weniger als 50 Morgen							
0/0 der Gesamtzahl	35,7	37,9	36,5	39,5	37,5	38,4	35,5
0/0 der Gesamtfläche	6	6,1	5,7	5,6	4,7	4,1	2,9
II. Zwischen 50 und 500 Morgen							
0/0 der Gesamtzahl	61,0	58,8	58,7	56,7	58,2	56,8	57,8
0/0 der Gesamtfläche	60,4	59,0	55,3	54,2	50,4	45,2	39,8

die USA dagegen 10, Kanada, Argentinien und die UdSSR 12.[75] Der intensive Anbau ist entweder das Produkt höherer Kapitalinvestitionen je Hektar wie in den oben erwähnten Ländern, oder aber das Ergebnis zusätzlicher Verausgabung von hochqualifizierter Arbeit, wie im Falle Japans, Chinas und Thailands usw.

* Man schätzt in den Vereinigten Staaten die für einen rentablen Hof erforderlichen Investitionen im Jahre 1940 auf 29 000 $ für den Maisanbau, auf 25 000 $ für die Schafzucht, auf 17 000 $ für den Weizenanbau. Im Jahre 1958 beliefen sich die entsprechenden Beträge auf 97 000 $, 84 000 $ und 81 000 $.[76]

Art des Hofes	1920	1925	1930	1935	1940	1945	1954
III. Zwischen 500 und 1000 Morgen							
% der Gesamtzahl	2,3	2,3	2,5	2,5	2,7	3,0	4,0
% der Gesamtfläche	10,6	10,5	11,0	10,8	10,6	10,4	11,4
IV. Mehr als 1000 Morgen							
% der Gesamtzahl	1	1	1,3	1,3	1,6	1,9	2,7
% der Gesamtfläche	23,1	24,3	28,0	29,4	34,3	40,3	45,9

Mit anderen Worten: die größten Höfe (Kategorie III und IV), die 1920 nur ein Drittel der amerikanischen Landwirtschaftsgebiete besaßen (33,7 %), verfügten im Jahre 1954 bereits über mehr als die Hälfte (57,3 %). Dieses Wachstum ist übrigens ausschließlich auf die größten Höfe, mit mehr als 1 000 Morgen, zurückzuführen.

Das klägliche Los der Landarbeiter

Das Elend der Landarbeiter, deren Bezahlung weit unter der des Arbeiters in der Industrie und im Handel liegt, erklärt sich aus dem ständigen Druck, den Tausende kleiner Bauern, die sich an ihr Stückchen Land klammern und dabei schonungslos ihren Lebensstandard preisgeben, auf die Löhne der Landarbeiter ausüben. Das Leben auf dem Land, abseits der neuen von der Stadt geschaffenen Bedürfnisse, die Zahlung der Löhne in Naturalien (teilweise oder gänzlich), das sind einige Faktoren, die den Lohn des Landarbeiters noch weiter herabdrücken. Dieser ist oft Saison- oder Wanderarbeiter; wenn er in der toten Jahreszeit eine andere Beschäftigung hat, dann kann er gerade das lebensnotwendige Minimum erreichen. Hat er diese Beschäftigung nicht – vor allem in den unterentwickelten Ländern –, so sinkt er in das tiefste menschliche Elend hinab.

Auf lange Sicht gesehen, hängt das Schicksal des Landarbeiters weniger von den besonderen Bedingungen der Landwirtschaft ab als von dem allgemeinen Expansions-Rhythmus der Industrie. Verläuft dieser Rhythmus derart, daß er die industrielle Reservearmee schließlich verkleinert, dann verstärkt sich die Abwanderung vom Land immer mehr. Auf dem Lande entsteht eine allgemeine Verknappung der Arbeitskräfte, die eine Steigerung der Landarbeiterlöhne nach sich zieht, ohne daß diese indes das Niveau der Löhne in der Industrie erreichen.

Wenn die langfristige Tendenz dagegen die eines Anwachsens der industriellen Reservearmee ist, dann geben sich die Landarbeiter, die untereinander einen heftigen Konkurrenzkampf ausfechten, um für ein paar Monate im Jahr Arbeit zu finden, oft mit einem noch so geringen Lohn, ja sogar mit einem bloßen Fraß zufrieden. Ihre Reihen füllen sich übrigens durch die Masse der Kleineigentümer und kleinen Pächter, die mit ihrem »Unternehmens«-Einkommen nicht auskommen können. Unter diesen Bedingungen kann von einer langfristigen Erhöhung der Landarbeiterlöhne keine Rede sein.

»Wenn ein Überschuß an Landarbeitern besteht und in der Folge Arbeitslosigkeit und Unterbeschäftigung eintritt, bemüht sich wahrscheinlich jeder Arbeiter viel eher darum, eine Arbeit zu finden, als einen hohen Lohn zu erhalten...« So heißt es in dem offiziellen UNO-Bericht »Der Fortschritt der Agrarreform«.[78] Hinzu kommt, daß sich die Großbauern in manchen Ländern bemühen, diesen Überschuß an Landarbeitern künstlich zu schaffen, indem sie in großem Umfang die *Einwanderung von Saisonarbeitern* organisieren. Dies war in Deutschland vor dem Zweiten Weltkrieg offenkundig (polnische Arbeiter). Es ist heute noch in den Vereinigten Staaten bekannt, wo beinahe eine halbe Million *Braceros* (mexikanische Saisonarbeiter, die oft mehr oder weniger zwangsweise rekrutiert werden) für einen Hungerlohn von 16–25 Cents in der Stunde arbeiten und damit ein Absinken der Landarbeiterlöhne hervorrufen, die im allgemeinen zudem schon um mehr als 50 % niedriger sind als die Löhne in den nicht-landwirtschaftlichen Wirtschaftszweigen.[79]

Von den Malthusschen Theorien zum landwirtschaftlichen Malthusianismus

Im Jahre 1798 veröffentlichte der anglikanische Pastor Robert Malthus eine anonyme Streitschrift mit dem Titel »Essay on the Principle of Population«; mit ihr erschreckte er die Menschheit, indem er eine der finsteren Perspektiven entwarf: er behauptete, daß das Bevölkerungswachstum nach einer geometrischen Reihe (2, 4, 8, 16, 32, 64...) voranschreite, während die Agrarproduktion nur nach einer arithmetischen Reihe (2, 4, 6, 8, 10, 12...) wachse; daraus zog er den Schluß, die Menschheit sei von der Gefahr der Übervölkerung bedroht, wenn es ihr nicht gelinge, ihre eigene Vermehrung zu begrenzen. Man müsse daher die Bemühungen der Industriellen, die Löhne der Arbeiter auf das äußerste zu senken, begrüßen, denn dadurch werde für diese eine natürliche Begrenzung ihrer Vermehrung geschaffen. Aber da somit die Gefahr der Überproduktion von Waren entstehen könne, müsse man den Anteil der Grundbesitzer am Sozialprodukt, der dem unproduktiven Konsum dient – also die Grundrente –, erhöhen. Angesichts der Agitation für die Abschaffung der Grundrente schwang sich Malthus zum Fürsprecher der Grundbesitzer auf.

Die Erfahrung des 19. Jahrhunderts hat gezeigt, daß sich Malthus in zweifacher Hinsicht getäuscht hat. Einerseits ist das Bevölkerungswachstum mit dem späteren technischen und kulturellen Fortschritt in den entwickelten Ländern zurückgegangen.* Zum anderen haben die mechanischen Umwälzungen, die mit Verspätung auch die Landwirtschaft erfaßten, die Agrarproduktion in einem Maße gesteigert, das weitaus

* Josué de Castro, der eine sehr kühne Theorie verficht, sagt, daß in unserer Epoche nicht die Übervölkerung den Hunger erzeuge, sondern daß umgekehrt der Hunger (genauer: die chronische Unterernährung) die Übervölkerung entstehen lasse. Er bemüht sich, diese Theorie zu beweisen, indem er den Einfluß der Unterernährung (vor allem bei Mangel an tierischen Proteinen) auf die Fruchtbarkeit untersucht.80 Das Beispiel Japan zeigt deutlich, daß Industrialisierung, Verstädterung und Steigen des allgemeinen Zivilsationsniveaus mit einer gewissen Verzögerung eine radikale Senkung der Geburtenziffer hervorrufen. Diese ist von 34,3 pro Tausend im Jahre 1947 auf 19,9 im Jahre 1954 gefallen.

höher ist als ein bloßer »arithmetischer Fortschritt«. Aus diesem Grund scheint seit dem letzten Viertel des 19. Jahrhunderts die Gesellschaft nicht mehr durch die Übervölkerung, sondern durch *landwirtschaftliche Überproduktion* bedroht zu sein.[81] Anstatt die Geburten zu begrenzen, versucht man mit allen Mitteln, die Agrarproduktion einzuschränken: dies ist die Geburtsstunde des landwirtschaftlichen Malthusianismus.

In der gleichen Epoche haben indessen ernsthafte Gelehrte wie vor allem Liebig die Aufmerksamkeit auf ein tatsächlich beunruhigendes Phänomen gelenkt: auf die beschleunigte Abnutzung des Bodens, den *Raubbau*, der den habgierigen kapitalistischen Bewirtschaftungsmethoden entspringt, die darauf gerichtet sind, in einem Minimum an Zeit ein Maximum an Profit zu erzielen. Während Agrargesellschaften wie China, Japan, das alte Ägypten usw. einen rationellen Ackerbau bebetrieben, bei dem die Fruchtbarkeit des Bodens über mehrere Jahrtausende hinweg erhalten blieb und sogar noch erhöht worden ist, hat es der kapitalistische *Raubbau* in bestimmten Teilen der Welt geschafft, die fruchtbare Schicht des Bodens, den Humus, innerhalb eines halben Jahrhunderts zu erschöpfen und eine Erosion großen Ausmaßes mit all ihren unheilvollen Folgen hervorzurufen.

Diese Warnungen wurden nicht gehört. Die große Agrarkrise am Ende des 19. Jahrhunderts lenkte die Aufmerksamkeit mehr und mehr auf das Problem der Überproduktion. Die Agrarkrise, die von 1925 bis 1934 wütete, schuf in der bürgerlichen Welt eine Psychose permanenter landwirtschaftlicher Überproduktion. Der landwirtschaftliche Malthusianismus triumphierte. Man verteilte an die Bauern ungeheure Prämien, wenn sie ihre Äcker nicht mehr bestellten und einige Pflanzen nicht mehr anbauten. 1934 schlachtete man in den USA 8 Millionen Stück Vieh, die Anbaufläche für Baumwolle wurde beinahe um die Hälfte verkleinert (von durchschnittlich 17,3 Millionen ha zwischen den Jahren 1923 und 1929 auf 9,8 Millionen ha im Jahre 1938). In Brasilien verbrannte man zwischen 1932 und 1936 20 Millionen Sack Kaffee. Der hätte ausgereicht, um den *gesamten Kaffeebedarf in der Welt 18 Monate lang zu decken!*

Der Zweite Weltkrieg, der enorme Rückgang der Agrarproduktion, den er in einigen Ländern auslöste, die beginnende Industrialisierung rückständiger Länder, begleitet von einem starken Bevölkerungswachstum, der Aufstieg der revolutionären Bewegung im Fernen Osten, vorangetrieben durch die Hungerwellen, die diese Gebiete heimsuchen – all das verlieh den Malthusschen Ideen neue Aktualität. Ein britischer Vorläufer des utopischen Sozialismus, Robert Wallace (1679–1771), hatte schon in seinem Werk *Various Prospects* die Idee verteidigt, daß der Sozialismus an sich gut sei, daß er aber nichtsdestoweniger zu einem größeren Unglück führte, nämlich zur Übervölkerung der Erde und zu der Gefahr der Auslöschung der Menschheit. Unglückspropheten, die nach dem Zweiten Weltkrieg in Erscheinung traten, wollten darauf hinlenken, daß es sehr viel dringender sei, gegen das Bevölkerungswachstum zu kämpfen, als das Lebensniveau der Kolonialmassen anzuheben, denn dadurch entstehe nur die Gefahr einer noch stärkeren Überbevölkerung.

Vor allem zwei bedeutende Werke scheinen zu diesen Schlußfolgerungen zu kommen: *The Road to Survival* von William Vogt und *Our Plundered Planet* von Fairfield Osborne. Beide beschreiben ein wirkliches Übel: daß nämlich die unrationellen Methoden der Landwirtschaft, die der zügellosen Profitjagd dienen, in einem Großteil Asiens, Afrikas und der beiden Amerika den Boden einer beschleunigten Erosion ausgesetzt haben. Daraus resultierte eine Kettenreaktion, die die Zahl der normal bestellbaren Felder immer geringer werden lasse. Um dieses Übel abzustellen, müsse man die Erosion durch ein energisches Eingreifen der öffentlichen Gewalt eindämmen. Außer dieser ersten Schlußfolgerung, die Osborne selbst für etwas schüchtern hält, sieht er auf die Dauer keine Lösungsmöglichkeit. In der Tat versichert er, daß es keine Lösung gebe. Vogt regt energische Maßnahmen an, um das Bevölkerungswachstum zu begrenzen, und begrüßt Katastrophen wie Kriege, Epidemien usw., weil sie radikal in diesem Sinne wirkten.

Wenn die Gefahr, die Vogt und Osborne aufzeigen, wirklich besteht, dann muß man hinzufügen, daß sie zunächst unzulässige Abgrenzungen treffen. Mehrere ihrer Behauptungen, z. B. die, daß es unmöglich sei, die Humusschicht, die dem Boden die Fruchtbarkeit gibt, wieder aufzufrischen, entsprechen nicht der

Wirklichkeit. Ferner ist es falsch, die Ernährungsmöglichkeiten der Menschheit auf der Grundlage der gegenwärtig bebauten Bodenfläche zu berechnen. Die Statistiken der UNO veranschlagen die anbaufähigen Landreserven auf 400 Millionen Hektar; das entspricht der in den USA, in Indien, China, Frankreich, Australien und Kanada insgesamt bebauten Landfläche, also einer Fläche, die bei einem rationellen Landwirtschaftssystem 1,5 Milliarden Menschen zu ernähren vermag.* Darüber hinaus gibt es noch die Möglichkeit, ungeheure Landflächen, die Vogt und Osborne für die Landwirtschaft als endgültig verloren ansehen, zu meliorisieren. Neue chemische Produkte wie *Krilium*** oder flüssiger Ammoniakdünger machen es möglich, die Fruchtbarkeit des Bodens beträchtlich zu steigern. Der Übergang zum intensiven Ackerbau in Ländern wie den USA, Kanada, Australien, Argentinien und die Verbesserung der Agrartechnik in den zurückgebliebenen Ländern könnten den Hektarertrag leicht verdoppeln und die Agrarproduktion in der Welt stark ansteigen lassen. Wenn die Erkenntnisse der modernen Agrarwissenschaft in der ganzen Welt angewandt würden, könnte man genügend Nahrungsmittel erzeugen, um 6 bis 6,5 Milliarden Menschen zu ernähren, ohne sämtliche anbaufähigen Bodenreserven der Erde aufzubrauchen, erklärt Fritz Baade.[91] Derselbe Autor schätzt die Bevölkerungszahl, die die Erde ernähren könnte, wenn alle Möglichkeiten auf die rationellste Weise ausgenutzt und

* »Nach Kellogg *(Food, Soil and People)* kann man annehmen, daß mindestens 20 % der tropischen nichtbebauten Böden Amerikas, Afrikas und der großen Inseln wie Neuguinea, Madagaskar und Borneo anbaufähig sind; damit kämen zu den 100–130 ha (Landreserven) der gemäßigten Zonen rund 350 Millionen ha hinzu. Diese Fläche von zusätzlich 450 Millionen ha bedeutete in der Tat eine enorme Reserve für die Steigerung der Nahrungsmittelproduktion. Es wäre ein komplexes und schwieriges Unterfangen, dieses Potential in die Wirklichkeit umzusetzen, und würde die Menschheit viele Jahre lang beschäftigen. Es erforderte eine *sorgfältige Planung* und insbesondere die gleichzeitige Entwicklung der Transportmittel und der sekundären Industriezweige.«[82]

** *Krilium* verstärkt das Wachstum von Pflanzen und verhindert, daß die Erde von Wasser oder Wind fortgetragen wird, während es gleichzeitig die Speicherfähigkeit für Wasser und Luft erhöht. Man schätzt, daß *Krilium* 100–1 000mal wirkungsvoller als Humus, natürlicher oder künstlicher Dünger ist.

wenn vor allem überall die optimalen Erträge erzielt würden, auf 30 bis 38 Milliarden Menschen.[83]
Außerhalb der eigentlichen Landwirtschaft haben sich die ersten Erfahrungen mit der vom Boden gelösten Nahrungsmittelproduktion als zufriedenstellend erwiesen. Auf Jamaika arbeitet eine Fabrik, die aus Hefe Nahrungsmittel gewinnt; die Algenkulturen bieten unbegrenzte Ernährungsmöglichkeiten; und der Anbau ohne Boden (*Hydroponik*) ermöglicht eine rein »industrielle« Lösung des Ernährungsproblems.
Es ist richtig, daß ein wirksamer Kampf gegen die Erosion, daß eine rationelle Organisierung der Landwirtschaft, daß der Übergang zum intensiven Anbau in den überseeischen Ländern, daß die Entwicklung einer vom Boden getrennten Nahrungsmittelproduktion »eine gesellschaftliche Revolution solchen Ausmaßes hervorriefe, daß die gesamte Struktur der menschlichen Gesellschaft zerrissen würde«.[84]
Aber wenn die Menschheit vor der Wahl steht, zugrunde zu gehen oder die Gesellschaft auf einer vernünftigen Basis neu zu organisieren, dann kann man kaum Zweifel hegen über die Entscheidung, die Vernunft und Gefühl aufdrängen. Um so mehr, als zur selben Zeit, wo die Erosion die materielle Grundlage der ganzen Landwirtschaft zu zerstören droht und Hunderte Millionen Menschen unter fürchterlicher Unterernährung leiden – der tägliche Kalorienverbrauch betrug in Indien im Jahre 1952 1 700 Kalorien, also die *Hälfte* dessen, was als normal gilt –, sich der landwirtschaftliche Malthusianismus erneut in seiner skanalösesten Form offenbart, in den USA Nahrungsmittelerzeugnisse – darunter 3,5 Milliarden Scheffel Getreide – in einem Gesamtwert von 10 Milliarden Dollar gespeichert und riesige Mengen von Mais, Kartoffeln, Wein usw. vernichtet werden. Ende 1957 rühmten sich die Behörden der Vereinigten Staaten, 1 Milliarde Dollar »gespart« zu haben... indem sie die Bewirtschaftung von ungefähr 9 Millionen Hektar Land *verhinderten!*[85] Mehr denn je wird deutlich, daß das Übel nicht von dem absoluten Wachstum der Bevölkerung rührt, sondern von den Produktionsverhältnissen und der kapitalistischen Distributionsweise, die Überfluß und Elend zugleich schaffen.

Die von Ricardo ausgearbeitete und von Marx weiterentwickelte Theorie der Grundrente war der Ausgangspunkt der Grenznutzentheorie, die in der Mitte des 19. Jahrhunderts die Arbeits-Wert-Theorie wieder in Frage stellte. Nach der Grundrenten-Theorie von Marx wird der Preis der Agrarprodukte letztlich von der *Nachfrage nach diesen Gütern* bestimmt. Dieser freie Preis basiert auf dem Wert der unter den schlechtesten Produktionsbedingungen erzeugten Einheit (Grenzpreis). Je nach den Schwankungen der Nachfrage enthält er (in den Ländern, in denen es keine Bodenreserven gibt, das Monopol am Grundbesitz also vollständig ist) die absolute Grundrente oder nicht, umfaßt er (je nachdem, ob die unrentabelsten Felder bebaut werden oder aufgegeben sind) eine Differentialrente oder nicht.

Die Umwandlung dieser Theorie der Grundrente in eine allgemeine Werttheorie gründet auf zwei Irrtümern. Zunächst abstrahiert sie von den *besonderen Bedingungen des Grundeigentums,* die die Grundrente erst entstehen lassen. Sodann abstrahiert sie von den institutionell verschiedenen Bedingungen des Grundeigentums, dem Eigentum an Kapital und dem »Eigentum an Arbeitskraft« im kapitalistischen System.

Die Grundrente entsteht keinesfalls deswegen, weil der Boden ein Grundelement des Produktionsprozesses ist. Sie entsteht nur deshalb, weil der Grundbesitzer sich zwischen den Boden und diesen Produktionsprozeß schiebt, weil der Grundbesitzer *eigenmächtig* seinen Tribut von der Masse der in diesem Produktionsprozeß geschaffenen Erträge *fordert.* Es ist ein schwerer logischer Fehler, wenn man von der Art und Weise, in der dieser Tribut gefordert wird, ausgeht, um daraus eine allgemeine Theorie über die Verteilung *der in diesem Produktionsprozeß erwirtschafteten Erträge* zu machen. In einer »reinen« kapitalistischen Gesellschaft, in der die Grundrente beseitigt ist – zum Beispiel durch die Verstaatlichung des Bodens (und die Wirtschaft einiger überseeischer Länder hat sich in der zweiten Hälfte des 19. Jahrhunderts einer solchen Situation leicht angenähert) –, könnte man wohl schwerlich vom »Nichts« ausgehen, um den gesamten Mechanismus der Einkommensverteilung und der Erzeugung des Werts im Schoße der kapitalistischen Produktion zu erklären!

Eine Verallgemeinerung des Sonderfalls der Grundrente läßt sich theoretisch nur in einer Gesellschaft rechtfertigen, wo den »kapitalistischen« Unternehmern Grundbesitzer, Sklavenbesitzer und Maschinenbesitzer zugleich gegenüberstehen. Zweifellos ähneln die Gesetze, nach denen sich die drei verschiedenen Kategorien von Besitzern ihren Anteil an dem im Verlauf der »kapitalistischen« Produktion erzeugten Einkommen aneignen, den Gesetzen, die die Entstehung und Fluktuation der Grundrente bestimmen. Aber wir sind darauf bedacht, das Wort »kapitalistisch« in Anführungszeichen zu setzen, denn eine Gesellschaft, in der weder das Monopol der Produktionsmittel in den Händen der bürgerlichen Klasse liegt noch freie Arbeitskräfte (frei von Sklaven und Leibeigenschaft) bestehen, ist natürlich keine kapitalistische Gesellschaft.

Die Grundrente kann nur in Erscheinung treten, wenn der Grundbesitz ein Monopol ist,* das die Bourgeoisie nicht zu brechen vermochte, und die Grundbesitzer somit verhindern können, daß das in der Landwirtschaft investierte Kapital am allgemeinen Ausgleich der Profitrate teilnimmt, so daß sie ihren Tribut auf den in der Landwirtschaft erzeugten Wert fordern können. Außerdem ist noch erforderlich, daß die landwirtschaftliche Warenproduktion unter besonderen Bedingungen abläuft, die sich dem Einfluß des Kapitals entziehen.

Den Verfechtern der Grenznutzentheorie zufolge erscheinen drei Arten von »Besitzern« auf dem Markt, um unter gleichen Voraussetzungen drei verschiedene »Waren« »auszutauschen«, Waren, deren Preis völlig gerecht durch das »Grenzprodukt- oder Grenzeinkommen« bestimmt wird, d.h. durch die letzte Verkaufseinheit, also die unrentabelste; es erscheinen also auf dem Markt: Grundbesitzer, Kapitalbesitzer und Besitzer von Arbeitskraft.

Zwischen diesen drei Kategorien von »Besitzern« besteht – auch vom Gang der kapitalistischen Produktion selbst her gesehen – ein grundsätzlicher qualitativer Unterschied. Im

* Später (Kapitel XII) werden wir sehen, daß der *Monopolprofit* in der heutigen Epoche des Kapitalismus (Kartellrente usw.) nach einem Mechanismus geregelt wird, der dem der Grundrente vergleichbar ist.

klassischen westeuropäischen Kapitalismus des 19. Jahrhunderts (derselbe Kapitalismus, in dem die Grundrente in ihrer vollendeten und klassischen Form erscheint!) besteht ein *absoluter Landmangel;* die gesamte potentielle Agrarproduktion deckt kaum den Nahrungsmittelbedarf der Gesellschaft. Aus diesem, und nur aus diesem Grund – weil das Kapital, zumindest in Westeuropa, die Anbauflächen nicht nach seinem Gutdünken ausdehnen kann – kann die Grundrente überhaupt erst aufkommen und sich über eine lange Periode hinweg halten. Wie Marx bemerkt, spielen die Lebensmittelimporte nur eine ausgleichende Rolle; sie verhindern, daß die Preise der Agrarprodukte auch noch ihren Wert übersteigen, daß also die Grundbesitzer sich einen Teil des *in der Industrie erzeugten Mehrwerts* aneignen.*

Das Kapital selbst erscheint unter Bedingungen der *relativen Knappheit* auf dem Markt. Durch seine eigene Logik verhindert es übrigens, daß ein Kapitalüberfluß die Verwertung des Kapitals unterhöhlt: eben darin besteht die objektive Funktion zyklischer Krisen.** Aber die »Besitzer von Arbeitskraft« sind von vornherein durch die Bedingungen *relativen Überflusses,* unter denen sie ihre Ware auf dem Markt anbieten, benachteiligt. Dieser Überfluß (die industrielle Reservearmee) ist nicht nur das Ergebnis der historischen Bedingungen, unter denen der Kapitalismus entsteht. Er ist auch ein Resultat des kapitalistischen Produktionsmechanismus, der ständig Menschen durch Maschinen ersetzt und periodisch Massen von Arbeitslosen aus dem Produktionsprozeß »freisetzt«.

Man wird begreifen, daß infolgedessen nicht die Rede davon sein kann, daß diese drei Klassen unter gleichen Bedingungen auf dem Markt verhandeln. Die Würfel sind falsch. Die Spielregeln sind so, daß die eine Klasse (die der Grundbesitzer) souverän die Bedingungen aufstellt, während die andere Klasse (das Proletariat) *akzeptieren muß,* was man ihr anbietet.

Diese Spielregeln wirken um so mehr in diesem Sinne – was die Idee des Austauschs von »Grenzprodukten« ad absurdum führt –, als die Kapitalistenklasse nicht für ihren Lebensunterhalt »arbeitet«, sondern dafür, Kapital zu akku-

* Ähnliche Bedingungen bestehen heute in Ländern wie Indien; in Ländern also, in denen eine »säkuläre Knappheit« an Lebensmitteln herrscht.

** Siehe Kapitel XI.

mulieren. Ihr Lebensunterhalt ist gesichert. Wenn ihnen die Löhne, die die Arbeiter fordern, zu hoch erscheinen, können sie es vorziehen, die Tore ihrer Fabriken zu schließen, anstatt für einen ungenügenden Gewinn oder gar mit Verlust zu arbeiten.

Die Grundbesitzer können es ihrerseits vorziehen, einen Teil ihres Landes brachliegen zu lassen, anstatt es zu einem Preis zu verpachten, der die gesamte Grundrente, die sie beziehen, zu tief sinken ließe. Indem sie diese Böden der Landwirtschaft entziehen, tragen sie übrigens dazu bei, daß die Agrarproduktion vermindert wird und damit ihre Rente in einer späteren Phase wieder auf das alte Niveau steigt.

Das Proletariat befindet sich dagegen in einer besonderen Lage: es besitzt in der Tat keine andere Reserve als die seiner Arbeitskraft, die es verkaufen *muß*, wenn es nicht verhungern will. Da es kaum in der Lage ist, »einen günstigeren Zeitpunkt in der Konjunktur abzuwarten«, ist es gezwungen, einen Lohn anzunehmen, der keineswegs durch die »Grenzproduktivität der Arbeit« bestimmt wird, sondern lediglich vom durchschnittlichen Lebensbedarf des Landes in der betreffenden Epoche. Noch einmal: die Würfel sind falsch!*

Um auf die Beschreibung jener imaginären Gesellschaft zurückzukommen, in der diese »Verhandlung unter gleichen Voraussetzungen« möglich wäre, so müßte einerseits die Bourgeoisie über genügend Lebensmittelreserven verfügen, sagen wir für mehrere Jahre (oder es müßte ausgedehnte Landflächen ohne Besitzer geben); andererseits müßten auch die Arbeiter über Lebensmittelreserven oder über Geld verfügen, das es ihnen gestattete, ihren Bedarf sowie den ihrer ganzen Familie gleichfalls über längere Zeit hinweg zu decken. Unter diesen Bedingungen könnten die »Verhandlungen« zwischen Grundbesitzern, Kapitalisten und Produzenten auf relativ gleichem Fuße zustande kommen; die Einkommensvertei-

* Schumpeter erklärt selbst: »Ein wesentliches Merkmal des Walrasschen Schemas besteht darin, daß sie [die Produktionsleistungen] alle von ihren Eigentümern direkt konsumiert werden können.«86 Er bestätigt damit, daß dieses Schema – die Grundlage der Grenznutzentheorie – die Existenzbedingung des Proletariats verkennt, die gerade dadurch charakterisiert ist, daß der Proletarier eben seine Arbeitskraft nicht konsumieren kann, da er nicht über Produktionsmittel verfügt.

lung, die daraus resultierte, wäre von derjenigen, die in der kapitalistischen Produktionsweise herrscht, radikal verschieden. Aber es ist ganz offensichtlich, daß es in einer solchen Gesellschaft weder ein Monopol des Kapitals noch eine proletarische Klasse geben würde, daß sie also keine kapitalistische Gesellschaft wäre.

Ein Marx-Kritiker, den man vor kurzem zu Unrecht rehabilitieren wollte, L. von Bortkiewicz*, begreift nicht, warum die Grundbesitzer die kapitalistischen Pächter *zwingen* können, die absolute Grundrente selbst auf den unrentabelsten Feldern zu zahlen.[88] Er erörtert dieses Problem auf logische Weise, anstatt ihm historisch zu Leibe zu gehen.** So gesehen ist die Antwort einfach: sie können die Pächter zwingen, die absolute Rente zu zahlen, sie können die Aufgabe der unfruchtbarsten Böden verhindern, solange eine anhaltende Lebensmittelknappheit besteht, d. h. solange wegen der Verzögerung der technischen Revolution in der Landwirtschaft die gesamte Agrarproduktion des Landes gerade ausreicht, seinen Bedarf zu decken.

Entfällt diese Voraussetzung – vor allem durch die Bebauung großer, brachliegender Flächen in Nord- und Südamerika sowie in Australien –, so kann die absolute Grundrente, wie Marx vorausgesehen hat, auf einer Großzahl der Anbauflächen verschwinden. In der Tat wäre in einem Großteil Westeuropas die absolute Grundrente ohne die protektionistische Politik, durch die sie künstlich aufrechterhalten (oder wieder hergestellt) wird, bereits verschwunden. Unter solchen Bedingungen kann nur eine außergewöhnliche Verknappung (vor allem im Falle von Weltkriegen) ein plötzliches Ansteigen der Preise und damit die Wiederherstellung der absoluten Grundrente in ihrem alten »Glanz« herbeiführen.

* So namentlich Sweezy in *The Theory of Capitalist Development*.[87]

** Von Bortkiewicz beweist einen ähnlichen Mangel in historischer Einsicht, wenn er, wie Lexis, Böhm-Bawerk, Sombart, Stolzmann, Cornélissen und andere, versichert, daß die Verwandlung des Wertes in den Produktionspreis keinen wirklichen historischen Prozeß widerspiegele.[89] Heute ist es fast ein Gemeinplatz, daß diese Umwandlung den Übergang von der (auf *stabilen* technologischen Bedingungen gegründeten) einfachen Warenproduktion zur kapitalistischen Gesellschaft darstellt, deren technologische Grundlagen in *unaufhörlicher Revolution* begriffen sind.

X Reproduktion und Wachstum des Volkseinkommens

Neuwert, neue Einkommen und übertragene Einkommen

Eine Gesellschaft, die keine andere wirtschaftliche Tätigkeit kennt als die kapitalistische Warenproduktion, kennt auch keine anderen Einkommen als die, die im Verlauf dieser Produktion geschaffen werden. Die Arbeitskraft hat – wie wir wissen – die doppelte Funktion, einmal den Wert des konstanten Kapitals (Maschinenanlagen, Rohstoffe, Gebäude) zu erhalten, indem sie einen Teil dieses Wertes auf die ständig produzierten Waren überträgt*, und zum anderen den gesamten Neuwert zu erzeugen, über den eine Gesellschaft verfügt. Die erste Eigenschaft macht es möglich, den akkumulierten Vorrat an gesellschaftlichem Reichtum und an Werkzeugen, der das Durchschnittsniveau der Arbeitsproduktivität und des materiellen Standes der Gesellschaft bestimmt, zu erhalten. Die zweite Eigenschaft erlaubt es, ein Einkommen – einen »zusätzlichen Wert« – zu schaffen, das sich in der kapitalistischen Gesellschaft in Arbeitseinkommen (Löhne) und Kapitaleinkommen (Mehrwert) unterteilt.

In der Praxis kennt die bürgerliche Gesellschaft – die einzige, die die Warenproduktion in allumfassender Weise ausübt – indessen noch weitere wirtschaftliche Tätigkeiten und andere Einkommensquellen als diese kapitalistische Produktion. Man kann folgende Sektoren unterscheiden:

a) Den Sektor der einfachen Warenproduktion, der in der kapitalistischen Gesellschaft weiterbesteht (Handwerker und Kleinbauern, die ohne Lohnarbeiter für den Markt arbeiten);
b) den Bereich der Distribution und den des Transportes, der für den Konsum nicht unbedingt erforderlich ist. Die Löhne

* »Der Rohstoff, so vermutet man, erhält ... von der Maschine ... einen zusätzlichen Wert; die Maschine gibt sozusagen einen Teil ihres Werts ab, der dann in das Endprodukt eingeht.«1 Aber die Maschine kann nur unter der Bedingung einen Teil ihres Werts »abgeben«, daß sie von der lebendigen Arbeitskraft benutzt, in Gang gebracht wird. Ohne diese Arbeitskraft verliert die Maschine lediglich an Wert.

dieses Sektors werden von einem Teil des gesellschaftlichen Kapitals bezahlt; die Kapitalisten beziehen einen Teil des gesellschaftlichen Mehrwerts*;

c) den Dienstleistungssektor, dessen Unternehmen (kapitalistische Unternehmer und Lohnarbeiter) gemäß den Konsumentenwünschen spezielle Arbeitsleistungen liefern;

d) den Sektor der öffentlichen Dienste, deren Beamte vom Staat und den untergeordneten Behörden bezahlt werden und die den Konsumenten Dienstleistungen verkaufen (fließendes Wasser, Gas und Elektrizität, das die öffentlichen Unternehmen liefern, müssen in den Bereich der Warenproduktion eingegliedert werden; hier handelt es sich in der Tat um den Verkauf materieller Güter und nicht um spezielle Arbeiten);

e) die öffentlichen Dienste, die den Konsumenten kostenlos vom Staat oder von öffentlichen Unternehmen geliefert werden (unentgeltlicher Volksschulunterricht usw.);

f) die Produktion von Gebrauchswerten, die nicht auf dem Markt erscheinen; die Erzeugnisse von Bauernhöfen, die nur für den Eigenbedarf produzieren; die Produktion innerhalb eines Haushaltes; Basteleien; usw.

Von diesen sechs Sektoren außerhalb der eigentlichen kapitalistischen Warenproduktion bewahren die ersten vier äußerlich die Form von Kauf und Verkauf. Mit Ausnahme des ersten Falls, der eine Produktion von Werten darstellt, ohne jedoch Mehrwert zu erzeugen**, handelt es sich bei diesen

* Siehe Kapitel VI, § »Handelskapital und Handelsprofite« und § »Handelskapital und die in der Distribution beschäftigte Arbeitskraft«.

** Wenn die Bauern oder Handwerker im *Wettbewerb* mit dem kapitalistischen Sektor Waren produzieren, dann können drei Fälle eintreten. Entweder ist ihre Arbeitsproduktivität gleich der Durchschnittsproduktivität, dann verkaufen sie ihre Produkte genau zu ihrem Wert; oder ihre Arbeitsproduktivität ist niedriger als die Durchschnittsproduktivität (wie es gewöhnlich der Fall ist), dann fließt ein Teil des Werts, den sie geschaffen haben, in bestimmte kapitalistische Sektoren, oder aber ihre Produktivität ist – ausnahmsweise – höher als die Durchschnittsproduktivität (oder, was auf das gleiche hinausläuft, die gesamte Produktion eines Handwerkszweiges reicht nicht aus, um den Konsumbedarf zu decken), dann eignen sich diese einfachen Warenproduzenten einen kleinen Teil des im kapitalistischen Sektor der Wirtschaft erzeugten Mehrwerts an. Dieser letzte Fall tritt vor allem in Perioden plötzlicher Knappheit auf, während Kriegen oder unmittelbar danach, usw.

Sektoren nicht um Kauf und Verkauf materieller Güter, sondern um Kauf und Verkauf von Arbeitszeit, von Facharbeit usw. Was die beiden letzten Sektoren betrifft, so liegen sie außerhalb der Warenproduktion.

In der kapitalistischen Gesellschaft führt die *Zirkulation der Waren* dazu, daß diese produktiv oder unproduktiv konsumiert werden; in den Zwischenstufen, die die Waren vor ihrer Konsumierung durchlaufen, entsteht kein neuer Wert. Die Unternehmen, die sie während dieser Phasen besitzen, können sich nur dadurch einen Profit sichern, daß sie sich einen Teil des Mehrwerts aneignen, der schon vorher im Verlauf der Produktion erzeugt worden ist. Aber bei den Tätigkeiten in der Sphäre der Distribution entstehen *neue Einkommen* – die Einkommen der in diesem Wirtschaftszweig arbeitenden Arbeiter und Angestellten. *Diese Einkommen sind nicht Teile des von den produktiven Arbeitern ständig erzeugten Mehrwerts; sie verkörpern vielmehr einen Teil des in diesem Sektor investierten gesellschaftlichen Kapitals.*

Es erhebt sich die Frage, ob diese Einkünfte die Tendenz haben, die Löhne der Industriearbeiter herabzudrücken. Eine solche These kann jedoch nur auf der Grundlage der »Lohnfondstheorie« verteidigt werden, einer Theorie, die annimmt, daß die während eines bestimmten Zeitabschnitts ausgezahlte Gesamtlohnsumme von vornherein feststeht. In Wirklichkeit träfe dies nur zu, wenn das gesellschaftlich verfügbare Kapital restlos investiert würde, wenn, mit anderen Worten, jede Geldsumme, die nicht im Handel (oder im Dienstleistungssektor) angelegt worden ist, automatisch in die Industrie gesteckt würde und die organische Zusammensetzung des Kapitals starr und unveränderlich wäre.

Tatsächlich ist keine dieser Bedingungen erfüllt. Die Verteilung des gesellschaftlichen Kapitals auf die verschiedenen Wirtschaftszweige; die Aufteilung der Einkommen in Mehrwert (neues, potentielles Kapital) und Löhne; die Verteilung des kapitalisierten Mehrwerts auf neues konstantes Kapital und neue Löhne (variables Kapital); die Aufteilung der Ersparnisse (des neuen, potentiellen Kapitals) in Investitionen und Schatzbildung – all dies hängt von zahlreichen Beziehungen und mannigfachen Mechanismen ab, die sehr viel komplizier-

ter sind, als die Anhänger der »Lohnfondstheorie« vermuten.*
Die Warenproduktion und die Verteilung des verfügbaren gesellschaftlichen Kapitals schaffen somit im wesentlichen die Einkommen der (produktiven und unproduktiven) Arbeiter und die Einkommen der Kapitalisten (in den verschiedenen Investitionsbereichen des Kapitals). Aber die *Zirkulation* der Einkommen kompliziert dieses Schema; wenn sie für den Kauf von Waren verwendet werden, realisieren sie lediglich deren Wert und lassen keine neuen Einkommen entstehen; wenn man mittels derselben Einkommen Dienstleistungen** kauft, ruft dies die Illusion hervor, daß hierdurch neue Einkommen entstünden. In Wirklichkeit handelt es sich nur um Einkommensübertragungen.
Es ist nicht leicht, die Grenze zwischen neuen Einkommen und übertragenen Einkommen zu ziehen. Aber für die adäquate Beurteilung des wirtschaftlichen Wachstums, für den zeitlichen und räumlichen Vergleich des Volkseinkommens ist sie unabdingbar. Wenn es sich nur darum handelt, das Volkseinkommen eines einzigen Landes innerhalb eines sehr kurzen Zeitraumes zu berechnen, kann man das Problem als rein konventionell ansehen; wenn man indes die Berechnung über eine lange Periode ausdehnen und noch internationale

* Jean Marchal und Jacques Lecaillon2 betreiben recht byzantinische Exegesen an zeitgenössischen marxistischen Schriften, um zu beweisen, daß nach Marx die Kosten der unproduktiven Löhne von den produktiven Löhnen abgezogen werden, d. h. diese vermindern. Sie zitieren zwar auch Texte, die einen gegenteiligen Standpunkt vertreten. Ihre gesamte Untersuchung ist jedoch von Grund auf falsch, weil sie nicht von den *tatsächlichen Bedingungen* ausgehen, *unter denen sich die Akkumulation des Kapitals vollzieht.* In einer Epoche, in der jene Investitionsfelder, die einen höheren als den Durchschnittsprofit abwerfen, fehlen, die Realisierung des Mehrwerts immer schwieriger wird, tendiert die Entwicklung der unproduktiven Sektoren vor allem dahin, die chronische Arbeitslosigkeit zu begrenzen, und ermöglicht es daher, daß die Reallöhne eine größere Stabilität erlangen (oder sogar steigen).
** Eine Dienstleistung ist der Nutzeffekt eines Gebrauchswertes – wobei es sich hauptsächlich um die Leistung von Facharbeit handelt –, dessen Produktion und Konsumtion zusammenfallen, da der Gebrauchswert nicht in einem materiellen Produkt verkörpert ist.

Vergleiche miteinbeziehen muß, wird es zu einer entscheidenden Frage.

Läßt man die Unterscheidung zwischen neuem Wert, neugeschaffenem gesellschaftlichem Einkommen und bloß übertragenem Einkommen außer acht, so gerät man notwendigerweise in eklatante Widersprüche, z. B. in das berühmte *Pigousche Paradoxon.* Wenn man dem Volkseinkommen einer Nation die Löhne der Bediensteten hinzufügt, dann kommt man zu dem Schluß, daß das Volkseinkommen sinkt – daß die Nation ärmer wird –, wenn die Junggesellen ihre Haushälterinnen heiraten, die nun für die gleiche Arbeit, die sie vor ihrer Heirat ausgeführt haben, kein Geld mehr bekommen.[3] Die Umwandlung von einer Million Bettler in Produzenten (z. B. in Ackerbauern, auf dem Wege der inneren Kolonisierung) steigert in keiner Weise den nationalen Reichtum, solange die Geldeinkommen dieser Produzenten nicht höher sind als die, die sie zuvor als Bettler hatten.*

Die Haltung der akademischen Wissenschaft ist diesbezüglich widerspruchsvoll. Bei der Berechnung des Volkseinkommens eliminiert sie eine ganze Reihe bezahlter Tätigkeiten oder solcher Einkommen, die als übertragene Einkommen angesehen werden (vor allem die Einkommen von Arbeitslosen, der Polizei, der staatlichen Feuerwehrleute usw.)**.[5] Sie bezieht aber dieselben Tätigkeiten mit in die Rechnung ein, sobald diese nicht mehr in den öffentlichen, sondern in den privaten Bereich fallen. Sie eliminiert aus dem Volkseinkommen sämtliche Preiszuschläge, die aus den indirekten Steuern entstehen, schließt dagegen die – meist völlig willkürlichen – Preissteigerungen der Dienstleistungen ein, die keinerlei neuen Wert schaffen, sondern einzig und allein die Einkommen, die von anderen Sektoren auf den Dienstleistungssektor *übertragen werden,* erhöhen.

Wohlgemerkt, diese beiden Additionsreihen sind für jeweils verschiedene Zwecke nützlich. Die Gesamtsumme der Einkommen *aller Haushalte, privaten und öffentlichen Unternehmen*

* Bauer und Yamey machen darauf aufmerksam, daß die Einkommen der Bettler in zahlreichen unterentwickelten Ländern durchaus nicht unbedeutend sind.[4]

** Insoweit diese Tätigkeiten aus dem indirekten Steuerprodukt bezahlt werden.

liefert für verschiedene Analysen die erforderlichen Daten; beispielsweise für die Bestimmung der Grenze des monetären Gesamteinkommens, von der an bei gegebener Produktionskapazität die Gefahr einer Inflation entsteht. Der entscheidende Begriff für das Abschätzen der Möglichkeiten und sukzessiven Richtpunkte des wirtschaftlichen Wachstums ist aber die Gesamtsumme des in der Gesellschaft *erzeugten Nettoneuwertes*. Die Berechnung des Volkseinkommens, wie sie gegenwärtig von der offiziellen Wissenschaft des Westens praktiziert wird, stellt einen zwitterhaften Kompromiß zwischen zwei Größen dar, der in beiderlei Hinsicht zu schweren Irrtümern führt.
Verschiedene Autoren erkennen die Berechtigung dieser These stillschweigend an. In *The Organization Man*[6] schreibt William H. Whyte mit vollem Recht: »Die große Mehrheit der kleinen Firmen kann nicht auf eine Ebene mit der Großfirma gestellt werden. Vor allem gehören sie selten zur eigentlichen Industrie; zum Großteil sind es Wäschereien, Versicherungsagenturen, Restaurants, Drugstores, Flaschenabfüllbetriebe, Holzhandlungen und Autoverkaufsstellen. Gewiß, sie sind lebenswichtig, aber im wesentlichen sind sie nur Diener der Wirtschaft; sie schöpfen in ihrem Gebiet kein neues Geld, und sie hängen letztlich von der Industrie und der Landwirtschaft ab, die dies tun.«*
Carl Shoup wiederum schreibt: »Die Analyse des Volkseinkommens bezieht sich auf die Produktion und reserviert den Begriff ›Investition‹ für alles, was mit der laufenden oder der vergangenen Produktion zusammenhängt. Der Kauf einer Aktie stellt in der Terminologie der Volkseinkommensberechnung keine Investition dar, selbst dann nicht, wenn es sich um eine Neuausgabe handelt.«[8]**

* Das obige Zitat ist um so wertvoller, als es sich auf die höchstentwickelten kapitalistischen Länder der Welt bezieht. Gewisse Autoren, unter anderem J. Markowitsch[7], haben versichert, daß man in den rückständigen Ländern den Kauf von Dienstleistungen zutreffend als Transferausgaben ansehen könne; nicht mehr dagegen in den fortgeschrittenen Ländern. Man könne vor allem nicht *den Austausch von Dienstleistungen gegen Dienstleistungen* außer acht lassen. Indessen muß selbst nach der heutigen akademischen Methode der Kauf einer Dienstleistung durch einen Arbeitslosen vernachlässigt werden. Die Übertragung auf der dritten Stufe ändert nichts an dem Problem.

** Derselbe Autor verfällt jedoch sofort in den Irrtum, produktive und

Um den (Brutto-)*Wert der Jahresproduktion* eines Landes zu ermitteln, kann man nicht einfach den Wert aller Waren zusammenzählen, die im Verlauf dieses Jahres die Unternehmen verlassen. Denn in diesem Fall würde man unweigerlich Doppelzählungen vornehmen, da gewisse Endprodukte eines Unternehmens in Form von Rohstoffen in den Endwert der Produkte eines anderen Unternehmens eingehen. Man muß entweder von allen nichtfertigen Produkten völlig abstrahieren und zu dem Wert der jährlich erzeugten Endprodukte lediglich die Schwankungen der Rohstoffvorräte hinzufügen oder aber den in jedem Unternehmen hinzugefügten Wert aufaddieren.[10]
Anders darf man auch nicht verfahren, wenn es darum geht, das *neue Volkseinkommen* eines Landes in derselben Periode zu ermitteln. Ebensowenig, wie man einfach den Wert aller Waren addieren kann, kann man einfach sämtliche Individualeinkommen zusammenzählen. Man muß ganz klar feststellen, welche der durch die Produktion geschaffenen Einkommen eine Nettoaddition zum Volkseinkommen verkörpern, und welche Einkommen lediglich das Ergebnis privater oder öffentlicher Transferzahlungen sind. Sonst enthält die Gesamtsumme der Einkommen, genau wie im Falle der Preissumme aller Waren, Doppelzählungen.*

unproduktive Arbeit zu verwechseln, wenn er fortfährt: »Nach der Art, wie man das Volkseinkommen heute berechnet, wäre es in einem Lande, wo die häuslichen Arbeiten außerhalb der Wohnung oder an Ort und Stelle gegen Bezahlung ausgeführt werden, und die Haushaltsmitglieder, die so [in der Tat] gewonnene Zeit dazu verwenden, ihrerseits gegen Bezahlung zu arbeiten, höher als in den Ländern, in denen die Familienmitglieder diese Dienste selbst verrichten. In Wirklichkeit ist die Produktion des ersten Landes auch nicht höher, wie es die Differenz dieser beiden Ziffern des Volkseinkommens glauben machen will.«[9]
Der Autor vergißt, daß die zu Arbeitern gewordenen Haushaltsmitglieder während dieser »so gewonnenen Zeit« neue Waren produzieren und neue Werte schaffen, was sich nun einmal in der Berechnung des Volkseinkommens widerspiegelt. Und selbst unter dem Aspekt einer nationalen Rechnungsführung in Arbeitsstunden ist die Ersparnis, die dadurch zustande kommt, daß die häuslichen Dienste von Spezialbetrieben ausgeführt werden, ganz ungeheuer.

* Während die Einkommen von kleinen Dienstleistungsbetrieben als

Bis jetzt haben wir in das Modell der »reinen« Gesellschaft von Warenproduzenten nur die Personen eingeführt, die im Bereich der Distribution tätig sind, sowie solche, die den Konsumenten persönliche Dienstleistungen verkaufen. Wir müssen nun noch all die Wirtschaftsbeziehungen hinzunehmen, die die Tätigkeiten der Behörden, der sogenannten »öffentlichen Gewalt« im weitesten Sinne des Wortes, charakterisieren.

Wenn der Staat selbst Warenproduzent ist, treten die Einkommen, die aus dieser Produktion hervorgehen, natürlich zu den Einkommen des gesamten in Betracht gezogenen Gemeinwesens hinzu. In diesem Falle ist es unwichtig, daß diesmal nicht eine Gruppe von Kapitalisten, sondern der Staat sich den »Gewinn« (oder den »Verlust«), d. h. den entstandenen Mehrwert aneignet. Unwichtig ist auch, ob die Erzeuger Beamte sind oder nicht.

Aber in den kapitalistischen Ländern entspringt der Großteil der Staatseinkünfte und der Einkommen, die er verteilt, nicht der Produktion und dem Verkauf von Waren durch den Staat selbst. Im wesentlichen gibt es vier Quellen:

a) *Direkte Steuern:* Die direkten Steuern stellen einen Teil der durch die Warenproduktion geschaffenen Einkommen dar, also einen Teil der Löhne und des Mehrwerts, der im Verlauf der betreffenden Periode erzeugt worden ist.

b) *Staatsanleihen:* Die Staatsanleihen übertragen einen Teil des akkumulierten nationalen Reichtums von Privatpersonen auf den Staat. Hierzu kann man einen kleinen Teil der Löhne von hochqualifizierten Facharbeitern rechnen, der für den Ankauf von Staatspapieren verwendet wird. Die Einkünfte, die der Staat auf diese Weise erhält, stammen somit aus dem akkumulierten oder akkumulierbaren Mehrwert und aus den Ersparnissen der Mittelklassen, die so in Kapital verwandelt werden. Im Austausch dafür überträgt der Staat den Anleihezeichnern einen Teil seiner eigenen laufenden Einnahmen.

Transferzahlungen angesehen werden müssen und die Löhne der im Handel oder in kapitalistischen Dienstleistungsbetrieben Beschäftigten als Teile des gesellschaftlichen Kapitals – die beide also nicht das Volkseinkommen erhöhen –, sind dagegen die *Gewinne* der kapitalistischen Handels- und

c) *Die indirekten Steuern:* Zölle, Verbrauchssteuern, Umsatzsteuer usw. Es handelt sich nicht um einen Teil schon vorher entstandener Einkommen, die nun umverteilt werden, sondern um einen *allgemeinen Aufschlag auf den Verkaufspreis der Waren,* was über eine allgemeine Preissteigerung eine *Verminderung der Realeinkommen* aller Konsumenten mit sich bringt. Diese Verminderung ist nicht proportional dem *Gesamteinkommen,* sondern nur dem Einkommen, das für Güter ausgegeben wird, die mit dieser Steuer belegt sind. Fast die gesamten Löhne werden für diese Güter verausgabt, wohingegen die Bourgeoisie nur einen geringen Teil ihres Einkommens für diesen Konsum verwendet. Die indirekten Steuern treffen somit die Arbeiter härter als die Kapitalisten; sie sind die bevorzugten Steuerinstrumente einer jeden reaktionären kapitalistischen Regierung, zumindest insofern, als bei den gebräuchlichen Konsumgütern nicht systematisch die Steuer auf Kosten der Luxuserzeugnisse herabgesetzt wird.

d) *Die inflationistische Emission von Banknoten:* Die inflationistische Emission von Banknoten stellt für den Staat – wenn sie in gewissen Grenzen bleibt – eine echte Einnahmequelle dar, da sie es ihm erlaubt, mit entwerteten Banknoten Waren einzukaufen und Gehälter zu zahlen. Sie hat die gleichen Auswirkungen wie eine Erhöhung der indirekten Steuern: allgemeine Teuerung, die die Lohnarbeiter und die Kleinverdiener sehr viel härter trifft als die begüterten Klassen, die einen bedeutenden Teil ihrer Einkommen in »festen Werten« (Gold, ausländischen Devisen, Immobilien, Industrieaktien, Kunstgegenstände usw.) anlegen können.

Diese vier Formen der Staatseinkünfte sind somit nichts anderes als eine – direkte oder indirekte – Aneignung durch den Staat in Form einer Verminderung der Realeinkommen durch Erhöhung der Preise; Einkünfte also, die aus der Warenproduktion oder der nachträglichen Umverteilung durch die Zirkulation der Einkommen und der Waren resultieren. Bei der Bestimmung des Wachstums (oder der Abnahme) des neugeschaffenen Wertes, d. h. des Netto- Volkseinkommens, dürfen diese Größen nicht miteinbezogen werden. Um dieses Einkommen zu berechnen, kann man von den Bruttolöhnen und

Dienstleistungsbetriebe Teile des gesellschaftlichen Gesamtmehrwerts und gehören darum durchaus zum Gesamtvolkseinkommen.

dem Bruttomehrwert ausgehen; es ist ferner möglich, von den Nettoeinkommen auszugehen, zu denen man dann die gesamten direkten Steuern zählt und von denen man die Auswirkungen der Geldinflation abzieht, indem man mit stabilen Preisindizes arbeitet.[11]

Wenn der Staat nicht selbst Produzent ist, sondern sich nur die aus der Produktion stammenden Einkommen aneignet, kann die Art, wie er über diese Einkünfte verfügt, einen entscheidenden Einfluß auf die Höhe des Netto-Volkseinkommens haben, d. h. auf das Niveau der Produktion selbst. Seine Ausgaben betreffen den Kauf von Waren, Investitionsausgaben, Gehalts- oder verschiedene Transferzahlungen sowie die Zahlung der Zinsen von Staatsschulden. Wenn der Staatshaushalt einen bedeutenden Teil des Volkseinkommens aufsaugt, vermag die Verteilung seiner Ausgaben auf die verschiedenen obenerwähnten Sektoren die »spontane« Verteilung der Nachfrage nach verschiedenen Waren zu verändern, also den allgemeinen Ablauf der Geschäfte zu beeinflussen und sogar die Entwicklung des industriellen Kreislaufs zu modifizieren.*

Die Verteilung des Mehrwerts

Eine offizielle japanische Veröffentlichung[12] gibt für das Jahr 1951 folgende Verteilung des »hinzugefügten Werts« (d. h. des neugeschaffenen Werts) in der gesamten japanischen Industrie an:

Löhne und Gehälter	706,8 Milliarden Yen
Zinsen und Renten	111,8 Milliarden Yen
Steuern	317,2 Milliarden Yen
Dividenden	40,3 Milliarden Yen
Unverteilte Gewinne	150,9 Milliarden Yen
	1 327,0 Milliarden Yen

Die Mehrwertrate scheint sich (unter Berücksichtigung des Mehrwerts, den sich jene Kapitalisten aneignen, die außerhalb der Produktion wirksam sind) auf rund 100 % zu be-

* Diese Probleme werden im letzten Teil dieses Kapitels und im folgenden Kapital ausführlicher behandelt, ferner in Kapitel XIV, § »Ein Kapitalismus ohne Krisen?«.

laufen. In Wirklichkeit aber enthält die Kategorie *Löhne und Gehälter* das Einkommen des ganzen höheren Verwaltungspersonals (Direktoren, Mitglieder der Verwaltungsräte), die soziologisch viel eher zur bürgerlichen Klasse als zur arbeitenden Klasse zählen. Diese Einkünfte müssen zum Mehrwert hinzugezählt werden:

»Während ein Teil der Gehälter und Spesen der Direktoren und Mitglieder der Verwaltungsräte von den Nationalökonomen zur Kategorie der Löhne gezählt werden müßte, ist ein anderer Teil Gegenwert einer Brutto-Vertragssumme oder einfach ein Teil des Gewinns in dem Sinne, wie wir ihn verstehen.«[13]

Und Woytinsky[14] kritisiert mit vollem Recht die amtlichen Statistiken, die in die »Arbeitseinkommen« »die Tantiemen der Direktoren und Verwaltungsräte von Aktiengesellschaften, die Gehälter von hohen Staatsbeamten und noch viele andere Posten« miteinbeziehen. »Die Statistiken über das Volkseinkommen zeigen fast immer eine Tendenz zur Überschätzung der Arbeitseinkommen, während sie die anderen Einkommensformen unterschätzen.«

Um auf die japanische Tabelle zurückzukommen: die Summe der eigentlichen Löhne beträgt also weniger als 700 Milliarden Yen und liegt wahrscheinlich sogar noch unter 663,5 Milliarden Yen, d. h., sie macht nicht einmal die Hälfte des »hinzugefügten Werts« in der Industrie aus. Nehmen wir jedoch einmal an, daß die Lohnmasse genau die Hälfte dieses »hinzugefügten Werts« von 1 327 Milliarden Yen, also 663,5 Milliarden Yen ausmachte. In diesem Fall beläuft sich der augenscheinliche Mehrwert ebenfalls auf 663,5 Milliarden Yen und verteilt sich folgendermaßen:

Fabrikdirektoren, Mitglieder der Verwaltungsräte usw.	43,3 Milliarden Yen
Banken, Rentiers, Grundbesitzer	118,8 Milliarden Yen
Aktionäre	40,3 Milliarden Yen
Unverteilte Gewinne (Akkumulationsfonds der Unternehmen)	150,9 Milliarden Yen
Staat (Steuern)	317,2 Milliarden Yen
	663,5 Milliarden Yen

Im Falle Japans (wie bei den meisten großen Industrieländern) eignet sich der Staat einen ganz beträchtlichen Teil des »hinzugefügten Werts« (des in der Industrie entstehenden Mehrwerts) an. Man muß jedoch darauf hinweisen, daß es sich dabei weitgehend um eine *Umverteilung des Mehrwerts* auf die verschiedenen Sektoren der Bourgeoisie handelt. Denn diese profitiert in der Tat von den Staatsschulden, den Staatsaufträgen und den Gehältern der hohen Würdenträger und Beamten des Staates, der Armee, der Kirche, der Justiz usw.

Der insgesamt erzeugte *Mehrwert* liegt im übrigen weit *höher* als die Summe der obigen Addition. Die statistischen Ämter Japans haben den »hinzugefügten«, d. h. den von den Arbeitskräften »neu geschaffenen« Wert tatsächlich so berechnet, daß sie an den Toren der Fabriken stehengeblieben sind. Wir wissen, daß die *Handelsprofite,* die in dieser Statistik nicht enthalten sind – sowie der Teil dieser Gewinne, den die Händler ihrerseits an Banken, Grundbesitzer, Staat usw. abführen müssen –, gleichfalls einen Teil des von den Arbeiterproduzenten insgesamt erzeugten Mehrwerts darstellen. Betrachtet man die Verteilung dieses Mehrwerts von einem funktionellen Standpunkt aus, so kann man folgende Einkommenskategorien feststellen:

– Unternehmer- und Gründerprofite, die teils durch die Gehälter der Direktoren und Mitglieder der Verwaltungsräte, verkörpert werden, teils durch die Dividenden (auf Vorzugsaktien, Gründeranteile usw.) und teils durch die unverteilten Gewinne, über die die Unternehmer *verfügen,* wenn sie sie nicht als Einkommen im eigentlichen Sinne des Wortes verwenden;

– Handelsprofite, die durch die Einkommen der großen und mittleren Händler, die Dividenden und die unverteilten Gewinne der Handelsgesellschaften auf Aktienbasis repräsentiert werden;

– Zinsen (Einkommen von Personen, Gesellschaften und Institutionen, die Geldkapital verleihen);

– Bankgewinne, die teils als Zinsen und teils als unverteilte Gewinne oder Dividenden der Banken in Erscheinung treten;

– Grundrente, d. h. Einkommen der Grundbesitzer (oder der Immobiliengesellschaften), die gleichfalls von der Gesamtmasse des gesellschaftlichen Mehrwerts abgezogen werden muß.

Zumindest in den wichtigsten kapitalistischen Ländern kann, wenn keine von der Bourgeoisie getrennte Grundbesitzerklasse mehr besteht, die Gesamtheit dieser Einkommen als Einkommen der Bourgeoisie betrachtet werden, deren Verteilung lediglich einen (Konkurenz-)Kampf in dieser oder jener Form zwischen den verschiedenen Teilen dieser Klasse veranlaßt.

Der Ursprung aller in der kapitalistischen Gesellschaft zu Verteilung kommenden Einkommen wird in der nachstehenden Tabelle über das Volkseinkommen in den Vereinigten Staaten von 1947 noch deutlicher[15]:

Löhne und Gehälter	121 913 Millionen Dollar
Sozialversicherungsbeiträge	5 588 Millionen Dollar
Persönliche Unternehmereinkommen	45 997 Millionen Dollar
Zinsen	4 295 Millionen Dollar
Dividenden	6 880 Millionen Dollar
Unverteilte Gewinne	11 195 Millionen Dollar
Körperschaftsteuern	11 709 Millionen Dollar

Der einzige Posten in dieser Tabelle, der ein Problem aufwirft, ist der Profit der sog. selbständigen Betriebe. In diesem Posten ist das Einkommen der bäuerlichen Produzenten, der Handwerker usw. enthalten, das man nicht in seiner Gesamtheit als Mehrwert ansehen kann. Aber abgesehen von dieser Einschränkung wird die Gesamtmasse des Mehrwerts von der Summe aller Posten außer den Löhnen und den Sozialversicherungsbeiträgen bestimmt.

Der Posten der eigentlichen »Löhne« – in dem übrigens die Einkommen der im Handel, von Banken, Transportgesellschaften usw. beschäftigten Lohnarbeiter enthalten sind – stellt oft nur einen erstaunlich geringen Teil des Postens »Löhne und Gehälter« dar. So wurden Großbritannien 1951 insgesamt 8,4 Milliarden £ als Arbeitseinkommen« ausgewiesen, aber nur 5 Milliarden £, also 60 % davon, waren Löhne. Die Gehälter – die das britische Blaubuch als das Einkommen nicht manuell tätiger Personen definiert, d. h. als Einkommen von Direktoren, Führungspersonal, Werkmeistern, Technikern, Büroangestellten, Forschern usw. – beliefen sich auf

2,5 Milliarden £. Der Arbeitgeberanteil für die Sozialversicherungskassen betrug 500 Millionen £, der Sold der Streitkräfte 300 Millionen £ usw.[16]

Sozialprodukt und Volkseinkommen

Der Wert sämtlicher Fertigprodukte, die innerhalb eines bestimmten Zeitraumes (z. B. eines Jahres) von der Gesellschaft (von einem Land) hergestellt werden repräsentieren den Wert des *Brutto-Sozialprodukts (*des Brutto-Nationalprodukts).[17]
Der Wert dieses Brutto-Sozialprodukts setzt sich aus dem neu geschaffenen Wert und dem erhaltenen Wert zusammen. Betrachtet man die während des Jahres *zusätzlich* erzeugten Rohstoffe als Fertigprodukte, dann setzt sich der erhaltene Wert, der in dem Brutto-(National-)Produkt steckt, aus dem Wert des verbrauchten fixen Kapitals (Maschinen, Industrieanlagen, Industriegebäude usw.) und dem Wert des verbrauchten und reproduzierten Rohstoffvorrats zusammen. Der neugeschaffene Wert, das sogenannte *Netto-(National-)Produkt,* ist somit gleich dem Wert aller hergestellten Waren minus dem Wert des erhaltenen konstanten Kapitals. Oder, mit anderen Worten: der Wert des Netto-Jahresproduktes ist gleich dem Wert aller erzeugten Konsumgüter sowie dem Wert aller neuen Produktionsmittel[18]. Wir stoßen hier auf den Unterschied zwischen dem *Wert des Jahresprodukts* $(c + v + m)$ und dem jährlich neugeschaffenen Wert $(v + m)$. Dieser neue Wert kann leichter gefunden werden, wenn man einfach den in sämtlichen Unternehmen neugeschaffenen Wert (den hinzugefügten Wert – *value added*) zusammenzählt.
Angenommen, sämtliche im Verlauf eines Jahres erzeugten Waren sind tatsächlich verkauft worden; dann hat die Produktion dieser Waren folgende Einkommen entstehen lassen: v, Gesamtlohn aller Arbeiter; m, Gesamtmehrwert der Bourgeoisie (der sich so wie in der obigen Beschreibung zusammensetzt). Wenn man in Preisen rechnet, muß man noch die indirekten Steuern hinzuzählen, die auf den Verkaufspreis aufgeschlagen werden und die der Staat dann einzieht[19]; dabei muß man der Tatsache Rechnung tragen, daß zu den erzeugten Waren (und den verteilten Einkommen) auch die

vom Staat erzeugten Waren gehören. *Das (Volks-)Einkommen ist somit gleich dem Netto-(National-)Produkt zu Marktpreisen,* abzüglich der indirekten Steuern, oder besser: Das Volkseinkommen ist gleich dem Gesamtwert aller Fertigprodukte minus dem Wert des erhaltenen konstanten Kapitals (wobei man die indirekten Steuern als einen willkürlichen Zuschlag auf den Wert ansieht).

Ruggles[20] bringt folgende Tabelle über das *Brutto-Nationalprodukt* der Vereinigten Staaten im Jahre 1947 (in Millionen Dollar), die es uns erlaubt, ohne Schwierigkeiten unsere grundlegenden Kategorien wiederzufinden.*

Verbrauchtes fixes konstantes Kapital	Amortisationskosten	13 289			Brutto-Nationalprodukt zu Marktpreisen
variables Kapital	Löhne und Gehälter	121 913	Volkseinkommen zu Faktorkosten	Netto-Nationalprodukt zu Marktpreisen	
	Sozialversicherungsbeiträge	5 588			
Mehrwert**	Einkommen einzelner Unternehmer	45 997			
	Nettozinsen	4 293			
	Dividenden	6 880			
	Gewinnsteuern	11 709			
	unverteilte Gewinne	11 195			
willkürlicher Zuschlag auf die Preise der Waren	indirekte Steuern	18 488			

In der Gleichung zwischen *Einkommen* und *Wert der erzeugten Waren* wird das Wort »Einkommen« indes in einem ganz besonderen Sinn verwendet. Es beziechnet lediglich eine *potentielle Kaufkraft*. Sehen wir uns jedoch die Einkommen etwas näher an.

Die Einkommen der Arbeiter, die Löhne, werden im allgemeinen sehr rasch verausgabt, gegen Waren eingetauscht. Die Arbeiterklasse kann nur dadurch fortbestehen, daß sie ihren

* Der Preis des zirkulierenden, während des Jahres erneuerten konstanten Kapitals, der reproduzierte Rohstoffvorrat, ist in dieser Tafel ebenfalls in seine Grundelemente zerlegt worden: *c(fix)+ v + m + indirekte Steuer.* Diese Operation ist, vom marxistischen Standpunkt aus gesehen, gültig, wenn der Wert dieses Vorrates erhalten bleibt. Denn wenn die Rohstoffe, die bei der Produktion in die Fertigerzeugnisse einverleibt worden sind, keinen neuen Wert, sondern erhaltenen Wert darstellen, dann entsteht bei der *Produktion* dieser Rohstoffe neuer Wert.

** Mit Ausnahme eines Teils der Einkommen unabhängiger Erzeuger.

Lohn zu Waren macht. Die Einkommen der Kapitalisten zerfallen dagegen in zwei Teile: in einen *unproduktiv konsumierten* Teil, der im allgemeinen ebenfalls in Konsumgüter umgewandelt wird, um den Lebensbedarf der bürgerlichen Klasse zu sichern; und in einen *gesparten* Teil, der also nicht in Konsumgüter umgewandelt wird. Dieser Teil der Einkommen der Bourgeoisie spaltet sich nun seinerseits in einen Teil, der *investiert* wird (der dazu dient, zusätzliche Produktionsmittel einschließlich zusätzlicher Rohstoffvorräte sowie Güter oder Werte zu kaufen, die einen Ertrag abwerfen) und in einen zweiten Teil, der *thesauriert*, also in Form von Geldkapital für kurze oder längere Zeit gehortet wird.[21]
Damit sämtliche während eines bestimmten Zeitraums erzeugten Waren tatsächlich verkauft werden, müssen die gesamten im Verlauf dieser Periode zur Verteilung gelangten Löhne auch wirklich verausgabt werden. Da ein Teil der Einkommen der Bourgeoisie ein Teil des Mehrwerts – thesauriert wird, findet ein entsprechender Teil der erzeugten Waren keinen unmittelbaren Käufer. Bei der Berechnung des Nationalprodukts – wie sie gewöhnlich durchgeführt wird – wächst ein Posten »Vorräte« zeitweilig an. Aber wenn sich dieser Prozeß so weit entwickelt, daß er zu einer Absatzkrise führt, dann vermindert die Preissenkung, die dem Krach folgt, den absoluten Wert dieses Postens und des Bruttoprodukts bis auf die Höhe des Wertes der Rohstoffe usw., die durch die Produktion tatsächlich ersetzt werden.

All dies ist natürlich nur eine grobe Annäherung. Um eine genaue Rechnung aufzustellen, müßte man noch eine große Zahl anderer Faktoren berücksichtigen. Der Verkauf einer Ware schafft nicht nur Einkommen, er erbringt auch den Gegenwert des verbrauchten konstanten Kapitals (Summen, die dazu dienen, den Rohstoffvorrat zu erneuern und das fixe Kapital zu amortisieren). Dieser Gegenwert kann vorübergehend als zusätzliche Kaufkraft für Waren fungieren, die in keiner Beziehung zu dieser Erneuerung des konstanten Kapitals stehen. In diesem Fall kann der Verkauf aller erzeugten Waren die Verminderung des gesellschaftlichen Kapitals, über das ein Land verfügt, verschleiern.

Die Rohstoffvorräte können in zweierlei Hinsicht Schwankungen unterliegen. Wenn sie ansteigen, kann ein Teil ihres

Gegenwertes für den Kauf anderer Waren verwendet werden, wodurch trotz der Thesaurierung eines Teils des Mehrwerts erneut angezeigt wird, daß alle während dieser Periode erzeugten Waren tatsächlich verkauft werden konnten.
Auch muß man der Preisbewegung Rechnung tragen. Wenn zwischen der Zeit der Produktion und des Verkaufs der Waren die Preise sinken, können die im Augenblick der Produktion zur Verteilung gelangten Einkommen zum Kauf aller erzeugten Waren verwendet werden, selbst wenn ein Teil dieser Einkommen thesauriert worden ist. Schließlich sind noch die Einwirkungen der Beziehungen zum Ausland zu berücksichtigen. Ein Netto-Kapitalexport hat im Grund die gleichen Auswirkungen wie die Thesaurierung eines Teils des Mehrwerts; ein Netto-Kapitalimport dagegen schafft in bezug auf die in dem Land erzeugten Waren eine zusätzliche Nachfrage. Ebenso vermindert eine aktive Handelsbilanz im Prinzip die Masse der verfügbaren Waren in bezug auf die durch die Produktion entstandenen Einkommen. Umgekehrt vermehrt eine passive Handelsbilanz die im Lande zirkulierenden Waren in bezug auf die durch die Inlandsproduktion geschaffenen Einkommen.
Trotz dieser und noch anderer Einschränkungen kann zwischen dem (im Laufe eines Jahres verteilten) Volkseinkommen und dem Wert der innerhalb der gleichen Periode erzeugten Waren eine relativ einfache Beziehung aufgestellt werden, die es erlaubt, den Ursprung des zyklischen Verlaufs der kapitalistischen Produktion, den Ursprung der Krisen, zu bestimmen: die zeitliche Trennung der Produktion der Waren – und der damit verbundenen Verteilung der Einkommen – von der Realisierung ihres Wertes durch ihre Besitzer. Das Problem der Realisierung des Mehrwerts konnte für die kapitalistischen Warenbesitzer nur entstehen, weil die Verteilung der Kaufkraft und die Produktion der Waren nicht automatisch zusammenfallen.

Einkommensverteilung und Realisierung der Warenwerte

Das Verhältnis zwischen den im Verlauf der Produktion verteilten Einkommen und den auf den Markt gebrachten Waren als Gegenwert dieser Einkommen läßt sich qualitativ bestimmen:

»Die meisten Waren und Dienstleistungen werden von zwei Klassen von Kunden gekauft: den Konsumenten und den Unternehmen . . . Die Konsumenten kaufen Waren, um ihren physischen und psychologischen Bedarf zu decken. Die Geschäftsleute kaufen Waren, um die Gewinne ihrer Gesellschaften zu steigern. Diese zweite Kategorie [von Waren] wird zu Recht als Investitionsgüter bezeichnet, die erstere als Konsumgüter.«[22]

Halten wir von dieser Definition zunächst die Unterteilung der Masse der Waren in zwei großen Gruppen fest: die Konsumgüter, die gekauft werden, um den »physischen und psychologischen Bedarf zu decken«, und die Produktionsgüter, welche die Kapitalisten kaufen, um ihre Profite zu erhöhen. Die »Businessmen« sind gleichfalls Konsumenten; als solche kaufen sie Konsumgüter, um ihre eigenen Bedürfnisse und die ihrer Familie zu befriedigen. Hierfür verwenden sie einen Teil des Mehrwertes, der nicht akumuliert wird. Die Arbeiter dagegen sind nur Konsumenten; sie sind nicht Käufer von Produktionsgütern, da ihr Lohn gewöhnlich nicht einmal dazu ausreicht, alle ihre »physischen und psychologischen« Bedürfnisse zu decken. Die Gesamtheit der erzeugten Waren und der verteilten Einkommen (der Kaufkraft) entspricht somit folgendem Schema:

Angebot	*Nachfrage*
Konsumgüter	Löhne nichtakkumulierter Mehrwert akkumulierter Mehrwert für die Beschäftigung zusätzlicher Arbeitskräfte
Produktionsgüter	amortisiertes konstantes Kapital akkumulierter Mehrwert

Die Dynamik der kapitalistischen Produktion hängt wesentlich vom Gleichgewicht (oder Ungleichgewicht) zwischen diesen verschiedenen Kategorien ab.

Der Wert der auf dem Markt angebotenen Konsumgüter –

die innerhalb eines bestimmten Zeitraums, beispielsweise eines Jahres, produziert worden sind – läßt sich ebenfalls in seine Bestandteile zerlegen: $c + v + m$. Das durch die Produktion (und den Verkauf) dieser Waren geschaffene Einkommen reicht ganz offenbar nicht aus, um die notwendige Kaufkraft für deren Gegenwert zu schaffen.
Tatsächlich stellen nur die Löhne (v) der Arbeiter, die an der Produktion der Waren beteiligt waren, und der Teil der nicht in c akkumulierten Profite (m – m in c) Kaufkraft für Konsumgüter dar. Der *erhaltene* Wert, der im Wert dieser Konsumgüter steckt, sowie der Teil des in konstantes Kapital akkumulierten Mehrwerts stellen Kaufkraft für Produktionsgüter dar (Maschinen, Rohstoffe usw.). Wenn während eines ganzen Jahres die gesamte Produktion nur aus Konsumgütern bestünde, wäre Ungleichgewicht die unvermeidliche Folge: ein Angebot an Konsumgütern im Werte von $c + v + m$ gegenüber einer Nachfrage von lediglich v + (m – m akk. in c). *Das Phänomen der Überproduktion* – d. h. einer Masse von Waren, die auf dem Markt keinen Gegenwert in Kaufkraft finden, um ihren Wert zu realisieren, und die somit unverkäuflich sind oder zu Spottpreisen verschleudert werden müssen – tritt auf den Plan.
Aber neben Konsumgütern werden im Verlauf eines jeden Jahres auch Produktionsgüter hergestellt. *Die Produktion von Produktionsgütern schafft jedoch Kaufkraft für Konsumgüter.* Die Arbeiter, die in Maschinenfabriken arbeiten, beziehen Löhne, mit denen sie nicht Maschinen, sondern Konsumgüter kaufen. Die Kapitalisten, die Eigentümer dieser Fabriken, verwenden gleichfalls einen Teil ihres Mehrwertes für den Kauf von Konsumgütern. Um zu bestimmen, ob eine Überproduktion an Konsumgütern besteht oder nicht, muß man also die gesamte aus der Produktion beider Warenkategorien entspringende Kaufkraft untersuchen.
Wir haben übrigens schon gesehen, daß die Produktion von Konsumgütern ihrerseits Kaufkraft für solche Produktionsgüter erzeugt, die notwendig sind, um das während der Produktion verbrauchte konstante Kapital zu ersetzen; ferner kann mit dem akkumulierten Mehrwert ebentuell ein zusätzliches konstantes Kapital angeschafft werden.
Wenn wir den Wert der Produktionsgüter mit Ic + Iv + Im

bezeichnen, den der Konsumgüter mit IIc + IIv + IIm, so können wir das Schema des gesamten Angebotes und der gesamten Nachfrage nach Waren auf dem kapitalistischen Markt wie folgt darstellen:

Angebot	*Nachfrage*
Konsumgüter: IIc + IIv + IIm	Iv + I (m – m akk. in c): Nachfrage nach Konsumgütern seitens der Arbeiter und der Kapitalisten des Produktionsgütersektors
	IIv + II (m – m akk. in c): Nachfrage nach Konsumgütern seitens der Arbeiter und der Kapitalisten des Konsumgütersektors
Produktionsgüter: Ic + Iv + Im	Ic + Im akk. in c: Nachfrage nach Produktionsgütern seitens der im ersten Sektor arbeitenden Kapitalisten
	IIc + IIm akk. in c: Nachfrage nach Produktionsgütern seitens der im zweiten Sektor arbeitenden Kapitalisten

Damit das System im Gleichgewicht ist, müssen die beiden Gleichungen aufgehen, muß das Angebot an und die Nachfrage nach diesen beiden Warenkategorien sich die Waage halten:

Ic + Iv + Im = Ic + Im akk. in c + IIc + IIm akk. in c

IIc + IIv + IIm = Iv + I (m – m akk. in c) + IIv + II (m – m akk. in c)

Wenn man auf beiden Seiten der Gleichung die gemeinsamen Größen eliminiert, erhält man zwei einander gleiche Formeln, die die *allgemeine Gleichgewichtsbedingung der kapitalistischen Produktion ausdrücken:*

$$\boxed{\text{I}v + \text{I}\,(m - m \text{ akk. in } c) = \text{II}c + \text{II}m \text{ akk. in } c}$$

Diese Gleichgewichtsgleichung des kapitalistischen Marktes repräsentiert keine fiktive Größe. Iv + I (m – m akk. in c), d. h. die gezahlten Löhne und der nicht in konstantes Kapital akkumulierte Mehrwert im Produktionsgütersektor – das ist *die gesamte durch den Produktionsgütersektor geschaffene Nachfrage nach Konsumgütern. IIc* + IIm akk. in c, d. h. das zu ersetzende Kapital und das in den Konsumgütersektor akkumulierte Kapital – das ist *die gesamte durch den Konsumgütersektor entstandene Nachfrage nach Produktionsgütern.* Die Gleichung zwischen diesen zwei Größen als Gleichgewichtsgleichung des kapitalistischen Marktes bedeutet ganz einfach: *die kapitalistische Wirtschaft befindet sich im Gleichgewicht, wenn die Produktionsgüterproduktion eine Nachfrage nach Konsumgütern entstehen läßt, die gleich der Nachfrage nach Produktionsgütern ist, die die Konsumgüterproduktion nach sich zieht.* Oder mit anderen Worten: der kapitalistische Markt ist im Gleichgewicht, wenn Angebot und Nachfrage auf den beiden Sektoren der kapitalistischen Produktion von Gütern wechselseitig gleich sind.

Produktion und Reproduktion

Die Gleichgewichtsgleichung stellt, *statisch* gesehen und im Rahmen einer bestimmten und genau abgegrenzten Periode, ein Verhältnis zwischen dem Wert der erzeugten Waren und der als Gegenwert dieser Waren dienenden Kaufkraft dar. Die kapitalistische Produktion ist jedoch in Wirklichkeit ein Prozeß, der sich im Ablauf der Zeit entwickelt, wo ein Produktionszyklus den anderen ablöst. Die Frage nach der *Kontinuität* der kapitalistischen Produktion wirft zugleich gesellschaftliche und ökonomische Probleme auf, die man als Probleme der Reproduktion bezeichnen kann.
Damit die kapitalistische Produktion zeitlich weiterläuft, muß sie zuerst die Grundvoraussetzungen der kapitalistischen Pro-

duktion reproduzieren: das Monopol der Produktionsmittel (des Kapitals) in den Händen der einen Gesellschaftsklasse; die Existenz einer anderen sozialen Klasse, die gezwungen ist, ihre Arbeitskraft zu verkaufen, um das zur Bestreitung des Lebensunterhaltes erforderliche Geld zu bekommen. Es ist also nötig, daß die Löhne »offensichtlich so festgesetzt sind und verteilt werden, daß sie den Lohnempfängern lediglich gestatten, für ihre Existenz zu sorgen, nur um weiterhin bei dem zu arbeiten und sich ausbeuten zu lassen, der sie zu seinem persönlichen und ausschließlichen Nutzen bezahlt und leben läßt; nicht aber ihnen gestatten, sich so zu bereichern, daß sie sich nach und nach von ihren ehemaligen Herren befreien, auf gleichen Fuß mit ihnen stellen und schließlich in Konkurrenz zu ihne treten können.«[23]

Schon Thomas von Aquin hat die Lage der Lohnarbeiter als die von armen Leuten charakterisiert, die kein Vermögen ansammeln können, sondern »Lohnarbeiter werden, weil sie arm sind, und arm bleiben, weil sie Lohnarbeiter sind«.[24]

Die Statistiken über Spareinlagen zeigen deutlich genug, daß die überwältigende Mehrheit der arbeitenden Bevölkerung der kapitalistischen Länder im Laufe ihres Lebens alles konsumiert, was sie verdient, daß sie also kein Kapital akkumulieren kann. Ihre Ersparnisse sind buchstäblich nichts anderes als ein *aufgeschobener Konsum; ih*re »Akkumulation« besteht lediglich in dauerhaften Konsumgütern, bestenfalls in (Eigentums-)Wohnungen.

So besitzen in der Zeit 1946–1950 62,4 % der britischen Bevölkerung nur 3 % des englischen Kapitals; pro Kopf ist dies ein »Kapital« von rund 44 £.[25] In der gleichen Periode besitzen in Belgien 27,5 % der Familien lediglich 2,2 % des privaten Vermögens (weniger als 50 000 bfr je Familie) und 48,8 % der Familien 20 % dieses Vermögens (weniger als 250 000 bfr pro Familie, was ungefähr dem damaligen Wert eines kleinen Arbeiterhauses entspricht). In den USA verfügen 1935–1936 90 % der Haushalte nur über 19 % der Spargelder; in den Jahren 1947–1948 besitzen 90 % der Haushalte ebenfalls nur 22,5 % der Ersparnisse. In der gleichen Periode hatten 40–50 % der Haushalte überhaupt keine Ersparnisse.[26]

Ferner ist notwendig, daß der Verkauf der Waren den Kapitalisten gestattet, ihr in der Produktion verausgabtes Kapital zu rekonstituieren und neue Produktionsmittel zu kaufen. Die Analyse der kapitalistischen Produktionsweise hat uns gezeigt, daß sie beide Bedingungen erfüllt.

In den vorkapitalistischen Gesellschaften ist dies keineswegs der Fall. Über die Tschuktschen, einen im Norden Sibiriens lebenden Stamm von Rentierhirten, berichtet Herskovits: »Einige Tschuktschenfamilien sind so arm, daß sie nur eine sehr kleine Herde besitzen; diese Leute treten für lange Zeiten in den Dienst reicherer Familien. Im Austausch für ihre harte Arbeit erhalten sie Fleisch und Felle, doch müssen sie für ihre Lasttiere selbst aufkommen, wenn sie von einem Lager in das andere wechseln. Eine Familie, die unter solchen Bedingungen arbeitet, erhält jedes Jahr neben den schon erwähnten Gütern für ihren Lebensunterhalt ein Dutzend Rentierjunge, wenn ihr Herr mit ihrer Arbeit zufrieden ist. Nach fünf günstigen Jahren hat sie mit diesen Tieren und deren Jungen eine Herde von rund hundert Tieren, die es ihr erlaubt, ihre Unabhängigkeit wiederzuerlangen.«[27]

Desgleichen wurden im Mittelalter die Gesellen normalerweise zu Handwerksmeistern oder konnten zumindest die berechtigte Hoffnung hegen, es zu werden. Die kapitalistische Gesellschaft dagegen zeichnet sich dadurch aus, daß sie ständig eine Klasse von Proletariern reproduziert.

Die Kontinuität der kapitalistischen Produktion erfordert außerdem eine gewisse qualitative Verteilung der erzeugten Waren. Das in der Produktion verbrauchte Kapital muß über eine Reihe von Produktionszyklen hinweg zumindest rekonstituiert werden. Folglich muß man wenigstens die im Verlauf der aufeinanderfolgenden Produktionsprozesse verschlissenen Maschinen und verbrauchten Rohstoffe reproduzieren können, und man muß wenigstens so viel Konsumgüter erzeugen, daß man die Arbeitskraft rekonstituieren kann.

Wir wissen, daß jede Gesellschaft letztlich auf der Ökonomie der Arbeitszeit basiert. Ein bestimmter Teil der gesellschaftlich insgesamt zur Verfügung stehenden Arbeitszeit muß auf die Instandhaltung, die Reparatur und die Reproduktion der Werkzeuge, auf die Erhaltung der Felder und die Wartung der Gebäude verwendet werden, da sonst nach einer bestimmten Zeit die Produktion nicht mehr auf der gleichen

Ebene fortgeführt werden könnte: die Gesellschaft wäre im absoluten Sinne verarmt.
Was in einer Gebrauchswerte erzeugenden Gesellschaft eine einfache Frage der Aufteilung der gesellschaftlich zur Verfügung stehenden Arbeitszeit ist, wird in der kapitalistischen Gesellschaft deswegen so schwierig, weil sie eine Form der *Waren*produktion verkörpert. Damit die Kontinuität der kapitalistischen Produktion gesichert ist, müssen über eine Reihe von Produktionszyklen hinweg

1. die Produktionsgüter hergestellt werden, die die im Verlauf der Produktion abgenutzten ersetzen, und die Konsumgüter ersetzt werden, die für die Rekonstitution der Arbeitskraft notwendig sind;
2. die für die Realisierung des Wertes der Produktions- und der Konsumgüter erforderliche Kaufkraft geschaffen und auch verausgabt werden;
3. diese Kaufkraft so verteilt sein, daß bei Produktions- und Konsumgütern sich Angebot und Nachfrage die Waage halten.

Das Studium der ökonomischen Probleme der Reproduktion in der kapitalistischen Gesellschaft bezieht sich hauptsächlich auf die durch diese drei Voraussetzungen, ohne welche die Kontinuität der kapitalistischen Produktion unterbrochen würde, aufgeworfenen Fragen.

Die einfache Reproduktion

Die einfache Reproduktion stellt sich als eine Aufeinanderfolge von Produktionszyklen dar, die zwar den gesellschaftlichen Reichtum *aufrechterhalten*, aber nicht zu dessen Wachstum beitragen. In einer Gebrauchswerte erzeugenden Gesellschaft bedeutet die einfache Reproduktion, daß die jährliche Masse der Produkte ausreicht, um eine feste Anzahl von Familien zu ernähren und die während dieses Jahres verschlissenen Werkzeuge zu ersetzen. In der Gesellschaft, die Waren produziert, bedeutet die einfache Reproduktion, daß der Wert des Jahresprodukts (Brutto-Nationalprodukt) genau ausreicht, um die Arbeitskraft, die Werkzeuge und den im Verlauf des Jahres verbrauchten Rohstoffvorrat zu reproduzieren, und zudem die besitzenden Klassen zu ernähren. In einer kapitalistischen Gesellschaft bedeutet die einfache Reproduktion, daß der jährliche Mehrwert gänzlich von der bürgerlichen Klasse unproduktiv konsumiert wird, daß kein Kapital akkumuliert wird.*

Wenn die vorkapitalistischen Produktionsweisen lange Zeitabschnitte einfacher Reproduktion durchgemacht hatten, traten sie in den meisten Fällen in einem bestimmten Augenblick ihrer Entwicklung in ein Stadium der *erweiterten Reproduktion* ein, d. h. in ein Stadium mit einer gewissen Entwicklung der Werkzeuge, einer gewissen Akkumulation gesellschaftlichen Reichtums in Form von Gütervorräten und vor allem in Form von zusätzlichen Werkzeug- und Maschinenvorräten. Die bloße Akkumulation von Lebensmittelreserven kennzeichnet schon eine primitive Form der erweiterten Reproduktion.

Die kapitalistische Produktionsweise unterscheidet sich von allen vorausgegangenen Produktionsweisen gerade darin, daß nicht der unproduktive, sondern der produktive Konsum, die Kapitalisierung des gesellschaftlichen Mehrprodukts, zur Triebfeder der Tätigkeit der besitzenden Klassen, zur Triebfeder der Ausbeutung wird. Insofern ist die erweiterte Reproduktion im kapitalistischen System der Normalfall, da sich die einfache Reproduktion nur in Ausnahmezeiten des kapitalistischen Produktionszyklus einstellen kann.

Wie muß man sich die drei Bedingungen für die Kontinuität der kapitalistischen Produktion im Rahmen der einfachen Reproduktion vergegenwärtigen? Nehmen wir zum Beispiel an, daß der Gesamtwert der Jahresproduktion aller Waren sich auf 9 000 (Millionen Geldeinheiten) belaufe. Damit die Kontinuität der Produktion gewahrt bleibt, muß ein Teil dieser Waren Produktionsgüter darstellen – Maschinen, Rohstoffe, Industriegebäude, Hilfsstoffe, Energie usw. –, ein anderer Teil Konsumgüter. Nehmen wir ferner an, daß zwei Drittel des Wertes der Produktion – also 6 000 – Produk-

* Da Joan Robinson von der Hypothese ausgeht, daß die Kapitalisten von ihren Profiten überhaupt nichts für ihren eigenen, unproduktiven Konsum verwenden, hat sie die einfache Reproduktion in ihrem »state of bliss« so beschrieben, daß »die gesamte Arbeit darauf verwendet wird, Konsumgüter zu erzeugen und das bestehende Kapital zu erhalten«.28

tionsgüter seien, das restliche Drittel – also 3 000 – Konsumgüter. Die Jahresproduktion der Gesellschaft kann somit, wenn man eine in beiden Produktionszweigen gleiche Mehrwertrate und Profitrate voraussetzt, folgendermaßen definiert werden:

$$\text{I: } 4000\,c + 1000\,v + 1000\,m = 6000 \text{ Produktionsgüter}$$
$$\text{II: } 2000\,c + 500\,v + 500\,m = 3000 \text{ Konsumgüter}$$

Während der Produktion wurden Produktionsgüter im Gesamtwert von 6 000 verbraucht (4 000 im Produktionsgütersektor und 2 000 im Konsumgütersektor). Diese Güter können ersetzt werden, da gleichzeitig Produktionsgüter im Werte von 6 000 erzeugt worden sind. Die gesellschaftliche Arbeitskraft benötigt Konsumgüter im Werte von 1 500, um sich zu rekonstituieren. Diese Rekonstitution ist möglich, da für 3 000 Konsumgüter hergestellt worden sind.
Der Verkauf aller Waren bringt den Kapitalisten 9 000 ein. Von diesen 9 000 sind 6 000 erforderlich, um ihr konstantes Kapital (Produktionsgüter), und 1 500, um ihr variables Kapital (Geldkapital, mit dem im kommenden Jahr die Arbeitskraft gekauft wird) zu rekonstituieren. Die 1 500, die bleiben, sind Profit, der jährliche Mehrwert. Da laut Definition der gesamte Mehrwert im Falle der einfachen Reproduktion unproduktiv konsumiert wird, werden diese 1 500 dazu verwendet, Konsumgüter zu kaufen. Diese Konsumgüter stehen tatsächlich zur Verfügung, da sie im Werte von 3 000 erzeugt worden sind und 1 500 ausreichen, um die während des Jahres verbrauchte Arbeitskraft zu reproduzieren.
Angebot und Nachfrage befinden sich in den zwei Sektoren schließlich im Gleichgewicht, denn wir haben

Produktionsgüter

Angebot: 6000 Gesamtproduktion	*Nachfrage:* 4000 Kapitalisten I
	2000 Kapitalisten II

Konsumgüter

Angebot: 3000 Gesamtproduktion	*Nachfrage:* 1000 Arbeiter I
	500 Arbeiter II
	1000 Kapitalisten I
	500 Kapitalisten II

Die durch die Produktion geschaffene Kaufkraft ist so verteilt worden, daß der Kauf aller erzeugten Waren möglich wurde. Diese sind also vom Markt verschwunden, und wir treten in einen neuen Jahresproduktionszyklus ein, wobei wir im Sektor I ein konstantes Kapital von 4 000 vorfinden und im Sektor II ein konstantes Kapital von 2 000; ein als variables Kapital verfügbares Geldkapital ist im Sektor I in Höhe von 1 000 vorhanden, im Sektor II in Höhe von 500. Die Arbeitskraft besteht in derselben Größe wie zu Beginn des vorangegangenen Zyklus, d. h. sie ist vollständig rekonstituiert worden. Anders ausgedrückt: der neue Zyklus geht von genau dem gleichen Produktionsniveau aus wie der vorherige. Es hat lediglich eine einfache Reproduktion stattgefunden.

Die erweiterte Reproduktion

Die erweiterte Reproduktion stellt sich uns in der Form einer Aufeinanderfolge von Produktionszyklen dar, die das Anwachsen des gesellschaftlichen Reichtums gestattet. In einer Gebrauchswerte erzeugenden Gesellschaft bedeutet sie, daß die jährliche Masse der Produkte größer ist als diejenige, die für die Ernährung aller Bürger und die Erhaltung des Werkzeugvorrates notwendig ist. Der gesellschaftliche Reichtum wächst in Gestalt eines gestiegenen Vorrats an Werkzeugen, größerer Nahrungsmittelreserven usw. Eine solche erweiterte Reproduktion ist die unabdingbare Voraussetzung für ein mehr oder weniger kontinuierliches Bevölkerungswachstum.
In einer Waren erzeugenden Gesellschaft heißt erweiterte Reproduktion, daß der Wert des Jahresprodukts (Brutto-Nationalprodukt) den Wert der Arbeitskraft, der Werkzeuge und des Rohstoffvorrates, die im Verlauf des Jahres verbraucht worden sind, einschließlich des Wertes der Waren, die für den Unterhalt der besitzenden Klassen notwendig sind, übersteigt.
In einer kapitalistischen Gesellschaft bedeutet erweiterte Reproduktion, daß der Mehrwert in zwei Teile geteilt wird: in einen Teil, der von den Kapitalisten, ihren Familien und ihrem Anhang unproduktiv konsumiert wird; und in einen anderen Teil, der produktiv konsumiert wird, d. h. der akku-

muliert und investiert, in Form von *zusätzlichen* Maschinen, Rohstoffen und Löhnen kapitalisiert wird; dadurch kommt ein neuer Produktionszyklus mit einem größeren Ausgangskapital (einem Kapital von größerem Wert) als bei dem vorangegangenen Zyklus in Gang.

Wie treten uns die drei Bedingungen für die Kontinuität der kapitalistischen Produktion im Rahmen der erweiterten Reproduktion gegenüber? Im Falle der einfachen Reproduktion ist der Wert aller während eines Zyklus erzeugten Produktionsgüter gleich dem Wert des im Verlauf dieses Produktionszyklus verbrauchten konstanten Kapitals. Im Falle der erweiterten Reproduktion kann dies nicht mehr so sein, da sonst die für den Beginn des folgenden Zyklus mit einem höheren konstanten Kapital erforderlichen Produktionsmittel fehlen würden. Die erste Bedingung einer erweiterten Reproduktion ist somit eine Produktion, die über das hinausgeht, was während des vorherigen Produktionszyklus verbraucht worden ist, also die Produktion *zusätzlicher* Produktionsgüter (zusätzlich bedeutet nicht die *größere Zahl*, sondern einen *höheren Wert*). Das Äquivalent dieser zusätzlichen Produktionsgüter entspricht genau dem Teil des Mehrwertes, der dazu bestimmt ist, als zusätzliches konstantes Kapital akkumuliert zu werden.

Desgleichen ist auch die Produktion zusätzlicher Konsumgüter notwendig, d. h. die Produktion von mehr Konsumgütern, als im Verlauf des vorangegangenen Zyklus von den Arbeitern und Kapitalisten gekauft worden sind, denn diese Konsumgüter müssen den Gegenwert für das zusätzliche variable Kapital (die Löhne) bilden, das durch einen Teil des akkumulierten Mehrwerts verkörpert wird und für den Erwerb zusätzlicher Arbeitskraft bestimmt ist.

Angenommen, das gesamte Bruttoprodukt eines Jahres habe einen Wert von 11 400 (Millionen Geldeinheiten); diese 11 400 setzen sich aus Produktionsgütern im Werte von 7 000 und aus Konsumgütern im Werte von 4 400 zusammen. Wenn wir voraussetzen, daß die Mehrwertrate in beiden Sektoren gleich, die Profitrate im Sektor II – wo die organische Zusammensetzung des Kapitals niedriger ist – jedoch höher sei, dann können wir den Wert des Bruttoprodukts hypothetisch wie folgt analysieren:

1. Zyklus

$$\left.\begin{array}{l} \text{I: } 4000\,c + 1500\,v + 1500\,m = 7000 \text{ Produktionsgüter} \\ \text{II: } 2000\,c + 1200\,v + 1200\,m = 4400 \text{ Konsumgüter} \end{array}\right\}\ 11\,400$$

Nehmen wir weiter an, daß die Kapitalisten des Sektors I ihren Mehrwert in folgender Weise aufteilen: 500 werden unproduktiv konsumiert; 1 000 werden akkumuliert, 700 davon als konstantes Kapital, 300 als variables Kapital. Die Kapitalisten des Sektors II teilen ihren Mehrwert zum Beispiel folgendermaßen auf: 700 werden unproduktiv konsumiert; 500 werden akkumuliert, 300 davon als konstantes und 200 als variables Kapital.

Im Verlauf des früheren Produktionszyklus wurden in beiden Sektoren zusammen 6 000 als konstantes Kapital verbraucht. Die gesamte Produktion von Produktionsgütern übersteigt diese 6 000; sie beläuft sich auf 7 000. Die zusätzlichen Produktionsgüter im Werte von 1 000 ermöglichen es den Kapitalisten des Sektors I, konstantes Kapital in Höhe von 700, und den Kapitalisten des Sektors II in Höhe von 300 zu akkumulieren. Im selben vorangegangenen Zyklus wurden für 3 900 Konsumgüter verbraucht (2 700 von der Gesamtheit der Arbeiter beider Sektoren; 500 von den Kapitalisten des Sektors I und 700 von den Kapitalisten des Sektors II). Die Produktion von Konsumgütern erreicht aber einen Wert von 4 400. Die zusätzlichen Konsumgüter im Wert von 500 ermöglichen es den zusätzlich in die Produktion gezogenen Arbeitern, den Gegenwert ihrer Löhne zu finden, d. h. den in variables Kapital akkumulierten Mehrwert, nämlich 300 im Sektor I und 200 im Sektor II.

So hat der vorangegangene Zyklus die für die erweiterte Reproduktion notwendigen Waren und die erforderliche Kaufkraft hervorgebracht. Die Kontinuität der Produktion ist gesichert, da die Verteilung der Kaufkraft das Gleichgewicht zwischen Angebot und Nachfrage in den zwei Sektoren herstellt:

Produktionsgüter

Angebot	7000	Gesamtproduktion
Nachfrage	4000	Kapitalisten I: Rekonstitution von c
	2000	Kapitalisten II: Rekonstitution von c
	700	Kapitalisten I: Akkumulation in c
	300	Kapitalisten II: Akkumulation in c

Konsumgüter

Angebot	4400	Gesamtproduktion
Nachfrage	1500	Arbeiter I
	1200	Arbeiter II
	500	Kapitalisten I
	700	Kapitalisten II
	300	Gegenwert der Akkumulation in v der Kapitalisten I
	200	Gegenwert der Akkumulation in v der Kapitalisten II

Der neue Produktionszyklus beginnt also mit folgenden Kapitalien:

$$\text{I: } (4000 + 700)\,c + (1500 + 300)\,v$$
$$\text{II: } (2000 + 300)\,c + (1200 + 200)\,v$$

Wenn wir nach wie vor eine feste Mehrwertrate von 100 % annehmen, dann hat dieser zweite Produktionszyklus auf erweiterter Basis folgenden Wert:

2. Zyklus

$$\left.\begin{array}{l} \text{I: } 4700\,c + 1800\,v + 1800\,m = 8300 \text{ Produktiongüter} \\ \text{II: } 2300\,c + 1400\,v + 1400\,m = 5100 \text{ Konsumgüter} \end{array}\right\} 13\,400$$

Setzen wir den Fall, daß die Kapitalisten I ihren Mehrwert wie folgt aufteilen: 600 für den unproduktiven Konsum, 1 200 werden akkumuliert, davon 800 als c und 400 als v;

daß die Kapitalisten II ihren Mehrwert so verteilen, daß 700 unproduktiv konsumiert und 700 akkumuliert werden, wobei 500 auf *c* und 200 auf *v* entfallen – dann können wir einen dritten Produktionszyklus auf erweiterter Basis herleiten, dessen Produktion den nachstehenden Wert hat:

3. Zyklus

$$\left.\begin{array}{l} \text{I: } 5500\,c + 2200\,v + 2200\,m = 9900 \text{ Produktionsgüter} \\ \text{II: } 2800\,c + 1600\,v + 1600\,m = 6000 \text{ Konsumgüter} \end{array}\right\} 15\,900$$

und so fort ...

Man sieht, daß sich die erweiterte Reproduktion von Zyklus zu Zyklus durch eine Steigerung des Gesamtwertes der Waren in jedem Sektor sowie durch die Steigerung des Mehrwerts in jedem Sektor ausdrückt. Bei der einfachen Reproduktion dagegen bleiben diese Werte von Zyklus zu Zyklus unverändert.

Erweiterte Reproduktion und die Entwicklungsgesetze des Kapitalismus

Nach den oben ausgearbeiteten Schemata der erweiterten Reproduktion konnte der gesamte von den Arbeitern im Konsumgütersektor erzeugte Mehrwert in diesem Sektor realisiert werden. Dies steht jedoch in Widerspruch zu der tatsächlichen Entwicklung der kapitalistischen Produktionsweise, wo sich ein Ausgleich der Profitrate einstellt, wodurch die Sektoren mit der höheren organischen Zusammensetzung des Kapitals – Sektor I – sich einen Teil des Mehrwerts aneignen, den die Arbeiter anderer Sektoren hervorgebracht haben. Es ist jedoch nicht schwer, das Schema zu berichtigen; man muß nur die Durchschnittsprofitrate des gesamten Kapitals berechnen und dann den Wert der Waren I und II in ihren Produktionspreis verwandeln.* Man erhält dann folgende Reihe von Reproduktionszyklen auf erweiterter Basis:

* Im ersten Zyklus ergeben 1500 *m* + 1200 *m* einen Mehrwert von zusammen 2700, d. h. 31 % Profit auf ein Kapital von insgesamt 8700. Der Produktionspreis von I und II wird berechnet, indem man dem jewei-

1. Zyklus

I: 4000 *c* + 1500 *v* + 1705 Gew. = 7205 Produktionsgüter		11 400
II: 2300 *c* + 1200 *v* + 995 Gew. = 4195 Konsumgüter		

2. Zyklus

I: 4905 *c* + 1800 *v* + 2060 Gew. = 8765 Produktionsgüter		13 605
II: 2300 *c* + 1400 *v* + 1140 Gew. = 4840 Konsumgüter		

3. Zyklus

I: 6005 *c* + 2160 *v* + 2450 Gew. = 10 615 Produktionsgüter		16 285
II: 2760 *c* + 1600 *v* + 1310 Gew. = 5670 Konsumgüter		

usw.

In diesem Schema können wir gleichzeitig den tendenziösen Fall der Profitrate feststellen, die im ersten Zyklus 31 % beträgt, im zweiten 30,75 % und im dritten 30 %.*

ligen Kapital 31 % Gewinn zuschlägt. Im zweiten Zyklus ergeben 1 800 *m* + 1400 *m* einen Gesamtmehrwert von 3200, das sind 30,75 % Gewinn auf ein Kapital von 10 405. Im dritten Zyklus haben wir 2160 *m* + 1600 *m*, zusammen also einen Mehrwert von 3760 bei einem Kapital von 12 525; der Profit beträgt dabei 30 %. Wir nehmen an, daß von dem Profit im Verlauf des ersten Zyklus im Sektor I 500 und im Sektor II 495 unproduktiv konsumiert werden; während des zweiten Zyklus nehmen wir in I 600 und in II 480 unproduktiven Konsum an.

* Einige Autoren versichern 29, daß die in dieser Weise ausgeführte Rechnung notwendigerweise zu Irrtümern und Widersprüchen führe, weil nicht auch der Wert von *c* und *v* in jedem Zyklus in den Produktionspreis verwandelt wird. Dieser Einwand ist indes nicht berechtigt. Der Produktionspreis von *c* resultiert aus dem Ausgleich der Profitrate *im Verlauf des vorausgegangenen Zyklus*. Er ist eine fixe Größe, weil der Kapitalist, unabhängig von seinem Erfolg oder Mißerfolg in der Konkurrenz, für die Maschinen, Rohstoffe usw., die er kauft, einen *vorher bestimmten Preis* gezahlt hat (oder schuldet). Die Umwandlung des Wertes in den Produktionspreis, wie es im Schema der einfachen Reproduktion geschah, ist in der Tat irreführend; aber nicht aus den Gründen, auf die sich die oben erwähnten Autoren beziehen. Diese Umwandlung resultiert aus der *kapitalistischen Konkurrenz*, die jedoch in diesem Schema gerade

Man muß sich indessen davor hüten, diesen Schemata eine Bedeutung beizulegen, die ihnen nicht zukommt. Indem man willkürliche Ausgangsziffern oder Ausgangsverhältnisse zwischen den verschiedenen Größen des Schemas wählt, kann man dahin gelangen, nach einer gewissen Anzahl von Zyklen Gesetze der kapitalistischen Produktion zu »entdecken«, einschließlich des »notwendigen« Zusammenbruchs (wie dies der marxistische Ökonom Henrik Grossmann getan hat); das wäre jedoch ein willkürliches und unfruchtbares Spiel.
In Wirklichkeit zeigen Reproduktionsschemata nichts anderes als die Bedingungen für die Kontinuität der *kapitalistischen Produktion als Ganzer*, unter Abstrahierung von allen *konkreten Bedingungen des Ablaufs* der kapitalistischen Produktionsweise: ihrer Entstehung in einem nichtkapitalistischen Milieu; der Kapitalübertragung von einem Sektor zum andern; der Intervention des Kredits; des Spiels der Geldpreise usw. Da die kapitalistische Produktion eine Produktion für den Markt ist, eine Warenproduktion und keine bewußte Verteilung der gesellschaftlichen Hilfsquellen auf die verschiedenen Produktionszweige, sind diese *konkreten Funktionsbedingungen* der kapitalistischen Produktionsweise, die Entwicklungsgesetze des Kapitals – ohne die Peitsche der Konkurrenz wäre das Anwachsen der organischen Zusammensetzung des Kapitals und der damit verbundene tendentielle Fall der Profitrate nicht zu erklären – und die zyklische Form des kapitalistischen Wirtschaftslebens ausschlaggebend.
Die Reproduktionsschemata, die von all diesen konkreten Bedingungen abstrahieren, können und werden die Entwicklungsgesetze oder die Ursachen des zyklischen Verlaufs nicht »entdecken«. Sie können höchstens aufzeigen, wie *trotz* des Spiels Tausender individueller Kapitalien, die sich untereinander die heftigste Konkurrenz machen und somit den tatsächlichen Gang der kapitalistischen Produktionsweise bestimmen, die Kontinuität der Produktion – ungeachtet häufiger periodischer Unterbrechungen – *langfristig gesehen* bestehen

fehlt und die auch in einer auf der einfachen Warenproduktion fußenden Wirtschaft, die dieses Schema widerspiegelt, nicht vorhanden ist. Nebenbei sei gesagt, daß jene Autoren Produktionspreis und Geldpreis auf dem Markt miteinander vermengen, wenn sie in ihren Argumenten die Bedingungen der Goldindustrie anführen.

bleibt. Man begreift die Nützlichkeit dieser Schemata, wenn man sich folgende Frage vorlegt: Wie ist es möglich, daß die Kontinuität der Produktion erhalten bleibt, während der Wert und die Proportionen dieser Produktion aus den Entscheidungen Tausender von Unternehmen zu resultieren scheinen, die ihre Absichten voreinander verbergen? Die Reproduktionsschemata nennen die Bedingungen, die erfüllt sein müssen, damit die Kontinuität gesichert bleibt.
Im wirklichen kapitalistischen Leben werden diese Kontinuitätsbedingungen *über die Unterbrechungen der Kontinuität hinweg erfüllt. Die kapitalistische Wirtschaft präsentiert sich als eine Einheit von Kontinuität und Diskontinuität.*
»Der Fortschritt geschieht nicht nur stoßweise, sondern auch durch einseitige Vorsprünge, die Erschütterungen auslösen. Die Entwicklung ist nicht ausgewogen; sie ist diskontinuierlich und unharmonisch. Die Geschichte des Kapitalismus ist voller Erschütterungen und furchtbaren Katastrophen. Seine Entwicklung ist ein einziges Umstürzen bestehender Strukturen, das viel eher die Form einer Kette von Explosionen als die einer friedsamen Umwandlung hat.«[30]
In diesem Sinne verkörpern die Schemata auf *zehn Jahre* oder auch auf einen Zyklus bezogene *Durchschnitte* der wechselseitigen Verhältnisse zwischen den Elementen der kapitalistischen Produktion. Sie bedeuten, daß alle Faktoren, die den zyklischen Verlauf der Produktion bestimmen, ausgeschaltet werden. Daher können sie weder die kapitalistische Expansion noch die Ursache für das Ausbrechen von Krisen konkret erklären.

Rückläufige Reproduktion

Die rückläufige Reproduktion zeigt sich uns als eine Reihe aufeinanderfolgender Produktionszyklen, bei denen der gesellschaftliche Reichtum nicht erhalten werden kann, die im Gegenteil eine Schrumpfung hervorrufen. In einer Gebrauchswerte erzeugenden Gesellschaft bedeutet die rückläufige Reproduktion, daß die jährliche Masse der Produkte nicht mehr ausreicht, um alle Bürger zu ernähren oder den bestehenden Vorrat an Werkzeugen aufrechtzuerhalten, oder beides. In einer Waren erzeugenden Gesellschaft bedeutet die rückläufige Reproduktion, daß der Wert des Brutto-Jahresprodukts niedriger ist als die Lohnsumme der arbeitenden Klasse, der Wert der im Verlauf der Produktion verbrauchten Werkzeuge und Rohstoffe und der Wert der Waren, die zum Lebensunterhalt der herrschenden Klassen dienen. In der kapitalistischen Gesellschaft bedeutet die rückläufige Reproduktion, daß die Kapitalisten aus verschiedenen Gründen nicht in der Lage sind, das verbrauchte konstante Kapital zu ersetzen, und daß die den Erzeugern gezahlten Löhne nicht ausreichen, um ihre Arbeitskraft völlig zu rekonstituieren.

In den vorkapitalistischen Gesellschaften kann die rückläufige Reproduktion aus dem Zusammentreffen zweier verschiedener Umstände resultieren. Zunächst aus einem *plötzlichen Absinken der Produktion* infolge von Naturkatastrophen wie Trockenheit, Überschwemmungen, Erdbeben, oder von gesellschaftlichen Katastrophen wie Invasionen, Epidemien, Kriege, Bürgerkriege usw.

Angenommen, der Gesamtbedarf einer Agrargesellschaft beläuft sich auf 1 000 Tonnen Getreide im Jahr, von denen 750 Tonnen für den Konsum und 250 Tonnen als Samen und für den Tausch gegen lebenswichtige Güter verwendet werden. Wenn während mehrerer aufeinanderfolgender Jahre die Ernte auf 500 Tonnen fällt und keine Hilfe von außen eintrifft, dann haben wir auf der ganzen Linie eine rückläufige Reproduktion. Der Samen reicht nicht aus, ein Teil der Felder bleibt brach liegen, ein Teil der Bevölkerung wird Hungers sterben, die Zahl der Erzeuger (die Arbeitskraft) vermindert sich. Selbst wenn ein gutes Erntejahr eintritt, erzeugen die zahlenmäßig verminderten Produzenten auf einer kleineren Saatfläche weniger Getreide als zuvor. Die rückläufige Reproduktion kann als Ursache auch eine *Veränderung in der Aufteilung der verfügbaren gesellschaftlichen Hilfsquellen* haben. Damit die Produktion die Gewähr für die Kontinuität des Wirtschaftslebens auf einem bestimmten Niveau bietet, muß man Gebrauchswerte erzeugen, die geeignet sind, die *materiellen Bestandteile der Produktion zu rekonstituieren:* die Arbeitskraft und die Werkzeuge. Diese Elemente kann man jedoch auch *für Zwecke verwenden, die unter dem Gesichtspunkt der Reproduktion unfruchtbar sind,* d. h. zur Herstellung von Gütern, die weder die während der betreffenden Produktionsperiode verbrauchte Arbeitskraft noch die verbrauchten Werkzeuge zu rekonstituieren vermögen. In diesem Fall tritt eine stark rückläufige Reproduktion ein, da ein Teil der verbrauchten produktiven Hilfsquellen nicht wieder rekonstituiert worden ist und man deshalb mit geringeren Hilfsquellen arbeiten muß.

Der Historiker Eberhard berichtet, daß während der Herrschaft der mongolischen Kaiser in China eine große Anzahl armer Fronbauern für die Errichtung von luxuriösen kaiserlichen Gebäuden eingesetzt wurde.[31] Diese Bauern hatte man gezwungen, ihr Land während der Zeit, in der sie diese Arbeiten ausführen mußten, zu verlassen; ihre Felder blieben also brach liegen. Eine Reihe rückläufiger Reproduktionszyklen war die Folge; die der Gesellschaft insgesamt zur Verfügung stehende Arbeitskraft war so verteilt worden, daß die Produktion in ihrem Grundsektor, der Landwirtschaft, rückläufig werden mußte.

In der kapitalistischen Produktionsweise begegnen wir zwei parallelen Formen der rückläufigen Reproduktion. Zunächst derjenigen, die durch einen plötzlichen Abfall der Produktion infolge einer Wirtschaftskrise ausgelöst wird. Anders als in der vorkapitalistischen Gesellschaft ist es hier nicht das *Absinken der Masse* der Produktion, sondern das Absinken ihres *Wertes*, das eine Unterbrechung der Kontinuität, eine Wirtschaftskrise hervorruft. Aber der kumulative Effekt der Rückläufigkeit des Wirtschaftslebens bleibt für die kapitalistische Wirtschaftskrise nicht weniger charakteristisch. Das Absinken des Wertes der Produktion bewirkt, daß Fabriken geschlossen und Arbeitskräfte entlassen werden. Dies wiederum bringt ein brüskes Absinken der Gesamtkaufkraft mit sich, was die Absatzstockung verschärft; die Preise fallen weiter, und weitere Fabriken werden geschlossen. Von Monat zu Monat – und bei längeren Krisen von Jahr zu Jahr – wird mit weniger Kapital und weniger Arbeitskräften weniger erzeugt; die Produktionsbasis schrumpft.

Aber im kapitalistischen System kann sich eine rückläufige Reproduktion auch infolge einer Änderung in der Aufteilung der verfügbaren produktiven Hilfsquellen einstellen. Wenn ein Teil des konstanten Kapitals und der Arbeitskraft für die Produktion von Waren verwendet wird, deren Gebrauchswert es nicht erlaubt, das konstante Kapital oder die Arbeitskraft zu rekonstituieren, ist auch hier nach einer gewissen Zeit eine rückläufige Reproduktion, d. h. eine Produktion mit verringertem konstanten Kapital und verringertem variablen Kapital die Folge.

Die Kriegswirtschaft

Das typische Beispiel für die rückläufige Reproduktion im kapitalistischen System ist die *Kriegswirtschaft*. Die Kriegswirtschaft bedeutet in der Tat, daß ein Teil der produktiven Hilfsmittel des konstanten Kapitals und der Arbeitskraft auf die Herstellung von *Vernichtungsmitteln* verwendet wird, deren Gebrauchswert weder die Rekonstruktion von Maschinen oder Rohstoffvorräten noch die Rekonstitution von Arbeitskräften erlaubt, sondern im Gegenteil zur Zerstörung dieser Hilfsquellen tendiert. Aus diesem Grund kann die Kriegswirtschaft einen Punkt erreichen, wo entweder die Erhaltung (Amortisierung vom finanziellen, Ersetzung vom physischen Standpunkt aus) des konstanten Kapitals nicht mehr gewährleistet ist* oder die Arbeitskraft nicht mehr völlig rekonstituiert wird, weil der Konsum der Arbeiter zu niedrig wird und die Arbeitsproduktivität absinkt; dazu kann übrigens noch die Auswirkung der absoluten Verminderung der Zahl der Arbeiter kommen.
So setzte sich das britische Volkseinkommen während des

* Dieser Punkt der rückläufigen Reproduktion wurde im Verlauf des Zweiten Weltkrieges in den Vereinigten Staaten tatsächlich erreicht. Die Produktion von neuem fixem Kapital (langlebige Anlagegüter) ging von 7,3 Milliarden $ im Jahre 1929 auf 6,9 Milliarden $ im Jahre 1940, auf 5,1 Milliarden $ im Jahre 1942, auf 3,1 Milliarden $ im Jahre 1943 zurück, um im Jahre 1944 geringfügig auf 4 Milliarden $ anzusteigen; die jährliche Ausnutzung des vorhandenen fixen Kapitals wurde für die gleiche Periode auf 8 Milliarden $ geschätzt. Die Nettobildung von neuem Kapital fiel im Jahre 1943 auf weniger als 1 % des Volkseinkommens. Die Kriegsausgaben absorbierten im Jahre 1942 32 %, im Jahre 1943 43 % und im Jahre 1944 43 % des Brutto-Nationalprodukts der Vereinigten Staaten.32

letzten Krieges im Vergleich zum Volkseinkommen in der Friedenszeit folgendermaßen zusammen (in Millionen £)[33]:

	1938	1943
	(Zahlen in £ des Jahres 1938)	
Regierungsausgaben	837	3 840
Ausgaben für den privaten Konsum	4 138	3 270
private, inländische Investitionen	305	− 95
ausländische Investitionen	− 55	− 485
Volkseinkommen	5 225	6 530

Man sieht, daß die Kriegswirtschaft von einem *Wachstum* des realen Volkseinkommens und des Wertes des Brutto-Nationalprodukts – so wie es gegenwärtig berechnet wird – begleitet sein kann.

»... das Wachstum einer Kategorie von Produkten wird entweder von der Reduktion einer anderen Kategorie von Produkten begleitet, oder es ist das Ergebnis des Wachstums der Gesamtproduktion. Wenn man die von der Regierung in Kriegszeiten gekauften Güter und Dienstleistungen als Endprodukte ansieht, wie es bei den üblichen Schätzungen geschieht, dann sollte man erwarten, daß die Berechnungen eine Steigerung der Gesamtproduktion, aber auch eine Verringerung der Zivilproduktion in Kriegszeiten anzeigen ...«[34]

Die Produktion von Panzern, Flugzeugen und Granaten, die von den im Sektor der Vernichtungsmittel tätigen Kapitalisten verkauft werden, ist eine Produktion von Waren, deren Wert auf dem Markt realisiert wird. Aber da diese Waren nicht in den Prozeß der *Reproduktion* eintreten, ist dieses Wachstum des Volkseinkommens von einer absoluten Verminderung des vorhandenen Vorrates an konstantem Kapital und von einem sehr steilen Absinken der Arbeitsproduktivität begleitet.

Das britische Beispiel war übrigens noch recht gelinde. In Japan war die Textilindustrie im Verlauf des Zweiten Weltkrieges gezwungen, ²/₃ ihrer Baumwoll-Webespindeln zu verschrotten.[35] Das fixe Kapital des Sektors II wurde zum zirkulierenden Kapital des Sektors I. In Deutschland sank

die Arbeitsproduktivität so weit, daß es wieder möglich wurde, in großem Stil Zwangsarbeit einführen zu lassen.
Man kann sich diese rückläufige Reproduktion schematisch vergegenwärtigen, wenn man in das Reproduktionsschema einen dritten Sektor einführt: den der Vernichtungsmittel:

1. Zyklus

I:	$4000\,c + 1500\,v + 1500\,m$	=	7000	Produktionsgüter	11 400
II:	$2000\,c + 1200\,v + 1200\,m$	=	4400	Konsumgüter	

2. Zyklus

I:	$4000\,c + 1500\,v + 1500\,m$	=	7000	Produktionsgüter	13 400
II:	$2000\,c + 1200\,v + 1200\,m$	=	4400	Konsumgüter	
III:	$1000\,c + 500\,v + 500\,m$	=	2000	Vernichtungsmittel	

3. Zyklus

I:	$3900\,c + 1200\,v + 1100\,m$	=	6200	Produktionsgüter	12 100
II:	$1800\,c + 900\,v + 800\,m$	=	3500	Konsumgüter	
III:	$1300\,c + 600\,v + 500\,m$	=	2400	Vernichtungsmittel	
usw.					

Dieses Schema geht von der Hypothese aus, daß die Kapitalisten des Sektors I und II nach dem ersten Zyklus ihren gesamten akkumulierten Mehrwert in der Rüstungsindustrie investiert haben. Daher ist die Produktion dieser beiden Sektoren während des zweiten Zyklus nicht gestiegen. Man könnte natürlich mehrere Zwischenzyklen einführen, in deren Verlauf ein abnehmender Teil des akkumulierten Mehrwerts in den Sektoren I und II investiert wird.
Die während des zweiten Zyklus hergestellten Produktionsgüter im Werte von 7 000 müssen im Verlauf des dritten Zyklus auf die Sektoren I, II und III verteilt werden, wodurch eine Verringerung der Produktionsgüter für die Sektoren I und II, wo sich das Phänomen der rückläufigen Reproduktion abzuzeichnen beginnt, herbeigeführt wird. Ein Teil des Mehrwerts der Kapitalisten I und II kann mangels eines Gegenwertes auf dem Markt nicht mehr in diese Sektoren investiert werden; er verwandelt sich in ein Finanzie-

rungsmittel des dritten Sektors oder wird gehortet (Zwangssparen, gesellschaftliche Reserven usw.). Der Wert der den Arbeitern zur Verfügung stehenden Konsumgüter verringert sich gleichfalls, was wiederum ein Absinken des Ertrags und eine Schrumpfung der Mehrwertrate mit sich bringt.*
Die rückläufige Reproduktion von Konsumgütern und gewissen Produktionsgütern unter dem Einfluß der Herstellung von Vernichtungsmitteln im Rahmen der Kriegswirschaft geht sehr deutlich aus der nachstehenden Tabelle hervor[37]:

Prozentualer Anteil der Industriegruppen an der gesamten Industrieproduktion in Westdeutschland

Industriegruppe	1936	1939	1944
Bergbau und Grundstoffindustrien,	34,4	31,4	33,5
davon Bergbau	7,5	7,4	6,3
Bau- und Investitionsgüterindustrien,	29,5	34,9	41,4
davon Maschinen-, Stahl- und Fahrzeugbau (einschl. der Herstellung von Vernichtungsmitteln)	15,3	21,8	25,5
Verbrauchsgüterindustrien,	30,5	27,6	19,0
davon Textilindustrie	7,5	5,0	3,7
davon Nahrungs- und Genußmittelindustrie	11,4	11,9	7,0

* Im Verlauf des Zweiten Weltkrieges erreichten die Vereinigten Staaten annähernd diesen zweiten Zyklus der rückläufigen Reproduktion, zumindest was die Stagnation des Produktionsgütersektors betrifft. Gegen Ende des Krieges haben Großbritannien, Deutschland und in besonderem Maße Japan den 3. Zyklus mit Verminderung der Produktion in I und II durchgemacht. Professor Jacquemyns untersuchte zwischen Mai und Juni 1941, nach einem Jahr der Rationierung, die den normalen Brotkonsum um 25 %, den Konsum von Fett, Fleisch und Kartoffeln um 60 %, den Konsum von Eiern und Fischen um 75 % eingeschränkt hat, den Gesundheitszustand von rund 500 belgischen Montanarbeitern. Bei 64 % der Arbeiter zeigte sich ein Gewichtsverlust von mindestens 4 kg – bis zu 15 kg – unter dem Durchschnittsgewicht, dessen Folgen niedriger Blutdruck, dauernde Müdigkeit und ein rapides Absinken der Arbeitsleistung waren.36

Die Umverteilung des Volksvermögens durch den Staat

Der Aufstieg der Arbeiterbewegung und die wachsende Feindseligkeit der Völker gegen die Ungleichheit der Einkommen, die den modernen Kapitalismus auszeichnet, hat Reaktionen der Selbstverteidigung der besitzenden Klassen ausgelöst. Seit der Einführung der Einkommensteuer in Großbritannien und vor allem seit den Erfahrungen mit dem *New Deal* in den Vereinigten Staaten unterstreichen zahlreiche Ökonomen die Tatsache, daß der Staat – vor allem in den westlichen Ländern der bürgerlichen Demokratie – über sein Budget einen bedeutenden Teil des Volkseinkommens zugunsten der arbeitenden Klassen und zu Lasten der besitzenden Klassen umverteilt.

Die progressive Einkommensteuer und die Erbschaftsteuer verringere die Ungleichheit der Einkünfte und Vermögen – sagen sie. Die Dienstleistungen, die der Staat allen Bürgern kostenlos zur Verfügung stellt – Unterricht, Wartung der Straßen, öffentliches Gesundheitswesen, kostenlose medizinische Behandlung in Großbritannien usw. –, kämen hauptsächlich den ärmsten Klassen der Bevölkerung zugute und trügen noch mehr dazu bei, die Einkommen der Bürger einander anzugleichen. Die Entwicklung des gegenwärtigen Kapitalismus laufe also keineswegs auf eine Konzentration, sondern im Gegenteil auf eine Streuung, auf eine wachsende Nivellierung der Einkommen hinaus.

Was das Vermögen und den Besitz betrifft, namentlich den Industriebesitz und den Besitz an kapitalisierten Sparvermögen, stehen diese Beteuerungen in krassem Widerspruch zur Wirklichkeit: alle Daten, über die wir verfügen, zeigen in der Tat eine wachsende Konzentration dieses Besitzes.* Aber in bezug auf die Einkommen nimmt man allgemein an, daß die Einwirkung der staatlichen Behörden tatsächlich eine Verringerung der Einkommensungleichheit bewirkt habe. Welchen Platz muß man diesem Phänomen in der jüngsten Entwicklung der kapitalistischen Produktionsweise zuweisen?

Wie wir schon gezeigt haben, stammen die Staatseinnahmen gewöhnlich aus zwei Quellen: den direkten Steuern auf die

* Siehe Kapitel VII, bezüglich der »Streuung« der Aktien, und Kapitel XII.

Einkommen und den indirekten Steuern, also Erhöhungen der Verkaufspreise der Waren (wobei die Emission von Papiergeld durch den Staat die gleiche Wirkung hat wie die indirekte Steuer). Wenn die progressive Einkommensteuer die wohlhabenden Klassen nun tatsächlich härter trifft als die armen Klassen, so ist dies bei der indirekten Steuer keineswegs der Fall.

»Im allgemeinen werden die Klassen mit niedrigem Einkommen von den Steuern auf die Konsumgüter härter getroffen als die oberen Klassen, wodurch in einem gewissen Maße die nivellierende Wirkung der Einkommensteuer wieder aufgehoben wird.«[38]

So stellen wir fest, daß in Frankreich die Lohn- und Gehaltsempfänger 1949 450,5 Milliarden Francs indirekte Steuern bezahlt haben, gegenüber 271,5 Milliarden Francs der Unternehmer und der Freien Berufe. In England stieg der Betrag sämtlicher Steuern, die die untersten Steuerklassen (mit einem Einkommen von weniger als 500 £ im Jahr) bezahlen, von 499 Millionen £ im Jahr 1937 auf 1791 Millionen £ im Jahre 1949, da sich die indirekten Steuern während dieser Periode verfünffacht haben. In Dänemark verringern die indirekten Steuern die Einkommen der untersten Steuerklasse um 11,2 %, während ihr Einfluß auf das Einkommen der Mittelklasse nur 9,1 % ausmacht.[39]

Es trifft zu, daß in den Vereinigten Staaten die indirekten Steuern nur einen geringen Teil der Budgeteinkommen bilden. Aber in diesem Land muß man das Einwirken der direkten Steuern auf die Löhne und Gehälter in Rechnung stellen, ein Faktor, der übrigens in den anderen kapitalistischen Ländern eine steigende Bedeutung gewinnt. So bezahlen in Frankreich die Lohnempfänger mehr direkte Steuern als die Unternehmer und die Freien Berufe. In Belgien haben die Lohnempfänger, die kaum 50 % des Volkseinkommens bezogen, im Jahre 1959 57,5 % der Einkommensteuer bezahlt[40].*

Zieht man die Gesamtbilanz aus den von den Arbeitern aufgebrachten Steuern und dem Nutzen, den ihnen die Sozialver-

* In Westdeutschland erbrachten die indirekten Steuern im Jahre 1960 27,5 Milliarden DM gegenüber 3,8 Milliarden RM in den Jahren 1928–29 für die gesamte Weimarer Republik, d. h. mehr als das Siebenfache. In der gleichen Periode stiegen die Löhne und Gehälter nur um 150 %.

sicherung usw. bringt, so kommt man zu dem Schluß, daß die Umverteilung der Einkommen zu ihren Gunsten minimal ist oder überhaupt nicht besteht. In bezug auf Frankreich stellen Rottier und Albert folgendes fest: »Es ist uns unmöglich, genaue Ergebnisse hinsichtlich der vertikalen Umverteilung der Einkommen in der Gruppe der nicht in der Landwirtschaft tätigen Lohnarbeiter zu erzielen. Zweifelsohne ist sie nicht sehr groß ... Das relative Anwachsen des Anteils der Soziallöhne war nicht von einer Steigerung des Gesamtanteils der Löhne am Volkseinkommen begleitet. Somit ergab sich offensichtlich eine Verringerung desjenigen Teils des Gesamteinkommens der Lohnempfänger, den diese nach ihrem Gutdünken ausgeben können.«[41]
Für Großbritannien kommt F. Weaver zu ähnlichen Schlußfolgerungen: »Das hervorstechende Merkmal der wachsenden Umverteilung in der Nachkriegszeit besteht nicht darin, daß man den begüterten Klassen etwas abnimmt, um es den Massen zu geben! Die Vorteile der Umverteilung zeigen sich vielmehr innerhalb bestimmter Steuerklassen und sind weitgehend dem Konsum angepaßt. Die Arbeiterklasse zahlt im allgemeinen eine zusätzliche Steuer bei Bier, Tabak und beim Kauf von Waren sowie andere indirekte Steuern, die zusammen ausreichen, um die Subventionen für Nahrungsmittel und Aufwendungen für die öffentliche Gesundheit und Erziehung zu decken ...«[42]
Man könnte einwenden, daß die rein geldmäßige Rechnung nicht den kostenlosen materiellen Vorteilen Rechnung trägt, etwa der allgemeinen Verbesserung des Gesundheitszustandes und der Erziehung, der damit verbundenen Verlängerung des Lebens, einer gewissen Veränderung der Konsumstruktur, den erhöhten Ausgaben der Arbeiter für kulturelle Zwecke, der Freizeit, die sie in den fortgeschrittenen kapitalistischen Ländern genießen, usw. Dieser Einwand trifft zu. Aber wie die dänischen Ökonomen Lemberg, Ussing und Zeuthen bemerken, erklären sich diese »Dienstleistungen«, die der Staat den Arbeitern zukommen läßt, weniger aus dem Wunsch, die Einkommen umzuverteilen, als vielmehr aus dem Bestreben, »die Nutznießer so gut wie irgend möglich für die produktive Arbeit zu qualifizieren«.[43] Desgleichen bedeutet die Verlängerung des Lebens eine Verlängerung des pro-

duktiven Lebens der Arbeiter; anstatt nur während 25 Jahren ihres Lebens Mehrwert für die Kapitalisten zu produzieren, tun sie es nun 40 oder 45 Jahre lang. In dem Maße, wie der Preis der Arbeitskraft ein relatives Element mit einschließt, nämlich einen vom Durchschnittsniveau der Zivilisation eines Landes in einer gegebenen Epoche bestimmten Durchschnittsbedarf, tut der Staat, wenn er den Lohnempfängern gewisse Dienste garantiert, die sie sich von ihrem Lohn nicht kaufen können, nichts anderes, *als im Namen der gesamten Bourgeoisie die Bezahlung dieses integrierenden Bestandteils der Löhne zu sichern;* er garantiert einen Teil der Reproduktionskosten der Arbeitskraft. Der Staat verwandelt nicht Mehrwert in Löhne; er spielt nur die Rolle des zentralen Kassierers der Bourgeoisie, um einen Teil der Löhne in kollektiver Form vorzuschießen, gewisse Bedürfnisse zu sozialisieren.

Es gibt Situationen, in denen die Umverteilung des Volkseinkommens der Arbeiterklasse in größerem Umfange zugute kommt. Aber paradoxerweise tritt dieser Fall nicht im »Sozial-Kapitalismus« ein, sondern in Zeiten der großen »Buße« des Kapitalismus.

Wenn ein kapitalistisches Land von der Sturzflut einer ernsten Wirtschaftskrise oder eines verlorenen Krieges heimgesucht wird, wirkt sich die Umverteilung des Volkseinkommens tatsächlich zugunsten der elendesten Schichten aus – zugunsten der Arbeitslosen im ersten Fall, der Kriegsopfer im zweiten Fall. Diese Schichten muß man zum Proletariat hinzurechnen; sie sind das, was Marx die »Lazarus-Schicht« des Proletariats genannt hat.

In Westdeutschland, wo man Millionen von Verstümmelten und Schwerkriegsbeschädigten, von Opfern faschistischer und rassischer Unterdrückung, von Kriegsveteranen und Kranken infolge der Entbehrungen während des Krieges zählt, erhält diese »Lazarus-Schicht« durch die Umverteilung beinahe 10 % des Volkseinkommens. Man wird indessen einsehen, daß die Arbeiter nicht gerade befriedigt sind über die Schlußfolgerung, daß sie von der Umverteilung des Volkseinkommens nur in dem Maße »profitieren«, wie sie Arbeitslose oder Kriegskrüppel werden.

Es ist offensichtlich, daß es sich hier um eine Maßnahme mit politischem und sozialem Zweck handelt; um ein »Abschmieren« des sozialen Mechanismus, das eine Explosion vermeiden soll, und nicht um eine *ökonomische* Entwicklung, die in gewisser Hinsicht der relativen Verelendung des Proletariats widerspricht.

Simon Kuznets hat in einem 1953 erschienen Werk[44] versucht, die Auswirkungen der Umverteilung des Volkseinkommens in den Vereinigten Staaten zu berechnen. Er kam zu dem Schluß, daß der Nettoanteil (nach Zahlung der direkten Steuern) der Reichen – des einen Prozents der reichsten Steuerzahler – am Volkseinkommen in frappanter Weise zurückgegangen ist: von durchschnittlich 14,3 % in den Jahren 1919–1938 auf 7,9 % im Jahre 1948. Diese Untersuchung leidet jedoch an schweren methodischen Fehlern. Erstens stützt sie sich ausschließlich auf die Angaben der Steuerpflichtigen, die im Falle der Selbständigen und vor allem der Reichen offenkundig unterbewertet sind.* Sie trägt den direkten Steuern Rechnung, aber nicht dem Anstieg der Lebenshaltungskosten, der die Kleinverdiener sehr stark benachteiligt. Kuznets arbeitet mit willkürlichen Kategorien (»das eine Prozent der reichsten Steuerzahler«, »die 7 % der reichsten Steuerzahler« usw.) und nicht mit *konkreten gesellschaftlichen* Kategorien.

Wenn man jedoch die offiziellen Statistiken untersucht, selbst ohne die verschleierten Einkommen zu beachten, dann stellt man fest, daß der Anteil der Kleinverdiener kaum gestiegen ist, wie aus den folgenden Zahlen hervorgeht:

1910	beziehen	50 %	der Haushalte	26,8 %	der Familieneinkommen
1918	beziehen	50 %	der Haushalte	26,6 %	der Familieneinkommen
1929	beziehen	50 %	der Haushalte	22 %	der Familieneinkommen
1937	beziehen	50 %	der Haushalte	21,2 %	der Familieneinkommen
1944	beziehen	51,9 %	der Haushalte	24,9 %	der Familieneinkommen
1956	beziehen	51,7 %	der Haushalte	25,2 %	der Familieneinkommen

* Dr. Selma Goldsmith, Mitarbeiterin des *National Bureau of Economic Research,* schätzt, daß 1946 in den Vereinigten Staaten 24 % der Dividenden, 29 % der Unternehmereinkommen und 63 % der erhaltenen Zinsen nicht angegeben wurden.[45]

Es dürfte schwerfallen, diese Ziffern als eine progressive Aufbesserung des Anteils der Kleinverdiener zu interpretieren, zumal wenn man vermerkt, daß die für 1956 zitierten 51,7 % der Familien weniger als 5 000 Dollar im Jahr verdienen; daß die für 1944 angeführten 51,9 % der Familien jährlich weniger als 3 000 Dollar verdienen; und daß zwischen 1944 and 1956 die Kaufkraft des Dollar um 40 % zurückgegangen ist, daß also die 5 000 Dollar des Jahres 1956 genau das Äquivalent der 3 000 Dollar des Jahres 1944 sind.[46]
Nach Kuznets beziehen die 7 % der Steuerzahler mit den höchsten Einkommen im Jahre 1929 30,3 % der persönlichen Einkommen; 1956 beziehen die 10 % der meistverdienenden Steuerzahler 31 % der persönlichen Einkommen. Die »Umverteilung« hat also lediglich darin bestanden, die *oberen Mittelklassen zu erweitern,* ein Phänomen, das für jede Periode der Hochkonkunktur typisch ist (und, wegen der Steuerflucht, bei diesen Zahlenangaben »übertrieben« wird). Dieser Eindruck wird noch dadurch verstärkt, daß die 3,8 % der Familien, die mehr als 15 000 Dollar im Jahr beziehen, im Jahre 1956 insgesamt 17,3 % der Familieneinkommen verdient haben; 1929 wurde der gleiche Prozentsatz von rund 2 % der Familien verdient.* Der Anteil der »Reichen« hat sich somit kaum verändert; sie sind lediglich zahlreicher geworden.
Aber wenn man weiß, daß 40 % der Steuerzahler zusammen weniger verdienen als diese 3,8 % der Bevölkerung (ihr Anteil ist von 20 % im Jahre 1910 auf rund 13 % im Jahre 1950 zurückgegangen!), dann ist es unmöglich, in diesen Ziffern irgendein Indiz für einen Bruch in der klassischen Tendenz zur Konzentration des Kapitals und der Einkommen in der kapitalistischen Produktionsweise zu entdecken.[48]
Für Großbritannien kommt Richard M. Titmuss zu größten-

* Die amtlichen deutschen Statistiken geben für das Jahr 1928 an, daß 88,84 % der Steuerpflichtigen 61,1 % der privaten Einkommen bezogen haben; 1950 verdienen 86,05 % der westdeutschen Steuerzahler 59,7 % der privaten Einkommen. Am anderen Ende der Pyramide beziehen 1928 0,45 % der Steuerzahler 11,1 % der privaten Einkommen; 1950 verfügen 1,24 % der Steuerzahler über 10 % der privaten Einkommen. 1928 beläuft sich der Anteil der 4,3 % Reichsten auf 24,7 %; 1950 haben die 4,4 % Reichsten einen Anteil von 23 %.[47]

teils analogen Schlußfolgerungen. Es zeigt sich tatsächlich, daß im Jahre 1938 die 14 Millionen ärmsten Beschäftigten (58,3 %) 31,6 % des Brutto-pro-Kopf-Einkommens einnahmen, während im Jahre 1955 die 16 Millionen ärmsten Beschäftigten (61,6 %) 34,8 % des Brutto-pro-Kopf-Einkommens bezogen; man sieht nicht recht, wo da der Fortschritt sein sollte.[49] Auch Titmuss betont die zahlreichen nicht in den Einkommensteuererklärungen auftauchenden Vorteile, die das tatsächliche Einkommen der wohlhabendsten Schichten der Bourgeoisie beträchtlich vergrößern und den scheinbaren »Rückfall« ihres Anteils am Volkseinkommen erklären (Kapitalgewinne, Spesenkonten, Naturalleistungen, die sie von ihren Gesellschaften erhalten, usw.).[50]

XI Die periodischen Wirtschaftskrisen

Vorkapitalistische und kapitalistische Krisen

Die Wirtschaftskrise ist eine Unterbrechung des normalen Reproduktionsprozesses. Die menschliche und materielle Basis der Reproduktion, die Masse der produktiven Arbeitskräfte und der effektiv verwendeten Werkzeuge schrumpft. Daraus resultiert eine Senkung des unproduktiven und des produktiven Konsums, d. h. eine Verminderung der für den kommenden Produktionszyklus zur Verfügung stehenden lebendigen und toten Arbeit. Die Krise reproduziert sich in Form einer Spirale. Die Unterbrechung des normalen Reproduktionsprozesses schmälert ihrerseits dessen Ausgangsbasis.

In den vorkapitalistischen Gesellschaften nehmen Krisen die Form einer *materiellen Zerstörung* der Elemente der einfachen oder der erweiterten Reproduktion infolge natürlicher oder gesellschaftlicher Katastrophen an: »Vor dem und selbst noch im 18. Jahrhundert waren die Ernten, die Kriege, die Epidemien usw. in absoluten und im relativen Sinne von entscheidender Bedeutung [als die Fluktuation der Geschäfte].«[1]

Kriege, die Pest und andere Epidemien, Überschwemmungen, Dürrezeiten, Erdbeben usw. zerstörten die Produktivkräfte der Gesellschaft, die Produzenten und die Produktionsmittel. Entvölkerung und Hungersnöte bedingten einander wechselseitig und führten zu einer globalen Verminderung der laufenden Produktion und der gesellschaftlichen Reserven. Da die Landwirtschaft die Grundlage jeder erweiterten Reproduktion ist, bedeutet dies vor allem ein Absinken der Agrarproduktion, einen geringer werdenden Ertrag der landwirtschaftlichen Arbeit – eine Erscheinung, die wir zu Beginn einer jeden vorkapitalistischen Krise antreffen. Diese Verminderung rührt im allgemeinen von außerökonomischen Faktoren her.[2] Unter bestimmten Bedingungen können jedoch der Produktionsweise selbst anhaftende Merkmale – fortschreitende Erschöpfung des Bodens, ohne die Möglichkeit, den Anbau auf neuen Böden fortzuführen; Flucht der Produzenten vor wachsender Aus-

beutung – außerökonomische Katastrophen als Ursachen solcher Krisen ersetzen.
Anders in der kapitalistischen Gesellschaft. Hier erscheint die materielle Zerstörung der Produktionselemente nicht als Ursache, sondern als Folge der Krise. Die Krise ist nicht die Folge eines geringeren Beschäftigungsgrades, sondern umgekehrt: der geringere Beschäftigungsgrad ist das Ergebnis der Krise. Nicht weil sich in den Haushalten der Hunger einschleicht, sinken die Arbeitserträge und bricht die Krise aus, sondern umgekehrt: der Hunger stellt sich in den Haushalten ein, weil eine Krise ausgebrochen ist.
Die vorkapitalistische Krise ist eine Krise der *Unterprotion von Gebrauchswerten.* Sie erklärt sich durch einen ungenügenden Grad der Entwicklung der Produktion, durch ein unzureichendes Handels- und Transportsystem. Solche Krisen können in einer Provinz oder in einem Land auftreten, während in einer Nachbarprovinz oder einem Nachbarland ganz normale Reproduktionsbedingungen herrschen. Die kapitalistische Krise dagegen ist eine Krise der *Überproduktion von Tauschwerten.* Sie erklärt sich nicht durch eine zu schwach entwickelte Produktion oder ein zu geringes physisches Konsumtionsvermögen, sondern durch eine unzureichende *zahlungsfähige Nachfrage.* Ein relativer Überfluß an Waren findet auf dem Markt kein Äquivalent, kann seinen Tauschwert nicht realisieren, bleibt unverkäuflich und zieht den Ruin der Warenbesitzer nach sich.
Im Gegensatz zur vorkapitalistischen Krise setzt die Krise in der kapitalistischen Epoche somit voraus, daß sich die Warenproduktion allgemein durchgesetzt hat. Während die erste räumlich begrenzt ist, ist die zweite allgemein und umfaßt die meisten der im Rahmen des kapitalistischen Produktionssystems und Warenaustauschs vereinigten Länder*:
»Während die Krisen des Ancien Régime als Phänomene plötzlich eintretender Knappheit empfunden wurden und während über Jahrtausende hinweg der Begriff der Krise mit dem der Unterproduktion und des Hungers verknüpft war . . .,

* Das bedeutet natürlich nicht, daß alle Krisen in der kapitalistischen Epoche notwendigerweise *alle* Länder erfassen müssen. Die Universität der kapitalistischen Krise ist nur eine vorherrschende, keine absolute und mechanische Regel.

manifestieren sich die Krisen nach der Revolution (außer während der Entstehung von Kriegen) stets als Überflußerscheinungen mit explosivem Charakter; d. h., daß sie zu tiefen gesellschaftlichen Umwälzungen führen.«[3]

Allgemeine Voraussetzungen kapitalistischer Krisen

Dieser neue Typ der Krise, die sogenannte Überproduktionskrise, scheint aus den Eigenschaften der Waren und den Merkmalen der allgemeinen Entwicklung der Warenproduktion zu stammen. Der der Ware innewohnende Widerspruch zwischen Gebrauchtswert und Tauschwert führt zur *Verdoppelung der Ware in Ware und Geld*. Eben diese Verdoppelung schafft die allgemeinen Voraussetzungen kapitalistischer Krisen.

Solange die Gesellschaft im wesentlichen Gebrauchtswerte produziert, kann kaum eine Situation des »Überflusses inmitten höchster Not« entstehen, wo Massen von Gebrauchswerten vernichtet werden, während gleichzeitig zahllose Menschen zur Armut verdammt sind. Die direkte Aneignung der Gebrauchswerte durch die Konsumenten verhindert ein solch paradoxes Zusammenfallen. In dem Maße jedoch, wie sich die Warenproduktion ausbreitet, wird diese direkte Aneignung unmöglich. Um künftighin eine Ware konsumieren zu können, muß man das Äquivalent ihres Tauschwertes besitzen. Um sich Gebrauchswerte aneignen zu können, muß man sie *kaufen*.

Damit werden Überproduktionskrisen theoretisch möglich. Sie können schon dann entstehen, wenn die Warenbesitzer aus irgendeinem Grund keine Kunden finden, die genügend Geld besitzen, um den Tauschwert dieser Waren zu realisieren. Das Handels- und Kreditsystem tendiert dahin, die Trennung der Ware von ihrem Geldäquivalent zeitweilig zu überbrücken. Aber je länger diese Brücke zeitlich und räumlich wird, desto mehr vereinen der Handel und der Kredit sämtliche Länder in einem gemeinsamen System, desto mehr verschärft sich auch der der Ware und ihrer Verdoppelung (in Ware und Geld) anhaftende Widerspruch.

Wenn sich während der Zirkulation der Waren *deren Produk-*

tionspreis ändert – vor allem infolge neuer Arbeitsverfahren, der Verschärfung der Konkurrenz, des Absinkens der Durchschnittsprofitrate –, dann findet eine Vielzahl von Waren kein Äquivalent mehr auf dem Markt, und eine Vielzahl von Schuldforderungen hat keine Deckung mehr. Schon wenn man ein Einkommen nicht heute ausgibt, sondern erst morgen, kann man damit nicht mehr die gleiche Warenmenge kaufen, da ihr Preis in der Zwischenzeit gestiegen ist.[4] Der Widerspruch zwischen der Ware und ihrem Geldäquivalent, das sie auf dem Markt antreffen muß, entwickelt sich so zu dem Widerspruch zwischen dem Geld als Zirkulationsmittel und dem Geld als Zahlungsmittel, führt also seinerseits zu einem Widerspruch zwischen dem gesamten Zirkulationsprozeß der Waren und dem Reproduktionsprozeß.

Das »Gesetz der Absatzmärkte«

Die Vulgärökonomie hat dieser Analyse der theoretischen Möglichkeiten der Überproduktion die These gegenübergestellt, daß der Wert der Waren – laut Definition – gleich den Einkommen der verschiedenen Gesellschaftsklassen sei, die in unterschiedlichem Maße an der Produktion dieser Waren beteiligt sind. Daraus hat sie abgeleitet, daß jede Produktion von Waren gleichzeitig Einkommen schafft, die ausreichen, um die erzeugte Warenmenge zu absorbieren. So kam man auf das berühmte »Gesetz der Absatzmärkte«, das man zu Unrecht das »Saysche Gesetz« nennt, da seine Formulierung nicht auf den französischen Ökonomen J.-B. Say zurückgeht, sondern auf den englischen Ökonomen James Mill, den Vater von John Stuart Mill. Dieses »Gesetz der Absatzmärkte« läßt einer allgemeinen Überproduktion keinen Raum; es räumt höchstens eine partielle Überproduktion ein, eine Überproduktion in einigen Sektoren, die wegen der schlechten Verteilung der »Produktionsfaktoren« auf die verschiedenen Sektoren der Wirtschaft von einer Unterproduktion in anderen Sektoren begleitet sei.
Der Irrtum im Gesetz der Absatzmärkte rührt von der Tatsache her, daß diese Theorie den *Zeitfaktor* vernachlässigt, d. h., daß sie an die Stelle der kapitalistischen Dynamik

ein statisches und unveränderliches System setzt.* Wir wissen bereits, daß während der Periode, die zwischen der Produktion und dem Verkauf der Waren liegt, die Preise der Waren nach oben und unten schwanken können, was entweder einen Einkommensüberhang oder einen Überschuß an Waren, die auf dem Markt keinen Gegenwert in Geld finden, mit sich bringt.**

Andererseits werden die während eines bestimmten Zeitabschnitts verteilten Einkommen nicht notwendig in der gleichen Epoche für den Kauf von Waren verwendet; einzig die Einkommen der Lohnempfänger, die für den Kauf kurzlebiger Konsumgüter bestimmt sind, gehorchen dieser Regel. Ganz anders ist es mit den Einkünften der Kapitalisten, die *dahin tentieren, akkumuliert zu werden,* und mit jenem Teil des Wertes der Waren, die kein Einkommen, sondern den Gegenwert des verbrauchten konstanten Kapitals verkörpern. Es gibt keine Macht, die den Kapitalisten zwänge, seine Geldmassen *unmittelbar* zu investieren – d. h., sie sofort als Kaufkraft zu verwenden, um eine bestimmte Warenkategorie damit zu erwerben. Wenn die Kapitalisten keine Steigerung, sondern ein Sinken ihrer Profite erwarten, dann können sie sehr wohl ihre Ausgaben auf später verschieben. Die Hortung der Einkommen, das unproduktive Sparen, kann somit einen Einkommensüberhang schaffen, parallel zur Überproduktion bestimmter Waren.[7] Dies zieht eine erste Verminderung des Beschäftigungsgrades nach sich, die eine sich auf alle Sektoren der Wirtschaft ausbreitende Überproduktion hervorrufen kann; damit aber setzt eine zweite Verminderung des Beschäftigungsgrades ein, und so fort ...

In der Tat erscheint das Gesetz der Absatzmärkte nur gültig:

a) wenn man alle Probleme der Investition beiseite läßt;

b) wenn man von allen Problemen, die der Kredit mit sich bringt, absieht;

c) wenn man annimmt, daß die Waren sofort und mit vollständiger Bargeldzahlung verkauft werden;

* So vor allem Guitton.[5]

** Marx hat klar gezeigt, daß es im Kapitalismus keine automatische, unmittelbare Einheit zwischen der Produktion und der Realisierung des Wertes gibt. Diese Einheit resultiert erst aus einem bestimmten Prozeß und ist an eine Reihe von Bedingungen gebunden.[6]

d) wenn man voraussetzt, daß der Wert der Waren völlig stabil ist;
e) und wenn man ferner davon ausgeht, daß es zwischen den verschiedenen Unternehmen keinerlei Produktivitätsunterschiede gibt.
Diese Hypothesen zeigen, daß eine solche Produktion keine kapitalistische Produktion ist, die sich durch einen Heißhunger nach Profit und durch Konkurrenz auszeichnet, sondern eine einfache Warenproduktion.
Aber selbst in diesem Falle können die Geldschwankungen das Gleichgewicht zwischen Einkommen und Wert der Waren zerstören. Das Gesetz der Absatzmärkte ist somit nur dann wirklich gültig, wenn es sich um eine Naturalwirtschaft handelt.[8] Wir kommen also zu der am Anfang dieses Kapitals angeführten These zurück, daß eine Gebrauchswerte erzeugende Gesellschaft keine »Überproduktion« kennen kann.

Der zyklische Verlauf der kapitalistischen Wirtschaft

Die Steigerung der organischen Zusammensetzung des Kapitals und der durch sie bedingte tendenzielle Fall der Profitrate sind allgemeine Entwicklungsgesetze der kapitalistischen Produktionsweise. Durch die Tatsache, daß sie ständig den Produktionspreis der Waren verändern, schaffen sie, unter der Annahme eines zeitlichen Abstandes zwischen Produktion und Verkauf der Waren, theoretisch die Möglichkeit für das Entstehen allgemeiner Überproduktionskrisen. Die kapitalistische Produktionsweise erhält damit jenen *ungleichen, unsteten* Entwicklungsrhythmus, der sich in Sprüngen, gefolgt von Zeiten des Stillstandes und der Rückläufigkeit, ausdrückt und der für die kapitalistische Produktionsweise charakteristisch ist.
Die Einführung neuer Maschinen, neuer Produktionsverfahren ändert den Produktionspreis nicht allmählich und unmerklich. Die Veränderung erfolgt stoßartig, in mehr oder weniger regelmäßigen Abständen, wenn die Gesellschaft *nachträglich* feststellt, daß für die Produktion bestimmter Waren zuviel gesellschaftliche Arbeit verwendet worden ist. Sieht man von allen anderen Faktoren ab, so liegt die Ursache hierfür im

Umschlagszyklus des fixen Kapitals, der eine ganze Reihe aufeinanderfolgender Produktions- und Umschlagszyklen des zirkulierenden Kapitals umfaßt.

»Es gibt viele Gründe«, versichert Keynes, »die erklären, warum die nachfolgende Periode ... beispielsweise nicht zwischen einem und zehn Jahren schwankt, sondern eine gewisse Regelmäßigkeit aufweist: zunächst die lange Lebenszeit der dauerhaften Kapitalien, verbunden mit ihrem normalen Akkumulationsrhythmus, und dann die Konservierungskosten für überschüssige Vorräte.«[9]

Zahlreiche andere Autoren drücken die gleiche Meinung aus, vor allem Aftalion, Pigou, Schumpeter usw.[10] Der Faktor »Intervall« spielt auch auf dem Gebiet der Landwirtschaft eine Rolle. Es besteht ein Unterschied zwischen dem Zeitpunkt, wo man sich auf der Basis günstiger Preise entscheidet, den Anbau eines bestimmten Produktes zu vergrößern, und dem Augenblick, wo diese Entscheidung tatsächlich eine Produktionssteigerung herbeiführt*.[11]

Andererseits muß eine gewisse Zeit verstreichen, ehe der Markt auf die Einführung neuer Produktionsverfahren reagieren kann, d. h., bevor man bestimmen kann, ob diese Prozesse den Initiatoren weiterhin Extraprofite abwerfen oder ob sie im Gegenteil zu einer allgemeinen Senkung der Produktionspreise führen. Das ist aber genau die Periode, in der die Verdoppelung der Ware in Ware und Geld ihren *Maximalstand* erreicht; dies führt unvermeidlich zum Krach.

Die kapitalistische Produktion ist eine Produktion um des Profits willen. Die Schwankungen der Durchschnittsprofitrate sind für den konkreten Stand der kapitalistischen Wirtschaft die entscheidenden Kriterien.** Langfristig gesehen hat die

* Daraus resultiert das Phänomen einer unvermeidlichen zyklischen Fluktuation, der sogenannte »Spinnweb-Effekt« (*cobweb theorem*).

** Eine große Zahl von Autoren nimmt diese These als selbstverständlich an; so vor alem Aftalion, W. C. Mitchell, Keynes, Schumpeter, Hansen, Guitton.[12]
Haberler indessen schreibt in seinem ansonsten so klaren Werk über die Wirtschaftszyklen folgende Ungeheuerlichkeit, nur um dem Vokabular der Grenznutzenschule treu bleiben zu können: »Die Schwankungen der Profite (oder Verluste) werden oft als Barometer von Wirtschaftszyklen betrachtet. Es scheint indessen nicht gerechtfertigt, diesen Faktor auf die gleiche Ebene zu stellen wie die drei erwähnten grundlegenden Kriterien.

durchschnittliche Profitrate eine fallende Tendenz. Aber dieser Prozeß verläuft nicht gradlinig. Er stellt sich nur über Ausgleiche und periodische Anstiege ein, in einer *zyklischen* Bewegung, deren Ursprung wir aufgezeigt haben. Diese zyklische Bewegung kann man in ihren wichtigsten Phasen summarisch durch die Bewegung der Durchschnittsprofitrate charakterisieren.

a) *Wirtschaftliche Wiederbelebung:* Ein Teil der Produktionskapazität ist während einer gewissen Periode nicht ausgenutzt worden, die zuvor akkumulierten Vorräte sind abgebaut, und die Nachfrage nach Waren übersteigt wieder das Angebot. Die Preise und die Profitrate beginnen wieder zu steigen. Aus demselben Grund macht eine Reihe der geschlossenen Fabriken ihre Tore wieder auf, was auch die Kapitalisten dazu verleitet, ihre Investitionen zu erhöhen. Denn eine das Angebot übersteigende Nachfrage bedeutet, daß in den auf dem Markt angebotenen Waren *weniger* gesellschaftliche Arbeit enthalten ist, als gesellschaftlich gesehen notwendig wäre. Daher finden die Waren leicht ihr Äquivalent auf dem Markt. Diejenigen Fabriken, die mit überdurchschnittlicher Arbeitsproduktivität arbeiten, erzielen bedeutende Extraprofite; die weniger produktiven Betriebe (die nach der Krise noch bestehen) realisieren den Durchschnittsprofit. Die Zirkulationszeit der Waren verringert sich, und die meisten Unternehmen beginnen für Aufträge zu produzieren. Der Abstand zwischen dem Augenblick des Kaufs und dem der Zahlung ist sehr kurz.*

Der Begriff ›Profit‹ ist vage und zweideutig(!)... Er ist eine Kombination von Zinsen, Mietzinsen, Monopolgewinnen etc. Die Profite im doktrinären Sinne (!) sind Teile des Volkseinkommens und deswegen im ›Realeinkommen‹ mitinbegriffen. Das Fehlen von Profit (oder Verlust) im strengen Sinne des Begriffs ist das entscheidende Wesensmerkmal eines vollkommenen Gleichgewichts(!) des Wirtschaftssystems.«13 Wir gehen eine Wette ein, daß jeder *businessman* Herrn von Haberler erklären wird, daß seine »Doktrin« nichts mit der Wirklichkeit gemein hat... Vermerken wir außerdem, daß Gayer, Rostow und Schwartz14 empirisch bestätigt haben, daß der zyklische Verlauf der Textilindustrie in der ersten Hälfte des 19. Jahrhunderts mit den zyklischen Fluktuationen der Profitrate zusammenfällt.

* Wir abstrahieren vorübergehend von den zahlreichen Faktoren, die sich in die zyklische Bewegung einschalten und die wir später behandeln wer-

b) *Boom und Prosperität:* Alle verfügbaren Kapitalien strömen in die Produktion und den Handel, um von dem Ansteigen der Durchschnittsprofitrate zu profitieren.* Die Investitionen steigen rapide an. Während einer ganzen Periode ist die Schaffung neuer Unternehmen und die Modernisierung bestehender die wesentliche Quelle der allgemeinen Expansion der Wirtschaftstätigkeit: »die Industrie ist der beste Kunde der Industrie«. Die neuerrichteten Unternehmen heben das Durchschnittsniveau der Produktivität, indem sie den alten Durchschnitt weit hinter sich lassen. Aber solange die Nachfrage das Angebot übersteigt, klettern die Preise weiter in die Höhe und die Profitrate hält sich auf einem angehobenen Niveau. Die modernsten Unternehmen realisieren ganz beträchtliche Extraprofite, was zu neuen Investitionen anreizt und den Kredit, die Spekulation usw. aufblühen läßt.

c) *Überproduktion und Krach:* In dem Maße, wie die durchgeführten Neuinvestitionen die gesamte Produktionskapazität der Gesellschaft und somit die auf den Markt geworfenen

den. Es kommt vor allem darauf an, den *grundlegenden* Mechanismus der Profitrate zu verstehen, der der Ausgangspunkt der zyklischen Bewegung ist.

* Es ist also nicht falsch, von den »Irrtümern zu optimistischer Unternehmer« zu sprechen, wie dies Aftalion und Pigou tun. Aber es handelt sich um Irrtümer (die Überinvestitionen) nur vom *gesellschaftlichen* Standpunkt aus, denn vom Standpunkt des *privaten* Unternehmers aus gesehen ist es logisch, die Produktion und den Verkauf *in dem Moment* auf ein Maximum zu steigern, *wo der Profit am höchsten ist.* Jeder hofft, bei dem Krach, der dann kommt, verschont zu bleiben, und daß dieser nur den Nachbarn trifft. Sind es nicht die modernsten Anlagen, die der Krise am besten widerstehen? »Das Übel scheint also nicht so sehr darin zu bestehen, daß sich die Geschäftsleute schlecht auf ihre Interessen ververstünden. . ., sondern darin, daß sie gerade bei der Wahrnehmung ihrer Interessen den Zyklus heraufbeschwören, solange sie als individuelle Geschäftsleute oder als Repräsentanten individueller Geschäftsinteressen handeln.«15

Nathalia Moszkowska versteht nicht die periodische Konkordanz dieser »Fehlentscheidungen«. Warum begehen alle die gleichen Fehler?16 Vielleicht weil jeder Unternehmer durch die Konkurrenz gezwungen ist, einen Maximalprofit anzustreben? Ist dies nicht eine glänzende Illustration des Widerspruchs zwischen dem *gesellschaftlichen* Charakter der Produktion und der *privaten* Form der Aneignung (dem Streben nach privatem Gewinn) im kapitalistischen System!

Warenmassen immer mehr anwachsen lassen, verändert sich das Verhältnis von Angebot und Nachfrage, zunächst unmerklich, doch dann immer deutlicher. Es scheint nun, daß ein Teil der unter den ungünstigsten Produktivitätsbedingungen erzeugten Waren gesellschaftlich gesehen tatsächlich *verschwendete* Arbeitszeit enthält. Diese Waren sind jetzt zu ihrem Produktionspreis unverkäuflich. Dank der Expansion des Kreditwesens fahren die Fabriken unter diesen ungünstigen Bedingungen eine Zeitlang fort zu produzieren – *d. h. gesellschaftliche Arbeitszeit zu verschwenden* –, was sich in der Akkumulation von Vorräten, in der Verlängerung der Zirkulationsperiode der Waren, in der Erweiterung der Spanne zwischen Angebot und Nachfrage usw. ausdrückt. In einem bestimmten Augenblick kann diese Spanne nicht mehr durch den Kredit überbrückt werden. Die Preise und die Profite stürzen. Zahlreiche Kapitalisten sind ruiniert; die Unternehmen, die mit einer zu niedrigen Produktivität[17] arbeiten, müssen ihre Tore schließen.

d) *Krise und Depression:* Der Preissturz bedeutet, daß die Produktion nur noch für die Unternehmen mit der höchsten Produktivität rentabel bleibt. Die Firmen, die zuvor Extraprofite erzielt haben, begnügen sich jetzt mit dem Durchschnittsprofit. Entsprechend der neuen organischen Zusammensetzung des Kapitals stellt sich nun ein neues durchschnittliches Profitniveau ein. Durch den Bankrott und die Schließung zahlreicher Fabriken bedeutet die Krise aber gleichzeitig die Zerstörung einer Masse von Maschinen, von fixem Kapital. Durch den Preissturz sind die Kapitalien als Tauschwerte entwertet worden. Der Gesamtwert des gesellschaftlichen Kapitals hat sich vermindert. Die aus dieser Zerstörung resultierende geringere Kapitalmasse läßt sich leichter verwerten. Sie wird so angelegt, daß im Augenblick der wirtschaftlichen Wiederbelebung eine neue Steigerung der Durchschnittsprofitrate möglich wird.

Die zyklische Bewegung des Kapitals ist somit nichts anderes als der Mechanismus, über den sich der tendenzielle Fall der Durchschnittsprofitrate durchsetzt. Er ist gleichzeitig die Reaktion des Systems gegen diesen Fall, durch die Entwertung des Kapitals in der Krise. Die Krisen gestatten es, die für die Produktion der Waren effektiv verausgabte Arbeitsmenge, periodisch der *gesellschaftlich notwendigen* Arbeitsmenge, den individuellen Wert den Waren dem gesellschaftlich bestimmten Wert, und den in diesen Waren enthaltenen Mehrwert der Durchschnittsprofitrate anzupassen. Da die kapitalistische Produktion keine bewußt geplante und organisierte Produktion ist, finden diese Berichtigungen nicht *a priori,* sondern *a posteriori* statt. Deshalb bedingen sie heftige Erschütterungen; sie führen zur Zerstörung Tausender von Existenzen, zur Vernichtung ungeheurer Werte und geschaffener Reichtümer.

Die innere Logik der kapitalistischen Zyklen

Der Widerspruch zwischen dem Gebrauchswert und dem Tauschwert, zwischen den Waren und ihrem Geldäquivalent, bildet nur die *allgemeine Voraussetzung* für die Entstehung kapitalistischer Überproduktionskrisen. Er erklärt noch nicht, warum und unter welchen konkreten Bedingungen sich diese Krisen periodisch einstellen. Die Schwankungen der Profitrate enthüllen den inneren Mechanismus des Wirtschaftszyklus; sie erklären seinen allgemeinen Sinn – eine periodische Berichtigung der Gleichgewichtsbedingungen der kapitalistischen Reproduktion. Aber sie enthüllen nicht die »konkreten Ursachen« von Krisen. Man kann die Faktoren dieser Ursachen unterscheiden, indem man getreu der Tradition der aristotelischen Logik, wie es der Ökonom G. von Haberler tut, die Ursachen *sine qua non* (ohne die es keine Krisen gäbe) den Ursachen *per quam* (die die unmittelbaren Gründe für das Ausbrechen der Krisen nennen) gegenüberstellt. Die Analyse dieser letzten Bedingungen erfordert eine konkrete Untersuchung aller Elemente der kapitalistischen Produktion.

Damit die erweiterte Reproduktion ohne Unterbrechung stattfinden kann, müssen ständig die im Kapitel X aufgezeigten *Gleichgewichtsbedingungen* reproduziert werden. Der Kauf von Konsumgütern durch die im Produktionsgütersektor tätigen Arbeiter und Kapitalisten muß äquivalent sein dem Kauf von Produktionsgütern durch die im Konsumgütersektor tätigen Kapitalisten, jeweils einschließlich der für die Ausdehnung der Produktion in beiden Kategorien notwendigen Käufe. Die Reproduktion dieser Gleichgewichtsbedingungen erfordert also eine *proportionale Entwicklung* dieser zwei Produktionszweige. Das periodische Auftreten von Krisen erklärt sich nur durch eine periodische Unterbrechung dieser Proportionalität oder, anders ausgedrückt, durch eine *ungleiche Entwicklung* dieser beiden Sektoren.

Aber bis jetzt haben wir den Bereich der Definition, d. h. der Tautologie, kaum verlassen. Zu sagen, daß die periodischen Krisen infolge der Disproportionalität zwischen diesen beiden Produktionssektoren ausbrechen, heißt etwa soviel, wie daß das Opium einschläfernd wirkt, weil es einschläfernde Eigenschaften besitzt. Die Krise ist der *Ausdruck* der Disproportionalität. Aber wenn man dies als eine dem kapitalistischen Entwicklungsprozeß *inhärente* Eigenschaft betrachtet, dann gilt es zu zeigen, warum dieser Prozeß *periodisch* und *notwendig* eine solche Disproportionalität erzeugt.

Die kapitalistische Produktion ist eine Produktion um des Profits willen. Die periodische Disproportionalität zwischen der Entwicklung des Produktionsgütersektors und der des Konsumgütersektors muß mit den periodischen Unterschieden der Profitrate in beiden Zweigen verknüpft werden. Die Ursachen für diese periodischen Unterschiede sind in der unterschiedlichen Art und Weise zu suchen, in der die grundlegenden Widersprüche des Kapitalismus in beiden Sektoren zum Ausdruck kommen. Wir können folgendes Schema für die sukzessiven Phasen des Wirtschaftszyklus aufstellen:

a) *Die Depression:* Die während einer Periode angesammelten Vorräte, deren Absatz Zeit erfordert, zeigen an, daß die für den Kauf von Konsumgütern verfügbaren Einkommen durch die Entwicklung der Arbeitslosigkeit stark abgenommen haben. Nach dem Ausbrechen der Krise verlangsamt sich die gesamte Investitionstätigkeit beträchtlich.[18] Da gleichzeitig viele Unternehmen die für die Erneuerung des fixen Kapitals verfügbaren Gelder zu anderen Zwecken verwenden müssen, ist die Tätigkeit der Unternehmen im Produktionsgütersektor sehr eingeengt.[19] Die Produktion von Konsumgütern nimmt ebenfalls in bedeutendem Maße ab, jedoch nicht im gleichen Grad.[20] Selbst die Arbeitslosen essen weiterhin, und der Kauf kurzlebiger Konsumgüter kann nicht auf morgen verschoben werden; außerdem sind die Löhne der Arbeiter nicht so stark gesenkt worden wie die Preise zu Beginn der Krise.[21] Der Kauf halb-dauerhafter Konsumgüter geht nicht so stark zurück wie der Kauf langlebiger Konsumgüter. Letztere, deren Absatz stark abgenommen hat, können dennoch besser abgesetzt werden als Produktionsgüter.[22] Im Verlauf der Depressionsperiode zeichnet sich also im Bereich der Produktion eine Disproportionalität zwischen den beiden Sektoren ab, die sich mit dem Einsetzen der wirtschaftlichen Wiederbelebung auf den Bereich der Preise und der Profite ausdehnt.

b) *Die Wendung zur wirtschaftlichen Wiederbelebung:* Während der Dauer der wirtschaftlichen Depression bleibt die Aktivität der Industrie auf einem anomal tiefen Niveau. Da die Profitrate sehr niedrig ist, kann keine Diskontsenkung ein Wiederaufblühen der Investitionstätigkeit herbeiführen.[23] Aber die innere Logik dieser Stagnation bringt die Elemente einer Wiederbelebung hervor. In dem Maße, wie die Vorräte dank dem niedrigen Stand der Produktion schwinden, kann der Konsumgütersektor, dessen Absatz nur geringfügig geschrumpft ist, seine Aktivität langsam wieder steigern; die Preise hören hier auf zu fallen, ohne freilich sofort anzusteigen. Es genügt schon, daß sie sich während einer gewissen Periode stabilisieren, damit die Unternehmen in diesem Sektor wieder daran denken, sich neue Produktionsmittel anzuschaffen.[24]

Alles begünstigt dieses Vorhaben. Die Preise für Rohstoffe und Anlagegüter sind ungewöhnlich niedrig; es ist also ein gewinnbringendes Unternehmen, sich jetzt neue Anlagen anzuschaffen. Die Löhne fallen weiterhin unter dem Druck der Arbeitslosigkeit, selbst dann noch, wenn sich die Preise stabilisiert haben. Die niedrigen Löhne bieten gleichfalls einen Anreiz für die Ausweitung der Produktion, da sie höhere Gewinne versprechen.[25]

Die Unterbrechung oder Einschränkung der Investitionstätigkeit während einer ganzen Periode hat es erlaubt, die für die Amortisierung des fixen Kapitals bestimmten Werte zu akkumulieren. Diese Gelder, die zunächst thesauriert worden sind, strömen nun wieder zu den Banken, um einen noch so bescheidenen, aber in der Periode der Depression nicht zu verachtenden Zins abzuwerfen.[26]*

Das Fehlen jeder Investitionstätigkeit reduziert stark die Nachfrage nach Geldkapital, so daß in den Depressionsperioden der Durchschnittszinsfuß sinkt[29]: Ein Grund mehr, der die Kapitalisten des Konsumgütersektors anreizt, gegen Ende dieser Periode Investitionen auf Kredit durchzuführen. Schließlich verleitet die noch niedrige Profitrate dazu, neue Produktionsverfahren einzuführen, die sich seit dem Ende des Booms angesammelt haben, aber noch nicht ausgenutzt werden konnten. (Siehe Keynes, Hansen, desgleichen Aftalion, Pigou, Schumpeter und eine große Anzahl anderer Autoren.)[30] Die daraus resultierende Senkung des Herstellungspreises erlaubt es bei den gegebenen Marktpreisen, die Profitrate zu erhöhen. So setzt die Investitionstätigkeit im Konsumgütersektor wieder ein, wodurch die Wiederbelebung in Gang kommt.**

c) *Die wirtschaftliche Wiederbelebung:* Die Aufträge für Anlagegüter seitens der Konsumgüterindustrie, die sich aus der inneren Logik der Depression ergeben, ermöglichen ihrer-

* Woytinsky[27] vermerkt, daß sich der Betrag der Depositen in den Sparkassen im Jahre 1932, bezogen auf den Stand vom 31. Dezember 1929, auf folgender Ebene bewegt hat: 129 im Vereinigten Königreich, 137 in Deutschland, 140 in den Niederlanden, 140 in den USA, 142 in Italien, 143 in Japan, 148 in der Schweiz, 116 in Schweden, 193 in Frankreich, 192 in Belgien usw. Zu diesen Summen sowie zu den Bankdepositen, muß man noch die bedeutenden Beträge rechnen, die *thesauriert* worden sind.[28]

** Die Anhänger der reinen Unterkonsumtionstheorie, wie Nathalia Moszkowska und Léon Sartre[31], sehen in dieser Art, den Verlauf der wirtschaftlichen Wiederbelebung darzustellen, eine *petitio principii.* Indem man annehme, daß die Mehrheit der Unternehmen zur gleichen Zeit ihr fixes Kapital erneuerte, anstatt anzunehmen, daß sich diese Erneuerung gleichmäßig auf jedes Jahr verteile, *setze man schon die Existenz des Zyklus voraus,* d. h. man gehe genau von dem aus, was in der Folge zu beweisen sei. Auf diesen Einwand erwidern wir: a) Es genügt, von einem *ersten Zyklus* auszugehen – der beispielsweise durch die erste massive Einführung von Dampfmaschinen in der englischen Textilindustrie bestimmt wird –, um zu zeigen, daß dieser Einwand historisch keine Gültigkeit hat. b) Wir sehen in dieser Erneuerung des fixen Kapitals nicht die »Ursache« des Zyklus, sondern nur einen für die Erklärung bequemen Ausgangspunkt.

seits die Wiederbelebung der Produktion in zahlreichen Sektoren, die Produktionsgüter erzeugen. Diese Wiederbelebung verringert die Arbeitslosigkeit, erhöht die verfügbare Kaufkraft, entwickelt den Verkauf von Konsumgütern, was wiederum eine neue Investitionswelle hervorruft. Das *Multiplikatorprinzip* tritt in Kraft.[32]

Es erklärt, daß eine Anfangs-Investition das schließliche Gesamteinkommen um eine Summe erhöht, die den Wert dieser Investition übersteigt; es erklärt gleichfalls, daß eine selbständige Investition eine oder mehrere Investitionsquellen auslösen kann.[33] Statistiker haben versucht, den Wert dieses Multiplikators in den fortgeschrittenen Industrieländern für die Periode 1919–1939 zu berechnen; sie haben seinen Wert auf 2 oder 3 veranschlagt (Berechnung von Kalecki und von Kuznets).[34] Diese Berechnungen sind jedoch mit Vorsicht zu behandeln. Sie lassen sich nicht in jeder Weise und nicht auf eine ganze historische Periode anwenden.[35]

Betrachten wir nun, was mit der Profitrate geschieht. Die Produktion von Produktionsgütern ist sehr viel weniger elastisch als die Konsumgüterproduktion. Um den Baumwollspinnereien die bestellten Spindeln zu liefern, muß man auf Stahl und Kohlevorräte zurückgreifen, muß man die Produktion dieser Rohstoffe erhöhen, wenn die Vorräte erschöpft sind, muß man die Maschinen fabrizierenden Maschinen so einsetzen, daß ihr voller Ertrag ausgenutzt wird, oder man muß sie überhaupt erst produzieren, wenn es keine Reserve mehr gibt. Sobald die Wiederbelebung einmal richtig in Gang ist, entsteht also ein Intervall zwischen der Bestellung zusätzlichen konstanten Kapitals und seiner Lieferung. Während dieses Zeitraums entfacht sich eine *Konkurrenz* zwischen den Unternehmen, die sich die auf dem Markt vorhandenen Investitionsgüter und die Rohstoffe anzueignen trachten. Die Preise dieser Güter steigen somit stärker als die der Konsumgüter, und dieser Unterschied ruft eine äquivalente Differenz zwischen den Profitraten in beiden Sektoren hervor.[36] Die Disproportionalität verschiebt sich aus dem Bereich der Produktion in den der Preise und der Profite.

Die Profitrate steigt übrigens allgemein. Während die Preise schon seit der Liquidation der ausgedehnten Vorräte zu steigen beginnen, erhöhen sich die Löhne zu Beginn der Wiederbelebung nicht oder nur wenig, weil der Druck der Arbeitslosigkeit noch auf dem Arbeitsmarkt lastet. Die Mehrwertrate steigt und führt damit eine Erhöhung der Profitrate herbei. Gleichzeitig stellen die Fabriken, die in der Periode der Depression nicht mit voller Kraft gearbeitet haben, wieder Leute ein, ohne zugleich ihre fixen Anlagen zu verändern. Die organische Zusammensetzung ihres Kapitals senkt sich also für den Augenblick, was ebenfalls die Profitrate steigen läßt. Die Verkürzung der Zirkulationszeit der Waren steigert die Zahl der Produktionszyklen im Jahr und wirkt damit im gleichen Sinne.

Die zunächst langsame Expansion der Produktion hält die Nachfrage nach Geldkapital auf einem niedrigeren Niveau als das Angebot, woraus sich erklärt, daß der Zinsfuß sehr niedrig bleibt. Das Zusammenfallen eines niedrigen Zinsfußes mit einer im Steigen begriffenen Profitrate erzeugt einen wachsenden Unternehmergewinn; daraus erklärt sich die allgemeine Tendenz der Unternehmer, ihr fixes Kapital zu erneuern und zu diesem Zeitpunkt des Zyklus einen wachsenden Teil ihrer Profite zu investieren.*

d) *Boom, Prosperität:* Das Ungleichgewicht zwischen den Preisen und den Profitraten in den beiden Sektoren, das zu Beginn der wirtschaftlichen Wiederbelebung zu verzeichnen ist, verwandelt sich nun in eine Disproportion zwischen dem Wachstumsrhythmus der Produktion in beiden Sektoren, eine umgekehrte Disproportion wie die, die wir während der Depression festgestellt haben. Zunächst fließen die verfügbaren Geldkapitalien vorzugsweise in den Produktionsgütersektor, da die Profitrate hier höher ist. Außerdem beginnt sich das *Beschleunigungsprinzip* auszuwirken.[38] Wir wissen, daß ein sehr begrenzter Teil des fixen Kapitals im Verlauf eines jeden Produktionszyklus verbraucht und erneuert wird. Dieser Teil wird von der relativ langen Dauer des fixen Kapitals bestimmt.

* Keynes und andere Autoren sprechen von einer Erhöhung des »Werts des Kapitals in bezug auf seine Kosten«. Das soll heißen, daß die aus dem Kauf dieser Investitionsgüter erwarteten Einkommen höher sind als die Kaufpreise (oder Ersatzkosten) dieser Güter. Je mehr diese Differenz den Zins übersteigt, desto günstiger sind die Bedingungen für Investitionen.[37] Alle diese Schlußfolgerungen laufen jedoch auf die hinaus, die wir entwickelt haben.

Nehmen wir an, daß sein Durchschnittsalter 10 Jahre betrage. Dies bedeutet, daß der Wert der Gesamtproduktion eines Jahreszyklus nur 10 % des Wertes des gesamten fixen Kapitals enthält, über das die Gesellschaft verfügt. Nehmen wir ferner an, daß sich der Wert des Jahresprodukts auf 1 500 (Millionen) belaufe; 500 davon verkörpern verbrauchtes fixes Kapital. Der Vorrat an insgesamt vorhandenem fixen Kapital beträgt somit 5 000. Wenn das gesamte bestehende fixe Kapital schon für eine Jahresproduktion von 1 500 verwendet wird, dann erfordert eine Produktionssteigerung von 1 500 auf 1 800 (oder eine Steigerung der Gesamtnachfrage im gleichen Verhältnis) den Einsatz eines neuen fixen Kapitals im Werte nicht von 100, sondern von 1 000, wovon 10 %, also 100, im Wert der zusätzlichen Produktion von 300 verkörpert sind. Eine Produktionserhöhung von 20 % erfordert somit eine *Verdreifachung* der laufenden Produktion an fixem Kapital. Die Fabrikation neuer Industrieanlagen, der Produktionsgütersektor, erlebt also eine fieberhafte Aktivität. Die Produktion in diesem Sektor steigt stärker als im Konsumgütersektor.[39]

Diese fieberhafte Entwicklung des Produktionsgütersektors setzt das Multiplikatorprinzip erneut in Gang und ermöglicht es, den Großteil der Arbeitslosen zu absorbieren. Die für den Kauf von Konsumgütern vorhandene Kaufkraft steigt erneut und schafft selbst eine zeitweilige Knappheit dieser Güter; das wiederum ist ein Anreiz für weitere Investitionen und den Kauf von fixem Kapital in diesem Sektor. Die Vollbeschäftigung stellt sich progressiv ein. Die Löhne beginnen zu steigen, jedoch weniger rasch als die Preise; daher steigt die Profitrate nach wie vor an, die Reallöhne dagegen fallen oder stagnieren zu Beginn des Booms.[40]

Wenn man es als gegeben betrachtet, daß in beiden Sektoren das Angebot niedriger ist als die Nachfrage, realisieren die Firmen mit der höchsten Produktivität reichliche Extraprofite. Allgemein begünstigt das hohe Niveau der Profitrate eine starke Investitionstätigkeit, die Spekulation und das Kreditwesen. Die während der Depression thesaurierten Kapitalien werden in wachsendem Maße vom Wirtschaftsleben aufgesaugt; der Zinsfuß beginnt infolgedessen zu steigen. Aber die Banken gewähren noch ohne Schwierigkeit Zirkulationskredite, solange viele Firmen auf Bestellung arbeiten, d. h. mit gesicherten Absatzmärkten. Der Diskontsatz bleibt also relativ niedrig.

In dem Maße, wie die Investitionsgüter produzierenden Unternehmen ihre Produktionsanlagen selbst erneuert haben und beginnen, die vorher angesammelten Aufträge auszuführen, erweitern sich die Anlagen und damit die Produktion im Konsumgütersektor. Zu einem bestimmten Zeitpunkt reicht sie aus, die infolge der Vollbeschäftigung entstandene höhere Nachfrage zu befriedigen. Man kann annehmen, daß diese Firmen ihre Aufträge für Anlagegüter jetzt zunehmend einschränken. Lediglich die alten Aufträge werden noch ausgeführt. Der Abstand zwischen dem Augenblick, wo die Aufträge vergeben, und dem, wo sie ausgeführt worden sind, spielt also bei der Vorbereitung der Krise eine entscheidende Rolle. (Siehe Aftalion, Tinbergen, Frisch und den Zyklus im Schiffsbau, Kalecki, Hansen usw.).

Der Zyklus erreicht hier also einen ersten kritischen Punkt. Die Konsumgüter erzeugende Industrie müßte in der Tat jede Expansion ihrer Produktion verhindern und sogar beginnen, die Produktion zu bremsen. Eine solche »vernünftige« Haltung ist unmöglich, nicht nur wegen der Produktionsanarchie: jedes Unternehmen erwartet, daß die Konkurrenz das Feld verläßt, und hofft, seinerseits einen Maximalprofit zu erzielen und soviel wie möglich Waren zu verkaufen und zu erzeugen. Sie ist außerdem durch den Imperativ des Profits ausgeschlossen. Die Unternehmen haben sich neu ausgestattet. Eine Begrenzung der Produktion würde die auf der laufenden Produktion lastenden Amortisationskosten erhöhen; die Profitrate würde sinken. Seit dem Eintritt der Vollbeschäftigung sind die Löhne im Steigen begriffen. Es besteht somit die Gefahr, daß die Mehrwertrate und die Profitrate sinken, Risiken, die die Kapitalisten durch Rationalisierung, intensivere Ausnutzung des Produktionsapparates, Intensivierung der Arbeit usw. auszugleichen versuchen; alle diese Maßnahmen bedeuten aber eine Steigerung der Produktion.[41] Die fortschreitende Erhöhung des Zinsfußes vermindert ihrerseits die Profitrate der Unternehmer. Die Steigerung der Profitmasse als Ausgleich für das Absinken dieser Rate ist aber ebenfalls gleichbedeutend mit einer Produktionssteigerung.[42]

Schließlich darf man nicht vergessen, daß es für die Kapitalisten der Konsumgüterindustrie sehr schwierig ist, sich darüber Rechenschaft abzulegen, zu welchem Zeitpunkt das Gleichgewicht zwischen Angebot und Nachfrage für ihre Produkte hergestellt ist. Wenn die für die Konsumgüter insgesamt verfügbare Kaufkraft bereits aufgehört hat zu wachsen, wird dennoch weiterhin ein beträchtlicher Teil der laufenden Produktion abgesetzt: die Händler und die Zwischenstadien der Produktion müssen in der Tat ihre Vorräte, die sich gegen Ende der Depressionsperiode und während der ganzen Periode der wirtschaftlichen Wiederbelebung und des Booms erschöpft haben, wieder auffüllen.* Die Steigerung ihrer Verkäufe verleitet die Industriellen zu einer erneuten Produktionsausweitung, die so mit einer Stagnation und sogar mit einer Rückläufigkeit des Endverbrauchs – zumindest während einer ersten Periode – zusammenfallen kann.

e) *Der Krach und die Wendung zur Depression.* Das Ungleichgewicht zwischen Produktionsgütersektor und Konsumgütersektor, das sich zunächst im Bereich der Preise und der Profitrate zeigte, hat sich zunehmend auf den Bereich der Produktion ausgedehnt und überträgt sich jetzt auf den der Nachfrage, der Verkäufe und der Absatzmärkte. Wenn die Vollbeschäftigung erreicht ist, erhöht sich das Gesamtvolumen der Kaufkraft für Konsumgüter nicht mehr oder nur in sehr begrenzter Weise.**

* Zu Beginn des Booms und bevor das Beschleunigungsprinzip begonnen hat, sich richtig auszuwirken, gehen die Unternehmen und Händler oft daran, ihre Vorratslager aufzustocken; und wenn diese Bewegung nicht von einer parallelen Steigerung der Verkäufe an die Öffentlichkeit begleitet ist, können sie dazu verurteilt werden, eben diese Vorräte sehr rasch zu liquidieren und in der Zwischenzeit ihre eigenen Käufe zu beschränken. So erklärt sich die Erscheinung kleiner Rezessionen inmitten des Wirtschaftszyklus, die zuerst von dem Ökonomen Kitchin43 beleuchtet worden sind, und die man auch Vorratsrezessionen (Metzler und Abramovitz) nennt.44

** Dies ist in realen Größen und nicht in monetären zu verstehen. Die Geldinflation kann natürlich die Nominallöhne am Ende des Booms steigen lassen; aber dieser Anstieg wird weitgehend durch die Erhöhung der Lebenshaltungskosten wieder ausgeglichen. Es trifft zu, daß in einem solchen Augenblick jede weitere Produktionssteigerung eine Erhöhung der Reallöhne (Überstunden usw.) und somit eine Verringerung der Profitrate

Die Produktion eben dieser Güter dagegen steigt aus den obengenannten Gründen noch eine ganze Zeitlang an. Man nimmt hier gewöhnlich an, daß die sich anhäufenden finanziellen Schwierigkeiten von einem langsameren Wachstum der Distribution (genauer: der Verkäufe) an die Konsumenten begleitet sind (und zum Teil vielleicht daraus resultieren), während gleichzeitig die physische Produktion rapide zunimmt. Die Vorräte beginnen daher zunächst auf der Stufe des Endverbrauchs (Einzelhändler), dann in den Zwischenstufen und schließlich in den Industrieunternehmen selbst anzuwachsen.[46]

In dem Maße, wie sich dieses Wachstum vollzieht, widersetzen sich die Industriellen und Händler, die davon betroffen sind, jeder unmittelbaren Preissenkung, die für sie eine Entwertung ihrer Warenvorräte, d. h. einen beträchtlichen Verlust bedeuten würde. Sie wenden sich daher in steigendem Maße an Banken, um Zirkulationskredite zu erhalten. Die Banken selbst, die den Unternehmen dieses Sektors schon weitgehende Kredite eingeräumt haben, zögern die Verweigerung eines Kredits solange wie möglich hinaus, da die Ablehnung eines solchen den Bankrott der betreffenden Unternehmen und damit den Verlust ihrer Kapitaldarlehen nach sich zöge. So entsteht eine regelrechte Kreditinflation, eine gefährliche Spannung im gesamten System, die an zahlreiche spekulative Manipulationen bis zum offenen Betrug gebunden ist, an Erscheinungen also, wie sie in der Atmosphäre des Booms üppig wuchern. Die Spannung auf dem Geld- und Finanzmarkt geht dem Rückgang der Konjunktur voraus und wird durch einen starken Anstieg des Zinsfußes charakterisiert.[47]

Die Unternehmer sind nun gezwungen, die Vollendung der laufenden Investitionsprojekte immer mehr hinauszuschieben. Sie müssen einen Teil des für diese Investitionen vorgesehenen Geldkapitals als zirkulierendes Kapital verwenden. Ihre Auf-

hervorruft. Gleichzeitig haben die Mehrwertrate und der Durchschnittsertrag auf dem Höhepunkt des Booms die Tendenz zu sinken, und zwar hauptsächlich infolge des Einsatzes unerfahrener Arbeitskräfte sowie durch folgende Erscheinung: »Es ist unbestreitbar, daß, sobald die Vollbeschäftigung überschritten war, in zahlreichen Betrieben der Ertrag der Arbeit infolge der Oberflächlichkeit, der Abwesenheit und des mangelnden Fleißes der Arbeitskraft gesunken ist.«[45]

träge für Investitionsgüter gehen somit immer mehr zurück, während die Produktion im Konsumgütersektor stagniert oder zu schrumpfen beginnt. Daher erreicht die Konsumgüterproduktion ihren Kulminationspunkt, stagniert oder beginnt rückläufig zu werden, noch bevor sich das gleiche Phänomen im Produktionsgütersektor abzeichnet.[48]
Wir sind damit am zweiten kritischen Punkt des Zyklus angelangt. Die Unternehmen der Produktionsgüterindustrie haben sich zu Beginn des Zyklus mit neuen Anlagen ausgerüstet, um den Aufträgen zur *Erweiterung* des fixen Kapitals im Konsumgütersektor begegnen zu können. Schon wenn diese Erweiterungen eingestellt werden, zeichnen sich im Produktionsgütersektor Überproduktionserscheinungen ab, können die Industrien dieses Sektors ihre neu erreichte maximale Produktionskapazität nicht mehr voll ausnutzen. Eine Verlangsamung der *Wachstumsrate der Investitionen* führt zum gleichen Ergebnis:
»Der Produktionsrhythmus der Anlagen liefernden Industrien wird durch die *Expansion* der Konsumgüter herstellenden Industrien vorgeschrieben. Hören letztere auf, sich zu entfalten, so verlieren die ersteren einen Teil ihrer Absatzmärkte und sind gezwungen, ihre Aktivität einzuschränken, um ihre Produktion auf dem alten Stand zu halten.«[49] Auch die Unternehmen dieses Sektors haben vor noch nicht zu langer Zeit beträchtliche Investitionen durchgeführt; sie müssen daher gleichfalls ungeheure Kapitalien amortisieren. Sie arbeiten weit mehr mit Kapitalanteilen als die Unternehmen des anderen Sektors, da infolge einer höheren Profitrate die verfügbaren Geldkapitalien vorwiegend in diesen Bereich geflossen sind. Das Ansteigen des Zinsfußes als Folge der wachsenden Knappheit, die sich auf dem Kapitalmarkt bemerkbar macht,* trifft sie daher viel härter als die Unternehmen des Konsumgütersektors. Dies wird um so schmerzlicher empfunden, als die Profitrate in der gleichen Periode infolge der steigenden allgemeinen Kosten, des Anstiegs der Löhne (Überstunden

* Aus dieser Knappheit folgt nicht notwendig ein tatsächlicher Kapitalmangel. Oft weigern sich die Kapitalbesitzer, ihr Kapital zu diesem Zeitpunkt als Darlehen zu vergeben, da das Absinken der Profitrate die Kreditnehmer der wachsenden Gefahr der Unstabilität aussetzt.

usw.), der zunehmenden Verschwendung usw. eine sinkende Tendenz aufweist.[50]
Da die Auftragsbücher dieser Unternehmen leer werden, sehen sie sich ihrerseits gezwungen, ihre Produktion einzuschränken, einen Teil ihres Personals zu entlassen und zu anderen Sparmaßnahmen überzugehen. All das bedeutet, daß das Kaufkraftvolumen für Konsumgüter, das in diesem Sektor entsteht, zurückgeht. Daraus folgt eine reale Abnahme der Nachfrage nach Konsumgütern, ein neues Anwachsen der Lagervorräte, ein weiteres Zurückfluten der Produktion, ein weiteres Absinken der Profite.
An einem bestimmten Punkt dieses zunehmend rückläufigen Prozesses greift das Ungleichgewicht zwangsläufig auch auf den letzten Bereich über, auf den des Kredites. Die Nachfrage nach Zirkulationskredit nimmt von allen Seiten zu. Das Angebot an Geldkapital dagegen geht zurück, weil die Differenz zwischen der Profitrate und dem Zinsfuß verschwindet. Angesichts des Anwachsens der Warenvorräte und der Stagnation der Verkäufe sind die Unternehmen außerdem fortwährend knapp an Bargeld, vermindern ihre Bankeinlagen und liquidieren Mobiliar- und Immobilienwerte usw.[51]
Schließlich, da alle während der vorangegangenen Stagnationsperiode akkumulierten Reserven durch die fieberhafte Aktivität während des Booms aufgesogen wurden, ist es unvermeidlich, daß im Verlauf eines solchen Prozesses das Ungleichgewicht zwischen dem Angebot und der Nachfrage bei Geldkapital an einem bestimmten Punkt die Expansion des Kreditsystems zum Halten bringt. Die Banken beginnen, weitere Forderungen nach Zirkulationskrediten abzulehnen, es sei denn zu immer übertriebeneren Zinssätzen. Zinsfuß und Diskontsatz klettern rapide in die Höhe.* Immer mehr Bankrotte sind zu verzeichnen; der Zusammenbruch der Schuldner führt zum Zusammenbruch der Gläubiger. Eine Lawine kommt ins Rollen. Da die Unternehmen dringend und so-

* Man darf nicht vergessen, daß der Anstieg des Zinsfußes in bezug auf Produktionskredite in den fortgeschrittenen kapitalistischen Ländern, wo die Selbstfinanzierung der Unternehmen eine vorherrschende Rolle spielt, nur noch geringe Auswirkungen hat.[52] Anders ist es mit dem Zirkulationskredit...

fort Bargeld benötigen, sind sie gezwungen, ihre Warenvorräte um gleich welchen Preis zu liquidieren. Die Preise stürzen, die Gewinne verschwinden, eine neue Welle von Bankrotten breitet sich aus. Preise, Profite, Produktion, Einkommen, Beschäftigungsgrad fallen auf ein ungewöhnlich tiefes Niveau.*

Die Ausweitung der kapitalistischen Produktionsbasis

Die Analyse des zyklischen Verlaufs der kapitalistischen Wirtschaft gründet sich auf das charakteristische Verhalten der kapitalistischen Unternehmen, die zu jedem Zeitpunkt des Zyklus unter der Peitsche der Konkurrenz einen Maximalgewinn erstreben, ohne sich dabei um die Gesamtheit des Systems und des Marktes zu kümmern. Aber wie kommt es, daß die periodische Aufeinanderfolge von Krisen die Unternehmen nicht zu mehr Einsicht bringt, d. h. dazu, ihre Investitionen in der Periode der Wiederbelebung zu beschränken, um eine Überproduktion am Ende des Booms zu vermeiden? Wie kommt es, mit anderen Worten, daß die Booms jedesmal den gleichen fieberhaften, hektischen Charakter aufweisen, der in der Folge zu einem besonders schmerzhaften Zusammenbruch führt?

Diese Frage ist um so berechtigter, als jene Sektoren, die im Verlauf des Zyklus besonderen Schwankungen der Nachfrage unterliegen, sich an diese Schwankungen anzupassen lernen: »An die periodischen Schwankungen der Nachfrage im Verlauf der verschiedenen Phasen des Zyklus gewöhnt, lernen die Unternehmen ..., für eine maximale Nachfrage in der Prosperität zu sorgen. Industrien, die diesen Schwankun-

* Kaldor nennt vier Gründe für den Abbruch des Booms: einen steigenden Zinsfuß, der die Investitionen zum Stillstand bringt; das Absinken der Profitrate, das durch eben diesen Anstieg des Zinsfußes ausgelöst wird; die unzureichende Expansion der Nachfrage nach Konsumgütern; das Auftreten der Überkapazität infolge der Knappheit der Arbeitskräfte. Wir haben die Wirkung von drei dieser Faktoren kennengelernt, wenn auch nicht in derselben Reihenfolge wie hier. Der vierte Faktor tritt ganz offensichtlich nur ausnahmsweise auf. Der Einfluß der Vollbeschäftigung macht sich vor allem bei der Profitrate bemerkbar.

gen mehr unterliegen als andere ... und die wir daher zyklische Industrien nennen, sind besonders darauf bedacht, in diesem Sinne zu wirken. Sie erwerben sich eine Produktionskapazität, die nur in der Periode der Prosperität ausgenutzt werden kann.«[54]

Nicht, daß eine solche Voraussicht der Kapitalisten den zyklischen Verlauf der Wirtschaft *verhindern* könnte. Wir haben gesehen, daß die durch die Lebensdauer des fixen Kapitals bestimmte periodische Erneuerung dieses Kapitals genügt, um den zyklischen Verlauf zu erklären. Aber die Frage, die sich stellt, ist diese: Warum findet nicht einfach zu Beginn der Wiederbelebung eine Erneuerung des fixen Kapitals statt, zusammen mit Investitionen, die *grosso modo* dem Bevölkerungswachstum während des Zyklus entsprechen? Warum begegnen wir vielmehr einer sprunghaften, beträchtlichen Ausweitung der Produktionskapazität, die über das Beschleunigungsprinzip die eigentlichen Booms erst auslöst?

Historisch gesehen, gibt es nur eine einzige Antwort auf diese Frage. Der zyklische Verlauf der kapitalistischen Wirtschaft erhält seinen besonders fieberhaften Charakter durch die *Ausdehnung* der Basis dieser Wirtschaft zu Beginn einer jeden Wiederbelebung, und dies durch das plötzliche Auftauchen *neuer Absatzmärkte* für bedeutende Sektoren der Industrie, was die Aktivität der Produktionsgüterindustrie anregt.

Diese neuen Absatzmärkte resultieren entweder aus der geographischen Ausdehnung der kapitalistischen Produktion[55] (das Eindringen in ein nichtkapitalistisches Milieu), oder aus der Entstehung neuer Produktionszweige (technologischer Fortschritt) oder aus plötzlichen Sprüngen in den Konkurrenzverhältnissen (das Verschwinden eines mächtigen Konkurrenten durch den Krieg, durch seinen technologischen Rückstand usw.). Für das 20. Jahrhundert muß man noch die Rolle der Ersatzabsatzmärkte hinzufügen, die im wesentlichen die Staatsaufträge für Kriegsmaterial spielen.*

Man kann daher jeden Boom in der Geschichte des Kapitalismus durch eine solche Ausweitung der Produktionsbasis erklären:

a) *Zyklus 1816–1825:* Die britische Industrie erobert die

* Siehe Kapitel XIV.

lateinamerikanischen Märkte; Errichtung von Gaswerken und Bau von Kanälen in Großbritannien; beginnende Industrialisierung in Belgien.

b) *Zyklus 1825–1836:* Aufschwung der britischen Exporte nach Lateinamerika und den USA; industrielles Wachstum in Belgien, in Frankreich und im Rheinland; Beginn des Eisenbahnbaus.

c) *Zyklus 1836–1847:* Aufschwung der britischen Exporte nach Asien, besonders nach Indien und China (nach dem Opiumkrieg). Fieberhafter Bau von Eisenbahnen in ganz Westeuropa.

d) *Zyklus 1847–1857:* Expansion des amerikanischen Marktes nach der Entdeckung der Goldlager in Kalifornien; Bau von Eisenbahnen in den USA und in ganz Europa; Errichtung neuer Industrien in den USA, in Deutschland und in Frankreich. Erstes Aufblühen der Aktiengesellschaften.

e) *Zyklus 1857–1866:* Erweiterung des indischen und des ägyptischen Marktes vor allem durch die Entwicklung von Baumwollplantagen, um die amerikanische Baumwolle, die infolge des amerikanischen Bürgerkrieges ausbleibt, zu ersetzen.

f) *Zyklus 1866–1873:* Entwicklung der eisenverarbeitenden Industrie in Deutschland, Österreich-Ungarn, den USA, vor allem unter der Peitsche der Kriege von 1866 und 1870–71. Großer Boom im Eisenbahnbau in den Vereinigten Staaten.

g) *Zyklus 1873–1882:* Fieberhafter Eisenbahnbau in den Vereinigten Staaten und in Mitteleuropa; Aufschwung des Schiffsbaus; Ausweitung der Märkte in Südamerika, in Kanada und in Australien infolge des Aufschwungs ihrer mechanisierten Agrarproduktion.

h) *Zyklus 1882–1891:* Letzter großer Aufschwung im Eisenbahnbau in den USA, in Rußland und in Lateinamerika (vor allem in Argentinien). Export britischen und französischen Kapitals. Entwicklung des afrikanischen Marktes.

i) *Zyklus 1891–1900:* Bau von Straßenbahnen in der ganzen Welt; Bau von Eisenbahnen in Rußland, Afrika, Asien und Lateinamerika. Export englischen, französischen und deutschen Kapitals. Entwicklung der Elektrizitäts- und Erdölindustrie.

j) *Zyklus 1900–1907:* Aufschwung der eisenverarbeitenden

Industrie (in Richtung auf Waffen), des Baus von Schiffen, Straßenbahnen, Elektrizitätszentralen und die Installation von Telefonanlagen. Entwicklung des türkischen Marktes, des nordafrikanischen Marktes und des Marktes im Mittleren Orient. Erste Entwicklung der italienischen Schwerindustrie. Erste Welle des Eisenbahnbaus in Afrika und in Asien.*

k) *Zyklus 1907–1913:* Aufschwung der eisenverarbeitenden Industrie, der Rüstungsindustrie und des Schiffsbaus. Ende des Booms im Straßenbahnbau. Entwicklung des Marktes im Mittleren Osten.

l) *Zyklus 1913–1921:* Fieberhafter industrieller Aufbau in den USA und in Japan, Boom in der eisenverarbeitenden Industrie, im Schiffsbau, in der Rüstungsindustrie; Boom in der chemischen Industrie in den gleichen Ländern sowie in Deutschland und in Großbritannien; erster Aufschwung der Automobilindustrie.

m) *Zyklus 1921–1929:* Weltweiter Aufschwung, der Automobil- und Kautschukindustrie, der Erdölindustrie, der Maschinenbauindustrie, der Elektrogeräteindustrie und der chemischen Industrie. Boom der amerikanischen Kapitalexporte, vor allem nach Deutschland.

n) *Zyklus 1929–1937:* Aufschwung der Rüstungsindustrie vor allem in Deutschland und in Japan. Entwicklung des chinesischen und des lateinamerikanischen Marktes. Erster Aufschwung der Flugzeugindustrie.

o) *Zyklus 1937–1949:* Aufschwung der Rüstungsindustrie in den USA, Kanada, Australien, Deutschland und Großbritannien. Neuaufteilung der Weltmärkte vor allem in West- und Osteuropa, in Lateinamerika und im Fernen Osten. Aufschwung der Flugzeugindustrie, der elektronischen und der chemischen Industrie. Anfänge in der Atomindustrie. Industrialisierung unterentwickelter Länder.

* In Europa – außer in Rußland – erreichte der Eisenbahnbau seinen Höhepunkt in den Jahren 1870–1880, mit einem jährlichen Wachstum der Strecken um 5000 km. In den USA wurde dieser Kulminationspunkt in den Jahren 1880–1890 erreicht (jährliches Wachstum der Strecken um 11 800 km). Seit dem Jahrzehnt 1890–1900 übersteigt der jährliche Eisenbahnbau in der restlichen Welt den europäischen und den der Vereinigten Staaten zusammengenommen und erreicht in den Jahren 1900 bis 1908 seinen Höhepunkt mit einem Durchschnitt von jährlich 12 031 km.[56]

p) *Zyklus 1949–1953:* Aufschwung der Rüstungsindustrie und der Flugzeugindustrie; Entwicklung der Atomindustrie; neuer Aufschwung der deutschen Schwerindustrie, vor allem durch den Bedarf für den Wiederaufbau; Entwicklung des afrikanischen Marktes; weitere Industrialisierung unterentwickelter Länder.

q) *Zyklus 1953–1958:* Aufschwung der elektronischen Industrie, der chemischen Industrie (Plastikstoffe) und der mechanischen Industrie (Anlagen jeder Art); weitere Aufrüstung und weitere Industrialisierung unterentwickelter Länder. Boom im Immobilienbau; Aufschwung in der Herstellung langlebiger Konsumgüter in Europa; erste Entwicklung der Automation im großen Maßstab.

Die Unterkonsumtions-Theorien

In der Geschichte der ökonomischen Ideen unterscheidet man hinsichtlich der Erklärung des kapitalistischen Wirtschaftszyklus zwei große Schulen: die der Unterkonsumtions-Theorie und die der Disproportionalitäts-Theorie. Jede dieser Schulen behandelt einen grundlegenden Widerspruch der kapitalistischen Produktionsweise, begeht aber einen Fehler, indem sie diesen Widerspruch von den anderen Merkmalen des Systems isoliert.

Um die periodischen Krisen zu erklären, gehen die Anhänger der Unterkonsumtions-Theorie aus von dem Widerspruch zwischen der Tendenz einer unbegrenzten Entwicklung der Produktion und der Tendenz, den Konsum breiter Massen zu beschränken, von einem Widerspruch also, der in der Tat für die kapitalistische Produktionsweise charakteristisch ist. Die periodischen Krisen erscheinen somit als *Krisen bei der Realisierung des Mehrwerts.* Die ungenügende Kaufkraft der Massen hindert diese, alle im Verlauf einer bestimmten Periode erzeugten Güter zu kaufen. Wohl ist Mehrwert produziert worden; aber er steckt in unverkäuflichen Waren.

Zu den Vertretern dieser Schule kann man vor allem die vormarxistischen Sozialisten wie Owen, Sismondi und Rodbertus, die russischen Populisten sowie eine Reihe von Marxschülern zählen: z. B. Kautsky, Rosa Luxemburg, Lucien Laurat, Fritz Sternberg, Otto Bauer (in seinem letzten Werk), Nathalie Moszkowska, Paul Sweezy usw. Major Douglas, Professor Lederer, Foster und Catchings, Hobson und auch Keynes und ein Teil seiner Schüler (vor allem Professor Hamberg) lassen sich als die nichtmarxistischen Vertreter dieser Schule bezeichnen.

Die oberflächlichsten Verteidiger dieser Konzeption entdecken die Ursachen der Krisen in der Tatsache, daß die Arbeiter als Lohn nur das Äquivalent eines Teils des neuen Wertes, den sie erzeugen, erhalten. Sie vergessen, daß der andere Teil dieses Wertes der Kaufkraft der bürgerlichen Klasse (der kapitalistischen Familien und Unternehmen) entspricht. Selbst ein so gelehrter Mann wie Fred Oelssner schreibt in seinem Werk *Die Wirtschaftskrise*[57]: »Aus diesem Widerspruch zwischen der Rolle des Arbeiters als Produzent des Mehrwerts und seiner Rolle als Konsument oder Käufer auf dem Markte ergibt sich, daß der Markt in seiner Entwicklung (!) mit der Ausdehnung der Produktion nie Schritt halten kann... Die Nachfrage entwickelt sich unter kapitalistischen Bedingungen stets (!) langsamer als das Angebot.« Eine solche Auffassung erklärt nicht, warum Krisen ausbrechen müssen; sie erklärt vielmehr die *Permanenz* der Überproduktion, die Unmöglichkeit des Kapitalismus. Die Arbeiter sind jedoch keineswegs gehalten, sämtliche erzeugten Waren zu kaufen. Im Gegenteil, die kapitalistische Produktionsweise ist gleichbedeutend mit dem Tatbestand, daß ein Teil dieser Waren, nämlich die Produktionsgüter, *niemals* von den Arbeitern gekauft wird, sondern stets von den Kapitalisten. Um die Unterkonsumtions-Theorie zu verteidigen, müßte man beweisen, daß in der kapitalistischen Produktionsweise das Verhältnis zwischen den Löhnen und dem nicht in konstantes Kapital verwandelten Teil des Mehrwerts einerseits und dem Volkseinkommen andererseits *notwendigerweise und periodisch niedriger ist* als das Verhältnis zwischen dem Wert der Konsumgüter und dem Wert der gesamten Produktion. Dieser Beweis ist niemals in überzeugender Weise geführt worden.

Rosa Luxemburg[58], die von ähnlichen Betrachtungen ausgeht, hebt die Debatte auf ein ernsthafteres Niveau, indem sie versucht, sich über die Wurzeln der Akkumulation, der erweiterten Reproduktion, Klarheit zu verschaffen. Die erweiterte Reproduktion bedeutet in der Tat, daß der Kapitalist am Ende des Umschlagszyklus des Kapitals einen höheren Wert aus der Warenzirkulation zieht, als er in die Produktion gesteckt hat. Dieser Überschuß ist aber genau der realisierte Mehrwert.

Sowohl die Löhne der Arbeiter (variables Kapital) als auch der Wert der infolge der Abnutzung während der Produktion zu ersetzenden Maschinen und Rohstoffe (konstantes Kapital), fährt Rosa Luxemburg fort, sind von den Kapitalisten *vorgeschossen* worden. Der unproduktive Konsum der Kapitalisten (der nicht akkumulierte Teil des Mehrwerts) ist gleichfalls von den Kapitalisten selbst bezahlt worden. Wenn also die gesamte Produktion von den Arbeitern und den Kapitalisten gekauft wird, so bedeutet dies ganz einfach, daß die Kapitalisten die Gelder, die sie in die Zirkulation gesteckt haben, wieder in ihren Besitz bringen und sich gegenseitig ihre Mehrprodukte abkaufen.

Dies hätte einen Sinn, wenn jedes kapitalistische Unternehmen als eine isolierte Einheit betrachtet würde. Aber für das kapitalistische System, als Ganzes genommen, erscheint diese Schlußfolgerung absurd. Das Wachstum des Reichtums, des von der kapitalistischen Klasse akkumulierten Wertes, ein Wachstum, das nicht aus interkapitalistischem Austausch resultieren kann, ist unverkennbar. Rosa Luxemburg folgert daher, daß die Realisierung des Mehrwertes nur in dem Maße möglich sei, wie nicht-kapitalistische Märkte für die kapitalistische Produktionsweise erschlossen werden. Sie sieht diese Märkte vor allem in der Kaufkraft der nichtkapitalistischen Klassen (Bauern) im Innern der kapitalistischen Länder und im Außenhandel mit nichtkapitalistischen Ländern.*

* Bucharin hat auf dieses Argument geantwortet, daß der Handel mit den nichtkapitalistischen Klassen oder Ländern ebenfalls ein Austausch von Waren sei, also keine neuen Absatzmärkte darstelle. Er hat nicht begriffen, daß der Handel die Form des Austauschs nicht von Waren, sondern von *nichtkapitalistischen Einkommen* (z. B. halbfeudale Grundrenten), wie sie der nichtkapitalistischen Produktionsweise eigen sind, mit kapitalistischen Waren annehmen kann. Es gibt also sehr wohl neue Absatzmärkte und Wertübertragungen zugunsten der Bourgeoisie. Sternberg fügt hinzu, daß, wenn man von der Hypothese ausgeht, daß in der »reinen« kapitalistischen Gesellschaft nur ein Rest an Konsumgütern unver-

Es ist sicher, daß das kapitalistische Regime historisch in einem nichtkapitalistischen Milieu entstanden ist und sich daran entwickelt hat. Es ist nicht weniger gewiß, daß die Erweiterung seiner Basis einen besonders mächtigen Antrieb durch die Eroberung neuer Räume erhalten hat. Aber daraus läßt sich nicht ableiten, daß die Realisierung des Mehrwerts ohne das Vorhandensein nichtkapitalistischer Milieus unmöglich wäre.

Der Irrtum Rosa Luxemburgs besteht darin, daß sie die kapitalistische Klasse in der Welt als Ganzes nimmt, d. h. von der *Konkurrenz abstrahiert.* Es stimmt, daß Marx im dritten Band des *Kapitals* in seiner Berechnung der Durchschnittsprofitrate die kapitalistische Klasse ebenfalls als Ganzes nimmt, und Rosa Luxemburg zitiert dieses Muster triumphierend als eine Bestätigung ihrer These.[60] Aber sie scheint nicht zu wissen, daß Marx in seinem Gesamtplan zum *Kapital* ganz klar erklärt hat, daß die *Krisen nicht in den Bereich des »Kapitals als Ganzes« fallen; sie resultieren vielmehr genau aus jenen Phänomene, die er als die »vielen Kapitalien« bezeichnet, d. h. aus der Konkurrenz.* Aber eben die Konkurrenz bestimmt die ganze Dynamik, die ganzen Entwicklungsgesetze des Kapitalismus.

Die Konkurrenz schließt den Warenaustausch mit anderen Kapitalisten in sich ein. Diese Wertübertragung innerhalb der kapitalistischen Klasse kann sehr wohl die Grundlage der »Realisierung des Mehrwerts« sein. Im Rahmen dieses interkapitalistischen Austausches kann der Gesamtprofit der kapitalistischen Klasse »als Ganzes« steigen, und zwar infolge der *sukzessiven* Zirkulation ein und derselben Geldsumme.

In Wirklichkeit ist der ungleiche Entwicklungsrhythmus[61] *der verschiedenen Länder, Sektoren und Unternehmen der Motor der Expansion kapitalistischer Absatzmärkte,* ohne daß man dabei notwendigerweise auf nichtkapitalistische Klassen zurückkommen müßte. Eben dieser ungleiche Entwicklungsrhythmus erklärt, wie die erweiterte Reproduktion selbst unter Ausklammerung des gesamten nichtkapitalistischen Milieus weitergehen kann, wie sich unter diesen Bedingungen

käuflich bleibe, diese Güter gegen importierte Produktionsgüter (Rohstoffe) aus nichtkapitalistischen Ländern eingetauscht werden könnten, wodurch sowohl die Realisierung des Mehrwerts als auch die Akkumulation des Kapitals begünstigt würden.[59]

die Realisierung des Mehrwerts durch eine besonders stark hervortretende *Konzentration des Kapitals* vollzieht. Der Austausch mit nichtkapitalistischen Milieus ist praktisch nur ein Aspekt der ungleichen Entwicklung des Kapitalismus.

Kritik der »Unterkonsumtions«-Modelle

Mehrere Autoren haben sich bemüht, der »Unterkonsumtions-Theorie«, d. h. der Auffassung, daß die letzte Ursache für die periodischen Krisen in der Unmöglichkeit der Realisierung des Mehrwerts zu suchen sei, eine raffiniertere, verschlüsselte Form zu geben. Die Beispiele von Otto Bauer (in seinem letzten Werk), von Léon Sartre, von Paul Sweezy und von Fritz Sternberg sind die interessantesten. Diese verschiedenen arithmetischen oder algebraischen »Modelle« der »Unterkonsumtion« leiden jedoch an einem gemeinsamen Fehler. Sie alle begehen eine *petitio principii*, indem sie schon in der Formulierung des Problems die Lösung mit einschließen, die es zu beweisen gilt.*

So errichtet Paul Sweezy[62] sein Modell auf der These, daß eine gewisse Steigerung des Werts der Produktionsgüterproduktion notwendigerweise von einer *proportionalen Ausweitung* der Produktionskapazität der Konsumgüterindustrie begleitet sei. Mit anderen Worten: das Verhältnis $\frac{\text{Wert I}}{\text{Wert II}}$ bleibe unverändert, während das Verhältnis $\frac{\text{in } c \text{ akkumulierter Mehrwert}}{\text{Löhne} + \text{nicht in } c \text{ akk. Mehrwert}}$ progressiv wachse ebenso wie das Verhältnis $\frac{\text{Kaufkraft von I}}{\text{Kaufkraft von II}}$. Ausgehend von dieser Hypothese läßt sich die »Notwendigkeit« der Überproduktion von Konsumgütern natürlich leicht beweisen, da sie schon in der Hypothese enthalten ist.

* Das gleiche gilt übrigens für die meisten »Modelle« der Ökonometrie, die die eine oder andere Zyklentheorie beweisen sollen.

Otto Bauer[63] argumentiert ähnlich. Er leitet die Unvermeidbarkeit der Krise daraus ab, daß der *Bedarf* an konstantem Kapital zur Produktion zusätzlicher Konsumgüter – die die im Verlauf der erweiterten Reproduktion zusätzlich eingestellten Arbeiter kaufen – nicht so rasch wachse wie die Akkumulation des konstanten Kapitals. Dies ergebe sich notwendigerweise aus einer steigenden Mehrwertrate. Aber das Modell Otto Bauers setzt voraus, daß die Gesellschaft neues konstantes Kapital im *gleichen Verhältnis* absorbiert, wie sie den Endverbrauch steigert. Es setzt also ein *festes Verhältnis* zwischen dem Wert der Produktion in diesen beiden Sektoren voraus; aber gerade das müßte bewiesen werden.

Dabei ist zu vermerken, daß Otto Bauer der erste marxistische Autor ist, der in sein Modell die Begriffe des *bestehenden Vorrates an fixem Kapital* (die gesamte Produktionskapazität) und die *Entwicklungsrate der Technik* aufnimmt. Diese beiden Begriffe sind hauptsächlich von der neukeynesianischen Schule und den Ökonometristen, vor allem von Harrod, Domar, Pilvin und Hamberg benützt worden.*

Léon Sartre[65] geht von der Hypothese aus, daß das Verhältnis zwischen dem konstanten Kapital der beiden großen Produktionssektoren der Industrie gleichbleibe. Er leitet diese Behauptung von einer Ausgangshypothese ab, nämlich der Identität der Mehrwertrate und der Akkumulationsrate in beiden Sektoren. Gleichzeitig aber nimmt er an, daß die Nachfrage nach Produktionsgütern schneller wachse als die Nachfrage nach Konsumgütern. Wenn $\frac{\text{I}}{\text{II}}$ unverändert bleibt, während $\frac{\text{Nachfrage I}}{\text{Nachfrage II}}$ steigt, ist die Krise offensichtlich unvermeidlich und nimmt die Form einer Überproduktion von Konsumgütern an.

* Hamberg[64] zeigt, daß zwischen dem Wachstum des bestehenden fixen Kapitalvorrats und dem Wachstum der Produktion, das die volle Verwendung dieses Vorrats nach sich zieht, ein festes Verhältnis besteht. Aber er hütet sich sehr wohl, ein solches festes Verhältnis zwischen dem Wachstum des *Gesamt*vorrats an fixem Kapital und der Produktionskapazität lediglich der *Konsumgüter*produktion anzunehmen. Er vermeidet so den Irrtum, den alle Anhänger der Unterkonsumtions-Theorie begehen.

Hier handelt es sich nicht nur um eine *petitio principii*, sondern auch um einen Fehler in der Argumentation. Sartre (ebenso Sternberg) deduziert aus der kapitalistischen Konkurrenz die Aufrechterhaltung eines konstanten Verhältnisses zwischen den in beiden Sektoren wirkenden Produktivkräften. Das ist eine mechanistische, »idyllische« Auffassung der Konkurrenz. Die Konkurrenz führt in keiner Weise zu einem Ausgleich der organischen Zusammensetzung des Kapitals in allen Sektoren. Im Gegenteil: sie führt zu einem *globalen Wachstum der organischen Zusammensetzung des Kapitals* und aus diesem Grund zu einer relativen Umverteilung der Produktivkräfte zugunsten des Produktionsgütersektors und auf Kosten des Konsumgütersektors. Dies ist eine der marxistischen Grundhypothesen, die übrigens durch die statistischen Daten bestätigt wird.* Baut man diese Hypothese in ein Zyklus-»Modell« ein, so stürzt jede Vorstellung eines konstanten Verhältnisses zwischen dem Wert der Produktion in beiden Sektoren in sich zusammen und damit auch jeder »mathematische Beweis« der Unvermeidbarkeit der Überproduktion durch eine Unterkonsumtion an Konsumgütern.

Das interessanteste theoretische Modell ist das von Fritz Sternberg. Er geht von zwei Aspekten aus: einmal von den verschlüsselten Schemata der erweiterten Reproduktion im

* Nach Shaw66 stieg in den Vereinigten Staaten die Produktion von Investitionsgütern von 296 Millionen Dollar im Jahre 1869 auf 6033 Millionen Dollar im Jahre 1919; die Produktion von Konsumgütern erhöhte sich in der gleichen Periode von 2428 Millionen Dollar auf 28 445 Millionen Dollar. Sektor I hat seine Produktion also mehr als verzwanzigfacht, während die Produktion im Sektor II nur um das Zwölffache angewachsen ist. (Auch ist die Produktion dieses Sektors überbewertet, da in der Kategorie »langlebige Konsumgüter« Produkte enthalten sind, die in Wirklichkeit Produktionsgüter sind.) Für die Periode von 1919 bis in unsere Tage verfügen wir nicht über genaue Berechnungen der gleichen Art. Aber die Ziffern im *Statistical Abstract*, die sich auf verschiedene Warenkategorien beziehen, sind sehr aufschlußreich. Von 1919 bis 1952 ist der Wert der Produktion langlebiger Güter (die größtenteils in Sektor I gehören) auf das Fünffache gestiegen (von der Indexzahl 72 auf die Indexzahl 340), während sich der Wert der Produktion kurzlebiger Güter nur verdreifacht hat (von der Indexzahl 62 auf die Indexzahl 190).

zweiten Band des *Kapitals*, zum anderen von der Natur der Konkurrenz selbst.

Bei der Untersuchung der von Marx im zweiten Band des *Kapitals* verwendeten Schemata der erweiterten Reproduktion betonte schon Rosa Luxemburg, daß das Gleichgewicht des Austauschs zwischen diesen beiden Sektoren nur möglich wird, wenn die Akkumulationsrate, die 50 % des Mehrwerts im Sektor I beträgt, im Laufe desselben Zyklus auf 20 % des Mehrwerts im Sektor II sinkt. Sternberg[67] nimmt diese Kritik auf und erweitert sie. Er versichert, daß diese Ungleichheit der beiden Akkumulationsraten für die Herstellung des Gleichgewichts zwischen beiden Sektoren bei einem Wachstum der organischen Zusammensetzung des Kapitals in diesen Sektoren unabdingbar sei.*

Sternberg erklärt dann, es gebe keinen Grund anzunehmen, daß die Akkumulationsrate des Kapitals in diesen beiden Sektoren verschieden sei; sie gleiche sich infolge der kapitalistischen Konkurrenz aus. In seinem Schema kommt das Ungleichgewicht indessen nicht von einer gleichen Akkumulationsrate in beiden Sektoren, sondern von dem *Gegensatz* zwischen der gleichen Akkumulationsrate und einer unterschiedlichen organischen Zusammensetzung des Kapitals in I und II.

Sowohl die Theorie als auch die empirischen Daten bestätigen uns, daß die organische Zusammensetzung des Kapitals in den beiden Sektoren in der Tat verschieden sein muß. Unter diesen Bedingungen genügt es, den Mechanismus der Konkurrenz zu verfolgen, um zu verstehen, daß auch die Akkumulationsrate im Sektor II niedriger sein *muß*. Die Kapitalisten des Sektors I eignen sich in Wirklichkeit einen Teil des von den Arbeitern des Sektors II erzeugten Mehrwerts an, weil sie ihren technologischen Vorsprung gegenüber der Leichtindustrie ausnutzen. Diese den Tatsachen entsprechende

* Eine interessante Variante: Kalecki[68] unterstreicht, daß die Grundlage des Zyklus in der Verteilung der Ausgaben der Kapitalisten, d. h. in der Akkumulationsrate zu suchen sei. Nach ihm ist diese Rate eine Funktion der Differenz zwischen der *erhofften Profitrate* und dem *augenblicklichen* Zinsfuß, ein Unterschied, der in dem Maße zurückgehe, wie die Produktionskapazität gegen Ende des Zyklus ansteige.

Schlußfolgerung läßt aber keinen Raum für Sternbergs Beweisführung.

Die Disproportionalitäts-Theorien

Die andere ökonomische Schule sieht die tieferen Gründe der Krise in der *Anarchie der Produktion*, die periodisch die Gleichgewichtsbedingungen zwischen den zwei großen Sektoren – dem Konsumgütersektor und dem Produktionsgütersektor – umstürze, Bedingungen, wie wir sie in Kapitel X umrissen haben. In diese Gruppe kann man Marx-Schüler wie die »legalen (russischen) Marxisten« Tugan-Baranowski und Bulgakoff, die Österreicher Hilferding und Otto Bauer (Jugendwerke), den Polen Henryk Grossman, den sowjetischen Theoretiker Bucharin und andere einreihen. Die nicht-marxistischen Ökonomen, die dieser Auffassung anhängen, sind vor allem Aftalion, Schumpeter und Spiethoff.
Alle diese Theoretiker sehen die Ursache von Krisen in der Tatsache, daß jeder Unternehmer seine eigene Profitrate auf ein Maximum zu steigern sucht, ohne bei seinen Investitionen den Tendenzen des Gesamtmarktes Rechnung zu tragen. Aus dieser Auffassung folgt logisch, daß die Krisen vermieden werden könnten, wenn die Unternehmer in der Lage wären, »rationell« zu investieren, also in einer Art und Weise, die die Gleichgewichtsverhältnisse zwischen beiden Produktionssektoren nicht stört. Einige Theoretiker haben sogar versichert, daß sich die Produktionsgüterproduktion völlig vom Endverbrauch der Konsumgüter lösen lasse und daß man sich sehr wohl ein System vorstellen könne, in dem die ganze wirtschaftliche Aktivität lediglich darin bestehe, Maschinen zu konstruieren, um Maschinen zu konstruieren, ohne daß sich der Konsum von Konsumgütern sozusagen in das System einschalte.
So schreibt der amerikanische Ökonom Miron W. Watkins: »Gibt es keinerlei ökonomische Grenze für diese Fähigkeit, den Konsum hinauszuschieben? Man muß darauf antworten, daß es eine solche Grenze tatsächlich nicht gibt,. . . es sei denn, es handle sich um jenen Konsum, der den unmittelbaren Lebensmittelbedarf betrifft. In der Wirtschaftstheorie ist die unbegrenzte (!) Ausdehnung der Nebenprozesse [der Pro-

duktion] ein logisches Ziel (!). Man könnte sich eine Gesellschaft vorstellen, in der sich die Menschen während mehrerer Generationen (also unbegrenzt) mit Salz, Brot, Milch und einem Stück Tuch zufriedengeben (!), während sie sich mit Geschick und Gewinn (!) der Herstellung von Maschinen und Investitionsgütern jeder Art widmen.«[69]

Das ist ganz offensichtlich eine absurde Auffassung. Kein Fabrikant von Textilmaschinen wird seine Produktionskapazität verdoppeln, wenn ihm die Marktanalyse zeigt, daß eine Ausweitung des Absatzes von Textilerzeugnissen, mit denen die Warenlager schon vollgestopft sind, nicht zu erwarten ist: »Der Endzweck der Akkumulation des Kapitals ist natürlich die Steigerung der Konsumgüterproduktion.«[70] Die Produktionsgüterproduktion kann sich während einer ganzen Periode von dieser Hauptbasis entfernen und eine starke Expansion durchmachen, ohne dabei *ständig* auf das Wachstum des Endverbrauchs Rücksicht zu nehmen. Aber gerade diese *vorübergehende* Entfernung zahlt sie mit einer Krise.

Es ist andererseits irrig anzunehmen, daß die »rationelle Durchführung« der Investitionen in einer kapitalistischen Gesellschaft, d. h. die »Reglementierung« der Konkurrenz, die wirtschaftlichen Fluktuationen völlig zum Verschwinden bringen könne. Die Erfahrung namentlich mit der deutschen und der japanischen Kriegswirtschaft ist hierfür ein schlagender Beweis.* Kein Vernunftschluß kann alle Kapitalisten dazu bringen, ihre Produktion freiwillig zu begrenzen, wenn die Nachfrage das Angebot übersteigt. Keine Logik wird sie veranlassen, ihre Investitionen auf einem mittleren Niveau zu halten in einem Augenblick, wo ihre laufende Produktion schon nicht mehr vom Markt absorbiert werden kann. Um die Krisen völlig auszuschalten, muß man den gesamten zyklischen Verlauf der Produktion beseitigen, d. h. sämtliche Elemente der ungleichen Entwicklung, d. h. jede Konkurrenz, jeden Versuch zur Erhöhung der Profitrate und der Mehrwertrate, d. h. alles, was an der Produktion kapitalistisch ist...

Die Anarchie der kapitalistischen Produktion kann also nicht als eine Sache an sich, unabhängig von allen anderen Charakteristika dieser Produktionsweise, unabhängig vor allem von

* Siehe Kapitel XIV.

dem Widerspruch zwischen der Produktion und dem Konsum, der ein entscheidendes Merkmal des Kapitalismus ist, betrachtet werden.

Die Anhänger der Disproportionalitäts-Theorie vergessen übrigens, daß ein *gewisses* Verhältnis zwischen Produktion und Konsum (nicht ein *festes* Verhältnis, wie es die Anhänger der Unterkonsumtions-Theorie sehen), zwischen der Produktionskapazität sämtlicher Produktionsapparate, der Produktionskapazität der Konsumgüterindustrie und der für eben diese Güter zur Verfügung stehenden Kaufkraft, ein untrennbarer Bestandteil der für die Vermeidung einer Krise notwendigen Proportionalitätsbedingungen ist, und daß diese Bedingungen im Kapitalismus niemals auf die Dauer erfüllt sein können.

Vermerken wir noch, daß die Anhänger der Unterkonsumtions-Theorie, berauscht von der symmetrischen Schönheit ihrer »Zahlen«-Modelle, zu Schlußfolgerungen gelangt sind, die denen von Tugan-Baranowski & Co. sehr nahe kommen. Dies ist namentlich bei Léon Sartre der Fall; er schreibt: »Man kann sich fragen, was aus dem Kapitalismus würde, wenn eine wohlunterrichtete Wirtschaftsdiktatur es zur Pflicht machte, einen wachsenden Anteil des akkumulierten Mehrwerts, über den die Gruppe der Konsumgüterindustrie verfügt, in die Produktionsgüterindustrie zu investieren, und zwar in dem Maße, wie sich die Kaufkraft in diesem Sinne verschiebt. In diesem Fall (sagt Tugan-Baranowski, der sich auf dieses Schema stützt, mit Recht) bliebe das Gleichgewicht erhalten. Man erhielte damit eine völlig lebensfähige (?) Wirtschaft, in der die Produktion von Produktionsmitteln beschleunigt betrieben würde und die der Konsumgüter nur sehr langsam wüchse ... Aber ein solcher Kapitalismus, der nur Produktionsmittel produziert, um noch mehr davon herstellen zu können, bleibt im Bereich der Theorie, ist unter den Bedingungen der Konkurrenz unrealisierbar.«[71]*

Er ist unrealisierbar nicht nur wegen der Unmöglichkeit, ein »allgemeines Kartell« zu schaffen, das alle Unternehmer erfaßt, sondern auch infolge des *technologischen Verhältnisses* zwischen einer bestimmten Produktionskapazität im allge-

* N. Bucharin hat ebenfalls die These verfochten, daß ein *Staatskapitalismus* keine periodischen Überproduktionskrisen mehr kennen würde.[72]

meinen und der Produktionskapazität für Konsumgüter. Er ist unrealisierbar, weil es unmöglich ist – wie wir oben gezeigt haben –, die Produktion völlig vom Konsum, der schließlich der Endzweck der Produktion ist, zu trennen. Er ist unrealisierbar, weil keine »Logik« die Kapitalisten dazu bringen kann, zu einem Zeitpunkt, wo die Produktionskapazität ihrer Maschinen bereits höher ist als die Aufnahmefähigkeit des Marktes für Konsumgüter, immer mehr Maschinen einzukaufen.

Entwurf einer Synthese

Eine ganze Schule hat es unternommen, eine Synthese zwischen den Unterkonsumtions-Theorien und den Disproportionalitäts-Theorien herzustellen, indem sie sich auf das Beschleunigungsprinzip stützte: Aftalion und Bounatian in Frankreich; Harrod in Großbritannien; J.-M. Clark und S. Kuznets in den Vereinigten Staaten usw. Diese Bemühungen wurden von der neo-keynesianischen Schule der Ökonometristen fortgesetzt; sie haben versucht, eine Synthese zwischen dem Multiplikator-Prinzip und dem Beschleunigungs-Prinzip herzustellen; zu ihnen zählen vor allem Samuelson, Goodwin, Hicks, Kalecki, Harrod, Hamberg und Joan Robinson. Diese äußerst vereinfachten Synthesen können indes nicht mehr zeigen als die grundlegende Unstabilität des kapitalistischen Systems. Sie sind nur entfernte Annäherungen an den wirklichen Zyklus, zu dessen Verständnis sie allerdings bedeutsames Material beigebracht haben.

Um zu zeigen, wie eine solche Synthese im marxistischen Sinne durchzuführen sei, müssen wir zunächst die irrigen Thesen über die letzten Ursachen von Krisen, die – nochmals – Krisen einer Wirtschaft sind, *die den Profit durch den Verkauf von Waren realisiert*, kurz wiedergeben:

1. Die Vulgär-Anhänger der Unterkonsumtions-Theorie versichern, daß die Krise durch die Steigerung der Kaufkraft der Arbeiter während der Endphase des »Booms« vermieden werden könne. Diese Theoretiker vergessen, daß die Kapitalisten nicht des Verkaufs wegen, sondern des *Verkaufs mit Profit* wegen arbeiten. Wenn nun die Löhne in einem Augenblick stiegen, in dem die Profitrate schon zu sinken beginnt,

würde diese rapide abfallen; anstatt den »Boom« zu verlängern, würde diese zusätzliche Hausse ihn abwürgen.

2. Die Anhänger der Disproportionalitäts-Theorien und vor allem die Anhäger der sogenannten »Unter-Akkumulations«-Schule (von Hayek, von Mises, Pigou, Hawtrey usw.)* versichern, daß man eine Krise vermeiden könne, wenn man dem Absinken der Profitrate in der Schlußphase des Booms entgegenwirke (z. B. Lohnstopp, Senkung des überhöhten Zinsfußes, Anstrengungen zur Vermeidung von Preissteigerungen usw.). Aber diese Theoretiker vergessen, daß man, wenn die Profitrate *im gleichen Augenblick steigt, wo die Absatzmärkte schrumpfen,* den Rückgang der Investitionstätigkeit nicht aufhalten kann. Was den Unternehmer in Wirklichkeit interessiert, ist nicht der *theoretische* Profit, den er sich aus einer bestimmten Lohnhöhe, einem gegebenen Zinsfuß und bestimmten Herstellungskosten ableiten kann, sondern der *wirkliche* Profit, den er zu realisieren hofft, wenn er diesen Selbstkostenpreis mit den *Absatzmöglichkeiten* seiner Waren vergleicht:

»Ein höheres Einkommens- und Profitniveau kann eine notwendige Bedingung für Investitionen sein; aber es kann keine hinreichende Bedingung sein. Man mag sich fragen, ob die Unternehmen so wenig Scharfblick besitzen, um ihre Kapazität lediglich auf der Basis ständig hoher Profite auszudehnen. Wenn sie nicht mit ihrer vollen Kapazität gearbeitet haben, wenn sie nicht einen Bestand an unerledigten Aufträgen haben, wenn sie infolge Kapitalmangels nicht in der Lage (oder nicht darauf eingestellt) waren, sich zu vergrößern, und wenn sie nicht einen späteren Anstieg ihrer Verkäufe erwarten können, gehen ihre Investitionen [auf dem Höhepunkt des Booms] eher zurück, selbst wenn die Profite hoch bleiben.«[74]

Und Moulton[75] erinnert bei dieser Gelegenheit an ein historisches Beispiel: »Die wachsende Konzentration der Einkommen in den Händen der meistverdienden Steuerzahler führte [zwischen 1919 und 1929] mehr oder weniger automatisch zum Anwachsen jenes Teils des Volkseinkommens, das in Form von Spargeld auf die Seite gelegt wurde. Das heißt,

* 1927 versicherte Pigou mit Zuversicht, daß drakonische Lohnkürzungen eine Krise vermeiden könnten. Von Hayek verkündete 1932 (!) die gleiche »Wahrheit« inmitten einer Masse unverkäuflicher Waren.[73]

daß der Strom der Einkommen, die in den Handel und den Dienstleistungssektor flossen, zwar ständig zunahm, aber dennoch nicht so rapide anwuchs wie der Strom der Gelder, die für die Errichtung neuer Unternehmen und den Bau neuer Anlagen verwendet wurden. Für die Unternehmen war es ganz offensichtlich klar, daß die *von den Konsumenten erhoffte Nachfrage nicht groß genug war, um eine solche Expansion, wie die verfügbaren Gelder sie zugelassen hätten, zu rechtfertigen.«*

Für die wirtschaftliche Wiederbelebung und den Beginn des Booms gibt es somit zwei *simultane Bedingungen: eine steigende Profitrate und tatsächlich expandierende Absatzmärkte.* Zu Beginn des Wirtschaftszyklus können diese beiden Bedingungen aus einer Reihe von Gründen zusammenfallen: Absinken der organischen Zusammensetzung des Kapitals (größere Zahl von Arbeitern bei gleicher Ausrüstung), relativ niedrige Reallöhne, Ansteigen der Mehrwertrate, Beschleunigung der Umschlagsgeschwindigkeit des Kapitals einerseits; Steigerung der Gesamtkaufkraft der Lohnempfänger (durch die Einbeziehung der Arbeitslosen in den Arbeitsprozeß), Investition der im Verlauf der Krise und der Depression gesparten Gelder (vor allem der Amortisationsfonds), kurzfristige Realisierung steigender Profite andererseits.

Aber im Verlauf des Zyklus untergraben dieselben Kräfte, die das Zusammenfallen dieser zwei Faktoren zu Beginn des Zyklus gewährleisten, ihre eigene Existenz, so daß sie gegen Ende des Zyklus nicht mehr vorhanden sind. Wir haben schon die Bedingungen untersucht, die das Absinken der Profitrate gegen Ende des Booms bestimmen: das Anwachsen der organischen Zusammensetzung des Kapitals, das Absinken der Mehrwertrate, die Verlangsamung der Umschlagsgeschwindigkeit des Kapitals, die Verteuerung des Kredits, steigende »Unkosten«, Lohnsteigerungen usw. Nun gilt es zu untersuchen, was mit den Absatzmärkten vor sich geht.

Was die Nachfrage nach Konsumgütern betrifft, so steigt diese von dem Moment an, wo die Vollbeschäftigung erreicht ist, kaum noch an. Ist die Erneuerung des fixen Kapitals beendet, so verfügt die Industrie über eine Kapazität, die die Aufnahmefähigkeit des Marktes übersteigt. Neuinvestitionen werden immer unwahrscheinlicher. So kommt es zu einer

Schrumpfung der Absatzmärkte beider Sektoren. Das Zusammentreffen eines Absinkens der Profirate mit einer Schrumpfung der Absatzmärkte löst die Krise aus.
Gibt es im Augenblick der Krise eine allgemeine Überproduktion? Unbestreitbar. Diese leitet sich notwendigerweise aus den zwei grundlegenden Aspekten des Booms ab.
Die wirtschaftliche Wiederbelebung ändert durch die Steigerung der Mehrwertrate und der Profitrate die Aufteilung des Volkseinkommens auf die verschiedenen Klassen zugunsten der Bourgeoisie und auf Kosten der Lohnempfänger. Viele Autoren bestätigen diese Ansicht (Haberler, Schumpeter, Lederer, Foster und Catchings, Hobson, Moszkowska, Hicks usw.[76]).* Sombart drückt sie in der folgenden Weise aus: »Die Expansionskonjunktur ... ist es, die in den Aufschwungszeiten dafür sorgt, daß der Arbeitslohn dank der raschen Preissteigerung nicht in gleichem Maße wie der Mehrwert wächst; sie ist es aber auch, die durch die regelmäßige Kontraktionsbewegung, durch Abstoßung von Arbeitskräften den Arbeitsmarkt in erwünschter Weise überfüllt und damit die industrielle Reservearmee schafft, die ein ungebührliches Steigen des Arbeitslohns verhindert.«[78]
Zur gleichen Zeit, wo der Anteil der Lohnarbeiter am Volkseinkommen relativ zurückgeht, erweitert sich die Produktionskapazität der Konsumgüter erzeugenden Industrie ständig. Der Augenblick, da das Wachstum dieser Produktionskapazität die Höhe der Nachfrage übersteigt, muß kommen.
Das Anwachsen der Produktionskapazität des Produktionsgütersektors entspricht ansonsten dem Erneuerungsbedarf eines bedeutenden Teils des fixen Kapitals der ganzen Industrie. Ist diese Erneuerung abgeschlossen, so kann der Sektor I die Überproduktion nur unter der Bedingung vermeiden, daß die Investitionen im *gleichen Rhythmus fortgesetzt werden,* was offensichtlich unmöglich ist.[79]

* Professor Guitton macht folgende Angaben über die durchschnittlichen zyklischen Veränderungen in Frankreich während des 19. Jahrhunderts: Die Preise steigen in der Hochkonjunktur um 17 % und fallen um 16 % in der Depression; die Löhne steigen in der Hochkonjunktur um 12 % und fallen um 3 % in der Depression; die Profite steigen in der Hochkonjunktur von 40 bis 200 % (!) und fallen um 14 bis 38 % in der Depression.[77]

Die stark angewachsene Produktionskapazität der Gesellschaft kann nur nach einer vorherigen Zerstörung von Wert annähernd voll ausgenutzt werden, nach der Anpassung des Werts der Waren an die neue, für ihre Produktion gesellschaftlich notwendige Arbeitsmenge, die niedriger ist als diejenige, die zuvor die Höhe des Wertes der Waren bestimmt hat.

Der Zusammenbruch des Booms ist nichts anderes als das Scheitern des Versuchs, das alte Wert- und Preisniveau und die Höhe der Profitrate bei einer angewachsenen Kapitalmasse aufrechtzuerhalten.

Der Konflikt zwischen den Akkumulationsbedingungen und der Verwertung des Kapitals bedeutet nur die Entfaltung aller dem Kapitalismus inhärenten Widersprüche, die *alle* zu dieser Erklärung der Krisen herangezogen werden: der Widerspruch zwischen der beträchtlichen Entwicklung der Produktionskapazität und der schwächeren Entwicklung der Konsumtionskraft der breiten Massen; der Widerspruch, der aus der Produktionsanarchie entspringt, die ihrerseits wieder durch die Konkurrenz, die Steigerung der organischen Zusammensetzung des Kapitals und das Absinken der Profitrate bedingt ist; der Widerspruch zwischen der zunehmenden Vergesellschaftung der Produktion und der privaten Form der Aneignung.*

Die Expansionsbedingungen des Kapitalismus

Die historischen Bedingungen, die die Expansion der kapitalistischen Produktion gewährleisten, haben wir bereits erklärt. Sie sind im wesentlichen das Ergebnis der *ungleichen* Entwicklung zwischen den verschiedenen Sektoren, Branchen und Ländern, die in den kapitalistischen Markt einbezogen sind. Die Schaffung des Weltmarktes, die dem Aufschwung der kapitalistischen Produktionsweise vorausgeht, stellt den allgemeinen Rahmen für diese ungleiche Entwicklung. Diese drückt sich vor allem aus durch:

* Über die Krise in der Epoche des Spätkapitalismus und die Rolle der Staatsausgaben in der Wirtschaft siehe Kapitel XIV, § »Ein Kapitalismus ohne Krisen?«.

a) die ungleiche Entwicklung in Industrie und Landwirtschaft. In dem Maße, wie sich die Industrie entwickelt, verdrängen ihre Waren die Handwerksprodukte und die Heimarbeitserzeugnisse der Bauernschaft und ruinieren damit einen Teil der Dorfbevölkerung, der proletarisiert wird und für die sich ausdehnende Industrie die Masse der Arbeitskräfte stellt. Der Wert der Industrieproduktion steigt in bezug auf den Wert der Agrarproduktion; die Arbeitskräfte der Industrie nehmen in bezug auf den in der Landwirtschaft tätigen Teil der erwerbstätigen Bevölkerung zu. Die Bauern kaufen immer mehr Produktionsmittel bei der großen Industrie, die bei den Bauern Rohstoffe in allerdings geringerem Umfange kauft;
b) die ungleiche Entwicklung in den zuerst industrialisierten Ländern und den kolonialen und halbkolonialen Ländern. Die Industrie der zuerst industrialisierten Länder zerstört die Handwerks- und Heimproduktion der kolonialen und halbkolonialen Länder, die sich in Märkte für die fortgeschrittenen Länder verwandeln. Die »befreite« Arbeitskraft, die durch die Zerstörung eines säkulären Gleichgewichts zwischen Landwirtschaft und Industrie entsteht, kann nicht in einer nationalen, im Wachsen begriffenen Industrie unterkommen, da die *Mutterländer* durch die Ausdehnung ihrer Industrie den Markt erobert haben. Es treten somit zwei miteinander verbundene Phänomene auf: die chronische Unterbeschäftigung und der Druck der Übervölkerung auf der Erde. »Die Ergebnisse stellten sich sehr rasch ein: im Jahre 1813 exportierte die Stadt Kalkutta für 2 Millionen £ Baumwollwaren nach England; im Jahre 1830 importierte sie Baumwollwaren im gleichen Wert. Der Import von Baumwollwaren stieg für ganz Indien von 8 Millionen im Jahre 1859 auf 16 Millionen im Jahr 1877 und auf 20 Millionen im Jahre 1901; der Import von Seidenwaren stieg von 1,4 Millionen £ auf 7 Millionen und auf 16 Millionen, der Import von Baumwollgarn von 1,7 Millionen auf 2,8 Millionen.« Gleichzeitig wurde Indien immer mehr zu einem Agrarstaat; in der Periode 1850–1877 stieg der Export von Rohbaumwolle von 4 auf 13 Millionen, der Export von Jute von 0,9 auf 3 Millionen, der Export von Tee von 0,15 auf 2,6 Millionen, der Export von Öl von 2,5 auf 5,4 Millionen £.[80]

Der Entwicklung der kapitalistischen Industrie in den kolonialen und halbkolonialen Ländern tritt damit eine Kombination von vier Hindernissen in den Weg: die Konkurrenz der Waren aus den Mutterländern; die Konkurrenz der lokalen, extrem billigen Arbeitskräfte und der modernen Maschinen; eine Kapitalknappheit, da die herrschenden Klassen die akkumulierten Einkommen in Grundbesitz anlegen; das Fehlen ausreichender innerer Märkte, das eine rasche Entwicklung einiger Industriesektoren verhindert;*

c) die ungleiche Entwicklung in verschiedenen Zweigen der Industrie, insbesondere zwischen solchen, die im Niedergang, und solchen, die dank technologischer Umwälzungen im Aufstieg begriffen sind. Die absteigenden Zweige sehen ihre Absatzmärkte, ihren Umsatz, die Zahl ihrer Beschäftigten zunächst relativ und dann im absoluten Sinne zurückgehen. Nach einer Verteidigungsreaktion durch eine Erhöhung der organischen Zusammensetzung des Kapitals und eine (relative oder absolute) Herabsetzung der Preise nähern sie sich ihrem Ende und erneuern nur noch einen Teil des fixen Kapitals. Ein Teil des Mehrwerts und der Amortisationsfonds dieser Sektoren wird von den in rascher Expansion befindlichen Sektoren angezogen und strömt auf den Kapitalmarkt. Diese sichern sich einen Platz auf dem Markt, indem sie den bestehenden Sektoren die Hilfsquellen entreißen (fixes Kapital, Rohstoffe, Kaufkraft); dabei führen sie entweder eine Verlangsamung des Wachstums bestimmter Sektoren oder aber einen absoluten Rückgang in anderen Sektoren herbei;

d) die ungleiche Entwicklung in verschiedenen Gebieten ein und desselben Landes. Dieses Phänomen, das in den marxistischen Studien allgemein unterschätzt wird, ist in Wirklichkeit einer der wesentlichsten Schlüssel für das Verständnis der erweiterten Reproduktion. *Durch die Schaffung wirtschaftlich regressiver Zonen innerhalb der kapitalistischen Nationen schafft sich die kapitalistische Produktionsweise selbst ihre »ergänzenden« Absatzmärkte sowie ständige Arbeitskraftreserven.* Dies gilt insbesondere für Schottland und Wales in Großbritannien, für die Südstaaten der USA, für die östlichen und mittleren Provinzen in Deutschland, für Flandern in Belgien, für die Slowakei in der Tschechoslowakei, für

* Siehe Kapitel VI, IX und XIII.

den Süden Italiens, für den Süden und Norden der Niederlande, für das Frankreich südlich der Loire usw. Bezeichnend für die krampfhafte, ungleiche und widerspruchsvolle Entwicklung der kapitalistischen Produktionsweise ist die Tatsache, daß sie nicht fähig ist, ein großes Land in allen Teilen systematisch und harmonisch zu industrialisieren. Die zunehmende Regression alter, bereits unterentwickelter Zonen begleitet das Auftauchen neuer Depressions-Zonen: Neuengland in den USA, Borinage und Ost-Flandern in Belgien, Lancashire in Großbritannien, bestimmte Gebiete in Mittelitalien usw. Die Ironie der Geschichte will es, daß diese neuen Depressionszonen vormals oft die Wiegen der kapitalistischen Industrie dieser Länder waren.

Kein Wachstum ohne Fluktuationen?

Seit der großen Krise von 1929 ist die Vorstellung einer harmonischen, ausgewogenen Entwicklung des kapitalistischen Regimes endgültig in Mißkredit geraten. Die angesehendsten bürgerlichen Autoren wie Schumpeter haben mit Marx den Akzent auf die grundlegende Instabilität der kapitalistischen Produktionsweise gelegt. Für Schumpeter entspringt diese Instabilität der Tatsache, daß sich die »Innovationen«, d. h. die Anwendung technischer Erfindungen in der Industrie, nicht gleichmäßig auf die Gesamtdauer des Wirtschaftszyklus verteilen können, sondern die Tendenz haben, in bestimmten Zwischenperioden konzentriert in Erscheinung zu treten.[81] Für die Ökonometristen hat die grundlegende Instabilität der kapitalistischen Produktionsweise ihre Wurzel darin, daß die für ein ununterbrochenes Wachstum erforderlichen Bedingungen infolge der besonderen Natur der Investitionen im Kapitalismus* in der Praxis nicht geschaffen werden können.

». . . Ein System bleibt auf die Dauer nicht im Zustand des Gleichgewichts, wenn es nicht völlig auf dieses Gleichgewicht ausgerichtet ist . . . Ein System kann wahrscheinlich nicht auf ein zunehmendes Gleichgewicht ausgerichtet sein, *wenn es sich*

* Einschließlich der Schwankungen der Vorräte: siehe Metzler, Abramovitz, Eckert.82

nicht selbst über eine längere Periode hinweg annäherungsweise im Gleichgewicht befunden hat. Es genügt nicht, daß sein Kapitalvorrat der laufenden Produktion angepaßt ist; er muß auch im geeigneten Moment ersetzt werden können. Die künftigen Investitionen, die [weitgehend] durch die vergangenen Fluktuationen der Produktion vorherbestimmt werden und deren Auswirkungen in der bestehenden Ausrüstung verkörpert sind, müssen ebenfalls so beschaffen sein, daß eine stetige Entwicklung möglich ist.«[83]

Joan Robinson schreibt gleichfalls: »Eine Wirtschaft im Zustand der Ruhe und der Harmonie betreibt die Produktion und den Konsum in einer rationellen Weise. Es genügt, diese Bedingungen zu beschreiben, um zu erkennen, *wie weit sie von dem Zustand entfernt sind,* in dem sich die tatsächlich bestehenden Wirtschaftssysteme befinden. Insbesondere der Kapitalismus ist niemals fähig gewesen, solche Bedingungen hervorzubringen, da die Trennung von Arbeit und Besitz, die das Großunternehmen möglich macht, Konflikte in sich birgt; und die Spielregeln sind so beschaffen, daß Akkumulation und technischer Fortschritt eben unter den Bedingungen der Ungewißheit und der mangelhaften Kenntnis der Dinge möglich werden.«[84]

Und weiter: »Die Zukunft ist für jeden einzelnen Unternehmer selbst dann ungewiß, wenn sich die Wirtschaft in ihrer Gesamtheit harmonisch entwickelt, da die Entscheidungen eines jeden Unternehmers die Situation der anderen beeinflussen. Daher haftet den kapitalistischen Spielregeln eine *Unsicherheit* an, die sozusagen im Innern der Wirtschaft, unabhängig von allen Wandlungen der äußeren Verhältnisse, Fluktuationen hervorruft. Sobald der typische Unternehmer entdeckt, daß seine Kapazität eine ihm vernünftig erscheinende Profitrate hervorbringt, ist er bestrebt, seine Produktionskapazität zu erweitern. Wenn die Investitionen nicht zufällig so glücklich getroffen wurden, daß die Nachfrage im selben Verhältnis wächst wie die Kapazität (oder wenn sie nicht wenigstens wirksam kontrolliert werden), wird die Investitionstätigkeit stets schwanken; denn wenn sie zunimmt, verursacht sie einen Verkäufermarkt, was ein neues Wachstum fördert.«[85]

Autoren, die sich bewußt bemühen, die Vorteile der kapitalistischen Produktionsweise hervorzuheben, die sie als die fortschrittlichste Produktionsweise beschreiben, wie Arthur F. Burns und David McCorde Wright es tun, gehen einen Schritt weiter und versichern, daß es *unmöglich* sei, sich eine Wirtschaft vorzustellen, die sich der Segnungen des technologischen Fortschritts oder eines bedeutenden Vorrats an fixem Kapital erfreue, ohne Fluktuationen unterworfen zu sein. Nach ihrer Meinung hat man nicht die Wahl zwischen Fortschritt mit und Fortschritt ohne Fluktuationen, sondern nur die zwischen Fortschritt mit Fluktuationen und völliger Stagnation. So schreibt David McCorde Wright: »Die Grundursache des *business cycle* besteht darin, daß sich der Geschmack und die Technik nicht in solchen Proportionen verändern, die sich gegenseitig harmonisch ausgleichen ... Die Dauerhaftigkeit der Anlagen, die Tatsache, daß sich die Bedürfnisse in asymmetrischer Weise ändern, die unvermeidlichen Reibungen und die Souveränität (!) der Konsumenten erzeugen den Zyklus ... Jede im Wachsen begriffene Gesellschaft, die sich den Ausgaben der Konsumenten anpassen will, leidet unvermeidlich an einer gewissen (!) Unstabilität und Unsicherheit.«[86]

Breiten wir den Mantel der Nächstenliebe über den unsinnigsten Aspekt dieser Apologie, nämlich über die Behauptung, daß sich die Innovationen, die die großen Investitionsbewegungen bestimmen, aus den »Geschmacksänderungen der Konsumenten« ableiteten. Die Automobilindustrie ist keineswegs durch den »Wunsch nach einem Auto« entstanden; vielmehr hat sie diesen Bedarf erst geschaffen. Nicht die »Geschmacksänderungen der Konsumenten« verursachen den Zufluß großer Kapitalien in einige Sektoren oder die technischen Erfindungen; umgekehrt: die Investitionen beträchtlicher Kapitalien in neue Industriesektoren (und die Werbung für deren Produkte) verändern den Geschmack der Konsumenten.

Vollziehen sich diese Innovationen nicht auch in einer Planwirtschaft, in einer sozialistischen Wirtschaft in unregelmäßigem Rhythmus?* Ruft die Langlebigkeit der Anlagen nicht auch angesichts einer *unerwarteten Nachfrage*, die es zu befriedigen gilt (beispielsweise die Einführung des Farbfernsehens, die Auswirkungen eines plötzlichen Bevölkerungs-

* Auf dieser Feststellung beharren Schumpeter und Cassel.[87]

wachstums auf den Immobilienbau usw.) Erscheinungen der »Überproduktion« hervor?
Nach McCorde Wright[88] hat *jedes* Wirtschaftssystem nur die Wahl *zwischen zwei Übeln:* entweder den in diesen Sektoren vorgesehenen Wachstumsrhythmus der Produktion aufrechtzuerhalten und damit eine lang anhaltende Ungeduld der Konsumenten hervorzurufen (was sich in einer Preissteigerung usw. ausdrücken würde), oder aber den Wachstumsrhythmus der Produktion durch außergewöhnliche Investitionen rapide zu beschleunigen und dann eine »Überausstattung« (eine überschüssige Kapazität) in Kauf zu nehmen, sobald die außergewöhnliche Nachfrage befriedigt ist (wenn z. B. die zusätzliche Bevölkerung mit Wohnungen versorgt worden ist und die Nachfrage nach neuen Wohnungen infolge einer veränderten Altersstruktur eben dieser Bevölkerung zurückgeht).
Arthur F. Burns hat schon in seinem 1935 veröffentlichten Artikel *Long Cycles in Construction* einen ähnlichen Standpunkt vertreten und ihn in seiner Sammlung *Frontiers of Economic Knowledge* (1954) wieder aufgegriffen. Er erklärt hier die Unstabilität der Nachfrage nach Wohnungen in einer »kollektivistischen Gesellschaft« und bemüht sich zu beweisen, daß eine solche Gesellschaft starke zyklische Fluktuationen im Immobilienbau durchleben würde.[89] Aber seine ganze Argumentation ist auf einer simplistischen Hypothese aufgebaut: daß nämlich das verfügbare Einkommen einer jeden Familie *unverändert* bleibe, und daß der Immobilienbau ausschließlich nach den Bevölkerungsschwankungen (und ihrer mehr oder weniger richtigen Vorausberechnung)) fluktuiere.
Burns' ganze Konstruktion bricht zusammen, sobald wir diese Hypothese aufgeben und dagegen annehmen, daß die Planwirtschaft ein *zweifaches* Ziel hat: zunächst jede Familie mit der notwendigen »Wohneinheit« zu versorgen, die ein Minimum an Komfort bietet; und zum anderen diesen Minimalstandard (unter dem Aspekt des Komforts, des Städtebaus, der Hygiene, der Pädagogik usw.) an den *optimalen* Wohnungsstandard anzupassen. Sobald in bezug auf den unmittelbaren Bedarf ein Kapazitätsüberschuß in Erscheinung tritt, kann diese Kapazität dafür verwendet werden, die Verbesserungen des Wohnungsstandards eines Teils der Bevölkerung

zu sichern. Und da man vernünftigerweise annehmen kann, daß auch dieses *Optimum* infolge des wissenschaftlichen und technischen Fortschritts tendenziell steigt, kann man sich über eine lange Periode keine »überschüssige Produktionskapazität« vorstellen.

Der Irrtum McCorde Wrights ist ganz ähnlich. Um die Fluktuationen der Planwirtschaft zu beweisen, stellt er sich eine Wirtschaft vor, die nur *einen* Aspekt des Kapitalismus (den Privatbesitz an Produktionsmitteln) beseitigt und alle anderen beibehält. Wenn also ein *backlog* der Nachfrage (eine zusätzliche Nachfrage) befriedigt worden ist, dann sieht er keinen anderen Ausweg als »Überproduktion« oder »Kapazitätsüberschuß«; es kommt ihm nicht in den Sinn, daß man der Gesellschaft eine zusätzliche und neue Skala von Konsumgütern zur Verfügung stellen kann.* Wenn sich der Produktionsapparat »krankhaft« vergrößert hat, dann versteht er nicht, daß man ihn »dem Bedarf anpassen kann«, indem man die Arbeitszeit der Erzeuger vermindert. Wenn er einen »absoluten Kapazitätsüberschuß« einführt, ohne die Möglichkeit, »neue Produkte« herzustellen, dann fällt ihm nicht ein, daß die Stillegung eines Teils dieser Maschinen nicht vor einer Einschränkung des Konsums oder einer Verminderung der »Einkommen« der Gesellschaft begleitet ist, also auch nicht von *wirtschaftlichen* Fluktuationen, da diese Stillegung von Maschinen gerade dadurch *verursacht* worden ist, daß der *tatsächliche Bedarf* (und nicht der an der Zahlungsfähigkeit gemessene Bedarf) der Gesellschaft *zuvor und auf allen Gebieten gedeckt worden ist.* Er verwechselt einen Überfluß an Gebrauchswerten mit einer Überproduktion von Tauschwerten.

Die Fluktuationen der Produktion, die durch die Überproduktion von Waren Einkommensfluktuationen und Konsumschwankungen mit sich bringen, die also periodisch Arbeitslosigkeit und Elend erzeugen, sind Merkmale, die dem Kapitalismus eignen. Sie haben vor ihm nicht bestanden; sie werden nach ihm nicht mehr bestehen.**

* Hamberg90 vertritt die Ansicht, daß mit ein und denselben modernen Produktionsanlagen eine ständig wachsende Skala von Produktion hergestellt werden kann.

** Siehe Kapitel XVII.

Nachweise

Einführung

1 E. Lippincott: Einleitung zu Oskar Lange und Fred M. Taylor: *On the Economic Theory of Socialism*, Minneapolis 1948, S. 3
2 J. M. Keynes: *Essays in Persuasion*, 1932, S. 300
3 A. A. Berle jr.: *The XXth Century Capitalist Revolution, New York*, 1954, S. 13–24
4 Fr. Perroux: *Le Capitalisme*, Paris 1958, S. 109
5 Raymond Aron: *L'Opium des Intellectuels*, Paris 1955, S. 115
6 R. Hilferding: *Aus der Vorgeschichte der Marxschen Oekonomie*, in: *Die Neue Zeit*, Bd. 29, Tl. 2, S. 574
7 J. Schumpeter: *History of Economic Analysis*, New York 1954, S. 391
8 Henri Guitton: *Les Fluctuations économiques*, Recueil Sirey, 1951, S. 329 ff.
9 J. B. Condliffe: *The Commerce of Nations*, London 1951, S. 241
10 Alvin Hansen: *Reading in Business Cycles and National Income Theories*, New York 1953, S. 129
11 Paul M. Sweezy: *The Theory of Capitalist Development*, New York 1942, S. 209
12 Mikojan auf dem XX. Parteitag der KPdSU; *Die Presse der Sowjet-Union*, 1956, Nr. 23, S. 559
13 K. Marx: Zur Kritik der politischen Ökonomie, Stuttgart 1920, S. XXXVI.
14 K. Marx: *Das Kapital*, Berlin 1953, Bd. I, S. 17
15 J. Schumpeter: *History of Economic Analysis*, S. 4; Joan Robinson: *The Accumulation of Capital*, London 1956, S. 56
16 K. Marx – F. Engels: *Briefwechsel*, Stuttgart 1921, Bd. II, S. 243
17 R. Hilferding: *Aus der Vorgeschichte der Marxschen Oekonomie*, a.a.O., S. 626
18 *The Manchester Guardian*, 8. September 1955
19 *Social Research*, September 1947, S. 375
20 H. C. Edy u. A. T. Peacock: *National Income and Social Accounting*, London 1954, S. 155
21 Siehe bes. die Artikel von Fan Wen-lan und Jiang Quan in: *Neue Chinesische Geschichtswissenschaft. – Zeitschrift für Geschichtswissenschaft*, Sonderheft, 7. Jahrgang, 1959

Kapitel I

1 J. Grahame Clark: *From Savagery to Civilisation*, London 1946, S. 26; A. Gehlen: *Der Mensch*, Bonn 1950, S. 24

2 G. Heard: *Origin of Civilisation*, London 1935, S. 66 f.; siehe auch A. Gehlen: *Der Mensch*, S. 35, 91 etc.
3 Gordon Childe: *Man Makes Himself*, New York 1951, S. 49; vgl. auch Prof. Oakley, in: *An Appraisal of Anthropology to-day*, S. 235.
4 G. Renard: *Le Travail dans la Préhistoire*, Paris 1927, S. 67; R. Furon: *Manuel de Préhistoire générale*, Paris 1951, S. 174
5 Sir James Georges Frazer: *Myths of the Origin of Fire*, London 1930
6 B. Malinovski: *A Scientific Theory of Culture*, Chapel Hill 1944, S. 95
7 R. Firth: *Tikopia, a Primitive Polynesian Economy*, London 1939, S. 37 f.
8 Hobhouse, Wheeler u. Ginsberg: *Material Culture of the Simpler Peoples*, London 1930, S. 16 ff.
9 W. G. Summer u. A. G. Keller: *Science of Society*, New Haven 1946, vol. I, S. 163 f.
10 M. J. Herskovitz: *The Economic Life of Primitive People*, London 1940, S. 47 f.
11 Kaj Birket Smith: *Geschichte der Kultur*, Zürich 1946, S. 143 f.
12 Raymond Firth: *Primitive Polynesian Economy*, *S.* 112
13 Heinrich Cunow: *Allgemeine Wirtschaftsgeschichte*, Bln. 1926, Bd. I, S. 103 bis 123; C. Daryll Forde: *Habitat, Economy and Society*, London 1950, S. 374
14 a.a.O., I, S. 95
15 Raymond Firth: *Primitive Polynesian Economy.* Cl. Lévi-Strauss: *Tristes Tropiques*, Paris 1955, S. 297 f.
16 Gordon Childe: *Man Makes Himself*, S. 15–19
17 Arnold Gehlen: *Der Mensch*, S. 433 f.
18 Fritz Heichelheim: *Wirtschaftsgeschichte des Altertums*, Leiden 1938, S. 36; C. Darryl Forde: *Habitat, Economy and Society*, S. 397
19 Hobhouse, Wheeler u. Ginsberg: *Material Culture of the Simpler Peoples*, S. 22
20 R. Thurnwald, Artikel »Handwerk« in: *Reallexikon der Vorgeschichte*, V, S. 98
21 Summer u. Keller: *Science of Society*, I, S. 134
22 Robert Graves: *The Greke Myths*, London 1960, Bd. I, S. 13
23 Debiprasad Chattopadhyaya: *Lokayata*, People's Publishing House 1959, S. 251–265 u. 273–292
24 Summer u. Keller: *Science of Society*, III, S. 1954 ff.
Fritz Heichelheim: *Antike Wirtschaftsgeschichte*, II, S. 898; siehe auch F. Kern: *Mutterrecht einst und jetzt*, in: *Theologische Zeitschrift*, Basel, 6, 1950, und *Historia Mundi*, I, S. 389 S. 91 ff.
25 Furon: *Manuel de Préhistoire général*, passim
26 Martin C. Yang: *A Chinese Village*, S. 27
27 Raymond Firth: *Primitive Polynesian Economy*, S. 63
28 Margaret Mead: *Cooperation and Competition among primitive people*, New York 1937, S. 445

29 a.a.O., S. 29

30 Georges Balandier: *Structures sociale traditionnelles et changements* économiques, in: *Revue de l'Institut de Sociologie Solvay*, U.L.B., Nr. 1, 1959, S. 38 f.

31 *Smithsonian Contributions to Knowledge*, vol. XVI

32 Laura Thomson: *A Culture in Crisis. A study of the Hopi Indians*, New York 1950, S. 94 f.

33 Herskovitz: *The Economic Life of Primitive People*, S. 72–77

34 Margaret Mead: *Sex and Temperament in three primitive societies*, New York 1950, S. 26 f,; siehe auch die Beschreibung der genossenschaftl. Arbeit bei den Gikuyu bei Jomo Kenyatta: *Au pied du Mont Kenya*, Paris 1960, S. 72, 84 f.

35 *Les Populations aborigènes*, Veröffentl. des B. I. T., Genf 1953, S. 225

36 Melville J. Herskovitz: *Dahomey, an Ancient West African Kingdom* New York 1938, Bd. I, S. 64

37 a.a.O., S. 65

38 S. F. Nadel: *A Black Byzantium; The Kingdom of Nupe in Nigeria*, London 1942, S. 49; Joseph Bourrily: *Eléments d'ethnographie marocaine*, Paris 1932, S. 139

39 A. R. Radcliffe-Brown: *Structures and Function in Primitive Society*, London 1952, S. 33

40 Audrey I. Richards: *Land, Labour and Diet in Northern Rhodesia*, London 1939, S. 15

41 Henri Terrasse: *Histoire du Maroc*, Casablanca 1949, S. 28

42 *Lavrentian Chronicle*, S. 8

43 Marc Bloch: *Les caractères originaux de l'histoire rurale française*, Paris 1952, S. 163

44 Ch.-E. Perrin: *Recherches sur la seigneurie rurale en Lorraine*, Straßbourg 1935, S. 639

45 Darryl Forde: *Habitat, Economy and Society*, S. 375. René Grousset: *Histoire de la Chine*, Paris 1947, S. 9

46 Stefan Balazs: *Beiträge zur Wirtschaftsgeschichte der T'ang-Zeit*, in: *Mitteilungen des Seminars für Orientalische Sprachen 1931–1932*

47 Siehe bes. Caesar: *De Bello Gallico*, IV, 21,3; Perrin, a.a.O., S. 629; *Altes Testament:* Num. XXVI, 55,56; Josua XVIII, 6; Micha II, 5, etc.

48 M. Yoshitomi: *Etude sur l'histoire économique de l'Ancien Japon*, Paris 1927, S. 67; Yosoburo Takekoshi: *Economic Aspects of the History of the Civilisation of Japan*, London 1930, S. 26 f. J. H. Boeke: *De Theorie der Indische Economie*, Haarlem 1940, S. 30; K. A. Wittfogel: *Probleme der chinesischen Wirtschaftsgeschichte*, in: *Archiv für Sozialwissenschaft und Sozialpolitik*, Bd. 57, 1927, S. 304

49 Dyckmans: *Histoire économique et sociale de l'Ancienne Egypte*, I, S. 128; Jaques Pirenne: *Histoire des Institutions et du Droit privé de l'ancienne Egypte, I, S. 29*

50 Jacques Weulersse: *Le pays des Alaouites*, Tours 1940, S. 357
51 *African Survey*, London 1954, S. 833 f.
52 Raymond Firth: *Primitive Polynesian Economy*, S. 57 f.
53 G. Glotz: *Le travail dans la Grèce antique*, Paris 1920, S. 14 f.; Josef Kulischer: *Wirtschaftsgeschichte des Mittelalters und der Neuzeit*, München-Berlin 1928, S. 12–32. G. C. Vaillant: *The Aztecs of Mexico*, New York 1941, S. 113; *Cambridge History of India*, I, S. 200; Cunow: *Geschichte und Kultur des Inka-Reiches*, S. 138; M. V. Levtchenko: *Byzance de origines à 1453*, Paris 1949, S. 48; P. J. Lyashenko: *History of the National Economy of the Soviet Union*, New York 1949, S. 70; Sir Gerald Clausen: *La tenure communautaire*, Rom 1964, S. 23 ff.
54 Gordon Childe: *What Happened in History*, Hammondsworth 1957, S. 90
55 G. Glotz: *Le travail dans la Grèce antique*, S. 48
56 Chen Huang-Chang. *The Economic Principles of Confucius and his School*, New York 1911, S. 122
57 Manuscrit Ramirez: *Histoire de l'Origine des Indiens*, Paris 1903, S. 13
58 Fritz Heichelheim: *Vormittelalterliche Geschichtsepochen*, in: *Schmollers Jahrbuch*, 1932, Bd. 56, S. 163 f.
59 *Encyclopedia of Social Sciences*, Vol. I, Artikel »Agriculture«, S. 572
60 Ph. K. Hitti: *History of the Arabs*, London 1946, S. 49–58
61 Heichelheim: *Wirtschaftsgeschichte des Altertums*, I, S. 205
62 Yoshitomi: *Etude sur l'histoire économique de l'ancien Japon*, S. 208; Sir George Sansom: *A History of Japon to 1334*, London 1955, S. 14
63 Fr. Ratzel: *Anthropogeographie*, Stuttgart 1891, Bd. II, S. 264 f.
64 Kulischer: *Wirtschaftsgeschichte des Mittelalters*, I, S. 71
65 Weulersse: *Le pays des Alaouites*, S. 357
66 Malinovski: *Freedom and Civilisation*, New York 1944, S. 301
67 Hobhouse, Wheeler u. Ginsberg: *The material Culture of the Simpler People*, S. 235 f., C. Darryl Forde: *Habitat, Economy and Society*, S. 391
68 Salisbury: *From Stone to Steel*, Melbourne 1962, passim
69 H. Cunow: *Allgemeine Wirtschaftsgeschichte*, I, S. 411
70 K. Polanyi, C. M. Arensberg u. H. W. Pearson: *Trade and Market in the Early Empires*, London 1957, S. 30 f.
71 Gordon Childe: *Scotland before the Scotts*, London 1946, S. 48
72 S. F. Nadel: *A Black Byzantium, The Kingdom of Nupe in Nigeria*, London 1942, S. 190
73 Malinovski: *Freedom and Civilisation*, S. 278; C. Darryl Forde: *Habitat, Economy and Society*, S. 359
74 Cl. Lévi-Strauß: *Tristes Tropiques*, S. 343
75 Fritz Heichelheim: *Wirtschaftsgeschichte des Altertums*, I, S. 171
76 Kautilja: *Arthaçastra, das Altindische Buch vom Welt- und Staatsleben*, Leipzig 1926, S. 61 f.

77 G. Maspero: *Histoire ancienne des peuples de l'Orient classique*, Paris 1875, Bd. I S. 331
78 Polanyi etc: *Trade and Market in the Early Empires*, S. 324
79 a.a.O., S. 327
80 a.a.O., S. 325
81 Marvin Harris: *The Economy has no surplus?*, in: *American Anthropologist*, Bd. 61, April 1959, S. 194
82 George Dalton: *Economic theory and primitive society*, in: *American Anthropologist*, Bd. 63, Februar 1961, S. 1–25
83 a.a.O., S. 21

Kapitel II

1 Hingston Quiggin: *A Survey of Primitive Money*, London 1959, S. 21 f.
2 Audrey I. Richards: *Land, Labour and Diet in Northern Rhodesia*, London 1939, S. 222
3 M. Mead: *Competition and Cooperation among Primitive People*, New York 1937, S. 134
4 M. Mead: *Sex and Temperament*, New York 1950, S. 170 f.
5 Artikel »Handel« in *Reallexikon der Vorgeschichte*, V, S. 74; Herskovits: *The Economic Life of Primitive People*, London 1940, S. 160; Hingston Quiggin: *A Survey of Primitve Money*, S. 11
6 M. Mauss: »Essai sur le don«, in: *Sociologie et Anthropologie*, Paris 1950, S. 214
7 Polanyi, Arensberg u. Pearson: *Trade and Market in Early Empires*, London 1957, S. 88
8 Claude Lévi-Strauss: *Les structures èlémentaires de la paraenté*, Paris 1949, S. 168
9 a.a.O., S. 593
10 a.a.O., S. 178 ff., 48 f.
11 C. D. Forde u. R. Scott: *The Native Economics of Nigeria*, London 1946, S. 68
12 M. Mauss: *Essai sur le don*, a.a.O., S. 277 f.
13 V. Purcell: *The Chinese in Southern Asia*, Oxford U. P. 1951, S. XXVII
14 J. H. Boeke: *De Theory der Indische Economie*, Haarlem 1940, S. 39
15 Schechter: *The Law and Morals of Primitive Trade*, in Herskovits: *Economic Life of Primitive People*
16 Polanyi etc.: *Trade and Market in the Early Empires*, S. 20, 269
17 Claude Meillassoux: *Anthropologie économique des Gouro de Côte d'Ivoire, S. 267 ff.*
18 a.a.O., S. 266 f.

19 F. Heichelheim: *Wirtschaftsgeschichte des Altertums*, Leiden 1938, S. 21; Gorodn Childe: *What happened in History*, Hammondsworth 1957, S. 61, und *History of Europe*, Cambridge 1942, Bd. I, S. 4; J. Graham Clark: *L'Europe préhistorique*, Paris 1955, S. 363, 371; J. C. van Eerde: *Inleiding tot de Volkenkunde van Ned Indië*, Haarlem 1920, S. 57

20 Heichelmann: *Wirtschaftsgeschichte des Altertums*, I, S. 26 f.

21 Herskovits: *The Economic Life of Primitive People*, S. 129

22 Forde u. Scott: *The Native Economics of Nigeria*, S. 43

23 Herskovits: *The Economic Life of Primitive People*, S. 125; R. Thurnwald: Artikel »Lohn« im *Reallexikon der Vorgeschichte*, VII, S. 308 f.

24 W. G. Sumner u. A. G. Koller: *The Science of Society*, New Haven 1946, Bd. IV, S. 46

25 Forde u. Scott: *The Native Economics of Nigeria, S.* 79; S. F. Nadel: *A Black Byzantium*, London 1942, S. 254; *Histoire du Commerce*, IV, S. 148; Polanyi etc.: *Trade and Market in the Early Empires*, S. 178–183

26 M. Postan: *The Trade of Medieval Europe the North*, in: *The Cambridge Econ. History of Europe*, II, S. 168 f.

27 Gordon Childe: *Man Made Himself*, New York 1951, S. 120–122; *What happened in History*, S. 96 f.

28 Charles Wisdom: *Chorti Indians*, S. 24 f., 199; S. F. Nadel: *A Black Byzantium*, S. 321

29 Chen Huang-Chang: *The Economic Principles of Confucius and his School*, New York 1911, S. 122

30 Gordon Childe: *The Bronze Age*, Cambridge U. P. 1930, S. 8

31 Dyckmans: *Histoire économique et sociale de l'ancienne Egypte*, II, S. 226; Polanyi etc: *Trade and Market in the Early Empires*, S. 41 et passim

32 Polanyi: a.a.O., S. 51–55

33 Heichelheim: *Wirtschaftsgeschichte des Altertums*, I, S. 179; René Grousset: *Histoire de la Chine*, Paris 1947, S. 9

34 Boeke: *De Theorie der Indische Ekonomie*, S. 44

35 G. Glotz: *Le Travail dans la Grèce antique*, Paris 1920, S. 53

36 Dyckmans: *Histoire économique et sociale de l'ancienne Egypte*, II, S. 236; K. A. Wittfogel: *Wirtschaft und Gesellschaft Chinas*, Lpz. 1931, S. 514; M. Yoshitomi: *Etude sur l'histoire économique de l'ancien Japon*, Paris 1927, S. 203; G. B. Jathar u. S. G. Beri: *Indian Economics*, Madras 1949, S. 104; J. Kulischer: *Allgemeine Wirtschaftsgeschichte des Mittelalters und der Neuzeit*, München-Berlin 1928, Bd. I, S. 75

37 Wittfogel: *Wirtschaft und Gesellschaft Chinas*, S. 497; P. J. Lyashenko: *History of the National Economy of the Soviet Union*, New York 1949, S. 162, M. Takizawa: *The Penetration of Money Economy in Japan*, New York 1927, S. 24; Jathar u. Beri: *Indian Economics*, S. 103; Herskovits: *The Economic Life of Primitive People*, S. 187; Audrey I.

Richards: *Land, Labour and Diet in Northern Rodesia*, London 1939, S. 22. P. S. Martin, G. L. Quimby u. D. Collier: *Indians before Columbus*, Chicago 1948, S. 67

38 Gordon Childe: *What happened in History*, S. 85

39 Polanyi etc.: *Trade and Market in the Early Empires*, S. 84 f.; *An Outline History of Chine*, S. 28

40 Summer u. Keller: *The Science of Society*, IV, S. 53

41 Alfred Métraux in: *Handbook of American Indians*, S. 418

42 Ruth Bunzel, in Franz Boas: *General Anthropology*, New York 1938, S. 346

43 Boeke: *De Theory der Indische Economie*, S. 64

44 John Embree: *Mura, a Japanese Village*, London 1946, S. 100 f.

45 R. Piddington: *An Introduction to Social Anthropology*, London 1950, S. 275

46 Kautilja: *Arthaçastre*, a.a.O., S. 147

47 John Collier: *The Indians of the Americas*, New York 1947, S. 61 f.

48 Andere Beispiele: *Polyptique de Saint-Germain-des-Prés* und in *»descriptio villarum«* der Abtei von Lobbes

49 Joseph Bourilly: *Eléments d'ethnographie marocaine*, Paris 1932, S. 137 f.; R. Grand u. R. Delatouche: *L'Agriculture du moyen âge*, Paris 1950, S. 79

50 Ph. Dollinger: *L'évolution des classes rurales en Bavière*, Paris 1949, S. 270

51 Marc Bloch: *Caractères originaux de l'histoire rurale française*, Paris 1952, S. 77

52 Hermann Bikel: *Die Wirtschaftsverhältnisse des Klosters St. Gallen*, Freiburg i. Br. 1914, S. 133–239

53 H. Cunow: *Allgemeine Wirtschaftsgeschichte*, Berlin 1926, Bd. I, S. 270 f.

54 Y. Takekoshi: *The Economic Aspects of the History of civilization of Japan*, London 1930, Bd. I, S. 117

55 L. Genicot: *L'Economie rurale namuroise au bas moyen âge*, Louvain 1943, S. 236–285; Grand u. Delatouche: *L'Agriculture du moyen âge*, S. 105–135. Jaques Gernet: *Les aspects économiques du bouddhisme dans la société chinoise du Ve au Xe siècle*, Saigon 1956, S. 98

56 G. Espinas: *Les origines du capitalisme*, Lille 1933, Bd. I, S. 144

57 R. S. Chamberlain: *Castilian Backgrounds of the Repartimiento-Encomienda*, in: *Contributions to American Anthropology and History*, Bd. V, 1939, S. 25 f.

58 H. J. De Graaf: *Geschiedenis van Indonezië*, 's Gravenhage 1949, S. 406

59 M. Mead: *Social Organization of Manua*, Honolulu 1930, S. 73 ff., 65

60 David Mandelbaum: *Notes on Fieldwork in India*, in Herskovits: *Economic Life of Primitive People*, S. 136 f.

61 Herskovits: *Dahomey, a West African Kingdom*, New York 1939, Bd. I, S. 75 f.
62 Cl. Huart, u. L. Delaporte: *L'Iran antique*, Paris 1952, S. 83
63 Gordon Childe: *What happened in History*, S. 156
64 Herskovits: *Economic Life of Primitive People*, S. 248–51
65 G. Espinas: *Les origines du capitalisme*, I, S. 142
66 Sol Tax: *Penny capitalism, a Guatemalan Indian Economy, Washington* 1953, S. 18, 15, 80
67 G. Espinas: *Les origines du capitalisme*, I, S. 118, 140 ff.
68 S. F. Nadel: *A Black Byzantium*, S. 318

Kapitel III

1 Hingston Quiggin: *A Survey of Primitive Money*, London 1949, S. 5
2 Sir Samuel Baker: *The Albert Nyanza*, London 1866, Bd. II, S. 182
3 A. de Foville: *La Monnaie*, S. 9
4 J. Lacour-Gayet: *Le roi Bilalama et le juste prix*, in: *Revue des Deux Mondes*, 15. November 1949
5 Frédéric Hrozny: *Code Hittite*, Paris 1942, S. 137
6 Wang Yü-Chüan: *Early Chinese Coinage*, in: *The American Numismatic Society*, New York 1951, S. 259
7 Sir George Sansom: *A History of Japan to 1334*, London 1955, S. 88
8 Jacques Gernet: *Les Aspects économiques du bouddhisme dans la société chinoise du Ve du Xe siècle*, Saigon 1956, S. 88 f.
9 Marcel Mauss: *Essai sur le don*, in: *Sociologie et anthropologie*, Paris 1950, S. 221
10 Hingston Quiggin: *A Survey of Primitive Money*, S. 25
11 a.a.O., S. 92
12 Gordon Childe: *What Happened in History*, Hammondsworth 1957, S. 192 f.
13 Nancy Lee Swann: *Food and Money in China*, Princeton 1950, S. 217–222
14 H. Kees: *Kulturgeschichte des Alten Orients*, I, *Ägypten*, München 1933, S. 103–129; L. Renon u. J. Filliozat, *L'Inde classique*, Paris 1949, S. 378; *Histoire du commerce*, Paris 1953, Bd. III, S. 142
15 G. Glotz: *Le travail dans la Gréce antique*, Paris 1920, S. 278–84; K. A. Wittfogel: *Wirtschaft und Gesellschaft Chinas*, Leipzig 1931, S. 96-104; M. Takizawa: *The Penetration of Money Economy in Japan*, New York 1927, S. 30–33
16 Takizawa, a.a.O., S. 20
17 Polanyi, Arensberg u. Pearson: *Trade and Market in the Early Empires*, 1957, S. 266
18 Gordon Childe: *What Happened in History*, S. 155

19 G. Glotz: *Le travail dans la Grèce antique*, S. 20
20 P. Boissonade: *Le travail dans l'Europe chrétienne du Moyen Age*, Paris 1930, S. 196
21 Chen Huan-Chang: *The Economic Principles of Confucius and his School*, New York 1911, S. 457
22 Ibn Khaldoun: *Prolégomènes*, Paris 1863–65, Bd. II, S. 325
23 J. Kulischer: *Allgemeine Wirtschaftsgeschichte, I, S. 89*
24 W. G. Summer u. A. G. Keller: *Science of Society*, New Haven 1946, Bd. I, S. 155
25 A. H. u. D. C. Leighton: *The Navaho Door*, Cambridge/Mass. 1945, S. 18
26 A. Andreades: *Geschichte der Griechischen Staatswirtschaft*, I, S. 27
27 H. Pirenne: *Le mouvement économique et social du moyen âge*, Paris 1941, S. 24
28 F. Heichelheim: *Wirtschaftsgeschichte des Altertums*, Leiden 1938, Bd. I, S. 262
29 V. W. von Hagen: *The Aztec and Maya Papermakers*, New York 1944, S. 12; W. H. Prescott: *History of the Conquest of Mexico*, New York 1934, S. 85
30 P. J. Lyashenko: *History of the National Economy of Russia Soviet Union*, New York 1949, S. 77
31 H. Labouret, in: *Histoire du Commerce*, Paris 1953, Bd. III, S. 76
32 Ibn Batuta: *Voyages*, Paris 1953–56, Bd. I, S. 324 ff.
33 Rutgers: *Indonesië*, S. 57
34 F. Heichelheim: *Wirtschaftsgeschichte des Altertums*, I, S. 230
35 J. Bonmarchand, in: *Histoire du Commerce*, III, S. 312
36 Gordon Childe: *What Happened in History*, S. 159
37 Pauly-Wissowa: *Real-Encyclopädie der klass. Altertumswissenschaften, Supplementband* VI, S. 916 f.
38 J. de Castro: *Géopolitique de la faim*, Paris 1952, S. 139
39 R. P. Rinchon: *La Traite et l'Esclavage des Congolais par les Européens*, Wetteren 1929, S. 50
40 F. Heichelheim: *Wirtschaftsgeschichte des Altertums*, I, S. 392
41 a.a.O., S. 381
42 R. H. Barrow: *Slavery in the Roman Empire*, London 1928, S. 78
43 R. Firth: *Tikopia, a primitive Polynesian Economy*, London 1939, S. 274
44 Fritz Heichelheim: *Wirtschaftsgeschichte des Altertums*, I, S. 35 f.
45 H. Sée: *Les origines du capitalisme moderne*, Paris 1951, S. 7
46 A. Gehlen: *Der Mensch*, Bonn 1950, S. 133–136
47 *An Appraisal of Anthropology to-day*, hrsg. v. Sol Tax, Chicago 1953, S. 42–143 passim
48 Ein typisches Beispiel zitiert Cl. Lévi-Strauss: *Strukturale Anthropologie*, Frankfurt a. M. 1967, S. 123 ff.

49 *An Appraisal of Anthropology to-day*, S. 70–72; Ralph Linton: *The Tree of Culture*, S. 53–57
50 Gordon Childe: *Social Evolution*, London 1951, S. 166 ff.

Kapitel IV

1 *Mong Dsi* (Mong Ko), übers. von Richard Wilhelm, Jena 1916, S. 51 f.
2 P. Boissonade: *Le travail dans l'Europe chrétienne du moyen âge*, Paris 1930, S. 99–107
3 Th. Morgan: *Hawaii, a Century of Economic Change*, Cambridge/Mass. 1948, S. 25
4 B. I. T.: *Les populations aborigènes*, Genf 1953, S. 368
5 Th. Morgan: *Hawaii, a Century of Economic Change*, S. 25
6 M. Yoshitomi: *Etude sur l'histoire économique de l'ancien Japon*, Paris 1927, S. 139 f.
7 G. J. Bratianu: *Etudes byzantines d'histoire économique et sociale*, Columbia U. P. 1943, S. 133; A. Segrè: *Essays on Byzantine Economic History*, in: *Byzantion*, 1942–43, Bd. XVI, S. 402
8 Fr. Heichelheim: *Vormittelalterliche Geschichtsepochen*, in: *Schmollers Jahrbuch*, 1932, Bd. 56, S. 163 f.; J. C. Van Leur: *Eenige beschouwingen betreffende den Ouden Aziatischen Handel*, Middelburg 1934, passim
9 Gordon Childe: *What Happened in History*, Hammondsworth 1957, S. 193
10 E. Schreiber: *Die volkswirtschaflichen Anschauungen der Scholastik seit Thomas v. Aquino*, Jena 1913, S. 23
11 M. Postan: *Chronology of Labour Services*, in *Transactions of the Royal Historical Soviety*, 4th series, XX, 1937, S. 192 f.
12 E. A. Kosminsky: *Services and Money Rents in the 13th Century*, in: *Economic History Review*, vol. V, 1934–35, S. 43
13 Günther Dessmann: *Geschichte der Schlesischen Agrarverfassung*, Straßburg 1904, S. 58
14 H. Pirenne: *Le mouvement économique et social au moyen âge*, Paris 1941, S. 60
15 Th. Morgan: *Hawaii, a Century of Economic Change*, S. 26
16 G. Glotz: *Le travail dans la Grèce antique*, Paris 1920, S. 16
17 Ph. K. Hitti: *History of the Arabs*, London 1946, S. 626
18 M. Takizawa: *The Penetration of Money Economy in Japan*, New York 1927, S. 71–79; H. Barton: *Peasant Uprisings in Japan of the Tokugawa Period*, o. O., o. J. (1937), S. 8–26
19 *Handwörterbuch der Staatswissenschaften*, Artikel »Geschichte des Zinsfußes« (v. Below), Bd. VIII, S. 1017
20 Jacques Gernet: *Les aspects économiques du bouddhisme dans la société chinoise du Ve au Xe siècle*, Saigon 1956, S. 171

21 H. Hauser: *Les débuts du capitalisme*, Paris 1927, S. 19
22 Mahabarata, XII, 62–69
23 M. Rostovtzeff: *Social and Economic History of the Roman Empire*, Oxford 1926, S. 2
24 R. S. Lopez in: *Cambridge Economic History of Europe*, Cambridge U. P. 1952, Bd. II, S. 266
25 J. Kulischer: *Allgemeine Wirtschaftsgeschichte des Mittelalters und der Neuzeit*, München-Berlin 1928, Bd. I, S. 41
26 F. Løkkegaard: *Islamic Taxation in the Classic Period*, Kopenhagen 1950, S. 66 ff.; M. Yoshitomi: *Etude sur l'histoire économique de l'ancien Japon*, S. 74–82, 131–135
27 *Handwörterbuch der Staatswissenschaften*, Artikel »Geschichte des Zinsfußes«, S. 1026 f.; J. Kulischer: *Allgemeine Wirtschaftsgeschichte*, Bd. I, S. 336
28 P. Radin: *Social Anthropology*, New York 1932, S. 115; Jacques Gernet: *Les aspects économiques de bouddhisme dans la société chinoise du Ve au Xe siècle*, S. 131
29 W. Sombart: *Der moderne Kapitalismus*, München 1922, Bd. I, S. 116; G. Glotz: *Le travail dans la Grèce antique*, S. 63–67; A. Sapori: *Mercatores*, Mailand 1942, S. 20 f.; *Histoire de Commerce*, Paris 1950, Bd. I, S. 140 ff. (Lacour-Gayet), usw.
30 N. S. B. Gras: *Business and Capitalism*, New York 1948, S. 60
31 J. Schumpeter: *Business Cycles*, New York 1939, Bd. I, S. 22
32 J. Takekoshi: *Economic aspects of the History of Civilization of Japan*, London 1930, Bd. I, S. 346
33 J. Kulischer: *Allgemeine Wirtschaftsgeschichte*, I, S. 275
34 R. S. Lopez, in: *Cambridge Economic History of Europe*, II, S. 306
35 Polanyi, Arensberg u. Pearson: *Trade and Market in the Early Empires*, 1957, S. 258 f., 269
36 G. von Below: *Probleme der Wirtschaftsgeschichte*, Tübingen 1926, S. 307 f.
37 Henri Pirenne: *Le mouvement économique et social du moyen âge*, S. 38
38 *Histoire du Commerce*, III, S. 397 (Georges Bonmarchand)
39 A. Andreades: *The Economic Life of the Byzantine Empire*, in: *Byzantium*, S. 61
40 *Histoire du Commerce*, III, S. 34
41 R. S. Lopez, in: *Cambridge Economic History of Europe*, II, S. 46
42 Cicero: *De Officiis*, I, 150 f.
43 Fr. Heichelheim: *Wirtschaftsgeschichte des Altertums*, Leiden 1938, S. 709
44 A. A. Neumann: *Jews in Spain*, Bd. I, S. 164
45 N. S. B. Gras: *Business and Capitalism*, S. 38 f.
46 Margaret H. Cole: *»The investment of wealth in 13th Century Genoa«*, *Economic History Review*, VIII, Mai 1938, S. 187

47 H. Hauser u. A. Renaudot: *Les débuts de l'âge moderne*, Paris 1946, S. 52 f.
48 R. C. West: *The Mining Community in Northern New-Spain*, S. 26 ff.
49 Hamilton: *American Treasure and the Rise of Capitalism*, in: *Economica*, Nov. 1929, S. 352–355
50 H. Sée: *Origines du capitalisme moderne*, Paris 1951, S. 36 f.
51 W. R. Scott: *The Constitution and Finance of English, Scottish and Irish Joint Stock Cies to 1720*, Cambridge 1912, Bd. I, S. 17
52 Barthélémi de Las Casas: *Œuvres*, Paris 1822, Bd. I, S. 9 f., 34 f., 75 f. et passim
53 H. Hauser u. A. Renaudot: *Les débuts de l'âge moderne*, S. 645
54 H. T. Colenbrander: *Koloniale Geschiedenis*, Den Haag 1925, Bd. II, S. 117–229
55 P. Käppelin: *La compagnie des Indes Orientales*, Paris 1908, S. 224
56 Zitiert bei W. van Ravesteyn jr.: *Onderzoekingen over de economische and sociale ontwikkeling van Amsterdam . . .*, Amsterdam 1906, S. 218
57 J. Kulischer: *Allgemeine Wirtschaftsgeschichte*, II, S. 265
58 G. Lefèvre: *La révolution française*, Paris 1930, S. 27
59 H. Hauser u. A. Renaudot: *Les débuts de l'âge moderne*, S. 349
60 J. Kulischer: *Allgemeine Wirtschaftsgeschichte*, II, S. 266
61 H. Sée: *Les Origines du capitalisme*, S. 92
62 B. Nogaro u. W. Oualid: *L'évolution du commerce, du crédit et du transport depuis 150 ans*, Paris 1914, S. 35
63 Henri Pirenne: *Histoire économique de l'Occident médiéval*, Brüssel 1951, S. 479–483
64 H. Hauser: *Les débuts du capitalisme*, Paris 1927, S. 34–36
65 J. Kulischer: *Allgemeine Wirtschaftsgeschichte*, I, S. 205; F. Vercauteren: *Luttes sociales à Liège*, Brüssel 1943, S. 102 f.
66 Henri Sée: *Les origines du capitalisme moderne*, S. 15–17
67 G. Espinas: *Les origines du capitalisme*, Lille 1933, Bd. I, S. 157
68 N. S. B. Gras: *Business and Capitalism*, S. 68 f.
69 J. Kulischer: *Allgemeine Wirtschaftsgeschichte*, I, S. 218; A. Doren: *Italienische Wirtschaftsgeschichte*, Jena 1934, Bd. I, S. 502
70 G. Espinas: *Les origines du capitalisme*, I, S. 153
71 A. Doren: *Italienische Wirtschaftsgeschichte*, I, S. 497
72 G. Espinas: *Les origines du capitalisme*, I, S. 175 f.
73 H. Pirenne: *Histoire économique de l'Occident médiéval*, S. 637, 646 f.
74 J. Kulischer: *Allgemeine Wirtschaftsgeschichte*, II, S. 116
75 J. Déniam: *Histoire de Lyon et du Lyonnais*, Paris 1951, S. 87
76 J. M. Nef: *Mining and Metallurgy in medieval Civilisation*, in: *Cambridge Economic History of Europe*, S. 475–480
77 Violet Barbour: *Capitalism in Amsterdam in the 17th Century*, Baltimore 1949, S. 35 ff., 41, 109

78 S. F. Nadel: *A Black Byzantium*, London 1942, S. 283; Cl. Lévi-Strauss: *Tristes Tropiques*, Paris 1955, S. 148; Fan Wen-Lan: *Einige Probleme der chinesischen Geschichte*, in: *Neue chinesische Geschichtswissenschaft*, Sonderheft der *Zeitschrift für Geschichtswissenchaft*, 7. Jg., 1959, S. 7–71

79 N. W. Posthumus: *Bronnen tot de Geschiedenis van de Leidsche Lakennijverheid*, Den Haag, 1918

80 J. Kulischer: *Allgemeine Wirtschaftsgeschichte*, I, S. 218

81 W. Sombart: *Der Moderne Kapitalismus*, I, 814 ff.

82 N. W. Posthumus: *Bronnen tot de Geschiedenis van de Leidsche Lakennijverheid*, Den Haag 1918

83 Marc Bloch: *Les caractères originaux de l'histoire rurale française*, Paris 1952, S. 37–48

84 N. S. B. Gras: *A History of Agriculture*, New York 1946, S. 161

85 N. S. B. Gras, a.a.O., S. 170, 183

86 Ph. Sagnac: *La fin de l'ancien régime et la révolution américaine*, Paris 1935, S. 57

87 H. Sée: *Histoire économique de la France*, Paris 1939, Bd. I, S. 189–200

88 N. W. Posthumus: *Bronnen tot de Geschiedenis van de Leidsche Lakennijverheid*, V, Nr. 201

89 Erlaß vom 2. Febr. 1247, Tailliar: *Recueil d' Actes*, zitiert in G. Espinas: *Les origines du capitalisme*, I, S. 37, Fn. 1

90 Raymond Firth: *Malay Fishermen: their peasant economy*, London 1946, S. 136

91 Vitruv: *De architectura*, Leipzig 1899, X, 6, 7

92 H. Hauser: *Les débuts du capitalisme*, S. 8, 9, 11, 15; H. Pirenne: *Histoire de Belgique*, IV, S. 421

93 W. Sombart: *Der moderne Kapitalismus*, I, 2, S. 485 ff.

94 J. H. Clapham: *An Economic History of modern Britain*, Cambridge U. P. 1950, Bd. I, S. 86–99

95 J. M. Nef: *Mining and Metallurgy in medieval civilisation*, in: *Cambridge Economic History of Europe*, II, S. 464 ff.

96 J. Kulischer: *Allgemeine Wirtschaftsgeschichte*, II, S. 452

97 J. H. Clapham: *An Economic History of modern Britain*, I, S. 249 f.; A. P. Usher: *An Introduction to the Industrial History of England*, London 1921, S. 305

98 Sol Tax: *Penny capitalism*, Washington 1953, S. 13 f., 16

99 A. Sapori: *Mercatores*, S. 50

100 W. J. Fischel: *Studia Arabica*, Rom 1937, Bd. I, S. 77

101 Ph. K. Hitti: *History of the Arabs*, London 1946, S. 344

102 Lien Sheng-Yang: *Money and Credit in China*, Cambridge/Mass. 1952, S. 4

103 C. M. Macri: *L'organisation de l'économie urbaine dans Byzance sous la dynastie de Macédoine*, Paris o. J., Bd. III, S. 18 ff.

104 R. S. Lopez: *Silk Industries in the Byzantine Empire*, in: *Speculum* XX, 1945, S. 18
105 A. Metz: *Die Renaissance des Islams*, Heidelberg 1922, S. 417 ff.
106 Nancy Lee Swann: *Food and Money in China*, Princeton 1950, S. 265, 405 ff.
107 *An Outline History of China*, S. 175–177; Helmut Wilhelm: *Gesellschaft und Staat in China*, Hamburg 1960, S. 73; Du Shen: *Die Diskussion über das Problem der Keime des Kapitalismus in China*, in: *Neue Chinesische Geschichtswissenschaft*, a.a.O., S. 130–137
108 M. Rostovtzeff: *Social and Economic History of the Roman Empire*, S. 95; G. J. Bratianu: *Etudes byzantines d'histoire économique et sociale*, Columbia U. P. 1943, S. 139
109 A. von Kremer: *Culturgeschichtliche Streifzüge auf dem Gebiete des Islams*, Wien 1888, S. 77
110 Chen Huang-Chang: *The economic principles of Confucius and his School*, New York 1911, S. 656; Lien Sheng-Yang: *Money and Credit in China*, S. 3
111 Suéton: *Leben der Cäsaren*, Buch 8, 18
112 Jacques Gernet: *Les aspects économiques du bouddhisme dans la société chinoise. du Ve au Xe siècle*, S. 141
113 Fr. Heichelheim: *Wirtschaftsgeschichte des Altertums*, S. 507 f., 565
114 J.-J. Mayer: *Einleitung zur Übers. des Arthaçastra von Kautilja*, S. 77 f.; Rostovtzeff: *Social and Economic History of the Roman Empire*, S. 172
115 A. Mazahéry: *La vie quotidienne des Musulmans au moyen âge*, Paris 1931, S. 117
116 Helmuth Wilhelm: *Gesellschaft und Staat in China*, S. 40 f., 73
117 Bernard Lewis: *The Islamic Guilds*, in: *The Economic History Review*, VIII, 1937, S. 20
118 W. J. Fischel: *Jews in the Economic and Political Life of Medieval Islam*, London 1937, S. 13 ff.; A. Bonné: *Staate and Economics in the Middle East*, London 1957, S. 48
A. Bonné: *State and Economics in the Middle East*, London 1957, S. 48
119 E. Balazs: *Les villes chinoises*, in: *Les Villes, Recueils de la Société Jean Bodin*, Brüssel 1954, S. 237 f.
120 Siehe bes. seinen Brief an Engels vom 14. Juni 1853, den ersten Artikel über die spanische Revolution u. verschiedene Passagen des *Kapitals*.
121 *Histoire du Commerce*, II, S. 486
122 Basil Davidson: *The African Awakening*, London 1955, S. 40 f.
123 Vgl. Sir George Samson: *A History of Japan to 1334*, London 1955, S. 4, 235 et passim

1 Capitein Elisa Joannes: *Staatkundig-godgeleerd onderzoekschrift over de slavernij, als niet strijdig tegen de christelijke vrijheid, Leyden 1742.* Zitiert bei R. P. Rinchon: *La traite et l'esclavage des Congolais par des Européens,* Wetteren 1929, S. 139

2 Jean Yernaux: *Contrats de travail liégeois du XVIIe siècle,* Brüssel 1941, S. 42

3 R. H. Tawney: *Religion and the Rise of Capitalism,* London 1942, S. 220

4 G. Espinas: *Les origines du capitalisme,* Lille 1936, Bd. II, S. 125

5 Ferdinand Tremel: *Der Frühkapitalismus in Innerösterreich,* S. 58 f.

6 G. Espinas: *Les origines du capitalisme,* I, S. 218 f.

7 G. Glotz: *Le travail dans la Grèce antique,* Paris 1920, S. 104, 223–251

8 G. Espinas: *Les origines du capitalisme,* IV, S. 263

9 W. Sombart: *Der moderne Kapitalismus,* München 1922, Bd. I, S. 37

10 O. Hue: *Der Bergarbeiter,* Stgt. 1910, Bd. I, S. 262–269

11 W. Sombart: *Der moderne Kapitalismus,* I, S. 802 ff.

12 J. Dorfman: *The Economic Mind in American Civilization,* New York 1946, Bd. I, S. 45, 117

13 Tawney: *Religion and the Rise of Capitalism,* S. 209

14 Alfred Bonné: *State and Economics in the Middle East,* London 1957, S. 155–158

15 Audrey I. Richards: *Land, Labour and Diet in Northern Rhodesia,* London 1939, S. 3

16 J. Kulischer: *Allgemeine Wirtschaftsgeschichte des Mittelalters und der Neuzeit,* München-Berlin 1928, Bd. II, S. 186

17 a.a.O., S. 464

18 E. Levasseur: *Histoire des classes ouvrières de l'industrie en France,* Paris 1903, Bd. I, S. 370

19 A. P. Usher: *An Introduction to the Industrial history of England,* London 1921, S. 310

20 *13th Annual Report, U.S.A. Commissionnet of Labor,* I, S. 24 ff.

21 G. Friedmann: *Où va le travail humain?,* Paris 1950, S. 64 f.

22 Gouin, in *Revue française du travail,* Jan.-Febr. 1951

23 G. Friedmann: *Le travail en miettes,* Paris 1956, S. 29

24 Daniel Bell: *Work and its Discontents,* Boston 1956, S. 17

25 G. Friedmann: *Le travail en miettes,* S. 80

26 P. Sargant-Florence: *The Logic of British and American Industry,* London 1953, S. 149 f.

27 Vance Packard: *Les Obsédés du Standing (The Status Seekers),* Paris 1960, S. 39

28 R. B. Tennant: *The American Cigarette Industry, New Haven 1950,* S. 15 ff.

29 W. Ijzerman: *Die Geboorte van het moderne kapitalisme,* Amsterdam 1927, S. 85 f.

30 G. Jacquemyns: *Histoire de la crise économique en Flandre,* Brüssel 1929, S. 48

31 Gayer, Rostow u. Schwartz: *The Growth and Fluctuations of the British Economy, 1790–1850,* Oxford 1953, S. 239

32 E. P. Cheney: *An Introduction to the Industrial and Social History of England,* New York 1920, S. 189

33 J. Gouin, in: *Revue française du travail,* Jan.-Febr. 1951

34 G. Friedmann: *Où va le travail humain?,* S. 151 ff.

35 G. M. Trevelyan: *Kultur- und Sozialgeschichte Englands,* Hamburg 1948, S. 459

36 G. Espinas: *Les origines du capitalisme,* I, S. 165

37 Jacques Lacour-Gayet: *Le roi Bilalama et le juste prix,* Paris 1949, S. 4

38 Fr. Heichelheim: *Wirtschaftliche Schwankungen der Zeit von Alexander bis Augustus,* Jena 1930, S. 98 f.

39 Fédération Internationale des Ouvriers sur Métaux: *Les plus grandes sociétés sidérurgiques du Monde libre,* 1959

40 Palanyi, Arensberg u. Pearson: *Trade and Market in the Early Empires,* 1957, S. 269

41 Joan Robinson: *Th Accumulation of Capital,* London 1956, S. 49, 73

42 J. L. u. B. Hammond: *The rise of modern Industry,* London 1925, S. 120

43 J. E. Th. Rogers: *Six Centuries of Prices and Wages,* London 1949

44 E. H. Phelps Brown u. Sheila V. Hopkins: *Seven Centuries of Prices of Consumables, compared with Builders' Wage-Rates,* in: *Economica,* New Series, XXIII, 1956, S. 311–314

45 *Palgrave's Dictionary of Political Economy,* London 1923, Bd. III, S. 193

46 J. Kuczynski: *Die Theorie der Lage der Arbeiter,* Berlin 1949, S. 256

47 Hammond: *The Rise of Modern Industry,* S. 199 f.

48 Hammond: *The Town Labourer,* London 1925, S. 65

49 M. Dobb: *Wages,* Cambridge 1927, S. 71

50 A. Perren: *Les primes sur salaires dans les entreprises industrielles,* Paris 1933, S. 38, 43, 73

51 Akademie der Wissenschaften der UdSSR: *Politische Ökonomie, Lehrbuch,* Berlin 1955, S. 167

52 a.a.O., S. 153

53 a.a.O., S. 330

54 a.a.O., S. 331

55 *Trud,* 8. 7. 1955

56 John Strachey: *Contemporary Capitalism*, London 1956, S. 104 ff. et passim
57 Roman Rosdolsky: *Der esoterische und der exoterische Marx*, in: *Arbeit und Wirtschaft*, Nov. 1957, Dez. 1957, Jan. 1958
58 J. Steindl: *Maturity and Stagnation in American Capitalism*, Oxford 1952, S. 229–336
59 J. K. Galbraith: *The Affluent Society*, Cambridge/Mass. 1958, S. 333
60 Vance Packard: *Les Obsédés du Standing*, S. 44 f.
61 A. Arzoumanian: *Questions de théorie marxiste-léniniste sur la paupérisation*, in: *Economie et Politique*, Oktober 1956, bes. S. 8, 9, 11, 12 f.
62 John Strachey: *Contemporary Capitalism*, S. 133
63 a.a.O., S. 144, 146
64 a.a.O., S. 149–151
65 U.S. Department of Commerce: *Historical statistics of the U.S.A. 1789–1939;* U.S.A. Statistical Abstract, 1958
66 Realprodukt je Stunde: Frederick C. Mill: *Productivity and Economic Progress, Occasional Paper 38* des *National Bureau of Economic Research*, S. 2. Stundenlohn: Schriftenreihe des *Bureau of Labor statistics.* Lebenshaltungskosten: Schriftenreihen: Paul Douglas: *Real Wages; Historical Statistics of the U.S.A.;* U.S.A. Statistical Abstract 1958
67 J. G. Clover u. W. B. Cornell: *The Development of American Industries*, New York 1951, S. 659
68 A. Mazahéri: *La vie quotidienne des Musulmans au moyen âge*, Paris 1951, S. 213
69 R. S. Lopez: *The trade of Medieval Europe: The South*, S. 334 *(Cambridge Economic History of Europe*, II)
70 M. Postan: *The trade of Medieval Europe: The North*, S. 249–255 *(Cambridge Economic History of Europe*, II*)*
71 Tawney: *Religion and the Rise of Capitalism*, S. 70
72 J. H. Clapham: *An Economic History of Modern Britain*, Cambridge U. P. 1950, Bd. I, S. 152
73 H. Roth: *Die Übererzeugung in der Welthandelsware Kaffee im Zeitraum* 1790–1929, Jena 1920, S. 23
74 Kurt Ehrke: *Die Übererzeugung in der Zementindustrie*, Jena 1933, S. 16–40
75 Karl Marx: *Grundrisse der Kritik der politischen Ökonomie*, Berlin 1953, S. 338 f. et passim
76 G. D. H. Cole in: *Encyclopedia of Social Sciences*, VIII, S. 20
77 *Deutsche Zeitung und Wirtschaftszeitung*, 2. 10. 1957
78 1880–1939: Spurgeon Bell: *Productivity, Wages and National Income;* 1950–1960: *Statistical Abstract U.S.A.*, 1958 ff.
79 *Statistisches Jahrbuch für das Deutsche Reich 1934. Statistik der Bundesrepublik Deutschland*, Bd. 36, H. 3, S. 28 ff.

80 E. B. Alderer u. H. E. Mitchell: *Economics of American Industry*, New York 1950, S. 431–434
81 L. R. Klein: *The Keynesian Revolution*, New York 1948, S. 68
82 U. S. Department of Commerce: *Historical Statistics of U.S.A.*
83 J. Steindl: *Maturity and Stagnation in American Capitalism, S.* 167
84 S. H. Slichter zitiert die ersten Ziffern in: *What's ahead for American Business?*, Boston 1951, S. 83. – Die zweite Reihe: S. Kuznets: *International differences in Capital Formation*, in: *Capital Formation and Economic Growth*, Durham, N.C., 1955, S. 62
85 *U.S.A. Statistical Abstract* 1958
86 Galbraith: *The Affluent Society*, S. 257 f.
87 Melville J. Herskovits: *Dahomey*, New York 1938, Bd. I, S. 64. Siehe die analoge Beschreibung der genossenschaftlichen Arbeit in Nupe, Nigeria bei S. F. Nadel: *A Black Byzantium*, London 1942, S. 248 f.
88 Vance Packard: *Les obsédés du Standing*, S. 263 f.
89 Horst Krockert in: *Die Mitarbeit*, Nr. 7, 1958
90 J. L. u. B. Hammond: *The Town Labourer*, S. 65, 85

Kapitel VI

1 H. Kees: *Kulturgeschichte des Alten Orients*, München 1933, Bd. I, Ägypten, S. 103
2 G. Glotz: *Le Travail dans la Grèce antique*, Paris 1920, S. 17
3 Fr. Heichelheim: *Wirtschaftsgeschichte des Altertums*, Leiden 1938, Bd. I, S. 227
4 S. K. Das: *Economic History of Ancient India*, Kalkutta 1925, S. 422
5 *Histoire du Commerce*, I, S. 151
6 G. J. Bratianu: *Etudes byzantines d'histoire économique et sociale*, Paris 1938, S. 137 f.
7 P. H. K. Hitti: *History of the Arabs*, London 1946, S. 343
8 H. Pirenne: *Histoire économique et sociale de l'Occident médiéval*, Brüssel 1951, S. 127
9 M. Yoshitomi: *Etudes sur l'histoire économique de l'Ancien Japon*, Paris 1927, S. 212
10 N. K. Sinha u. A. Ch. Banerjee: *History of India*, Kalkutta 1947, S. 193
11 Raymond Firth: *Malay Fishermen: their peasant economy*, London 1946, S. 188
12 Charles Wisdom: *The Chorti Indians of Guatemala*, S. 25
13 Alexander Dietz, zitiert in J. G. Van Dillen: *Het economisch karakter der middeleeuwse stad*, Amsterdam 1914, S. 98
14 J. Kulischer: *Allgemeine Wirtschaftsgeschichte des Mittelalters und der Neuzeit*, München-Berlin 1928, Bd. II, S. 113

15 G. Jacquemyns: *Hystoire de la crise économique de Flandres 1845 bis 1850*. Brüssel 1950, S. 198–200
16 Sol Tax: *Penny Capitalism*, Washington 1953, S. 14 f.
17 H. Pirenne: *Les Périodes d'histoire sociale du capitalisme*, Brüssel 1922, S. 18
18 J. H. Clapham: *An Economic History of Modern Britain*, Cambridge U.P. 1950, Bd. I, S. 220
19 *L'Economie belge en* 1953, S. 156
20 *Histoire du Commerce*, I, S. 254
21 W. Steffen: *Die Geldumlaufgeschwindigkeit in der Unternehmung*, Bern 1948, S. 42
22 Japanese Government Economic Stabilization Board: *Economic Survey of Japan 1951–1952*, S. 133
23 T. S. Ashton: *An Economic History of England – The 18th Century*, S. 112
24 Statistical Abstract of the U.S.A.: *Historical Statistics*
25 Selma Hagenauer: *Das iustum pretium bei Thomas von Aquino*, Stgt. 1931, S. 28 f.; Karl Marx: *Das Kapital*, Bln. 1953, Bd. III, S. 339 et passim
26 James B. Jefferys: *Retail trading in Britain 1850–1950*, Cambridge U.P. 1954, S. 117
27 a.a.O., S. 27–31
28 Geoffrey M. Lebhar: *Chain Stores in America 1859–1950*, New York 1952, S. 206
29 *Histoire du Commerce*, I, S. 308 f.; J. G. Clover u. W. B. Cornell: *The Development of American industries*, New York 1951, S. 1020
30 *Histoire du Commerce*, I, S. 312–314
31 James B. Jefferys: *Retail Trading in Britain 1850–1950*, S. 27
32 J. K. Galbraith, Holton u. a.: *Marketing effiency in Puerto Rico*, Harvard U.P. 1955, S. 17
33 J. B. Jefferys: *Retail Trading in Britain* 1850–1950, S. 72
34 *Statistical Abstract of the U.S.A.*, 1958
34a *Statistical Abstract of the U.S.A. 1958*. Stacy May u. Galo Plaza: *The United Fruit Cy in Latin America*, National Planning Ass., 1958, S. 63
35 Weintraub u. Magdoff, in: *Econometria*, Oktober 1940
36 *Survey of Current Business*, Dezember 1945
37 M. Moreuil, in: *Documents* de l'Association Française pour l'Accroissement de la Productivité, Nr. 109, 15. 2. 1957
38 *Histoire du Commerce*, I, S. 310
39 J. G. Cornell u. W. B. Clover: *The Development of American Industries*, S. 1026; M. Moreuil, *Documents*, 15. 2. 1957
40 M. Moreuil, *Documents*, 15. 2. 1957, und Mellerowicz in: *Deutsche Zeitung und Wirtschaftszeitung*, 14. 12. 1957

41 E. B. Alderer u. H. E. Mitchell: *Economics of American Industry,* New York 1950, S. 166 f.
42 a.a.O., S. 158
43 Lady Margaret Hall, in: *The Listener,* 25. 3. 1955
44 *Deutsche Zeitung und Wirtschaftszeitung,* 14. 12. 1957
45 H. Pirenne: *Le mouvement économique et social au moyan âge,* S. 38
46 *Histoire du Commerce,* I, S. 55
47 a.a.O., S. 55
48 J. B. Condliffe: *The Commerce of Nations,* London 1951, S. 204
49 J. Schumpeter: *Business Cycles,* New York 1939, Bd. I, S. 271
50 B. Nogaro u. W. Oualid: *L'Evolution du Commerce, du Crédit et du Transport depuis 150 ans,* Paris 1914, S. 273, 283
51 E. H. Chamberlin: *The Theorie of Monopolistic Competition,* Cambridge U.P., 1933, S. 117 ff.; J. Steindl: *Maturity and Stagnation in American Capitalism,* Oxford 1952, S. 66 ff.
52 Spurgeon Bell: *Productivity, Wages and National Income,* und *U.S. Statistical Abstract* (für 1954 und 1962)
53 Harold Barger: *Distribution's Place in the American Economy since 1869,* Princeton U.P., 1955, S. 61
54 *Wörterbuch der Volkswirtschaft,* Artikel »Handel«; WWI-Mitteilungen 1953, Nr. 1
55 *Journal of Marketing,* April 1946; *Bulletin d'Information de l'Institut d'Etude Economique et Sociale des Classes Moyennes de Bruxelles,* August 1959; Stacy May u. Galo Plaza: *The United Fruit Cy in Latin America,* S. 40–67
56 Cornell u. Glover: *The Development of American Industries,* S. 265
57 a.a.O., S. 801
58 Zitiert von Daniel Bell in: *The Erosion of Work (The New Leader,* 13. 9. 1954)
59 Mission belge aux Etats-Unis: *Techniques de Vente,* Brüssel 1955, S. 15 f.
60 Vance Packard: *The Hidden Persuaders,* New York 1958, S. 259
61 Colin Clark: *The Conditions of Economics Progress,* London 1951, S. 397–401
62 a.a.O., S. 398 f.
63 Alfred Marshall: *Principles of Economics,* London 1947, S. 276
64 Alfred Marshall: *Elements of Economics of Industry,* London 1916, S. 155

Kapitel VII

1 Ruth Bunzel: *The Economic Organization of Primitive Peoples,* in: *General Anthropology,* hrg. v. F. Boas, New York 1938, S. 346

2 J. H. Boeke: *De Theorie der Indische Ekonomie*, Haarlem 1940, S. 49
3 Raymond Firth: *Malay Fishermen: their peasant economy*, London 1946, S. 162
4 H. Cunow: *Allgemeine Wirtschaftsgeschichte*, Berlin 1926, Bd. I, S. 241
5 Kin Wei-Shaw: *Democracy and Finance in China*, New York 1926, S. 66
6 H. Cunow: *Allgemeine Wirtschaftsgeschichte*, I, S. 240; R. Thurnwald: Artikel »Wirtschaft« in: *Reallexicon der Vorgeschichte*, Bd. XIV, S. 408
7 C. Huart u. L. Delaporte: *L'Iran Antique*, Paris 1952, S. 138 f.
8 H. Pirenne: *Le mouvements économique et social au moyen âge*, Paris 1941, S. 17
9 E. Cuq: *Les nouveaux fragments du Code de Hammourabi sur le prêt á intérêt*, Paris 1918, S. 21–28; W. Eilers: *Die Gesetzgebung Hammurabis*, in: *Der alte Orient*, Bd. 31, H. 3/4, S. 23 (Lpz. 1932)
10 B.I.T.: *Les populations aborigènes*, Genf 1953, S. 407
11 P. F. Bauer u. B. S. *Yamey: The Economics of Underdeveloped Countries*, Cambridge U.P., S. 65
12 Für Byzanz: G. Ostrogorsky: *Geschichte des byzantinischen Staates*, in: *Vierteljahresschrift für Sozial- und Wirtschaftsgeschichte*, 1929, S. 88, 217; für Indien: *Cambridge History of India*, IV, S. 451–4; für China: K. A. Wittfogel: *Wirtschaft und Gesellschaft Chinas*, Lpz. 1931, S. 349 f.; für Japan: M. Takizawa: *The Penetration of Money Economy in Japan*, New York 1927, S. 21 f.
13 A. Dauphin-Meunieur: *Histoire de la Banque*, Paris 1950, S. 5; E. Cup: *Les nouveaux fragments du Code de Hammourabi*, S. 26–32
14 Huart u. Delaporte: *L'Iran Antique*, S. 141
15 A. Christensen: *L'Iran sous les Sassanides*, Kopenhagen 1944, S. 166 f.
16 A. Dauphin-Meunier: *La Banque à travers les âges*, Paris 1937, Bd. I, S. 30 f.
17 Fr. Heichelheim: *Wirtschaftsgeschichte des Altertums*, Leiden 1938, S. 351 f.
18 M. Rostovtzeff: *Social and Economic History of the hellenistic World*, Oxford 1941, S. 1278–80
19 St. Runciman: *La civilisation byzantine*, Paris 1952, S. 90, 92
20 Jacques Gernet: *Les aspects économiques du bouddhisme dans la société chinoise du Ve au Xe siècle*, Saigon 1956, S. 167 f., 20, u. a.
21 Lien-Sheng Yang: *Buddhist Monasteries and Four Money-Raising Institutions*, in: *Harvard Journal of Asiatic Studies*, Bd. 13, Juni 1950, S. 174–176
22 Eijiro Honjo: *The Social and Economic History of Japan*, Kyoto 1953, S. 72 f.
23 Mazahéry: *La vie quotidienne des Musulmans au moyen âge*, Paris 1951, S. 302
24 R. Génestral: *Le Rôle des Monastères comme Etablissements de Cré-*

dit, Paris 1901, S. 19: für die Normandie; Karl Lamprecht: *Deutsches Wirtschaftsleben im Mittelalter*, Lpz. 1886, Bd. I, S. 144 ff.: für Deutschland; C. G. Coulton: *The Medieval Village*, Cambridge U.P., 1931: für Italien; Mackinnon: *Social and Industrial History of Scotland*, S. 74: für Schottland; H. van Werveke: *Annales*, Bd. IV, S. 459 f.: für die Niederlande; etc.

25 Dauphin-Meunier: *La Banque à travers les âges*, I, S. 86–89

26 Heichelheim: *Wirtschaftsgeschichte des Altertums*, I, S. 342

27 G. B. Jathar u. S. B. Beri: *Indian Economics*, Madras 1949, Bd. II, S. 329

28 Si Fein-Shen: *Essai sur l'origine et l'évolution des banques en Chine*, Paris 1936, S. 4 f.

29 P. E. Eckel: *The Far East since 1500*, New York 1948, S. 105

30 W. J. Fischel: *Jews in the Economic and Political Life of Medieval Islam*, London 1937, S. 3, 7, 13 f., 26 ff.

31 J. Kulischer: *Allgemeine Wirtschaftsgeschichte des Mittelalters und der Neuzeit*, München-Berlin 1928, Bd. I, S. 330

32 R. G. Rodkey: Artikel »Bank Deposits«, in: *Encyclopedia of Social Sciences*, II, S. 416

33 A. E. Sayous: *Les banques de dépôt, les banques de crédit et les sociétés financiéres*, Paris 1901, S. 12

34 G. Bigwood: *Le régime juridique et économique du commerce de l'argent dans la Belique du moyan âge*, Brüssel 1921, S. 362–7 et passim; R. de Roover: *Money, Banking and Credit in Medieval Bruges*, Cambridge/Mass. 1948, S. 117–120

35 J. Schumpeter: *Business Cycles*, New York 1939, Bd. II, S. 614

36 R. P. L. Molina: *De Iustitia et Iure*, Köln 1614, Bd. II, 1597–359: 15

37 R. de Roover: *L'Evolution de la Lettre de Change*, Paris 1953, Bd. II, S. 26

38 a.a.O., S. 23

39 Dauphin-Meunier: *La Banque à travers les âges*, I, S. 9; Ki Fein-Shen: *Essai sur l'origine et l'évolution des banques en Chine*, S. 144 f.; *Cambridge History of India*, I, S. 218 f.

40 G. Glotz: *Le Travail dans la Gréce antique*, Paris 1920, S. 363

41 P. Boissonnade: *Le Travail dans l'Europe chrétienne du moyen âge*, Paris 1930, S. 65 f.; Fischel: *Jews in the Economic and political Life of medieval Islam*, S. 17–24; N. S. B. Gras: Artikel »Bill of Exchange«, in: *Encyclopedia of Social Sciences*, II, S. 450

42 G. Glotz: *Le Travail dans la Grèce antique*, S. 73

43 G. Glotz: *Le Travail dans la Grèce antique*, S. 142; R. S. Lopez: *The Trade in Medieval Europe: The South*, in: *Cambridge Economic History of Europe*, II«, S. 267

44 A. Sapori: *La crisi delle compagnie mercantil dei Bardi e dei Peruzzi*, Florenz 1926, S. 249

45 R. de Roover: *Money, Banking and Credit in Medieval Bruges*, S. 40
46 Fischel: *Jews in Medieval Islam*, S. 28 f.
47 Nancy Lee Swann: *Food and Money in Ancient China*, Princeton 1950, S. 393
48 R. Bigo: *Les bases historiques de la finance moderne*, Paris 1933, S. 100
49 H. Hauser u. A. Renaudot: *Les débuts de l'âge moderne*, Paris 1946, S. 346
50 J. C. van Dillen: *History of the principal public banks*, Den Haag 1934, passim
51 W. T. C. King: *History of the London Discount Market*, London 1936, S. 5; Bigo: *La Caisse d'Escompte et les origines de la Banque de France*, S. 16; John H. Clapham: *The Bank of England*, Cambridge U.P., 1944, S. 6, 18, 27, 123
53 Clapham: *History of the Bank of England*, S. 153
54 Bigo: *La Caisse d'Escompte et les Origines de la Banque de France*, passim
55 John H. Clapham: *The Bank of England*, S. 118
56 J. Schumpeter: *Business Cycles*, I, S. 292
57 King: *History of the London Discount Market*, S. 7 f.
58 D. M. Joslin: *London private bankers 1720–1785*, in: *The Economic History Review*, VIII, 1954, S. 171 f., 182
59 King: *History of the London Discount Market*, S. 18
60 a.a.O., S. 11
61 G. von Haberler: *Prospérité et Dépression*, Genf 1943, Bd. II, S. 333
62 J. Schumpeter: *Business Cycles*, I, S. 124
63 René Dumont: *Le probléme agricole français*, Paris 1946, S. 334
64 J. Schumpeter: *Business Cycles*, I, S. 124
65 J. G. K. Wicksell: *Lectures on Political Economy*, Bd. II, S. 190
66 *New York Times*, 17. Januar 1955
67 J. Schumpeter: *Business Cycles*, II, S. 608
68 King: *History of the London Discount Market*, S. 83, 270 f.
69 Heichelheim: *Wirtschaftsgeschichte des Altertums*, I. S. 687; Lopez: *The Trade od Medieval Europe: the South:* in: *Cambridge Economic History of Europe*, II, S. 309 f.; R. de Roover: *L'Evolution de la Lettre de Change*, II, S. 35
70 S. Schweizer, in: *Evolution récente du rôle des banques*, S. 79
71 King: *History of the London Discount Market*, S. 16
72 N. Macrae: *The London Capital Market*, London 1955, S. 130
73 R. de Roover: *Money, Banking and Credit in Medieval Bruges*, S. 294–297
74 Karl Polanyi, C. M. Arensberg u. H. W. Pearson: *Trade and Market in the Early Empires*, 1957, S. 14
75 Clapham: *An Economic History of Modern Britain*, Cambridge U.P., 1938, Bd. III, S. 336

76 Fernand Baudhuin: *Crédit et Banque*, Paris 1945, S. 47–49
77 M. Compton u. E. H. Bott: *British Industry, its Changing Structures in Peace and War*, London 1940, S. 170, 178
78 R. S. Sayers: *Modern Banking*, Oxford 1951, S. 44
79 S. Schweizer, in: *Evolution récente du rôle des banques*, S. 95
80 Kulischer: *Allgemeine Wirtschaftsgeschichte*, I, S. 343
81 J. B. Condliffe: *The Commerce of Nations*, London 1941, S. 96
82 R. de Roover: *L'Evolution de la Lettre de Change*, I, S. 16
83 F. Baudhuin: *Crédit et Banque*, S. 188; Paul H. Emden: *Money Powers of Europe*, London o. J., passim
84 Clapham: *An Economic History of Modern Britain*, II, S. 355
85 N. Macrae: *The London Capital Market*, S. 88, 177
86 R. S. Sayers: *Modern Banking*, S. 65
87 P. Fitzgerald: *Industrial Combination in England*, London 1927, S. 101
88 Clapham: *An Economic History of Modern Britain*, III, S. 234
89 a.a.O., S. 242
90 A. A. Berle: *The XXth Century Capitalist Revolution*, New York 1954, S. 30
91 *The Economist*, 14. 2. 1959
92 Gardiner C. Means: *The Structure of American Economy*, National Resources Committee, 1939, S. 153
93 R. B. Tennant: *The American Cigarette Industry*, New Haven 1950, S. 101; *The Manchester Guardian*, 5. 6. 1959
94 P. Sargant Florence: *The Logic of British and American Industry*, London 1953, S. 183, 189, 203, 193
95 N. Macrae: *The London Capital Market*, S. 386 ff., 104
96 Seligman: *The economics of instalment selling*, New York, Bd. I, S. 13 ff.
97 F. Baudhuin: *Crédit et Banque*, S. 16 f.
98 Schweizer: *Evolution récente du rôle des banques*, S. 92 f.

Kapitel VIII

1 B. Nogaro: *Cours d'Economie politique*, Paris 1949/50, Bd. I, S. 323
2 R. P. Kent: *Money and Banking*, New York 1947, S. 6 f.
3 B. Nogaro: *La Monnaie et les Systèmes monétaires*, Paris 1948, S. 6
4 R. P. Kent: *Money and Banking*, S. 9
5 Fr. Heichelheim: *Wirtschaftsgeschichte des Altertums*, Leiden 1938, S. 202–204
6 a.a.O., S. 421, 428
7 a.a.O., S. 684–686
8 a.a.O., S. 204

9 P. Bakker: *Eenige Beschouwingen over het Geldwezen in de inheemsche Samenleving van Nederlandsch-Indië*, Groninnen-Batavia 1936, S. 1–3
10 B. Nogaro: *La Monnaie et les Systèmes monétaires*, S. 87 f.
11 Irving Fisher: *Purchasing Power of Money*, 1911, S. 24
12 B. Nogaro: *Cours d'Economie politique*, I, S. 391 f.
13 B. Nogaro: *La Monnaie et les Systèmes monétaires*, S. 218
14 F. Løkkegaard: *Islamic Taxation in the Classic Period*, Kopenhagen 1950, S. 94
15 Fr. Heichelheim: *Wirtschaftsgeschichte des Altertums*, S. 554 f.
16 G. Glotz: *Le Travail dans la Grèce antique*, Paris 1920, S. 278
17 Chen Huang-Chang: *The Economic Principles of Confucius and his School*, New York 1911, Bd. II, S. 432
18 *Pratica della Mercatura*, S. 152–155
19 R. de Roover: *L'Evolution de la Lettre de Change*, Paris 1953, Bd. II, S. 52
20 J. Kulischer: *Allgemeine Wirtschaftsgeschichte des Mittelalters und der Neuzeit*, München-Berlin 1928, Bd. II, S. 346
21 H. Hauser: *Les débuts du capitalisme*, Paris 1927, S. 21 f.
22 R. de Roover: *L'Evolution de la Lettre de Change*, I, S. 115; u. *Money, Banking and Credit in Medieval Bruges*, Cambridge/Mass. 1948, S. 283
23 Ki Fein-Chen: *Essai sur l'origine et l'évolution des banques en Chine*, Paris 1936, S. 144 f.
24 Chen Huang-chang: *The Economic Principles of Confucius and his School*, II, S. 433
25 J. C. van Dillen: *History of the principal public banks*, Den Haag 1934, S. 40 f., 81 ff., 336 etc.
26 Kulischer: *Allgemeine Wirtschaftsgeschichte*, II, S. 346
27 a.a.O., S. 348
28 A. Dauphin-Meunier: *La Banque à travers les âges*, Paris 1937, Bd. I, S. 318
29 John H. Clapham: *The Bank of England*, Cambridge U.P., 1944, S. 122–131
30 R. P. Kent: *Money and Banking*, New York 1947, S. 104–106; Jean Marchal, zitiert bei L. Camu, in: *Evolution récente du rôle des banques*, S. 23
31 R. Eisler: *Das Geld*, München 1924, S. 204
32 A. P. Usher: *The Early History of Deposit Banking in Mediterranean Europe*, Cambridge/Mass. 1943, S. 21 f.
33 Kulischer: *Allgemeine Wirtschaftsgeschichte*, I, S. 332
34 Bericht MacMillan, zitiert in J. Strachey: *A Program for Progress*, London 1940, S. 106 (Hervorhebungen von uns)
35 R. P. Kent: *Money and Banking*, S. 125
36 B. Nogaro: *La Monnaie et les Systèmes monètaires*, S. 23

37 N. Macrae: *The London Capital Market*, London 1955, S. 239
38 R. S. Sayers: *Modern Banking*, Oxford 1951, S. 35 f.
39 L. Camu, in: *L'Evolution récente du rôle des Banques*, S. 29–31
40 a.a.O., S. 21 f.
41 N. Macrae: *The London Capital Market*, S. 195
42 H. J. Laurence Laughlin: *A new Exposition of Money, Credit and Prices*, Chicago 1931, Bd. II, S. 35
43 B. Nogaro u. W. Oualid: *L'Evolution du Commerce, du Crédit et des Transports depuis 150 ans*, Paris 1914, S. 59 f., 143–150
44 *Palgrave's Dictionary of Political Economy*, London 1923, Bd. II, S. 792
45 F. Baudhuin: *Crédit et Banque*, Paris 1945, S. 112
46 *Problèmes Economique*, 21. 8. 1951
47 Mossé: *La Monnaie*, S. 30–37
48 J. B. Condliffe: *The Commerce of Nations*, London 1941, S. 188 f.
49 J. Strachey: *A Program for Progress*, S. 120–122
50 L. Anselme Rabinovitch, in: *Le Monde*, 19./20. Mai 1957
51 B. Nogaro: *La Monnaie et les Systèmes monétaires*, S. 68–70
52 F. Baudhuin: *Crédit et Banque*, S. 152 f.
53 R. S. Sayers: *Modern Banking*, S. 179
54 a.a.O., S. 83
55 G. D. H. Cole: *Money, its Present and Future*, London 1944, S. 40 f.
56 F. Baudhuin: *Crédit et Banque*, S. 58
57 a.a.O., S. 58
58 S. H. Slichter: *What's ahead for American Business?*, Boston 1951, S. 6 f.
59 R. S. Sayers: *Modern Banking*, S. 131
60 B. Nogaro: *La Monnaie et les Systèmes monétaires*, S. 48–59; *Rapport de la Banque Internationale des Payements*, 1952, S. 145 f.
61 T. Balogh, in: *The Economics of Full Employment*, hrsg. von F. A. Burchardt, Oxford 1946, S. 142
62 a.a.O., S. 136
63 F. A. Burchardt, in: *The Economics of Full Employment*, S. 9 f.
64 H. G. Moulton: *Controlling Factors in Economic Development*, Washington 1949, S. 306
65 J. Strachey: *A Program for Progress*, S. 112
66 R. S. Sayers: *Modern Banking*, S. 19; T. Balogh, in: *The Economics of Full Employment*, S. 129
67 Eisler: *Das Geld*, S. 178
68 J. M. Keynes: *The Gernal Theory of Employment, Interest and Money*, 1936, 10. Reprint S. 311 ff.; R. G. Hawtrey, in: *La Monnaie*, S. 18; F. A. Burckardt, in: *The Economics of Full Employment, S.* 21
69 J. M. Keynes: *How to pay for the War*, London 1940
70 R. Lewinsohn: *Histoire de l'inflation*, Paris 1926, S. 27–29

1 Fr. Heichelheim: *Wirtschaftsgeschichte des Altertums*, Leiden 1938, S. 691 f.
2 M. Rostovtzeff: *Social and Economic History of the Roman Empire*, Oxford 1926, S. 148 f.
3 G. J. Bratianu: *Etudes byzantines d'histoire économique et sociale*, Paris 1938, S. 139
4 O. Heady: *Economics of Agricultural Produktion*, New York 1952, S. 418
5 Ch. Diehl, in: *Schmollers Jahrbuch*, Sonderheft, 1932, S. 28
6 W. Abel: *Agrarkrisen und Agrarkonjunktur in Mitteleuropa*, Berlin 1935, S. 15 f.
7 Gino Luzzato: *Storia Economica d'Italia*, Rom 1949, Bd. I S. 211
8 N. S. B. Gras: *The Evolution of the English Corn Market*, Cambridge/Mass. 1926, S. 28
9 a.a.O., S. 45
10 Gino Luzzato: *Storia Economica d'Italia*, S. 246 f.
11 N. S. B. Gras: *The Evolution of the English Corn Market*, S. 47–56
12 Abel: *Agrarkrisen und Agrarkonjunktur in Mitteleuropa*, S. 54
13 N. S. B. Gras: *The Evolution of the English Corn Market*, S. 123; F. J. Fisher: *The Development of the London Food Market*, in: *Economic History Review*, Bd. V, Nr. 2, S. 50; A. P. Usher: *History of the Grain Trade in France*, Cambridge 1913, S. 61 f., 56
14 N. S. B. Gras: *The Evolution of the English Corn Market*, S. 218
15 a.a.O., S. 123, 144–149, 220
16 a.a.O., S. 76 f; A. P. Usher: *History of the Grain Trade in France*, S. 60
17 Usher: *History of the Grain Trade in France*, S. 6–8 et passim; F. J. Fisher: *The Development of the London food Market*, a.a.O., S. 64
18 N. S. B. Gras: *The Evolution of the English Corn Market*, S. 218
19 Abel: *Agrarkrisen und Agrarkonjunktur in Mitteleuropa*, S. 61
20 N. S. B. Gras: *A History of Agriculture*, New York 1946, S. 218
21 R. T. Ely u. G. S. Wehrwein: *Land Economics*, New York 1941, S. 119; Artikel »Grundrente« in: Conrads *Handwörterbuch der Staatswissenschaften*, V, S. 167
22 Ely u. Wehrwein: *Land Economics*, S. 137
23 a.a.O., S. 134 f.
24 N. S. B. Gras: *A History of Agriculture*, S. 274
25 F. Baudhuin: *Economique agraire*, Louvain 1942, S. 89
26 *Bank of International Settlements, 22nd annual report*, 1952, S. 41
27 *Rapport sur la situation économique dans les pays de la Communauté*, September 1958, S. 35
28 US Dept. of Agriculture: *Changing Technology*, S. 37

29 R. R. Renne: *Land Economics,* New York 1947, S. 421
30 J. Johnson: *Irish Agriculture in Transition,* Dublin 1951, S. 5
31 René Dumont: *Le problème agricole français,* Paris 1946, S. 329
32 N. S. B. Gras: *A History of Agriculture,* S. 148
33 Ely u. Wehrwein: *Land Economics,* S. 120 f.
34 Renne: *Land Economics,* S. 215
35 Abel: *Agrarkrisen und Agrarkonjunktur in Mitteleuropa,* S. 103, 118–122
36 Ely u. Wehrwein: *Land Economics,* S. 172
37 F. A. Shannon: *The Farmer's last Frontier,* New York 1945, S. 126 f.
38 B. Nogaro u. W. Oualid: *L'Evolution du Commerce, du Crédit et du Transport depuis 150 ans,* Paris 1914, S. 194
39 A. Garigou-Lagrange: *Production agricole et économie rurale, Paris 1939,* S. 66
40 René Dumont: *Le problème agricole français,* Vorwort
41 J. H. Clapham: *An Economic history of modern Britain,* Cambridge U.P., 1839, Bd. III, S. 83 f.; siehe auch Conrads *Handwörterbuch der Staatswissenschaften,* I, Artikel »Agrargeschichte«, S. 218
42 Serge Mallet, in: *France-Observateur,* 10. 12. 1959
43 René Dumont: *Le Problème agricole français,* S. 317, und *Rapport sur la situation économique dans les pays de la Communauté,* September 1958, S. 35
44 F. Baudhuin: *Economique agraire,* S. 91
45 J. de Castro: *Géopolitique de la Faim,* Paris 1952, passim
46 Renne: *Land Economics,* S. 268
47 G. D. H. Cole: *World in Transition,* Oxford U.P., 1949, S. 89
48 Heady: *Economics of Agricultural Produktion,* S. 701
49 Henri Brousse, in: *Revue Economique,* September 1953
50 Gilbert Burck, in: *Fortune,* Juni 1955
51 Food and Agriculture Organisation (F.A.O.): *Annuarie de Statistiques,* 1952
52 *Bulletin du Comité National belge de la F.A.O.,* VIII, Nr. 3, 1954
53 J. Schumpeter: *Business Cycles,* New York 1939, S. 739
54 René Dumont: *Le problème agricole français,* S. 324 f.
55 J. Dorfman: *The economic Mind in American Civilisation,* New York 1946 S. 118, 338
56 Ely u. Wehrwein: *Land Economics,* S. 76
57 R. Palme Dutt: *British India To-day,* London 1940, S. 243 ff.
58 Ely u. Wehrwein: *Land Economics,* S. 97
59 Shannon: *The Farmer's Last Frontier,* S. 64
60 *Cahiers algériens,* Nr. 3, S. 17 f.
61 *La Question tunisienne,* Nr. 2, S. 25
62 *Morocco,* S. 73 f.
63 *Report of the ad hoc Committee on Forced Labor. U.N.O., S. 621*

64 George Padmore: *Africa, Britain's Third Empire,* London 1948, S. 38–40, 50, 59–60
65 a.a.O., S. 17 f., 28
66 *Kandian Peasantry Report,* S. 71–73
67 J. B. Condliffe: *The Commerce of Nations,* London 1951, S. 316
68 Für Ägypten: Hans Briner, in: *Basler Nationalzeitung,* 8. 5. 1953
69 *La Réforme Agraire,* Publikation der UNO, 1951, S. 18
70 *Panorama Economico,* 1953, Nr. I, S. 34
71 M. L. Fledderus u. M. van Kleeck: *Technology and Livelihood,* New York 1944, S. 92
72 *Berichte über Landwirtschaft,* I, S. 43, Hamburg
73 Ely u. Wehrwein: *Land Economics,* S. 207
74 *Socialist Call,* April-Mai 1957
75 G. D. H. Cole: *World in Transition,* S. 26 f.
76 *La Libre Belgique,* 12. 12. 1959
77 *U. S. A. Statistical Abstract 1958 u. Historical Statistics*
78 *Progrès de la Réforme Agraire,* Publikation der UNO, 1954, S. 181
79 *New York Times,* 10. 9. 1959 und *Socialist Call,* April-Mai 1957
80 Josué Castro: *Géopolitique de la Faim,* S. 47, 90–93
81 Nogaro u. Oualid: *L'Evolution du Commerce, du Crédit et du Transport depuis 150 ans,* S. 165
82 Alfred Vonné: *Studies in Economic Development,* London 1957, S. 146
83 Fritz Baade: *Der Wettlauf zum Jahre 2000,* Non-Stop-Bücherei, S. 30 f., 57
84 Fairfield Osborn: *Our plundered Planet,* Boston 1948, S. 74 f. – *The New York Times,* 20. 2. 1959
85 *The New York Times,* 27. 12. 1959
86 Schumpeter: *History of Economic Analysis,* New York 1954, S. 1010
87 Paul M. Sweezy: *The Theory of Capitalist Development,* New York 1942, S. 115–125 et passim
88 L. von Bortkiewicz: *Die Rodbertussche Grundrententheorie und die Marxsche Lehre von der absoluten Grundrente,* in: *Archiv für die Geschichte des Sozialismus und der Arbeiterbewegung,* hrsg. von Carl Grünberg, Bd. I, 1911, S. 426–429
89 a.a.O., S. 423 f.

Kapitel X

1 Carl S. Shoup: *Principles of National Income Analysis,* Boston 1947, S. 27
2 Jean Marchal u. Jacques Lecaillon: *La réparitition du revenu national,* Paris 1958, Bd. III, S. 141 –153

3 Carl Shoup: *Principles of National Income Analysis*, S. 85

4 P. T. Bauer u. B. S. Yamey: *The Economics of Under-Developed Countries*, Cambridge, U.P., S. 20

5 Simon Kuznets: *Government Product and National Income*, in: *Income and Wealth Series*, I, S. 193 f.

6 William H. Whyte, jr.: *The Organization Man*, New York 1956, S. 19

7 F. J. Markovitch: *Le problème des services et le revenu national*, Bulletin S.E.D.E.I.S., Nr. 699, 1. Juni 1958, S. 44 ff.

8 Carl S. Shoup: *Principles of National Income Analysis*, S. 24

9 *Simon Kuznets: Economic Change*, New York 1953, S. 196

10 *National Income Statistics, Sources and Methods, hrsg.* vom *(British) Central Statistical Office*, S. 3, 10, 31 f.

11 Alvin H. Hansen: *Business Cycles and National Income*, New York 1951, S. 96

12 *Economic Stabilization Board of Japan: Economic Survey of Japan* 1951–1952, S. 272

13 J. Schumpeter: *Business Cycles*, New York 1939, Bd. II, S. 566

14 W. Woytinsky: *Les conséquences sociales de la crise*, Publikation des B.I.T., Genf 1936, S. 139 f.

15 R. Ruggles: *An Introduction to National Income and Income Analysis*, New York 1949, S. 68

16 *National Income Statistics, Sources and Methods, S. 72*

17 Hansen *Business Cycles and National Income*, S. 94

18 a.a.O., S. 96

19 a.a.O., S. 96

20 R. Ruggles: *An Introduction to National Income and Income Analysis*, S. 68

21 Rudolf Eckert: *Les théories modernes de l'expansion économique*, Paris 1949, S. 42

22 M. Abramovicz: *Inventories and Business Cycles*, National Bureau of Economic Research, Washington o. J., S. 329

23 G. Espinas: *Les Origines du Capitalisme*, Lille, 1933, Bd. I, S. 165

24 Zitiert bei Pitirim A. Sorokin: *Society, Culture and Personality*, New York 1947, S. 274

25 A. M. Carr-Saunders, D. Caradog Jones u. C. A. Moser: *A Survey of Social Conditions in England and Wales*, Oxford 1958, S. 176

26 Shoup: *Principles of National Income Analysis*, S. 326; Kuznets: *Shares of Upper Income Groups in Income and Savings*, New York 1953, S. 216; Shoup: *Principles of National Income Analyis*, S. 326–330; *Federal Reserve Board and Michigan Survey Research Center: 1950, Survey of Consumer Finances*

27 M. J. Herskovitz: *Economic Life of Primitive Peoples*, London 1940, S. 93

28 Joan Robinson: *The Accumulation of Capital*, London 1956, S. 82 f.

29 L. von Bortkiewicz: *Zur Berechtigung der Grundlagen der theoretischen Konstruktion von Marx im 3. Band des Kapitals*, in: *Jahrbücher für Nationalökonomie und Statistik*, Juli 1907; Paul Sweezy: *The Theory of Capitalist Development*, New York 1942, S. 114–128
30 J. Schumpeter: *Business Cycles*, I, S. 102
31 Wolfram Eberhard: *Chinas Geschichte*, Bern 1948, S. 264
32 Shoup: *Principles of National Income Analysis*, S. 179, 194, 216
33 *The Economist*, 6. 5. 1944
34 Shoup: *Principle of National Income Analysis*, S. 214
35 F. Barret: *L'Evolution du capitalisme japonais*, Paris 1946, Bd. III, S. 345
36 G. Jacquemyns: *La Société belge sous l'occupation allemande 1940 bis 1944*, Brüssel 1925, Bd. I, S. 123, 132 f., 138
37 Bruno Gleitze, in: *WWI Mitteilungen*, März 1955, S. 55
38 Leinberg, Ussing und Zeuthen, in: *Income Redistribution and Social Policy*, hrsg. von Alan T. Peacock, London 1954, S. 69
39 a.a.O., S. 114, 156 f., 144 f., 81
40 Rottier u. Albert, a.a.O., S. 114; *Rapport au congrès du P.S.B.*, 12./13. Dez. 1959, S. 51
41 Rottier u. Albert, in: *Income Redistribution and Social Policy*, S. 135 f.
42 F. Weaver: *Taxation and Redistribution in the United Kingdom*, in: *Review of Economics and Statistics*, August 1950, S. 206
43 Leinberg, Ussing und Zeuthen, in: *Income Redistribution and Social Policy*, S. 63
44 Simon Kuznets: *Shares of Upper Income Groups in Income and Savings*, S. 36–39 et passim
45 *Studies in Income and Wealth, published by N.B.E.R.*, Bd. 132, S. 302 (New York 1951)
46 *Statistical Abstract of the U.S.A.*, 1958
47 *Mitteilungen des WWI*, Okt.-Nov. 1950
48 Simon Kuznets: *Shares of Upper Income Groups in Income and Savings*, S. 216; *Statistical Abstract of the U.S.A. 1958*
49 Richard M. Titmuss: *Income Distribution and Social Change*, S. 39
50 a.a.O., S. 169 ff.

Kapitel XI

1 J. Schumpeter: *Business Cycles*, New York 1939, Bd. I, S. 225
2 W. Abel: *Agrarkrisen und Agrarkonjunktur in Mitteleuropa*, Berlin 1935, S. 158
3 Jean Fourastié: *Le Grand espoir du XXe siècle, Paris 1949*, S. 141
4 I. M. Keynes: *The General Theory of Employment, Interest and Money*, 1936, S. 43

5 H. Guitton: *Les fluctuations économiques*, Paris 1951, S. 174 f.
6 Karl Marx: *Grundrisse der Kritik der politischen Ökonomie*, Berlin 1953, S. 310
7 L. R. Klein: *The Keynesian Revolution*, New York 1948, S. 8
8 F. A. von Hayek: *Geldtheorie und Konjunkturtheorie*, S. 51, 103
9 Keynes: *The General Theory*, S. 330
10 G. von Haberler: *Prospérité et Dépression*, Genf 1943, S. 154 f.
11 A. H. Hansen: *Business Cycles and National Income*, New York 1953, S. 50; H. Roth: *Die Überzeugung in der Welthandelsware Kaffee*, Jena 1920, S. 104 f.; R. B. Tennant: *The American Cigarette Industrie*, New Haven 1950, S. 192 ff.
12 A. Aftalion: *Les crises périodiques de surporduction*, Paris 1913, Bd. I, S. 359–364; W. C. Mitchell: *Business Cycles and Employment*, Berkeley 1941, S. 10 f.; Schumpeter: *Business Cycles*, I, S. 4, 123; A. Hansen: *Business Cycles and National Income*, S. 564; Guitton: *Les fluctuations économiques*, S. 321
13 G. von Haberler: *Prospérité et Dépression*, S. 298
14 Gayer, Rostow u. Schwartz: *The Growth and Fluctuation of the British Economy, 1749–1850*, Oxford 1953, S. 557
15 J. M. Clark, zitiert bei Hansen: *Business Cycles and National Income*, S. 370
16 Nathalia Moszkowska: *Zur Kritik Moderner Krisentheorien*, Prag 1935, S. 62
17 Schumpeter: *Business Cycles*, I, S. 148
18 G. von Haberler: *Prospérité et Dépression*, S. 414
19 Keynes: *The General Theory*, S. 117 ff.
20 Haberler: *Prospérité et Dépression*, S. 32, 154 f.; M. Abramovicz: *Inventories and Business Cycles*, Washington o. J., S. 360–369
21 Schumpeter: *Business Cycles*, II, S. 576 f.
22 W. C. Mitchell: *What happens during Business cycles*, New York 1951, S. 106, 116 f.
23 Haberler: *Prospérité et Dépression*, S. 429
24 a.a.O., S. 378
25 Spiethoff, in Haberler: *Prospérité et Dépression*, S. 90
26 Keynes: *The General Theory*, S. 332; Haberler: *Prospérité et Dépression*, S. 442
27 W. Woytinsky: *Les Conséquences sociales de la crise*, Genf 1953, S. 72 f.
28 J. Tinbergen: *Les Cycles économiques aux Etats-Unis d'Amérique de 1919 à 1932*, Genf 1939, S. 105
29 Schumpeter: *Business Cycles*, 99, S. 637
30 Hansen: *Business Cycles and National Income*, S. 60; Keynes: *The General Theory*, S. 330 f.
31 Nathalie Moszkowska: *Zur Kritik Moderner Krisentheorien*, S. 62

32 Hansen: *Business Cycles and National Income*, S. 145
33 a.a.O., S. 173
34 R. Eckert: *Les théories modernes de l'expansion économique*, Paris 1949, S. 35
35 J. R. Hicks: *A contribution to the theory of the trade cycle*, Oxford 1951, S. 108
36 J. Schumpeter: *Business Cycle*, II, S. 400
37 Hansen: *Business Cycles and National Income*, S. 123 f.
38 a.a.O., S. 182 f.
39 Hansen: *Business Cycles and National Income*, S. 60; Haberler: *Prospérité et Dépression*, S. 316 f.
40 J. Schumpeter: *Business Cycles*, II, S. 576 f.
41 Hansen: *Business Cycles and National Income*, S. 125
42 Haberler: *Prospérité et Dépression*, S. 404
43 Eckert: *Les théories modernes de l'expansion économique*, S. 12
44 Abramowitz: *Inventories and business cycles*, S. 498; L. A. Metzler: *Business Cycles and the Modern Theory of Employment*, in: *American Economic Review*, Juni 1946
45 *Die Welt*, 22. 8. 1960
46 W. C. Mitchell: *What happens during business cycles*, S. 302 f.; siehe auch S. 32, 40, 73; Hansen: *Business Cycles and National Income*, S. 82 f. Berlin-Wien 1926, S. 95–108
47 Mitchell: *What happens during business cycles*, S. 161 u. a.
48 a.a.O., S. 32, 34, 41
49 Haberler: *Prospérité et Dépression*, S. 416
50 a.a.O., S. 120, und Mitchell: *What happens during business cycles*, S. 132 f.
51 Haberler: *Prospérité et Dépression*, S. 375–380.
52 Harold G. Moulton: *Controlling Factors in Ecnomic Development*, Washington 1949, S. 306
53 N. Kaldor: *Stability and Full Employment*, in: A. H. Hansen u. R. V. Clemence: *Readings in Business Cycles and National Income*, New York 1953, S. 499 f.
54 A. F. Burns: *The Frontiers of Economic Knowledge*, Princeton 1954, S. 260
55 Gayer, Rostow u. Schwartz: *The Growth and Fluctuation of the British Economy*, S. 544; Schumpeter: Business Cycle, S. 499
56 K. Kautsky: *Finanzkapital und Krisen*, in *Neue Zeit*, XXIX (1911), 1, S. 843 f.
57 Fred Oelssner: *Die Wirtschaftskrisen*, Berlin 1949, Bd. I, S. 38
58 Rosa Luxemburg: *Die Akkumulation des Kapitals*, Berlin 1932, passim
59 N. Bucharin: *Der Imperialismus und die Akkumulation des Kapitals*, Berlin–Wien 1926, S. 95–108

60 Rosa Luxemburg: *Die Akkumulation des Kapitals*, S. 407
61 Karl Marx: *Theorien über den Mehrwert*, hrsg. von K. Kautsky, Stuttgart, 1919, Bd. II, 2, S. 315
62 Paul M. Sweezy: *The Theory of Capitalist Development*, New York 1942, S. 180 ff.
63 Otto Bauer: *Zwischen zwei Weltkriegen?* Bratislawa 1936, S. 51 ff., 351 ff.
64 D. Hamberg: *Economic Growth and Instability*, New York 1956, S. 55 f. et passim
65 Léon Sartre: *Esquisse d'une théorie marxiste des crises périodiques*, S. 62–66
66 Shaws Schätzungen: *Historical statistics of the U.S.A.*
67 Fritz Sternberg: *Der Imperialismus*, Berlin 1926, S. 20 ff.; *Der Imperialismus und seine Kritiker*, Berlin 1929, S. 163 ff.
68 M. Kalecki: *A theory of the business cycle*, in: *Review of Economic Studies*, IV, 1936–7, S. 77
69 Myron W. Watkins: *Commercial Banking and Capital Formation*, in: *Journal of Political Economy*, Bd. 27, Juli 1919, S. 584 f.
70 Haberler: *Prospérité et Dépression*, S. 43 f.
71 Léon Sartre: *Esquisse d'une théorie marxiste des crises périodiques*, S. 64
72 N. Bucharin: *Der Imperialismus und die Akkumulation des Kapitals*, S. 88 f.
73 In Hansen: *Business Cycles and National Income*, S. 518; von Hayek in: *Weltwirtschaftliches Archiv*, Juli 1932, Heft 1, S. 90 ff.
74 D. Hamberg: *Economic Growth and Instability*, S. 329
75 Moulton: *Controlling Factors in Economics Development, S. 70*
76 Haberler: *Prospérité et Dépression*, S. 324; J. Schumpeter: *Business Cycles*, S. 155, 561; N. Moszkowska: *Zur Kritik moderner Krisentheorien*, S. 26; Hicks: *A contribution to the theory of the trade cycle*, S. 126 f. etc.
77 Guitton: *Les fluctuations économiques*, S. 94
78 Werner Sombart: *Der moderne Kapitalismus, München* 1922, Bd. II, S. 586
79 Hamberg: *Economic Growth and Instability*, S. 55; Hansen: *Business Cycles and National Income*, S. 495 f.
80 André Philip: *L'Inde moderne, S. 87*
81 J. Schumpeter: *Business Cycles*, II, S. 1033
82 Eckert: *Les théories modernes de l'expansion économique*, S. 59–64
83 Hicks: *A Contribution to the Theory of the trade cycle*, S. 63 f.
84 Joan Robinson: *The Accumulation of Capital*, S. 60
85 a.a.O., S. 209
86 David McCord Wright: *Capitalism*, New York 1951, S. 147, 153, 154
87 Schumpeter: *Business Cycle*, II, S. 803; Cassel, in: *Readings in Business Cycles and National Income*, S. 124

88 David McCord Wright: *Capitalism,* S. 144 ff.
89 Arthur F. Burns: *Frontiers of Economic Knowledge,* S. 314–334
90 D. Hamberg: *Economic Growth and Instability,* S. 223 f.

Inhalt

Suhrkamp Verlag GmbH
Torstraße 44, 10119 Berlin
info@suhrkamp.de
www.suhrkamp.de